Der Kampf um gleiche Rechte

Le combat pour les droits égaux

Herausgegeben vom Schweizerischen Verband für Frauenrechte

Edité par l'Association suisse pour les droits de la femme (adf-svf)

Schwabe Verlag Basel

Publiziert mit freundlicher Unterstützung durch die folgenden Institutionen:
Publié avec l'appui généreux des institutions suivantes:

Fondation Émilie Gourd
Loterie romande
Novartis International AG
Pro Helvetia, Schweizer Kulturstiftung
Schweizerische Gemeinnützige Gesellschaft
Stiftung für Erforschung der Frauenarbeit

Abbildung auf dem Umschlag: Ausschnitt zum Frauenstimmrecht aus dem Wandbild
«Fluss der Entwicklung» von Hans Erni. Das 12 Meter lange Wandbild entstand
anlässlich der nationalen Forschungsausstellung Heureka 1991 in Zürich.
© Hans Erni, Abdruck mit freundlicher Genehmigung des Künstlers.
Illustration de la couverture: extrait de la fresque «Le cours de l'évolution» de
Hans Erni, fresque de 12 m de long créée pour l'exposition Heureka en 1991 à Zurich.
© Hans Erni, reproduction avec l'aimable autorisation de l'artiste.

© 2009 by Schwabe AG, Verlag, Basel
Deutsches Lektorat: Julia Grütter Binkert, Schwabe
Französisches Lektorat: Christiane Hoffmann-Champliaud, Schwabe
Italienisches Lektorat: Grazia Peverelli, Binningen
Gestaltung: Thomas Lutz, Schwabe
Gesamtherstellung: Schwabe AG, Druckerei, Muttenz/Basel
Printed in Switzerland
ISBN 978-3-7965-2515-5

www.schwabe.ch

Inhaltsverzeichnis – Table des matières

8 **Avant-propos: Une ardente patience** *Ruth Dreifuss*
10 **Geleitwort: Mit brennender Geduld** *Ruth Dreifuss*

12 **Préface** *Simone Chapuis-Bischof, Liselotte Kurth-Schläpfer*

17 **DER LANGE WEG ZUR GLEICHSTELLUNG – LE LONG CHEMIN VERS L'ÉGALITÉ**

19 **Die Männerbündische Schweiz – La Suisse, coalition d'hommes**
20 Republikanismus und Männlichkeit in der Schweiz *Caroline Arni*
32 Bestrebungen zur rechtlichen und politischen Gleichstellung der Schweizerin im 19. Jahrhundert *Catherine Bosshart-Pfluger*
42 Étrangères dans leur propre pays. Le difficile accès des femmes suisses au savoir académique *Natalia Tikhonov Sigrist*

57 **Die Entstehung des SVF – La naissance de l'ASSF**
58 La création et les débuts des premiers groupes suffragistes en Suisse romande: entre élans et résistances *Corinne Dallera*
67 Die Vereine in der Deutschschweiz und die Gründung des schweizerischen Verbandes *Sibylle Hardmeier*

79 **Strategien zur Einführung des Frauenstimmrechts – Stratégies pour l'introduction des droits politiques pour les femmes**
80 De bas en haut – Église, école, services sociaux *Nadine Boucherin*
88 Verfassungsrevision oder Interpretationsweg? *Beatrix Mesmer*
101 Propagande et presse *Sylvie Jean*

111 **Etappen des Stimmrechtskampfes – Étapes de la lutte pour les droits politiques**
112 1918 bis 1921 – Enttäuschte Erwartungen *Sibylle Hardmeier*
123 Neue Mobilisierungsstrategien und die Petition von 1929 *Sibylle Hardmeier*
134 Es reicht: Der Basler Lehrerinnenstreik vom 3. Februar 1959 *Renate Wegmüller*
144 Stimmrecht – ein Menschenrecht: Zur Diskussion um das Frauenstimm- und -wahlrecht in den 1960er Jahren *Margrith Bigler-Eggenberger*
155 Der Marsch nach Bern *Yvonne Voegeli*

165 Allianzen für die Rechtsgleichheit – Alliances pour la réalisation de l'égalité en droit

166 Schweizerische Arbeitsgemeinschaft Frau und Demokratie: In welcher Staatsform sind die Frauenrechte am besten aufgehoben? *Béatrice Ziegler*

174 Die verlorenen Töchter – der Verlust des Schweizer Bürgerrechts bei der Heirat eines Ausländers *Silke Redolfi*

185 Ungleiche Sicherheiten. Das Ringen um die Gleichstellung in den Sozialversicherungen *Regina Wecker*

195 Le droit au travail des femmes: l'engagement du réseau associatif suffragiste contre la «polémique sur les doubles salaires» *Céline Schoeni*

205 ASSF et syndicats, une collaboration soumise à de rudes épreuves 1912–1945 *Nora Natchkova*

216 Von halben und ganzen Demokratien: Die Kundgebung der Schweizerfrauen vom 2. Mai 1948 *Regula Zürcher*

225 Der adf-svf seit 1971 – L'adf-svf depuis 1971

226 Congrès, anti-Congrès: deux vagues de féminisme *Carole Villiger*

234 «Gleiche Rechte für Mann und Frau»: Vom spannungsgeladenen Zwist zur erfolgreichen Abstimmung *Elisabeth Joris*

246 Keine Veränderung ohne Druck – Quotierungsvorstösse in der Schweiz *Nicole Gysin*

257 Le langage et les femmes: de la formulation non sexiste à la féminisation de la langue *Simone Chapuis-Bischof*

267 AUSGEWÄHLTE BIOGRAPHIEN – CHOIX DE BIOGRAPHIES

269 Helene von Mülinen (1850–1924) *Doris Brodbeck*

273 Pauline Chaponnière-Chaix (1850–1934) *Chantal Magnin*

280 Auguste de Morsier (1864–1923) *Corinne Dallera*

284 Emma Graf (1865–1926) *Renate Wegmüller*

290 Julie Merz-Schmid (1865–1934) *Caroline Bühler*

295 Lucy Dutoit (1868–1937) *Corinne Dallera*

299 Augusta Gillabert-Randin (1869–1940) *Francine Giroud Crisinel*

304 Gertrud Woker (1878–1968) *Franziska Rogger*

310 Émilie Gourd (1879–1946) *Sarah Kiani*

315 Annie Leuch-Reineck (1880–1978) *Valérie Lathion*

323	Georgine Gerhard (1886–1971) *Aurel Waeber*
329	Elisabeth Vischer-Alioth (1892–1963) *Antonia Schmidlin*
335	Dora Grob-Schmidt (1895–1985) *Bettina Vincenz*
345	Antoinette Quinche (1896–1979) *Bettina Vincenz*
353	Lotti Ruckstuhl-Thalmessinger (1901–1988) *Margrith Bigler-Eggenberger*
357	Emma Kammacher (1904–1981) *Liliane Mottu-Weber*
363	Elisabeth Pletscher (1908–2003) *Margrith Bigler-Eggenberger*
368	Marie Boehlen (1911–1999) *Liselotte Lüscher*
374	Mary Paravicini-Vogel (1912–2002) *Gaby Sutter*
379	Gertrude Girard-Montet (1913–1989) *Josianne Veillette*
384	Irmgard Rimondini-Schnitter (1916–2006) *Sibylle Benz Hübner*
389	Iris (1917–1990) und Peter (1916–1991) von Roten-Meyer *Wilfried Meichtry*
397	Alma Bacciarini (1921–2007) *Susanna Castelletti*
403	**Schlusswort: Weiterhin für Frauenrechte?** *Jessica Kehl-Lauff*
413	**Angaben zum Verband – Indications sur l'association**
414	**Abkürzungen – Abréviations**
416	**Abbildungsnachweise – Sources des illustrations**
418	**Personenregister – Index**

Avant-propos: Une ardente patience

Cent ans d'engagement pour faire reconnaître l'égalité des droits entre femmes et hommes, pour progresser sur la voie de l'égalité des chances. Voilà ce dont parle ce livre, en reconnaissance pour les cinq générations successives qui y ont voué leur vie, leur travail et leurs loisirs. S'il fallait aujourd'hui encore apporter une preuve de l'autonomie des femmes, de leur capacité à contribuer de façon créative et bénéfique à la vie de la cité, de leur intelligence politique, l'histoire contée dans ce livre se terminerait par un cqfd triomphant.

Cent ans! Ce laps de temps ne peut paraître que démesuré à celles et ceux pour qui l'égalité entre femmes et hommes est, aujourd'hui, une évidence. Il est d'autant plus nécessaire de montrer combien d'obstacles ont dû être franchis, des préjugés nichés jusque dans la sphère intime aux contraintes de la vie quotidienne. Car ce livre est le récit d'une transformation sociale radicale. Il s'agit d'une véritable révolution, mondiale et locale, la plus profonde et la plus réussie peut-être du XXe siècle. Elle s'est jouée sur tous les terrains de la vie en commun, car ils se verrouillaient les uns les autres et il fallait lutter sur chacun d'entre eux: le droit, le travail, l'éducation, la famille, la procréation, la politique, la culture, la religion, et j'en passe. Elle a modifié l'image que l'on se faisait des femmes, l'image qu'elles se faisaient d'elles-mêmes et qu'elles transmettaient à leurs enfants. Elle a abouti à mettre hors la loi les discriminations imposées à la moitié de la société et à lui donner des instruments pour continuer la lutte contre les discriminations de fait.

C'est une révolution pacifique, mais elle n'a pas été dénuée de conflits, de souffrances, de sacrifices; il suffit de penser au gâchis de tant de talents qui n'ont pu s'épanouir parce que les ambitions cachées ou avouées n'étaient pas encouragées, voire même se heurtaient à des interdits; il suffit aussi de revoir les portraits des suffragettes brossés par leurs adversaires pour se rendre compte qu'il y avait un prix à payer pour qui militait en faveur des droits de la femme.

Rien n'est plus contraire à la résignation que l'ardente patience des femmes. Elle est faite de colère et d'espoir, de la rage de convaincre et de la volonté de subvertir les mécanismes générateurs d'inégalités. Cette patience est surtout faite de ténacité, chaque génération reprenant de la précédente les tâches qui restaient à accomplir. Nous sommes aujourd'hui les bénéficiaires de cette ardente patience, qui a permis de faire progresser tant la démocratie que l'égalité des femmes et des hommes. Mais nous en sommes aussi les héritières: la même ardeur, la même patience doivent nous habiter, car ni la démocratie, ni l'égalité ne sont encore réellement abouties.

«Ce n'est qu'au prix d'une ardente patience que nous pourrons conquérir la cité splendide qui donnera la lumière, la justice et la dignité à tous les hommes.» Rimbaud récitait ce poème exactement cent ans avant que les femmes suisses n'accèdent aux droits civiques. Aujourd'hui, la «cité splendide» ne peut plus se concevoir sans que les hommes et les femmes se reconnaissent pleinement comme égaux.

Ruth Dreifuss, première Présidente de la Confédération suisse (1999)

Geleitwort: Mit brennender Geduld

Ein Jahrhundert Einsatz brauchte es, um Frauen und Männern die gleichen Rechte zuzuerkennen und auf dem Weg der Chancengleichheit voranzuschreiten. Davon spricht dieses Buch in Anerkennung der fünf aufeinanderfolgenden Generationen, die ihr Leben, ihre Arbeit und ihre Freizeit dafür eingesetzt haben. Müsste heute der Beweis für die Selbständigkeit der Frauen und ihre Fähigkeit, das Leben der staatlichen Gemeinschaft kreativ zu fördern, noch erbracht werden, würde die Geschichte, die in diesem Buch erzählt wird, mit einem triumphierenden «Was zu beweisen war» schliessen.

Hundert Jahre! Diese Zeitspanne muss all denen überrissen erscheinen, die heute die Gleichheit zwischen Mann und Frau als eine Selbstverständlichkeit betrachten. Umso nötiger ist es deshalb zu zeigen, wie viele Hindernisse es zu überwinden galt, von den verborgenen Vorurteilen in der Intimsphäre bis zu den Sachzwängen des Alltags. Dieses Buch berichtet nämlich über einen radikalen gesellschaftlichen Umbruch. Es handelt sich dabei um eine echte Revolution, um die lokal und weltweit tiefgreifendste und vielleicht erfolgreichste des 20. Jahrhunderts. Sie spielte sich auf allen Gebieten des gemeinschaftlichen Lebens ab, und auf jedem einzelnen musste man kämpfen, denn sie blockierten sich gegenseitig: das Recht, die Arbeit, die Erziehung, die Familie, die Fortpflanzung, die Politik, die Kultur, die Religion, und noch vieles mehr. Sie hat das Bild verändert, das man sich von der Frau machte, das Bild, das sie sich von sich selbst machte und ihren Kindern weitergab. Sie hat schliesslich die Diskriminierungen aus den Gesetzen verbannt, die der Hälfte der Gesellschaft auferlegt waren, und hat ihr Instrumente gegeben, um den Kampf gegen reale Diskriminierungen fortzusetzen.

Es ist eine friedliche Revolution, aber sie war nicht frei von Konflikten, von Leiden, von Opfern, schon wenn man bedenkt, wie viele Talente vergeudet wurden und sich nicht entfalten konnten, weil die verborgenen wie auch die geäusserten Ambitionen keine Unterstützung erfuhren, ja sogar auf Verbote stiessen. Man muss sich nur die Bilder der Suffragetten wieder ansehen, wie sie von ihren Gegnern dargestellt wurden, um zu begreifen, dass die, die für die Frauenrechte gekämpft haben, dafür einen hohen Preis bezahlen mussten.

Nichts widersetzte sich der Resignation so stark wie die brennende Geduld der Frauen, die aus Zorn und Hoffnung bestand, aus dem Drang zu überzeugen und aus dem Willen, die Mechanismen umzustürzen, welche Ungleichheiten verursachten. Diese Geduld bestand vor allem aus Beharrlichkeit, indem jede Generation von der vorhergehenden die Aufgaben übernahm, die noch zu erfüllen waren. Wir sind heute die Nutzniesserinnen dieser brennenden Geduld, welche die Demokratie ebenso sehr wie die Gleichheit von Frauen und Männern vorangebracht hat. Wir sind aber auch deren Erbinnen: Dieselbe Glut, dieselbe Geduld sollen auch uns beseelen, denn sowohl die Demokratie als auch die Gleichheit sind noch nicht vollendet.

«Nur gegen den hohen Preis einer brennenden Geduld werden wir die prächtige Stadt erobern können, die allen Menschen das Licht, die Gerechtigkeit und die Würde geben wird.» Seit Rimbaud dieses Gedicht vortrug, sind genau hundert Jahre vergangen, bis die Schweizer Frauen die staatsbürgerlichen Ehrenrechte erlangt haben. Wir haben die «prächtige Stadt» noch nicht erobert, sind ihr aber einen Schritt näher gekommen, indem Männer und Frauen sich gegenseitig als gleich anerkennen.

Ruth Dreifuss, erste schweizerische Bundespräsidentin (1999)

Préface

L'Association suisse pour le suffrage féminin (ASSF) / Schweizerischer Verband für Frauenstimmrecht (SVF) – devenue en 1971 Association pour les droits de la femme / Schweizerischer Verband für Frauenrechte (adf-svf) – est heureuse de présenter, à l'occasion de son centenaire, un ouvrage de réflexion générale sur une page importante du féminisme suisse; bousculant parfois la chronologie, ce livre est à la fois description du contexte politique suisse de l'époque, étude des diverses interventions de l'association et analyse critique de ses positions.

Il était intéressant de se demander comment est née l'ASSF dans le milieu associatif très dense qui existait au début du XXe siècle et comment une telle association a pu durer si longtemps, alors qu'elle n'a jamais fait partie des grandes associations féminines. Sa force ne tenait pas au nombre de ses membres mais à la clarté de son programme: aider les femmes à devenir des citoyennes à part entière. Au début du XXe siècle, un tel programme ne pouvait pas rallier de majorité, fût-ce dans des organisations féminines qui se considéraient comme progressistes: il se heurtait au consensus sociétal concernant les talents et les rôles, considérés comme spécifiques à chaque sexe. Revendiquer publiquement le droit à l'égalité exigeait une volonté de fer et une saine confiance en soi.

Les premières associations pour le suffrage féminin, qui comptaient aussi des hommes parmi leurs membres, sont issues de la scission d'unions des femmes et d'associations réformistes locales. L'impulsion pour constituer une association faîtière nationale, en revanche, est venue de l'extérieur, à savoir de l'Alliance internationale pour le suffrage des femmes. L'Association suisse pour le suffrage féminin, fondée le 28 janvier 1909, a tenu compte de ce double enracinement dans ses statuts: d'une part, l'association s'est dotée d'une structure fédérative, constituée d'associations locales et cantonales; d'autre part, les membres de l'association suisse pouvaient se constituer en section de l'International Woman Suffrage Alliance (IWSA).

En fait, l'histoire du suffrage féminin dans notre pays a commencé avant la création de l'ASSF et l'on peut parler d'une lutte séculaire pour arriver à la reconnaissance des droits politiques des femmes dans la «plus vieille démocratie du monde»: de 1870 à 1971, un siècle s'est écoulé entre les premières prises de conscience, les premières revendications et la votation du peuple masculin qui a permis aux femmes suisses de participer à la démocratie. Un siècle entre les affirmations d'une poignée de femmes intelligentes, visionnaires et utopistes et le oui d'une majorité des citoyens suisses. Un peu en décalage, soit de 1909 à 2009, se déroule le siècle de militantisme de l'association qui s'était fixé pour but l'égalité de droits entre femmes et hommes et qui n'a pas mis la clé sous la porte en 1971.

D'emblée, l'activité de l'association fut marquée par sa fonction charnière entre les plans politiques international, fédéral et cantonal. Rendre justice à son histoire, c'est nécessairement jeter un coup d'œil au contexte où elle était appelée à agir. La présente publication n'est pas un historique conventionnel des faits et gestes des comités et membres de l'association relevés année après année dans les rapports d'assemblées mais elle tente de présenter les possibilités, les occasions saisies ou manquées et les difficultés rencontrées tout au long du long combat pour l'égalité des droits. On constatera des lacunes dont nous sommes conscientes; celles-ci tiennent à la fois à l'état actuel des recherches historiques et aussi au fait qu'il a fallu tenir compte des disponibilités et des spécialisations de toutes celles et ceux qui ont accepté de contribuer à notre recherche.

Le premier chapitre fait le point sur les discriminations sociétales et juridiques auxquelles les femmes d'il y a un siècle étaient confrontées. Dans le chapitre 2, l'on voit sur quels réseaux international et national les premières suffragistes ont pu compter. Au chapitre 3, on se rend compte qu'il a pu y avoir des avis différents parmi les membres de l'association – et aussi parmi les juristes, parlementaires et autorités – quant à la façon d'arriver au but fixé. La longue conquête se caractérise par de nombreux petits succès et par des revers aussi sur les plans cantonal et fédéral jusqu'à la votation du 7 février 1971, c'est ce qu'expose le chapitre 4. L'ASSF ne se battait pas seulement pour les droits de vote et d'éligibilité, mais également pour l'égalité juridique et économique. Elle a dû s'associer à d'autres organisations pour mener ces combats; le chapitre 5 présente les alliances les plus importantes. Comme on était encore loin de l'égalité avec le succès de 1971, l'association – devenue adf – a continué de s'engager chaque fois qu'une cause correspondait à son idéal de justice sociale. Quelques-uns de ces nouveaux engagements sont détaillés dans le chapitre 6.

En mettant l'éclairage principal sur l'association, on néglige forcément les personnes qui ont travaillé en son nom, celles qui écrivaient lettres et procès-verbaux, celles qui mettaient sur pied les actions. Nous avons estimé qu'un certain nombre d'entre elles devaient être présentées, raison pour laquelle la seconde partie de l'ouvrage est consacrée aux biographies. Que de destins différents! Certes, ces biographies ne sont pas représentatives des membres de l'association. Elles montrent néanmoins toute l'étendue des intérêts et des relations en cause. Ces personnalités si diverses par leur origine, leur formation et leur parcours de vie avaient en commun d'être de véritables expertes dans leur domaine. C'est à elles que l'association doit sa présence dans les autorités, les partis et les organisations, aux niveaux cantonal, fédéral et international.

Après l'obtention des droits civiques en 1971, d'importantes modifications juridiques concernant les femmes sont intervenues et d'aucuns affirment que l'égalité en droit est réalisée. L'engagement de l'adf-svf porte ses fruits. Cependant, l'application de cette égalité – pourtant garantie – n'est pas effective partout et tout le temps. Il convient de défendre chaque jour ce qui a été acquis. Les dernières pages de ce livre, écrites par la Présidente Jessica Kehl-Lauff, le confirment.

Les publications sur l'histoire des femmes se multiplient depuis quelques lustres. L'histoire enseignée dans les facultés de nos universités, ainsi que les études genre ont favorisé les recherches ponctuelles ou générales sur les femmes, leur condition de vie, la place qui leur est faite dans la société et dans les lois, ainsi que sur l'évolution de notre démocratie. Le nombre des contributions d'historiennes et d'historiens familiarisé-e-s avec la matière en rapport avec leur activité scientifique et qui ont accepté de contribuer au présent ouvrage en témoigne.

Elles et ils ont participé gracieusement à cet ouvrage et nous les en remercions très vivement. Notre gratitude va tout particulièrement à Beatrix Mesmer pour son engagement. Elle a établi le plan de l'étude et coordonné l'ensemble de l'ouvrage, ce qui n'était pas chose facile avec tant de plumes différentes.

Nous remercions également quelques historien-ne-s que nous avions consulté-e-s avant de nous lancer dans l'aventure et qui nous ont encouragées: leurs conseils ont été précieux. Nous pensons à Corinne et Martine Chaponnière, Brigitte Studer, Danielle Tosato, François Vallotton, Regina Wecker.

Pour les relectures, nous remercions Christiane Mathys-Reymond et, pour la traduction de l'avant-propos, Peter Glatthard-Weber.

Nous remercions Hans Erni qui a fait cadeau des droits pour la reproduction d'un pan de la fresque *Le cours de l'évolution*, fresque de 12 mètres de long créée pour l'exposition Heureka en 1991 à Zurich.

Les illustrations contenues dans cet ouvrage proviennent de diverses Archives suisses et étrangères, publiques et privées dont nous remercions les responsables. Nous tenons à mentionner les Archives suisses du mouvement féministe (AGoF) et sa fondatrice Marthe Gosteli, les Archives sociales de Zurich (SozArch) où se trouvent la plupart des documents concernant notre association et les Archives féministes internationales (IIAV).

Nous remercions la maison d'édition bâloise Schwabe Verlag qui a bien accueilli notre projet et nous a aidées de ses conseils très précieux. Nous avons eu le plus grand plaisir à travailler avec deux de ses collaboratrices extrêmement compétentes, Julia Grütter Binkert et Christiane Hoffmann-Champliaud qui ont mis en place les textes en allemand et en français et qui en ont harmonisé la présentation.

La publication a pu être réalisée grâce à l'aide généreuse des institutions suivantes: Fondation Émilie Gourd, Loterie romande, Novartis International AG, Pro Helvetia, Schweizerische Gemeinnützige Gesellschaft, Stiftung für Erforschung der Frauenarbeit.

Pour l'adf-svf:
Simone Chapuis-Bischof et Liselotte Kurth-Schläpfer

Abb. 1: Couple, fin du XIXe siècle: il sait, elle écoute.
Paar, Ende 19. Jahrhundert: Er erklärt, sie hört zu.

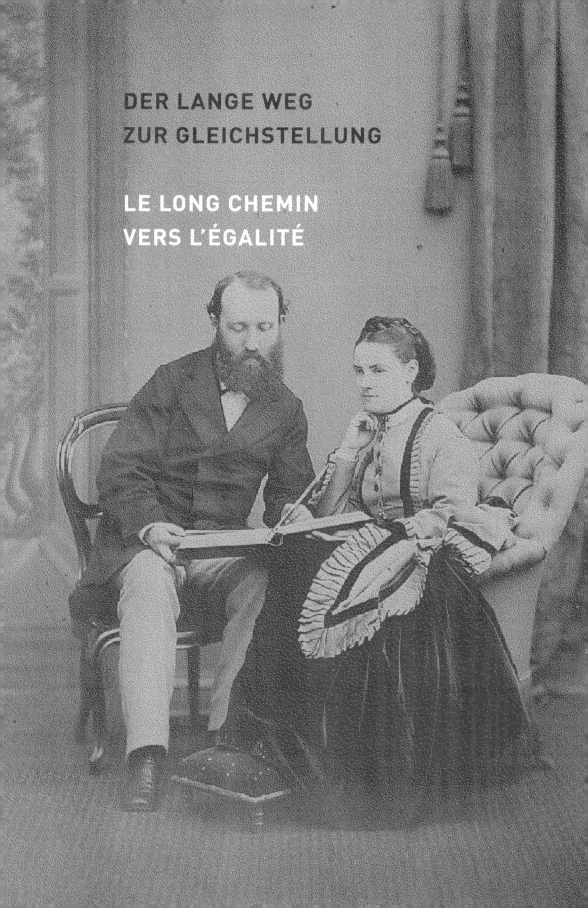

DER LANGE WEG ZUR GLEICHSTELLUNG

LE LONG CHEMIN VERS L'ÉGALITÉ

Abb. 2: Symbole du pouvoir masculin en Suisse: La Landsgemeinde.
Noch kein Platz für Frauen im Ring!

Die Männerbündische Schweiz

La Suisse, coalition d'hommes

Republikanismus und Männlichkeit in der Schweiz
Caroline Arni

Als 1909 der Schweizerische Verband für Frauenstimmrecht (SVF) gegründet wird, steht Europa im Bann einer lärmigen Geschlechterdebatte. Während ein Paul Julius Möbius über den «physiologischen Schwachsinn des Weibes» spekuliert, denkt eine Rosa Mayreder über die Krise «primitiver Männlichkeit» nach; während eine Helene Stöcker die Zukunft der Liebe hoffnungsvoll als eine «Verbindung ebenbürtiger Persönlichkeiten» entwirft, beschwören Demographen das Bild eines am Gebärstreik vergnügungssüchtiger Frauen verendenden Europas; während Ibsens Nora und Strindbergs Fräulein Julie das Theaterpublikum mit Unabhängigkeitsdrang und unvermutetem Mut- und Machtwillen brüskieren, stehen Belletristik und Malerei ganz im Zeichen der «femme fragile» und des «effeminierten» Dandys.[1]

Diese Flut von Theorien und Bildern aus wissenschaftlichen und pseudowissenschaftlichen Publikationen, Künsten und politischen Pamphleten zog auch durch die Schweiz. Ja, diese befand sich mit ihren studierenden – vornehmlich russischen, osteuropäischen und deutschen – Frauen, ihren europaweit höchsten Scheidungsraten und ihrem Monte Verità, auf dem einige der kühnsten lebensreformerischen Experimente zur Anwendung kamen, im Auge des Orkans. Angesichts dieses brodelnden Gemenges, in dem sich Entwürfe eines von allen Unterwerfungsverhältnissen gesundeten Geschlechterverhältnisses einerseits und Szenarien einer degenerierten Geschlechterdifferenz andererseits gegenüberstanden, kommt Carl Hilty im Jahr der Gründung des Schweizerischen Verbands für Frauenstimmrecht zu einer hypothetischen Frage, die an Radikalität schwer zu überbieten ist: Es müsse doch erlaubt sein abzuwägen, schreibt der Schweizer Staatsrechtler und Publizist, «ob man nicht menschwürdiger ohne Beides, Frauen und Ehe, lebe und ob nicht am Ende dieses ganze Verhältnis nur ein aus der Thierperiode herstammender Anachronismus sei».[2]

Freilich, ganz ernst war es Hilty nicht mit der Frage, ob sich der Mensch ohne die Frau wohler befinden würde; eher ging es ihm um eine recht verstandene Auffassung von Weiblichkeit und Geschlechterbeziehung als um eine frauenlose Menschheit. Und doch entbehrt die Formulierung nicht eines gewissen Realitätsgehalts, gab es doch um 1900 durchaus gut abgezirkelte Bereiche, in denen der Mensch nur Mann und unter sich sein konnte. Getreu der im 19. Jahrhundert ausbuchstabierten Ideologie polarisierter Geschlechtscharaktere und entsprechend getrennter Tätigkeitsfelder waren das Berufsleben und die Politik dem aktiven, schöpferisch-kreativ und zu Autonomie begabten Mann zugedacht, während die passive, reproduktiv-regenerative und in Zugehörigkeit befangene Frau Haus und Heim verschrieben wurde.³ Und dort, wo Männer mit Frauen zusammen sein mussten und wollten, in der Ehe, da wurde die Grenze gezogen, indem Machtbefugnisse ungleich auf die Geschlechter verteilt wurden: Gehorsamspflicht für die Ehefrau, Entscheidungsmacht für den Ehemann.⁴

Doch auch der Wunsch nach männerbündischer Exklusivität, der in Hiltys Zitat zum Ausdruck drängt, dürfte der Realität entsprochen haben. Denn gerade solche Exklusivität geriet seit dem Ende des 19. Jahrhunderts zunehmend unter Druck durch feministische Kritik, und sie war angefochten vom Eindringen der Frauen in die männliche Domäne des Berufslebens – auch wenn innerhalb der Berufssphäre nach männlichen und weiblichen Professionen unterschieden wurde. Hatte die von Marie Goegg-Pouchoulin gegründete *Association pour la défense des droits de la femme* bereits 1873 «die absolute Gleichstellung der Frau vor dem Gesetze und in der Gesellschaft» gefordert, so wurde dieses Verlangen seit Ende des Jahrhunderts lauter.⁵ Von Seiten einer zunehmend organisierten Frauenbewegung wurde unterschiedlich weit gehend eine Reform oder Revolution der Geschlechterverhältnisse verlangt – und dazu gehörte ganz wesentlich die Forderung nach dem Frauenstimmrecht. Freilich sollte diese in den folgenden sechs Jahrzehnten an einem in einer direkten Demokratie unumstösslichen Bollwerk zerschellen: dem «Widerwillen der Männer, ihre politischen Rechte mit den Frauen zu teilen».⁶

Im Folgenden werde ich mich nicht mit dem Argumentarium gegen das Frauenstimmrecht befassen, das dieser Widerwille hervorbrachte; dies ist Gegenstand anderer Beiträge in diesem Band.⁷ Stattdessen will ich vorab die mentalitäts- und ideengeschichtlichen Grundlagen dieses Widerwillens skizzieren und so zugleich das Gründungsjahr des SVF in seinem geschlechtergeschichtlichen Kontext situieren.

Zwar empfand der zitierte Carl Hilty den Widerwillen gegen stimmende und wählende Frauen nicht – es war sein 1897 erschienenes Plädoyer für eine schrittweise Einführung des Frauenstimmrechts, das argumentativ die Kräfte für eine entsprechende Agitation seitens der Frauenvereine freisetzte.⁸ Doch seine Spekulation über den frauenlosen Menschen evoziert genau diejenige Ordnung geschlechtergetrennter Sphären, die von Gleichstellungsforderungen herausgefordert wurde. Und sie war grundiert von einer zeitgenössischen Sorge, die eben den Widerwillen gegen solches begründete: die Angst vor einer Verwischung oder gar Auflösung der Geschlechterdifferenz. In diesem Sinn war auch bei Hilty vieles eine Frage des Masses. Die «etwas *zu* genialen und emanzipirten» Frauen wie etwa Hypatia, Germaine de Staël oder Harriet Martineau mag er nicht als Vorbilder sehen: «diese oft recht unnatürlichen Zwitter» hätten «mitunter ihre ausgezeichneten Eigenschaften auf Kosten ihres weiblichen Wesens erlangt und ausgebildet, und würden uns eher von der Gleichstellung der Frauen, wenn *alle* so wären, wie sie, abschrecken».⁹

Der Mensch als Mann, die Frau als Weib.
Das Paradox der politischen Moderne

Als Olympe de Gouges 1791 fordert, die Frau habe das Recht, «die Tribüne zu besteigen», da sie auch das Recht habe, «das Schafott zu besteigen» nimmt eine Urszene der europäischen politischen Moderne ihren Anfang. Sie endet zwei Jahre später mit der Enthauptung von de Gouges. Im Augenblick, in dem das Fallbeil auf jene fällt, die eine dem Recht, geköpft zu werden, entsprechende Partizipation gefordert hatte, ist das Paradox der politischen Moderne gesetzt: Hebt diese mit der Verkündigung der Freiheit und Gleichheit aller Menschen an, so sind von diesem Prinzip zunächst ganze Gruppen von Menschen ausgenommen – die Besitzlosen, die Andersfarbigen und die Frauen.[10] Und so stellt sich seit 1800 in aller Schärfe die schon früher formulierte Frage: «Ob Weiber Menschen seyen oder nicht?»

Die Auseinandersetzung mit dieser Frage hat einen Strom von Abhandlungen hervorgebracht. Ging es den einen darum, das Paradox zu rechtfertigen, indem die Frau als das Andere des Mannes/Menschen definiert wurde, so musste, wer für die politische Partizipation von Frauen plädierte, davon überzeugen, dass Frauen auch Menschen im Sinne der Menschen- und Bürgerrechte seien. So war 1873 in der «Solidarité», dem Vereinsorgan der Association pour la défense des droits de la femme, zu lesen: «Die Frau ist ein denkendes, vernünftiges und intelligentes Wesen, das genau wie der Mann fähig ist zur Weiterentwicklung und Vervollkommnung und wie er die eigenen Handlungen verantworten muss; wie er ist auch sie auf ein von der Natur her bestimmtes Ziel hin ausgerichtet und hat eine Fülle von Aufgaben zu erfüllen, um ihrer Lebensbestimmung zu entsprechen.»[11]

Im Kontext zeitgenössischer Theorien über die Geschlechterdifferenz war diese Argumentation brisanter, als es heute den Anschein machen mag: Wer postulierte, dass die Frau «auch Mensch» sei, sagte damit in einem gewissen Sinn, dass sie auch Mann sei. Denn die Eigenschaften, die den Menschen als eines zur Demokratie, zu Freiheit und Gleichheit tauglichen Individuums auswiesen, waren zugleich die Charaktermerkmale des Männlichen: Vernunftbegabung, Verantwortungsfähigkeit, Autonomie. Die Frau war demgegenüber definiert als ein Wesen, dessen Dasein ganz im Empfindsamen, in Abhängigkeit und im Nicht-Individuellen der Gattung aufging.[12] Wenn nun rechtliche und politische Gleichstellung mit dem Menschsein der Frauen begründet wird, so kratzt dies unweigerlich an der Differenz zwischen Frauen und Männern. In diesen Sog des Arguments war jede feministische Forderung im 19. Jahrhundert zwangsläufig verstrickt. Und so galt es auch in der «Solidarité», dem Postulat «absoluter Gleichstellung» eine Beschwichtigung an die Seite zu stellen: «Trotz ihrer Ähnlichkeit sind die Eigenschaften, die Charaktere, die Talente und die Fähigkeiten beider Geschlechter verschieden; das ist zwar unbestritten und indiskutabel, trotzdem wollen wir es hier betonen, wie banal das auch scheinen mag, weil unsere Verleumder uns gerne unterschieben, wir seien so lächerlich das Gegenteil zu behaupten.»[13]

Diese umsichtige Rhetorik steigerte sich um 1900, als die Verwischung der Geschlechterdifferenz zum Signum einer dekadenten Moderne geworden war. Nun argumentierte ein beträchtlicher Teil der Frauenbewegung, dass Frauen am politischen Prozess der Entscheidungsfindung – und das heisst im zeitgenössischen Kontext: am männlichen Geschäft – nicht trotz, sondern gerade wegen ihrer Verschiedenheit vom Mann partizipieren können müssten, um so den «weiblichen» Aspekt des Menschseins – Friedfertigkeit, Mütterlichkeit, Gemeinsinn – einzubringen. Dabei konsolidierte sich die Formel des «anders, aber gleichwertig», und es entstand ein «neuer Dualismus», der «die Ausdehnung der weiblichen Zuständigkeit in den öffentlichen Bereich» propagierte.[14] Dies war Überzeugung und Strategie, aber es war auch eine Antwort auf die Sorge um eine eindeutige Geschlechterdifferenz, die sich um 1900 zur kulturellen Panik ausgewachsen hatte.

In dieser Atmosphäre trafen in der Schweiz eine ausgeprägt nationalkulturell verankerte Form männlicher Herrschaft und eine besonders gut organisierte Frauenbewegung aufeinander.[15] Dies dokumentiert auf anschaulichste Weise die 1916 in Bern erschienene Schrift «Funken vom Augustfeuer» von Hedwig Bleuler-Waser, die eine staatskundliche mit einer patriotischen Lektion verbindet und ausserdem, wenn auch zurückhaltend, das Frauenstimmrecht einfordert – ein Vorhaben, das nicht ohne Tücken war.[16]

Im Verein. Der Mann als Republikaner

«Funken vom Augustfeuer» handelt von der sechsköpfigen Familie Frey und beginnt mit einer Bergwanderung. Nach einem steilen Aufstieg «erreicht der Vater als erster den Grat und schwingt sich hinauf, wo seine kräftige Gestalt scharf umrissen gegen den leuchtenden Firnstreifen steht». Während die drei Buben – ganz nach dem Bild ihres voranstrebenden, ambitiösen und abenteuerlustigen Vaters – ihre Blicke zu den «Firnhäuptern» richten, und «der fernher rauschende Giessbach die Knaben lockte, sich mit ihm über die gewaltigen Felswände jenseits des Tales hinunterzustürzen», zieht etwas anderes die Aufmerksamkeit der Tochter auf sich: «Der Schwester gefielen besonders die winzigen Häuschen tief unten, umgeben von den vielfarbig hellen und dunkleren Feld- und Waldstreifen».[17] Entsprechend dieser häuslichen Orientierung fällt die Rolle aus, die der Schwester in anderen hypothetischen und realen Unternehmungen zugedacht ist. So könnte Bethli, sinniert etwa der jüngere Bruder Walther, in einem Bienenstaat wohl «Honigsucherin werden, doch, das könnte Bethli schon, aber nicht Baumeister werden wie ich! […] Ihre Zellen kämen sicher so schief heraus wie die geometrischen Figuren, die sie für die Schule zusammenkleistert.»[18] Diese zwar nicht originellen, aber bedeutsamen Platzanweisungen setzen den Rahmen für das, was im Herzen der angewandten

Staatskunde steht, die Bleuler-Waser mit ihrer Schrift vorlegt: die Geschichte des «Bubenklubs» des ältesten Sohnes Gerd.

Kernstück dieser Geschichte ist ein desaströs gescheiterter Tagesausflug, den Gerd mit seinen Freunden am Ostermontag unternimmt. Den Ratschlag der Mutter, einen «genauen Plan [...] über Ziel und Wege und Einteilung des ganzen Tages und was jeder mitnehmen soll» zu machen, schlägt der Sohn in den Wind, um am Abend schweigsam und verschlossen «zur hintern Haustür» wieder ins Familienheim einzukehren. In den folgenden Tagen gibt er das Malaise preis: Man war infolge einer «etwas flüchtigen mündlichen Abmachung [...] zu spät abmarschiert», hatte unterwegs einen Irrweg eingeschlagen, war mit dem Kochen des Mittagessens nicht zurechtgekommen und fand sich schliesslich im Eklat wieder, als «einige mit etwas Barschaft versehene Teilnehmer» sich absetzten, um im Wirtshaus Bier zu trinken, anstatt ihr Sackgeld der Gemeinschaft für einen gemeinsamen Proviant vorzuschiessen.[19]

Aus diesem Fehlschlag geht ein geläuterter Gerd hervor, der nun weiss, dass «es bei jeder Unternehmung einen braucht, dem Führung und Verantwortung ausdrücklich übertragen wird», dem «die andern dann aber auch als ihrem selbstgewählten Herrn gehorchen» müssen, da er «sich seinen Plan gründlich überlegt hat, den andern mitteilte und durch sie billigen liess». Ferner, so ist sich Gerd nun sicher, braucht es «ein paar Grundgesetze», auf die sich alle Teilnehmer verpflichten, die Wahl wechselnder «Regenten», welche «die Hauptanordnungen treffen», die Zahlung «regelmässiger Beiträge» und Abstimmungen über deren Verwendung, regelmässige Zusammenkünfte zur Beratung und Rechenschaftsablegung.[20] Und so hat Gerd – worauf ihn die Mutter hinweist – durch eigene Erfahrung die wichtigste Lektion gelernt; denn der «Verein [...], mit Vorstand, Statuten, Mitgliederversammlungen und -beiträgen», den er unversehens entworfen hat, ist nichts weniger als die Miniatur eines Staates: Mit einem solchen «Bubenklub», bestätigt die Mutter, könne man auch in die Ferien ziehen, denn «was Rechtes kann's immer dann geben, wenn aus kleinen Tyrannen, aus Querköpfen oder gedankenlosen Nachläufern *Republikaner* geworden sind».[21]

Diese Geschichte führt nicht nur in das Prinzip des republikanischen Gemeinwesens ein, das, wie Gerds Mutter erklärt, darin besteht, den «Eigenwillen unter einem Gesamtwillen zu beugen und diesem zu vernünftigem Durchbruch zu verhelfen».[22] Es benennt mit dem «Verein» auch die eigentlichen Schulen des Republikanismus, an denen die Schweiz des 19. Jahrhunderts so reich war, und die in der Entstehung des bundesstaatlichen Bewusstseins der modernen demokratischen Schweiz eine zentrale Rolle spielten. In Sozietäten wie der Helvetischen Gesellschaft, Studentenverbindungen und den zahlreichen Sänger-, Turner- und Schützenvereinen wurde nicht nur Geselligkeit gepflegt, sondern gleichzeitig die republikanische Geisteshaltung eingeübt – und zwar unter Männern.[23] Und so illustriert Gerds nun organisierter «Buben-

Abb. 3: Ferdinand Hodler, «Das moderne Grütli», 1888.

klub» nicht einfach eine abstrakte Staatsform. Seine Entstehungsgeschichte ist zugleich eine Lektion in Schweizer Geschichte, für die Bleuler-Waser eine sprechende und doppelsinnige Formel findet: «Wie eine Bubenschar sich zum Verein umwandelte», lautet der Titel des Kapitels über die Fährnisse des «Bubenklubs», der so nicht einfach die Republik, sondern darüber hinaus das männerbündische Element des Republikanischen versinnbildlicht.

Doch auch den Frauen ist in dieser Geschichte ein Platz zugewiesen, der über das Haushälterische hinausgeht. Denn es ist die Mutter, die Gerd in angewandter Staatskunde unterrichtet, sie ist es, die ihm den Spiegel seiner Irrwege vorhält und seine Läuterung zum Republikaner vorantreibt. «Funken vom Augustfeuer» ist kein konservatives Elaborat rückwärtsgewandter Geschlechterideologie. Es ist eine Schrift, die auf Anregung des Bundes

Schweizerischer Frauenvereine (BFS) entstanden ist. Ihr erklärtes Ziel ist es, «unsern jungen Müttern ein Büchlein zu bieten, das ihnen gleichsam als Wegweiser zu dienen berufen sei, um den Kindern zu erzählen von unserm Schweizerland».[24] Darin ist die Frau ihrem Mann eine Gefährtin in seinen Unternehmungen: Sie kennt und ermahnt die Prinzipien republikanischen Seins. Die spezifisch weiblichen Voraussetzungen, die sie zu dieser Aufgabe mitbringt, benennt Vater Frey: «die Liebe zur heimatlichen Scholle, das Verständnis für die eigentümlichen Schönheiten unseres Landes, seiner Sage und Poesie, das ist dein Werk und es lässt sich wohl weiter bauen auf diesem Boden».[25] Wie er vermittelt sie Kenntnisse, aber anders als er schafft sie auch den emotional-ästhetischen Grund, auf den die Keime staatskundlichen Wissens fallen können.

Getreu der vorsichtigen zeitgenössischen Rhetorik des BFS stützt Bleuler-Wasers Buch die Ideologie geschlechtsspezifischer Charaktere, während sie zugleich eine Anerkennung der staatstragenden Rolle auch der Frauen einfordert.[26] So verstandener Weiblichkeit steht eine symbolträchtige Figur Modell: Sie wolle, räsoniert Mutter Frey, als sie sich ihrer Aufgabe gewahr wird, nun eine «rechte Stauffacherin» werden und ihren Mann und die Schule staatskundlerisch unterstützen.[27] Diese Figur aber hat ihre Tücken. Nicht nur war die Stauffacherin diejenige, die anstiftete, aber nicht mittat. Mit der «Stauffacherin», die in Hiltys Worten «die schweizerische Freiheit zuerst historisch entdeckte und praktisch postulirte», bedient sich Bleuler-Waser auch des seit Ende des 19. Jahrhunderts mit Feiertagen, Geschichtsmythen, Symbolen und Denkmälern reich ausgestatteten Registers der «erfundenen Tradition» der schweizerischen Nation.[28]

In den Alpen. Nationale Identität und Männlichkeit
Nicht zufällig erscheint «Funken vom Augustfeuer» 1916. Auch nicht zufällig hebt die Schrift mit einem Kapitel an, das von der Bergwanderung der Familie Frey handelt, die am ersten August unternommen wird und den Titel trägt: «In die Alpen hinein!». Dieser Griff zu symbolträchtigen Bildern des «Schweizerischen» steht im Zeichen des Ersten Weltkrieges; Kriegszeiten aber sind der Kontext, in dem Nationen ihre kulturelle und historische Identität besonders intensiv beschwören, sich ihrer vergewissern und sie damit recht eigentlich «machen».[29] Dieser Mission ist «Funken vom Augustfeuer» verschrieben: «In ernster, schwerer Zeit», so Helene von Mülinen im Vorwort, «haben die Schweizerfrauen empfunden, dass sie die Liebe zum Vaterlande und das Verständnis für sein Wesen und seine Aufgabe ihren Kindern in ganz besonderer Weise nahe bringen sollten.»[30]

Entsprechend unterrichtet «Funken vom Augustfeuer» nicht nur in Staatskunde, sondern auch in Patriotismus, in der Liebe zum «Wesen» des Landes. Zu diesem gehört im schweizerischen Selbstverständnis nebst Landschaft und

Staatsform auch die Geschichte – und diese ist in «Funken vom Augustfeuer» entsprechend der nationalkulturellen Identität am Leitmotiv der «Freiheit» orientiert. Erzählt wird sie als die Geschichte einer sukzessiven Befreiung von innerer und äusserer Fremdherrschaft, die ihre Dynamik aus dem Gründungsakt der Schweizerischen Eidgenossenschaft 1291 bezieht.[31] Diese Entwicklung hin zur Gleichheit freier Bürger nach dem Bild der alten Eidgenossen aber ist in Bleuler-Wasers Darstellung nicht abgeschlossen. Nachdem Gerd mit stolzgeschwellter Brust von der Befreiung der ländlichen Untertanengebiete aus städtischer Herrschaft vernommen hat, konfrontiert ihn die Mutter mit der noch bevorstehenden Herausforderung, dass «eines Tages, grad so wie damals die See*buben*, so nun die Stadt- und Land*maitli* kommen, ihren Anteil an Pflichten und Rechten des Staatswesens zu fordern».[32] Damit stellt Bleuler-Waser das Frauenstimmrecht als die nächste Etappe eines organisch verlaufenden historischen Prozesses dar, der in der vollständigen Entfaltung des

Abb. 4: Der Bund schweizerischer Frauenvereine gab 1916 zwei Broschüren heraus, die als Leitfaden für die staatsbürgerliche Erziehung innerhalb der Familie gedacht waren.

schweizerischen «Wesenskerns» Freiheit besteht.[33] Der mythologische Keim schweizerischer Eigenart wird so für eine radikale Neuerung in Anschlag gebracht, die allerdings mit den Grundlagen just dieser Mythologie kollidiert.

Denn «Funken vom Augustfeuer» entwirft mit einem Ausflug der Familie Frey ins Bundeshaus und mit vielen instruktiven Ausführungen über die staatlichen Institutionen durchaus so etwas wie einen Verfassungspatriotismus. Doch es beschwört mit seinen Augustfeuern, seinen Reisen in die Alpen, über die Seen und aufs Rütli auch eine nationale Kultur, die ihre Identität aus einem mythischen Gründungsakt bezieht, in dessen Kern der Männerbund steht. Dieses imaginierte Vergangene prägt als «Ursprung» das Selbstverständnis der zeitgenössischen Schweiz, und in diesem Kontext wird die männliche Zuständigkeit für Staat und Politik von einem historisch kontingenten Sachverhalt zu einem Wesenszug des Schweizerischen. So steht denn auch im erzählerischen Zentrum der Ausführungen zum schweizerischen Gemeinwesen eine Schilderung der Appenzeller Landsgemeinde. Es ist die Landsgemeinde, in der die «freie Selbstbestimmung eines Volkes» zu ihrem höchst konkreten Ausdruck gelangt, und die dieses Volk zugleich als ein «Mann an Mann» definiert und darstellt.[34]

Dieses gleichberechtigte Nebeneinander von Männern ist in der bundesstaatlichen Schweiz seit der Einführung des allgemeinen Männerstimmrechts 1848 ausserdem eines, das explizit keine Einschränkung durch Standesdifferenzen kennt. «Wenn ihr rechte Schweizer sein und bleiben wollt», doziert Vater Frey, «so lasst euch nur nie und von keiner Seite einreden, dass zwischen Vermögens- und Berufsschichten unseres Volkes Gräben klafften, die nicht mit gutem Willen zu überbrücken wären.»[35] Dies prägt das republikanische Selbstverständnis der Schweiz als einer Nation, deren Einheit soziale, wirtschaftliche und individuelle Ungleichheiten und Differenzen transzendiert. Damit ist eingelöst, was den Männerbund als solchen überhaupt erst auszeichnet: der Einschluss der Männer qua Männer bei gleichzeitigem Ausschluss der Frauen qua Frauen. Was wiederum die Landsgemeinde veranschaulicht, wo «der Herr neben dem Bauer, der Arbeitgeber neben dem Arbeitnehmer» steht.[36] Dieser sich als vollständig realisiert verstehende Republikanismus und diese Beschwörung einer nationalen Einheit jenseits aller Ungleichheiten und Differenzen unter Männern zurrt die Bande des politischen Männerbundes stärker fest als in anderen europäischen Ländern: einziges Kriterium für Partizipation und Selbstbestimmung ist Männlichkeit. Und umgekehrt heisst das: Was den Mann als einen Gleichen unter Gleichen definiert, ist die politische Mitsprache.

Damit aber wird die Stimmurne – nach dem Bild der Landsgemeinde – zu einem Ort, an dem Männlichkeit und Geschlechterdifferenz von jedem einzelnen Mann gelebt und erfahren werden können.[37] Und die Bilder, Rituale und Inszenierungen der freiheitlichen und republikanischen Eidgenossenschaft bringen nicht nur «die Schweiz» zur Darstellung. Sie sind zugleich ein Identifikationsangebot für individuelle Männer, die sich in ihrer «schweizerischmännlichen» Bestimmung zur Selbstbestimmung ihrer Differenz zu den Frauen versichern können.[38]

Damit läuft der emanzipatorische Impetus in «Funken vom Augustfeuer» dort in eine Falle, wo die nationale Identität beschworen wird. In dieser Falle sollten sich Gleichstellungsforderungen in der Schweiz auch in den folgenden Jahrzehnten verfangen: Das Bekenntnis zur Nation war zugleich *nolens volens* ein Bekenntnis zu einem politischen Gemeinwesen, aus dem die Frauen grundlegend ausgeschlossen waren. Und es waren nicht im Mindesten auch die beiden Weltkriege, die in der Schweiz entsprechende Forderungen zurückbanden, indem sie Schübe von nationalkultureller Vergewisserung auslösten, während sie in anderen europäischen Ländern Schwellen zur Einführung des Frauenstimmrechts darstellten.

So sollte es, wie es «Funken vom Augustfeuer» vorwegnimmt, noch einige Zeit dauern, bis die Frauen 1971 vollwertige Staatsbürgerinnen wurden. «Donner auch!, brummt Gerd», als ihn seine Mutter auf zu erwartende Forderungen nach dem Frauenstimmrecht hinweist: «Die Frauen ins Regiment? Das ist aber doch ... das muss man sich noch gründlich überlegen!»[39] Es war dies allerdings nicht so sehr eine Sache des Räsonnements, als vielmehr eine des Gefühls: Sie betraf nichts weniger als das nationalkulturelle Selbstverständnis der Schweiz und damit das Selbstverständnis jedes einzelnen Mannes als Schweizers, der an der Urne seinem Willen – und seinem Widerwillen – Ausdruck verleihen konnte.

1 Möbius Paul Julius, Über den physiologischen Schwachsinn des Weibes, Halle a.S. 1900; Mayreder Rosa, Kritik der Weiblichkeit. Essays, Jena/Leipzig 1910 [1904]; Stöcker Helene, Ehe und Konkubinat, Sonderabdruck aus dem Publikationsorgan des Bundes «Die neue Generation», 8. Jg., H. 3, Berlin 1912, S. 11.
2 Hilty Carl, Von der Heiligkeit der Ehe, in: Politisches Jahrbuch der Schweizerischen Eidgenossenschaft, Bd. 23, Bern 1909, S. 189–222, hier S. 208f.
3 Hausen Karin, Die Polarisierung der «Geschlechtscharaktere» – Eine Spiegelung der Dissoziation von Erwerbs- und Familienleben, in: Conze Werner (Hg.), Sozialgeschichte der Familie in der Neuzeit Europas, Stuttgart 1976, S. 363–393; Studer Brigitte, Familialisierung und Individualisierung. Zur Struktur der Geschlechterordnung in der bürgerlichen Gesellschaft, in: L'Homme Z.F.G., 11. Jg., H. 1, 2000, S. 83–104.
4 Arni Caroline, Entzweiungen. Die Krise der Ehe um 1900, Köln 2004.
5 Solidarité, 1873, zit. nach: Joris Elisabeth / Witzig Heidi (Hg.), Frauengeschichte(n). Dokumente aus zwei Jahrhunderten zur Situation der Frauen in der Schweiz, Zürich 1986, S. 484.
6 Mesmer Beatrix, Ausgeklammert – Eingeklammert. Frauen und Frauenorganisationen in der Schweiz des 19. Jahrhunderts, Basel u.a. 1988, S. 250.
7 Vgl. zur Geschichte des Frauenstimmrechts und der politischen Partizipation der Frauen in der Schweiz: Mesmer Beatrix, Staatsbürgerinnen ohne Stimmrecht. Die Politik der schweizerischen Frauenverbände 1914–1971, Zürich 2007; Wecker Regina, «The Oldest

Democracy and Women's Suffrage: The History of a Swiss Paradox», in: Charnley Joy (Hg.), 25 Years of Emancipation. Women in Switzerland 1971–1996, Bern 1998; Hardmeier Sibylle, Frühe Frauenstimmrechtsbewegung in der Schweiz (1890–1930). Argumente, Strategien, Netzwerk und Gegenbewegung, Zürich 1997; Voegeli Yvonne, Zwischen Hausrat und Rathaus. Auseinandersetzungen um die politische Gleichberechtigung der Frauen in der Schweiz 1945–1971, Zürich 1997; Mesmer, Ausgeklammert – Eingeklammert.

8   Vgl. Hardmeier, Frauenstimmrechtsbewegung, S. 65–67; Hilty Carl, Frauenstimmrecht, in: Politisches Jahrbuch der Schweizerischen Eidgenossenschaft, 11. Jg., Bern 1897, S. 243–296.

9   Hilty, Frauenstimmrecht, S. 253f. (Hervorhebung im Original).

10 Vgl. zur spezifisch schweizerischen Fassung dieses Paradoxes als eine «Inkonsequenz des Liberalismus»: Mesmer, Ausgeklammer – Eingeklammert, S. 4–10. Vgl. auch Joris Elisabeth, «Mündigkeit und Geschlecht: Die Liberalen und das ‹Recht der Weiber›», in: Hildbrand Thomas / Tanner Albert (Hg.), Im Zeichen der Revolution. Der Weg zum schweizerischen Bundesstaat 1798–1848, Zürich 1997, S. 75–90.

11 Solidarité, 1873, zit. nach: Joris/Witzig, Frauengeschichte(n), S. 484.

12 Vgl. hierzu u.a.: Scott Joan W., Only Paradoxes to Offer. French Feminists and the Rights of Man, Cambridge Mass. / London 1996; Mosse George L., The Image of Man. The Creation of Modern Masculinity, New York 1996; Frevert Ute, «Mann und Weib, und Weib und Mann». Geschlechterdifferenzen in der Moderne, München 1995; Honegger Claudia, Die Ordnung der Geschlechter. Die Wissenschaften vom Menschen und das Weib, Frankfurt a.M. 1991.

13 Solidarité, 1873, zit. nach: Joris/Witzig, Frauengeschichte(n), S. 484.

14 Vgl. Mesmer, Ausgeklammert – Eingeklammert, S. 279. Damit waren z.B. die Schaffung spezifisch weiblicher Professionen (wie die Sozialarbeit) und die Mitsprache der Frauen im Schul-, Armen- und Kirchgemeindewesen gemeint.

15 Mesmer, Staatsbürgerinnen ohne Stimmrecht, S. 20.

16 Bleuler-Waser Hedwig, Funken vom Augustfeuer. Anregungen zur nationalen Erziehung in der Schweizerfamilie, Bern 1916, S. 10.

17 Bleuler-Waser, Funken vom Augustfeuer, S. 11f.

18 Ibd., S. 31.

19 Ibd., S. 45–47.

20 Ibd., S. 48f.

21 Ibd., S. 49 (Hervorhebung im Original).

22 Ibd., S. 49.

23 Blattmann Lynn, «Heil Dir Helvetia, hast noch der Söhne ja ...». Nationalisierung als Geschlechterkonzept, in: Altermatt Urs et al. (Hg.), Die Konstruktion einer Nation. Nation und Nationalisierung in der Schweiz, 18.–20. Jahrhundert, Zürich 1998, S. 121–129.

24 Von Mülinen Helene, Vorwort, in: Bleuler-Waser, Funken vom Augustfeuer.

25 Bleuler-Waser, Funken vom Augustfeuer, S. 28.

26 Vgl. zum BFS «zwischen Staatsbejahung und berechtigten Frauenforderungen»: Joris/Witzig, Frauengeschichte(n), S. 449f., sowie Mesmer, Ausgeklammert – Eingeklammert, S. 278–285.

27 Bleuler-Waser, Funken vom Augustfeuer, S. 28.

28 Hilty, Frauenstimmrecht, S. 266. Zur «erfundenen Tradition» vgl. Hobsbawm Eric / Ranger Terence (Hg.), The Invention of Tradition, Cambridge 1983; für die Schweiz vgl. u.a. Marchal Guy P. / Mattioli Aram (Hg.), Erfundene Schweiz. Konstruktionen nationaler Identität, Zürich 1992.

29 Vgl. zur Konstruktion von Nationen: Anderson Benedict, Die Erfindung der Nation. Zur Karriere eines folgenreichen Konzeptes, Frankfurt a.M. 1993.

30 Von Mülinen, Vorwort.
31 Wie viel Mythenbildung einer solchen Darstellung innewohnt, haben Historiker in den vergangenen Jahrzehnten aufgezeigt; vgl. jüngst: Sablonier Roger, Gründungszeit ohne Eidgenossen. Politik und Gesellschaft in der Innerschweiz um 1300, Aarau 2008.
32 Bleuler-Waser, Funken vom Augustfeuer, S. 80 (Hervorhebung im Original).
33 Eine Grenze allerdings kennt dieser Egalisierungsprozess auch bei Bleuler-Waser: Halt macht er, hypothetisch, an der «Rassendifferenz». In der Schweiz, so führt Vater Frey aus, lasse es sich «wohl nach Gleichheit unter allen Gliedern des Volkes streben», da «wir's in unserer Schweiz doch nicht wie die Amerikaner mit den Negern, mit grossen Volksbestandteilen anderer Menschenrassen zu tun [haben]» (S. 87f).
34 Bleuler-Waser, Funken vom Augustfeuer, S. 75. Vgl. auch zur politischen Partizipation als Kern nicht nur von Staatsbürgerschaft, sondern auch von nationaler Identität: Altermatt Urs et al. (Hg.), Die Konstruktion einer Nation. Nation und Nationalisierung in der Schweiz, 18.–20. Jahrhundert, Zürich 1998.
35 Bleuler-Waser, Funken vom Augustfeuer, S. 87.
36 Ibd., S. 69.
37 Nicht zufällig ist es die konkret und ritualisiert erfahrbare Landsgemeinde, die sich den Frauen bis 1989 respektive 1990 verschliessen sollte.
38 Blattmann Lynn / Meier Irene (Hg.), Männerbund und Bundesstaat. Über die politische Kultur der Schweiz, Zürich 1998.
39 Bleuler-Waser, Funken vom Augustfeuer, S. 80.

Bestrebungen zur rechtlichen und politischen Gleichstellung der Schweizerin im 19. Jahrhundert

Catherine Bosshart-Pfluger

«Das mündigste Volk Europa's betrachtet und behandelt seinen weiblichen Bestandtheil, wenn nicht völlig konsequent im Leben, doch vor dem Gesetz und in der Sitte als das unmündigste Kind.»[1]

Das negative Urteil der Bernerin Julie von May bezog sich auf die rechtliche Lage der Schweizerin im Jahr 1872. Was waren die Hintergründe dieser Situationsanalyse?

Im bürgerlichen Lebensmodell, wie es im Liberalismus des 19. Jahrhunderts vertreten und in der Regenerationszeit umgesetzt worden war, wurde die ständische Ordnung abgeschafft und die Rechtsgleichheit für alle Staatsbürger verlangt. Im Gegensatz zu diesem liberalen Grundprinzip wurden aber den Frauen die politischen Rechte und die bürgerliche Handlungsfreiheit vorenthalten. Der Familie kam grundsätzlich ein hoher Stellenwert zu. Damit war eine klare Rollenteilung der Geschlechter verbunden, welche die Nichterwerbstätigkeit von Ehefrauen und Töchtern und ihre Beschränkung auf Haushalt und Kindererziehung mit einschloss. Die Beschränkung der Bürgerin auf den häuslichen Bereich führte im Laufe der Zeit zu einer Abwertung ihrer Arbeitsleistung. Eine Folge dieser Geringschätzung war die Perpetuierung ihrer rechtlichen Unmündigkeit, besonders die der verheirateten Frau.

Im schweizerischen Bundesstaat von 1848 wurde das Konzept der Geschlechterdifferenz weitergeführt. Die Gleichheit aller Bürger, wie sie in der Bundesverfassung statuiert worden war, bezog sich nur auf den männlichen Teil der Bevölkerung. Die politische Emanzipation mit Stimm- und Wahlrecht betraf ausschliesslich die männlichen Staatsbürger.[2]

Im Bereich des Zivilrechts brachte die Bundesstaatsgründung vorerst keine gesamtschweizerische Kodifikation. Das Privatrecht (Ehe-, Erb- und Güterrecht) war in den meisten Kantonen erst in der Regenerationszeit verschriftlicht worden und berief sich je nach geographischer Lage auf seine Vorbilder, den französischen Code Civil (1804), das österreichische Allgemeine Bürgerliche Gesetzbuch (1811) oder später auf das Zürcher Privatrechtliche Gesetzbuch (1853/55).[3] Da es sich um kantonale Regelungen handelte, fielen sie dementsprechend unterschiedlich aus. Ohne an dieser Stelle auf die einzelnen Zivilrechte der Kantone eingehen zu können, lassen sich die zentralen Bestimmungen folgendermassen fassen:

Das Oberhaupt der Familie war der Mann, er zeichnete für Schutz und finanziellen Unterhalt der Familienmitglieder verantwortlich. Die Frau war für das Hauswesen zuständig und schuldete dem Gatten ebenso Gehorsam wie die Kinder. Der Ehegatte war es auch, der den Wohnsitz der Familie bestimmte und der Ehefrau seinen Namen und sein Bürgerrecht gab. Im güterrechtlichen Bereich verwaltete und nutzte er das von der Frau eingebrachte Vermögen. Ohne seine Zustimmung konnte die Ehefrau keine bedeutenden Rechtsgeschäfte tätigen. Wirklich selbständig verfügen konnte sie nur über das Haushaltungsgeld, das ihr vom Gatten zur Verfügung gestellt wurde. In den Erbrechtsbestimmungen der verschiedenen Kantone waren Töchter häufig schlechter gestellt als Söhne. So erhielten sie beispielsweise nach dem von Kasimir Pfyffer verfassten Luzerner Bürgerlichen Gesetzbuch (§ 391) nur vier Anteile der väterlichen Verlassenschaft, während Söhne deren fünf bekamen. Das Erbe der Mutter wurde gleichmässig unter allen Geschwistern aufgeteilt.[4]

Beseitigung der Geschlechtervormundschaft
Am Anfang der Bestrebungen um eine rechtliche Gleichstellung von Seiten der Frauen standen die Bemühungen, die Geschlechtervormundschaft aufzuheben. Darunter ist in der Schweiz zum einen eine Vormundschaft über unverheiratete volljährige Frauen zu verstehen. Zum anderen unterstanden die verheirateten Frauen in allen kantonalen Privatrechten der Vormundschaft des Ehemannes. Alle Schweizer Frauen waren also rechtlich nicht handlungsfähig. Die Geschlechtervormundschaft war nur in den Zivilgesetzbüchern von Genf (1714) und Zürich (1715) bereits im 18. Jahrhundert abgeschafft worden. Die anderen Kantone verzichteten erst nach und nach im Laufe des 19. Jahrhunderts darauf.[5] Grund für das lange Festhalten an dieser Regelung in einzelnen Kantonen war möglicherweise der Einsatz der Geschlechtervormundschaft als Instrument der Armenpolitik in den Gemeinden. Da das Schweizer Bürgerrecht an eine Gemeinde gebunden ist, war es diese Gemeinde, die im Notfall die Armenversorgung einer Bürgerin oder eines Bürgers übernehmen musste. Die Armenkasse wurde durch eine Steuer der zahlungsfähigen Bürgerinnen und Bürger gespeist. Im Gefolge der Industriellen Revolution kam es zu einer Zunahme der Unterstützungsbedürftigen, was verschiedene Kassen aus dem Lot brachte. Die Gemeindebehörden reagierten mit verstärkter Kontrolle der potentiell von Armut bedrohten Bürger, mit Heiratsbeschränkungen für Mittellose und strenger Überwachung alleinstehender Frauen durch den Vormund.[6]

Die Entwicklungen in Bern und Baselland sind speziell erwähnenswert. Zwischen 1843 und 1847 verlangten die Bernerinnen in zwei verschiedenen Petitionen die Aufhebung der Geschlechtsbeistandschaft für verwitwete und ledige Frauen, nachdem diese im jurassischen Kantonsteil bereits 1839 beigelegt worden war.[7] Im Mai 1847 schliesslich verabschiedete der Grosse Rat des Kantons Bern das sogenannte «Emanzipationsgesetz». Nun konnten nicht nur alleinstehende Frauen über ihr Vermögen verfügen, sondern auch verwitwete Frauen mit Kindern.[8] Im Kanton Basel-Landschaft waren die Vorstösse zur

Beseitigung der Geschlechtervormundschaft während der ersten Revision der Kantonsverfassung weniger erfolgreich. Zwei Petitionen forderten 1850 die Aufhebung der Geschlechtsbeistandschaft, die aber in keiner Weise in die Verhandlungen einbezogen wurden. Trotz des Widerspruchs zu den garantierten Grundrechten wurde die bisherige Regelung im Vormundschaftsgesetz von 1853 beibehalten. Das Gesetz brachte insofern eine Verbesserung, als die alleinstehende Frau nun zumindest über ihren Arbeitslohn frei verfügen konnte, während die Verwaltung des Vermögens immer noch in der Hand ihres Vormundes lag.

Erst das Bundesgesetz über die persönliche Handlungsfähigkeit von 1881[9] hob die Vormundschaft über unverheiratete, verwitwete oder geschiedene Frauen in der ganzen Schweiz auf. Bis zu diesem Zeitpunkt war die Geschlechtervormundschaft noch in fünf Kantonen erhalten geblieben: Appenzell (AR und AI), Graubünden, St. Gallen, Uri und Wallis. An der Stellung der verheirateten Frau änderte sich allerdings durch das Bundesgesetz nichts. Sie unterstand weiterhin der Vormundschaft des Gatten. In einigen Kantonen der Deutschschweiz hatte sie immerhin die Verfügungsgewalt über ihr Sondergut, das sie in die Ehe eingebracht beziehungsweise während der Ehe geerbt hatte.

Einführung der Zivilehe durch die Bundesverfassungsrevision 1874

Erste nationale Bemühungen zur zivil- und arbeitsrechtlichen Besserstellung der Frauen wurden vom Schweizer Komitee der «Association internationale des femmes» 1870 unternommen. Mit einer Petition versuchte der Verein, direkt auf die Behörden einzuwirken, um bei der Revision der Bundesverfassung die rechtliche und wirtschaftliche Gleichstellung der Frau durchzusetzen.[10] Die Bernerin Julie von May publizierte zwei Jahre später eine Broschüre zur Frauenfrage in der Schweiz[11] und forderte eine grössere Autonomie der Frauen und die Ausebnung des wirtschaftlichen und gesellschaftlichen Machtgefälles. Von politischen Mitbestimmungsrechten ist in dieser Schrift allerdings nicht die Rede. Doch beide Vorstösse zeitigten keinen Erfolg. Was sich mit der Revision der Bundesverfassung von 1874 grundlegend veränderte, war die Ehegesetzgebung. Diese wurde dem Bund übertragen und die Ehe unter den Schutz des Staates gestellt. Damit wurden die obligatorische Zivilehe und auch neue Normen für die Ehescheidung eingeführt. Kirchliche und konfessionell bedingte Ehebeschränkungen und soziale Eheuntauglichkeit wurden verboten. Nun konnten auch arme Leute heiraten, die auf fremde Hilfe angewiesen waren. Bisher waren solche Eheschliessungen gemäss kantonalen Gesetzen verboten gewesen, was in der Schweiz generell zu einem hohen Heiratsalter und einer grossen Anzahl ausserehelicher Geburten geführt hatte.[12]

Die revidierte Bundesverfassung von 1874 statuierte zwar nicht mehr Rechte für die Schweizer Frauen, zog aber eine Umformung des politischen Systems durch die Einführung des Gesetzesreferendums und durch erweiterte

Bundeskompetenzen nach sich. Damit erhöhte sich der Druck auf Parteien und Interessengruppen, ihre Kräfte zu koordinieren und sich gesamtschweizerisch zu organisieren, wollten sie ihre politischen Ziele erreichen. Von Seiten der männlichen Politiker wurden die Möglichkeiten politischer Einflussnahme erkannt, die im zahlenmässigen Umfang von grossen Vereinen lagen. Obwohl die Frauen keine politische Gleichberechtigung hatten, betonte Julie von May bereits 1872 die Wichtigkeit von Vereinen und die Lancierung von Petitionen für die Ziele der Frauenbewegung. Sie sah in ihnen geeignete Mittel, um die rechtlichen Ungleichheiten zwischen den Geschlechtern aufzudecken und zu beheben.[13] Nach 1874 passten sich die Frauenvereine immer mehr «den milizmässigen und korporatistischen Strukturen des politischen Systems»[14] an.

Aufbau nationaler Frauenverbände

Frauenvereine hatte es in der Schweiz bereits in der ersten Hälfte des 19. Jahrhunderts gegeben. Sie engagierten sich vor allem in der Krankenpflege, im Armenwesen und in der Mädchenbildung. Diese Tätigkeitsfelder entsprachen der Frauen vorbehaltenen Arbeit im dualistischen Geschlechtermodell. Sie beinhalteten Aufgaben im sozialen und bildungspolitischen Bereich, die überforderte Politiker an Frauen delegiert hatten. Diese Vereine waren vor allem lokal organisiert.[15]

Erst im letzten Viertel des 19. Jahrhunderts begann sich eine nationale Verbandsstruktur von oben nach unten zu entwickeln. Die Gründerinnen formulierten klare Ziele, verfügten aber vorerst über keine Massenbasis.[16] Der Einsatz der 1868 gegründeten, kurzlebigen Association internationale des femmes für die Verbesserung der privat- und öffentlichrechtlichen Stellung der Frau bildete von der Zielsetzung her vorerst eine Ausnahme in der Frauenbewegung. Das 1875 geschaffene Comité intercantonal des dames, der Schweizer Zweig der internationalen Fédération pour l'abolition de la prostitution, schuf eine erste, verbandsähnliche Struktur im Bereich der Frauenvereine, die sich für die Hebung der Sittlichkeit einsetzten. Das Ziel des Komitees war die Abschaffung der rechtlichen Voraussetzungen der Prostitution. Der 1885 in Aarau gegründete Schweizer Frauen-Verband setzte sich allgemein die Verbesserung der rechtlichen und beruflichen Lage der Frau zum Ziel. Differenzen über Aktivitätsschwerpunkte führten bereits 1888 zu einer Spaltung. Ein Teil näherte sich der Sittlichkeitsbewegung an, während der andere sich unter dem Namen Schweizerischer gemeinnütziger Frauenverein (SGF) zu einem Verein mit beachtlichem Tätigkeitsfeld und Einfluss entwickelte.[17] In den letzten zehn Jahren des 19. Jahrhunderts nahmen Verbands- und Vereinsgründungen einen ungeahnten Aufschwung. 1890 schlossen sich die Arbeiterinnenvereine zu einem Verband zusammen, 1899 taten es ihnen die christlichsozialen Arbeiterinnenvereine gleich. In der gleichen Zeit organisierten sich Lehrerinnen und Hebammen in Berufsvereinen. Neu entstanden die sogenannten fortschrittlichen Frauenvereine (Union des femmes de Genève, Frauenkomitee Bern sowie Verein für Frauenbildungs-Reform und Verein für Rechtsschutz in Zürich), die sich für eine verbesserte Stellung der Frau im Arbeits- und Zivilrecht einsetzten. Sie fusionierten 1896 zur Union für Frauenbestrebungen. Im gleichen Jahr wurde in Genf während des ersten schweizerischen Kongresses für die Interessen der Frau versucht, eine Flurbereinigung der heterogenen schweizerischen Frauenbewegung vorzunehmen. Eine ständige Kommission für Frauenfragen sollte für die Umsetzung der Beschlüsse des Kongresses verantwortlich sein. Da sich diese Kommission durch Untätigkeit auszeichnete, gleichzeitig aber drei wichtige eidgenössische Gesetzeswerke (Zivil- und Strafgesetzbuch sowie das Kranken- und Unfallversicherungsgesetz) zur Diskussion standen, drängten die fortschrittlichen Frauenvereine auf eine Verbandsgründung, um die Interessen der Frauen besser repräsentieren zu können. Die Spitzen der fortschrittlichen Frauenbewegung bereiteten im Herbst 1899 in Genf die Gründung des Bundes Schweizerischer Frauenvereine (BSF) vor, die im Mai 1900 vollzogen wurde.[18] Es war von Anfang an klar, dass der BSF von seiner Ausrichtung her nicht die Gesamtheit der Frauenvereine vertreten würde. Es traten ihm neben den fortschrittlichen Frauenvereinen die Berufsorganisationen der Lehrerinnen und Hebammen und einige Sektionen des SGF bei. Die anderen Vereine sagten ab und/oder vereinigten sich in einem eigenen Verband. Dies war vor allem bei den katholischen und sozialdemokratischen Minderheiten der Fall.[19]

Einflussversuche bei der Ausarbeitung des Zivilgesetzbuches
Für die verschiedenen Frauenverbände bedeutete die Ausarbeitung eines Schweizerischen Zivil- und eines Strafgesetzbuches, die im Zuge der Rechtsvereinheitlichung verabschiedet werden sollten, eine Herausforderung und führte zu ihrer Politisierung. 1892 wurde der Jurist Eugen Huber vom Bundesrat beauftragt, ein Schweizerisches Zivilgesetzbuch zu entwerfen, obwohl der Bund dafür erst 1898, gleichzeitig mit dem Strafrecht, die Verfassungskompetenz erhielt. Der 1900 von Huber veröffentlichte Vorentwurf enthielt die Regelung des Personen- und Familienrechts sowie des Erb- und des Sachenrechts.

Die Einflussmöglichkeiten der Frauenverbände auf die Kodifikation des Zivilgesetzbuches waren beschränkt, da die Schweizer Frauen damals über keine politischen Rechte verfügten. Immerhin war die Intervention des BSF insofern erfolgreich, als er eine männliche Vertretung in der Person des Rechtsprofessors Max Gmür in die Expertenkommission entsenden konnte. Diese war mit der Beratung des Vorentwurfs des Zivilgesetzbuches in der Zeit zwischen 1901 und 1903 beauftragt. Ein weiteres Mittel, Stellung zu beziehen, war die Einreichung von Bittschriften an den Gesetzgeber. In den Jahren des Entstehungs- und Beratungsprozesses des Zivilgesetzbuches verfassten verschiedene Frauenverbände und -vereine mehr als ein Dutzend Petitionen,[20] die unterschiedliche Zielsetzungen verfolgten. Die eher fortschrittlichen, im BSF zusammengeschlossenen Vereine zielten auf ein partnerschaftliches Verhältnis der Ehepartner in gemeinsamer Verantwortung für Familie und Besitz. Sie setzten sich für die Gütertrennung als ordentlichen Güterstand in der Ehe ein, für die Berufsausübung der Ehefrau, unabhängig von der Einwilligung des Ehepartners, für eine partnerschaftliche Stellung der Ehefrau mit Mitspracherecht in Erziehungsfragen und bei der Wahl des Wohnortes. Die Sittlichkeitsvereine formulierten vor allem Postulate für den rechtlichen Schutz der Frau und für die Besserstellung unehelicher Kinder.

Schon zu Beginn der Diskussion 1894 hatte sich die Juristin Emilie Kempin-Spyri zum Ehegüterrecht geäussert[21] und sich gegen die freie Wahl zwischen drei Güterständen gewandt, wie sie Eugen Huber vorsah. Sie sah in der Güterverbindung, die automatisch zur Anwendung kommen sollte, wenn das Ehepaar sich nicht für eine andere Form entschied, eine Beschränkung der Handlungsfähigkeit der Frau. «Da der Mann das gesetzliche Recht der Verwaltung ihres Vermögens hat, so ist sie, wenn auch nicht rechtlich, so thatsächlich unter seiner Vormundschaft […].»[22] In der Güterverbindung verwaltete der Ehemann den Besitz und das Einkommen beider Ehepartner. Die Gütergemeinschaft fand noch weniger ihre Billigung, da dadurch Besitz und Einkommen der Ehefrau mit jenem des Ehemannes zusammengelegt und von ihm bewirtschaftet würden. Das System der Gütertrennung, das mittels eines notariell erstellten Ehevertrags gewählt werden konnte, schien ihr die einzig vernünftige Form, die Selbständigkeit der Ehefrau zu erhalten. Ihre Meinung wurde vom BSF geteilt. Falls die Gütertrennung nicht als ordentlicher Güterstand angenommen werden sollte, wünschte der BSF zumindest eine Aufklärung des Brautpaares auf dem Zivilstandesamt über die verschiedenen Güterstände und die Möglichkeit, einen Vertrag ohne Notar abzuschliessen.[23] In der Expertenkommission setzte sich die Güterverbindung als ordentlicher Güterstand durch. Auf die Forderung des BSF nach einer obligatorischen Information des Brautpaares über die beiden anderen Güterstände wurde verzichtet. War von der Geschlechtervormundschaft über die verheiratete Frau im ZGB nicht mehr die Rede, so bestand sie in der Sache doch teilweise weiter. Der Ehemann blieb der Vertreter der ehelichen Gemeinschaft, die Ehefrau verfügte nur über Handlungsbefugnis im Bereich des Haushaltes (sogenannte Schlüsselgewalt). Konnte ihr Missbrauch der Vertretungsbefugnis vorgeworfen werden, dann hatte der Ehemann die Möglichkeit, ihr diese zu entziehen. Zur Ausübung eines Berufes bedurfte die Ehefrau immer noch der Zustimmung ihres Partners. Den Anliegen der Juristin Kempin-Spyri und des BSF für das eheliche Güterrecht wurde also weitgehend nicht Rechnung getragen.

Max Gmür hatte in seinem Rechenschaftsbericht seine schwierige Stellung als Vertreter des BSF thematisiert und festgehalten, dass über den Vorschlag

Eugen Hubers hinausgehende Vorstösse in der Expertenkommission nur Chancen hatten, sich durchzusetzen, wenn sie sich mit Vorschlägen anderer Interessengruppen deckten.[24] Dies war bei den Rechten des ausserehelichen Kindes der Fall. Im Entwurf des Schweizerischen Zivilgesetzbuches (ZGB) war eine Frist von drei Monaten nach der Geburt zur Einreichung einer Vaterschaftsklage vorgesehen. Der BSF verlangte eine Ausdehnung dieser Zeitspanne bis zur Mündigkeit des Kindes, im Minimum aber eine Erhöhung auf ein Jahr. Der Vorschlag des BSF wurde 1905 durch eine Eingabe der Frauenvereine zur Hebung der Sittlichkeit verstärkt. Dieser Änderungsvorschlag setzte sich ebenso durch wie die Erhöhung des Heiratsalters für Frauen auf 18 Jahre. Im Bereich des Kindsrechtes wurde neu festgehalten, dass nicht nur bei der Wiederverheiratung einer Mutter, sondern auch bei der eines Vaters zu prüfen sei, ob das Kind einen weiblichen Vormund erhalte. Definitiv beseitigt wurde im ZGB die ungleiche Behandlung von männlichen und weiblichen Nachkommen im Erbrecht. Zusammenfassend kann festgehalten werden, dass von der Expertenkommission vor allem Veränderungen des ZGB-Entwurfs vorgenommen wurden, die den Schutz der Frau und des Kindes vorsahen. Vorstösse, die den Frauen mehr Rechte gegeben hätten, wurden meist abgelehnt. Das 1912 in Kraft getretene ZGB blieb bis zur Revision des Ehe- und Erbrechts 1988 in Kraft.

Bestrebungen zur politischen Gleichberechtigung der Schweizerin

Erste Spuren einer indirekten politischen Mitsprache für Frauen mit Grundbesitz finden sich bereits im Berner Gemeindegesetz von 1833; sie mussten sich allerdings durch einen Mann vertreten lassen. 1852 wurde diese Möglichkeit wieder aufgehoben, die Beteiligung auf ledige und verwitwete Frauen eingeschränkt und 1887 schliesslich ganz abgeschafft.[25]

Erst in der zweiten Hälfte des 19. Jahrhunderts begann in der Schweiz vereinzelt die Diskussion um das Frauenstimm- und -wahlrecht. In den 1880/90er Jahren intensivierte sie sich, was mit den anstehenden Fragen auf politischer und rechtlicher Ebene und dem freien Zugang der Frauen zu Universitäten und anderen höheren Bildungsstätten zusammenhing. Die promovierte Bündner Historikerin Meta von Salis war die erste Frau, die offen für das Frauenstimmrecht kämpfte. Zum Jahreswechsel 1886/87 veröffentlichte sie in der demokratischen Tageszeitung «Zürcher Post» den Artikel «Ketzerische Neujahrsgedanken einer Frau».[26] Mit dem Argument «gleiche Rechte, gleiche Pflichten» rechtfertigte sie die Forderung nach politischer Mitbestimmung der Frau. Da sie Steuern zahle, solle sie auch mitreden dürfen, wie diese verwendet würden. Betreffend die Pflichten sah sie für die unverheiratete Frau den Einsatz im Sanitäts- und Verwaltungswesen oder die Bezahlung von Militärpflichtersatzsteuern vor. Die Ehefrau nahm sie davon aus, da diese für die kommende Generation von Soldaten und Bürgern zu sorgen habe.

Im Vorfeld des Kongresses für die Interessen der Frau erregte sie mit dem Vortrag «Frauenstimmrecht und Wahl der Frau», den sie 1894 in Chur, Bern und Zürich hielt, noch mehr Aufmerksamkeit. Ihre pointierte Beurteilung des patriarchal geprägten Systems der Schweiz fand aber wenig Zustimmung.[27] Zur Erreichung ihrer strategischen Ziele gab sie der Taktik der Einzelaktionen den Vorzug vor einer breiten Organisierung der Frauen.

Auch die erste Schweizer Juristin, die Zürcherin Emilie Kempin-Spyri, forderte 1893 im Artikel «Die Frau im öffentlichen Leben»[28] das Stimm- und Wahlrecht für die Schweizer Frauen. Sie hatte 1887 promoviert. Wegen des fehlenden Aktivbürgerrechts wurde ihr jedoch verwehrt, als Anwältin zu praktizieren. Das Aktivbürgerrecht war damals für die männliche Bevölkerung im Kanton Zürich die einzige Anforderung, um einen Mandanten vor Gericht vertreten zu können. Kempin legte daraufhin eine staatsrechtliche Beschwerde beim Bundesgericht ein und interpretierte den Artikel 4 der Bundesverfassung dahingehend um, dass der Begriff «Schweizer» sowohl Männer als auch Frauen umfasse (vgl. den Artikel «Verfassungsrevision oder Interpretationsweg?» in diesem Band). Das Bundesgericht wies die Beschwerde mit der Begründung «ebenso neu als kühn» ab.[29] Das fehlende Stimm- und Wahlrecht wirkte sich für Kempins Existenz bedrohlich aus, indem ihr eine Berufsausübung versagt wurde.

Im erwähnten Artikel ging Kempin in ihrer Argumentation von einem dualen Geschlechtermodell aus, das die Delegation von sozialen Aufgaben an die Frauen befürwortete, sofern ihnen gleichzeitig politische Mitsprache gewährt wurde. Sie verfolgte ein schrittweises Vorgehen, das zunächst Mitsprache der Frauen in den ihnen naheliegenden Bereichen vorsah, vor allem im Schul-, Armen- und Justizwesen. 1897, ein Jahr nach dem Schweizer Kongress für die Interessen der Frau, publizierte der Berner Rechtsprofessor und Nationalrat Carl Hilty den ersten umfassenden Artikel über das Frauenstimmrecht im «Politischen Jahrbuch der Schweiz».[30] Er hielt ein Plädoyer für die schrittweise Einführung des Frauenstimmrechts und lehnte es ab, der zivilrechtlichen Besserstellung der Frau den Vorrang vor der politischen zu geben.[31] Die verschiedenen Frauenvereine nahmen sich die empfohlene Taktik zu Herzen und versuchten 1899 im Kanton Bern die Wählbarkeit der Frauen in die Schulkommissionen zu erreichen. Doch 1900 lehnten die Berner Stimmbürger das passive Frauenwahlrecht für den Schulbereich ab. Daraufhin gingen die Vereine sehr vorsichtig vor und suchten sich breit abzustützen, wenn sie neue Vorstösse unternahmen. Schliesslich gelang es 1902, in Zürich das Wahlrecht der Frauen in Kirchensachen durchzubringen. In der Westschweiz bestand die gleiche Bereitschaft in kirchlichen Kreisen. Es zeigte sich, dass «die Befürworter erweiterter Mitspracherechte der Frauen im sozialen und erzieherischen Bereich […] sich vorwiegend aus religiös engagierten Kreisen» rekrutierten.[32] Die vermehrte Propaganda der Befürworterinnen führte dazu, dass sich nun auch die Gegnerinnen sammelten. Der Weg der schrittweisen Erreichung politischer Gleichberechtigung zeichnete sich als langer und mühseliger Prozess ab. Die eingangs zitierte Beurteilung Julie von Mays aus dem Jahr 1872 sollte im Bereich der politischen und rechtlichen Gleichstellung fast 100 Jahre Gültigkeit haben.

1 Von May Julie, Die Frauenfrage in der Schweiz zur Bundesrevision am 12. Mai 1872, Biel 1872, S. 5.
2 Vgl. zur Teilung der bürgerlichen Welt im 19. Jahrhundert: Mesmer Beatrix, Ausgeklammert – Eingeklammert. Frauen und Frauenorganisationen in der Schweiz des 19. Jahrhunderts, Basel/Frankfurt a.M. 1988, S. 4–29.
3 Gerber Jenni Regula, Rechtshistorische Aspekte des bernischen Emanzipationsgesetzes von 1847, in: Gerhard Ute, Frauen in der Geschichte des Rechts. Von der Frühen Neuzeit bis zur Gegenwart, München 1997, S. 480–493, hier S. 480f.
4 Pahud de Mortanges René, Schweizerische Rechtsgeschichte. Ein Grundriss, Zürich / St. Gallen 2007, S. 243; zur rechtlichen Situation der Frau im Kanton Zürich vor Einführung des ZGB vgl. Delfosse Marianne, Emilie Kempin-Spyri (1853–1901), Diss. iur. Zürich 1994, S. 160–169; zur Situation in Basel vgl. Wecker Regina, Zwischen Ökonomie und Ideologie. Arbeit im Lebenszusammenhang von Frauen im Kanton Basel-Stadt 1870–1910, Zürich 1997, S. 99–115.
5 Im Kanton Fribourg wurde die Geschlechtervormundschaft 1834, im Tessin 1837 und im Kanton Solothurn 1841 aufgehoben. Pahud de Mortanges, Rechtsgeschichte, S. 244.
6 Ryter Annamarie, Die Geschlechtsvormundschaft in der Schweiz: Das Beispiel der Kantone Basel-Landschaft und Basel-Stadt, in: Gerhard Ute, Frauen in der Geschichte des Rechts. Von der Frühen Neuzeit bis zur Gegenwart, München 1997, S. 494–506, hier S. 503–505. Vgl. auch Ryter Annamarie, Als Weibsbild bevogt. Zum Alltag von Frauen im 19. Jahrhundert. Geschlechtsvormundschaft und Ehebeschränkungen im Kanton Basel-Landschaft, Liestal 1994. Zur Situation im Kanton Basel-Stadt vgl. Wecker Regina, Geschlechtsvormundschaft im Kanton Basel-Stadt. Zum Rechtsalltag von Frauen – nicht nur im 19. Jahrhundert, in: Jaun Rudolf / Studer Brigitte (Hg.), Weiblich – männlich. Geschlechterverhältnisse in der Schweiz. Rechtsprechung, Diskurs, Praktiken, Zürich 1995, S. 87–101.
7 Gerber Jenni Regula, Rechtshistorische Aspekte des bernischen Emanzipationsgesetzes von 1847, S. 484–486; Mesmer, Ausgeklammert – Eingeklammert, S. 79–81.
8 Vgl. Gerber Jenni Regula, Die Emanzipation der mehrjährigen Frauenzimmer. Frauen im bernischen Privatrecht des 19. Jahrhundert, Diss. iur. Frankfurt a.M./Berlin/Bern 1997.
9 Bundesgesetz betreffend die persönliche Handlungsfähigkeit vom 22. Brachmonat 1881, in: Bundesblatt, 3 (1881), S. 439–442.
10 Mesmer Beatrix, Pflichten erfüllen heisst Rechte begründen. Die frühe Frauenbewegung und der Staat, in: SZG 46 (1996), S. 334f.
11 Von May, Die Frauenfrage.
12 Pahud de Mortanges, Schweizerische Rechtsgeschichte, S. 245f.
13 Von May, Die Frauenfrage, S. 13.
14 Hardmeier Sibylle, Die frühe Frauenstimmrechtsbewegung in der Schweiz (1890–1930). Argumente, Strategien, Netzwerk und Gegenbewegung, Zürich 1997, S. 47.
15 Mesmer, Pflichten erfüllen heisst Rechte begründen, S. 333f.
16 Vgl. zur Organisationsstruktur und Entstehungsgeschichte der schweizerischen Frauenbewegung Mesmer Beatrix, Die Organisationsstruktur der schweizerischen Frauenbe-

wegung bis zur Reorganisation von 1949, in: Prongué Bernard et al. (Hg.), Passé pluriel. En hommage au professeur Roland Ruffieux, Fribourg 1991, S. 107–116; Mesmer, Ausgeklammert – Eingeklammert, S. 150–220.

17 Vgl. zum SGF Escher Nora, Entwicklungstendenzen der Frauenbewegung in der deutschen Schweiz 1859–1918/19, Zürich 1985, S. 52–127, und Mesmer, Ausgeklammert – Eingeklammert, S. 180–195.

18 Vgl. zur Gründung des BSF Redolfi Silke, Frauen bauen Staat, Zürich 2000, S. 19–38, und Brodbeck Doris, Hunger nach Gerechtigkeit. Helene von Mülinen (1850–1924) – Eine Wegbereiterin der Frauenemanzipation, Zürich 2000, S. 73–81.

19 Dies war bei den Katholikinnen der Fall, die ihre verschiedenen Vereine 1912 im Schweizerischen Katholischen Frauenbund zusammenführten. Vgl. dazu Mutter Christa, Frauenbund und politisches Bewusstsein im schweizerischen katholischen Frauenbund: der Weg des SKF zwischen Kirche und Frauenbewegung, Liz. Freiburg 1987, S. 24–57. Die sozialdemokratischen Arbeiterinnenvereine wurden in den Gewerkschaftsbund integriert, vgl. dazu Frei Annette, Rote Patriarchen. Arbeiterbewegung und Frauenemanzipation in der Schweiz um 1900, Zürich 1987, S. 96–140.

20 Vgl. dazu Benz Sibylle, Die Forderungen der frühen Frauenbewegung an ein schweizerisches Zivilgesetzbuch, in: Arbeitsgruppe Frauengeschichte Basel (Hg.), Auf den Spuren weiblicher Vergangenheit. Beiträge der 4. Historikerinnentagung, Zürich 1988, S. 125–147.

21 Kempin-Spyri Emilie, Die Ehefrau im künftigen Privatrecht der Schweiz, Zürich 1894, 22 S.

22 Kempin-Spyri, Die Ehefrau, S. 7f., zit. nach: Delfosse Marianne, Emilie Kempin-Spyri (1853–1901), Diss. iur. Zürich 1994, S. 176.

23 Vgl. Brodbeck Doris, Hunger nach Gerechtigkeit, S. 92–98.

24 Archiv der Gosteli-Stiftung zur Geschichte der schweizerischen Frauenbewegung (AGoF), 103 BSF, 437-01-10, Revision ZGB, Max Gmür, Bericht über die Vertretung des Bundes Schweiz. Frauenvereine bei der Grossen Civilrechtscommission. (speciell Erbrecht). Abgestattet an der Jahresversammlung des BSF in Zürich 18. Oct. 1902, 7 S., hier S. 1.

25 Kreisschreiben des Regierungsrates vom 11. Februar 1887. Vgl. dazu: Voegeli Yvonne, Frauenstimmrecht, in: Historisches Lexikon der Schweiz, Bd. 4, Basel 2005, S. 705f.; Frauen, Macht, Geschichte: frauen- und gleichstellungspolitische Ereignisse in der Schweiz 1848–1998, 2 Mappen, Bern 1998–1999.

26 Vgl. dazu Stump Doris, Sie töten uns – nicht unsere Ideen: Meta von Salis-Marschlins, 1855–1929, Schweizer Schriftstellerin und Frauenrechtskämpferin, Diss. phil. I Zürich, Thalwil, Zürich 1986. Zu den frühen Stimmen für das Frauenstimmrecht vgl. Hardmeier, Die frühe Frauenstimmrechtsbewegung in der Schweiz (1890–1930), S. 45–67

27 Mesmer, Ausgeklammert – Eingeklammert, S. 246f.

28 Frauen im öffentlichen Leben, in: Frauenrecht, 16. April 1893. Der Artikel ist nicht signiert.

29 Delfosse Marianne, Emilie Kempin-Spyri (1853–1901), S. 39–48.

30 Hilty Carl, Frauenstimmrecht, in: Politisches Jahrbuch der schweizerischen Eidgenossenschaft, 11 (1897), S. 245–296.

31 «Wenn daher die Frauen ihr Recht bloss auf ein Civilgesetzbuch gründen wollen, das von einer Versammlung gemacht ist und wieder abgeändert werden kann, welche aus Männern besteht und nur von Männern gewählt wird, so sind sie nicht sicher, dass ein kommendes Jahrhundert alle Errungenschaften des jetzigen, oder nächsten, wieder beseitigt.» Hilty, Frauenstimmrecht, S. 255, zit. nach: Hardmeier, Die frühe Frauenstimmrechtsbewegung in der Schweiz (1890–1930), S. 66.

32 Mesmer, Ausgeklammert – Eingeklammert, S. 253.

Étrangères dans leur propre pays.
Le difficile accès des femmes suisses au savoir académique

Natalia Tikhonov Sigrist

L'historiographie de l'enseignement supérieur a retenu des universités suisses une image d'ouverture sur le monde, de libéralité dans la politique d'admission et de large accueil pour les étudiants étrangers des deux sexes. La promotion en 1867, à Zurich, de la première femme, la Russe Nadežda Suslova, fut en effet largement médiatisée à travers toute l'Europe. Cet événement suscita de nombreuses vocations et motiva des dizaines de jeunes femmes de différentes nationalités à entamer des études supérieures dans leurs pays d'origine ou, lorsqu'elles y étaient encore privées de l'accès au savoir, en Suisse. Dans les décennies qui suivirent, l'ouverture progressive aux femmes des sept universités de la Confédération contribua à faire accepter le principe de la mixité dans nombreux établissements d'enseignement supérieur à l'étranger et à faire reconnaître le statut d'étudiante à part entière. De plus, les témoignages et les avis favorables des professeurs suisses ayant enseigné aux premières générations d'étudiantes servirent de référence lors de l'adoption de la coéducation dans d'autres universités en Europe et outre-Atlantique.

Grâce à cette conjoncture d'exception, le poids des femmes dans l'ensemble des universités helvétiques devient significatif dès la dernière décennie du XIXe siècle. En 1890, leur proportion s'élève à près de 10% des effectifs globaux, pour doubler en l'espace de dix ans et atteindre 20% en 1900. Au cours de la décennie suivante, ces institutions se hissent, par leur niveau de féminisation, à l'avant-garde européenne et probablement mondiale, si, pour les États-Unis, on ne tient compte que des femmes éduquées dans de véritables universités délivrant tous les grades académiques: les étudiantes forment ainsi jusqu'à 27% du corps étudiant du pays.

Cependant, cette image idyllique des *alma mater* imprégnées de l'esprit libéral, où les femmes sont sur un pied d'égalité avec les hommes devant l'accès au savoir universitaire, et ce bien avant la généralisation de la mixité en Europe, est en porte-à-faux avec l'instruction secondaire féminine, encore très lacunaire, avec les difficultés des femmes d'entrer dans la vie professionnelle et plus généralement dans la sphère publique. Comme le fait remarquer Martine Chaponnière, en fine spécialiste des mouvements de femmes en Suisse:

> «La démocratisation, la modernité politique instaurées par le parti radical, eurent des conséquences importantes sur la vie quotidienne. Elles firent souffler un vent de progressisme qui s'insinua partout, dans l'économie, dans les arts, dans l'architecture, partout sauf dans la condition des femmes, dont le statut restait inférieur envers et contre tout.»[1]

Comment expliquer alors cette surprenante dichotomie dans un pays où les femmes ne deviendront des citoyennes à part entière qu'un siècle après leur admission aux études supérieures?

La nature même du paysage universitaire suisse nous fournit des explications de cette ouverture au public «non traditionnel». Au tournant du XXe siècle, l'offre universitaire y dépassait largement la demande nationale d'enseignement supérieur: un pays de 3 315 000 habitants se voyait en effet doté d'un réseau de sept institutions. En raison de cette inadéquation, les universités suisses de l'époque ne pouvaient se développer autrement qu'en inscrivant l'égalité de l'admission dans leurs règlements afin d'attirer une clientèle étrangère des deux sexes. Cette politique était d'autant plus sûre que les restrictions appliquées aux étrangers pour l'exercice des professions libérales en Suisse limitaient la concurrence que les diplômés étrangers auraient pu exercer sur le marché du travail. Ainsi, dans le domaine médical, qui attirait la plus grande partie de la jeunesse étudiante étrangère, l'accès à l'exercice ne pouvait se faire qu'après la réussite des examens fédéraux institués en 1877. Or, ces derniers étaient réservés aux porteurs de diplômes de maturité suisses et excluaient d'emblée les candidats étrangers, fussent-ils promus docteurs en médecine en Suisse.[2]

La féminisation des universités helvétiques ne fut donc pas une affaire purement nationale et les statistiques de leur fréquentation reflètent fidèlement cette conjoncture: jusqu'au semestre d'été 1912, la proportion des inscriptions prises par les étudiantes étrangères dans l'ensemble des universités suisses ne descend jamais en-dessous de 80%.[3] Une population précise donna une impulsion décisive à ce mouvement et lui conféra son ampleur: les étudiantes d'Europe orientale et en particulier les ressortissantes de l'Empire russe en quête d'émancipation sociale, économique et juridique.[4] La spécificité de la Suisse réside donc dans le fait que ce furent des étrangères avides de savoir, d'indépendance et de liberté qui créèrent le précédent, débouchant ultérieurement sur l'officialisation du statut d'étudiante. Elles furent ainsi à l'origine d'une rapide croissance des effectifs féminins, restée sans égale dans l'Europe d'avant 1914.

Un premier pas: intervention des parents
Si modestement que commence l'arrivée des femmes suisses sur les bancs universitaires, il apparaît que, dans quatre universités sur sept, les premières démarches furent initiées non par les étrangères, mais par les parents de jeunes Suissesses. Les stratégies mises en œuvre varient selon les établissements. Elles vont d'une demande collective adressée au pouvoir législatif du canton de Genève par des mères de familles représentant le mouvement féministe naissant à des requêtes ponctuelles soumises directement aux autorités universitaires par des pères de futures étudiantes ou émanant des principales concernées elles-mêmes – surtout si elles viennent de l'étranger.

C'est seulement à Genève que cette démarche prend la forme d'une pétition collective et s'avère être de portée politique plus générale pour la démocratisation du paysage universitaire suisse. À son origine, on retrouve la pionnière du mouvement féministe romand, la Genevoise Marie Goegg-Pouchoulin (1826–1899).[5] Membre de la Ligue internationale de la paix et de la liberté, dont son époux, Amand Goegg, est vice-président, elle y rencontre de nombreux immigrés empreints d'idéaux démocratiques et pacifistes et développe de profondes convictions républicaines. Rédactrice de la revue hebdomadaire de la Ligue, *Les États-Unis d'Europe*, Marie Goegg profite de cette tribune pour lancer, en février 1868, un appel proposant aux lectrices de la revue de s'unir en une organisation féminine pour soutenir la Ligue. Quelques mois plus tard naît l'Association internationale des femmes (AIF), premier mouvement international résolument féministe doté de comités locaux en Suisse, en France, en Italie, en Allemagne, en Angleterre, au Portugal et même aux États-Unis. À côté de l'égalité salariale, dans la famille et devant la loi, ses statuts font une mention explicite de l'égalité dans l'instruction, revendication que Marie Goegg ne se lasse pas de répéter dans ses nombreux écrits[6] et ses discours publics comme celui de septembre 1868, fait au Congrès de la Ligue internationale de la paix et de la liberté, ou encore celui de mars 1870, prononcé à l'occasion de la première assemblée générale de son Association.[7] À cette époque, la réforme de l'éducation et de l'enseignement est déjà considérée par les féministes comme indispensable à la marche vers l'égalité.

Les idées très avancées des membres de l'AIF en matière de féminisme se reflètent également dans la revendication de l'égalité des droits civils et économiques, formulée lors de sa première assemblée. Notons qu'il faudra attendre les années 1890–1900 pour voir apparaître d'autres associations réclamant ce changement, telle l'Association internationale pour le suffrage des femmes (1904) ou l'Association suisse pour le suffrage féminin dont cet ouvrage célèbre le centenaire. Consciente de se trouver à l'avant-garde européenne des mouvements féministes, Marie Goegg affirme haut et fort l'engagement de l'AIF en faveur du droit de vote devant le nombreux public présent à cette assemblée:

> «C'est donc au vote politique, si péniblement conquis, que les hommes doivent l'heureux changement qui les réunit sous les mêmes lois; c'est le vote politique qui a fait cesser une grande partie des criants abus qui dégradaient la société; c'est grâce au vote politique, autrement dit ‹suffrage universel› (mot illusoire aussi longtemps que les femmes n'y participeront pas), qu'ont eu lieu les progrès et les améliorations sociales qui nous réjouissent, mais qui, nous le répétons, sont très insuffisantes.
> La conclusion naturelle est donc celle-ci: nous réclamons le droit de vote, parce que toute amélioration réelle est sortie de l'exercice de ce droit; parce qu'il est temps aussi pour nous de n'être plus une classe; parce que nous sentons la nécessité d'avoir nos idées représentées dans les Conseils, dans les Commissions, partout où il y a une

discussion humanitaire, parce que nous aussi nous voulons être des citoyennes et partager la tâche des citoyens – nos frères.»[8]

Déterminées à faire entendre leur position aux plus hautes instances du pouvoir législatif, les membres de l'AIF saisissent l'occasion de la révision projetée de la Constitution fédérale, en adressant au Conseil national, en juillet 1870, la demande d'y inclure «des lois qui placent la femme sur le pied d'égalité civile avec l'homme». Si la nouvelle constitution de 1874 avait tenu compte de cette requête, la Suisse aurait non seulement été le premier pays à introduire la mixité dans l'enseignement supérieur, mais aussi à octroyer aux femmes le droit de vote et d'éligibilité. Mais à l'époque la société était trop réticente aux idées suffragistes et cette évolution des mentalités nécessitera encore un siècle pour s'accomplir …

Sur la lancée du vaste débat suscité en 1870–1872 par la réforme de l'instruction publique genevoise, Marie Goegg fait parvenir en octobre 1872 au parlement cantonal, le Grand Conseil, une pétition munie des signatures de trente dames, désignées dans le texte comme «Genevoises, mères de famille», et demandant l'égalité d'accès à l'Académie[9] pour les femmes.[10] À ce moment, Marie Goegg ne parle plus en sa qualité de présidente de l'AIF, dont les activités furent brusquement interrompues par la guerre franco-allemande et son lot de répressions à la fin de l'année 1870, mais de membre de Solidarité – Association internationale pour les droits de la femme, qui a pris sa succession en juin 1872.

L'aile conservatrice du Grand Conseil est réservée et la Commission parlementaire chargée d'élaborer le projet de loi sur l'instruction publique émet un préavis défavorable, prétendant que la dénomination d'étudiants n'implique pas «une acception de sexe». La situation est sauvée par l'aile progressiste, dont quelques représentants de tendance socialiste prennent la parole pour défendre le droit des femmes d'étudier à l'Académie, en faisant valoir les échos très favorables parvenus de Zurich. Grâce à ces interventions, le parlement genevois accepte l'amendement suivant: «Les conditions d'admission sont identiquement les mêmes pour les deux sexes» et un article additionnel est aussitôt voté. Cependant, les filles des signataires, appartenant selon toute vraisemblance aux élites protestantes locales, ne semblent pas être concernées par cet acquis et le choix de se présenter en qualité de mères de famille paraît être davantage lié au statut social accordé aux femmes en charge du foyer familial, censées avoir plus de poids aux yeux des députés. Hypothèse d'autant plus plausible que les deux premières Genevoises, dont la future pédiatre et puéricultrice Marguerite Champendal, s'inscrivent comme étudiantes régulières seulement en 1891, soit dix-neuf ans après l'ouverture de l'Université aux femmes …

À Lausanne et à Neuchâtel, l'apparition des premières étudiantes précède de quelques années la transformation des anciennes académies en universités. Dans les deux cas, ce sont les pères de jeunes filles intéressées par les études supérieures qui ont pris l'initiative. À Lausanne, c'est en 1885 qu'un Vaudois désireux de s'établir dans cette ville à son retour de l'étranger s'adresse par écrit aux professeurs de l'Académie afin de solliciter l'admission de sa fille et de l'une de ses amies à la division des sciences mathématiques de la faculté des sciences. La requête nécessite l'approbation du Conseil d'État, qui l'accorde à l'unanimité en janvier 1886. À l'adoption de la nouvelle loi sur l'instruction publique supérieure en mai 1890, qui transforme en Université l'Académie de Lausanne, fondée par les Bernois en 1537, l'article 36 stipule que «les conditions d'admission sont les mêmes pour les deux sexes». Contrairement aux vifs débats du Grand Conseil genevois, les parlementaires vaudois ne s'attardèrent pas sur les raisons de l'introduction de cette nouvelle clause, adoptée sans discussion par le pouvoir législatif. Une contemporaine appelée à rédiger dans les années 1920 un texte sur les femmes à l'Université de Lausanne souligna que «l'entrée des étudiantes à l'Académie a fait si peu de bruit qu'on l'ignore».[11]

La plus jeune université helvétique, celle de Neuchâtel, inscrit le principe de la mixité dans son règlement en 1909, au moment de la transformation de la seconde Académie, fondée en 1866, en Université. Cependant, l'entrée officielle des femmes à l'Académie remonte à 1878, suite à une décision prise par le Conseil d'État de ce canton. Lorsqu'au printemps de cette même année une jeune Neuchâteloise âgée de seize ans, Louise Lebet, demande à être auditrice à l'Académie, les autorités sont dans l'impossibilité de lui répondre car la loi régissant cette institution ne dit rien d'explicite sur la question de la présence féminine. C'est son père qui prend alors l'initiative en s'adressant directement au département de l'Instruction publique. Cette requête suscite des controverses au sein du corps enseignant car l'admission des femmes ne fait pas l'unanimité des professeurs. Le préavis favorable du corps académique, émis selon les vœux de la majorité, est néanmoins rejeté par la Commission pour l'enseignement supérieur par quatre voix contre trois. La question qualifiée de «très controversée» est alors renvoyée au Conseil d'État. Le 12 avril 1878, il tranche en faveur des étudiantes et quelques semaines plus tard Louise Lebet entame ses études à l'Académie, couronnées au bout de quelques semestres par le brevet pour l'enseignement secondaire. Néanmoins, il faudra attendre la loi sur l'enseignement supérieur du 18 mai 1896 pour voir clairement stipulée l'égalité des conditions d'immatriculation pour les deux sexes.

C'est également pour satisfaire la requête d'un père de famille du cru que la plus ancienne université suisse, celle de Bâle, fondée en 1459, cède enfin aux revendications féminines qui se faisaient entendre depuis quelques années. Les premières tentatives de pénétrer dans cette vénérable *alma mater* furent entreprises par les étudiantes russes dès 1873, mais se révélèrent infructueuses et

Abb. 5: La Société d'étudiantes de l'Université de Berne (Studentinnenverein) en 1900. Sa présidente, Gertrud Woker, est au premier rang (la troisième personne en partant de la gauche). Universitaire de renom, pacifiste et féministe engagée pour la promotion des droits de la femme, elle sera parmi les cofondatrices de l'Association suisse pour le suffrage féminin.

pendant près de deux décennies les quelques rares demandes d'immatriculation émanant de femmes furent toutes rejetées. Tel fut, par exemple, le sort de la requête de Meta von Salis, jeune femme émancipée issue de la vieille aristocratie grisonne qui, après avoir vaincu les oppositions familiales, tenta en vain, en 1885, d'obtenir la permission de fréquenter à Bâle les cours de l'éminent historien de la Renaissance, Jacob Burckhardt. Son choix s'étant reporté sur l'Université de Zurich, Meta von Salis y devint, en 1887, la première Suissesse promue docteur ès lettres. Femme de lettres et militante pour la promotion des droits de la femme, sujet fréquemment abordé dans ses conférences publiques, elle fut aussi parmi les premières féministes suisses au bénéfice d'une formation universitaire. C'est à sa plume que l'on doit l'un des premiers articles suffragistes paru en Suisse alémanique, «Réflexions hérétiques d'une femme à l'occasion du Nouvel An», publié dans le journal radical *Zürcher Post* le 1er janvier 1887.

Le bastion bâlois ne s'ouvre aux femmes qu'en 1890, avec l'admission d'Emilie Frey. Au printemps 1889, un citoyen bâlois établi à Zurich et marchand de soie de son état, Eduard Frey-Stampfer, prépare le retour de sa famille dans sa ville natale. Voulant assurer l'avenir de sa fille, l'aînée de treize enfants, il s'adresse directement aux autorités politiques cantonales, en écrivant une lettre au département de l'Instruction publique pour solliciter l'admission de sa fille à la faculté de médecine. Après avoir résidé à Zurich, ville où les études supérieures des femmes étaient déjà chose courante depuis une vingtaine d'années, la famille Frey escompte retrouver le même accueil à Bâle. Ce père de famille n'hésite d'ailleurs pas à appuyer sa requête par des exemples des universités de Zurich, Berne, Genève et Lausanne. La requête suscite une vive polémique au sein des facultés et du Sénat de l'Université: la *Philosophische Fakultät* invite chaque membre de son corps enseignant à se prononcer par écrit sur la question, tandis que le doyen de la faculté de médecine, le professeur de gynécologie Hermann Fehling, prend l'initiative de s'enquérir auprès de ses confrères des autres universités suisses.

Malgré de fortes divergences entre les partisans et les adversaires de l'admission des femmes, les exemples des autres universités helvétiques prennent le dessus. Ne voulant pas être taxées de conservatrices, les autorités universitaires et politiques du canton, avec l'appui décisif du directeur du département de l'Instruction publique, le libéral Richard Zutt, réglementent les études féminines le 8 mars 1890, en autorisant l'admission des jeunes filles âgées de 18 ans révolus et titulaires de la maturité cantonale bâloise. Derrière cette clause se dissimule la volonté de voir la pluriséculaire institution bâloise se féminiser selon sa propre voie, différente de celles choisies jusqu'alors par les autres universités helvétiques désireuses d'attirer une importante clientèle étrangère pour remplir leurs auditoires. Quant à Emilie Frey, après avoir réussi ses examens de doctorat en 1896, elle se lance dans la pratique médicale et gagne une grande popularité auprès des habitantes de sa ville.

Suissesses à l'Université: les chiffres et les choix

Les rythmes et les fluctuations de la présence féminine dans les établissements d'enseignement supérieur suisses sont à la fois révélateurs de l'acceptation du principe de la mixité par les milieux universitaires et de l'ouverture aux étrangers. La présence massive d'étudiantes étrangères sur les bancs des universités helvétiques, illustrée par le graphique 1, encourage de jeunes Suissesses à s'engager dans cette voie, mais leurs débuts restent modestes et la croissance de leurs effectifs lente. La première étudiante nationale, la future pionnière de la profession médicale en Suisse Marie Heim-Vögtlin (1845–1916), fait son apparition à l'Université de Zurich au semestre d'hiver 1868, un an après l'ouverture de cette université aux femmes sous l'impulsion d'une jeune Russe.

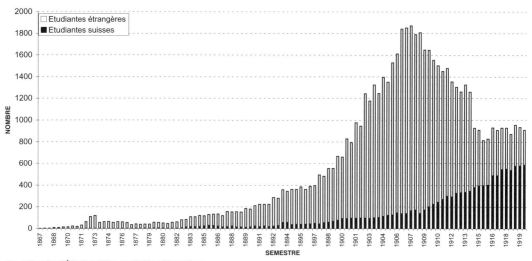

Graphique 1: Évolution des effectifs féminins suisses et étrangers dans l'ensemble des universités (source: voir note 3).

Les statistiques universitaires illustrées par le graphique 2 démontrent que ce sont les deux grandes universités alémaniques, celles de Zurich et de Berne, fondées respectivement en 1833 et en 1834, qui accueillent le plus grand nombre de jeunes Suissesses. Dans le canton de Zurich, près de quarante ans s'écouleront entre l'admission des femmes à l'université et l'apparition des structures scolaires préparant les jeunes filles à l'accès aux études supérieures. Mais une fois ces structures mises en place, l'afflux d'étudiantes nationales y sera bien plus important qu'ailleurs en Suisse. L'esprit de concurrence établi entre ces deux institutions rend les autorités bernoises attentives à l'innovation zurichoise. Peu de temps après la première promotion féminine à Zurich, le doyen de la faculté de médecine, le professeur Christoph Theodor Aeby, adresse un courrier au directeur du département de l'Instruction publique du canton, l'informant de ce précédent et le priant de donner des directives concernant l'admission des femmes à la faculté de médecine, au cas où une candidate aux études se présenterait. Celle-ci ne tarde pas à arriver: la première étudiante régulière, Anna Galvis-Hotz, fille d'une Suissesse et d'un Colombien élevée à Berne, est immatriculée à la faculté de médecine à partir du mois d'avril 1872. Les deux décennies suivantes, la présence féminine à Zurich continue à devancer celle attestée à Berne. Cependant l'acceptation de la mixité au gymnase cantonal de Berne autour de 1900 porte rapidement ses fruits, car c'est à l'université de la capitale fédérale que les étudiantes helvétiques seront les plus nombreuses jusqu'en 1914.

Le nombre d'inscriptions prises par les jeunes femmes suisses évolue beaucoup plus lentement dans les deux universités lémaniques de Genève et Lausanne. Dans le premier cas, le seuil des 100 inscriptions n'est franchi qu'au semestre d'été 1920, même si avant la Grande Guerre il s'agit de l'université la plus féminisée du pays, avec un pic de 626 étudiantes immatriculées au semestre d'hiver 1909/1910, dont seulement une quinzaine de Suissesses. Le vrai afflux d'étudiantes locales ne commencera qu'en 1922, lorsque l'École secondaire et supérieure de jeunes filles, fondée en 1847 dans la foulée des changements introduits par la révolution radicale, se dote d'une véritable section gymnasiale permettant aux élèves d'obtenir des certificats de maturité équivalents à ceux obtenus par les garçons au Collège de Genève. Il a donc fallu près d'un demi-siècle après l'admission formelle des femmes à l'Université pour que celles-ci aient la possibilité d'accéder sans restriction aux études supérieures avec le diplôme obtenu à l'école qui leur était réservée.

Le cas lausannois présente certaines similitudes avec Genève: les femmes y sont également très nombreuses, surtout entre 1903 et 1914 où leur nombre ne descend jamais en dessous de 200 inscriptions semestrielles. Par ailleurs, la présence d'étudiantes nationales y évolue de manière analogue jusqu'en 1916, mais peine par la suite à rattraper le rythme de croissance genevois, avec seulement 49 Suissesses inscrites en été 1920. Une telle évolution était parfaitement prévisible au vu des carences de l'instruction secondaire des filles vaudoises. Le diplôme de l'École supérieure communale de jeunes filles de Lausanne n'est reconnu par les facultés des sciences et des lettres qu'en 1899, soit une dizaine d'années après l'ouverture de l'Université aux femmes. La reconnaissance de ce diplôme par la faculté de droit suit de peu, tandis que l'enseignement médical demeure pratiquement inaccessible aux jeunes Vaudoises jusqu'en 1916, lorsque ce diplôme devient équivalent à la maturité fédérale. Le témoignage de la Lausannoise Suzanne Meylan, qui a fréquenté la faculté des sciences dans les années 1910, est éloquent à cet égard:

> «Quand nos autorités ouvrirent si largement aux étudiantes les portes de l'Université, sans doute était-on loin de prévoir que bientôt elle serait envahie par les étrangères; mais à coup sûr, rien de pareil n'était à craindre des jeunes filles du pays.»[12]

À l'Université de Neuchâtel, les étudiantes suisses, dont un bon nombre sont des Alémaniques venues parfaire leurs connaissances linguistiques au séminaire de français moderne inauguré en 1892, sont présentes dès les premiers semestres de son existence et ce dans une proportion nettement plus importante que dans d'autres universités du pays. L'écart entre les inscriptions prises par les étrangères et les Suissesses est d'abord relativement faible, variant en faveur des unes ou des autres au gré des semestres, puis s'établit une fois pour toutes au profit des Suissesses avec l'arrivée de la guerre. Dès 1915 leur proportion ne descendra plus en dessous des trois quarts de l'effectif féminin.

Cependant, le nombre d'étudiantes nationales de la plus petite université du pays reste relativement stable et peu élevé au cours de toute la période considérée, sans jamais dépasser une cinquantaine d'inscriptions semestrielles.

Les deux universités les moins féminisées, Bâle et Fribourg, le sont essentiellement à cause de leur retard dans l'ouverture aux femmes et des conditions d'admission moins souples. Malgré la modestie des chiffres absolus, la proportion des étudiantes suisses y est légèrement supérieure à celle observée dans les grandes universités plus libérales, surtout avant la guerre, même si ces étudiantes se recrutent essentiellement au niveau cantonal. Plus hésitantes à inscrire le principe de la mixité dans leurs statuts, elles sont aussi très réticentes à admettre les non-titulaires d'un diplôme de maturité cantonal, bâlois ou fribourgeois. Cette restriction concerne aussi bien des étrangères ayant reçu une instruction secondaire dans leurs pays d'origine que les Suissesses formées dans d'autres cantons. La proportion d'étudiantes nationales est particulièrement élevée à Bâle, où elles forment la totalité de l'effectif féminin jusqu'en 1904/1905, puis plus de 80% jusqu'aux années 1920. Les frontières de l'Université de Fribourg se révèlent être plus perméables, car les Suissesses n'y dépassent que rarement la moitié des inscriptions féminines. Ce sont surtout les étrangères de confession catholique qu'accepte d'accueillir cette *alma mater* fondée avec l'aide de l'Église afin d'offrir un contrepoids aux universités de tradition réformée et de tendance libérale. Certaines étudiantes ont en effet terminé leur scolarité secondaire à Fribourg, tandis que les jeunes Polonaises bénéficient d'accords spéciaux conclus avec quelques écoles privées de leur pays.

À Bâle, l'autorisation formelle de s'immatriculer fut accordée aux femmes en 1890, mais il a fallu attendre 1899 pour voir s'ouvrir la première école supérieure de jeunes filles et 1912 pour qu'elle soit autorisée à délivrer des certificats de maturité. Avant cette date, les jeunes Bâloises désireuses de bénéficier de leur droit aux études supérieures devaient se présenter aux examens de maturité au gymnase des garçons. Ainsi, l'Université de Bâle se retrouve-t-elle au quatrième rang, après Zurich, Berne et Genève, par le nombre de Suissesses inscrites: tout au plus quelques dizaines par semestre, sans jamais dépasser le seuil des 50 inscriptions avant 1914. Les effectifs féminins, aussi bien nationaux qu'étrangers, ne commencent véritablement à croître qu'à partir de cette date, ce qui est attribuable d'une part au développement de l'instruction secondaire des filles dans le canton et d'autre part à la reconnaissance de certains diplômes jugés équivalents à la maturité bâloise.

Le nombre d'étudiantes suisses apparues sur les bancs de l'*alma mater* fribourgeoise deux années après l'admission des femmes, demeure extrêmement modeste, à la mesure de la taille de cette petite université attachée aux valeurs catholiques. En effet, si entre 1905/1906 et 1907/1908 aucune étudiante locale ne s'est engagée sur la voie universitaire, les premières promotions du lycée

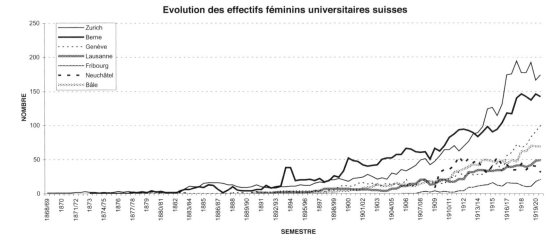

Graphique 2: Évolution des effectifs féminins universitaires suisses (source: voir note 3).

bilingue inauguré à l'Académie de Sainte-Croix en 1904 changent la donne. Toujours est-il que les inscriptions prises par les Suissesses n'y dépasseront pas, jusqu'aux années 1920, une vingtaine par semestre, et celles prises par les étrangères le double, jusqu'à ce que la révision des statuts universitaires de 1923 élargisse l'admission à toutes les jeunes femmes ayant accompli des études secondaires supérieures.

Si l'on considère les inscriptions prises par les Suissesses dans l'ensemble des universités du pays, il apparaît que, hormis une légère hausse enregistrée au milieu des années 1880, la part des étudiantes helvétiques ne dépasse jamais 15% jusqu'au début des années 1910, qui marquent un premier renversement de tendance. À partir de ce moment, cette part commence à croître, en atteignant 20% en 1911/1912, le double en 1914/1915, et le triple en 1918/1919 (voir le graphique 3). Dans le même temps, sous l'effet conjugué de la prise de conscience de l'«invasion slave» et de l'«Überfremdung», du durcissement des conditions d'admission dans certaines universités et de la dégradation de la conjoncture économique internationale, les tendances à la baisse des effectifs étrangers des deux sexes commencent à se manifester. Par ailleurs, la démocratisation croissante de l'enseignement supérieur à travers le continent européen réduit l'attrait de la Suisse aux yeux des candidates aux études supérieures, qui n'étaient plus contraintes de se former à l'étranger. Les ruptures qui ont suivi l'éclatement du premier conflit mondial (Révolution bolchevique, démantèlement des grands empires multiethniques, montée en puissance des régimes totalitaires) accélèrent cette chute et, au terme des hostilités, la présence d'étudiantes étrangères se stabilise autour d'un tiers des effectifs féminins.

Graphique 3: Évolution de la part des étudiantes suisses dans les effectifs féminins universitaires (source: voir note 3).

En nombres absolus, la croissance des effectifs féminins nationaux à partir des années 1910 est tout aussi perceptible. Les progrès accomplis dans le domaine de l'enseignement secondaire des filles expliquent en grande partie cet afflux. D'une centaine d'inscriptions enregistrée au début du siècle, face à plus d'un millier d'étrangères, les Suissesses passent au double en l'espace de dix ans, avant d'investir l'espace de l'enseignement supérieur d'une manière plus soutenue: 401 en 1916, alors que la guerre bat son plein, et 586 en 1920.

En amont et en aval de l'ouverture universitaire: les résistances scolaires et professionnelles

En conclusion, il apparaît que les Suissesses n'ont pas pu profiter pleinement de l'ouverture aux femmes des universités de leur propre pays. Cet aperçu de leur émancipation intellectuelle démontre que les blocages qui persistent après l'entrée dans le monde du savoir universitaire se situent à la fois en amont et en aval des *alma mater*. En amont, dans les structures de l'enseignement secondaire des jeunes filles, très lentes à s'adapter et à accorder leurs cursus aux exigences de l'admission dans les universités. En aval, dans le monde du travail n'offrant que des débouchés très limités aux femmes médecins, scientifiques, littéraires, juristes ou avocates.

Comme ailleurs en Europe, les jeunes filles suisses ont longtemps été exclues des collèges et gymnases publics et n'avaient pratiquement pas d'accès aux enseignements des sciences et des humanités classiques, absents des programmes d'études des écoles supérieures des jeunes filles. Ces établissements, fondés dans quelques grandes villes du pays dans le courant de la deuxième moitié du XIXe siècle, suite aux demandes croissantes en faveur de l'amélioration de l'instruction féminine, représentaient la seule et unique possibilité de poursuivre une éducation secondaire postobligatoire. Or, les diplômes délivrés par ces écoles ne permettaient pas d'accéder à l'enseignement supérieur. De fait, on ne pouvait l'intégrer qu'au prix de cours facultatifs ou particuliers et d'une série d'examens d'entrée. Paradoxalement, ces mêmes autorités universitaires se montraient beaucoup moins exigeantes à l'égard de jeunes femmes d'origine étrangère, qui, à travers leur immatriculation et leur installation en Suisse, allaient contribuer à la croissance économique du pays et à la croissance des effectifs universitaires sans pour autant créer une concurrence sur le marché du travail qualifié. Dès lors, il n'est guère étonnant que leurs certificats de fin d'études secondaires fussent acceptés sans épreuves supplémentaires et sans exigence formelle de maîtriser le latin au moment de l'admission.

Cette situation ambiguë persista jusqu'aux premières décennies du XXe siècle, lorsque plusieurs gymnases alémaniques s'ouvrirent aux filles et que des écoles de jeunes filles en Suisse romande commencèrent à accorder leurs cursus à ceux des garçons, en offrant à leurs élèves la possibilité de se préparer à l'examen de maturité. Cette avancée est à mettre en relation avec le déclin du nombre d'étudiantes étrangères avant même le déclenchement de la Première Guerre mondiale, puis son effondrement pendant et après celle-ci. C'est pour contrecarrer cette tendance et éviter une brusque baisse des effectifs universitaires, que des mesures furent prises pour faciliter l'accès des jeunes Suissesses aux études universitaires.

Contrairement aux étrangères, qui investissaient surtout les facultés de médecine et des sciences, la grande majorité des jeunes femmes suisses choisissaient des études à la faculté des lettres. Dans les mentalités de l'époque, la faculté des lettres demeurait en effet celle où la présence du sexe féminin était la mieux acceptée. L'enseignement primaire et secondaire, principal débouché professionnel des études littéraires, était l'une des rares voies socialement reconnues pour les femmes suisses car lié à leurs «qualités innées». Quelques rares pionnières parvinrent néanmoins à accomplir des études médicales ou juridiques et à exercer des professions jusqu'alors exclusivement masculines, subvertissant l'ordre établi et préparant le passage aux générations suivantes. Mais plus nombreuses furent celles obligées d'occuper des postes qui ne correspondaient pas aux qualifications acquises et à leur niveau de formation, sans pouvoir concilier les choix universitaires et les choix professionnels.

L'accès à l'égalité des programmes scolaires, au savoir académique et aux professions se révélera être, pour les Suissesses, aussi difficile que celui à l'égalité des droits et des statuts sociaux entre les sexes. En dépit des actions pionnières entreprises au sein des universités suisses à l'égard des étudiantes, la lente marche vers l'émancipation politique, symbolisée par un énorme escargot en plâtre tiré par les suffragistes devant le Palais fédéral à l'occasion de la Première grande exposition nationale sur le travail féminin, dite SAFFA 1928, apparaît rétrospectivement avoir plus d'un point en commun avec la marche des femmes vers l'émancipation intellectuelle. La présence des femmes dans le monde des carrières libérales et dans celui du savoir continuera certes à s'affirmer tout au long du XXe siècle, mais l'un et l'autre demeureront sexués, au désavantage des femmes. En effet, jusqu'aux années soixante, les femmes resteront pratiquement absentes de la production du savoir scientifique et celles qui occupent des chaires professorales se comptent sur les doigts d'une main. La féminisation précoce des universités helvétiques n'a donc pas résulté, ou très peu, d'une évolution des mentalités soucieuse de la promotion des femmes, mais s'explique avant tout par la conjonction de circonstances historiques ayant permis à quelques milliers de jeunes femmes européennes en quête d'instruction supérieure d'accéder aux études prodiguées par des institutions en manque d'effectifs et de notoriété.

1. Chaponnière Martine, Vers la démocratie (1846–1914), in: Deuber Ziegler Erica, Tikhonov Natalia (dir.), Les femmes dans la mémoire de Genève. Genève 2005, p. 103.
2. La seule exception à cette règle représentait le canton de Genève, où le doctorat en médecine donnait le droit d'exercer l'art médical. Toutefois, la loi de 1906 supprima définitivement ce privilège.
3. Toutes les statistiques contenues dans cet article ont été élaborées par nos soins d'après les Listes des autorités, professeurs, étudiants et auditeurs / Verzeichnisse der Behörden, Lehrer, Anstalten und Studierenden publiées semestriellement par chacune de sept universités suisses et Schweizerische Hochschulstatistik / Statistique des études supérieures en Suisse, 1890–1935, Berne 1935.
4. Sans s'attarder ici sur les multiples raisons de cette vague migratoire qui amena des milliers de jeunes sujettes du Tsar en Suisse, je renvoie le lecteur intéressé à ma thèse de doctorat: Tikhonov, Natalia, La quête du savoir. Étudiantes de l'Empire russe dans les universités suisses (1864–1920). Université de Genève 2004.
5. La vie et l'engagement de Marie Goegg-Pouchoulin ont reçu un éclairage intéressant dans le travail de séminaire d'Erik Grobet, Marie Goegg-Pouchoulin, Une pionnière du féminisme à Genève, DEA Etudes genre, Université de Genève 2002.
6. À partir des années 1860, Marie Goegg a régulièrement pris la plume pour partager ses convictions, que ce soit dans Le Journal des Femmes, première revue féministe du pays qu'elle lança en 1869, dans Les États-Unis d'Europe, organe de la Ligue de la paix et de la liberté, dont Marie Goegg fut rédactrice pendant plus de vingt ans et surtout dans Solidarité, revue éditée par l'Association internationale pour les droits de la femme entre 1872 et 1880.
7. Goegg-Pouchoulin, Marie, Deux discours. Genève, s.n., 1878.
8. Ibid, p. 15.
9. L'Académie de Genève, fondée par Calvin en 1559, fut transformée en Université par la loi sur l'instruction publique du 19 octobre 1872, à peine quelques jours après la victoire des «mères de familles genevoises».

10 L'original de cette pétition ne fut pas conservé, mais son texte, ainsi que les délibérations suscitées, sont reproduits dans les Mémoriaux des séances du Grand Conseil pour l'année 1872. Genève, 1873, p. 2362–2363 et p. 2399–2402.
11 Meylan Suzanne, «Lausanne», in: Das Frauenstudium an den Schweizer Hochschulen/ Les études des femmes dans les universités suisses. Monographies publiées sous les auspices de l'Association suisse de femmes universitaires, Zürich/Leipzig 1928, p. 170.
12 Meylan, op.cit., p. 178–179.

Abb. 6: Le 4ᵉ congrès de l'AISF à Amsterdam en 1908. L'Association suisse (en gestation) y avait deux déléguées. Dîner au Concertgebouw. 1908, Amsterdam Concertgebouw, 4. Kongress der IWSA (International Women Suffrage Alliance). Zwei Delegierte, eine aus der deutschen, eine aus der französischen Schweiz, vertraten die Bewegung, die 1909 zur Gründung des Schweizerischen Verbandes für Frauenstimmrecht führte.

Die Entstehung des SVF

La naissance de l'ASSF

La création et les débuts des premiers groupes suffragistes en Suisse romande: entre élans et résistances

Corinne Dallera

Lorsque, le 28 janvier 1909, l'Association suisse pour le suffrage féminin voit le jour, à la suite du regroupement de plusieurs associations locales et cantonales, les féministes de la Suisse romande y prennent une part active et y occupent une place de choix. Parmi les sept associations à l'origine de ce rassemblement, quatre sont issues des cantons romands protestants,[1] et la présidence est donnée à un Genevois, Auguste de Morsier (1864–1923).

La constitution en association des féministes défendant dans l'espace public helvétique francophone le droit de vote des femmes est pourtant très récente: des groupes suffragistes existent à Neuchâtel depuis 1905, à Genève et dans le canton de Vaud depuis 1907 et à La Chaux-de-Fonds depuis 1908 seulement. En outre, les voix suffragistes au sein du mouvement féministe romand sont encore minoritaires et parfois timides et hésitants quant à la priorité du droit à la citoyenneté sur les autres revendications. Les premières revendications en faveur des pleins droits politiques datent pourtant de plus de 30 ans, mais l'émergence d'un mouvement suffragiste structuré en Suisse romande n'est pas le résultat d'une évolution linéaire et progressive. Remis à l'ordre du jour dès la fin des années 1880 par quelques intellectuels, le suffragisme y fait un saut tant qualitatif que quantitatif dans la première décennie du XXe siècle, suivant une évolution perceptible au niveau international où, de simple tendance du féminisme, il en devient le cœur.[2] Les longues et tenaces hésitations des associations féminines et féministes romandes du dernier quart du XIXe siècle à assumer des revendications en faveur des droits politiques trouvent en grande partie une explication dans leur origine et les références socioculturelles de leurs membres. Plusieurs facteurs relevant du contexte local et international vont toutefois concourir à une avancée significative des idées suffragistes, qui ne se fait pas sans tensions à l'intérieur du mouvement féministe de l'époque.

Première revendication en faveur du suffrage féminin

Les premières revendications en faveur de l'égalité des droits politiques entre hommes et femmes datent de 1868. L'Association internationale des Femmes, qui deviendra Solidarité, fondée à Genève, réclame alors dans le premier article de ses statuts l'égalité dans le salaire, dans l'instruction, dans la famille et devant la loi. Marie Goegg-Pouchoulin (1826–1899),[3] la fondatrice de cette première association féministe suisse, commente en ces termes le dernier point de cet article:

> «Nous arrivons enfin aux droits politiques, également revendiqués au nom de la justice par l'Association internationale des Femmes, bien que cette soi-disant prétention de notre part soulève en certains endroits une forte opposition ... C'est cependant au vote politique, si péniblement conquis, que les hommes doivent l'heureux changement qui les réunit sous les mêmes lois; c'est le vote politique qui a fait cesser une partie des criants abus qui dégradent la société; c'est grâce au vote politique, autrement dit ‹suffrage universel› (mot illusoire aussi longtemps que les femmes n'y participeront pas) qu'ont eu lieu les progrès et les améliorations sociales qui nous réjouissent mais qui, nous le répétons, sont très insuffisants ... La conclusion naturelle est donc celle-ci: nous réclamons le droit de vote parce que toute amélioration réelle est sortie de l'exercice de ce droit; parce qu'il est temps aussi pour nous de n'être plus une ‹classe›; parce que nous sentons la nécessité d'avoir nos idées représentées dans les Conseils, dans les Commissions, partout où il y a une discussion humanitaire; parce que nous aussi voulons être des citoyennes et partager les tâches des citoyens – nos frères.»[4]

L'Association internationale des femmes disparaît en 1880 et il faudra attendre 25 ans pour que d'autres associations fondées en Suisse romande inscrivent le droit de vote et d'éligibilité des femmes à leur programme.[5]

À l'aube du XXe siècle, les femmes de la bourgeoisie et des classes moyennes s'organisent

Le dernier quart du XIXe siècle se caractérise en Suisse romande par une présence de plus en plus remarquée des femmes dans la sphère publique. Actives depuis de nombreuses années dans les sociétés philanthropiques mixtes, les femmes instruites de la bourgeoisie et des classes moyennes fondent dans les années 1890 leurs propres associations, de nombreuses Unions de femmes, notamment, apparaissent sur le territoire romand protestant. Toutefois, alors, les espaces de liberté offerts par la Suisse aux courants progressistes, dont ont pu notamment bénéficier Marie Goegg-Pouchoulin et ses ami-e-s exilé-e-s des révolutions avortées de 1848 se sont refermés. La période qui suit la longue dépression économique des années 1874–1890 est par ailleurs marquée par l'apparition de nouvelles formes de pauvreté et par des grèves et des conflits sociaux qui atteignent une intensité et une fréquence encore inconnues. Dans ce contexte instable et polarisé, les revendications des associations féminines-féministes romandes vont rejoindre les préoccupations lancinantes des élites de l'époque concernant la nécessité de trouver des débouchés professionnels convenables pour les filles des classes moyennes qui, en raison de la crise économique et faute de dot suffisante, sont obligées de subvenir à leurs besoins. À cette question s'ajoutent la protection des travailleuses dans les fabriques, les mesures à prendre pour lutter contre la pauvreté et surtout contre l'une de ses conséquences: la prostitution.⁶ L'avenir des femmes est l'une des préoccupations majeures de la fin du XIXᵉ siècle, toutefois les droits politiques apparaissent encore comme un horizon brumeux pour la question des femmes, placée alors au cœur de la question sociale.

L'une des particularités du féminisme de la Suisse romande de la fin du XIXᵉ siècle est le lien très étroit qui l'unit à la mouvance chrétienne sociale protestante. Alors très influent dans les cantons romands auprès des hommes et des femmes de la bourgeoisie et des classes moyennes préoccupés par la question sociale,⁷ le christianisme social est le seul courant à être représenté par une formation politique qui affiche publiquement des revendications féministes: le groupe national d'études et de réformes sociales. Sa doctrine conjugue des principes puisés dans le féminisme du philosophe vaudois Charles Secrétan (1815–1895) à une pensée économique prônant la coopération et l'harmonie pour résoudre les conflits et les contradictions de la société capitaliste. Issues de la même classe sociale, si ce n'est des mêmes familles que les tenants du christianisme social, les femmes des couches supérieures qui sont à l'origine des associations féminines romandes trouvent dans les principes de ce courant une double légitimation de leur engagement dans l'espace public.⁸ En ralliant les associations féminines-féministes à leur programme de moralisation de la société, le christianisme social aura pour effet d'ouvrir des brèches dans la sphère publique qui permettront aux femmes de la bourgeoisie d'y accéder. Cependant, il ne remet pas en cause la répartition des rôles et des fonctions entre les sexes. C'est au nom de valeurs féminines érigées en nouveau type de comportement social susceptible de résoudre les graves problèmes engendrés par l'industrialisation que les femmes seront encouragées à s'engager socialement et professionnellement, ce qui a pour conséquence de les cantonner à des activités particulières, considérées comme une extension naturelle de leur fonction à l'intérieur du foyer.

Le christianisme social et le suffragisme

Des tensions et contradictions analogues traversent le christianisme social et le féminisme romand quant à l'accès des femmes à la sphère politique. Le rôle social et moral désormais attribué aux femmes des classes supérieures met le suffrage féminin à l'ordre du jour de la question sociale. Toutefois, cette nouvelle mission sera également un frein aux élans suffragistes du réseau associatif féminin du tournant du XXᵉ siècle. Ainsi, si les suffragistes militants comme Auguste de Morsier (1864–1923) peuvent se référer au *Droit de la femme* du célèbre philosophe Charles Secrétan, souvent considéré comme le précurseur du christianisme social pour légitimer l'urgence de leur combat, la plupart des chrétiens sociaux et des femmes du mouvement féministe se rallieront plutôt aux arguments d'un autre chrétien social, le professeur de droit Louis Bridel (1852–1913) qui envisage le suffrage comme le couronnement d'une longue série de réformes juridiques devant améliorer le statut des femmes. À cela s'ajoutent toute une littérature, des prises de position et des commentaires qui réorientent la perspective sous laquelle le suffrage des femmes est envisagé. Ce n'est plus une question relevant des principes d'égalité et de liberté de la démocratie libérale mais un devoir moral. En ce sens, il revient aux femmes de le mériter. Les propos du professeur de sociologie, d'économie sociale et de systèmes politiques à l'Université de Genève et membre du Groupe national genevois, Théodore Wuarin (1846–1927), sont significatifs:

> «Elle [la femme] se souviendra toutefois qu'elle ne peut rien à elle seule pour modifier l'ordre établi et que, pour accéder à ses fins, elle doit pouvoir compter sur le concours des bonnes volontés dans le sexe qui a jusqu'ici réglé son sort. Mais reconnaître ce fait, n'est-ce pas affirmer de nouveau ce que nous avons déjà eu l'occasion de montrer, que, pour elle, la condition première et fondamentale de tout succès sérieux, c'est qu'elle légitime d'avance ses prétentions par les services rendus et par la hauteur de ses visées? L'élargissement des cadres dans lesquels elle est appelée à se mouvoir, ainsi que la conquête définitive de ses libertés civiques, ne peuvent être que consécutifs à un accroissement de zèle, de sa part, pour le bien général. Non pas des armes d'abord, la bataille ensuite; mais d'abord, au contraire, la bataille pour la grande cause du progrès, c'est-à-dire du règne de la justice et de l'amour, puis après cela des armes meilleures, de nouveaux droits, en d'autres termes, de nouveaux moyens d'action.»[9]

Ayant largement intériorisé les valeurs du christianisme social,[10] les femmes du réseau associatif féminin adoptèrent largement ce point de vue – peut-être aussi pour des raisons tactiques – et une grande partie d'entre elles vont se lancer dans une multitude d'activités d'hygiène sociale et morale. Aussi, si le christianisme social a été le terreau du suffragisme romand du tournant du XIXe siècle, en conditionnant les droits civiques des femmes à leur participation au projet chrétien-social de réformes morales, il en est aussi le carcan.

Le concours de diverses circonstances sera le catalyseur de la création d'associations en Suisse romande dont l'objectif premier est l'obtention du suffrage féminin. L'échec de 1907 de l'Alliance des Sociétés féminines suisses pour rendre le Code civil plus égalitaire et surtout pour améliorer le sort des femmes mariées vient s'ajouter à plusieurs défaites politiques locales, comme le rejet par les électeurs genevois en 1896 de l'initiative demandant la fermeture des maisons de tolérance. Dans un climat peu propice à susciter des alliances surmontant les logiques de classe,[11] les femmes de la bourgeoisie et des classes moyennes engagées dans le réseau associatif féminin ne peuvent que constater leur impuissance à défendre leurs intérêts sans le vote. Le nouvel essor du suffragisme au niveau international convaincra certaines de la nécessité de fonder des associations ad hoc, l'orientation prise par les associations existantes laissant peu de place à la lutte pour le suffrage féminin.

Un nouvel essor sous l'impulsion du mouvement suffragiste international

Depuis longtemps des contacts existent entre des féministes romandes et des militantes d'autres pays. De longues amitiés européennes ou intercontinentales ont nourri la pensée et l'activité de féministes actives en Suisse romande.[12] Mais, surtout, plusieurs d'entre elles font partie des mouvements internationaux, comme la Fédération abolitionniste internationale fondée à Genève en 1875 ou le Conseil international des femmes, ce qui leur donne l'occasion de voyager et de rencontrer des féministes d'autres pays, des États-Unis notamment où deux associations nationales pour le suffrage féminin existent depuis 1869. C'est le cas par exemple de Camille Vidart[13] (1854–1930) qui est membre de la commission exécutive de la Fédération abolitionniste internationale et secrétaire du Conseil international des femmes de 1899 à 1904 et avec qui Auguste de Morsier et quelques autres fonderont l'Association genevoise pour le suffrage féminin. Or, il est significatif que peu de temps avant la fondation d'associations locales en faveur du suffrage féminin en Suisse romande, en 1904, une Association internationale pour le suffrage des femmes apparaisse sur la scène internationale.

Le Conseil international des femmes fondé en 1888 n'accordant que peu d'importance au suffrage, l'idée circule parmi les militantes suffragistes de fonder une association internationale en faveur du droit de vote des femmes. La présidente de la National American Woman Suffrage Association, Carrie Chapman Catt (1859–1947) prend l'initiative d'étendre aux autres pays l'invitation au 34e Congrès de l'association qui se tient à Washington en 1902. Plusieurs pays ayant répondu à l'appel, il est décidé d'établir une fédération des associations nationales pour le suffrage féminin et, deux ans plus tard, l'Alliance internationale pour le suffrage des femmes ouvre son premier Congrès à Berlin en 1904.[14] Camille Vidart y représente officiellement la Suisse et Pauline Chaponnière-Chaix[15] (1850–1934) y fait une intervention.[16] De retour, les deux Genevoises, toutes deux membres influentes de l'Alliance de sociétés féminines suisses et de l'Union des femmes de Genève seront parmi les premières à répondre à l'appel d'Auguste de Morsier désireux de fonder une association genevoise pour le suffrage féminin. En exigeant de ses adhérents une représentativité d'au moins six comités locaux ou au moins 2500 adhérent-e-s, l'Alliance internationale pour le suffrage des femmes encourage le regroupement des forces autour de la revendication du vote partiel ou intégral. L'appel semble avoir été entendu, puisque des filiales s'organisent dans presque tous les pays d'Europe.[17] Toutefois, en Suisse romande et à Genève notamment, l'union des unes et des autres derrière la bannière suffragiste est difficile. Ainsi, en 1905, Pauline Chaponnière-Chaix doit annoncer à contrecœur que l'Union des femmes de Genève, dont elle est alors présidente, n'estime pas encore opportun de fonder une association nationale pour le suffrage féminin. Lorsqu'en 1907, l'Association genevoise pour le suffrage féminin est officiellement

Abb. 7: Sigle de l'association internationale.

fondée, des associations locales existent depuis deux ans à Olten et Neuchâtel. Le mouvement est néanmoins lancé et des associations se créent à Lausanne, Berne, La Chaux-de-Fonds et Zurich.[18] En 1908, une année avant la création de l'Association suisse pour le suffrage féminin, la Suisse est affiliée à l'Association internationale pour le suffrage des femmes lors du Congrès d'Amsterdam.[19]

Les associations en faveur du suffrage féminin offrent une nouvelle plateforme aux partisanes et quelques partisans des pleins droits politiques des femmes qui s'étaient jusqu'alors peu profilé-e-s pour éviter une division du mouvement féministe. Mais, surtout, elles offrent une réponse aux attentes des femmes qui ont, en raison de différentes circonstances liées à leur éducation ou à un engagement les conduisant vers d'autres idéaux politiques, d'autres aspirations émancipatrices que les activités morales et sociales auxquelles le christianisme social les cantonne. C'est le cas par exemple d'Émilie Gourd (1879–1946),[20] la fondatrice et principale rédactrice du *Mouvement féministe*, qui s'affirmera comme une intellectuelle marquante du féminisme helvétique, ou de Camille Vidart qui sera à l'origine d'un restaurant pour ouvrières et d'un home coopératif et qui, après avoir adhéré pendant de nombreuses années au christianisme social, finira par rejoindre les rangs du Groupe romand des socialistes chrétiens fondé en 1912. Le journal *Le Mouvement féministe* fondé en

1912 leur donnera une voix. Les femmes occupent la plupart des postes décisifs de ce journal, dont la durée en fait l'un des plus anciens journaux féministes européens. Ce dernier se veut un espace de débats sur toutes les questions politiques et économiques afin d'informer et de former les futures citoyennes du pays. En faisant émerger une nouvelle réalité sociale, où les femmes occupent une place plus grande, il joue en Suisse romande un rôle important de nouveau formateur d'opinion.[21] Les suffragistes y trouvent enfin une tribune pour défendre leurs idées.

Regroupé-e-s en associations et doté-e-s d'un organe de presse, les suffragistes romand-e-s ont de nouveaux moyens pour peser dans l'opinion publique. Par ailleurs, la plupart ne démissionnent pas des autres associations dont elles et ils font partie. Ce combat sur deux fronts ne suffit toutefois pas à rallier l'ensemble des féministes autour de la revendication des pleins droits politiques des femmes.

Dans ce contexte local susceptible d'en décourager plus d'un-e, l'espace de radicalité offert par le mouvement suffragiste international et ses premières victoires[22] a certainement offert un appel d'air. De retour du Congrès de l'Alliance internationale pour le suffrage des femmes de Budapest en 1913, Émilie Gourd en tire le bilan personnel suivant:

> «Et je reviens de Budapest plus persuadée encore que je n'y avais été: le suffrage féminin est la clef de tout mouvement humanitaire, philanthropique ou social. Il nous le faut d'abord. Sans lui, nous ne pouvons rien. C'est mettre la charrue avant les bœufs que de nous occuper d'antialcoolisme, d'égalité de la morale, de législation ouvrière, de protection de l'enfance … sans avoir le bulletin de vote. Conquérons-le d'abord. Unissons-nous pour cela. Abandonnons même s'il le faut, momentanément nos tâches journalières, nos devoirs pourtant pressants, que nous reprendrons ensuite – quand nous l'aurons gagné – avec succès en citoyennes alors, et en législatrices.»[23]

La guerre viendra toutefois interrompre cet élan et le mouvement suffragiste se replie sur le patriotisme.

En 1920, l'Alliance internationale pour le suffrage des femmes reprend ses activités et c'est à Genève que le 8e Congrès de l'AISF, orchestré en moins de trois mois sous la baguette d'Émilie Gourd, aura lieu du 6 au 11 juin. Parmi les pays affiliés, nombre d'entre eux ayant entre-temps obtenu satisfaction ou étant sur le point de l'obtenir, le programme du Congrès traite également d'égalité économique, d'égalité civile et d'égalité de morale entre femmes et hommes. Suite à ce congrès, les Romandes prendront une part très active dans l'Alliance internationale pour le suffrage féminin. Antonie Girardet-Vielle (1866–1944), présidente de l'Association vaudoise pour le suffrage féminin de 1907 à 1916, est élue au Comité et Émilie Gourd, qui fait partie du Comité international en tant que présidente suisse, en devient la secrétaire en 1920 et secrétaire itinérante, ce qui l'amènera à parcourir de nombreux pays.

Quant au Congrès proprement dit, il est précédé d'un événement exceptionnel, un sermon donné par une pasteure anglaise dans la cathédrale Saint-Pierre, sermon qui attirera les foules. Un bémol viendra toutefois noircir ce succès suffragiste. Alors que quatorze pays envoient à Genève des représentants officiels, les Autorités fédérales, quant à elles, y brillent par leur absence, le Président de la Confédération, le catholique-conservateur Giuseppe Motta (1871–1940), ayant décliné l'invitation du Comité d'organisation.[24]

1   Cet article traite de la fondation de groupes suffragistes dans les cantons de Neuchâtel, Genève et Vaud, l'apparition de tels groupes dans les cantons catholiques étant plus tardive.
2   Rochefort Florence, L'accès des femmes à la citoyenneté politique dans les sociétés occidentales. Essai d'approche comparative, in: Cohen Yolande, Thébaud Françoise (dir.), Féminisme et identités nationales, Lyon 1998, p. 30.
3   Sur Marie Goegg-Pouchoulin, voir Grobet Erik, Marie Goegg-Pouchoulin, in: Deubler Ziegler Erica, Tikhonov Natalia (dir.), Les Femmes dans la mémoire de Genève. Du XVe au XXe siècle, Genève 2005, p. 110–114. Woodtli Susanna, du féminisme à l'égalité politique. Un siècle de luttes en Suisse, 1868–1971, Lausanne 1977, p. 15–28.
4   Reproduit dans Le Mouvement féministe, janvier 1918 et cité par Woodltli, op. cit., p. 20.
5   Signalons toutefois qu'en 1893 la Fédération suisse des ouvrières organisée seulement en Suisse alémanique revendique l'égalité des droits politiques. Cette revendication sera reprise dans le programme du Parti socialiste en 1904.
6   Sur les Unions de femmes voir Pavillon Monique, Vallotton François, Des femmes dans l'espace public helvétique 1870–1970, in: Pavillon Monique, Vallotton François (dir.), Lieux de femmes dans l'espace public 1800–1930, Histoire et société contemporaine, sous la direction du professeur H. U. Jost, vol. 13, Lausanne 1992, p. 7–54.
7   Voir à ce propos Käppeli Anne-Marie, Sublime croisade. Éthique et politique du féminisme protestant, 1875–1925, Genève 1990.
8   Pavillon Monique, 1896. Premier congrès des femmes, in: Pages 2, n° 5, 1996, p. 14–18.
9   Wuarin Louis Théodore, La femme et le féminisme aux États-Unis, in: Bibliothèque universelle et revue suisse, tome LXIV, 1894, p. 545–546.
10 L'instruction que les jeunes filles reçoivent dans les écoles supérieures de jeunes filles notamment favorisera l'intégration de ces valeurs. Ce processus est décrit dans Issenmann Chloé, L'école Vinet et la «destination sociale de la femme» (1884–1908), in: Pavillon Monique (dir.), Itinéraires de femmes et rapports de genre dans la Suisse de la Belle Epoque, Les Annuelles n° 10, 2007, p. 13–45.
11 Les associations de femmes ouvrières refuseront d'adhérer à l'Alliance de sociétés féminines suisses, association faîtière fondée en 1900 à la suite du Congrès des Intérêts féminins de 1896, alors que les abolitionnistes et les sociétés féminines d'utilité publique s'y refuseront aussi parce qu'elle leur semble trop progressiste.
12 Citons par exemple le rôle joué par Harriet Clisby (1830–1931), une féministe qui exerce la médecine aux États-Unis, dans la vie et les activités militantes de plusieurs femmes très engagées dans le réseau associatif féministe suisse. Voir à ce propos Dallera Corinne, Les grandes sœurs modèles. L'influence des Américaines sur le féminisme helvétique au tournant du XXe siècle, in: Pavillon Monique (dir.), op. cit., p. 102–123.
13 Le parcours de Camille Vidart est retracé par Martine Chaponnière dans Deubler Ziegler Erica, Tikhonov Natalia (dir.), op. cit., Genève 2005, p.116–117.
14 D'Itri Patricia Ward, Cross Currents in the International Women's Movement, 1848–1948. Bowling Green 1999, p. 90–94.

15 Sur Pauline Chaponnière-Chaix, voir Martine Chaponnière, Pauline Chaponnière-Chaix, in: Deubler Ziegler Erica, Tikhonov Natalia (dir.), op. cit., Genève 2005, p. 115–116.
16 Mesmer Beatrix, Ausgeklammert – eingeklammert. Frauen und Frauenorganisationen in der Schweiz des 19. Jahrhunderts, Basel 1988, p. 255.
17 Rochefort Florence, art. cit., p. 30–31.
18 Mesmer Beatrix, op. cit., p. 255.
19 D'Itri Patricia Ward, op. cit., p. 96.
20 Une analyse très poussée de l'éducation d'Émilie Gourd a été menée dans l'article de Castanotto Fiorella, De la mise en scène bourgeoise à l'avant-scène féministe (1879–1912). Première socialisation et formation intellectuelle d'Émilie Gourd, in: Pavillon Monique (dir.), op. cit., p. 47–94. Sur la vie d'Émilie Gourd voir également Chaponnière Martine, Émilie Gourd, in: Deubler Ziegler Erica, Tikhonov Natalia (dir.), op. cit., Genève 2005, p. 118–119.
21 Castanotto Fiorella, art. cit., p. 48.
22 Outre les différentes victoires obtenues par les suffragistes dans plusieurs États des États-Unis, les femmes obtiennent le droit de vote et d'éligibilité en Nouvelle-Zélande en 1893, en Finlande en 1906 et en Norvège en 1913.
23 Le Mouvement féministe, 10 août 1913.
24 Le Mouvement féministe, 25 juin 1920.

Die Vereine in der Deutschschweiz und die Gründung des schweizerischen Verbandes

Sibylle Hardmeier

Anfänge in Bern

Die Gründung der ersten Stimmrechtsvereine in der Romandie wurde in der deutschsprachigen Schweiz aufmerksam verfolgt, zumal auch hier Vereinsgründungen und Umstrukturierungen im Gange waren. Als die Bernerinnen vom Aufbau des Genfer Stimmrechtsvereins vernahmen, kündigte Emma Pieczynska umgehend die Kollektivmitgliedschaft des Vereins Frauenkonferenzen zum Eidgenössischen Kreuz an und gratulierte im Namen der 75 Mitglieder.[1] Dieser Verein, der dank seinen Protagonistinnen – Helene von Mülinen und Emma Pieczynska – im Herbst 1896 nach dem Schweizerischen Kongress für die Interessen der Frau als Symphonische Gesellschaft ins Leben gerufen worden war und sich schon früh für die Mitsprache der Frauen in bernischen Schulkommissionen eingesetzt hatte, trug nämlich spätestens seit 1905 die Frauenstimmrechtsforderung auf seinem Banner. Eine Propagandabroschüre aus diesem Jahr forderte die «Mitwirkung von Frauen in den Schulkommissionen» und «in den Aufsichtsbehörden aller Staatsanstalten» auf kantonaler Ebene, aber auch die schrittweise Einführung des Frauenstimmrechts auf eidgenössischer Ebene.[2]

1908, im Zuge des nationalen Trends und der engagierten Stimmrechtsdiskussionen, kam es dann auch in Bern zur Umstrukturierung und formellen Gründung eines Stimmrechtsvereins. Faktisch handelte es sich beim Bernischen Verein für Frauenstimmrecht (BVFS) um eine Abspaltung von den Frauenkonferenzen, wobei die personelle Fluktuation sehr hoch war. Die Lehrerin Mary Müller leitete den Verein von 1908 bis 1914.[3] Zusammen mit Fanny Schmid und ihrer Arbeitskollegin an der Mädchensekundarschule Bern, Dora Martig, gehörte Mary Müller zu den wichtigsten Initiantinnen des Stimmrechtsvereins und setzte damit die Tradition der engen Verbindung zwischen Lehrerinnen und Frauenrechtlerinnen in Bern fort.[4]

Zürich und die Ostschweiz

Im März 1909 entschied die zürcherische Union für Frauenbestrebungen mit dem Untertitel «Stimmrechtsverein» zu zeigen, «dass unser Verein auch ein eigentlicher Stimmrechtsverein ist».[5] Somit hatte auch dieser Verein, der im Herbst 1896 als Fusion zweier fast identischer Vereine (Rechtsschutzverein bzw. Schweizerischer Verein Frauenbildungs-Reform) ins Leben gerufen worden war, die von den Gründerinnen Emilie Kempin-Spyri und Emma Boos-Jegher entwickelte progressive Politik konsolidiert. Seither wurde dem

Vereinsnamen in Klammern der Vermerk «Zürcherischer Stimmrechtsverein» angefügt; der Zweckartikel hielt die «Erlangung des Stimmrechts für die Frauen» als Ziel fest.[6]

Eine Ursache für diesen Entscheid der Union für Frauenbestrebungen war auch – und in Zürich übrigens nicht das erste Mal – Konkurrenz aus den eigenen Reihen. Denn bereits am 18. Juli 1908 wurde ebenfalls in Zürich der Akademische Verein für Frauenstimmrecht aus der Taufe gehoben. Anlass für die Namensänderung bei der Union war dann, dass der akademische Verein seine Struktur reformierte und die Fokussierung auf Akademikerinnen und Akademiker als Zielgruppe fallen liess. Keine drei Monate nachdem die Union für Frauenbestrebungen ihren Namen geändert hatte, konstituierte sich der akademische Verein unter dem Titel Frauenstimmrechtsverein Zürich neu. Im November 1909 zählte die Organisation 157 Mitglieder und wusste einige prominente Zürcher Köpfe sowie Akademikerinnen und Akademiker hinter sich. Das Präsidium hatte Anna Mackenroth, Gründungsmitglied des Schweizerischen Vereins Frauenbildungs-Reform und erste Vizepräsidentin der Union, inne. Spätestens 1910 sassen auch Professor Emil Zürcher, der bereits 1902 im Zürcher Kantonsrat mehr Rechte für die Frauen reklamiert hatte, sowie Mathilde Schneider-von Orelli, Sophie Erismann-Hasse, Betty Farbstein-Ostersetzer und Sophie Glättli-Graf im Vorstand. Im Sommer 1911 gab Anna Mackenroth das Präsidium ab, mit Gilonne Brüstlein übernahm eine weitere Juristin das Amt.

Aufgrund seiner Ursprünge blieb der Frauenstimmrechtsverein Zürich überregional organisiert und setzte sich insbesondere zum Ziel, die Frauenstimmrechtsidee in der Schweiz östlich der Reuss zu propagieren. Im Vorstand sassen neben der Bernerin Gertrud Woker auch Abgeordnete aus Winterthur, Luzern und Schaffhausen; auch zu St. Gallen bestanden Kontakte. Louise von Arx-Lack, nachmalige Präsidentin des schweizerischen Verbandes von 1912 bis 1914, vertrat den Ende 1909 gegründeten und von ihr präsidierten Verein für Frauenstimmrecht Winterthur mit zirka 30 Mitgliedern. Für die kleine Schar Luzernerinnen, die 1910 eine Sektion ins Leben riefen, sass die ledige Luzerner Ärztin Anna Marie Neumann im Vorstand des Frauenstimmrechtsvereins Zürich.[7] In Schaffhausen und St. Gallen kam es vorerst noch zu keinen Vereinsgründungen. Eine erste Initiative im November 1909 von Emma Zehnder in St. Gallen blieb vorerst noch erfolglos.

Die heterogene Zusammensetzung und überregionale Struktur machte dem Zürcher Verein zu schaffen, als er dem schweizerischen Verband beitreten wollte, denn der nationale Verband unterschied in seinen Statuten nur zwischen lokalen und kantonalen Mitgliedervereinen. Die Situation wurde insofern bereinigt, als die Generalversammlung des Frauenstimmrechtsvereins Zürich im Juni 1910 seinen Statuten das Adjektiv «kantonal» beifügte. Den Gruppen von Winterthur und St. Gallen gelang der Sprung in die Selbständigkeit: Im Sommer 1912 löste sich die Sektion Winterthur definitiv ab. Ende Jahr gelang auch in St. Gallen der Durchbruch: Am 13. November trafen sich Emma Zehnder, Anna Dück-Tobler, Alice Freund und Silvia Acatos-Bazzigher mit dem freisinnigen Kantonsrat und Parteisekretär Zäch und riefen die Union für Frauenbestrebungen St. Gallen ins Leben. Etwas später stiessen unter anderem die in der Frauenbewegung bekannten Bertha Bünzli und Helene David-Hock hinzu. Aus Schaffhausen und Luzern hingegen war bald nichts mehr zu vernehmen. An der letzten protokollarisch festgehaltenen Sitzung der Luzerner Gruppe im März 1914 waren 10 Mitglieder anwesend. In Schaffhausen gelang der Durchbruch erst 1919.

Das Verhältnis zwischen dem Frauenstimmrechtsverein Zürich und der Union für Frauenbestrebungen war geprägt von engen personellen Verbindungen und Doppelmitgliedschaften, aber auch inhaltlichen Überschneidungen, was vor allem bei der Öffentlichkeitsarbeit zu Problemen führte. Bei der Organisation von Kursen und Vorträgen buhlten die Vereine häufig um das gleiche Publikum. Dennoch sprach sich die Union für Frauenbestrebungen 1910 gegen die von der Konkurrenz vorgeschlagene Fusion aus[8] und entschied auf lange Sicht den Kampf für sich. 1919 löste sich der Frauenstimmrechtsverein Zürich auf; zahlreiche Mitglieder traten zur Union für Frauenbestrebungen über.

Die internationale Stimmrechtsbewegung

Die zwischen 1905 und 1909 stattfindenden Umstrukturierungen und organisatorischen Konsolidierungen der Stimmrechtsvereine auf kantonaler Ebene sind zum Teil als Reaktion auf die politische Agenda zu verstehen. Denn in zahlreichen Kantonen standen damals beschränkte Frauenrechte zur Diskussion – insbesondere in Form des passiven Wahlrechts im Erziehungs- und Armenwesen beziehungsweise für gewerbliche Schiedsgerichte oder in Form des aktiven Wahlrechts in kirchlichen Angelegenheiten. Der entscheidende Impuls aber, auf der Programmebene den Pfad der beschränkten Rechte zu verlassen und statuarisch und als langfristiges Ziel, das integrale Stimmrecht zu verlangen – auf allen föderativen Ebenen, in allen Politikbereichen, in passiver wie auch aktiver Form –, ging von der internationalen Stimmrechtsbewegung aus.

Solange im International Council of Women (ICW) bei Abstimmungen das Einstimmigkeitsprinzip galt, hatte das Frauenstimmrechtsanliegen in diesem heterogen zusammengesetzten Verband keinen Platz. Dies mussten Aletta Jacobs, Anita Augspurg und Lida Gustava Heymann bereits 1899 anlässlich ihrer ersten Vorstösse erfahren. Seither propagierten sie deshalb die Idee eines internationalen Stimmrechtsverbandes. Sie erhielten Unterstützung von den Amerikanerinnen, die anlässlich der Generalversammlung der National American Suffrage Association von 1902 in Washington zu einer internationalen

Zusammenkunft einluden. Hier fällten die Delegierten aus neun Ländern – England, Australien, Norwegen, Schweden, Deutschland, Russland, Türkei, Chile und den USA – den Entscheid, einen international organisierten Verein zu gründen. Am 3. und 4. Juni 1904 – unmittelbar vor dem ICW-Kongress – fand in Berlin die Gründungsversammlung der International Woman Suffrage Alliance (IWSA) statt. Die Nachricht, dass die 84-jährige Vorkämpferin der Frauenrechte in den USA, Susan B. Anthony, diese Stimmrechtskonferenz präsidieren würde, war wohl für viele ICW-Anhängerinnen mit ein Grund, ein paar Tage früher nach Berlin zu reisen. Die Begeisterung und der Enthusiasmus, die von solchen und ähnlichen Zusammenkünften ausgingen, sind mehrfach dokumentiert und blieben offensichtlich auch in diesem Fall nicht aus. Jedenfalls kehrten zwei der Schweizer ICW-Delegierten – Camille Vidart und Pauline Chaponnière-Chaix – voller Tatendrang in die Schweiz zurück. Die welschen Frauenrechtlerinnen, die schon den Beitritt des Bundes schweizerischer Frauenvereine (BSF) zum ICW vorangetrieben hatten und nun erstmals als offizielle ICW-Delegierte teilnahmen,[9] liessen sich den zuvor stattfindenden Stimmrechtskongress natürlich nicht entgehen. Ohne zu zögern traten sie dem Verein als Einzelmitglieder («honorary associated members») bei.[10]

Die Gründung des schweizerischen Verbandes

Nicht zuletzt trugen die geschickt formulierten Statuten der IWSA[11] dazu bei, dass die Schweizerinnen schon im Oktober 1904 einen nationalen Zusammenschluss vorantrieben. Analog zum Vorgehen bei der IWSA-Gründung verfassten sie eine Prinzipienerklärung und riefen die Interessentinnen und Interessenten über die Presse auf, dem schweizerischen Verein für Frauenstimmrecht beizutreten.[12] An der Generalversammlung des BSF vom November des gleichen Jahres stellte Camille Vidart das Projekt vor. Der Verband war indessen gegenüber der Forderung nach integraler politischer Gleichstellung mehr als kritisch eingestellt; was angesichts einer im Vorjahr von der Union für Frauenbestrebungen[13] zur Diskussion gestellten Studie über das kirchliche Frauenstimmrecht sowie einer Umfrage der Genfer Zeitschrift «Semaine littéraire» nicht besonders überraschend war. Stellvertretend für viele meinte damals ein Mitglied der Union des Femmes de Genève, sie halte «den Augenblick, den Frauen dieselben Rechte zu gewähren, nicht gekommen, solange sie nicht durch eine ernsthaftere Erziehung und gründlichere Aufklärung über die Gesetze und Konstitution des Landes darauf vorbereitet werden.»[14] Das Anliegen wurde daher im BSF ad acta gelegt bis Antonia Girardet-Vielle – damals noch im Namen der Lausanner Union des Femmes, aber alsbaldige Präsidentin eines Stimmrechtsvereins – 1906 nachfragte, was in Sachen Frauenstimmrecht passiert und aus dem Projekt eines nationalen Frauenstimmrechtsvereins geworden sei. Zusammen mit der Antwort von

Camille Vidart erhält man den Eindruck, dass dies ein konzertierter Vorstoss war. Jedenfalls gestand Vidart ein, dass ihr Plan einer Vereinsgründung von oben (national) nach unten (kantonal) nicht funktioniert hatte. Sie regte zwei Dinge an: die Initiative von den Kantonen aus und die Gründung einer BSF-Stimmrechtskommission, zumal die Stimmrechtsfrage auch auf dem Programm des ICW figuriere.[15]

Am 7. September 1907 wurde diese BSF-Kommission in Bern ins Leben gerufen; Pauline Chaponnière-Chaix begrüsste die anwesenden Frauen. Im Bericht zuhanden der Generalversammlung 1908 musste die Kommission allerdings zugeben, dass sie keine grossen Taten und Fortschritte vorweisen konnte. Zur Begründung verwies sie auf finanzielle Probleme sowie auf die «recht verschiedenartigen Anschauungen»[16] unter den Kommissionsmitgliedern. Hinzu gesellte sich ein strukturelles Problem. Die BSF-Statuten schränkten nämlich den Handlungsspielraum der Kommission beträchtlich ein. Solange die Frauenstimmrechtsdiskussion auf kantonaler Ebene stattfand, war dem BSF statutarisch jede «Einmischung» untersagt, gleichzeitig verlangte das Einstimmigkeitsprinzip die Rücksichtnahme auf weniger fortschrittliche Mitgliedervereine. Somit wiederholte sich das Muster, das auf internationaler Ebene bei der Gründung der IWSA wirkungsmächtig war. Nicht zuletzt die Einstimmigkeitsklausel und föderative Struktur des BSF trugen dazu bei, dass der Ruf nach einem eigenständigen Verein mit der Zeit immer mehr Anhängerinnen fand. Die Mitglieder der BSF-Stimmrechtskommission – Caroline Stocker-Caviezel (Präsidentin, Zürich), Antonia Girardet-Vielle (Lausanne), Maria Meier-Rüthy (Olten) sowie Louisa Thiébaud (Neuenburg)[17] – verlagerten ihre Tätigkeit auf die kantonale Ebene und waren federführend am bereits beschriebenen Aufbau der lokalen Stimmrechtsvereine beteiligt.

Im März 1908 brachte dann ein Brief der Präsidentin der International Woman Suffrage Alliance (IWSA) den Stein für einen nationalen Zusammenschluss wieder ins Rollen. Carrie Chapmann Catt äusserte bei Antonia Girardet-Vielle und Aline Hoffmann-Rossier den Wunsch, die Schweiz möge am nächsten internationalen Kongress im Juni offiziell vertreten sein. Gemäss Statuten der IWSA kam dies der Aufforderung gleich, ein mindestens sechsköpfiges nationales Komitee zu gründen. Genau das geschah am 12. Mai 1908 an einer Versammlung der lokalen Frauenstimmrechtsvereine. Ohne längere Diskussion wurde ein Komitee eingesetzt, das die sieben[18] Frauenstimmrechtsvereine der Schweiz repräsentierte. Klara Honegger und Antonia Girardet-Vielle wurden als Delegierte für den IWSA-Kongress vom 15. bis 20. Juni 1908 in Amsterdam bestimmt. Gleich zur Eröffnung des Amsterdamer Kongresses wurde die Schweizer Sektion zusammen mit der südafrikanischen und bulgarischen in den Verband aufgenommen.

Nach der im schweizerischen Vereinsleben üblichen Sommerpause nahm das Sechserkomitee im Herbst 1908 die Ausarbeitung der Statuten des Schwei-

Abb. 8: Erstes Flugblatt des SVF: «Warum wir das Frauenstimmrecht wünschen.»

zerischen Verbandes für Frauenstimmrecht (SVF) an die Hand. Umstritten waren vor allem organisatorische Fragen wie die Vertretung der kantonalen Organisationen, die Höhe ihrer Beiträge sowie die Zulassung von Ausländerinnen und Ausländern in die Entscheidungsgremien des Verbandes. Dabei drückte der Entscheid zu Letzterem nicht gerade internationale Frauensolidarität aus. Zwar wurden schliesslich ausländische Mitglieder als Delegierte zugelassen, dem Zentralvorstand von 7 und höchstens 15 Mitgliedern beiderlei Geschlechts durften indessen gemäss Artikel 2 der Statuten nur Schweizerinnen und Schweizer angehören.

Am 29. Januar 1909 war es soweit: Verschiedene kantonale Stimmrechtsvereine schlossen sich zum Schweizerischen Verband für Frauenstimmrecht zusammen. Im ersten Vorstand fanden sich zahlreiche Mitglieder der BSF-Stimmrechtskommission wieder. Klara Honegger war Vizepräsidentin, Antonia Girardet-Vielle Sekretärin, Mary Müller Kassierin, Maria Meier-Rüthy, Marie Courvoisier und Louisa Thiébaud figurierten als Beisitzerinnen. Zum Präsidenten wurde Auguste de Morsier ernannt. Dabei liefert die vergleichende

> 5. Es gibt auch im Staatswesen Dinge, die eine Frau anders beurteilt als der Mann, weil andere Gesichtspunkte sie leiten; **daher ist es ungerecht,** dass ihr Urteil wirkungslos bleiben muss.
> 6. In einer wohlgeordneten Familie haben Mann und Frau gleich viel zu bedeuten; **daher ist es ungerecht,** dass im Staate, der doch nichts ist als die Gesamtheit aller Familien, der Mann alles, die Frau nichts bedeutet.
> 7. In einer wohlgeordneten Familie besorgen Mann und Frau ihre internen und externen Angelegenheiten gemeinschaftlich; **daher ist es ungerecht,** dass im Staate der Mann das allein tut.
> 8. In einer wohlgeordneten Familie haben Mann und Frau das gleiche Interesse am Gedeihen; **daher ist es ungerecht,** dass im Staate den Frauen dieses Interesse so unterbunden wird, dass es vielerorts notgedrungen hat absterben müssen.
> 9. Die Frau ist die Erzieherin der Kinder; **daher ist es ungerecht,** dass sie in Sachen der Schulung nichts zu sagen hat.
> 10. Die Frau soll ihre Kinder auch zu tüchtigen Staatsbürgern erziehen; **daher ist es ungerecht,** ihr selber zu verwehren, Vollbürgerin zu sein.
> 11. Ihr soll als Erzieherin das Übergewicht über ihre Zöglinge gewahrt bleiben; **daher ist es ungerecht,** ihren Söhnen zu einer Zeit, wo sie die Mutter noch gar nicht nötig haben, Rechte zu verleihen, die diese nicht hat.
> 12. Infolge ihrer Veranlagung weiss die Frau in Armensachen oft besser Bescheid als der Mann; **daher ist es ungerecht,** wenn sie nicht überall in Armenbehörden gewählt werden und direkten Einfluss auf die diesbezügliche Gesetzgebung ausüben kann.
> 13. Die Frauen sind es, die die Plätze, welche die Männer in der Kirche leer lassen, füllen, die Anteil nehmen an der Entwicklung der Kirche, sie sind die eigentlichen Trägerinnen des kirchlichen Lebens; **daher ist es ungerecht,** wenn sie kein kirchliches Stimmrecht haben.
> 14. Der Staat gewährt jetzt den Frauen die gleichen Bildungsmöglichkeiten wie den Männern; **daher ist es ungerecht,** wenn sie durch das fehlende Stimmrecht verhindert sind, die Konkurrenz mit dem Manne auf der ganzen Linie aufzunehmen.

Perspektive Eckpunkte für eine Bewertung: Wenn man die Mitgliederzahl mit anderen Vereinen der Schweiz vergleicht, erscheint der Organisierungsgrad schwach. Während der BSF 1904 33 Mitgliedervereine zählte und rund 11 000 Frauen repräsentierte, waren es beim SVF 765 Mitglieder. Im Vergleich mit dem Ausland lässt sich – soweit möglich[19] – als Charakteristikum festhalten, dass sich der Verband weniger durch eine feministische Politik der Autonomie als vielmehr durch die bewusste Zusammenarbeit der Geschlechter auszeichnete. In Personalfragen war der SVF stark national gesinnt.

Gemeinsames Ziel – unterschiedliche Argumentationen

Ziel und Zweck des Schweizerischen Verbandes für Frauenstimmrecht waren unmissverständlich formuliert; aufgenommen wurden nur jene Vereine, die das integrale Frauenstimmrecht reklamierten. «Der schweizerische Verband für Frauenstimmrecht besteht aus der Verbindung lokaler und kantonaler Vereine von mindestens 10 Mitgliedern, die die vorliegenden Statuten annehmen und dahin arbeiten, für die Frauen das volle Stimmrecht zu erlangen» (Artikel 1).

Ein darüber hinausreichendes feministisches Programm wurde nicht formuliert und eine Diskussion darüber erfolgte erst in den frühen 1920er Jahren.[20] Die primäre Aufgabe des Verbandes bestand in der Propagierung der Frauenstimmrechtsidee und der Gründung von neuen Sektionen (Artikel 11).

Vor der Gründung des SVF blieb die Stimmrechtsdebatte auf der Ebene beschränkter Frauenrechte stecken. Abgesehen von ein paar wenigen Ausnahmen wurde die Forderung nach integraler politischer Gleichberechtigung nicht erhoben. In dieser Hinsicht stellt die Schaffung des nationalen Verbandes eine Zäsur dar. Wer sich dem Verband anschloss, wollte laut Zweckartikel volles Stimmrecht erlangen. Dennoch war im Bericht über die erste ordentliche Generalversammlung des SVF vom Mai 1912 nachzulesen, es gebe im Verband «verschiedene Geister, verschiedene Richtungen, die dem gemeinsamen Ziel auf verschiedenen Wegen zustreben» wollten.[21]

Diese Divergenz schlug sich auf der Ebene der Argumentarien nieder und in den ersten offiziellen Publikationen des SVF lassen sich – nahezu idealtypisch – die Verfechterinnen und Verfechter eines neuen Dualismus oder eines entschiedenen Egalitarismus unterscheiden. Dabei zählte Aline Hoffmann[22] von der AGSF zu Ersteren, indem sie die zuvor von Helene von Mülinen und Emma Pieczynska entwickelte Argumentation in einer über 2000-fach aufgelegten Broschüre zu einer konsequent dualistischen Konzeption ausformulierte. Nicht mit dem Recht auf Selbst- oder Mitbestimmung, sondern mit der Pflicht gegenüber dem Staat untermauerte Hoffmann ihre Stimmrechtsforderung: «Und wenn Sie mir es erlauben wollen, […] so werden wir von Anfang an, sofort, diese Frage auf ihre rechte Basis stellen, auf die der Pflicht».[23] Und weiter unten fügt sie an: «an den blossen Frauen-Rechten liegt mir wenig, liegt mir gar nichts!».[24] Mit diesen dualistischen Prämissen ging eine Strategie einher, welche die Stimmrechtsforderung auf bestimmte Politikfelder beschränken wollte, und um die Natur nicht zu «brüskieren», schlug die Autorin und Referentin eine Politik der kleinen Schritte vor.

Dieser vorsichtig dualistisch argumentierenden Konzeption standen die egalitären Prämissen von Émilie Gourd, Maurice Muret und insbesondere Auguste de Morsier diametral gegenüber. Der Genfer Sozialreformer schloss seine Referate gerne mit dem Slogan: «Ein Recht! Eine Gerechtigkeit! Eine Moral!»[25] Sein Verdienst als Präsident des SVF bestand auch darin, das Gedankengut von Meta von Salis oder Charles Secrétan in Erinnerung zu rufen. Das dualistische Gesellschaftsmodell bezeichnete Morsier als Ideologie der Unterdrückung; die vermeintlich invariablen Geschlechtsattribute als sozial erworben; und den Schutz des vermeintlich schwächeren Geschlechts als fatal:

> «Die Frau hat als menschliches Wesen ein Recht auf ihre völlige Emanzipation […]. Und wie wenn man der Frau a priori jede Verteidigungswaffe nehmen wollte, hat ihr der Mann immer im Namen des Geschlechtsunterschiedes eine loyale Teilnahme an den politischen Rechten, die im Grunde soziale Rechte sind, versagt.»[26]

Diese fundamental egalitäre Position schlug sich auch in der Strategie nieder, die Auguste de Morsier oder Émilie Gourd – in der Zusammenarbeit mit Ersterem frauenrechtlerisch sozialisiert – formulierten:

> «Le droit à l'électorat entraîne celui de l'éligibilité. Nous ne voyons aucune raison valable pour scinder ces droits, dans aucun domaine. [...] Ou le droit de vote est un droit, alors qu'on le donne à tous avec toutes ses conséquences. [...] Le sexe n'a rien à y voir.»[27]

In der politischen Praxis hingegen waren rein egalitäre oder rein dualistische Argumentationsschemata immer seltener anzutreffen; immer mehr vermischten sich die beiden Positionen. Dabei kam es im Vergleich zur Debatte des ausgehenden 19. Jahrhunderts zu einer Akzentverschiebung zugunsten egalitärer Argumente. Beispielhaft dafür war die neue Vortragsserie von Helene von Mülinen, die 1907 mit einem Referat vor der Generalversammlung des BSF einsetzte.[28] Gegenüber den Argumentationen in den 1890er Jahren zeichnete sich eine Verschiebung von religiös-sozialen zu naturrechtlich-liberalen Prämissen ab. Auf der bildhaften Ebene wurden damit Frauenfiguren aus der Bibel durch die Stauffacherin als Versinnbildlichung der selbständigen und mitverantwortlichen Persönlichkeit ersetzt. Schlagworte wie Freiheit, Selbstbestimmung und Gerechtigkeit prägten jetzt ihren Diskurs wesentlich mit. Auch anhand des ersten Propagandaflugblatts des Schweizerischen Verbandes für Frauenstimmrecht lässt sich die Vermischung von egalitären und dualistischen Argumenten beispielhaft aufzeigen. Das in den eidgenössischen Räten verteilte Flugblatt listete in vierzehn Punkten auf: «Warum wir das Frauenstimmrecht wünschen»[29] (vgl. Abb. 8). Dabei waren dualistische Prämissen quantitativ übervertreten – zehn von vierzehn Begründungen folgten der dualistischen Traditionslinie. Aber die egalitäre Position, die auf die Gleichbehandlung pochte und an die Menschenrechte appellierte, war besonders prominent vertreten und umrahmte im wortwörtlichen Sinne die Argumentation.

Die Verbindung egalitärer und dualistischer Positionen äusserte sich in einer Betonung der Gleichwertigkeit der spezifisch weiblichen Pflichten oder Tugenden und der Rechte.

> «Das ist es, was die Frauenbewegung, was wir wollen. Teilnehmen als vollerkannte Persönlichkeiten, als Bürgerinnen, an allen Fragen und Bedürfnissen der Gemeinde, wie des Staates, Teil und Mitverantwortung an allen Gesetzen, unter denen auch wir zu leben und zu leiden haben, Teil an allen Pflichten, aber auch an allen Rechten des Mannes gegen die Allgemeinheit, wie unsere Zeit sie fordert und gewährt, nicht Frauen- aber Menschenrechte!»[30]

Was die Frauenrechtlerinnen hier formulierten, war eine Vision der positiven Freiheit auch für weibliche Staatsbürgerinnen. Das war mehr als noch am Frauenkongress von 1896 oder von gemässigten Staatsdienerinnen propagiert worden war. Neben die Berufung auf die Interessen des Staates an den genuin weiblichen Fähigkeiten trat der Anspruch der weiblichen Staatsangehörigen auf Selbstverwirklichung als gleichberechtigtes Anliegen. Die staatsbürgerliche Pflicht entsprach hier dem Wunsch nach Partizipation, was in ein Konzept des Aktivbürgerrechts gegossen wurde. Engagement in der Gemeinschaft und Mitverantwortung in der milizartig strukturierten Gesellschaft standen dabei im Vordergrund. Damit rückte dieses Konzept der frühen Frauenstimmrechtsbewegung in bemerkenswerte Nähe zu partizipatorisch orientierten Revisionsprojekten des Staatsbürgerschaftskonzeptes, wie wir sie heute unter dem Etikett «Zivilgesellschaft» diskutieren. In diesem partizipatorischen Modell waren die Grenzen zwischen Pflicht und Recht ebenso fliessend wie zwischen Dualismus und Egalitarismus. Die Frauenrechtlerinnen und -rechtler entwickelten ein Argumentationsmuster, das sich taktisch einsetzen und an die jeweiligen Situationen anpassen liess. Wenn aber die politische Praxis – wie das nachfolgende Kapitel «De bas en haut – Église, école, services sociaux» aufzeigt – eine Strategie «von unten nach oben» nahelegte, dann wurden die vermeintlichen Geschlechtscharaktere und die dualistische Arbeitsteilung als Argument wieder besonders attraktiv.

1 Die nachfolgenden Schilderungen fussen im Wesentlichen auf dem Kapitel «III. Eine Schnecke setzt sich in Bewegung» im Buch von Hardmeier Sibylle, Frühe Frauenstimmrechtsbewegung in der Schweiz (1890–1930). Argumente, Strategien, Netzwerk und Gegenbewegung, Zürich 1997. Details sowie Literatur- und Quellenangaben sind dort aufgeführt. Originalquellen werden hier nur bei direkten Zitationen angeben. Um der Bewegung und Gründungsgeschichte ein Gesicht zu geben, werden in diesem Abschnitt bewusst viele Namen von Protagonistinnen und Protagonisten genannt. Zu biographischen Details und Vernetzungen der Personen vgl. ebenfalls Hardmeier, Frühe Frauenstimmrechtsbewegung. Staatsarchiv Genf, Archives privées 100, Correspondance 1907–1918, Brief von E. Pieczynska an die AGSF vom 4. März 1907. In den Vereinsnamen floss der Name des öffentlichen Lokals ein, indem sich die Frauenrechtlerinnen trafen.
2 Frauenkonferenzen Bern, «Unser Banner», Bern 1905, Archiv der Gosteli-Stiftung zur Geschichte der schweizerischen Frauenbewegung (AGoF), Bro. 8977.
3 Sie wurde 1914 von Auguste Antoine Patru abgelöst und zur Ehrenpräsidentin gewählt.
4 Die Lehrerinnen Emma Graf und Ida Somazzi wurden 1915 in den Vorstand gewählt. Letztere wurde ein Jahr später durch die Berner Ärztin russischer Abstammung, Ida Hoff, ersetzt. Johanna Güttinger, die nachmalige Mitgründerin der Vereinigung weiblicher Geschäftsangestellter, war spätestens seit 1914 Vorstandsmitglied; ebenso Agnes Debrit-Vogel, die dem Verein – damals noch ledig – 1910 beigetreten war.
5 Schweizerisches Sozialarchiv (SozArch), Ar. 6.10.5., Sitzung vom 18. März 1909.
6 SozArch, Ar. 6.10.1., Statuten vom 15. April 1909.
7 AGoF, 108, Verein für Frauenbestrebungen Luzern, Frauenstimmrechtsverein Zürich, Sektion Luzern. Die Versammlungen des Vereins konnten noch lange Zeit in der Wohnung der Präsidentin abgehalten werden, denn es waren meistens weniger als 10 Mitglieder anwesend.

8 Was in anderen Kantonen zu Neugründungen führte, war für die Union für Frauenbestrebungen Grund, bei der angestammten Form zu bleiben: Der Verein sei nicht nur ein Stimmrechtsverein und eine Verengung der Themenstellung könne zu Austritten führen. Andererseits sei die Union auch als Stimmrechtsverein weit herum bekannt und ein Namenswechsel – wie vom «Frauenstimmrechtsverein Zürich» vorgeschlagen – deshalb nicht wünschenswert. Darüber hinaus waren finanzielle Überlegungen handlungsleitend und die Union störte sich an den zahlreichen ausländischen Mitgliedern im Frauenstimmrechtsverein, «was nicht gerade von Vorteil» sei. Vgl. SozArch, Ar. 6.10.5., Sitzung vom 27. Januar 1910 und Generalversammlung vom 21. April 1910.

9 Darüber hinaus nahmen Hedwig Bleuler-Waser, Leonie Steck, Caroline Stocker-Caviezel und Louise Zurlinden-Dasen aktiv am ICW-Kongress teil.

10 Harper Ida Husted, The History of Woman Suffrage, New York 1922, S. 810.

11 Diese sahen nämlich einen Übergangsstatus für sich formierende nationale Verbände vor und verlangten von den «honorary associated members» Mitgliederbeiträge, ohne ihnen gleichzeitig auch das Stimmrecht zu verleihen.

12 Frauenbestrebungen, 1. Januar 1905. Gemäss Aufruf wollte der Verein das «Prinzip der politischen Gleichberechtigung der Geschlechter» durchsetzen und für «diese Forderung zur gegebenen Zeit bei eidgenössischen, kantonalen und Gemeinde-Behörden, bei den Schul-, Kirchen- und Armenpflegen eintreten». Zudem war der sofortige Anschluss an die IWSA vorgesehen.

13 Im Frühling 1903 verschickte die Zürcher «Union für Frauenbestrebungen» die von Regierungsrat Locher verfasste Studie über das kirchliche Frauenstimmrecht an die Mitgliedervereine des BSF und setzte das Thema damit auf die Traktandenliste der nächsten Generalversammlung im Oktober. Es war dies das erste Mal, dass sich der BSF offiziell mit dem Frauenstimmrecht auseinandersetzte.

14 Frauenbestrebungen, 1. April 1904. Die Ergebnisse der Umfrage der Semaine littéraire wurden in den folgenden Nummern publiziert.

15 AGoF, 103 BSF. 110, Protokoll der Jahresversammlung, 1906, S. 11. Die Konkurrenz mit der IWSA beflügelte die Stimmrechtsdiskussion im ICW; an der Berliner Versammlung von 1904 verabschiedete der Verein eine Stimmrechtsresolution.

16 AGoF, 103 BSF. 04, Bericht der Stimmrechtskommission, in: VIII. Jahresbericht 1907–1908, 1908, S. 45.

17 Ebenfalls Mitglied der Kommission war die Bernerin Frl. Dr. Haldimann, Klara Honegger vertrat den nationalen Vorstand in der Kommission.

18 AGSF, AVSF, Section de Neuchâtel, Section de La Chaux-de-Fonds, BVFS, Zürcher «Union für Frauenbestrebungen» sowie der von Maria Meier-Rüthy präsidierte 1905 gegründete «Oltener Verband für Frauenbestrebungen». Der «Frauenstimmrechtsverein Zürich» existierte noch nicht.

19 Diese Charakterisierung stützt sich auf das, was in der internationalen Literatur im Vergleich zur Schweiz nicht gesagt oder weniger thematisiert wird: In Darstellungen über die Stimmrechtsvereine des Auslands ist selten von männlichen Frauenrechtlern die Rede, die über die Mitgliedschaft in einer Wählerliga / Ligue d'Électeurs / Men's League for Women's Suffrage hinaus in den Stimmrechtsvereinen arbeiteten. Debatten über die Mitgliedschaft von Ausländerinnen und Ausländern sind mir ebenfalls nicht bekannt.

20 Artikel 8 der Statuten hielt lediglich fest, der Zentralvorstand könne sich vorbehalten, «die ihm geeignet scheinenden Fragen» auf die Traktandenliste zu setzen. Insgesamt war der Verein als Föderativverband konzipiert. Das heisst, der Zentralvorstand war lediglich in «interkantonalen, eidgenössischen und internationalen Fragen» kompetent (Artikel 10).

21 Frauenstimmrecht, Nr. 6, 1912.

22 Hoffmann Adolf (Aline), Frauenstimmrecht. Zürich 1910.

23 Ibd., S. 10.
24 Ibd., S. 9.
25 Frauenbestrebungen, 1. August 1910; Frauenstimmrecht, Nr. 3, 1912.
26 De Morsier Auguste, Frauenrecht und Geschlechtsmoral, in: Frau und Sittlichkeit, 2, 1904, S. 59 bzw. 52.
27 De Morsier Auguste, Pourquoi nous demandons le droit de vote pour la femme. Simple exposé de la question publié sous les auspices de l'Association Nationale Suisse pour le Suffrage Féminin, Genève 1916, S. 13.
28 Hier referierte sie über die «Erziehung der Frau zur Bürgerin». Im Sommer 1908 folgte ein Referat vor der Sozialwissenschaftlichen Sektion der Freien Studentenschaft Bern mit dem Titel «Frauenstimmrecht» und Anfang 1909 ein Vortrag über «Die Ziele der Frauenbewegung», den sie in Zürich, Olten und vermutlich noch in weiteren Städten hielt.
29 Landesbibliothek V Schweiz 1157, Schweizerischer Verband für Frauenstimmrecht, Flugblatt Nr. 1.
30 Stocker-Caviezel Caroline, Was wir wollen, in: Schweizerischer Frauenkalender, 1911, S. 87.

Abb. 9: Lors de chaque votation du peuple masculin, notre association montrait par affiches ou annonces que les femmes souhaitaient voter. Ici un vote très important pour notre pays: l'adhésion à la Société des Nations.
Bei jeder Abstimmung der Männer trat der Verband mit der Forderung nach dem Frauenstimmrecht in Erscheinung, hier bei der wichtigen Abstimmung über den Beitritt unseres Landes zum Völkerbund.

Strategien zur Einführung
des Frauenstimmrechts

Stratégies pour l'introduction des droits
politiques pour les femmes

De bas en haut – Église, école, services sociaux
Nadine Boucherin

La conception de stratégies naît de la nécessité de s'organiser et d'élaborer des calculs pour atteindre un objectif déterminé. L'organisation des forces à disposition passe, notamment, par la création de l'Association suisse pour le suffrage féminin (ASSF). Et la détermination de l'objectif provient de la prise de conscience de la mise sous tutelle politique des femmes et de leur incapacité civique subséquente. La simple allusion à l'élaboration d'une stratégie démontre la maturité de la réflexion et la détermination des pionnières de l'ASSF puisque celle-ci prévoit «une rationalisation des choix, une logique de l'action, un calcul et une évaluation des moyens».[1] Au-delà des choix factuels, le recours à la stratégie dénote l'importance philosophique accordée à l'individu, ici en l'occurrence aux femmes, puisque «croire à l'efficacité d'une pensée stratégique, c'est postuler que les sociétés humaines peuvent, dans une certaine mesure, conduire et maîtriser leur histoire». Enfin, «s'élever à la stratégie, c'est faire un acte de foi dans la rationalité et l'intelligibilité de l'action et de l'histoire».

De nombreuses variables doivent être prises en considération au moment de l'élaboration d'une stratégie, sans compter que celles-ci évoluent et se modifient en fonction de paramètres difficilement prévisibles. Cette particularité exige une grande capacité d'adaptation et de diversification des modes opératoires. En mettant en évidence la difficile concordance entre les réflexions théoriques, les aspirations philosophiques et la variabilité des contingences, cet article s'efforce de comprendre pourquoi la tactique des petits pas et le processus «de bas en haut» a fortement imprégné et, en fin de compte, déterminé les stratégies en faveur de la reconnaissance juridique de la participation des femmes dans la société.[2]

Deux aspects organiques impérieux, propres à la Suisse, déterminent profondément la réflexion stratégique. Le premier est la démocratie directe; le second, la structure fédéraliste de la Confédération.

La démocratie directe
Il s'agit, pour les stratèges, de déterminer quels sont les outils que la démocratie helvétique met à disposition des groupes sociaux pour maintenir leurs revendications dans la légalité, et quelle est la façon la plus efficace de les utiliser. La situation des femmes est inconfortable puisque, d'une part, leur mouvement est profondément ancré et se projette dans la démocratie helvétique,[3] mais, d'autre part, celle-ci ne leur offre aucune possibilité d'action coercitive. Emma Graf a parfaitement analysé la situation lorsqu'elle écrit: «Während in parlamentarisch regierten Ländern nur die Volksrepräsentanten über Refor-

men zu entscheiden haben, müssen bei uns die Massen dafür gewonnen werden. So ist bei uns der Weg zum Frauenstimmrecht länger und mühevoller als anderswo.»[4] Non seulement les féministes doivent convaincre et recueillir la bienveillance de la population votante, mais elles doivent ronger leur frein dans leurs revendications mêmes. Nombre de députés, ayant déposé une motion en faveur des droits de vote actif et passif des femmes dans les affaires ecclésiastiques, scolaires et sociales, notamment, se virent contraints de réduire leurs prétentions afin de convaincre une majorité de députés.[5] Toutefois, une fois l'innovation acceptée par les députés et intégrée à la révision partielle ou totale de l'ensemble des lois concernées, elle risque d'essuyer un refus du peuple; raison pour laquelle les députés préfèrent éliminer un article qui fâche plutôt que de menacer la révision dans son ensemble.[6] Enfin, si les deux premiers obstacles ont été surmontés avec succès, les projets d'accorder aux femmes la participation active dans les affaires politiques ont longtemps échoué en dernier ressort dans les urnes. Cette spécificité helvétique en fait sa valeur mais réfrène en même temps les prétentions des groupes sociaux minoritaires.

Le fédéralisme

La plupart des stratèges, tant féminins que masculins, s'accordent à reconnaître l'importance du respect de la structure fédéraliste dans leurs revendications. Des arguments de différentes natures (la vraie démocratie commence dans les communes, la proximité communale permet aux femmes de comprendre de quoi il retourne, ces affaires correspondent aux attributions traditionnelles des femmes) justifient et alimentent la stratégie qui préconise l'introduction pondérée, d'abord de la représentation féminine dans diverses commissions communales et cantonales, puis du suffrage féminin en matière ecclésiastique, scolaire et sociale. Le suffrage politique viendrait alors de soi.[7] Le fédéralisme helvétique influence la perception même que les femmes ont de leur participation. En effet, elles sont intimement convaincues que le chemin «de bas en haut» leur permet d'obtenir de façon naturelle et organique les droits qu'elles revendiquent. Elles satisfont ainsi leur souci de respecter la vraie tradition démocratique helvétique. Tout comme les hommes, elles ont intégré la philosophie politique de la démocratie helvétique, et en tirent de la fierté. À l'autre bout, le fédéralisme, de par sa nature même, crée des besoins différents selon les lieux et le moment. D'où la quasi impossibilité pour les femmes d'organiser une revendication concertée au niveau national, sans parler de l'importante différence de sensibilité et d'opinion caractérisant les adhérent-e-s des mouvements sociaux.

Ainsi, les spécificités politiques helvétiques semblent pleinement justifier cette stratégie lente et pondérée; mais ces mêmes structures semblent par ailleurs prendre les revendications féministes en otage, leur imposant un chemin organique et traditionnel, long et semé d'embûches.

La stratégie de «bas en haut»

Il faut remarquer en premier lieu que les hommes, et principalement ceux qui sont activement engagés dans la promotion et la revendication du suffrage féminin, préconisent cette stratégie. Elle a pour conséquence, d'abord, d'introduire une nouveauté en douceur, de ne pas effrayer les hommes, de les habituer à la présence et à la participation active des femmes dans l'espace public, et surtout de ne pas les dépouiller subitement de leurs prérogatives masculines. Lors de la première participation des femmes à l'élection des prud'hommes de Neuchâtel en 1917, Emma Porret écrit:

> «Mais le gain de ces journées est surtout moral. Plus tangible que l'idée, la pratique du suffrage féminin devient familière aux hommes et aux femmes. Tous les épouvantails dont on l'entourait se sont abattus. Désormais, les femmes, plus nombreuses, mettront plus de tranquillité et de fermeté à revendiquer de nouveaux droits; et les hommes de bonne foi, rassurés par leur attitude, ne s'obstineront pas à les leur refuser.»[8]

Ensuite, selon une nécessité communément admise, elle permet aux femmes de se préparer à leurs nouvelles charges. Cet argument est cependant spécieux, puisque, dans un premier temps, il ne serait accordé aux femmes que des tâches qui leur sont traditionnellement dévolues dans la sphère privée. La phraséologie féministe se veut rassurante, quasi maternelle: «[…], il s'agit moins pour nous de revendiquer de nouveaux droits que de prendre notre part de certains devoirs de concert avec les hommes.»[9] Il s'agit en somme de collaborer avec les hommes et de les décharger du poids des responsabilités qui se multiplient et se complexifient.

Faire ses preuves et inscrire ses droits dans la loi

Et cette complexité est un argument de plus en faveur de la stratégie des petits pas et du chemin «de bas en haut»: en effet, le système démocratique helvétique met des objets complexes dans la balance du peuple et requiert donc une compréhension approfondie et une expérience de l'organisation sociopolitique de la Suisse. D'où la nécessité d'un développement organique de la conscience politique des femmes.[10] Cependant, malgré toutes les précautions et l'acceptation, mieux la promotion juridique des femmes dans les charges qui leur sont traditionnellement dévolues, les autorités cantonales, ou en dernier ressort le peuple, peine à les intégrer. Emma Graf s'en plaint amèrement:

> «Denn auch auf das Gebiet der Armenpflege hat die Frau ein altes Anrecht. Sie war von jeher die Spenderin der milden Gaben und die Mutter des Armen, und sie hat in zahlreichen Wohltätigkeitsvereinen dem Staat einen Teil seiner Aufgaben abgenommen. […] Trotzdem zögert man noch vielerorts, die Frau in staatliche Armenbehörden zu wählen, weil es der Tradition widerspricht. Das ist die traditionelle Belastung der Frau.»[11]

À cet effet, les organisations féminines organisent de nombreux cours, stages et conférences afin d'inculquer aux femmes la clairvoyance en matière juridique, économique et politique. Les prédispositions traditionnellement accordées aux femmes en matière ecclésiastique, scolaire et sociale se désintègrent en regard de la nouvelle distinction bourgeoise entre privé et public.[12] L'activité féminine dans les cercles privés est fortement encouragée, en revanche sa participation officielle rencontre d'énormes obstacles en vertu de la séparation des sphères selon les sexes. Henriette Cartier remarque encore pour les années 1954–1955:

> «Das Stimm- und Wahlrecht der Frauen in kirchlichen Angelegenheiten hat ebenfalls wesentliche Fortschritte gemacht. Dabei ist es wie überall: zwischen der theoretischen Zulassung zu Ämtern und ihrer tatsächlichen Durchführung besteht manchmal eine weite Kluft.»[13]

Il semblerait que seule une loi à caractère coercitif pût promouvoir activement l'élection des femmes, comme ce fut le cas dans le canton de Bâle-Ville au début du siècle dernier.[14] Si, dans un premier temps, les femmes se seraient contentées de droits restreints dans les instances en rapport direct avec l'attribution traditionnelle des qualités féminines (Église, écoles, services sociaux), les échecs amers qu'elles essuient les engagent à une stratégie habile: revendiquer davantage pour obtenir un minimum. Lorsque les autorités communales de La Chaux-de-Fonds élurent des femmes dans les commissions des écoles ménagères et professionnelles, certaines personnes en furent scandalisées.

> «On a crié à l'illégalité, parce que des femmes avaient été introduites dans ces commissions sans qu'aucun article de loi leur en prescrivît (ni, à la vérité, leur en interdît) l'entrée. Ces récriminations, ainsi que les déboires des suffragistes neuchâteloises qui se sont évertuées à faire accepter des femmes dans les commissions scolaires (domaine qui leur est légalement reconnu) font toucher du doigt la faiblesse de toute situation et de tout prétendu droit qui ne s'étaye pas sur le droit de vote. Il n'est pas étonnant, dès lors, que les féministes ne s'engagent qu'à contre-cœur [sic] dans ces chemins de traverse, et qu'elles portent tous leurs efforts à progresser dans la voie du suffrage, même s'il ne s'agit que d'un domaine restreint, comme celui de l'Église ou des tribunaux prud'hommes; car, dès que le droit de vote est acquis, elles se sentent les coudées franches.»[15]

Entre égalitarisme et dualisme

Ainsi, bien que les féministes défendissent elles-mêmes une pensée conservatrice et une démarche traditionaliste, cette marche pondérée vers l'égalité des droits se voit également justifiée par leurs expériences. L'argumentaire universaliste des progressistes, basé sur l'équité, la justice et l'idéal démocratique n'a aucune prise sur les mentalités. Ces pensées abstraites, influencées par la philosophie des Lumières, suscitent la méfiance envers toute influence «étrangère» et perdent leur impact dans un pays qui cultive le caractère extraordinaire, quasi mythique, et volontariste de son existence. De plus, cet universalisme politique vole en éclat au contact du fédéralisme helvétique, d'où l'inadéquation entre la pensée et l'action. Bien qu'étant profondément sensibles et révoltées par cette injustice civique, les féministes de l'ASSF, qui avaient revendiqué le suffrage au nom des hautes valeurs humanistes et démocratiques, perpétuèrent par la suite une image, et par conséquent une intégration, traditionnelle des femmes. Cette conviction égalitaire, idéalisme idéologique, était largement battue en brèche par la lame de fond dualiste, justifiée par la tradition et profondément ancrée dans le quotidien. Par souci de bienséance et de consensus avec l'esprit ambiant, les féministes cherchaient un équilibre difficile et précaire entre égalitarisme et dualisme. Pour ne pas heurter une opinion publique susceptible, elles préconisaient une démarche «de bas en haut» qui était lente, mais sûre: «Der prinzipielle Weg von oben her ist kürzer, braucht aber viel Mut und Entschlossenheit.»[16] Mieux valait obtenir une participation limitée aux affaires publiques en rapport avec les caractéristiques purement féminines qu'être exclues pour cause d'extrémisme. En outre, les féministes répugnaient à provoquer une confrontation directe; elles ne cultivaient pas un esprit de combat et perpétuaient en quelque sorte cet esprit consensuel tant vanté par l'histoire et la tradition helvétiques.[17] Cette stratégie pouvait cependant se modifier en fonction de variables impondérables, telles que la situation politique internationale ou la conjoncture économique: ainsi, au lendemain de la Première Guerre mondiale, il y eut une importante mobilisation en faveur du suffrage féminin dans différents cantons; en 1929, les militantes de l'ASSF remirent une pétition nationale signée par 250 000 personnes en faveur du droit de vote; en 1959, le Conseil fédéral rédige un Message exhaustif sur le suffrage féminin en vue de son introduction au niveau fédéral. Ces tentatives, toutefois, se soldèrent par un échec ou demeurèrent lettre morte. L'enthousiasme déçu et les revers mortifiants confortèrent les féministes dans leur stratégie de lenteur. Emma Porret remarque, dépitée:

> «[…]: dans presque tous les pays du monde civilisé, les femmes siègent ou peuvent siéger au Parlement: et chez nous, non seulement on refuse aux Neuchâteloises le droit de vote, mais on leur refuse l'entrée dans les commissions des hôpitaux; les Genevoises ont le même sort, en se heurtant à la porte fermée de la commission de la maternité; partout, on repousse contre les femmes, tant qu'on peut, la porte entrebâillée [sic] des commissions scolaires. Non toutefois que nos suffragistes se soient endormies; elles marchent; mais, en vertu des citoyens de ‹la plus vieille démocratie du monde›, elles marchent sur place; et tout ce qu'on peut dire, c'est que leurs piétinements se font plus accélérés et plus énergiques.»[18]

Presque quarante ans plus tard, Henriette Cartier émet un constat analogue et se plaint de la force d'inertie des Suisses. Elle clôt sa chronique en forme d'interrogation angoissante: «Besteht da nicht eine grosse Gefahr für die Schweiz? Ist sie wirklich ein Museumsstück geworden?»[19]

Une longue mobilisation

Il faut remarquer que l'activité des organisations féminines et féministes, dont l'ASSF, a été un travail de longue haleine, ponctué de moments enthousiastes et confiants mais, la plupart du temps, laminé par les nombreuses déceptions, les incompréhensions et l'indifférence. La stratégie des féministes a été prise en enclume entre, d'une part, la nécessité d'instruire et de convaincre femmes et hommes ignorants et méfiants à leur cause, et, d'autre part, la crainte d'en faire trop, de paraître opportunistes et importunes. Les activistes se rendent en effet rapidement compte de la multitude des indifférent-e-s et de l'importance d'expliquer leur combat et «d'inculquer à la femme l'idée de ses droits et de ses devoirs sociaux et combattre chez elle une indifférence qui cache souvent beaucoup d'égoïsme et d'incompréhension des nécessités actuelles».[20] Mais, elles ne se sentent pas les coudées franches, puisqu'elles ne veulent pas déplaire à ceux qui leur octroieront ce qu'elles revendiquent et sentent qu'on pourrait leur reprocher de la sournoiserie.[21] Bien que la plupart des féministes soient convaincues du bien-fondé de la stratégie «de bas en haut», fortement conseillée par leurs alliés masculins, elles n'en demeurent pas moins tentées par la stratégie contraire. En effet, ce n'est que dans son Message de 1959 que le Conseil fédéral précise la marche à suivre pour l'introduction du suffrage féminin au niveau fédéral. Auparavant, un tour de force par le haut, par une nouvelle interprétation de l'article 4 de la Constitution fédérale, semblait tout à fait plausible et même désiré, afin d'accélérer la procédure et d'éviter le passage par les urnes. Cette stratégie, nous l'avons vu, n'était pas prioritaire, et les féministes déployaient une activité vertigineuse des petits pas «de bas en haut» en faveur de leurs objectifs. Même si elles remportèrent un certain nombre de victoires, l'ironie du sort voulut que ce fut la seconde tentative d'introduction du suffrage féminin au niveau national qui accorda aux femmes l'égalité civique bien avant qu'elles n'obtinssent la participation active dans l'ensemble des instances décisionnelles communales et cantonales.

Conclusion

L'intense activité des femmes et des hommes en faveur de l'acceptation progressive des femmes dans l'espace public et l'inscription de leurs droits et devoirs dans la loi force le respect. La situation stratégique internationale, sociopolitique nationale et la conjoncture économique n'étaient de loin pas favorables à l'affirmation des compétences individuelles de la moitié de la population helvétique traditionnellement cantonnée dans un rôle déterminé dans un espace réduit. Or, la seule réflexion stratégique dont ils ont fait preuve démontre leur foi dans leur capacité à «conduire et maîtriser l'histoire». Qu'elle n'ait apporté que partiellement les fruits escomptés importe peu; l'essentiel est qu'ils ont démontré leur détermination. En fin de compte, la stratégie «de bas en haut» se révèle être un leurre consensuel helvétique dans lequel tout le monde s'est complu. En dépit de certaines réussites localisées, c'est somme toute le signal fort et décidé des représentants politiques qui a surmonté les réticences viscérales et les craintes surréalistes des électeurs helvétiques.

1 Saint-Sernin Bertrand, article «Stratégie et tactique», in: Encyclopaedia Universalis, Corpus 21, Paris 2002, p. 655.
2 Pour une énumération exhaustive et annuellement révisée de l'accession des femmes dans les instances communales et cantonales, veuillez vous référer aux annuaires féminins suisses publiés de 1915 à 1963, notamment celui de 1939 et celui de 1959–1960.
3 Voir à ce propos Hardmeier Sibylle, Frühe Frauenstimmrechtsbewegung in der Schweiz (1890–1930). Argumente, Strategien, Netzwerk und Gegenbewegung, Zürich 1997, p. 343s.
4 Graf Emma, Die Frauenstimmrechtsbewegung in der deutschen Schweiz, in: Annuaire Féminin Suisse 1917, p. 77.
5 Notamment la motion déposée par le député Widmer au Grand Conseil du canton d'Argovie, Verhandlungen des Grossen Rates des Kantons Aargau in der Amtsperiode 1917–1921, cité par Mesmer Beatrix, Staatsbürgerinnen ohne Stimmrecht. Die Politik der schweizerischen Frauenverbände 1914–1971, Zürich 2007, p. 88. Des stratégies et des craintes d'ordre purement politique prennent souvent les revendications féministes en otage.
6 La tentative d'introduction du suffrage féminin en matière ecclésiastique dans le canton de Zurich en 1902 fut sacrifiée pour des motifs juridiques et de stratégies politiciennes. Cité par Hardmeier Sibylle, Frühe Frauenstimmrechtsbewegung, op. cit., p. 84.
7 Voir à ce propos Voegeli Yvonne, Zwischen Hausrat und Rathaus, Auseinandersetzungen um die politische Gleichberechtigung der Frauen in der Schweiz 1945–1971, Zürich 1997, p. 439.
8 Porret Emma, Chronique féministe suisse-romande, in: Annuaire Féminin Suisse, 4e Année, Bern 1918, p. 17.
9 AGoF, 103 BSF, Delegiertenversammlungen, Protokolle, 1900–1909, 2A. Alliance nationale des Sociétés féminines suisses. IVe Assemblée générale. Samedi et Dimanche les 10 et 11 octobre 1903 à Genève, p. 18.
10 Voegeli Yvonne, Frauenstimmrecht und politisches System der Schweiz, in: Studer Brigitte, Wecker Regina, Ziegler Beatrice (eds.), Frauen und Staat, Itinera, Facs. 20, 1998, pp. 33–37.
11 Graf Emma, Die Frau und das öffentliche Leben, Bern 1916, p. 10s.
12 Mesmer Beatrix, Eingeklammert – Ausgeklammert. Frauen und Frauenorganisationen in der Schweiz des 19. Jahrhunderts, Basel 1988, p. 19s.
13 Cartier Henriette, Chronik der Schweizerischen Frauenbewegung Juli 1954 bis Juli 1955, in: Schweizerischer Frauenkalender. Jahrbuch der Schweizer Frauen 1956, Aarau 1956, p. 98.
14 «Das Gesetz hielt nämlich nicht nur die Wählbarkeit der Frauen fest, sondern schrieb vor, den bestimmten Inspektoren ‹sollen je drei Mitglieder weiblichen Geschlechts angehören›.» Gesetz betreffend Zulassung von Frauen in die Schulbehörden, Kantonsblatt Basel-Stadt (1903:1113), cité par Hardmeier Sibylle, Frühe Frauenstimmrechtsbewegung, op. cit., p. 70.
15 Porret Emma, Chronique féministe suisse-romande, op. cit., p. 15s.
16 Protestantische Präsidentinnenkonferenz, 10. Oktober 1937, cité par Voegeli Yvonne, Zwischen Hausrat und Rathaus, op. cit., p. 449. Voir aussi Strub Elisa, Chronik der Frauenbewegung in der deutschen Schweiz, Januar 1914 – Oktober 1915, in: Annuaire Féminin Suisse, 1re Année, Berne 1915, p. 20s.

17 Hardmeier Sibylle, Frühe Frauenstimmrechtsbewegung, op. cit., p. 333.
18 Porret, Emma, Chronique féministe romande, in: Annuaire Féminin Suisse, 5e Année, Berne 1919, p. 16.
19 Cartier Henriette, Chronik der schweizerischen Frauenbewegung, Juli 1954 bis 1955, in: Schweizerischer Frauenkalender. Jahrbuch der Schweizerfrauen, 46. Jahrgang, Aarau 1956, p. 100.
20 Alliance nationale des Sociétés féminines suisses, op. cit., p. 20. Voir aussi le Rapport Gmür où il est écrit, notamment, que «les femmes doivent en outre se rendre compte que l'infériorité actuelle de leur position n'est pas due uniquement à des lois injustes, mais en grande partie à leur indifférence et à leur apathie qui sanctionnent cette inégalité»! Rapport de M. le Prof. Gmür sur les séances de la commission d'experts tenues à Lucerne en octobre 1901, 2. AGoF, 103 BSF, Eingaben, Stellungnahmen, Korrespondenzen, Berichte zum Zivil- und Strafgesetzbuch 1891–1927, Schachtel 996, Dossier 15, 51-00-25.
21 «Mme Burkhard-Badois croit qu'il serait à propos de remuer les milieux féminins par des Conférences appropriées sur des sujets de nature à réveiller les femmes en leur faisant connaître quelque chose de la vie des groupes avancés. Mlle Stocker dit que la propagande sous cette forme rencontre beaucoup d'opposition, on nous accusera d'aller par des sentiers détournés pour arriver au vote politique», Alliance nationale des Sociétés féminines suisses, op. cit., p. 21.

Verfassungsrevision oder Interpretationsweg?
Beatrix Mesmer

Bereits die ersten Schweizerinnen, die um Gleichberechtigung kämpften, beriefen sich auf die Bundesverfassung von 1848, die in Artikel 4 bestimmte: «Alle Schweizer sind vor dem Gesetze gleich. Es gibt in der Schweiz keine Untertanenverhältnisse, keine Vorrechte des Orts, der Geburt, der Familien oder Personen.» Im Vorfeld der ersten Totalrevision der Verfassung meldeten Mitglieder der eben gegründeten Association internationale des femmes denn auch den Anspruch der Frauen auf rechtliche Gleichstellung an. So wies Julie von May von Rued in ihrer Broschüre «Die Frauenfrage in der Schweiz» ausdrücklich auf den Widerspruch zwischen Verfassungsnorm und Wirklichkeit hin und verlangte «Alles was uns bis jetzt verweigert worden, um nicht bloss den Schweizernamen zu tragen, sondern auch die Schweizerrechte zu geniessen».[1] Die Association des femmes forderte, wie sie 1870 in einer Eingabe an den Nationalrat schrieb, zwar «en principe le Droit de la femme sans aucune réserve», beschränkte sich aber einstweilen auf die Erlangung der «égalité des droits civils et économiques».[2]

Es sollte sich jedoch rasch zeigen, dass ohne die politischen Rechte auch die wirtschaftliche Gleichstellung nicht erreichbar war. Das bekam die erste Juristin der Schweiz, die Zürcherin Emilie Kempin-Spyri, zu spüren, als sie 1886 ihren Mann in einem Forderungsprozess vor dem Bezirksgericht vertreten wollte.[3] Sie wurde abgewiesen, da die Zürcher Prozessordnung als Voraussetzung zur Vertretung Dritter vor Gericht das Aktivbürgerrecht verlangte. Gegen diesen Entscheid, der Frauen von der Advokatur ausschloss, erhob Emilie Kempin Beschwerde beim Bundesgericht. Sie argumentierte, es verstosse gegen die Verfassung, den Frauen das Aktivbürgerrecht abzusprechen: «Die Bundesverfassung macht in richtiger Consequenz des in Art. 4 aufgestellten Prinzips keinen Unterschied zwischen männlichen und weiblichen Schweizerbürgern.»[4] Das Bundesgericht wies die Beschwerde jedoch ab. Zum einen seien Vorschriften über die Ausübung der Advokatur und die Interpretation des Aktivbürgerrechts Sache der Kantone. Zum anderen könne die Auslegung, Artikel 4 der Verfassung postuliere die volle Gleichstellung der Geschlechter auf dem Gebiet des gesamten Öffentlichen Rechts und des Privatrechts, nicht gebilligt werden:

> «Es bedarf in der That keiner weiteren Ausführung, dass man mit einer solchen Folgerung sich mit allen Regeln historischer Interpretation in Widerspruch setzen würde. Art. 4 der Bundesverfassung darf, wie das Bundesgericht stets festgehalten

hat, nicht in dem, zu geradezu unmöglichen Konsequenzen führenden, Sinne aufgefasst werden, dass derselbe schlechthin jede Verschiedenheit in der rechtlichen Behandlung einzelner Personenklassen verbiete, sondern derselbe schliesst nur solche rechtliche Verschiedenheiten aus, welche, nach anerkannten Grundprinzipien der Rechts- und Staatsordnung, als innerlich unbegründet, durch keine erhebliche Verschiedenheit der Thatbestände gerechtfertigt erscheinen.»

Keine «vernunftgemäss berichtigende» Auslegung der Verfassung
Dieser Bundesgerichtsentscheid wurde in der Folge immer wieder zitiert, um die historische Interpretation der Verfassung gegen eine Anpassung an die sich verändernden sozialen und wirtschaftlichen Gegebenheiten zu verteidigen.[6] Was die Zulassung von Frauen zur Advokatur betraf, war der Entscheid von 1887 freilich nicht in Stein gemeisselt. Nachdem einzelne Kantone vorausgegangen waren, bestätigte das Bundesgericht 1914 und 1924 den Anspruch von Rechtsagentinnen und Anwältinnen, vor Gericht aufzutreten.[7] Damit war freilich die Frage nach dem Aktivbürgerrecht der Frauen und den damit verbundenen politischen Partizipationsrechten noch nicht geklärt. Sie tauchte wieder auf, als die Einführung des Frauenstimmrechts über eine Teilrevision der Verfassung, wie sie am Ende des ersten Weltkriegs durch Vorstösse im eidgenössischen Parlament und in den Kantonen angestrebt wurde, nicht zum Ziel führte. In den 1920er Jahren versuchte deshalb der Jurist Léonard Jenni, einigen Frauen in Bern und Genf auf anderem Weg zum kantonalen Stimmrecht zu verhelfen. Er ermutigte sie, die Eintragung ins lokale Stimmregister zu verlangen und nach der Ablehnung durch den Registerführer Rekurse durch alle Instanzen weiterzuziehen.[8] Auch Jenni bezog sich auf die Bundesverfassung und verlangte eine Neuinterpretation der entsprechenden kantonalen Verfassungen und Gesetze. Die Aktivbürgerrechte müssten den Frauen zuerkannt werden «kraft des Volksfreistaats- und Rechtsgedankens mittelst analoger oder vernunftgemäss berichtigender, ausdehnender Auslegung».[9] Seine Rekurse an das Bundesgericht, den Bundesrat und das Parlament hatten jedoch keinen Erfolg. Der Bundesrat fand sogar ein neues Argument gegen den Interpretationsweg. Er verwies auf die Motionen der Nationalräte Greulich und Göttisheim vom Dezember 1918, mit denen die verfassungsmässige Einführung des Frauenstimmrechts verlangt wurde, und auf die Petition, mit der viele Frauenorganisationen dieses Vorgehen unterstützt hatten. Tatsächlich lautete der entsprechende Beschluss des Schweizerischen Verbandes für Frauenstimmrecht an dessen Generalversammlung von 1919: «Der S.V.F.S drückt neuerdings seinen Wunsch aus, das Frauenstimmrecht in kürzester Zeit durch sofortige Revision der Bundesverfassung eingeführt zu sehen.»[10] Von dieser Haltung rückte der Verband auch nach der Aktion von Léonard Jenni nicht ab, ja er distanzierte sich in aller Öffentlichkeit vom Interpretationsweg:

«[…] cette méthode, parfois suggérée et malheureusement déjà employée une fois avec plein insuccès, a pour seul résultat de prouver que certaines femmes ne connaissent pas encore suffisamment l'organisation politique de leur pays – ‹et par conséquent ne sont pas mûres pour exercer leurs droits de citoyennes› comme ne manquent pas de clamer avec joie nos adversaires!»[11]

Mit der gleichzeitig vom SVF initiierten, 1929 eingereichten Stimmrechtspetition wurde die Bundesversammlung denn auch ersucht, «eine Ergänzung der schweizerischen Bundesverfassung in die Wege zu leiten».[12]

Eine neue Strategie

Auf den Interpretationsweg griffen die Frauenorganisationen erst in den 1950er Jahren wieder zurück, nachdem die Stimmrechtspetition nichts bewirkt hatte und erneut auch eine Reihe von kantonalen Abstimmungen über Verfassungs- und Gesetzesänderungen negativ ausgegangen war. Den konkreten Anlass gaben Vorstösse im Nationalrat: Das Postulat Oprecht vom Juni 1944 lud den Bundesrat ein zu prüfen, «ob nicht verfassungsrechtlich das Frauenstimmrecht zu gewährleisten sei».[13] Da der Bundesrat sich mit diesem Auftrag Zeit liess, doppelte Nationalrat Peter von Roten, der bereits im Walliser Grossen Rat in dieser Sache aktiv geworden war, im Dezember 1949 mit einem weiteren Postulat nach, in dem er einen Bericht verlangte «über den Weg, auf dem die Rechte der Schweizer Frauen ausgedehnt werden können».[14] Dieses Postulat war offenbar mit dem unter der Federführung des durch den SVF gebildeten Aktionskomitees für das Frauenstimmrecht abgesprochen, das sich zur gleichen Zeit in einer Eingabe dafür aussprach, vorerst auf eine Verfassungsänderung zu verzichten und nur auf dem Wege der Gesetzgebung den Frauen das Stimmrecht bei Referenden und Initiativen einzuräumen.[15] Dass nun nicht mehr von Verfassungsrevision, sondern allgemein von einer Ausdehnung der Rechte die Rede war, signalisiert eine grundlegende Änderung der Strategie. Das Aktionskomitee argumentierte, da in einer direkten Demokratie der Grundsatz gelte, dass niemand einem Gesetz unterstellt werden dürfe, das ihm nicht zur Abstimmung vorgelegt worden sei, stelle der Ausschluss vom Stimmrecht eine grössere Ungleichbehandlung dar als der Ausschluss vom Wahlrecht. Im Hintergrund standen natürlich noch andere Erwägungen: Eine Verfassungsänderung erforderte sowohl die Zustimmung des Volkes als auch das Ständemehr, während für Gesetzesänderungen, falls dagegen das Referendum ergriffen würde, nur das Volksmehr erreicht werden müsste.

Peter von Roten verfolgte gleichzeitig auch die Möglichkeit weiter, den Frauen das Wahlrecht auf eidgenössischer Ebene zu verschaffen. Eine Gelegenheit dazu ergab sich, da ohnehin wegen der Zunahme der Bevölkerung die Wahlgrundlage für den Nationalrat neu festgelegt werden musste. Ohne Vorabsprache überraschte er im Juni 1950 die Präsidentin des SVF mit der Ankündigung, er habe bei der Behandlung des entsprechenden Verfassungsartikels einen Antrag auf Wählbarkeit von Frauen in den Nationalrat eingebracht.[16] Der Antrag bezog sich auf zwei Abschnitte des Artikels 72 der Bundesverfassung: Zum einen verlangte von Roten das aktive und passive Wahlrecht der Frauen, zum zweiten sollten bereits bei der Abstimmung über diese Verfassungsänderung, die schon für die Nationalratswahlen von 1951 gelten sollte, auch die Frauen stimmen dürfen. Bei der Behandlung seines Antrags begründete er dieses eindeutig verfassungswidrige Vorgehen folgendermassen:

> «Was sagt die Verfassung? Sie schreibt vor, dass die Revision der Bestimmungen der Abstimmung des Volkes zu unterbreiten ist, [...] und wenn wir schon über eine Frage abstimmen, welche die Rechte des einen Teils des Volkes betrifft, dann scheint mir, es sei doch nicht zu verantworten, dass man aus diesem Volk gerade die eine Hälfte ausschliesst, welche durch diesen Entscheid betroffen wird.»[17]

Weder diese Interpretation der Verfassung noch die damit verbundene Definition der Demokratie fand jedoch im Nationalrat eine Mehrheit. Peter von Roten musste sich sogar von Bundesrat von Steiger sagen lassen: «Die Verteidiger einer Sache haben immer zwei Möglichkeiten der Taktik, entweder bei jeder unpassenden oder bei jeder passenden Gelegenheit sich zu äussern. Die Gescheiten machen es nur bei der passenden Gelegenheit.»[18]

Nach dieser Abfuhr schwenkte von Roten wieder auf die Linie des Aktionskomitees für das Frauenstimmrecht ein, vorerst nur das Stimmrecht zu verlangen. Im Hinblick auf die bevorstehende Behandlung seines 1949 eingereichten Postulats suchte er die Unterstützung des SVF für ein gemeinsames Vorgehen. Wie er der Präsidentin schrieb, interessiere sich niemand mehr für eine theoretische Diskussion über das Frauenstimmrecht, sondern nur noch für eine Diskussion darüber, wie es praktisch ohne eine Männerabstimmung eingeführt werden könne. «Das beste Mittel hiezu ist die Abänderung des Gesetzes über die Wahlen und Abstimmungen [...], wobei der revidierte Text vorsehen müsste, dass im Fall eines Referendums auch die Frauen stimmberechtigt seien.»[19] Der SVF schloss sich dieser Meinung an und richtete im November 1950 gleichlautende Schreiben an den Bundesrat und das Parlament, in denen er darauf hinwies, dass die bisherigen Abstimmungen in den Kantonen die demütigende Situation der Schweizerinnen nicht verbessert hätten. Deshalb stelle der Verband nun – «aus der tiefen Überzeugung heraus, dass unsere oberste Landesbehörde die zuständige Instanz zur Ausdehnung des Stimmrechts auf die Schweizerinnen ist» – das Gesuch, es sei Artikel 10 des Bundesgesetzes betreffend Volksabstimmungen vom 17. Juni 1874 zu ergänzen, indem nach den Worten «Stimmberechtigt ist jeder Schweizer» eingefügt werde: «ob Mann oder Frau».[20] Im April 1951 reichte Peter von Roten dann seinerseits

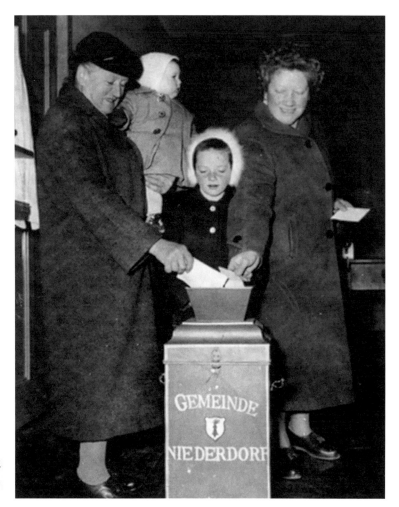

Abb. 10: In Niederdorf, Kanton Basel-Landschaft, durften die Frauen 1957 in einer Probeabstimmung über die Zivilschutzvorlage abstimmen.

eine neue Motion ein, die den Bundesrat aufforderte, dem Parlament einen Entwurf zur Abänderung dieses Gesetzes vorzulegen «in dem Sinne, dass die politischen Rechte auf die Frauen ausgedehnt werden».[21]

Die Haltung des Bundesrates

Mittlerweile war am 2. Februar 1951 der vom Bundesrat verlangte Bericht über das für die Einführung des Frauenstimmrechts einzuschlagende Verfahren erschienen.[22] Nach einer Konsultation der Kantone vertrat der Bundesrat die

Ansicht, es sei nicht opportun, etwas zu unternehmen, bevor auf der Ebene der Gemeinden und Kantone die Mitsprache der Frauen erprobt sei. Immerhin ging er aber auf das Gesuch des SVF vom November 1950 ein, durch eine Gesetzesrevision die Stimmberechtigung auf die Frauen auszudehnen. Er lehnte dieses Ansinnen jedoch mit Verweis auf die vorliegenden Bundesgerichtsurteile und die Meinung der massgeblichen Juristen ab. Zusammenfassend stellte er fest, «dass die Einführung des Frauenstimm- und -wahlrechts im Bund nicht ohne eine Revision der Bundesverfassung möglich ist».[23] Die Ansicht des Bundesrates fand jedoch nicht die Zustimmung aller Rechtsgelehrten. Der Zürcher Staatsrechtler Max Huber meinte in einem vielbeachteten Artikel, es sei zu erwägen, «ob nicht die Bundesversammlung durch authentische Interpretation dem bestehenden Text eine neue, durch die seit 1848 wesentlich veränderten Verhältnisse begründete Auslegung geben könnte. Da die in Betracht kommenden Artikel der Verfassung von der Bundesversammlung formuliert worden sind, wennschon durch Volk und Stände sanktioniert, ist sie doch das zur authentischen Auslegung kompetente Organ, was Art.113 bestätigt.»[24] Auf diese Aussage und die Fachkompetenz Hubers konnte sich der SVF in seiner Antwort auf den Bericht des Bundesrates und bei der Anhörung einer Delegation durch die vorberatende nationalrätliche Kommission stützen.[25] Anlässlich der Behandlung des Berichtes in den eidgenössischen Räten begründete dann auch Nationalrat von Roten seine Motion auf Revision des Bundesgesetzes über die Volksabstimmungen. Er ergriff die Gelegenheit, für das auf Gesetzesreferenden beschränkte Stimmrecht zu werben und redete den Volksvertretern ins Gewissen: «Können Sie es nicht begreifen, dass die politisch interessierten Frauen sich an das höchste politische Gremium der Schweiz wenden und von Ihnen einen Entscheid verlangen, der nicht von der Mentalität des Eigentümers von Privilegien diktiert ist [...].»[26] Mit diesem Appell drang er jedoch nicht durch, seine Motion wurde abgelehnt und der Bericht des Bundesrates in zustimmendem Sinne zur Kenntnis genommen. Der Einschätzung, die Zeit für die Einführung des Frauenstimmrechts sei noch nicht reif, folgte die grosse Kammer jedoch nicht, sie beauftragte den Bundesrat vielmehr, eine Vorlage für eine entsprechende Partialrevision der Verfassung vorzubereiten.[27] In der Herbstsession scheiterte dieser Auftrag jedoch im Ständerat.

Der Weg über die Stimmregister
Das Frauenstimmrecht kam erst wieder auf die politische Agenda, als eine Neuregelung der Zivilschutzpflicht anstand. Der Bundesrat beabsichtigte vorerst, eine Verordnung, die auch die Rekrutierung der Frauen betraf, auf die Militärgesetzgebung abzustützen. Da im massgeblichen Artikel der Verfassung jedoch ausdrücklich von «Wehrmännern» die Rede war, opponierten die Frauenverbände. Solange beim Stimmrecht eine auch die Frauen einschlies-

sende Interpretation des Wortes «Schweizer» abgelehnt wurde, war tatsächlich bei der Wehrpflicht eine Auslegung, die auch die Frauen betraf, undenkbar.[28] Der Bundesrat sah sich deshalb gezwungen, einerseits den Zivilschutz in einem eigenen Verfassungsartikel zu verankern und andererseits die Ausarbeitung einer Frauenstimmrechtsvorlage voranzutreiben, die ohnehin von den eidgenössischen Räten verlangt wurde.[29]

Im Mai 1956 ging die Botschaft zum Zivilschutz den Räten zu, während diejenige zum Frauenstimmrecht erst fast ein Jahr später erschien – kurz vor der Abstimmung über den Zivilschutzartikel, der die Verpflichtung der Frauen für die Hauswehren vorsah. Damit ergab sich die stossende Situation, dass den Frauen eine Pflicht auferlegt werden sollte, ohne dass sie Gelegenheit erhielten, darüber abzustimmen. Es ist deshalb nicht erstaunlich, dass nun wieder auf die Strategie von Léonard Jenni zurückgegriffen wurde, durch Interpretation der kantonalen Gesetze den Frauen die Eintragung in die lokalen Stimmrechtsregister zu ermöglichen. Bereits während der Parlamentsdebatten über den Zivilschutzartikel forderte Antoinette Quinche, die Präsidentin des Aktionskomitees für das Frauenstimmrecht und Vizepräsidentin des SVF, die Mitglieder der Westschweizer Stimmrechtsvereine in einem Rundbrief auf, in ihren Gemeinden einen Stimmausweis zu beantragen. Würde ihnen dieser verweigert, so sollten sie Rekurs bei der Kantonsregierung einlegen, und im Falle einer erneuten Ablehnung «nous irons jusqu'au Tribunal fédéral»[30]. Das Rundschreiben stiess auf unerwartet grosses Echo und Antoinette Quinche reichte 1957 eine «Sammelklage» im Namen von 1125 Waadtländerinnen, 288 Genferinnen und einer Neuenburgerin beim Bundesgericht ein. Dieses lehnte die Beschwerde mit der altbekannten Begründung ab. Immerhin gab es unter den Bundesrichtern nun eine Minderheit, die eine abweichende Meinung vertrat.[31]

Zu dieser Minderheit gehörte Bundesrichter Werner Stocker, der sich schon früher gegen die historische Auslegung von Gesetzesbestimmungen ausgesprochen hatte. Er beriet nun in diesem Sinne Stimmrechtsvereine und Gemeinden, die eine Teilnahme der Frauen an der Abstimmung über den Zivilschutzartikel ermöglichen wollten. Mit ihm stand auch Peter von Roten in Kontakt, der als Präfekt von Westlich-Raron im Kanton Wallis eine publizitätsträchtige Aktion plante.[32] Er gewann den Gemeindepräsidenten von Unterbäch dafür, die Frauen dieses Dorfes mitstimmen zu lassen und sich über die Abmahnung des Regierungsrates, der durch Anfragen verschiedener Gemeinden vorgewarnt war, hinwegzusetzen. Bei der Durchführung fügte sich der Gemeinderat von Unterbäch aber den Bedingungen der Regierung: Wie in den anderen Gemeinden, die Frauen an der Abstimmung teilnehmen liessen, wurde für sie eine gesonderte Urne aufgestellt, und ihre Stimmzettel wurden bei der Ermittlung des Resultats nicht mitgezählt. Dass Unterbäch sich als «Rütli der Schweizer Frau» feiern lassen konnte, lag nicht etwa am Stimmeifer der dortigen Frauen, sondern an der Öffentlichkeitsarbeit der männlichen Regisseure, die sogar dafür sorgten, dass die Schweizer Filmwochenschau zur Stelle war. Das Vorprellen in der Stimmrechtsfrage wurde hier eindeutig in den Dienst der Tourismuswerbung gestellt. Die zwei anderen Walliser Gemeinden Siders und Martigny-Bourg wie auch Niederdorf im Kanton Basel-Landschaft, die ebenfalls Urnen für ihre Frauen aufstellten, fanden weit weniger Beachtung. Am eindrucksvollsten war die Willenskundgebung der Frauen in Lugano, wo der Stimmrechtsverein zur Beteiligung an der Abstimmung aufrief und gleichzeitig die Parole herausgab, aus Protest leer einzulegen.[33] Während in Unterbäch 33 Frauen zur Urne gingen, waren es in Lugano 2675, von denen 1972 der Parole des Stimmrechtsvereins folgten. Der umstrittene Zivilschutzartikel wurde am 3. März 1957 abgelehnt, zwei Jahre später fand dann eine Lösung ohne Hauswehrobligatorium die Zustimmung des männlichen Stimmvolkes.

Bedenken vor der Abstimmung von 1959
Zehn Tage vor der Abstimmung über den Zivilschutzartikel und damit zu spät, um die Meinungsbildung noch zu beeinflussen, veröffentlichte der Bundesrat eine ausführliche Botschaft über die Einführung des Frauenstimmrechts.[34] An seiner Ansicht, dass dazu eine Revision der Verfassung unabdingbar sei, hatte sich nichts geändert, ebenso wenig wie an der Befürchtung der Stimmrechtskämpferinnen, dass dieses Vorgehen zu einer Ablehnung durch das Männervolk führen werde. In der Hoffnung auf Unterstützung für den Interpretationsweg hatte der SVF bereits 1952 beim Staatsrechtsprofessor Werner Kägi ein Gutachten bestellt. Das Resultat seiner Erwägungen war jedoch wenig ermutigend: Kägi stellte zwar fest, zwischen dem Gleichbehandlungsgebot und der Stimmrechtsregelung in der Verfassung bestehe ein Widerspruch, trotzdem hielt er aber eine förmliche Partialrevision für nötig.[35] Darauf beauftragte der Vorstand des SVF seine juristische Beraterin Hildegard Bürgin-Kreis mit einer Zusammenstellung der Fälle, in denen die Bundesversammlung bisher eine Interpretation von Verfassungsartikeln vorgenommen hatte. Sie kam aufgrund zahlreicher Beispiele zum Schluss, dass auch die Zuerkennung der Aktivbürgerrechte an die Frauen auf diesem Weg «keineswegs als abwegig, im Gegenteil als verfassungsrechtlich zulässig erscheint».[36]

Während die Botschaft des Bundesrates im Juli und November 1957 von den vorberatenden Kommissionen der eidgenössischen Räte behandelt wurde, mehrten sich die Stimmen, die der Vorlage eine Niederlage in der Volksabstimmung voraussagten. Das veranlasste die mit dem männlichen Politikverständnis vertraute Dora Grob-Schmidt, sich vor der Beratung im Plenum mit der Schrift «Der andere Weg zum Frauenstimmrecht» an alle Nationalräte zu wenden. Wie sie ausführte, habe der Kommissionsentscheid, eine Verfassungsinterpretation nicht mehr in Erwägung zu ziehen, den SVF veranlasst, «die Parole auszugeben, man solle jetzt über den Weg der Verfassungsauslegung schweigen. Werde die Vorlage dann verworfen, so könne man immer

Die Frau und der obligatorische Zivilschutz
Der galante Schweizer: «Ich trage die Rechte – du hast schwer genug an deinen Pflichten!»

Abb. 11: Mit der Verpflichtung der Frauen für die Hauswehren hatte es der Bundesrat eiliger als mit der Ausarbeitung der Frauenstimmrechtsvorlage.

noch auf die andere Methode zurückkommen.»[37] Diese Idee sei in sich jedoch widersprüchlich und der Sache daher abträglich: «Man kann nicht 1958 das Männervolk, unter Zurückweisung der Vorschläge zum Einbezug der Frauen unter die Stimmenden, über einen Verfassungsartikel abstimmen lassen und dann, wenn dies Volk ‹nein› stimmte, das gleiche Ziel ohne Verfassungsrevision verwirklichen wollen.» Dora Grob-Schmidt appellierte deshalb an die eidgenössischen Räte – freilich ohne Erfolg –, ein Einsehen zu haben und sich für eine zeitgemässe Auslegung des Artikels 4 der Verfassung gewinnen zu lassen. Das Parlament folgte jedoch dem Bundesrat, und wie befürchtet lehnten Volk und Stände am 1. Februar 1959 die Einführung des Frauenstimmrechts ab.

Beharren des SVF auf dem Interpretationsweg

Die Mitglieder des SVF, für die dieser Ausgang nicht unerwartet kam, hielten nun erst recht am Interpretationsweg fest. Zu den Publikationen, die sich mit dieser Frage befassten, gehört auch das «Frauenstimmrechts-Brevier» von Iris von Roten mit dem bezeichnenden Untertitel «Vom schweizerischen Patentmittel gegen das Frauenstimmrecht, den Mitteln gegen das Patentmittel und wie es mit oder ohne doch noch kommt». Sie stellte die von ihrem Mann Peter von Roten unternommenen Vorstösse erneut zur Diskussion,[38] demaskierte dabei aber auch die inkonsistente Haltung des Bundesrats:

> «Man hat versucht, die ‹Einführung› des Frauenstimmrechts auf dem Interpretationsweg als ‹Einschmuggeln durch die Hintertüre› zu verschreien. Dieser Vergleich im Rahmen der beliebten Schweizerhaussymbolik ist grundfalsch. Führt doch der Interpretationsweg durch ein – offenes Hauptportal. Denn nach dem Wortlaut der Verfassung besteht ja die politische Gleichberechtigung der Geschlechter bereits. Hingegen müssten die Beschlüsse und Verordnungen, welche militärische Pflichten der Schweizerinnen im Rahmen ‹ziviler Schutz und Betreuungsorganisationen› vorsehen, in der gleichen Bildsprache als Einbruchsstrategie von Fassadenkletterern bezeichnet werden.»[39]

In der Tat verlor die historische Auslegung der Verfassung angesichts des raschen gesellschaftlichen Wandels immer mehr an Glaubwürdigkeit. Als Ende der 1960er Jahre zudem eine Anpassung an die internationalen Menschenrechtsnormen nötig wurde, gerieten die Bundesbehörden unter Druck, den Frauen rasch die Aktivbürgerrechte zu verschaffen. Während der Bundesrat eine neue Botschaft zur Einführung des Frauenstimmrechts durch eine Verfassungsrevision vorbereitete, mehrten sich im Parlament Vorstösse für eine einfachere Änderung der einschlägigen Bestimmungen. So verlangte Nationalrat Max Arnold mit einer Motion, die Auslegung des Artikels 74 der Verfassung, der die Stimmberechtigung regelte, durch einen Bundesbeschluss zu ändern, sein Ratskollege Andreas Gerwig dagegen wollte mit einem Postulat das gleiche Ziel durch eine Neuformulierung des Bundesgesetzes betreffend die eidgenössischen Wahlen und Abstimmungen erreichen.[40] Auch der SVF, der vom Bundesrat Gelegenheit zu einer Meinungsäusserung erhielt, schlug erneut eine zeit- und sinngemässe Interpretation der Verfassung vor.[41] Im Frühjahr 1970, als die Botschaft des Bundesrates bereits vorlag, warb die Präsidentin Lotti Ruckstuhl im Verbandsorgan dann für die Gesetzesrevision: «Der kürzeste Weg zum eidgenössischen Frauenstimmrecht führt über das Postulat Gerwig.»[42] Denn noch immer stand die Befürchtung im Raum, eine Verfassungsänderung, die das Stände- und Volksmehr erforderte, würde erneut scheitern. Eine einfache Gesetzesänderung dagegen unterstand nur dem fakultativen Referendum. «Bleibt die Referendumsfrist ungenützt, so ist das Frauenstimmrecht in eidgenössischen Angelegenheiten verwirklicht. So könnte nicht nur Kraft und Zeit, sondern auch viel Geld gespart werden.»[43]

Der Nationalrat, der sich in der Junisession 1970 mit der bundesrätlichen Botschaft befasste, folgte dieser Argumentation nicht. Er lehnte die Motion Arnold ab, und auch Andreas Gerwig zog sein Postulat zurück.[44] Zustimmung fand die Vorlage des Bundesrates, durch die der Artikel 74 eine neue, unmissverständliche Fassung erhielt. Sein erster Abschnitt lautete nun: «Bei eidgenössischen Abstimmungen und Wahlen haben Schweizer und Schweizerinnen die gleichen politischen Rechte und Pflichten.»[45] Der Ständerat schloss sich in der Herbstsession der Grossen Kammer an, und schon am 7. Februar 1971 fand die Volksabstimmung über die Teilrevision der Verfassung statt.

Entgegen den pessimistischen Prognosen vieler Mitglieder des SVF wurde die Frauenstimmrechtsvorlage von Volk und Ständen mit einem komfortablen Mehr angenommen. Trotzdem blieb eine gewisse Skepsis gegenüber Verfassungsrevisionen zurück (Vgl. den Artikel «‹Gleiche Rechte für Mann und Frau›: Vom spannungsgeladenen Zwist zur erfolgreichen Abstimmung» in diesem Band). So unterstützte der SVF 1975 die Lancierung der Initiative «Gleiche Rechte für Mann und Frau» nicht, mit deren Annahme 1981 – zehn Jahre nach der Einführung des Erwachsenenstimmrechts – endlich Klarheit über die Auslegung des Artikels 4 der Bundesverfassung geschaffen wurde.

1 Von May von Rued Julie, Die Frauenfrage in der Schweiz zur Bundesrevision am 12. Mai 1872, Biel 1872, S. 12.
2 Vgl. Mesmer Beatrix, Ausgeklammert-Eingeklammert. Frauen und Frauenorganisationen in der Schweiz des 19. Jahrhunderts, Basel/Frankfurt a.M. 1988, S. 94. Die Eingabe vom 9. Juli 1870 ist unterschrieben von der Präsidentin Marie Goegg und der Sekretärin Anna Gandillon.
3 Zum Prozess und den Eingaben von Emilie Kempin-Spyri vgl. Delfosse Marianne, Emilie Kempin-Spyri (1853–1901). Das Wirken der ersten Schweizer Juristin. Unter besonderer Berücksichtigung ihres Einsatzes für die Rechte der Frau im schweizerischen und deutschen Privatrecht, Zürich 1994. (Zürcher Studien zur Rechtsgeschichte, 26), S. 39–48 und Anhang.
4 Ibd., Anhang S. 245.
5 Ibd., Anhang S. 253.
6 Vgl. dazu Hardmeier Sibylle, Frühe Frauenstimmrechtsbewegung in der Schweiz (1890–1930). Argumente, Strategien, Netzwerk und Gegenbewegung, Zürich 1997, S. 42f.
7 Bigler-Eggenberger Margrith, Justitias Waage – wagemutige Justitia? Die Rechtsprechung des Bundesgerichts zur Gleichstellung von Frau und Mann, Basel/Genf/München 2003, S. 11–14. Entscheide Bamert und Roeder.
8 Jenni hat den gesamten Schriftverkehr mit den Behörden in einer Propagandabroschüre veröffentlicht: Selon l'ordre existant, les droits civiques appartiennent-ils aux femmes suisses, oui ou non? Publication de documents au texte original, en partie en allemand, en partie en français, concernant la lutte pour la réalisation des droits civiques des femmes suisses au moyen d'une interprétation objective de l'ordre juridique suisse existant. Par Léonard Jenni, Docteur en droit, Genève 1928.
9 Ibd., S. 73.

10 Ibd., S. 83.
11 Zitiert nach Hardmeier, Frühe Frauenstimmrechtsbewegung, S. 290.
12 Zitiert nach dem Text der Petition in: Ruckstuhl Lotti, Frauen sprengen Fesseln. Hindernislauf zum Frauenstimmrecht in der Schweiz, Bonstetten 1986, S. 32.
13 Vgl. zu diesem Postulat und der Haltung des Justizdepartementes Voegeli Yvonne, Zwischen Hausrat und Rathaus. Auseinandersetzungen um die politische Gleichberechtigung der Frauen in der Schweiz 1945–1971, Zürich 1997, S. 88–93.
14 Den Text seines Vorstosses samt der Liste der Mitunterzeichner liess NR Peter von Roten der Präsidentin des SVF, Elisabeth Vischer-Alioth, zukommen. Vgl. Brief vom 30. August 1950, Schweizerisches Sozialarchiv (SozArch), Ar 29.50.1.
15 Brief vom 27. Oktober 1949, Archiv der Gosteli-Stiftung zur Geschichte der schweizerischen Frauenbewegung (AGoF), 103 BSF, 947.350-01-12.
16 Brief vom 15. Juni 1950 an Elisabeth Vischer-Alioth, in dem er auch anregte, der SVF solle die Parlamentarier mit Propagandamaterial versorgen. SozArch, Ar 29.50.1.
17 Amtliches Bulletin des Nationalrats, 23. Juni 1950, S. 365.
18 Ibd., S. 375. Der Antrag von Roten wurde mit 41 gegen 88 Stimmen verworfen.
19 Brief vom 30. August 1950, SozArch, Ar 29.50.1.
20 Schreiben vom 25. November 1950, SozArch, Ar 29.50.1. Die Generalversammlung vom 19./20. Mai 1951 segnete diese Eingabe durch eine Resolution ab. Vgl. Die Staatsbürgerin 1951, Nr. 6, S. 3.
21 Vgl. Amtliches Bulletin des Nationalrats, 13. Juni 1951, S. 515.
22 Bericht des Bundesrats an die Bundesversammlung über das für die Einführung des Frauenstimmrechts einzuschlagende Verfahren, in: Bundesblatt 1951, Bd. 1, S. 341–350.
23 Ibd., S. 350.
24 Prof. Max Huber, Zur Frage des Erwachsenenstimmrechts, in: NZZ, 14.3.1951, Nachdruck in: Die Staatsbürgerin 1951, Nr. 4, das Zitat dort S. 4.
25 Vgl. Voegeli, Zwischen Hausrat und Rathaus, S. 482f.
26 Amtliches Bulletin des Nationalrats, 13. Juni 1951, S. 518.
27 Ibd., S. 542.
28 Jaun Rudolf, «Weder Frauen-Hauswehr noch Frauen-Stimmrecht». Zum Zusammenhang von Geschlecht, Stimmrecht und Wehrpflicht in der Schweiz, in: Studer Brigitte, Wecker Regina, Ziegler Béatrice (Hg.), Frauen und Staat, Itinera Fasc. 20, 1998, S. 125–136.
29 Vgl. Voegeli, Zwischen Hausrat und Rathaus, S. 105–118, und Ruckstuhl, Frauen sprengen Fesseln, S. 82–84. Entsprechende Postulate hatten Ständerat Albert Picot 1952 und Nationalrat Alois Grendelmeier 1953 eingereicht.
30 Chapuis-Bischof Simone, Mathys-Reymond Christiane, 1907–2007. 100 pages d'histoire, Lausanne 2007, Eintrag für 1956.
31 Bigler-Eggenberger, Justitias Waage, S. 16f.
32 Broda May. B., «Wenn Männer für Frauen motzen». Ein politisches Lehrstück zur Einführung des Frauenstimmrechts, in: Studer Brigitte, Wecker Regina, Ziegler Béatrice (Hg.), Frauen und Staat, Itinera Fasc. 20, 1998, S. 53–76.
33 Vgl. zu Lugano Ruckstuhl, Frauen sprengen Fesseln, S. 86.
34 Botschaft des Bundesrates an die Bundesversammlung über die Einführung des Frauenstimm- und -wahlrechts in eidgenössischen Angelegenheiten vom 22. Februar 1957, in: Bundesblatt 1957, Bd. 1, S. 665–798.
35 Kägi Werner, Der Anspruch der Schweizerfrau auf politische Gleichberechtigung. Hrsg. vom Schweizerischen Verband für Frauenstimmrecht, Zürich 1955, S. 53.
36 Bürgin-Kreis Hildegard, Zusammenstellung von Regeln über die Interpretation der Bundesverfassung mit den wichtigsten Beispielen aus der Praxis der Bundesversammlung, Typoskript Basel, 17. Oktober 1957, S. 9. SozArch, Ar 29.50.5.

37 Der andere Weg zum Frauenstimmrecht, ohne Angabe von Autorin und Datum, S. 1. AGoF, Broschüren Recht Nr. 36. Dora Grob-Schmidt war während Jahrzehnten als Beamtin in der Bundesverwaltung tätig, zuletzt als Adjunktin beim BIGA.
38 Vgl. von Roten Iris, Frauenstimmrechts-Brevier, Basel 1959, S. 15. Zur historischen Verfassungsauslegung: «In diese abgestandene Luft bringt Dr. iur. Peter von Roten 1950/51 einen frischen, ja vollständig neuen Zug.», vgl. ibd.
39 Ibd., S. 60.
40 Die Motion Arnold vom 17. Juni 1969 und das Postulat Gerwig vom 9. Oktober 1969 sind abgedruckt in: Ruckstuhl, Frauen sprengen Fesseln, S. 265.
41 Ibd., S. 146.
42 Die Staatsbürgerin 1970, Nr. 1/2, S. 12.
43 Ibd., S. 12f.
44 Vgl. Voegeli, Zwischen Hausrat und Rathaus, S. 293–303.
45 Ruckstuhl, Frauen sprengen Fesseln, S. 147.

Propagande et presse

Sylvie Jean

L'obtention du suffrage féminin a occupé l'essentiel des revendications féministes en Suisse pendant presqu'un siècle. Alors que, dans de nombreux pays, le suffrage féminin a été progressivement introduit dès la fin du XIXe siècle, les féministes helvétiques attendront jusqu'en 1971 pour son introduction au niveau fédéral. Le suffrage a ainsi été au cœur de la lutte féministe suisse durant des décennies. Dès lors, différentes stratégies ont été développées par les associations féministes. Dans cette étude, nous nous intéresserons tout particulièrement à la propagande écrite et nous nous baserons notamment sur le plus ancien journal féministe européen de langue française: le *Mouvement féministe*. En suivant son histoire et son évolution, nous tenterons de mettre en lumière les différentes orientations stratégiques du suffragisme romand développées au cours du XXe siècle.

La presse féminine au tournant du siècle

En France au tournant du siècle, les femmes avaient le choix entre des journaux de mode et des journaux créés par des féministes, journaux où la lutte politique des femmes pouvait s'affirmer. Entre 1880 et 1914, on ne compte pas moins de 30 publications féministes plus ou moins éphémères. Citons *La Citoyenne*[1], journal fondé en 1881 par Hubertine Auclert et *La Fronde*[2], quotidien créé en 1897 par Marguerite Durant. Nous savons par ailleurs qu'Émilie Gourd jeune fille lisait ce dernier.

Qu'existait-il à la même époque en Suisse? *Le Journal des femmes,* que l'on peut qualifier de premier journal féministe suisse, lancé en 1868 par Marie Goegg-Pouchoulin, ne dura pas longtemps. Après la guerre franco-allemande, ce journal devint *Solidarité*, du nom de l'association recréée en 1872 par Marie Goegg. Il disparut avant la fin du siècle. En fait tous les organes de presse (pour employer un grand mot) existant au début du XXe siècle sont des bulletins d'associations. Manquant de moyens financiers pour créer de véritables journaux pouvant recruter un nombre d'abonnés suffisant, les femmes s'expriment dans la feuille périodique de leur association. Les articles qu'elles écrivent correspondent à une pensée féministe diverse,[3] d'où l'abondance de revues traitant des «questions de la femme». Anne-Marie Käppeli en cite une vingtaine rien qu'à Genève.[4] En Suisse alémanique, Helene von Mülinen n'en citait que quatre au début du siècle[5] mais ce chiffre doit être largement sous-estimé car le nombre d'associations féminines croissait sans cesse et les membres de ces associations ont pris conscience du pouvoir que représentait ce moyen de communication qu'était le Bulletin associatif.

Il convient également de citer *Die Vorkämpferin* lancé par Margarethe Faas-Hardegger en 1906, mensuel qui existe jusqu'en 1920 alors que son homologue francophone *L'Exploitée* ne dure que 18 mois. Organe des femmes travaillant dans les usines, les ateliers et les ménages, ce journal paraît une fois par mois.[6] L'Alliance de sociétés féminines suisses (ASF) n'a pas d'organe propre avant les années 1920. En Suisse alémanique, l'ASF s'exprime dans *Berna*, bulletin du Kantonalbernischer Frauenverein puis dans le *Frauenbestrebungen*, organe de l'Association zurichoise du même nom. En ce qui concerne l'Union des femmes, le nombre de sections grandissant, il devint rapidement nécessaire de trouver un moyen de communication: ce sera le *Bulletin féminin* lancé en 1907. D'*Organe des Unions de femmes de la Suisse romande*, il devient en 1911 *Organe des UdF et du Bureau national de l'Alliance*.

Ce survol des périodiques féminins importants ne saurait se terminer sans la mention de l'*Annuaire féminin suisse*, publication bilingue dont le titre en allemand est *Jahrbuch der Schweizerfrauen*, publié pour la première fois en 1914.[7]

Nécessité d'un journal suffragiste

C'est dans ce contexte médiatique et associatif qu'en 1912, Émilie Gourd, Camille Vidart et Auguste de Morsier fondent le *Mouvement féministe*. Si, comme nous l'avons vu, plusieurs journaux féminins existaient déjà à cette époque, aucun n'avait comme orientation principale le féminisme et encore moins le suffragisme qui constituait une tendance radicale. Cette orientation fut décidée par Émilie Gourd: «le Mouvement féministe sera évidemment suffragiste, le suffrage féminin étant pour nous chose primordiale»[8]. La volonté de traiter des problèmes économiques et politiques qui se posent au pays et de se démarquer ainsi d'une presse aux informations centrées presque uniquement autour des sujets «féminins» lui apparut également primordiale.[9]

Très rapidement, l'identité du journal devint indissociable de celle de sa fondatrice. En effet, Émilie Gourd était une personnalité marquante et incontournable du mouvement associatif féminin tant au niveau régional, national qu'international. Rappelons qu'elle était présidente de l'Association genevoise pour le suffrage féminin et de l'Association suisse pour le suffrage féminin ainsi que secrétaire de l'Alliance internationale pour le suffrage des femmes. Née au sein d'une famille de la haute bourgeoisie protestante, son environnement familial, sa fortune autant que son charisme contribuèrent indéniablement au rayonnement du journal.

Propagande pour le suffrage féminin

Grâce à Émilie Gourd, le *Mouvement féministe* devient un véritable journal de combat. Sa position stratégique pour l'obtention du suffrage féminin est très claire et repose sur trois axes théoriques: l'information, l'éducation et la pro-

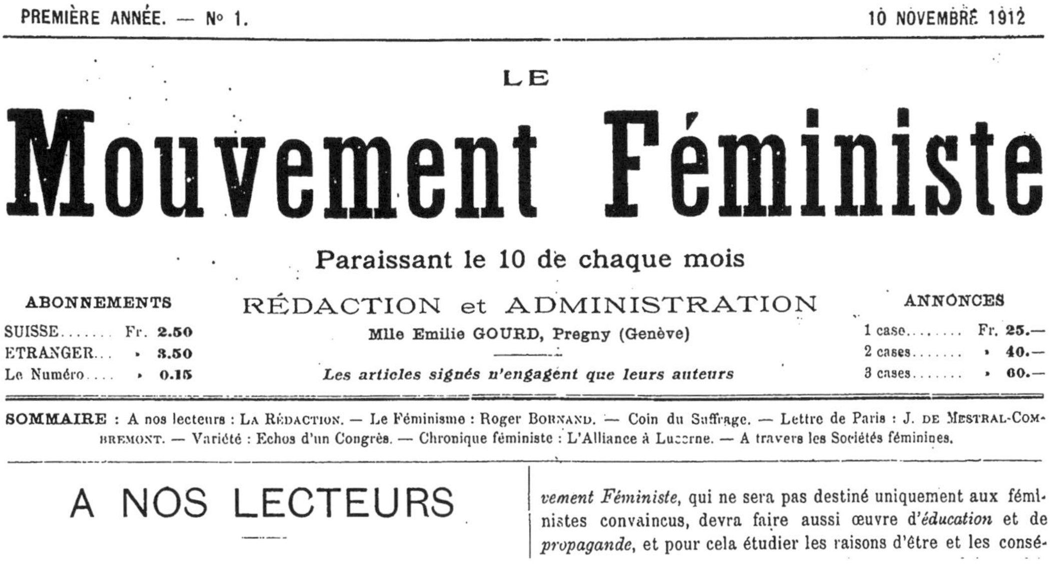
PREMIÈRE ANNÉE. — N° 1. 10 NOVEMBRE 1912

LE

Mouvement Féministe

Paraissant le 10 de chaque mois

ABONNEMENTS
SUISSE....... Fr. 2.50
ETRANGER... » 3.50
Le Numéro.... » 0.15

RÉDACTION et ADMINISTRATION
Mlle Emilie GOURD, Pregny (Genève)
Les articles signés n'engagent que leurs auteurs

ANNONCES
1 case........ Fr. 25.—
2 cases....... » 40.—
3 cases....... » 60.—

SOMMAIRE : A nos lecteurs : La Rédaction. — Le Féminisme : Roger Bornand. — Coin du Suffrage. — Lettre de Paris : J. de Mestral-Combremont. — Variété : Echos d'un Congrès. — Chronique féministe : L'Alliance à Lucerne. — A travers les Sociétés féminines.

A NOS LECTEURS

vement Féministe, qui ne sera pas destiné uniquement aux féministes convaincus, devra faire aussi œuvre d'*éducation* et de *propagande*, et pour cela étudier les raisons d'être et les consé-

Abb. 12: Le premier numéro du journal féministe francophone.

pagande: «à côté de ce rôle d'information, le *Mouvement féministe*, qui ne sera pas destiné uniquement aux féministes convaincus, devra faire aussi œuvre d'éducation et de propagande».[10]

Il est ici intéressant de nous arrêter brièvement sur le thème de propagande. Ce terme est en effet récurrent dans le journal et apparaît indissociable de celui d'éducation. La propagande est ici comprise dans le sens premier de «propager des idées» et n'a pas encore le sens péjoratif qu'il aura par la suite.[11] Le moyen de transmission d'une «culture féministe» est l'éducation: éducation politique et suffragiste de la future citoyenne, les deux termes sont ainsi intimement liés. Quant à l'information, elle n'est jamais livrée de manière brute. Les articles sont assortis d'explications et de suggestions susceptibles de soulever le débat et la réflexion.

Les suffragistes utilisent dès les premières décennies plusieurs manières de faire de la propagande: les conférences,[12] les cours, les brochures,[13] les annonces, les affiches, les broches (badges aujourd'hui) et bien sûr le journal qui joue un rôle centralisateur. Il annonce les conférences, les résume, il incite les lectrices et lecteurs à acheter les nouvelles brochures et diffuse des annonces qui paraissent dans la presse quotidienne. De son côté, chaque fois qu'une votation importante a lieu, l'ASSF publie également une annonce montrant que son sujet intéresse aussi les femmes et qu'il est injuste qu'elles ne puissent pas s'exprimer (cf. illustration page 79).

Les années 1912–1948 sont ainsi marquées par un engagement idéologique clair. La «ligne» du journal demeure inchangée durant cette période. Sous la plume d'Émilie Gourd, le *Mouvement féministe* suit invariablement ces trois impératifs: il informe, instruit, propage le suffragisme et lutte pour son obtention. Tout en s'inscrivant dans le courant d'un féminisme bourgeois, les articles du journal sont engagés et combatifs et il n'est pas rare d'y lire les tirades emportées de sa rédactrice. L'égalité salariale, la prostitution ou encore la réforme du Code civil, autant de sujets qui passionnent et soulèvent parfois son indignation.

Place du journal dans le paysage féministe suisse
Durant ces années, le journal assoit également son importance au sein du mouvement féministe suisse. En effet, il devient rapidement «une tribune» du féminisme en ouvrant ses colonnes aux associations féminines qui y publient des informations sur leurs activités. En 1923, il est en outre nommé «organe officiel de publication de l'Alliance de sociétés féminines suisses» ce qui appuie sa position stratégique et lui confie un plus large réseau de diffusion. Le *Mouvement féministe* devient ainsi un outil de communication et de rassemblement incontournable du mouvement féministe romand. Malgré une période difficile avec deux guerres mondiales successives et une baisse certaine du militantisme, le journal continue inexorablement sa publication et ne semble jamais adoucir son ton. La lutte féministe et suffragiste demeure primordiale pour Émilie Gourd, nonobstant le climat politique et social. En Suisse alémanique, c'est le *Schweizer Frauenblatt* qui joue ce rôle depuis 1919. *Frauenbestrebungen* fusionne avec ce dernier en 1923.

Si les suffragistes de la génération d'Émilie Gourd ont été très atteintes par les échecs des quatre votations des années 20 demandant la reconnaissance des droits politiques aux femmes dans les cantons de Neuchâtel, Bâle, Zurich et Genève, ils et elles n'ont pas pour autant baissé les bras. Le rythme et la force de leur propagande ne faiblissent pas. Un encouragement leur vint en outre de l'extérieur: une Américaine, Leslie Frank, créa un fonds destiné à aider les associations des pays où le suffrage féminin n'existait pas encore. Ainsi, dès 1924, l'ASSF pouvait compter sur un subside annuel de 500 dollars à condition que les membres de l'association récoltent elles-mêmes une somme deux fois supérieure, d'où les innombrables thés suffragistes et ventes de pâtisserie annoncés dans le journal.

En janvier 1946, Émilie Gourd est emportée par une crise cardiaque. Cette disparition soulève de nombreuses questions tant pratiques qu'idéologiques. En effet, comment continuer son travail, s'adapter aux changements de l'après-Deuxième Guerre mondiale sans toutefois trahir sa pensée?

Conservatisme d'après guerre

La période qui suit le décès de la fondatrice du *Mouvement féministe* est indéniablement marquée par le conservatisme de la société suisse de l'époque. Après la fin de la Deuxième Guerre mondiale, les revendications féministes sont clairement reléguées à l'arrière-plan. L'image de la femme au foyer, mère et épouse dévouée, domine largement. Les femmes sont remerciées pour leur travail durant la guerre mais sagement remises à leur place: à la maison! Ces années sont également marquées par des revers politiques successifs pour les suffragistes helvétiques. Le droit de vote féminin est refusé dans le canton de Genève en 1953 et, en 1959, c'est une défaite écrasante au niveau fédéral avec 66,9% de non. En contraste, plusieurs pays européens accordent le droit de vote aux femmes: la France en 1945, l'Italie la même année, la Belgique en 1949, etc. Les suffragistes helvétiques se retrouvent ainsi fortement isolées au sein des réunions féminines internationales.

Ces déceptions et cette situation difficile semblent néanmoins supportées avec résignation. La stratégie de la majeure partie des associations féminines de l'époque se résume à la patience. Le *Mouvement féministe* ne fait pas exception. En 1950, un article non signé figurant sur la première page du journal illustre parfaitement cette position:

> «La forme même de notre Constitution nous contraint à la lutte, donc à la création d'une tension. La chose est évidente, mais nous voulions saisir l'occasion de cette journée suffragiste suisse pour montrer que même les femmes qui chez nous réclament le droit de vote le font d'une manière éminemment pacifique puisqu'elles se limitent à des assemblées dans leurs locaux privés et qu'à Genève, la manifestation en plein air est une fête champêtre pour familles! Notre seul but est bien de faire régner la concorde et non pas de semer les dissensions dans les familles ou la société.»[14]

La crainte de donner une «mauvaise image» du féminisme est ici évidente. Ainsi, l'acceptation du suffrage féminin au niveau cantonal est accueillie avec joie mais sans véritable triomphalisme.[15] Brigitte Studer résume la situation ambiguë des féministes helvétiques comme suit:

> «Si elles respectent les marges étroites qui leur sont imparties par les règles de conduite culturellement admises, leurs demandes peuvent sans autre être ignorées par les hommes politiques. En revanche, dès qu'elles s'aventurent en dehors des codes de bienséance et des normes délimitant leurs domaines d'action, s'abat sur elles un discours injurieux autant écrit et parlé qu'illustré.»[16]

Un bimensuel à deux faces

Outre ce climat tendu, la position théorique du journal change sous l'impulsion de la nouvelle rédactrice du journal: Alice Wiblé. La notion d'éducation des femmes se redéfinit essentiellement autour d'une formation pratique aux multiples tâches et devoirs de la femme helvétique et non plus comme une formation politique et suffragiste. Conscientes de leur rôle dans la société et de leurs devoirs, les femmes se tourneraient naturellement vers le suffragisme.

Cette insistance sur la formation pratique des femmes se concrétise en 1948 par la création d'un nouveau journal, plus «soft», qui paraîtra en complément du *Mouvement féministe*: *Femmes suisses savez-vous?* (le *Mouvement féministe* paraîtra le 1er samedi du mois et *Femmes suisses* le 3e samedi). Initié par Alice Wiblé, ce nouveau feuillet répond à un impératif suffragiste et financier. En effet, pour la nouvelle rédactrice, le lectorat du *Mouvement féministe* est constitué presque uniquement de féministes convaincues. Or leur nombre ne constitue que 1300 abonnements en Suisse romande. Ce chiffre pose, par conséquent, un problème financier et militant. La création d'un nouveau feuillet est donc justifiée par la nécessité d'élargir le lectorat du journal et ainsi recruter de nouvelles «fidèles». Pour ce faire, la stratégie rédactionnelle est de vulgariser la pensée féministe afin de la rendre plus attrayante:

> «[...] un journal différent, qui défendrait les mêmes principes, mais qui présenterait les problèmes par l'autre bout. Le *Mouvement* dit: Nous demandons le droit de vote parce que nous n'avons rien à dire à propos du prix du lait!
> L'autre feuille dirait: Voilà encore une augmentation du prix du lait! [...] Cette hausse, pourquoi la décide-t-on? Les raisons qu'on me donne dans les journaux ne paraissent pas péremptoires. [...] Pourquoi n'ai-je rien à dire à ce sujet? Et si j'avais des droits politiques, et si j'étais dans les commissions?.»[17]

Cette vulgarisation se concrétise également par l'abondance d'articles pratiques centrés sur le travail ménager et l'éducation des enfants. Une rubrique intitulée «Entr'aide» dont le but est de répondre aux problèmes quotidiens des femmes (soit essentiellement d'ordre ménager et éducatif) est créée en 1949. Cette rubrique occupe rapidement la première page constituant ainsi un élément incontournable du journal.

Les articles «directement» suffragistes sont publiés dans le *Mouvement féministe* dont la publication continue. Cependant, son importance stratégique s'amenuise considérablement durant cette période. La création de *Femmes suisses* a réduit son rôle à un banal journal associatif. Son contenu, essentiellement constitué d'articles informatifs dénués d'opinion, devient quasi indigeste. Toute la stratégie suffragiste se concentre ainsi durant les années 1948–1970 autour de *Femmes suisses* et d'une éducation pratique des femmes. La notion de propagande devient extrêmement négative et l'esprit du journal change radicalement dès la mort d'Émilie Gourd. Seule Emma Kammacher, ancienne collaboratrice de la fondatrice, ose la critique face à la nouvelle orientation du journal. Lors de nombreux comités de rédaction elle exprime le souhait que «le journal ait parfois un ton plus revendicateur.»[18]

Fusion des deux journaux

En 1961, un grand changement rédactionnel s'opère: les deux journaux fusionnent pour devenir *Femmes suisses et le Mouvement féministe*.[19] Cette évolution marque également un changement au niveau de la direction du journal: Andrée Schlemmer et Huguette Nicod-Robert succèdent à Alice Wiblé.[20] Néanmoins, cette fusion et ce changement rédactionnel ne signifient pas un changement radical au niveau stratégique. Le nouveau journal peine à trouver une ligne idéologique claire. Sa position devient même de plus en plus ambiguë. Si, progressivement, des articles engagés réapparaissent, ils ne font pas l'unanimité au sein du journal et au sein du mouvement féministe.[21] La distinction entre information et propagande politique semble parfois bien difficile.

Dès la fin des années 1960, un grand tournant théorique au sein du féminisme occidental a lieu. Durant ces années, un nouveau mouvement féministe émerge bien plus jeune et radical que le précédent. Née des milieux estudiantins, cette jeunesse féministe remet en cause certains fondements de l'ancien mouvement, tel que le suffrage féminin, qui lui semble inapte à résoudre les problèmes de fonds. Pour elle, le privé est politique. La sphère du ménage devient le centre des problèmes et le premier bastion du changement. Une sexualité libérée et le droit à l'avortement sont des sujets caractéristiques de ce mouvement qui reprend dès lors le *Deuxième sexe* de Simone de Beauvoir comme référence théorique. La rupture entre les deux mouvements est énorme, tant au niveau théorique qu'au niveau organisationnel. En privilégiant une structure décentralisée et anti-hiérarchique, le Mouvement de Libération des Femmes (MLF) – inspiré de son homologue français – affirme son lien avec les mouvements de gauche tout en marquant une scission avec une idéologie qui ne considère pas la problématique des sexes comme essentielle, à l'instar des autres tendances politiques. Sa composition, de nature particulièrement jeune, tranche également avec l'ancien mouvement représenté par des femmes d'environ 40 ans et plus. Mais les différences sont encore plus profondes. Alors que l'éducation est un élément central de la première vague féministe, le nouveau mouvement s'attache à déconstruire cette formation de la femme, à la libérer. L'injonction de Simone de Beauvoir, «on ne naît pas femme: on le devient», prend ici tout son sens. L'herméneutique du retour est choisie, en opposition à celle du devenir proposée par les premiers mouvements féministes.[22]

Changement de ton

La scission idéologique entre les deux mouvements féministes est évidente. La stratégie en douceur prônée durant les années d'après-guerre est fortement condamnée par les néo-féministes qui y voient une forme de «mendicité». Les protagonistes du *Mouvement féministe* observent d'un œil distant ces nouvelles militantes et n'intègrent que peu leurs idées dans le journal.

Néanmoins, dès la fin des années 1960, le journal change de ton. La patience des protagonistes du journal semble à bout. À l'approche de la votation fédérale de 1971 sur le suffrage féminin, l'humeur n'est plus à l'espérance comme nous le démontrent ces quelques lignes:

> «Nous avons collaboré avec le sourire, souvent dans d'excellentes conditions, parfois dans des conditions difficiles parce que nous n'étions pas partout bien acceptées. Nous avons renoncé à toute passion pour revendiquer avec mesure, logique. Nous avons montré de la compréhension envers le caractère suisse, lent à évoluer. On nous a prêché la confiance. Mais la confiance en qui? Dans le gouvernement qui ne fait rien pour qu'enfin la Suissesse devienne citoyenne à part entière? Dans le peuple, en fait les hommes? Qui ont dit non à Zurich, Schaffhouse, Soleure, au Tessin? Confiance à la saint Glin Glin? […] La trop longue patience qu'on exige de nous et la désinvolture avec laquelle on traite le problème du suffrage féminin, risquent fort de nous pousser à bout prochainement.»[23]

Le 7 février 1971, le droit de vote fédéral est accordé aux femmes avec 65,7% de oui. Si plusieurs cantons tardent à l'accorder au niveau cantonal, la grande lutte suffragiste s'achève et laisse place aux revendications sociales et sexuelles. Comme l'exprime la rédactrice du journal:

> «Un très important pas en avant vient d'être franchi, mais ce n'est pas une fin, un happy end, comme dans les romans à l'eau de rose. On est, en fait, au début d'une nouvelle ère dans laquelle, désormais et pour une grande part, notre avenir sera entre nos mains.»[24]

---

1   In: Albistur Maïté, Armogathe Daniel: Histoire du féminisme français; Paris 1978, p. 369–373. La Citoyenne dura 10 ans.
2   Ibid. La Fronde eut une renommée mondiale, mais ne dura que 6 ans (1897–1903).
3   Martine Chaponnière distingue quatre options ou tendances du féminisme: le féminisme moral ou humanitaire, le féminisme pédagogique, le féminisme syndical et le féminisme suffragiste. In: Chaponnière Martine, Devenir ou redevenir femme. L'éducation des femmes et le mouvement féministe en Suisse, du début du siècle à nos jours, Société d'histoire et d'archéologie de Genève, Genève 1992. p. 12–20.
4   In: Käppeli Anne-Marie, Prélude à une histoire des femmes à Genève et au tournant du XXe siècle, Université de Genève, Genève 1984, p. 22–41. Au sujet de la presse féminine en Suisse, lire aussi: Marti Barbara, Die schweizerische Frauenpresse von den Anfängen bis 1985, ungedruckte Seminararbeit, Bern 1987.
5   In: Annie Leuch-Reineck, Le Féminisme en Suisse, Lausanne 1929, p. 76.
6   Les 18 numéros de l'Exploitée ont été reproduits par les Éditions Noir en 1977.
7   Ces annuaires sont reproduits dans les deux volumes établis par Gosteli Marthe, Vergessene Geschichte – Histoire oubliée, Berne 2002.
8   Le Mouvement féministe du 10 novembre 1912, p. 1, «À nos lecteurs», signé Émilie Gourd.
9   Ibid.
10 Ibid.
11 Chaponnière Martine, Devenir ou redevenir femme. Op. cit., p. 202.

12　Émilie Gourd signale dans l'Annuaire de 1916 – in: Gosteli Marthe, Vergessene Geschichte, p. 104 – que dans le seul Canton de Genève 32 conférences de propagande furent organisées dans le courant de l'hiver, dont l'une pour les étudiants à l'Université qui fut un véritable succès. En 1916 aussi, un calendrier suffragiste de poche fut édité dont la vente fut une bonne affaire; des affiches permanentes en couleur (proposant ce calendrier) étaient placées dans les tramways.

13　Certaines conférences sont publiées sous forme de brochures de propagande: Auguste de Morsier, Benjamin Vallotton, Paul Vallotton, Maurice Muret ont vu leurs textes vendus par les suffragistes pour 10 ou 20 centimes. La cotisation aux sections de l'ASSF était de un ou deux francs par an; l'abonnement au Mouvement féministe a commencé à 2.50 francs par an, celui de l'Exploitée était de un franc par an. Le salaire d'une ouvrière n'atteignait pas un franc par heure de travail.

14　Le Mouvement féministe, du 3 juin 1950, p. 1, «Pouvons-nous obtenir les droits politiques sans lutter contre l'opposition», non signé.

15　Dès 1959, les cantons de Vaud, Neuchâtel et Genève accordent le droit de suffrage sur le plan cantonal aux femmes.

16　Studer Brigitte, «L'État c'est l'homme. Politique, citoyenneté et genre dans le débat autour du suffrage féminin après 1945», Revue suisse d'histoire, vol. 46, n°3, Bâle 1996, p. 356–382; p. 368.

17　Archives de l'Émilie, «Le scrutin de Neuchâtel et le Mouvement Féministe», 1948, p. 1.

18　Archives de l'Émilie, «Comité du Mouvement féministe», du 14 avril 1956, p.1. Après l'échec des votations genevoises en 1953 sur le suffrage féminin, E. Kammacher déclare lors d'un comité: «la manière douce a fait faillite. Je crois que ce sont les conclusions à tirer de notre dernier scrutin. Nous sommes tellement dignes que nous manquons précisément de dignité» In: Archives de l'Émilie, lettre du 17 décembre 1957.

19　Notons que seule Jacqueline Wavre, corédactrice de Femmes suisses depuis 1957 est favorable à cette fusion. Alice Wiblé s'y oppose fortement. Jacqueline Wavre donne sa démission en 1960.

20　Andrée Schlemmer occupe le poste de rédactrice de 1961 à 1962. H. Nicod-Robert reprend cette fonction dès 1962.

21　Citons ici à titre d'exemple un article informatif sur le POP qui entraîna des critiques vives de l'ASSF: Le Mouvement féministe, du 17 février 1961, p. 6, «Notre participation à la vie politique. Présentation des partis. Le Parti Ouvrier et Populaire», signé André Muret.

22　Alors que pour le premier mouvement féministe, il s'agissait essentiellement de permettre à la femme de gagner une autre place sociale par l'éducation et la valorisation de ses qualités propres, pour le second mouvement il s'agit au contraire de libérer les femmes d'un rôle socialement construit, en résumé de «désapprendre». In: Chaponnière Martine, Devenir ou redevenir femme, op. cit., p. 9.

23　Femmes suisses et le Mouvement féministe, de février 1969, p. 1, «Quousque tandem?», signé H. Nicod-Robert.

24　Femmes suisses et le Mouvement féministe de février 1971, p. 1, «Après la votation … Félicitation Messieurs!», signé H. Nicod-Robert.

Abb. 13: L'exception suisse, affiche de l'ASSF. Plakat des Schweizerischen Verbandes für Frauenstimmrecht. Der schwarze Fleck störte die Männer sehr.

Etappen des Stimmrechtskampfes

Étapes de la lutte pour les droits politiques

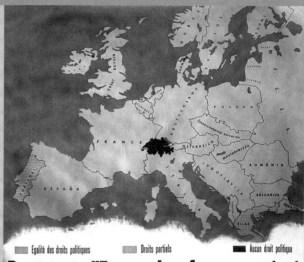

1918 bis 1921 – Enttäuschte Erwartungen
Sibylle Hardmeier

«Enttäuschte Erwartungen» – diese Überschrift zum schweizerischen Frauenstimmrechtskampf nach dem Ersten Weltkrieg ist treffend und nüchtern in gleichem Masse. Denn im Rückblick erweist sich der Titel als korrekt, auch wenn die Etappe eigentlich mit einem hoffnungsfrohen «Endlich» begonnen hat. Auch werden die emotionalen Höhen- und Tiefflüge vieler Vorkämpferinnen und Vorkämpfer korrekt bilanziert. Für Stimmrechtsfrauen aber, welche sich zwischen Euphorie, gewiefter oder aufgezwungener Taktik und Frustration bewegten, ist die Überschrift sicher eine nüchterne Untertreibung. Aber fassen wir die bewegten Zeiten der Reihe nach zusammen:[1]

Hoffnung auf politische Mündigkeit
Zunächst waren es – nach einer kurzen Agonie unmittelbar nach Kriegsausbruch und bei allen unterschiedlichen Einschätzungen und Strategien – die Leistungen und Angebote der Frauen während der Kriegsjahre (in der Friedensbewegung, der Kriegswohlfahrt, in Unternehmen, für die nationale Frauenspende oder für das Projekt eines weiblichen Bürgerdienstes), die vielen Frauenrechtlerinnen Anlass zu Hoffnungen gaben. Der Gedanke des Frauenstimmrechts, so hielt eine Broschüre des SVF aus dem Jahre 1934 fest, gewann an Volkstümlichkeit, insbesondere in Anbetracht all dessen, was die Frauen in schwerer Zeit für ihr Land getan hatten. Hinzu kamen die politischen Umwälzungen, welche die Frauenrechtlerinnen hoffnungsvoll stimmten. In einer ersten Welle «echter» Demokratisierung, die mit dem «androzentrischen Erfindungsmythos»[2] von Demokratie aufzuräumen begann, entliessen zwischen 1915 und 1920 zahlreiche, vorwiegend europäische Staaten[3] sowie die USA und viele ihrer Teilstaaten[4] ihre weiblichen Staatsangehörigen in die politische Mündigkeit. Diese Veränderungen wurden minutiös dokumentiert und registriert, denn der SVF war seit seiner Gründung international stark vernetzt und die Berichterstattung über politische Erfolge stellte in der Stimmrechtspresse schon immer eine unverzichtbare Konstante dar. Erwartungsvoll, anklagend oder ungeduldig mahnten nun die Schweizer Frauenrechtlerinnen die Öffentlichkeit an, diese Demokratisierung mitzumachen. Und die Hoffnung war nicht unberechtigt. Auch in der Schweiz wurden um 1917/1918 «Demokratisierung» und «soziale Reform» zu zwei Leitbegriffen des politischen Diskurses. Schon vor Ausbruch des Landesstreiks wurden jene Stimmen lauter, die nach politischen und sozialen Reformen riefen – insbesondere auch innerhalb und am linken, sozialpolitischen Rand von Freisinn und Demokraten. Die von

Joseph Anton Scherrer-Füllemann im März 1918 eingereichte Motion für einen Ausbau der Volksrechte und für soziale Reformen im Rahmen einer Totalrevision der Bundesverfassung war untrügliches Zeichen dieser demokratischen Aufbruchsstimmung.

Rein stimmungsmässig betrachtet, hatten also seit Ausbruch des Ersten Weltkrieges die Frauenrechtlerinnen und Frauenrechtler in der Tat Anlass zu Hoffnungen. Im Juli 1916 entlockten dann auch realpolitische Ereignisse mit Entscheidungsrelevanz Émilie Gourd ein wohl unüberhörbares «Enfin!».[5] Der freudige Ausruf galt den Ereignissen im Berner Ratssaal. Hier hatte der Sozialdemokrat Eugen Münch bei der Debatte über das Gemeindegesetz den bisherigen Pfad der beschränkten Rechte verlassen und für alle Beteiligten überraschend[6] das integrale Gemeindestimmrecht für die Frauen reklamiert. Die Motion erfolgte nur wenige Tage, nachdem die Führung der Sozialdemokratischen Partei der Schweiz (SPS) auf Druck weiblicher Vertreterinnen ihre kantonalen Sektionen aufgerufen hatte, «die Initiative für das Frauenstimmrecht auf kantonalem und kommunalem Gebiet zu ergreifen».[7] Die Frauenrechtlerin und Berufsbeobachterin der Schweizer Politlandschaft deutete es als vielversprechendes Zeichen, wenn sich sogar der für seine Langsamkeit berühmte Berner Bär in Bewegung setzte. Aus der Retrospektive bestätigt sich Émilie Gourds Einschätzung weitgehend. In Bern hatte der zu spontan lancierte Vorstoss zwar keine Chance, aber die Ereignisse leiteten eine langjährige, bis 1921 andauernde Stimmrechtsdebatte ein, die im Winter 1917 mit der Überweisung von parlamentarischen Vorstössen in fünf Kantonen[8] ihren ersten Höhepunkt erreichte:

Im Basler Grossrat gelang es der SP nach drei Jahren erfolgloser Versuche dank jüngsten Sitzgewinnen und der Unterstützung von einigen Liberalen und bekennenden Frauenrechtlern wie Albert Oeri sowie Freisinnigen und Demokraten, im Dezember 1917 ihre Frauenstimmrechtsmotion zu überweisen. Darin wurde die Exekutive mit der Ausarbeitung einer Vorlage zur Einführung des Frauenstimmrechts beauftragt.

Im Kanton Neuenburg richteten die Präsidentinnen der lokalen Stimmrechtsvereine im Sommer 1915 eine Eingabe an die Grossratskommission, die das Wahlgesetz zu beraten hatte. Als dann die Behörden versuchten, die Bewegung mit kleineren Konzessionen abzuspeisen, hielt der Sozialdemokrat Charles Schürch – seit dem Kampf um das Primarschulgesetz vertrauter Mitkämpfer der Frauenrechtlerinnen – den Zeitpunkt für gekommen, mit diesen Ungerechtigkeiten aufzuräumen. Mitten in den Verhandlungen zum Wahlgesetz unterbrach der Ratspräsident die Debatte und verlas eine Motion von neun Sozialdemokraten für das integrale Frauenstimmrecht. Am 6. November 1917 lud das Parlament mit 69 gegen 27 Stimmen die Regierung ein, die Frage einer entsprechenden Verfassungsrevision zu prüfen und darüber Bericht zu erstatten.

Die Genfer Sozialdemokraten diskutierten im April 1917 ebenfalls über eine Motion zum integralen Frauenstimmrecht. Der christlich-soziale Grossrat Louis Guillermin kam ihnen aber am 23. Mai zuvor und kündigte eine Stimmrechtsmotion an. Gegenüber den Vorstössen seitens der SP enthielt dieser Vorschlag allerdings einige Restriktionen: Beschränkung auf die Gemeindeebene, Eintragung in die Stimmregister auf Antrag, höheres Wahlrechtsalter der Frauen (ab 25 Jahren). Als dann am 23. Juni 1917 die Erheblicherklärung im Rat folgte, gaben die Sozialdemokraten zu erkennen, dass sich die Fraktion den vorgesehenen Beschränkungen widersetzen würde.

Nur wenige Tage nach der Verabschiedung im Genfer Parlament kam in Zürich die Diskussion ebenfalls in Gang. Am 12. August 1917 reichte Herman Greulich, Präsident der SP-Fraktion, zusammen mit 68 Mitunterzeichnern eine Motion für das integrale Frauenstimmrecht auf kantonaler Ebene ein. Von dem staatsrechtlich ausgereiften und präzisen Vorstoss[9] waren im Rat lange nicht alle begeistert, aber mit 108 gegen 70 Stimmen konnte die Motion in nicht-imperativer Form erheblich erklärt werden. Die Zuhörerinnen auf der Tribüne quittierten den Entscheid mit Applaus.

Der Vorstand der Association vaudoise pour le suffrage féminin (AVSF) erfuhr unmittelbar vor der Sommerpause 1917 von den Plänen der Sozialdemokratischen Partei, für das integrale Frauenstimmrecht zu interpellieren. Im November 1917 reichte dann Anton Suter, Sozialdemokrat und Abonnent des «Mouvement féministe» zusammen mit zehn Genossen eine Motion für das kantonale und kommunale Frauenstimmrecht ein, nach der das Aktivbürgerrecht der Schweizer ab 20 Jahren ohne Unterscheidung des Geschlechts gelten sollte. Ohne weitere Diskussion wurde die Motion an eine parlamentarische Kommission überwiesen.

Spätestens im Frühsommer 1918 wurde schliesslich das Frauenstimmrecht mit einer Kaskade von Vorstössen auf die Agenda der nationalen Politik bugsiert: Den Anfang machte die bereits erwähnte Motion Scherrer-Füllemann, die noch vage vom Ausbau der Volksrechte sprach. Am 11. November 1918 schlug dann die Ausrufung des Generalstreiks und das 9-Punkteprogramm des Oltener Aktionskomitees in Stimmrechtskreisen wie «eine Bombe»[10] ein. An zweiter Stelle verlangten die Streikenden das aktive und passive Frauenwahlrecht. Schliesslich folgten am 4. und 5. Dezember 1918 die Frauenstimmrechtsmotionen der Nationalräte Greulich (SP) und Göttisheim (FdP). Der SVF, der BSF, aber auch die gemeinnützigen und zahlreiche gemischte Vereine unterstützten die parlamentarischen Vorstösse mit einer Petition.

Politische Bremsmechanismen
52 Jahre bevor in der Schweiz die politische Gleichberechtigung in der Verfassung verankert wurde, wurden nun aus vagen Hoffnungen konkrete Erwartungen – dies in Erinnerung zu rufen, ist gerade vor dem Hintergrund

Abb. 14: Zwischen 1919 und 1921 fanden in vier Kantonen Abstimmungen zur Einführung des Frauenstimmrechts statt: in NE, BS, ZH und GE.
Dieses Abstimmungsplakat wurde von der Malerin und Grafikerin Nathalie Lachenal (1887–1926) entworfen, mit der die internationale Stimmrechtsbewegung eng und bewusst zusammenarbeitete.

der langen Durststrecke angezeigt. Vielleicht werden wir «zur nächsten Generalversammlung als stimmberechtigte Bürgerinnen zusammenkommen». Diese Aussage stammt nicht von einer Züricherin kurz vor der eidgenössischen Abstimmung von 1971, sondern aus dem Jahresbericht der Union für Frauenbestrebungen vom April 1919.[11] Gleichermassen enthusiastisch war man in Neuenburg, als das kantonale Parlament mit 65 Prozent der Stimmen die Frauenstimmrechtsvorlage verabschiedete. Die Notiz im Protokollheft der Sektion Colombier war schlicht und ergreifend: «Verrons-nous bientôt le triomphe de notre cause!»[12] Allerdings traten erste Ernüchterungen bald ein, und während es für die involvierten Zeitgenossinnen vielleicht zu Beginn noch schwierig zu erkennen war, deckt der historische Überblick diverse bremsende Elemente auf.

Zum Ersten reagierten die Exekutiven sehr zurückhaltend. In den Kantonen Basel-Stadt und Neuenburg verfolgten sie eine in der direkten Demokratie beliebte und bewährte Strategie und versuchten mit dosierten Konzessionen – dem Frauenstimmrecht in kirchlichen und schiedsgerichtlichen Behörden – den politischen Druck abzubauen. Überall dort, wo die Regierung zur Stellungnahme eingeladen wurde (Zürich, Neuenburg, Eidgenossenschaft), verloren die Motionen ihren imperativen Charakter. In Basel-Stadt behielt sich die Regierung vor, ohne jeglichen Termindruck und in völliger Freiheit Stellung zu nehmen. In Neuenburg lösten erst die Eingaben von Arbeiterunionen den notwendigen Druck aus, damit die Regierung im Februar 1919 überhaupt eine Botschaft vorlegte. Im Kanton Waadt musste die Anhängerschaft des Frauenstimmrechts besonders lange, ganze drei Jahre nämlich, auf den Bericht der Regierung warten.

Darüber hinaus lief es in den Parlamenten auch materiell eher harzig. Nur in den Ständen Basel-Stadt sowie Neuenburg, wo der Support im Parlament – und im ersten Fall sogar in der Exekutive – komfortabel ausfiel, versprach das Stimmungsbarometer reale Aussichten auf Erfolg. Der Basler Grosse Rat stimmte dem positiven Antrag der Regierung am 16. Oktober 1919 mit deutlichem Mehr von 29 Stimmen bzw. mit 65 Prozent zu.[13] Hinweise für ein taktisches Stimmverhalten sind nicht erkennbar; der hohe Ja-Stimmenanteil ist auf die starke sozialdemokratische Fraktion zurückzuführen. Allerdings gilt es zu beachten, dass das Verfahren in Basel zweistufig war. Formal ging es vorerst darum, mit einem Grundsatzentscheid die Partialrevision der Verfassung einzuleiten. Der positive Beschluss unterstand dem fakultativen Referendum. Erst in einer zweiten Phase wären die materiellen Änderungen an die Hand genommen worden.

Zwar reagierte im Februar 1919 die Exekutive Neuenburgs zunächst mit einem abschlägigen Bericht. Doch dank dem Sozialdemokraten E.-Paul Graber – zusammen mit seiner Frau seit Jahren in der Stimmrechtsbewegung von La Chaux-de-Fonds sehr aktiv – sowie einer Handvoll Freisinniger und Liberaler wurde dieser Rapport im Parlament zurückgewiesen und die Exekutive zu einer Neuauflage verknurrt. Am 17. März 1919 verabschiedete das Parlament diese mit 65 Prozent der Stimmen.[14]

In Genf stand bereits der Entscheid der vorberatenden Kommission vom Mai 1918 auf wackeligen Beinen und im Juni entschied das Parlament mit deutlichem Mehr vorerst Nicht-Eintreten. Nach zwei erfolglosen und unkoordinierten Vorstössen im Parlament[15] musste die Sektion des SVF auf direktdemokratische Instrumente zurückgreifen.[16] Am 4. Oktober 1920 reichte sie eine Volksinitiative mit 2788 gültigen Unterschriften ein. Der folgende Kommissionsbericht war negativ; der Beschluss des Parlaments vom 21. September 1921, der schliesslich den Weg für die Volksabstimmung ebnete, war auf Messers Schneide und wurde mit knappen 51 Prozent der Stimmen der anwesenden Parlamentarier gefällt.[17]

Der Zürcher Regierungsbericht vom November 1918 zur Motion Greulich fiel negativ aus. Daher sahen sich die Sozialdemokraten veranlasst, eine andere Strategie zu wählen. Eine unter der Ägide des bekennenden Frauenrechtlers Otto Lang formulierte Behördeninitiative vom Januar 1919 fand indessen in der Kommission wenig Gehör. Der Entscheid im Parlament für die Initiative Lang und damit eine Volksabstimmung fiel am 2. Juni 1919 mit 53 Prozent ebenfalls knapp aus.[18]

Im Pays de Vaud bekam die «Liberté» – stolzes Motto des Staatswappens – ein anderes Geschlecht und das Frauenstimmrecht wurde zum «Non-Issue» erklärt. Vergleichsweise spät, erst im Frühjahr 1921, dafür aber deutlich, stellten sich die Grossräte hinter den negativen Bericht der Regierung. 72 Prozent der anwesenden Parlamentarier setzten dem Stimmrechtsanliegen bereits auf parlamentarischer Ebene ein Ende.[19] Nach den bereits erfolgten Niederlagen in Zürich oder Basel sowie den Schwierigkeiten in Genf verzichteten die Stimmrechtsvereine darauf, direkt-demokratische Gegenmittel einzusetzen.

Neben den knappen oder negativen Entscheidungen auf parlamentarischer Ebene machten sich auch die Tücken der schweizerischen Referendumsdemokratie bemerkbar. So wurde beispielsweise von den Gegnern – mal strategisch, mal trotzig – gezielt das Verdikt des Volkes gesucht. Das impliziert, dass Quantität und Intensität von Wortmeldungen oder die Resultate der Schlussabstimmungen in den Parlamenten kein verlässlicher Gradmesser für tatsächliche Erfolgsaussichten waren. Denn zuweilen schlug die Gegnerschaft erst in den Schlussabstimmungen zu (z.B. Waadt), fokussierte auf das Referendum (z.B. Basel-Stadt) oder organisierte sich erst im Abstimmungskampf (z.B. Neuenburg). Auch wurde das politische Kalkül nicht immer so freimütig offengelegt wie von einem Genfer Grossrat:

> «Je voterai ‹pour› au Grand Conseil, bien que absolument adversaire du suffrage féminin, mais j'estime que le peuple doit une fois pour toutes se prononcer; la question doit être liquidée par le peuple et il faut la lui soumettre le plus rapidement possible.»[20]

In Genf wurde die Abstimmung über die Initiative sehr kurzfristig angesetzt. Nachdem die Neuenburger Regierung zu einer erneuten Frauenstimmrechtsvorlage verknurrt worden war, verfocht auch sie alsbald eine konsequente Vorwärtsstrategie und suchte möglichst postwendend das Verdikt des Volkes. In diese Taktik fügte sich nahtlos ein, dass man auf maliziöse Art und Weise die Tragweite der Vorlage aufzeigte, um die Gegnerschaft «des Volkes» ganz sicher auf den Plan zu rufen. Die Frau bekäme mit der politischen Gleichberechtigung – so die unmissverständlich als Warnung gemeinte Botschaft – nicht nur das Recht, an Wahlen teilzunehmen, sondern auch, in sämtlichen Behörden Einsitz zu nehmen, «jusques et y compris le Conseil d'État».[21] Ferner gehört damals wie heute zur politischen Kultur einer Demokratie, die den Leitspruch *government of the people, by the people, for the people* mit Initiative und Referendum konsequent umsetzt, dass Responsivität und Sensibilität gegenüber der Meinung «des Volkes» einen besonderen Stellenwert bekommen. Bei Angehörigen des Repräsentativsystems in Regierung und Parlament konnte das ein Rollenverständnis nach sich ziehen, das sich deutlich von anderen Eliten unterscheidet, ja gerade nicht-elitistisch ist. So hielt beispielsweise die kantonalzürcherische Exekutive in ihrer schriftlichen Stellungnahme gegen das

Frauenstimmrecht von 1918 fest, es genüge nicht, «dass ein Gedanke bei einzelnen leitenden Köpfen als empfehlenswert erscheint».[22] Nicht *leadership* der Repräsentanten war demnach angesagt, sondern Befolgung des Volkswillens. Die Referenzkategorie politischen Handelns war nicht das *raisonnement* der Elite, sondern das angebliche Volksempfinden oder die *opinion populaire*. Die Konsequenz daraus war mehr als zweischneidig: Den Petitionen aus der Stimmrechtsbewegung wurde – ungeachtet der Anzahl Unterschriften – ihre Bedeutung und Legitimität abgesprochen, indem eigene Befragungen organisierten wurden. Erst wenn eine vermeintliche Volksmehrheit das Frauenstimmrecht reklamiere, sei die Einführung legitim, hielt die Neuenburger Exekutive 1919 lapidar fest. In der Argumentation der Genfer Regierung wurde gar aus einer Rechtsgewährung an eine angebliche Minderheit ein autokratischer Akt: «Il faut que la loi […] corresponde à un état d'opinion favorable, il ne faut pas que cette loi soit l'expression d'un acte autocratique imposé au pays; elle doit correspondre à l'opinion populaire générale.»[23]

Darüber hinaus trat manchmal auch die Stimmrechtsbewegung selbst auf die Bremse. Natürlich war es für viele, vornehmlich bürgerliche Frauenrechtlerinnen schwierig, radikal zu sein angesichts ihrer sozialen Position und Vernetzung, ihrer politischen Orientierung, der Kleinräumigkeit der Schweiz sowie der direkt-demokratischen Rückbindungen und der Angst vor dem Legitimitätsverlust bei einer Abstimmungsniederlage. Dennoch war die vermeintliche Strategie der Vereine – neben allen aufwendigen Begleitaktionen und Petitionen – manchmal zu zögerlich und unstet. Zu lange und zu oft hielt die Bewegung am schrittweisen Vorgehen via beschränkte Teilrechte oder via kantonale Ebene fest. Manchmal und insbesondere auf nationaler Ebene reagierte sie mehr als sie agierte und überliess das Agendasetting anderen Kräften. Dies wiederum durchkreuzte unter Umständen das Prinzip der politischen Neutralität, die den Vorlagen umso mehr abging, als vor allem die Sozialdemokratie Aktionen und Rhythmus bestimmte. Manchmal aber führte diese Neutralität am Ziel vorbei oder der Verband fasste sie so eng, dass das Primat der Stimmrechtsforderung verlorenging. Exemplarisch dafür war die Reaktion auf die Frauenstimmrechtsforderung bei Ausrufung des Generalstreiks 1918. Émilie Gourds Telegramm und Bitte an den Bundesrat, der Stimmrechtsforderung des Oltener Aktionskomitees Folge zu leisten, wurde im Verband von den meisten aufs Schärfste kritisiert. Stimmrechtspolitisch auf einem Höhepunkt, manövrierte sich der Verband innenpolitisch in eine Krise. Eine glaubhafte Drohkulisse wurde zu einem vielleicht entscheidenden Zeitpunkt nicht aufgebaut. Das war, verknüpft mit der Tatsache, dass die oppositionelle Sozialdemokratie kein besonders verlässlicher Partner war[24] und ihr Interesse primär dem politischen «Kurswert»[25] der Frauen galt, matchentscheidend. Nachdem die bürgerliche Mehrheit dem Oltener Aktionskomitee mit der sofortigen Neuwahl des Nationalrates nach Proporz entgegengekommen war, grünes

Licht für eine Teilrevision des Fabrikgesetzes gegeben und der 48-Stundenwoche zugestimmt hatte, wurde das frauenpolitische Anliegen im Winter 1919 wieder von der nationalen Agenda gestrichen. Die bürgerlichen Machthaber durften sich in der Meinung bestärkt fühlen, diese Konzessionen an die Linken würden zur Restauration der bürgerlichen Gesellschaft und damit auch der Geschlechterrollen genügen.

Rückgriff auf vermeintliche Geschlechterrollen
Im Gegensatz zu einigen Nachbarländern wurde in der Schweiz das *window of opportunity* leise wieder geschlossen. Insgesamt können damit die Erfahrungen der schweizerischen Stimmrechtsbewegung zu Beginn der 1920er Jahre auch als Beleg für die Befunde einer international angelegten Studie gesehen werden, die zu folgendem Schluss kommt:[26] Bis in die 1930er Jahre hinein ist die Einführung des Frauenstimmrechts in einem bestimmten Staat vor allem von gesellschaftlichen und politischen Faktoren in eben diesem Staat abhängig und der Krieg hatte keine direkte, sondern nur eine indirekte Wirkung.[27] Erst in der zweiten Demokratisierungswelle nach 1945 werden die Normen einer demokratischen Weltkultur entscheidend und stecken sozusagen wie in einer Epidemie die noch verbleibenden Staaten frauenrechtlerisch an.

Entsprechend trat in den ersten kantonalen Abstimmungskämpfen in Neuenburg (29. Juni 1919), Zürich und Basel-Stadt (8. Februar 1920) sowie Genf (17. Oktober 1921) die Debatte über Demokratie und Gerechtigkeit bereits wieder in den Hintergrund.[28] Verhandelt wurde – wenn auch in unterschiedlichen Schattierungen und mit kantonalen Eigenheiten – primär die Ordnung der Geschlechter.

Dabei war das herausragende Charakteristikum des Neuenburger Abstimmungskampfes, dass sich eigentliche Familientheoretiker zu Wort meldeten. Das schlagkräftige und von Regierungsmitgliedern getragene comité cantonal contre le suffrage féminin verbreitete in seiner mehrseitigen Abstimmungszeitung «Pour la famille et le foyer» ein auf die Polarisierung der Geschlechtscharaktere bauendes, in sich geschlossenes und konsistentes Argumentarium. Unter Rückgriff auf antifeministische und pseudowissenschaftliche Theorien von Otto Weininger oder Gina Lombroso entwickelten sie rhetorische Figuren, welche die Sinnverkehrung der «natürlichen» Geschlechterrollen und die Gefährdung der Weiblichkeit oder Familie in allen Schattierungen ausmalten. Das deutliche Nein der Stimmberechtigten (69 Prozent) wurde auch als Triumph der männlichen Vorherrschaft gefeiert. «Hein, c'est encore nous les patrons!», war auf einem Plakat in La Chaux-de-Fonds zu lesen.[29]

Selbst in Zürich, wo ein SP-Vorschlag zur Abstimmung stand, die parteipolitischen Messer stärker gewetzt wurden als anderswo und sich negative opportunistische Allianzen kumulierten, setzten die Sozialdemokraten beim «bornierten Spiesser»[30] an, der die Ideale der Aufklärung verleugne und ein wirklichkeitsfremdes Ideal der Frau zu Hause im trauten Heim zeichne. Dabei war die Anmahnung durchaus an die eigene Wählerschaft adressiert, die zur wuchtigen Niederlage an der Urne mit 83 Prozent Nein-Stimmen beitrug. Clara Ragaz interpretierte das Stimmverhalten der Sozialdemokraten dahingehend, dass manch roter Patriarch seine Frau gerne für sich zu Hause behalte, zum Kochen und Strümpfeflicken, und in der politischen Küche allein der Meister sein wolle.[31]

In Basel wurde neben opportunistischen Überlegungen und Befürchtungen vor einem Erstarken der Abstinenzbewegung zur Verteidigung des Patriarchats vor einem «Amazonenkorps» aufgerufen. Was in Neuenburg die Pseudowissenschaft leistete, war in Basel der Populismus. Vermeintliche Sachwalter des Volkes beklagten, die Frauenstimmrechtsvorlage stamme von einem kleinen «Häuflein Intellektueller», die «ihre Erfindung nicht aus dem Volke geholt, sondern […] auf dem Papier zusammenkonstruiert»[32] hätten. Die unzimperliche, zuweilen verunglimpfende Propaganda schien zu wirken. 65 Prozent der Urnengänger stimmten mit Nein – also so, wie es Plakate und Inserate des Referendumskomitees empfahlen: «Wir wollen kein Weiberregiment. Darum fort mit dem Frauenstimmrecht. Stimmt nein.»[33]

Für Genf wiederum war bezeichnend, dass sich argumentativ die nach internationalem Vorbild von Louis Braschoss ins Leben gerufene Ligue d'électeurs auf der einen, und die Groupe de femmes antisuffragiste auf der anderen Seite gegenüberstanden. Mit den vielen öffentlichen Auftritten der Stimmrechtsbewegung bekam nämlich auch die aus Einzelaktionen[34] bestehende weibliche Gegenbewegung allmählich Konturen. National und vor allem auch in den französischsprachigen sowie katholischen Kantonen hatte die Waadtländer Journalistin Suzanne Besson die Stimmrechtsgegnerinnen organisiert. Sie drückte dem Genfer Abstimmungskampf neben dem aus Neuenburg bekannten familialistischen Argumenten vor allem auch mit diffamierenden, nationalistischen sowie antikommunistischen Parolen ihren unzimperlichen Stempel auf. Das befürwortende Initiativkomitee wurde wegen Verletzung der Spielregeln sogar bei der Polizei vorstellig. Der Tenor dieser Debatte schlug sich in einem Abstimmungsresultat mit 68 Prozent Nein-Stimmen nieder, war aber auch symbolisch eindeutig. Als das Pro-Komitee ein Poster von Nathalie Lachenal mit einer fürsorglichen Mutter und ihren drei Kindern im Bild aufhängen liess (vgl. Abb. 14), reagierte die Opposition prompt. Mit einem Schlag, äusserst effizient und ohne grossen finanziellen Aufwand, funktionierte sie das Plakat für die gegnerische Kampagne um und überklebte die Abstimmungsparole mit der Aufschrift: «Voilà leur rôle!»[35]

Damit wurden mit den ersten Urnengängen über das integrale Frauenstimmrecht weit mehr als nur Erwartungen von Frauenrechtlerinnen enttäuscht, sondern unmissverständliche Zuweisungen formuliert. Die Abstimmungskämpfe dienten dem, was Karin Hausen als ideologische Absicherung[36] bestehender Machtverhältnisse und Geschlechterrollen bezeichnet hat.

1. Die nachfolgenden Schilderungen fussen im Wesentlichen auf dem Kapitel «IV. ‹L'idée marche›: Die Frauenstimmrechtsbewegung vom Ausbruch des Ersten Weltkriegs bis anfangs der 1920er Jahre» in der Publikation von Hardmeier Sibylle, Frühe Frauenstimmrechtsbewegung in der Schweiz (1890–1930). Argumente, Strategien, Netzwerk und Gegenbewegung, Zürich 1997. Details sowie Literatur- und Quellenangaben sind dort aufgeführt. Originalquellen werden hier nur bei direkten Zitationen angegeben.
2. Hardmeier Sibylle, Was uns der Kampf um das Frauenstimmrecht über unsere Demokratie lehrt, in: Zeitschrift des Schweizerischen Bundesarchivs: Die Erfindung der Demokratie in der Schweiz / L'invention de la démocratie en Suisse, 30, 2004, S. 75–108.
3. Da bei solchen Listen unterschiedlich konsequent zwischen den verschiedenen Formen des Stimmrechts (integral oder teilweise) und den Zeitpunkten der Einführung (Verabschiedung oder erster Wahlakt) unterschieden wird, können starke Abweichungen entstehen. Ich rekurriere hier auf: Ramirez Francisco O. et al., The Changing Logic of Political Citizenship: Cross-National Acquisition of Women's Suffrage Rights, 1890 to 1990, in: American Sociological Review, 62, 1997, S. 735–745.
4. McCammon Holly J. et al., How Movements Win: Gendered Opportunity Structures and U.S. Women's Suffrage Movements, 1866 to 1919, in: American Sociological Review, 66, 2001, S. 49–70.
5. Mouvement féministe, 10. Juli 1916.
6. Die Aktion war weder mit der Partei noch mit der Sektion des SVF abgesprochen, der sich bis anhin offiziell mit der Revision des Gemeindegesetzes und der Wählbarkeit in Schul- und Armenkommissionen zufrieden gab.
7. Flugblatt «Sozialdemokratische Partei der Schweiz. An die kantonalen Geschäftsleitungen», Schweizerisches Sozialarchiv (SozArch), 396 19-Z2.
8. Auf einen Vorstoss im Kanton Aargau im November 1918 (Widmer, FdP) wird hier nicht eingegangen, weil die Motion lediglich Teilrechte forderte und diese Einschränkung auch in der Folge – und damit im Gegensatz zu Genf – nicht korrigiert wurde.
9. «Der Regierungsrat wird eingeladen, Bericht und Antrag einzubringen über eine Revision der Kantonsverfassung im Sinne des gleichen Stimmrechts und der gleichen Wählbarkeit für Schweizerbürgerinnen wie für Schweizerbürger in allen Angelegenheiten und für alle Ämter des Kantons, der Bezirke und der Gemeinden.» Staatsarchiv Zürich, III Ab. 1a. Gesetzgebung Frauenstimmrecht.
10. Schweizerischer Verband für Frauenstimmrecht (Hg.), Schweizerischer Verband für Frauenstimmrecht 1908–1934, Basel 1934, S. 18.
11. SozArch, Ar. 6. 10. 5., Jahresbericht der Union für Frauenbestrebungen 1918–1919, im Anhang zur Generalversammlung vom 24. April 1919.
12. Staatsarchiv Neuenburg, ASSF Section de Neuchâtel, Cahier 6, Procès-verbaux des réunions du groupement pour le suffrage féminin de Colombier et villages voisin, Sitzung vom 25. Feb. 1919.
13. Hardmeier, Frühe Frauenstimmrechtsbewegung, S. 212.
14. Ibd., S. 208.
15. Der liberale Politiker Guinand reichte am 19. Februar 1919 eine Motion ein, wurde aber in den nachfolgenden Parlamentswahlen abgewählt. Die Motion Leuba (SP) vom Februar 1920 erfolgte ohne Absprache mit der AGSF und wurde ein Jahr später zugunsten der Volksinitiative zurückgezogen.

16 Eine Volksinitiative war schon früher avisiert worden, wurde dann aber zugunsten der Motion Guinand zurückgezogen.
17 Hardmeier, Frühe Frauenstimmrechtsbewegung, S. 215.
18 Ibd., S. 210.
19 Ibd., S. 212.
20 Mémorial des Séances du Grand Conseil du Canton de Genève, 1921, S. 340.
21 Rapport du Conseil d'État concernant l'adjonction d'un article 6bis à la Constitution, in: Bulletin Officiel des Délibérations du Grand Conseil de la République et Canton de Neuchâtel, 1919, S. 661.
22 Antrag und Weisung des Regierungsrates vom 23. November 1918, in: Amtsblatt des Kantons Zürich, 1918, S. 1991.
23 Bulletin des Séances du Grand Conseil du Canton de Vaud, 1918, S. 118.
24 Gute Kontakte bzw. Koordinationen fanden eigentlich nur in Neuenburg und Genf, später vermehrt auch in Basel statt.
25 So liest man im Aufruf an die kantonalen Geschäftsleitungen vom Mai 1916: «Von dem Augenblick an, wo durch die Einführung des Frauenwahl- und -stimmrechtes auch die Stimmen der Frauen einen Kurswert erhalten auf dem politischen Markt, beginnt das Wettrennen der Parteien um die Stimmen, insbesondere der armen Frauen, die Masse der Wählerinnen. Auch der Kurzsichtigste muss einsehen, dass diese nicht zum Spielball der reaktionären und klerikalen Parteien werden darf, [...].»
26 Ramirez et al., The Changing Logic of Political Citizenship.
27 Evans Richard J., The Feminists. Women's Emancipation Movements in Europe, America and Australasia 1840–1920, London 1977, S. 223.
28 Die Vorlagen waren formell sehr unterschiedlich (Neuenburg: Regierungsvorlage mit Revision eines Verfassungsartikels; Zürich: SP-Behördeninitiative; Basel-Stadt: zweistufiges Verfahren, Grundsatzbeschluss betr. Partialrevision der Verfassung nach ergriffenem Referendum; Genf: Volksinitiative zur Verfassungsrevision). Die inhaltliche Ausgestaltung war zu Beginn – bei den ersten Vorstössen 1917 oder Reaktionen der Behörden – äusserst mannigfach und glich sich erst in den Abstimmungsvorlagen etwas an (Neuenburg: völlige politische Gleichstellung; Zürich und Genf: Revision Stimmrechtsartikel der Verfassung; Basel-Stadt: Grundsatzfrage für Ausarbeitung einer Vorlage).
29 Staatsarchiv Neuenburg, Association suisse pour le suffrage féminin, Section de Neuchâtel, Cahier 4, Procès-verbaux des séances, Groupe de La Chaux-de-Fonds, Sitzung vom 4. Juli 1919. Laut Emma Porrets Bericht im Jahrbuch verbreitete ein «Säufer» diese Siegesparole.
30 SozArch, 396-19 Z1, Aufruf der Parteileitung.
31 Der Aufbau. Sozialistische Wochenzeitung, 6. Februar 1920.
32 National-Zeitung und Basler Nachrichten, 31. Januar 1920: «Gedanken eines Nicht-Intellektuellen».
33 Frauenbestrebungen, 1. März 1920. National-Zeitung, 6. und 8. Februar 1920, Inserateteil: «An Basels Männer».
34 So zum Beispiel die Eingabe von Frau C. von Erlach im Dezember 1918 gegen die nationalrätlichen Motionen Greulich und Göttisheim. Vgl. auch die Broschüre: Heidegger, Maria, Eine Schweizerin gegen das Frauenstimmrecht, Zürich 1919.
35 Mouvement féministe, 25. Oktober 1921.
36 Hausen Karin, Die Polarisierung der «Geschlechtscharaktere» – Eine Spiegelung der Dissoziation von Erwerbs- und Familienleben, in: Conze Werner (Hg.), Sozialgeschichte der Familie in der Neuzeit Europas, Stuttgart 1976, S. 363–393.

Neue Mobilisierungsstrategien und die Petition von 1929
Sibylle Hardmeier

In den 1920er Jahren befand sich die schweizerische Stimmrechtsbewegung in einer tiefen Krise. Zu den Misserfolgen in den Volksabstimmungen von Neuenburg, Zürich, Basel-Stadt und Genf gesellten sich im Jahr 1921 Niederlagen an der Glarner Landsgemeinde sowie in den Kantonen Tessin und St. Gallen. Im Kanton Solothurn wurde 1925 ein Vorstoss schon auf parlamentarischer Ebene beerdigt. Ob beschränkte Frauenrechte zur Diskussion standen – wie 1923 in Zürich und 1926 in Baselland – oder wie 1927 in Basel-Stadt ein Grundsatzentscheid für volles Stimm- und Wahlrecht im Rahmen einer zweistufigen Verfassungsrevision initiiert von der kommunistischen Partei, das Verdikt war immer gleich verheerend. In Zürich und Basel-Stadt waren die Debatten noch heftiger und die Ablehnung noch stärker als bei den Abstimmungen im Februar 1920. Daher wechselten sich in der Stimmrechtsbewegung Resignation und Empörung ab, und in dieser Krisensituation wurden jene Dreh- und Angelpunkte sozialer Bewegungen manifest, welche die sozialwissenschaftliche Forschung mit den Begriffen der Mobilisierung sowie der Organisations- und Konfliktfähigkeit umschreibt.

Interne und externe Mobilisierungsstrategien
Zum einen war die Bewegung mit ganz handfesten Problemen der Organisationsfähigkeit konfrontiert. Einige langjährige Vorkämpferinnen wie Emma Boos-Jegher oder Emma Graf verliess die Energie, andere wie Rose Rigaud warfen frustriert das Handtuch. Der stark auf den institutionellen Weg fokussierenden Bewegung fehlte ein wichtiger Kanal der Interessenartikulation. Wo keine Behördenvorlagen zur Debatte standen, konnten auch keine Eingaben formuliert und entsprechende Pressemitteilungen verfasst werden. Häufig plagten sich die Akteure und Akteurinnen daher mit der ganz banalen Frage, was sie überhaupt tun könnten. Die Vereine bekundeten Schwierigkeiten in der Mitgliederrekrutierung, kämpften gegen Abwanderung oder lösten sich gar, wie zum Beispiel in Le Locle, ganz auf.

Zum anderen bildeten Niederlagen und Empörung auch den Nährboden für Diskussionen über geeignete Taktiken bzw. Strategiewechsel. An der Generalversammlung des SVF von 1922 debattierten die Anwesenden das erste Mal in einem halböffentlichen Rahmen über direkte, militante Protestformen. Der Genfer Charles Nogarède stellte drei Protestreaktionen zur Diskussion, welche die Konfliktfähigkeit der Bewegung massgeblich verstärkt hätten, indem sie mit dem Entzug gesellschaftlich anerkannter und wichtiger Leis-

Abb. 15: Mit einem Augenzwinkern warb der Schweizerische Verband für Frauenstimmrecht im Eröffnungsumzug der Saffa 1928 für sein Ziel. Die Aufschrift unter der Riesenschnecke lautet: «Die Fortschritte des Frauenstimmrechts in der Schweiz» bzw. «La marche du suffrage féminin en Suisse».

tungen drohten: das Nichtbefolgen der Steuerpflicht, die Arbeitsniederlegung in den sozialen und philanthropischen Werken sowie die Verweigerung von Spenden bei öffentlichen oder privaten Sammlungen. Wenn sich auch die Realos beiderlei Geschlechts in dieser Diskussion leicht und rasch durchsetzten und die Generalversammlung sich gegen eine Leistungsverweigerung entschied, ganz ohne Folgen blieben diese Strategiediskussionen – wie sich bald zeigen sollte – dennoch nicht. Zumal auch die symbolische Politik des Verbandes nicht zu unterschätzen ist. Wenn auch nicht auf dem politischen Parkett, so doch auf der Theaterbühne wurde der Frauenstreik ausgerufen. In ihrem Dreiakter «Wie der Chräbs gmurbet het» (1928) schilderte Elisabeth Studer-von Goumoens, wie der einflussreiche Herr Krebs, Redaktor der Zeitschrift «Stillstand. Organ für Rückschrittspolitik», durch die weibliche Leistungsverweigerung zu einem Fortschrittlichen mutierte und eine neue politische Ära mit Frauenstimmrecht einleitete. Vor dem Hintergrund einer beschränkten Streiktradition in der Schweiz und der Tatsache, dass dieses Stück an der Schweizerischen Ausstellung für Frauenarbeit (Saffa) mit riesigem

Publikumserfolg vor rund 800 000 Besucherinnen und Besuchern aufgeführt wurde, ist wohl von einer ansehnlichen Verbreitung der politischen Botschaft auszugehen.

In der Phase von nationalkonservativer bis faschistischer Reaktion und Stagnation entwickelte die Bewegung verschiedene Verlagerungs- und Ausweichstrategien. Dazu zählten: die Intensivierung internationaler Kontakte; die damit ebenfalls verbundene thematische Verlagerung von Aspekten der formalen Gleichstellung (wie das Stimmrecht) hin zur faktischen Gleichstellung (wie die Mutterschaftsversicherung oder Lohngleichheit); die Strategie, minimale Rechte auszuschöpfen (z.B. mit Frauenförderungsmassnahmen bei Kommissionswahlen und über Frauengruppen in den Parteien); oder die Diskussion darüber, das Frauenstimmrecht ohne Volksabstimmung über eine Neuauslegung der Verfassung zu erlangen (vgl. das Kapitel «Verfassungsrevision oder Interpretationsweg?» in diesem Buch). Als besonders durchgreifend und effektiv entpuppten sich aber zwei Massnahmen, die der Mobilisierung dienten und sich ideal ergänzten:

Für die interne Mobilisierung ging es darum, das Wir-Gefühl zu pflegen und auszubauen. Dazu wurden neue Strukturen wie die Sommerferienkurse (seit 1919) oder die sogenannte Präsidentinnenkonferenz (seit 1923) geschaffen, die sich grosser Beliebtheit erfreuten. Hier konnten die Aktivistinnen im kleinen, privaten Kreis ihre Erfahrungen austauschen, ihre Frustrationen loswerden und sich gegenseitig aufmuntern.

Für die externe Mobilisierung wiederum stand die Diskussion und Entwicklung von Propagandamitteln im Vordergrund. Insbesondere die Präsidentinnenkonferenz entwickelte sich als ideales Diskussionsforum dafür. Der durch ein Legat von Mrs. Frank Leslie an ihre Freundin Carrie Chapman Catt gespiesene Lesliefonds mit seinem ausgeklügelten Anreizsystem stellte seit 1924 einen Eckpfeiler für die Finanzierung solcher Aktionen dar (vgl. auch das Kapitel «Propagande et presse» in diesem Buch).

1927 trugen diese Massnahmen dann ihre Früchte. Im Sommerkurs im bernischen Seeland traf sich eine neue Generation von Frauenrechtlerinnen und setzte ein Referat der Bieler Sozialdemokratin Marie Abrecht-Häni postwendend in eine Resolution um. Die Basis lud den Vorstand des SVF ein, bei der schweizerischen Bundesversammlung eine Petition zur Erlangung des Frauenstimmrechts einzureichen.[1] Der Verband reagierte umgehend. Auf Vorschlag des altbekannten Frauenrechtlers Johannes Huber und unter Federführung von Annie Leuch-Reineck – der neuen Präsidentin – wurden die Sektionen um Stellungnahme zur Idee einer Petition im Rahmen der für September 1928 geplanten Saffa eingeladen. Nach Jahren des Stillstands war den Sektionen die Anfrage der Verbandsleitung sehr willkommen. Allerdings wehrte sich die massgeblich am Saffa-Projekt beteiligte Verbandsleitung des Bundes schweizerischer Frauenvereine (BSF) gegen die Verquickung von Saffa und Frauenstimmrecht. Dem SVF blieb daher nichts anderes übrig, als die Aktion auf den Frühling 1929 zu verschieben und vorerst – wie jeder andere Verein – Podium und Medienpräsenz der Saffa für seine Zwecke zu nutzen. Dabei hatte Émilie Gourd die zündende Idee für den Eröffnungsumzug der Ausstellung. Sie schlug vor, das Schneckentempo in der Stimmrechtspolitik mit einer riesigen Schnecke darzustellen (vgl. Abb. 15). Am 26. August 1928 zog der SVF eine überdimensionierte, aufsehenerregende Schnecke durch die Strassen der Bundeshauptstadt. An seinem Stand machte er das Saffa-Publikum mit den mittlerweile 29 oder – je nach Zählart der waadtländischen Untergruppen – 40 Stimmrechtsvereinen sowie Protagonistinnen der Stimmrechtsbewegung vertraut. Die Frauenrechtlerinnen stellten sich den Fragen der Besucherinnen und Besucher und warben mit Plakaten, Broschüren, Lichtbildern etc. neue Mitglieder und Sympathisierende. Der SVF hielt seine 17. Generalversammlung am Rande der Saffa ab und demonstrierte mit der Aufführung des Theaterstückes von Elisabeth Studer-von Goumoens, dass er auch auf die Strasse gehen oder streiken könnte.

Eine breite Allianz für die Petition

Für den 4. November 1928 lud dann der SVF zu einer ersten Besprechung über sein Petitionsprojekt ein. Unter den Anwesenden war auch Gertrud Düby-Lörtscher von der Sozialdemokratischen Partei. Die zentrale Frauenagitationskommission der SPS wollte nämlich die von der Saffa ausgelöste Stimmung ebenfalls für einen Stimmrechtsvorstoss nutzen und hatte vorgängig in der Partei agitiert. Diesmal war jedoch der SVF schneller, und nach der eingestandenen Niederlage, die sich die SP mit der Nicht-Teilnahme an der Saffa eingehandelt hatte, konnten die Sozialdemokratinnen nicht nochmals riskieren, nicht mit von der Partie zu sein – umso mehr, als die Vertreterinnen und Vertreter der Stimmrechtsvereine voller Tatendrang waren.

Anfang Dezember 1928 konstituierte sich das gesamtschweizerische Aktionskomitee für die Petition definitiv. Es bestand aus 28 namhaften Persönlichkeiten aus der ganzen Schweiz sowie je zwei Vertreterinnen oder Vertretern der 23 Organisationen, die ihre Mitarbeit zugesagt hatten (13 Frauenvereine,[2] 8 gemischte Verbände[3] sowie die Repräsentanten der schweizerischen Sozialdemokratischen und Kommunistischen Partei). Die eigentliche Planung und Koordination der Aktion wurde einem 15-köpfigen Arbeitsausschuss übertragen. Annie Leuch-Reineck präsidierte den Ausschuss, Albertine Hänni-Wyss (u.a. auch SP-Mitglied), Elisabeth Zellweger, Rosa Göttisheim sowie Maurice Muret amtierten als Vizepräsidentinnen beziehungsweise als Vizepräsident. Anna Louise Grütter, Emma Porret und Antoinette Quinche waren als Sekretärinnen tätig. Gertrud Düby-Lörtscher (SP), Émilie Gourd, Marie Huber-Blumberg (SP), Julie Merz, Alice Uhler sowie Robert Briner (Demokrat) und Charles Schürch (SP) figurierten als Beisitzerinnen und Beisitzer.

Fürsprecherin M. Schitlowsky betreute während der darauffolgenden Monate das Sekretariat.

Was der Arbeitsausschuss in der Folge realisierte, war eine Meisterleistung politischen Managements. In nur gerade vier Sitzungen koordinierte das Aktionskomitee eine landesweite Aktion, der Rest wurde auf dem Korrespondenzweg erledigt. Der Output war beeindruckend: Das Komitee übernahm den Druck und Versand der 25 000 Unterschriftenbogen, stellte ein Verzeichnis der Referentinnen und Referenten zur Verfügung, publizierte 2000 Referentenführer, 500 000 Flugblätter, 30 000 Postkarten und 22 000 Briefverschlussmarken mit der Aufschrift «Unterzeichnet die Petition für das Frauenstimmrecht». Einige Sammlerinnen und Sammler leisteten in einem ohnehin schon harten Winter mit Grippewelle unermüdlichen Einsatz. Auf beschwerlichen Fussmärschen in die hintersten Winkel eines Kantons oder gar auf einer Palästinareise – überall wurden Unterschriften gesammelt. Das gesamtschweizerische Aktionskomitee gab über 11 000 Franken aus, die Aktionen der kantonalen Organisationen kosteten nochmals rund 20 000 Franken. Trotz dieser für damalige Verhältnisse riesigen Summen ging der SVF keine finanziellen Risiken ein. Das nationale Aktionskomitee schloss mit einem Einnahmenüberschuss von rund 600 Franken ab. Reserven waren durchaus vorhanden, denn die kurz zuvor verstorbene Lehrerin Nina Peyer hinterliess dem Verband ein Erbe von rund 3000 Franken, und im Herbst 1929 überraschte der Lesliefonds ein letztes Mal mit einer Überweisung von 3000 US-Dollar, also über 15 000 Schweizer Franken. Daneben sprengte die Aktion vor allem in dreierlei Hinsicht die bisherige Norm: bei der Wahl der Koalitionspartner, bei der Anzahl gesammelter Unterschriften sowie bei der Wahl von Taktik und Propagandamitteln.

Wie die Zusammensetzung des Arbeitsausschusses zeigt, ging der SVF für die Petition von 1929 eine enge Kooperation mit Vertreterinnen und Vertretern der Linken und der Arbeiterbewegung ein. Was zehn Jahre zuvor noch undenkbar gewesen wäre, war jetzt vergleichsweise unproblematisch. Dabei begünstigten der allgemeine politische Kontext sowie organisationsspezifische Faktoren am linken und rechten Spektrum der Frauenbewegung diesen bemerkenswerten Strategiewechsel.

So ist erstens auf Seiten der SP-Frauen auf Krisen und Erneuerungen in den vorangehenden Jahren hinzuweisen. Die Auflösung des autonomen Arbeiterinnenverbandes im Jahre 1917 hatte nämlich die sozialdemokratische Frauenbewegung geschwächt und entpuppte sich als Fehlgriff. Demotivierend wirkte zudem auch das Abstimmungsverhalten zahlreicher Genossen bei den kantonalen Urnengängen zum Frauenstimmrecht zwischen 1919–1921. Schliesslich traf die Spaltung der Linken die SP-Frauen besonders hart. Mit Rosa Grimm und Rosa Bloch verliessen zwei wichtige Frauen die Partei. Damit wurde nicht nur das Ende der SP-Frauenzeitung «Die Vorkämpferin» besiegelt, sondern auch die Administration der Zentralen Frauenagitationskommission geschwächt. Erst 1926 konstituierte sich die Kommission erneut unter dem Vorsitz von Gertrud Düby-Lörtscher. Nach diesem Wechsel erhielt die politische und soziale Gleichberechtigung von Frauen vermehrte Beachtung; der Titel der 1929 neu lancierten SP-Frauenzeitung «Frauenrecht» war untrügliches Zeichen dafür. Die Stimmrechtsforderung war ihren zweitrangigen Status hinter der Realisierung einer sozialistischen Gesellschaft los. Vermehrte Doppelmitgliedschaften von SP-Frauen in der Partei und in einem Stimmrechtsverein waren die Folge.

Zweitens wurde diese partielle Annäherung auch vom politischen und wirtschaftlichen Kontext begünstigt. Allmählich setzte sich das für die heutige Schweiz typische verbändestaatlich geprägte Verhandlungs- und Konfliktlösungsmuster durch. Im korporatistischen Bargaining wurden die Verteilungskämpfe weniger auf der Strasse und vielmehr am Verhandlungstisch ausgetragen. Nachdem die Gewerkschaften sich programmatisch vom Klassenkampf verabschiedet hatten und sich die SP für die Integration in den Bundesrat ausgesprochen hatte, wurden die zwei Kräfte verhandlungs- beziehungsweise regierungsfähig und aus Sicht des SVF koalitionsfähig. Bei der Unterschriftensammlung leisteten sie unersetzliche Dienste. Die Linke lieferte nicht nur das Know-how für die gross angelegten Haussammlungen, sondern stellte auch zentrale finanzielle und personelle Ressourcen zur Verfügung – insbesondere auch in Gegenden ohne Stimmrechtsverein.

Veränderungen innerhalb der Stimmrechtsbewegung haben die Annäherung ebenfalls entscheidend vorangetrieben. Mehr noch als organisatorische Ressourcen (Netzwerke, Personal) oder externe Opportunitätsstrukturen sind schwere Niederlagen und organisatorische Diversität (neue Mitglieder, Dezentralität und Konflikte) ausschlaggebend für einen Strategiewechsel. Dieser Befund einer Studie über die amerikanische Stimmrechtsbewegung zwischen 1908 bis 1917 und über den Entscheid, mit Stimmrechtsparaden «unladylike» den öffentlichen Raum zu besetzen,[4] lässt sich auf die Schweiz übertragen. Die Erfahrung von Niederlagen und Deprivation hat, kombiniert mit dem Einfluss neuer, junger Mitglieder und einer politisch verbreiterten Basis, zu einer gewissen Radikalisierung der Schweizer Bewegung geführt.

Viele Frauenrechtlerinnen sprengten in den Tagen der Unterschriftensammlung Fesseln. Der Vorschlag seitens der Berater aus der Arbeiterbewegung, eine Haussammlung durchzuführen, war nämlich als «linke» Strategie erkennbar und stiess bei vielen bürgerlich sozialisierten Frauen auf Abwehr. Der kantonal-zürcherische Petitionsausschuss zum Beispiel musste in seinem Aufruf alle Überredungskünste einsetzen. Zur Realisierung seien nicht nur Geldspenden vonnöten, sondern «vor allem Sammlerinnen und Sammler, die in der Stadt Zürich von Haus zu Haus, von Familie zu Familie gehen, unter Überwindung innerer Hemmungen […]. Der Arbeitsausschuss für die Petition baut auf Euren Mut, auf Eure Treue zu unseren Idealen.»[5] Dabei ist die Antwort mancher Stimmrechtsfrauen, «dass sie eher aus dem Verein austreten, als Unterschriften sammeln würden»[6] genauso aussagekräftig wie die Tatsache, dass der Zürcher Arbeitsausschuss arbeitslose Frauen zur Unterschriftensammlung einstellen musste. Offenbar war in der wirtschaftlichen Not die Messlatte bürgerlicher Normen weniger hoch gesetzt; manche Absagen unterstreichen die Couragiertheit vieler Helfer- und Sammlerinnen.

Grosser Erfolg mit wenig Resonanz
Ende Mai 1929 hatte die Stimmrechtsbewegung allen Grund zu feiern. In einer generalstabsmässig geplanten Mobilmachung hatte der SVF die Unterschriften von 249 237 Männern und Frauen gesammelt. 6,5 Prozent der Schweizer Bevölkerung hatten die Petition unterschrieben – eine in der Schweiz noch nie erreichte Zahl. Beflügelt von diesem Erfolg entschied der nationale Arbeitsausschuss, nochmals ein Zeichen zu setzen. Nicht per Post, sondern mit einem kleinen Frauenumzug durch Bern sollten die Unterschriftenpakete der Bundesversammlung übergeben werden. Im Selbstverständnis der meisten Frauenrechtlerinnen war auch das zu radikal. Schon 1924 hatten die Führerinnen der Bewegung diese Aktionsform an der Präsidentinnenkonferenz diskutiert. Lucy Dutoit – begeistert vom Demonstrationszug der International Woman Suffrage Alliance (IWSA) 1923 durch Rom, an dem sie zusammen mit Annie Leuch, Émilie Gourd und anderen Delegierten teilgenommen hatte – schlug etwas Ähnliches für die Schweiz vor. Eine Lehrerin war skeptisch und meinte knapp: «Zug ist Zug, das heisst, etwas Extremes. Dafür braucht es Elan.»[7] Nach dem Erfolg bei der Unterschriftensammlung war der Elan da, obwohl das Etikett «extrem» weiterhin Gültigkeit hatte. Das Aktionskomitee erhielt zahlreiche Absagen. Mit Begriffen wie «auf die Strasse steigen», «Theater» oder «unwürdig» wurde der Umzug häufig apostrophiert.[8] Gleichwohl fanden sich letztlich 70 Vertreterinnen der Kantone am Morgen des 6. Juni 1929 zusammen. Bei strömendem Regen marschierten die Frauen durch das Zentrum Berns Richtung Regierungs- und Parlamentssitz – an der Zugspitze der nationale Ausschuss, gefolgt von den kantonalen Delegationen. Mit einem kleinen Transparent machten sie jeweils auf die in ihrem Kanton gesammelte Anzahl Unterschriften aufmerksam.[9]

Die Petition von 1929
Die unterzeichneten volljährigen Schweizer und Schweizerinnen sind der Überzeugung, dass das Mitbestimmungsrecht und die Mitarbeit der Frau in öffentlichen Angelegenheiten in unserem demokratischen Staate eine Forderung der Gerechtigkeit und eine Notwendigkeit ist und ersuchen daher die

hohe Bundesversammlung, eine Ergänzung der schweizerischen Bundesverfassung in die Wege zu leiten, durch welche den Schweizerfrauen das volle Stimm- und Wahlrecht zuerkannt wird.

Quelle: Ruckstuhl Lotti, Frauen sprengen Fesseln. Hindernislauf zum Frauenstimmrecht in der Schweiz, Bonstetten 1986, S. 32. Vgl. auch Abb. 41.

Zwar stellte die Übergabe der Petition im Bundeshaus – im Gegensatz zum ganzen Prozess der Unterschriftensammlung, über den die Presse nur selten mit eigenen redaktionellen Beiträgen berichtet hatte – durchaus ein Medienereignis dar. Insgesamt und in Anbetracht der Grösse der Aktion war die Reaktion der offiziellen Schweiz jedoch bemerkenswert gelassen. Um der Eingabe etwas mehr Gewicht zu verleihen, schlug der sozialdemokratische Präsident der nationalrätlichen Petitionskommission eine Motion vor, die den Bundesrat einlud, «im Sinne der Petition für das Frauenstimmrecht Bericht und Antrag einzubringen».[10] Die meisten Mitglieder der Kommission wehrten sich aber gegen diese verbindliche Form und setzten eine unverbindliche Formulierung durch, die vom Bundesrat lediglich einen Bericht verlangte. Dieser Version stimmte der Nationalrat in einer – aus Sicht der Frauenrechtlerinnen – unspektakulären Sitzung am 3. Oktober 1929 zu. Der Ständerat folgte ihm am 18. Dezember, nachdem der Berichterstatter der Kommission ausgeführt hatte, die Lösung des Problems sei nicht dringlich.

Frauenstreik in einem politischen Theaterstück, Haussammlungen, Strassenumzug, Einreichung einer Petition mit einer noch nie erreichten Anzahl Unterschriften – und trotzdem geht kein Ruck durch das politische Bern? Dieses vermeintliche Paradox entpuppt sich bei genauerer Betrachtung als kein wahres, die Gelassenheit der Behörden hat vor allem zwei Gründe:

Der von der Petition ausgelöste Handlungsdruck war erstens deshalb beschränkt, weil dem gewieften Blick der Politiker die Grenzen der Mobilisierung nicht entgingen. In der Tat zeigt eine detaillierte Analyse, dass allein schon die interne Mobilisierung unter den potenziell betroffenen Frauen beschränkt blieb. Insbesondere fehlte nicht nur die schweizerische Dachorganisation der Katholikinnen, sondern auch der Schweizerische Gemeinnützige Frauenverein, der Stimmfreigabe beschlossen hatte und den Entscheid zur Mitarbeit seinen 140 lokalen Sektionen überliess. Gegenüber 1920 war dies ein deutlicher Rückschritt. In die Bresche sprangen ausgewählte und durch die Saffa besonders mobilisierte Frauenberufsverbände. Allerdings vermochten sie die Lücke in quantitativer Hinsicht nicht zu schliessen und in qualitativer Hinsicht stellte das eher eine Diversifizierung des Netzes als eine Neumobilisierung dar. Nur gerade 23 Vereine oder 21 Prozent der 107 angefragten Organisationen sagten ihre Unterstützung zu. Somit fand auf der Vereinsebene faktisch kaum eine Mobilisierung über das Netz des BSF hinaus statt. Auf der

Personenebene ist die Bilanz der äusseren Mobilisierung kaum besser; von den 28 namentlich erwähnten Personen können höchstens deren fünf als extern mobilisiert bezeichnet werden. Das mit der Petition präsentierte Netzwerk der Stimmrechtsbewegung wies zwar eine hohe Dichte (im Sinne der Vielfalt von Beziehungen) und starke Bindungen unter den Mitgliedern (im Sinne von Kontakthäufigkeit, Bekanntheit und emotionaler Intensität) auf. An einer breiten, externen Mobilisierung mangelte es jedoch, und umso mehr verlieh die starke Vertretung der Linken sowie der radikalen Abstinenzbewegung der Aktion ein Etikett als sozialistisch oder extrem.

Wenn das «Schweizer Frauenblatt» anlässlich der Einreichung der Petition festhielt, den beinahe 79 000 Männerunterschriften käme «das moralische Gewicht einer Initiative zu»,[11] wies es ungewollt auf das zweite Problem der Petition hin. In der Tat war das Gewicht des Vorstosses eher ein moralisches als ein politisches. Zwar hatte sich die Bewegung in Bezug auf die Begleitaktionen und die Mobilisierungsformen bei der Unterschriftensammlung radikalisiert, beim Verhandlungsstil jedoch verharrte sie in der zurückhaltenden Position und markierte kaum Konfliktfähigkeit. Ganz explizit hatte nämlich der Verband von der Lancierung einer Initiative abgesehen. Selbst auf den Vorschlag von Marie Wasserfallen-Ducommun, die Unterschriften der Männer für eine Initiative und diejenigen der Frauen für eine Petition zu verwenden, war das Aktionskomitee nicht bereit einzutreten. Für den Politikbeobachter war dieser bewusste Verzicht auf eine Volksinitiative ein Zeichen der Schwäche. Nach 20 Jahren Überzeugungsarbeit verwendete der SVF die Unterschriftensammlung immer noch als Artikulationsinstrument,[12] nicht aber als Innovations- und Druckmittel. Der SVF formulierte einen Wunsch, keine Forderung. Er wollte Organisationsfähigkeit beweisen, wollte – insbesondere die Frauen – mobilisieren, den Puls der öffentlichen Meinung fühlen und die Temperatur auf dem Stimmrechtsthermometer des Parlaments ablesen. Und das alles zum Preis von rund 30 000 Franken. Somit mutierte die Fixierung auf den institutionellen Weg nicht nur zu einer aufwendigen, sondern im Endeffekt auch ambivalenten Strategie – ohne Aussicht auf eine bessere Lösung. Hätten die Frauenrechtlerinnen nämlich radikalere Mittel eingesetzt, wären sie als schlechte Demokratinnen bezeichnet und auf den Weg der direkt-demokratischen Institutionen verwiesen worden. Eine weitere Niederlage in einer Volksabstimmung jedoch konnte und wollte der Verband nicht riskieren. Am Nein von Behörden und Politikern konnte man sich reiben, ein Nein des «Volkes» hingegen hätte der sozialen Bewegung ihre Legitimation abgesprochen. Die Petition war nicht wirklich ein Ausweg, sie stellte kein effektives, dafür aber ein luxuriöses Instrument dar, indem ein reines Mobilisierungsinstrument zum Selbstzweck wurde.

Auch die Antwort des SVF auf die von Bundesrat Heinrich Häberlin kurz vor seinem Rücktritt 1934 formulierte Anfrage, ob er einen Bericht zum

Frauenstimmrecht vorbereiten solle, fiel sehr zurückhaltend aus. Das Geschäft blieb bis nach dem Zweitem Weltkrieg in den behördlichen Schubladen liegen.[13] Derweil konnten sich nicht nur die seit 1920 aktiven Gegnerinnen des Frauenstimmrechts organisatorisch festigen,[14] sondern auch die antidemokratischen und faschistischen Fronten wurden immer lauter. Am Schluss blieb den Frauenrechtlerinnen nichts anderes übrig, als sich gegen die Argumentation der Schweizerischen Liga gegen das politische Frauenstimmrecht zu wehren, die mit ihrem Vorschlag eines korporativen Frauenparlaments ein Amalgam aus der Programmatik der Schweizer Konservativen und Reaktionären darstellte. In der 1933 gegründeten Arbeitsgemeinschaft Frau und Demokratie (siehe auch das Kapitel «Schweizerische Arbeitsgemeinschaft Frau und Demokratie: In welcher Staatsform sind die Frauenrechte am besten aufgehoben?» in diesem Buch) verteidigten schliesslich die Frauenrechtlerinnen jene Demokratie, die ihnen seit Jahrzehnten die politische Mitsprache verweigerte.

1 Die nachfolgenden Schilderungen fussen im Wesentlichen auf dem Kapitel «V. Die 1920er Jahre: Reaktion, Verlagerung – und Aufbruch?» in der Publikation von Hardmeier Sibylle, Frühe Frauenstimmrechtsbewegung in der Schweiz (1890–1930). Argumente, Strategien, Netzwerk und Gegenbewegung, Zürich 1997. Weitere Details sowie Literatur- und Quellenangaben sind dort aufgeführt. Originalquellen werden hier nur bei direkten Zitationen angeben.
2 Neben dem SVF waren das die folgenden Vereine: Bund schweiz. Frauenvereine, Schweiz. Verein der Freundinnen junger Mädchen, Frauenliga für Frieden und Freiheit, Union mondiale pour la concorde internationale, Schweiz. Bund abstinenter Frauen, Ligue de femmes suisse contre l'alcoolisme, Schweiz. Lehrerinnenverein, Schweiz. Verband von Vereinen weiblicher Angestellter, Schweiz. Verband der Akademikerinnen, Schweiz. Gärtnerinnenverein sowie Schweiz. Verein der Gewerbe- und Hauswirtschaftslehrerinnen, Konsumgenossenschaftlicher Frauenbund der Schweiz.
3 Schweiz. Zentralstelle zur Bekämpfung des Alkoholismus, Sozialistischer Abstinentenbund, Schweiz. Grossloge des Guttemplerordens, Cartel romand d'hygiène sociale et morale, Kindergartenverein des Kantons Bern, Schweiz. Gewerkschaftsbund, Verband des Personals öffentlicher Dienste und Schweiz. Verband evang. Arbeiter und Angestellter.
4 McCammon Holly J., «Out of the Parlors and in the Streets»: The Changing Tactical Repertoire of the U.S. Women's Suffrage Movements, in: Social Forces, 81, 2003, S. 787–818.
5 Archiv der Gosteli-Stiftung zur Geschichte der schweizerischen Frauenbewegung (AGoF), 103 BSF. 35-00, Frauenstimmrechts-Petition 1929, Mappe: Berichte von Kantonalkommissionen, Flugblatt «An die Mitglieder folgender stadtzürcher Vereine», Datum des Poststempels.
6 Schweizerisches Sozialarchiv (SozArch), Ar. 29.20.1., Jahresbericht 1928–1929.
7 SozArch, Ar. 29.10.11., Präsidentinnenkonferenz 1924.
8 Schweizer Frauenblatt, 14. Juni 1929.
9 Zu den Detailergebnissen in den Kantonen nach Prozent der Wohnbevölkerung und der Stimmberechtigten, vgl. Hardmeier, Frühe Frauenstimmrechtsbewegung, S. 487.

10 Bundesarchiv, E1 Schachtel 112, Mappe 2472, Protokoll der Verhandlungen Petitionskommission vom 9. und 10. September 1929.
11 Schweizer Frauenblatt, 14. Juni 1929.
12 Weder bestand ein verfassungsmässiger Anspruch auf eine materielle Behandlung einer Petition noch gab es Fristen zur Behandlung. Es war einzig Usus, die Eingaben von den Petitionskommissionen zu prüfen und an die Räte zu überweisen.
13 Vgl. Voegeli Yvonne, Zwischen Hausrat und Rathaus. Auseinandersetzungen um die politische Gleichberechtigung der Frauen in der Schweiz 1945–1971, Zürich 1997, S. 75–84.
14 Schon 1919, anlässlich der Stimmrechtsdebatten in den Kantonen Waadt und Genf rief die Waadtländer Journalistin Suzanne Besson die Ligue vaudoise féministe-antisuffragiste pour les réformes sociales ins Leben. Ähnliche Gruppierungen folgten in Genf und Freiburg sowie im Wallis. 1929 erfolgte dann die Ausdehnung in die Deutschschweiz – insbesondere nach Bern – und die Gründung einer nationalen Organisation mit dem Namen Schweizerische Liga gegen das politische Frauenstimmrecht. Vgl. Hardmeier, Frühe Frauenstimmrechtsbewegung, S. 245–251 sowie 324–327.

Es reicht:
Der Basler Lehrerinnenstreik vom 3. Februar 1959

Renate Wegmüller

Vorgeschichte
Einen anschaulichen Einblick in die Situation vor der ersten Abstimmung über das Frauenstimm- und -wahlrecht (1959) vermittelt ein Artikel aus der «Süddeutschen Zeitung». Er stellt fest: «So viel ist heute schon Anhängern wie Gegnern klar: Das Frauenstimmrecht wird so nicht durchkommen, wie es von Regierung und Parlament den Stimmbürgern vorgelegt wird. Sind es doch einflussreiche Persönlichkeiten in den Frauenbünden selbst, die ein Frauenkomitee gegen das Frauenstimmrecht gebildet haben, mit dem Schlagwort ‹Drängt uns nicht in die Politik hinein›.[1] Zur Haltung der Parteien legte der Artikel dar, dass lediglich die Sozialdemokratischen Partei, der Gewerkschaftsbund und der Verband Schweizerischer Konsumvereine sowie der Landesring der Unabhängigen das Frauenstimm- und -wahlrecht unterstützten. Auf der anderen Seite seien die Katholisch-Konservativen zumeist Gegner, und auch die Bauernpartei sei dagegen. Er wies auch darauf hin, dass die Freisinnigen gespalten seien. Und zu guter Letzt kam er zum Schluss:

> «Selbst wenn die Ja-Stimmen im ganzen Lande die Mehrheit erringen sollten, ist nicht damit zu rechnen, dass sie sich auch auf die Mehrheit der Kantone verteilen, die die Verfassung für die Annahme eines Volksentscheids vorschreibt. So hoffen die Frauen, die sich seit vier Jahrzehnten für die politische Gleichberechtigung einsetzen, auf die zustimmende Mehrheit wenigstens in einzelnen Kantonen, möglicherweise in den grossen Industriezentren. Das könnte den Weg für die Einführung des kantonalen und gemeindlichen Frauenstimmrechts, etwa in Zürich oder Basel, frei machen und von dort aus weiter wirken auf die Nachbargebiete.»[2]

In diesem schwierigen Umfeld fand die Abstimmung statt. Erschwerend kam dazu, dass bisher sämtliche kantonalen Abstimmungen über das Frauenstimmrecht negativ verlaufen waren. Am 1. Februar 1959 wurde das eidgenössische Frauenstimm- und -wahlrecht mit 654 924 Nein- zu 323 306 Ja-Stimmen bei einer Stimmbeteiligung von 66,2 Prozent abgelehnt. Dieses Resultat war natürlich eine herbe Enttäuschung. Die jahrelange Überzeugungsarbeit hatte nichts gefruchtet. Es kam zu Protestaktionen: In Zürich wurden bei Nacht und Nebel FHD-Werbeplakate mit grünen Streifen überklebt, auf denen stand: «Nicht ohne Stimmrecht».[3] Liliane Uchtenhagen, eine der engagierten Kämpferinnen im Zürcher Frauenstimmrechtsverein, schilderte die Niederlage von 1959 folgendermassen: «Es war grauenhaft. Ich war sehr entmutigt und fassungslos. Ich glaubte nicht mehr daran. Ich dachte, ich erreiche es nicht mehr, solange ich lebe. Damals war ich 30jährig.»[4]

Immerhin wurde die Vorlage in den drei Kantonen Waadt, Genf und Neuenburg angenommen.[5] Im Kanton Waadt war gleichzeitig die Vorlage für die Einführung des Frauenstimmrechts auf kantonaler und kommunaler Ebene vorgelegt und angenommen worden.[6] Eine erste Tür war geöffnet.

Der Schweizerische Verband für Frauenstimmrecht (SVF) hatte im Vorfeld der Abstimmung zusammen mit dem Bund Schweizerischer Frauenorganisationen (BSF) ein schweizerisches, überparteiliches Aktionskomitee gegründet. Die Leitungsfunktionen in diesem Komitee wurden vorwiegend von Männern wahrgenommen, die Frauen begnügten sich mit den Vizepräsidien. Der Verband sah im Abstimmungsresultat ein klares Zeichen, dass der Weg via Bund nicht zum Ziel führen würde, sondern derjenige via Verfassungsinterpretationsweg zu verfolgen sei. Er hoffte auf weitere positive Entwicklungen in den Kantonen, da er nicht mit einer baldigen zweiten eidgenössischen Abstimmung rechnete.[7]

In Basel waren bereits vier Abstimmungen zur Einführung des kantonalen Frauenstimmrechts negativ verlaufen.[8] Aus den Abstimmungsresultaten ist ersichtlich, dass ab 1946 der Anteil der Ja-Stimmen stark anstieg. Die eidgenössische Vorlage wurde in Basel-Stadt mit 46,8 Prozent Ja gegen 53,2 Prozent Nein entschieden. Das war doch erstaunlich, da Basel 1957 mit dem guten Resultat von fast 60 Prozent Ja-Stimmen als erster Kanton seinen Frauen ein beschränktes Stimm- und Wahlrecht verliehen hatte, nämlich die Ermächtigung an die Bürgergemeinden, den Frauen die gleichen Rechte zu gewähren. Riehen führte das Bürgerrecht 1958 ein, Bettingen lehnte es ab.[9]

Zudem war in Basel seit 1955 eine Volksinitiative hängig, die eine gemeinsame Abstimmung der Männer und Frauen über die politische Gleichstellung verlangte. Der Stimmrechtsverein hatte sie lanciert, da die konsultative Frauenabstimmung von 1954 gezeigt hatte, dass 35 000 Baslerinnen für das Stimmrecht optieren würden. Zusammen mit den männlichen Befürwortern, die etwa 17 000 ausmachten, wäre so ein Ja wahrscheinlich gewesen. Der Regierungsrat liess die Volksinitiative in der Schublade, weil das rechtliche Vorgehen unklar war.[10] Diese hoffnungsvollen Zeichen reichten nicht, um ein Ja zu erreichen.

Der Streik am Mädchengymnasium
Es war kein gewöhnlicher Montag nach der deutlichen Abstimmungsniederlage vom Sonntag, dem 1. Februar 1959. Die Lehrerinnen des Mädchengymnasiums waren empört. Und sie liessen es nicht dabei bewenden. Es war Zeit, ein klares Zeichen zu setzen. Die frühere Konrektorin Rut Keiser machte den Vorschlag, am nächsten Tag zu streiken und somit der Konsternation über den Männerentscheid Ausdruck zu geben.[11] Der Vorschlag fand Zustimmung und

ausser zwei Vikarinnen unterschrieben alle Lehrerinnen die Solidaritätserklärung. Die Konrektorin Dr. Lotti Genner informierte am Abend den Rektor schriftlich über das geplante Vorhaben.

Am 3. Februar wurden die Schülerinnen bereits um neun Uhr nach Hause geschickt. Der Rektor teilte den Beschluss der Lehrerinnen umgehend dem Erziehungsrat mit. Die streikenden Lehrerinnen blieben den ganzen Tag zuhause. Es waren keine zusätzlichen Manifestationen zum Streik vorgesehen. Die Lehrerinnen beschränkten sich darauf, eine gemeinsame Erklärung an die Zeitungsredaktionen und das Erziehungsdepartement zu senden. Darin schrieben sie:

> «Wir haben am Dienstag, 3. Februar 1959, aus Prostest gegen die erneute Missachtung des staatsbürgerlichen Rechtsanspruches der Schweizer Frauen solidarisch gestreikt. Es wird uns von Gegnern vorgeworfen, dass wir die demokratischen Spielregeln, nach denen sich die Minderheit der Mehrheit zu fügen hat, verkannt und verletzt hätten. Dazu möchten wir folgende Erklärung abgeben: (1.) Die volle staatsbürgerliche Rechtsfähigkeit steht uns Frauen zu als mündigen Menschen und Bürgerinnen. Sie muss uns nicht erst geschenkt werden und unsere Rechtsordnung muss sie anerkennen, wenn sie eine wirklich demokratische Rechtsordnung sein will. (2.) Die politischen Rechte werden uns Frauen aber vorenthalten. Nicht, weil wir eine Minderheit von Fordernden wären, die sich zu fügen haben. Wir sind nicht diese Minderheit, wir hatten gar keine Möglichkeit, an der Abstimmung teilzunehmen und so Minderheit zu werden. Wir sind vielmehr eine politisch rechtlose Schicht, über die eine politisch privilegierte Schicht abgestimmt und verfügt hat. […] (3.) Wir können die Tatsache, dass den Frauen das volle Mitspracherecht im gemeinsamen Staat durch Männerabstimmung vorenthalten wird, weder als gerecht, noch als demokratisch, noch als zeitgemäss anerkennen. Darum haben wir uns alle, zirka 50 Lehrerinnen spontan und solidarisch entschlossen, unserem Protest gegen den erneuten Machtanspruch einen Ausdruck zu verleihen, der unsere Mitbürger und Mitbürgerinnen aufmerken lassen sollte. […] Es hat sich an einem kleinen Ort erwiesen – und das dürfte auch für weitere und grössere Bezirke in unserem Staathaushalt seine Bedeutung haben – dass wir alle, Männer und Frauen, auf Zusammenarbeit angewiesen sind, wenn unsere Volksgemeinschaft Bestand haben soll. Eine gedeihliche Zusammenarbeit beruht auf der Partnerschaft von gleichberechtigten Männern und Frauen, von Bürgern und Bürgerinnen, die sich gegenseitig achten und anerkennen.»[12]

Die Reaktion der politischen Behörden

Bereits am Nachmittag des 3. Februar beschäftigte sich der Gesamtregierungsrat mit der Angelegenheit, nahm «mit Befremden» von dieser sinnlosen Aktion Kenntnis und verurteilte sie aufs schärfste.[13] Am 9. Februar befasste sich der Erziehungsrat als Aufsichtsorgan über das Basler Schul- und Bildungswesen mit dem Lehrerinnenstreik. Regierungsrat Zschokke, Präsident des Erziehungsrates, orientierte über die Inspektionssitzung am Mädchengymnasium und über deren Beschluss, den Lehrerinnen einen schriftlichen

Verweis zu erteilen. Er wollte zudem einen Lohnabzug für die streikenden Lehrerinnen. Für diesen Vorschlag konnte er im Erziehungsrat keine Mehrheit finden. Der Erziehungsrat einigte sich auf die Erklärung, dass er davon Kenntnis nehme, dass die Inspektion den streikenden Lehrerinnen einen schriftlichen Verweis erteile. Am nächsten Tag fand Regierungsrat Zschokke bei seinen Regierungsratskollegen die nötige Unterstützung für den Lohnabzug. Der Grosse Rat befasste sich am 12. Februar mit den streikenden Lehrerinnen. Grossrat Walter Allgöwer verlangte in einer Interpellation, dass der Regierungsrat sein Verhalten gegenüber den streikenden Lehrerinnen begründe. Er erwähnte in seiner Argumentation, dass der Streik der Lehrerinnen als eine Reaktion auf diese Abfuhr für das Frauenstimmrecht der Anfang einer neuen Freiheitsbewegung sei. Der Staat könne sich nicht länger den Luxus leisten, irgendeinen Teil seiner Bürger politisch von sich zu stossen, nachdem dieser seine Bereitschaft zur Mitarbeit am Staatsaufbau klar bekundet habe.[14] Die im Ratssaal anwesenden Frauen nahmen die anschliessenden Diskussionen konsterniert zur Kenntnis. Sie spürten wenig Verständnis für ihr Anliegen. Zudem waren 12 Polizisten im Saal präsent. Lore Marie Koegler fasste die Stimmung folgendermassen zusammen:

> «Verständnislosigkeit für unsere Anliegen, bis zu hämischer Schadenfreude über unsere Niederlage; das Selbstgefühl derer, die Macht und verbrieftes Recht auf ihrer Seite haben und lästerliche und zugleich lächerliche Rebellen wieder einmal verdientermassen in die Schranken weisen!»[15]

Später gab es dann doch verständnisvollere Worte. Die Inspektion hörte am 27. Februar drei Vertreterinnen der streikenden Lehrerinnen an, die ihre Beweggründe darlegen konnten. Anschliessend bekam jede streikende Lehrerin einen schriftlichen Verweis. In diesem Schreiben erläuterte der Erziehungsrat unter anderem:

> «Die Verweigerung der vollen staatsbürgerlichen Rechte wird als ungerechtfertigte Zurücksetzung eines Volksteils und als Aberkennung eines Rechtes empfunden, das den Frauen als mündigen Menschen und Bürgerinnen von Natur aus zukommt. Die Inspektion teilt diese Enttäuschung und bedauert den Ausgang der Abstimmung nicht weniger als Sie. Und sie versteht durchaus den Entschluss der Lehrerinnen, an einem augenfälligen Beispiel zu demonstrieren, dass auch im Staat Frauen und Männer auf Zusammenarbeit angewiesen sind.»[16]

Da hatte doch ein Gesinnungswandel stattgefunden. Als einen Grund dafür nennt Charly Liebherr, dass der Präsident der Inspektion, Dr. Albert Würz, als Vertreter des Landesrings, sich von seinem Parteikollegen Walter Allgöwer hatte inspirieren lassen, der im Grossen Rat ein ähnliches Schreiben als Alternative zur scharfen Verurteilung des Streikes durch den Regierungsrat vorgeschlagen hatte.[17] Das Schreiben wurde auch in den Tageszeitungen veröffentlicht, diesmal mit mehrheitlich positiven Kommentaren. Nur der Regierungsrat war wenig begeistert von der Publikation. Regierungsrat Zschokke versandte einen «ungnädigen Tadelsbrief» an den Erziehungsrat.[18]

Breite Beachtung in der Öffentlichkeit
Der Lehrerinnenstreik hatte polarisiert und deshalb waren die Reaktionen darauf äusserst heftig. Es war ein völlig ungewöhnliches Ereignis, dass Frauen zum Mittel des Streiks gegriffen hatten. Man(n) hatte das den Frauen überhaupt nicht zugetraut. Die Lehrerinnen und der Rektor erhielten mehr als 300 Zuschriften. Da viele dieser Briefe auch an die Redaktionen der Zeitungen gesandt wurden, fanden sie eine breite Resonanz. Auch die Presse selbst nahm sehr engagiert Stellung. Anfänglich publizierte sie mehr negative Briefe. Im Laufe der Diskussionen änderte sich dies jedoch, da es mehr unterstützende Schreiben gab.

Eine tadelnde Stellungnahme erschien in den «Basler Nachrichten», wo unter anderem folgender Schluss gezogen wurde:

«Sie [die streikenden Lehrerinnen] haben unter Führung betont Intellektueller das Ansehen ihrer Schule, vielleicht unseres Schulwesens überhaupt, aufs Spiel gesetzt, zugleich den eigenen gehobenen Berufsstand diskreditiert, und darüber hinaus den persönlichen Interessen der gesamten Lehrerschaft beiderlei Geschlechts keinen guten Dienst geleistet. Sie haben in völliger Verkennung der Zusammenhänge sich am eidgenössischen Souverän dadurch gerächt, dass sie einem gänzlich Unbeteiligten und Unschuldigen gegenüber ihre Amtspflicht verletzten. Und sie haben der ganzen Frauenstimmrechtsbewegung enorm geschadet, haben den Gegnern unbedacht einen wertvollen Trumpf in die Hände gespielt; viele Stimmbürger, die bisher für das Frauenstimmrecht eingetreten sind und auch am 1. Februar den Ja-Zettel in die Urne gelegt haben, werden – an deutlichen Erklärungen bis in prominente politische Kreise hinein fehlt es nicht – es vorerst nicht mehr tun.»[19]

Ganz andere Töne schlug hingegen der «Tages-Anzeiger» an:

«Man diskutierte beispielsweise, wie es einmal sein könnte, wenn nicht nur 50, sondern alle Lehrerinnen einen Tag streiken würden. Und wie Basel dastehen würde, wenn mit den Lehrerinnen auch sämtliche Stenotypistinnen, Verkäuferinnen, Serviertöchter, sämtliche Fabrikarbeiterinnen, Beamtinnen und gar – Hausfrauen für einen Tag die Arbeit niederlegen und den Männern sagen würden: Macht's ohne uns – wie die Politik! Diese Aussicht empörte zwar manchen wackeren Eidgenossen, fand aber Sympathien bei jenen Männern, die für die Achtung des Rechtsanspruchs der Frauen eintreten. Es gab natürlich auch einigen Fasnächtlern Gelegenheit zu witzigen Anspielungen – als Fasnachtssujet kommt der Protest fast zu spät! – rüttelte aber im Ganzen doch die Männer auf. […] Es brauche heute Mut zu einer ungewöhnlichen Tat, und diesen Mut hätten die 50 Lehrerinnen aufgebracht.»[20]

Ein anschauliches Beispiel eines solidarischen Leserbriefes findet sich in den «Basler Nachrichten»:

> «Als Schweizer und Basler Bürger muss ich mich über die Haltung des Regierungsrates sehr schämen. Alle bisherigen Vernehmlassungen über die Gleichberechtigung der Frau können nicht mehr überzeugen, wenn nun selbständige Regungen der Frauen für ihr ureigenstes Recht missbilligt und bestraft werden. Oder hört die Gemütlichkeit etwa dann auf, wenn die Befürchtung besteht, dass ein Streik der Frauen Schule machen könnte? Denn: Die Frauen hätten es in der Hand den ihnen zustehenden Rechtsanspruch in direkter gemeinsamer Aktion zu erlangen. Ich spreche den streikenden Lehrerinnen meine vollste Sympathie aus und ersuche den Regierungsrat, von jeder disziplinarischen Massnahme abzusehen. Die Schweiz hat in letzter Zeit genug der ‹unrühmlichen Wege› gesehen und im Ausland in zunehmendem Masse an Ansehen eingebüsst. Es ist an der Zeit, dass diesem unwürdigen Zustand ein Ende gesetzt wird.»[21]

Pfarrer O. Sprecher aus Gelterkinden dagegen schrieb tadelnd: «Abgesehen vom fragwürdigen Beispiel, dass Sie Ihren Schülerinnen geben, beweisen Sie durch Ihren Schulstreik, dass Ihnen gewisse notwendige geistige Voraussetzungen zur Ausübung des schweizerischen Stimmrechts fehlen.»[22] Frau H. Stöcklin aus Luzern verfasste folgendes Schreiben an die Lehrerinnen: «Meine Damen, Sie haben sich mit Ihrem Streik schrecklich lächerlich gemacht und der anvertrauten Jugend ein schlechtes Beispiel gegeben. Wie kann man in Ihrer Stellung und mit Ihrer Bildung so unbesonnen sein? Nun werden die Männer ein andermal wieder ein grosses Nein einlegen und zwar mit Recht, wenn Frauen so undiszipliniert sind.»[23] Die zahlreichen Publikationen in vielen Zeitungen machten den Lehrerinnenstreik in der ganzen Schweiz bekannt. Der Streik hatte grosse Wellen geschlagen.

Auswirkungen
Der Lehrerinnenstreik hatte eine breite Diskussion über die Stimmrechtsfrage ausgelöst. Der Basler Frauenstimmrechtsverein gewann neue Mitglieder. Die Politiker hatten die Brisanz der Aktion unterschätzt und durch ihre harsche Reaktion verschafften sie dem Streik zusätzliche Aufmerksamkeit. Die Lehrerinnen selbst waren über die vielen Reaktionen überrascht. Lore Marie Koegler schildert dies so:

> «Auf alle Fälle haben wir eine heilsame Aufmerksamkeit erregt, nicht für uns, aber für die von uns gemeinte Sache, und eine viel breitere, als wir das je gedacht hätten. Wir haben hunderte von Zuschriften bekommen, natürlich auch verurteilende, ja primitiv und zuweilen unflätig uns beschimpfende, aber weit überwiegend zustimmende und begeisterte, mitunter solche, die die Tragweite und Bedeutsamkeit unseres Tuns höher einschätzten und schärfer herausarbeiteten, als wir selber es getan hätten. Und wir dürfen mit Stolz sagen, es sind die mit von den Besten in unserem Land, die uns verstanden haben und uns unterstützen.»[24]

Die Präsidentin des Basler Frauenstimmrechtsvereins wies darauf hin, dass die Frauen keineswegs aufgeben dürften, sondern ihre Kräfte für die Durchset-

Abb. 16: Gedenktafel von Bettina Eichin im Eingang zum einstigen Mädchengymnasium am Kohlenberg, heute Gymnasium Leonhard, angebracht im Jahr 1999 zur Erinnerung an den Lehrerinnenstreik von 1959.

zung des Frauenstimmrechts in den Kantonen zusammentragen müssten. Damit sprach sie eine wesentliche Schwachstelle der Vorlage von 1959 an, denn im Vorfeld wurde immer wieder darauf hingewiesen, dass eine solche grundlegende Veränderung in der politischen Landschaft der Schweiz den Weg über die kommunale und kantonale Einführung des Frauenstimmrechts nehmen sollte.[25] Es war nun an der Zeit, sich grundsätzlich Fragen über die Strategie zum Erreichen des Frauenstimmrechts zu stellen. Der direkte Weg via Bund schien nach der deutlichen Niederlage nicht erfolgversprechend. Die Frauenstimmrechtsbewegung erlahmte nicht, sondern – auch ausgelöst durch den Lehrerinnenstreik – kämpfte weiter.

Charly Liebherr weist darauf hin, dass die Bedeutung des Lehrerinnenstreiks eigentlich darin liege, dass er den Auftakt zu einer gewissen Radikalisierung eines Teils der Frauenstimmrechtsbewegung darstelle.[26] Dies traf dann auch ein. Ein radikalerer Flügel entstand, der offensiver auftrat. Die Rechte wurden nun direkter eingefordert. Der Basler Stimmrechtsverein erwog sogar, dem Schweizerischen Frauenstimmrechtsverband vorzuschlagen, den 1. Februar zum eigentlichen Frauenstreiktag zu erklären. Die gesamtschweizerische Organisation konnte sich nicht dazu entschliessen. Immerhin wurde der 1. Februar – auf Anregung der Basler Sektion – zum nationalen Frauenstimmrechtstag erklärt.[27] Es blieb den einzelnen Sektionen überlassen, wie sie den Tag gestalteten. Die Zürcherinnen organisierten jeweils einen Vortrag mit bedeutenden Referenten und anschliessend nahmen alle – trotz beissender Kälte – an einem Fackelzug teil. Es war wichtig, das Thema Frauenstimmrecht immer wieder ins Bewusstsein der Bevölkerung zu rufen.[28]

Die Erfahrungen mit der Presse hatten die Frauen gelehrt, dass sie von männlichen Redaktoren abhängig waren und dass die Auswahl der veröffentlichten Leserbriefe doch sehr subjektiv erfolgt war. Das war die Geburtsstunde der «Frauenstimmrechtsseite», die monatlich als Sonderbeilage zum «Schweizer Frauenblatt» erschien. In der ersten Ausgabe vom 17. April 1959 schildern Rut Keiser und Anneliese Villard-Traber ihre Erfahrungen mit der Presse anschaulich:

> «[…] wir mussten es vor und nach der Abstimmung erleben, wie sehr wir Frauen mit unsern Anliegen in der ‹männlichen› Tagespresse nur geduldet sind. Damit man auch unsere Meinung aufnimmt, muss der Redaktor entweder auf unserer Seite stehen, oder der muss von ganz aussergewöhnlicher Grosszügigkeit sein. Es gab Zeitungen, die positive, gut geschriebene Zuschriften zum Lehrerinnenstreik nicht aufnahmen, die die Auswahl der Zuschriften so trafen, dass nicht ein echtes Bild der öffentlichen Meinung oder des betreffenden Leserkreises entstand, sondern eines, das nur die Meinung der Redaktion widerspiegelt.»[29]

Im 5. Anlauf klappte es dann: Am 26. Juni 1966 wurde das kantonale Frauenstimmrecht mit 13 713 Ja- zu 9141 Nein-Stimmen angenommen. Damit war Basel-Stadt der erste Deutschschweizer Kanton mit kantonalem Frauenstimmrecht.[30]

Nachtrag

Als die Autorin herausfand, dass selbst ehemalige Schülerinnen des früheren Mädchengymnasiums (heute Gymnasium Leonhard) nie etwas von streikenden Lehrerinnen gehört hatten, kontaktierte sie die SP-Nationalrätin Margrith von Felten, um ein Gedenkzeichen für die Lehrerinnen zu schaffen. Frau von Felten nutzte ihre weiten Netzwerke und fand genug Unterstützung (auch vom Regierungsrat), um eine Gedenktafel für die mutigen Lehrerinnen zu gestalten. Die Künstlerin Bettina Eichin schuf eine schlichte Gedenktafel, die an den Lehrerinnenstreik und den Kampf ums Frauenstimmrecht erinnert. Bei der feierlichen Enthüllung der Tafel im Eingangsbereich des Gymnasiums Leonhard, das seit 1968 kein reines Mädchengymnasium mehr ist, zeigte sich die Konrektorin Cornelia Teuber erfreut, «dass der Mut der Lehrerinnen nun endlich öffentlich anerkannt wird». Die Lehrerinnen seien auch heute noch ein Vorbild, denn sie hätten viel Rückgrat gezeigt. Das Eichin-Werk könne überdies der jüngeren Generation aufzeigen, «wie Dinge, die heute selbstverständlich sind, erst erkämpft werden mussten». Eine Lehrerin, die 1959 gestreikt hatte, zitierte aus einem Brief von Karl Barth, der den Streik begrüsst und das Abstimmungs-Nein als «Testimonium paupertatis», als Armutszeugnis, bezeichnet hatte.[31]

1 Süddeutsche Zeitung, 17./18. Januar 1959.
2 Ibd.
3 Ruckstuhl Lotti, Frauen sprengen Fesseln, Hindernislauf zum Frauenstimmrecht in der Schweiz, Bonstetten 1986, S. 98.
4 Wegmüller Renate, Die Frau gehört ins Haus, Frauenstimmrecht und seine Hindernisse in der Schweiz und im Kanton Bern – zugleich ein Beitrag zu Art. 4 Abs. 2 BV, Bern 2000, S. 49.
5 Basler Nachrichten, 2. Februar 1959.
6 Mesmer Beatrix, Staatsbürgerinnen ohne Stimmrecht, Die Politik der schweizerischen Frauenverbände 1914–1971, Zürich 2007, S. 303.
7 Voegeli Yvonne, Zwischen Hausrat und Rathaus, Auseinandersetzungen um die politische Gleichberechtigung der Frauen in der Schweiz 1945–1971, Zürich 1997, S. 491.
8 (Im Jahr 1920: 12 445 Nein, 6711 Ja; im Jahr 1927: 14 917 Nein, 6152 Ja; im Jahr 1946: 19 892 Nein, 11 709 Ja; 1954: 21 321 Nein, 17 321 Ja.) Aus: Villard-Traber Anneliese, Weit gebracht? Ein Chronik aus Basel über den langen Weg zur Gleichberechtigung 1916–1991, Basel 1992, S. 4–6.
9 Mesmer, Staatsbürgerinnen ohne Stimmrecht, S. 304.
10 Ibd.
11 Liebherr Charly, Wenn Lehrerinnen wollen, ist keine Schule! Der Streik der Basler Lehrerinnen am Mädchengymnasium in Basel vom 3. Februar 1959, in: Basler Zeitschrift für Geschichte und Altertumskunde 1993, S. 109–139, hier S. 113f.
12 Basler Nachrichten, 6. Februar 1959.
13 Koegler Lore Marie, Die Protestaktion der Basler Gymnasiallehrerinnen, Chronik und Rückblick, in: Die Staatsbürgerin Nr. 4, 1959.
14 Liebherr, Der Streik, S. 121.

15 Koegler, Die Protestaktion, S. 2.
16 Schweizer Frauenblatt, Frauenstimmrechtsbeilage, 17. April 1959.
17 Liebherr, Der Streik, S. 133.
18 Koegler, Die Protestaktion, S. 3.
19 Basler Nachrichten, 7./8. Februar 1959.
20 Eintägiger «Proteststreik» der Basler Gymnasiallehrerinnen, in: Tages-Anzeiger für Stadt und Kanton Zürich, 4. Februar 1959.
21 A.E.S., genauer Name unbekannt, Basler Nachrichten, 6. Februar 1959.
22 Basler Nachrichten, 6. Februar 1959.
23 Ibd.
24 Koegler, Die Protestaktion, S. 3.
25 Liebherr, Der Streik, S. 135.
26 Ibd., S. 136.
27 Ibd., S. 138.
28 Wegmüller, Die Frau gehört ins Haus, S. 49.
29 Schweizer Frauenblatt, Frauenstimmrechtsbeilage, 17. April 1959.
30 Villard-Traber Anneliese, Weit gebracht? Eine Chronik aus Basel über den langen Weg zur Gleichberechtigung 1916–1991, S. 10.
31 Basler Zeitung, 14. Juni 1999.

Stimmrecht – ein Menschenrecht: Zur Diskussion um das Frauenstimm- und -wahlrecht in den 1960er Jahren

Margrith Bigler-Eggenberger

«100 Jahre und über 80 Abstimmungen hat es gebraucht, um das Stimmrecht zu erlangen!»[1] Wie viel Arbeit, Frust, Enttäuschung und immer wieder Hoffnung gab es in dieser langen Zeit für die Frauen, die erstmals 1870 von den Eidgenössischen Räten ihre Rechte eingefordert hatten, für diejenigen, die 1909 den Verband für Frauenstimmrecht gegründet hatten, und jene, die 1959 vergeblich auf ein Einsehen der stimmberechtigten Männer gehofft hatten. Doch 1970 war es so weit: Das Parlament hiess eine Vorlage gut, die endlich auch den Schweizerinnen das Stimm- und Wahlrecht bringen sollte.

Was hat diese Tatsache mit den Menschenrechten zu tun? Sehr viel: Bereits ab dem 18. Jahrhundert wurde immer wieder die Mitbestimmung der freien Bürger an den Geschicken des Staates gefordert. Die Verfassungen der amerikanischen Teilstaaten und des revolutionären Frankreichs wie auch die helvetische Verfassung von 1798 enthielten entsprechende Garantien.[2] Sie sicherten das Recht des freien Menschen, selbst an den Geschicken des Staates mitwirken zu können, dies im Gegensatz zum Untertanen, dem Unfreien. Mitbestimmung in öffentlichen Angelegenheiten war Ausdruck der Menschenwürde, die auch nach dem Willen des schweizerischen Verfassungsgebers von 1848 und 1874 Grundlage der staatlichen Gemeinschaft sein sollte. Allerdings bezog sich diese Idee zunächst nur auf den «Bürger», den «citoyen». Die Frauen blieben ebenso wie Kinder, Entmündigte, Armengenössige, Verbrecher oder Fremde ausgeklammert.

Erst viel später, nach dem Zweiten Weltkrieg, mit der «Universellen Erklärung der Menschenrechte» der UNO im Jahre 1948, kam es zur Verknüpfung der politischen Rechte mit den Menschenrechten[3] und wurden – zum ersten Mal überhaupt – die Frauen in alle damit geforderten Rechte miteinbezogen. Es ist heute unvorstellbar, dass diese Rechte trotz ihrer philosophischen und staatsrechtlichen Fundierung erst mit so grosser Verzögerung auch für die Frauen gelten konnten.[4] Doch wurde diese Sach- und Rechtslage bis vor 38 Jahren in der Schweiz vor allem von Männern, aber auch von vielen Frauen als eine biologische und natürliche Folge des Frauseins akzeptiert.[5]

Was sind Menschenrechte?
Die erste schweizerische Bundesverfassung von 1848 enthielt bereits eine Reihe von Rechten, die nach unserer demokratischen Staatsauffassung unverbrüchlich an die menschliche Person geknüpft und vom Staat, seinen Organen und Behörden absolut zu achten sind: Schutz der persönlichen Freiheit, Glaubens-

und Gewissensfreiheit, Recht auf Ehe, Meinungs- und Informationsfreiheit, alles Rechte, die den Frauen in den Anfängen des Bundesstaates – wie etwa die Versammlungsfreiheit oder eben die Mitbestimmung – oft noch verweigert oder für sie stark eingeschränkt wurden.[6] Als eines der wichtigsten Menschenrechte gilt zudem die Rechtsgleichheit und deren Kehrseite, das Diskriminierungsverbot. Das ist eine Errungenschaft, deren Bedeutung insbesondere für die Frage der politischen Rechte für Frauen im Verlaufe der Jahrzehnte nach der Gründung des Bundesstaates zu vielen Auseinandersetzungen auf Kantonsebene, aber auch auf eidgenössischer Ebene führen sollte.[7]

Diskriminierungsverbot und die politischen Rechte
Artikel 4 der ersten eidgenössischen Verfassung sagte klar und deutlich, dass «Schweizer vor dem Gesetze gleich» seien. Es gebe «in der Schweiz keine Untertanenverhältnisse, keine Vorrechte der Geburt, der Familien oder Personen». Allerdings fehlte die Kategorie «Geschlecht» in dieser ersten Fassung dieses Artikels, der von 1848 bis 1981 in Kraft war.[8]

Rechtsgleichheit galt für Frauen nicht, jedenfalls nicht, soweit damit die politischen Rechte gemeint waren.[9] Das entsprach damals der überwiegenden Auffassung der sogenannten massgebenden Kreise im Staat. Und diese «massgebenden Kreise» bestanden vor allem aus den Politikern und der anerkannten Rechtslehre, d.h. der praktisch ausschliesslich männlich dominierten Rechtswissenschaft. Ihre Argumente wurden immer wieder für die frauenfeindliche Interpretation des Rechtsgleichheitsgebots und des Diskriminierungsverbots zitiert.[10] Von einer zeitgemässen Auslegung zugunsten der Frauen wollte man – obwohl einige der Rechtsgelehrten diese Möglichkeit durchaus in Betracht gezogen haben[11] – ohnehin nichts wissen.[12]

Der Gedanke, der diesen unverbrüchlichen Rechten zugrunde liegt, ist, wie gesagt, die Würde der menschlichen Person, die in ihrem Verhältnis zum übergeordneten Staatswesen geschützt und vor Willkür seiner Behörden bewahrt werden soll. Wichtiger Teil dieser Menschenwürde aber ist einerseits die Mitbestimmung in öffentlichen Angelegenheiten, also bei Gesetzgebung und Gesetzesanwendung durch Behörden und Gerichte und andererseits die Möglichkeit, selbst Mitglied der entscheidenden oder gesetzesanwendenden Behörden zu werden oder durch demokratisch gewählte Personen die Entscheide in der Politik so weit als möglich mitbestimmen zu können. Wer davon ohne erheblichen Grund ausgeschlossen ist, wird diskriminiert. Und das ist in einem Rechtsstaat nicht tolerierbar.

Es ist denn auch nicht verwunderlich, dass im internationalen Recht[13] ausdrücklich festgehalten wird, dass das aktive und passive Wahlrecht und die Teilhabe beider Geschlechter an der Ausarbeitung und Durchführung der staatlichen Politik Teil der Menschenwürde sind und von den ratifizierenden Staaten allen Menschen, Männern wie Frauen, gewährleistet werden müssen.[14]

Diskurs in der Frauenbewegung und Beitritt der Schweiz zum Europarat

Die Schweizer Frauen blieben von all diesen schönen Erklärungen und Verpflichtungen ausgeklammert. Auch die grosse Neuerung in der ersten Bundesverfassung von 1848, die ausdrückliche Erwähnung der Rechtsgleichheit in Artikel 4 BV, vermochte ihnen nicht zur Gleichstellung zu verhelfen. Dieser Artikel war – wie erwähnt – nur männlich gefasst, und wurde – trotz des Einspruchs mutiger Frauen und der Unterstützung weitsichtiger Männer – über Jahrzehnte hinweg nur männlich verstanden. Bemühungen, diese Bestimmung im Laufe der Zeit von einer überholten historischen Interpretation zu befreien und darin entsprechend dem Sinn und Zweck der Rechtsgleichheit ein vom Geschlecht unabhängiges Staatsprinzip zu erblicken, scheiterten verschiedentlich (vgl. den Artikel «Verfassungsrevision oder Interpretationsweg?» in diesem Band).[15] Wie schon im revolutionären Frankreich stand auch in der modernen Schweiz im Mittelpunkt aller politischen und rechtlichen Freiheits- und Gleichheitsbestrebungen nur der *citoyen*. Die *citoyenne* aber blieb ausgeschlossen, ja wurde gar enthauptet, wie das Beispiel der Olympe de Gouges mit ihrer Forderung nach den *droits de la femme* zeigt.[16] Die *droits*

Abb. 17: «Alle Menschen sind vor dem Gesetz gleich.» – Kurzsichtig? Ich fürchte, da brauchen einige Männer ein Fernrohr.

de l'homme waren und blieben männlich. Frauen konnten mit der Zeit nur teilweise «mitgemeint» sein, vor allem dort, wo es um Abgaben an den Staat, um die Steuern oder um andere Pflichten ging.[17]

Bundesrat und Parlament wehrten sich auch noch in den Jahren nach dem desolaten Abstimmungsergebnis von 1959 dagegen, die Frauen ohne Verfassungsänderung, zum Beispiel durch blosse Gesetzesänderung oder gar nur durch Interpretation, in die politischen Rechte und Pflichten mit einzubeziehen. Das Abstimmungsergebnis war ein Schock für viele Frauen; und als es Anfang der 1960er Jahre um die Frage des Beitritts der Schweiz zum Europarat ging,[18] entbrannte die Diskussion um die politischen Rechte der Frauen erneut mit Heftigkeit.

Der Europarat war ein Zusammenschluss von zunächst 10, heute 44 Staaten Europas, die nach dem Zweiten Weltkrieg ein friedliches Zusammenwirken in politischen, sozialen und wirtschaftlichen Belangen anstrebten. Es wäre natürlich wünschenswert und für das Ansehen der Schweiz im Ausland auch förderlich gewesen, wenn ein Beitritt möglichst rasch erfolgt wäre. Doch die Frauenvertreterinnen wehrten sich mit allen Kräften: Einerseits waren sie empört darüber, dass die politisch Verantwortlichen ihre Ansprüche nicht ernst genug zu nehmen schienen, herrschte doch die Meinung vor, dass das fehlende Frauenstimm- und -wahlrecht einem Beitritt nicht entgegenstünde. Anderseits hatten die Frauen angesichts ihrer Erfahrungen Angst davor, dass ihr Stimm- und Wahlrecht auf Jahre hinaus aus den politischen Traktanden fallen würde. Doch der Beitritt zum Europarat erfolgte im Jahre 1963 trotz des energischen Widerstands der in der Arbeitsgemeinschaft der schweizerischen Frauenverbände für die politischen Rechte der Frau zusammengeschlossenen Organisationen, insbesondere des SVF.[19]

Unterzeichnung der Europäischen Menschenrechtskonvention
Im Verlaufe der 1960er Jahre stellte sich sodann die weitere Frage, ob eine Unterzeichnung und Ratifizierung des wichtigsten Vertragswerkes des Europarates, nämlich der Europäischen Menschenrechtskonvention (EMRK) vom 4. November 1950, möglich sei, obwohl die Schweizerinnen nach wie vor in öffentlichen Angelegenheiten auf Bundes- und Kantonsebene unmündig waren. Eine Möglichkeit hätte darin bestanden, einen Beitritt und eine Unterzeichnung der Konvention allenfalls mit Vorbehalten[20] anzustreben. Bundesrat und Parlament dachten zwar daran, dass mit Hilfe einer weiteren Ab- stimmung über die politischen Rechte der Frauen allfällige Hindernisse einer Unterzeichnung der Konvention zu beseitigen gewesen wären, aber man ging davon aus, dass sich nur wenige Jahre nach der Ablehnung vom 1. Februar 1959 kaum eine Mehrheit der Stimmbürger finden lasse, dass aber möglicherweise mit einer Unterzeichnung und gar Ratifizierung der EMRK ein gewisses Druckmittel für eine spätere Abstimmung entstehen würde.[21]

Doch die für politische Rechte kämpfenden Frauen hatten nunmehr genug. Sie wollten trotz des deprimierenden Ausgangs der ersten eidgenössischen Abstimmung von 1959 über die Einführung des Frauenstimm- und -wahlrechts in der Eidgenossenschaft möglichst bald einen neuen Versuch wagen, sei es über blosse Interpretation, mittels einer Änderung des Artikels 74 BV oder gar über eine neue Abstimmung. Viele von ihnen, und allen voran der Schweizerische Verband für Frauenstimmrecht, hatten sich seit Jahrzehnten auf eidgenössischer Ebene vergeblich um das Mitbestimmungs- und Mitspracherecht durch Verfassungsänderung bemüht und bereits endlos Enttäuschungen, ja Demütigungen einstecken müssen. Nun war es genug, eine Unterzeichnung der EMRK nur gerade aus Prestigegründen der offiziellen Schweiz konnte warten.

Allerdings: Für die Schweiz wurde es aussenpolitisch ungemütlich, weil sie als einziger europäischer Staat die EMRK noch immer nicht unterzeichnet hatte. Die Absicht der politischen Schweiz, nach dem Beitritt zum Europarat im Jahre 1963 nun endlich auch im Interesse eines vorteilhaften Bildes im Ausland die Konvention ohne vorherige Bereinigung der schweizerischen Rechtslage unterzeichnen zu wollen, weckte denn auch den heftigen Widerstand vor allem des Schweizerischen Verbandes für Frauenstimmrecht. Denn Artikel 3 der Charta des Europarates verlangt, dass jeder Mensch die grundlegenden Menschenrechte und Grundfreiheiten geniessen müsse und dass jede Diskriminierung ausgeschlossen sei.[22] Die EMRK selbst enthält unter anderem die Verpflichtung, in allen wesentlichen Belangen des öffentlichen Lebens Frauen und Männer gleichzustellen und jede Diskriminierung zu unterlassen.[23] Eine Unterzeichnung der EMRK hätte nun aber angesichts des Fehlens des Frauenstimm- und -wahlrechts in der Schweiz bedeutet, dass der Bundesrat anlässlich der Unterzeichnung einen Vorbehalt hätte anbringen müssen. Das aber erschien den Mitgliedern des Frauenstimmrechtsverbandes als Affront gegenüber ihrer jahrelangen mühevollen Arbeit und vor allem auch gegenüber den Frauen im Allgemeinen.[24]

Widerstand kam vor allem aus dem zürcherischen Frauenstimmrechtsverein. Der schweizerische Verband schloss sich dem Protest an. Dieser Widerstand richtete sich nicht (wie von anderer politischer Seite, wo vor allem «der fremde Richter» gefürchtet wurde[25]) gegen den Europarat und die EMRK als solche – ganz im Gegenteil. Die Idee eines friedlichen Europas, einer guten Zusammenarbeit in politischen, wirtschaftlichen und sozialen Bereichen sowie die Garantie eines minimalen Standards von allgemeingültigen Regeln im Verhältnis zwischen Staat und Bürgerinnen beziehungsweise Bürgern fand unter den Frauen viele Anhängerinnen. Ebenso wurde das bisher wichtigste Ergebnis dieses europäischen Zusammenschlusses, eben die Konvention zum Schutze der Menschenrechte und Grundfreiheiten, als äusserst bedeutsam erkannt und anerkannt.[26] Aber es wurde befürchtet, dass die fehlenden politischen Rechte der Frauen zu wenig ernst genommen würden und dass nach einer Unterzeichnung und allfälligen Ratifizierung der EMRK[27] mit Vorbehalten das Frauenstimm- und -wahlrecht nochmals auf die lange Bank geschoben würde. Vorsprachen beim Bundesrat, individuelle Bearbeitung einzelner Parlamentarier, die dem Frauenstimm- und -wahlrecht positiv gegenüber standen, Petitionen und Resolutionen[28] folgten. Doch der Erfolg blieb insofern aus, als der Bundesrat dem Parlament im Dezember seinen «Bericht über die Konvention zum Schutze der Menschenrechte und Grundfreiheiten» vorlegte, in dem er eine Unterzeichnung mit Vorbehalten vorsah.[29] Immerhin stellte er in Aussicht, wie bereits im Zusammenhang mit dem Beitritt zum Europarat 1963 versprochen, alles vorzukehren, damit bezüglich der Rechte der Frauen ein Vorbehalt möglichst bald zurückgenommen werden könne.[30]

Aufbruch
Das Vorgehen des Bundesrates wurde in den Frauenorganisationen als Herausforderung wahrgenommen und führte zu harschen Reaktionen. Dazu kam, dass im Gefolge der Jugendunruhen 1968 plötzlich auch junge Frauen, Studentinnen und Lehrtöchter es nicht mehr dabei bewenden lassen wollten, weiterhin nur mit Zurückhaltung für die eigenen Rechte zu kämpfen. Es war zu lange schon geduldig auf die Einsicht einer Mehrheit der Männer gewartet worden. Zum ersten Mal in der politischen Schweiz kam es zu einer öffentlichen Protestkundgebung (vgl. den Artikel «Der Marsch nach Bern» in diesem Band). Trotz der altbekannten Angst der offiziellen Frauenverbände, «dass man aus Verärgerung [über unbotmässiges Verhalten der Frauen] uns nichts mehr schenken» würde, strömten auf dem Bundesplatz in Bern am 1. März 1969 Tausende zusammen, um ihre politischen Rechte zu fordern.[31] Auch wenn diese Demonstration keine unmittelbare Wirkung hatte – der Nationalrat stimmte am 16. Juni dem bundesrätlichen Bericht zur EMRK zu – schlug nun die Stimmung in der Öffentlichkeit und im Parlament um. Im Oktober nahm der Ständerat den Bericht nur noch zur Kenntnis und wünschte die sofortige Ausarbeitung einer Vorlage zum Frauenstimmrecht. Auch dem Bundesrat schien nun Eile geboten. Die verlangte Botschaft ging schon am 23. Dezember der Bundesversammlung zu. Obschon der Bundesrat früher immer wieder darauf hingewiesen hatte, dass die EMRK nur gerade ein Wahlrecht verlange, die Frauen mit ihrer Forderung also weit darüber hinausgingen,[32] beantragte er nunmehr dem Parlament die Annahme des Bundesbeschlusses über die Einführung des Frauenstimm- und -wahlrechts in eidgenössischen Angelegenheiten.[33] In einem beschleunigten Verfahren stimmten beide Räte der Vorlage im September 1970 oppositionslos zu.

*Der am 1. Februar 1971 angenommene revidierte Artikel 74
der alten Bundesverfassung*

¹ Bei eidgenössischen Abstimmungen und Wahlen haben Schweizer und Schweizerinnen die gleichen politischen Rechte und Pflichten.
² Stimm- und wahlberechtigt bei solchen Abstimmungen und Wahlen sind alle Schweizer und Schweizerinnen, die das 20. Altersjahr zurückgelegt haben und nicht nach dem Recht des Bundes oder des Wohnsitzkantons vom Aktivbürgerrecht ausgeschlossen sind.
³ Der Bund kann auf dem Wege der Gesetzgebung über die Stimm- und Wahlberechtigung in eidgenössischen Angelegenheiten einheitliche Bestimmungen aufstellen.
⁴ Für Abstimmungen und Wahlen der Kantone und Gemeinden bleibt das kantonale Recht vorbehalten.

Quelle: Abdruck der Erwahrung des Abstimmungsergebnisses in: Bundesblatt 1971 I, S. 482.

Den Frauen kam zugute, dass ihr Ausschluss von der Mitwirkung im öffentlichen Bereich bereits seit längerem nicht mehr vollständig war.[34] Auf die vielfältige Mitwirkung von Frauen konnte in einer so weit ausgebauten Demokratie nie vollständig verzichtet werden. Es gab bereits seit Jahrzehnten kleinere «Einbrüche»: So konnten Frauen in einzelnen Kantonen bereits Anfang des 20. Jahrhunderts in Arbeits- und Gewerbegerichte gewählt werden, was angesichts der erheblichen Frauenerwerbstätigkeit nicht besonders erstaunt. Sie konnten mit der Zeit auch in schulischen, fürsorgerischen und kirchlichen Belangen mitwirken, also in all jenen Tätigkeitsfeldern, die im bürgerlichen Zeitalter ohnehin den Frauen zugeordnet wurden.[35] Zudem hatten einige Kantone der Westschweiz und teilweise auch Basel gleichzeitig mit oder im Gefolge der negativen Abstimmung vom 1. Februar 1959 ihren Frauen die politischen Rechte für kantonale oder kommunale Angelegenheiten eingeräumt. Zwar vermochte diese Tatsache den Bundesrat lange nicht zu überzeugen.[36] Dennoch war es 1969 nur noch eine Frage der Zeit, wann die volle Beteiligung der Frauen an den öffentlichen Angelegenheiten im Bund Realität würde.[37]

Bereits am 7. Februar 1971 gelangte die neue und letzte Stimmrechtsvorlage auf eidgenössischer Ebene zur Abstimmung. Während des kurzen Abstimmungskampfes musste noch einmal gegen dieselben alten, längst überholt geglaubten Argumente über den weiblichen Schwachsinn in politischen Belangen[38] angekämpft werden. Doch nun stand den Befürworterinnen und Befürwortern die praktische Erfahrung zur Seite, die in den Kantonen der Westschweiz seit 1959 gemacht werden konnte. Dort besassen die Frauen die politische Mündigkeit, und ihre Kantone waren deshalb keineswegs zu Revolutionsnestern oder zu lebensunfähigen Organen verkommen. Im Gegenteil: viele Frauen arbeiteten aktiv im Parlament und teilweise in den Exekutiven und an der Gesetzgebung mit, waren immer kompetent und manchmal auch erfolgreich. Es fiel deshalb leichter als zwölf Jahre zuvor, die Mehrheit der abstimmenden Männer zu überzeugen, die Frauen zu gleichberechtigten Stimmbürgerinnen zu machen.

1 So Chaponnière Martine, Geschichte einer Initiative: Gleiche Rechte für Mann und Frau, Zürich/Genf 1983, S. 93.
2 Einer der Ersten, der dabei auch an das weibliche Geschlecht dachte, war der Berner Beat von Lerber, der bereits 1830 mit Eingaben an die Berner Regierung die gleichen Rechte für Frauen gefordert hat, vgl. Mesmer Beatrix, Ausgeklammert – Eingeklammert. Frauen und Frauenorganisationen in der Schweiz des 19. Jahrhunderts, Basel/Frankfurt 1988, S. 5. Es war der Zürcher Nationalrat Grendelmeier, der in der Stimmrechtsdebatte von 1958 erneut das Frauenstimmrecht mit den Menschenrechten verknüpft hat, vgl. Voegeli Yvonne, Zwischen Hausrat und Rathaus. Auseinandersetzungen um die politische Gleichberechtigung der Frauen in der Schweiz 1945–1971, Zürich 1997, S. 247f.
3 Lehmann Andrée/Ruckstuhl Lotti, Was die Frauen der allgemeinen Erklärung der Menschenrechte verdanken, hg. von der International Alliance of Women, 1968, S. 8. Die UNO-Kommission zur Vorbereitung dieser Erklärung, dieser Idealvorstellung wurde präsidiert durch die Ehegattin des damaligen Präsidenten der USA, Eleanor Roosevelt. Ferner Kägi Werner, Die Menschenrechte und ihre Verwirklichung. Unsere Aufgabe und Mitverantwortung. Schriftenreihe des Philipp-Albert-Stapferhauses auf der Lenzburg, H. 4, Aarau 1968, S. 38f.
4 Vgl. Art. 21 Abs. 1 der Erklärung der Menschenrechte von 1948: «Jeder Mensch hat das Recht, an der Leitung der öffentlichen Angelegenheiten seines Landes unmittelbar oder durch frei gewählte Vertreter teilzunehmen.»; Abs. 2: «Jeder Mensch hat unter gleichen Bedingungen das Recht auf Zulassung zu öffentlichen Ämtern in seinem Lande.»; Art. 25 des UNO-Paktes I über bürgerliche und politische Rechte; auch Art. 7 des Übereinkommens zur Beseitigung jeder Form von Diskriminierung der Frau vom 7. November 1967, Text in «F/Frauenfragen», H. 1/1995, S. 31. Kägi Werner, Der Anspruch der Schweizerfrau auf politische Gleichberechtigung. Gutachten zuhanden des Verbands für Frauenstimmrecht, Zürich 1956, S. 8, 21f. und 41–44.
5 Nicht nur der Bundesrat, sondern auch der SVF wehrte sich zum Teil dagegen, dass besondere Frauenbefragungen über die Wünschbarkeit des Frauenstimm- und -wahlrechts durchgeführt wurden aus Angst, dass eine zu grosse Anzahl von Frauen sich selbst gegen diese politischen Rechte verwahren könnte, vgl. Ruckstuhl Lotti, Frauen sprengen Fesseln, Hindernislauf zum Frauenstimmrecht in der Schweiz, Bonstetten 1986, S. 80f.
6 Mesmer, Ausgeklammert – Eingeklammert, S. 8–10. Vgl. dazu die Art. 7, 8–24 der BV von 2000; Art. 4, 45, 49f., 54, 56–58 aBV.
7 Vgl. oben Anm. 2, vgl. Mesmer, Ausgeklammert – Eingeklammert, S. 78–85; Voegeli, Zwischen Hausrat und Rathaus, S. 59–67.; Ruckstuhl, Frauen sprengen Fesseln, Beilage zur Einführung des Frauenstimm- und -wahlrechts – Stand 1986.
8 1981 wurde die neue Bestimmung über die Geschlechtergleichheit angenommen: damals Art. 4 Abs. 2, heute Art. 8 Abs. 3 BV.
9 Das mussten verschiedene Frauen bitter erfahren: von Emilie Kempin-Spyri im ersten diesbezüglichen Bundesgerichtsentscheid BGE 13, 1 bis hin zum Entscheid i.S. Quinche in

BGE 83 I 173 = Pra46 Nr. 158, in welchem 1414 Frauen aus der Westschweiz unter Führung der Rechtsanwältin Quinche versuchten, das Bundesgericht zu einer Interpretation von Art. 4 BV zugunsten der politischen Rechte der Frauen zu veranlassen.

10 Bigler-Eggenberger Margrith, Justitias Waage – wagemutige Justitia? Die Rechtsprechung des Bundesgerichts zur Gleichstellung von Frau und Mann, Basel/Genf/München 2003, S. 14–17.

11 So u.a. Zaccaria Giacometti in seinem Kommentar zur Bundesverfassung von 1949; auch Max Huber, Bemerkungen zum Erwachsenenstimmrecht, Sonderabdruck aus Staatsbürgerin 5, Zürich 1951, S. 3–10. Zur Frage der blossen Interpretation, die ja 1990 vom Bundesgericht i.S. Stimmrecht für Appenzell I/Rh. endlich positiv gelöst wurde (BGE 116 Ia 359), Bigler-Eggenberger, Justitias Waage, S. 95f.; auch Voegeli, Zwischen Hausrat und Rathaus, S. 193f.; Brief SVF an Bundespräsident Spühler vom 9. 9. 1969, Schweizerisches Sozialarchiv (SozArch), Ar. 29.30.4 und Bericht der damaligen Zentralpräsidentin Lotti Ruckstuhl an der Präsidentinnenkonferenz vom 9.10.1966 «Die Schweiz und die EMRK», S. 3, SozArch, Ar. 29.7.7.

12 Vgl. dazu die Ausführungen zur Motion Arnold vom 7.10.1969 in Voegeli, Zwischen Hausrat und Rathaus, S. 293–302.; auch Mesmer Beatrix, Staatsbürgerinnen ohne Stimmrecht. Die Politik der schweizerischen Frauenverbände 1914–1971, Zürich 2007, S. 265.

13 So die Internationale Erklärung der Menschenrechte und Grundfreiheiten von 1945 und die Europäische Menschenrechtserklärung vom 4.11.1950, von der Schweiz ratifiziert am 3.10.1974 sowie die beiden Pakte «über die bürgerlichen und politischen Rechte» sowie «über wirtschaftliche, soziale und kulturelle Rechte» vom 16. Dezember 1966, von der Schweiz ratifiziert am 13. Dezember 1991; sodann auch das Übereinkommen zur Beseitigung jeder Form von Diskriminierung der Frau vom 18. Dezember 1979, von der Schweiz erst 1991 ratifiziert

14 Vgl. Schläppi Erika, Frauenrechte und Menschenrechte: Wie kann die schweizerische Gleichstellungspolitik die internationale Dynamik besser nutzen? In: Eidgenössische Frauenkommission, Frauenfragen, Februar 2007, S. 93ff. Auch Kägi, Gutachten, S. 43: Er weist darauf hin, dass die Würde des Menschen verlange, dass er an der Schaffung des Rechts, dem er untersteht, als Bürgerin und Bürger in freier Mitbestimmung und Mitverantwortung teilhabe.

15 Sogar noch im Jahre 1956 hielt das Bundesgericht i.S. Quinche an einer streng historischen Auslegung von Art. 4 und 74 BV fest und schloss damit die Lösung der Frauenrechte über eine moderne, sinn- und zweckgerichtete Auslegung von Art. 4 und 74 BV zulasten der Frauen erneut aus, vgl. BGE 83 I 173. Erst im Appenzellerinnenfall von 1990 wurde interpretiert: BGE 116 Ia 359.

16 Vgl. Burmeister Karl Heinz, Olympe de Gouges. Die Rechte der Frau 1791, Bern/Wien 1999.

17 Vgl. Anm. 15; Resolution des SVF vom 14./15. Mai 1965; eine Neuinterpretation hätte dem Bundesrat erlaubt, durch blosse Gesetzesänderung das Frauenstimm- und -wahlrecht einzuführen, vgl. Ruckstuhl, Frauen sprengen Fesseln, S. 63–65.; Voegeli, Zwischen Hausrat und Rathaus, S. 191–194.; Mesmer, Staatsbürgerinnen ohne Stimmrecht, S. 158 und S. 264–267.

18 Im Bericht des Bundesrates über die Beziehungen der Schweiz zum Europarat vom 26. Oktober 1962 hielt dieser dafür, die schweizerische Rechtsordnung stehe einem Beitritt zu dieser Organisation (und später auch zur EMRK) nicht entgegen. Diese Meinung vertraten der Bundesrat und die Mehrheit des Nationalrates auch noch anlässlich der Debatten über verschiedene Postulate und Motionen der Eidg. Räte zur Frage des Beitritts der Schweiz zur EMRK und der Folgen davon, vgl. dazu auch den Protestbrief des SVF vom 4. Dezember 1962; vgl. Voegeli, Zwischen Hausrat und Rathaus, S. 269–289.; Mesmer,

Staatsbürgerinnen ohne Stimmrecht, S. 317f.; vgl. die Korrespondenz des SVF mit Bundesrat und Parlament in SozArch, Ar. 29.70.7.
19 Vgl. die Korrespondenz des SVF und anderer Frauenverbände in SozArch, Ar. 29.50.2, z.B. Brief SVF an die eidg. Parlamentarier vom 4. Dezember1962; dazu Ruckstuhl, Frauen sprengen Fesseln, S. 117f.; Mesmer, Stimmbürgerinnen ohne Stimmrecht, S. 317f.
20 Vorbehalte über noch fehlende Pflichten, die bei einem Beitritt je nach Rechtslage der beitretenden Staaten entstehen würden, waren nach Art. 12 des Zusatzprotokolls und Art. 64 des Statuts des Europarats an sich möglich. Doch nach Ansicht des SVF und auch der Arbeitsgemeinschaft der Frauenverbände für die politischen Rechte der Frau war das Fehlen des Frauenstimm- und -wahlrechts derart gravierend, dass ein solcher Vorbehalt nicht anginge. Vgl. Brief vom 21. Februar 1969, SozArch, Ar. 29.50.2; Stellungnahme des SVF zur Unterzeichnung der europäischen Menschenrechtskonvention mit Vorbehalten (Datum unbekannt, ca. Oktober 1969), SozArch, Ar. 29.70.7.
21 Vgl. Botschaft des Bundesrates zur Einführung des Frauenstimm- und -wahlrechts in eidgenössischen Angelegenheiten vom 23. Dezember 1969; Bericht des Bundesrates über die Beziehungen der Schweiz zum Europarat vom 26. Oktober 1962; Bericht des Bundesrates zur EMRK vom 9. Dezember 1968; Vorbehalte zur EMRK waren möglich. Nur ging es beim Vorbehalt des fehlenden Frauenstimm- und -wahlrechts um ein zu gewichtiges Problem, als dass diesbezüglich ein Vorbehalt mit ungewisser Zeitdauer bis zur Revision angebracht werden konnte. Voegeli, Zwischen Hausrat und Rathaus, S. 137; Mesmer, Stimmbürgerinnen ohne Stimmrecht, S. 317; Bericht des Bundesrates zur Motion Eggenberger über die Frage, welche rechtlichen Voraussetzungen geschaffen werden müssten, um den Beitritt der Schweiz zum Europarat zu ermöglichen. Text der Motion Eggenberger in: Ruckstuhl, Frauen sprengen Fesseln, S. 131.
22 Dazu auch Art. 4 des Statuts des Europarates; vgl. Kägi, Die Menschenrechte und ihre Verwirklichung, S. 43f.; Brief des SVF vom 4. Dezember 1962 an die Mitglieder der Bundesversammlung, SozArch, Ar. 29.70.7.
23 Art. 14 EMRK.
24 Protestbrief des SVF vom 4. Dezember 1962, SozArch, Ar. 29.50.2.
25 Vgl. Mesmer, Staatsbürgerinnen ohne Stimmrecht, S. 323.
26 Die Delegiertenversammlung von 1963 widmete sich der Frage der Menschenrechte in Europa, vgl. Ruckstuhl Lotti, Aufzeichnungen über die Delegiertenversammlungen, Referent war der damalige Botschafter und spätere Zürcher Ständerat Eduard Zellweger. Bereits 1962 fand eine a.o. Delegiertenversammlung in Bern statt, um über die Frage eines Beitritts zum Europarat ohne Frauenstimmrecht zu debattieren. Vgl. dazu die Korrespondenz mit Bundesversammlung und Bundesrat in den Jahren 1962ff. in SozArch, Ar. 29.70.7.
27 Die Unterzeichnung einer internationalen Konvention erfolgt durch den Bundesrat, die Ratifizierung und damit die Inkraftsetzung der Konvention hat durch Zustimmung des Parlaments zu erfolgen.
28 Vgl. Dossier SozArch, Ar. 29.30.2/6.
29 Vgl. Voegeli, Vom Hausrat zum Rathaus, S. 149. Neben dem fehlendem Frauenstimm- und -wahlrecht waren auch die konfessionellen Ausnahmeartikel in der Verfassung ein Stein des Anstosses, desgleichen die fehlende Verwaltungsgerichtsbarkeit bei administrativem Freiheitsentzug; sodann bestanden in einigen Kantonen unterschiedliche Ausbildungen für Knaben und Mädchen.
30 Es dauerte allerdings immer noch bis zum 23. Dezember 1969, ehe der Bericht des Bundesrates über die Einführung des allgemeinen Erwachsenenstimmrechts in eidgenössischen Belangen dem Parlament vorlag. Vgl. für die «Zusicherungen» des Bundesrates Briefe vom 18. Juli 1966 und vom 3. Januar 1967.

31 Voegeli, Zwischen Hausrat und Rathaus, S. 151f.; Mesmer, Staatsbürgerinnen ohne Stimmrecht, S. 318–321; vgl. auch Brief von Bundesrat Wahlen an Frau Dr. Ruckstuhl und des SVF vom 9. Dezember 1963, in welchem er seiner Empörung darüber Ausdruck verleiht, dass der SVF es sich gestattet hatte, eine Kopie seines Schreibens an den Bundesrat auch der Presse zu übergeben!
32 Es trifft zu, dass die Charta des Europarates wie auch die EMRK nur die Möglichkeit von Wahlen für die Bürger/innen der Mitgliedstaaten vorsieht. Das erklärt sich daraus, dass in den europäischen Staaten nur vereinzelt die Möglichkeit von Referenden vorgesehen ist, jedoch die Wahl der regierenden (Mehrheits-)partei oder des Staatspräsidenten vorgesehen ist.
33 Botschaft vom 23. Dezember 1969, S. 44; vgl. zu den weiteren damit zusammenhängenden Fragen Mesmer, Staatsbürgerinnen ohne Stimmrecht, S. 325; Voegeli, Zwischen Hausrat und Rathaus, S. 520f.; Ruckstuhl, Frauen sprengen Fesseln, S. 146; Vernehmlassung des SVF vom 9. September 1969, SozArch, Ar. 29.30.4.
34 Vgl. dazu die eindrückliche Darstellung bei Mesmer, Staatsbürgerinnen ohne Stimmrecht, S. 314f.
35 Vgl. Mesmer, Ausgeklammert – Eingeklammert, S. 50–75.
36 Vgl. z.B. Voegeli, Zwischen Hausrat und Rathaus, S. 132–140.
37 Vgl. auch Botschaft vom 23. Dezember 1969 zur Einführung des Frauenstimm- und -wahlrechts in eidgenössischen Angelegenheiten, S. 9.
38 Siehe Kägi, Gutachten, S. 35f.; Botschaft des Bundesrates über die Einführung des Frauenstimm- und -wahlrechts in eidgenössischen Angelegenheiten vom 23. Dezember 1969, die wiederholt, was bereits in der Botschaft von 1957 ausführlich dargelegt worden war.

Der Marsch nach Bern

Yvonne Voegeli

Der Marsch nach Bern, die Idee einer Massendemonstration auf dem Bundesplatz für die politische Gleichberechtigung der Frauen, erscheint erstmals im Protokoll der ausserordentlichen Delegiertenversammlung des Schweizerischen Verbandes für Frauenstimmrecht SVF am 22. September 1963. Traktandiert war das weitere Vorgehen des Verbandes, nachdem im März die Schweiz ohne Unterzeichnung der Europäischen Menschenrechtskonvention (EMRK) dem Europarat beigetreten war.[1]

Bisher hatte der SVF auf derlei radikale Aktionen verzichtet, die vielleicht Stimmbürger wie Politiker hätten vergrämen können und sich somit kontraproduktiv im Bemühen um die politischen Frauenrechte ausgewirkt hätten. Wohl hatte er gelegentlich mit jeweils modernen Methoden wie ungewöhnlichen Plakaten, Kinoreklamen und Filmen für Aufsehen gesorgt und damit gemischte Reaktionen geerntet. Über die Jahrzehnte hatte der Verband aber die Öffentlichkeit an das fehlende Frauenstimmrecht vor allem durch regelmässige Artikel und Meldungen in der Presse erinnert. Gleichzeitig suchte er Stimmbürgern wie Politikern seine staatsbürgerlichen Fähigkeiten zu beweisen, indem er die Frauen mit Vorträgen und Kursen auf ihre künftigen Aufgaben im politischen Gemeinwesen vorbereitete sowie in Zusammenarbeit mit anderen Frauenorganisationen Stellungnahmen und Eingaben zu verschiedenen Gesetzesänderungen einreichte. Insbesondere nutzte er beharrlich sein Netzwerk zu Politikern und anderen einflussreichen Männern, mit denen die einzelnen Mitglieder über familiäre, institutionelle und parteipolitische Bindungen verknüpft waren, um durch sie die Gesetzgebungsmaschinerie immer wieder zugunsten des Frauenstimmrechts in Gang zu setzen. Über solche Kontakte hatte er auch Zugang zu wichtigen informellen Informationen, aufgrund derer er seine kurz- und langfristige Vorgehensweise ausrichten konnte. Dieses Beziehungsnetz pflegten die Stimmrechtsfrauen umgekehrt mit dem ihnen notwendig scheinenden Mass an Rücksichtnahme auf die eingebundenen Teilnehmer.

Auch nach der Ablehnung des eidgenössischen Frauenstimm- und -wahlrechts durch zwei Drittel der abstimmenden Schweizer Männer an der erstmaligen Abstimmung am 1. Februar 1959 setzte sich im SVF die Meinung durch, bei den bisherigen Verhaltens- und Vorgehensweisen zu bleiben. Denn diese hatten sich immerhin für die Frauen in drei Westschweizer Kantonen ausbezahlt, wo die Abstimmung positiv ausgegangen war und die Waadt gleichzeitig, dann Neuenburg und im Jahr darauf Genf die politische Gleichberechtigung auf kantonaler Ebene eingeführt hatten.[2]

Schritte, aber keine Marschtritte gegen die Europapolitik der Schweiz

So liess sich eine Delegation des SVF zunächst von Vertretern des Bundesrates direkt informieren, nachdem dieser mit seinem Bericht vom 26. Oktober 1962 über einen möglichen Beitritt der Schweiz zum Europarat die Stimmrechtsfrauen aufgeschreckt hatte. Der Europarat war nach dem Zweiten Weltkrieg von den europäischen Staaten zur Verständigung zwischen den Regierungen und Parlamenten gegründet worden mit dem Zweck, rechtstaatliche Grundsätze zu schützen sowie sozialen und wirtschaftlichen Fortschritt zu fördern. Von einem Beitritt versprach sich der Bundesrat insbesondere mehr ökonomische Vorteile für die Schweiz als vom bisherigen blossen Beobachterstatus. Das Statut des Europarates verpflichtete die Mitglieder jedoch zur Respektierung der Menschenrechte, die 1953 in der EMRK festgelegt worden waren. Die schweizerische Gesetzgebung vermochte nun aber in einigen Punkten, darunter den fehlenden politischen Rechten der Frauen, den Anforderungen der EMRK nicht zu genügen. Allerdings war ein Beitritt auch ohne gleichzeitige Unterzeichnung der EMRK möglich oder gar die Unterzeichnung der EMRK unter Vorbehalt der schweizerischen Gesetzesdefizite. Bei beiden Varianten konnte die Einführung des Frauenstimmrechts weiterhin hinausgeschoben werden. Im SVF gewann die Ansicht Oberhand, dass nicht erst die ungewissen Auswirkungen eines Beitritts abgewartet werden sollten, sondern von Anfang an dem weiteren Hinauszögern der politischen Frauenrechte begegnet werden müsse. Zur Verhinderung des Europaratbeitritts beschloss der Verband daher, an jeden einzelnen Parlamentarier eine Eingabe zu schicken. Er verzichtete jedoch auf eine gleichzeitige Pressemeldung, die von den Adressaten als aufdringlich hätte empfunden werden können.[3] Dem Bundesrat kam die diskrete Einmischung dennoch ungelegen. Es hatte ihn einige Mühe gekostet, bis die Schweizer Politiker sich Gedanken über eine intensivere Beteiligung am sich entwickelnden Nachkriegseuropa machten.[4] Trotz der Störung durch den SVF stimmte das Parlament nach lebhaften Debatten dem Beitritt zum Europarat zu, schob die Unterzeichnung der EMRK jedoch auf. Falls die Eidgenössischen Räte aber geglaubt hatten, damit seien die strittigen staatsrechtlichen Fragen vorläufig erledigt und sie könnten künftig immer noch ohne Frauen Aussenpolitik betreiben, täuschten sie sich.

Die Schweiz war nach ihrem Beitritt im März 1963 neu das einzige Europaratsmitglied, das die EMRK nicht unterzeichnet hatte. Dem sorgsam gehegten Ruf der helvetischen Musterdemokratie kam dies nicht entgegen. Der SVF, der einen Misserfolg erzielt hatte, war jedenfalls nicht gewillt, stillschweigend darüber hinwegzusehen und die fehlenden Frauenrechte in Vergessenheit geraten zu lassen. Es bot sich im Gegenteil nun die Chance, auch europaweit auf die politische Diskriminierung der Schweizerinnen aufmerksam zu machen und in der schweizerischen Öffentlichkeit vermehrt das Argument der nur mangelhaft respektierten Menschenrechte zu nutzen. Dabei suchte der Verband zu vermeiden, die Abneigung gegen äussere Einmischung in inländische Angelegenheiten zu wecken.

An der ausserordentlichen Delegiertenversammlung vom 23. September 1963[5] lehnten die Stimmrechtlerinnen deshalb fast geschlossen mit nur einer Gegenstimme den Vorschlag ab, an die Mitgliedstaaten des Europarates zu gelangen mit der offenen Aufforderung, auf die Schweiz Druck zur Änderung ihrer Gesetzgebung im Sinne europäischer Normen auszuüben. Sie zogen eine ebenso deutliche, aber subtilere Alternative vor. Sie würden dem Europarat zum 10-Jahr-Jubiläum der EMRK am 10. Dezember 1963 ein Glückwunschtelegramm schicken mit der darin geäusserten Hoffnung, dass durch die baldige Einführung der politischen Gleichberechtigung der Frauen in der Schweiz die Voraussetzung zur Unterzeichnung der EMRK näher rücke. Dieses Mal sollte die Aktion auch über nationale und internationale Nachrichtenagenturen verbreitet werden.

Neben der Lancierung einer neuen Initiative oder Petition für das eidgenössische Frauenstimmrecht besprachen die Delegierten auch die Zweckmässigkeit einer Massendemonstration. Die Idee des Marschs nach Bern war von Julia Heussi aus der Zürcher Sektion eingebracht worden. Die Zürcherinnen begingen den in den 1950er Jahren vom SVF eingeführten und nach der negativen eidgenössischen Abstimmung auf den 1. Februar verlegten Frauenstimmrechtstag seither nicht nur mit Ansprachen vor versammelter Presse im zwar öffentlichen, aber geschützten Rahmen eines Vortragssaals, sondern zogen jeweils spätabends mit Fackeln und Transparenten durch die Zürcher Innenstadt. Sie waren somit an den exponierten Auftritt auf öffentlichem Gelände gewöhnt.[6] Die massive Methode einer Massendemonstration hätte aber schlecht zur soeben beschlossenen Ablehnung eines europäischen Druckversuchs gepasst. Das Protokoll bietet denn auch keine weiteren Informationen zum Thema. Beschlossen wurden hingegen eine intensivere Zusammenarbeit mit der Arbeitsgemeinschaft der Schweizerischen Frauenverbände für die Rechte der Frau und ein Antrag auf deren Reorganisation, um die Forderung nach politischer Gleichberechtigung breiter abzustützen und ihr so mehr Gewicht zu verleihen.

Menschenrechtskonvention mit Vorbehalten: Ein Marsch wird unumgänglich
Im Eidgenössischen Parlament waren mittlerweile immer mehr Politiker, nicht nur Frauenstimmrechtsfreunde, sondern auch Interessenvertreter der Katholiken, die sich durch das Jesuiten- und Klosterverbot in der Verfassung diskriminiert fühlten, an der Änderung der entsprechenden Rechtsbestimmungen interessiert. Im März 1965 regte der Genfer FDP-Präsident und Nationalrat Henri Schmitt in einer kleinen Anfrage an den Bundesrat an, bei der damals vorgesehenen Totalrevision der Bundesverfassung nicht nur die religiösen Ausnahmeartikel zu streichen, sondern auch gleich die politischen Frauen-

rechte einzuführen. Der Bundesrat liess sich nicht drängen, indem er darauf verwies, die Schweiz sei dem Europarat beigetreten, habe aber die EMRK nicht unterzeichnet.

Da seit längerem auch in den Medien über das Thema orientiert wurde, war aber früher oder später mit einer Neubeurteilung der Frage zu rechnen. So planten die Stimmrechtlerinnen an ihrer Jahresversammlung im April 1965 das Vorgehen für den Fall, dass die Schweiz die EMRK doch mit Vorbehalten unterzeichnen würde. Erneut kam auch ein Marsch nach Bern zur Sprache. Diesmal war es Madeleine Joye, Präsidentin des Frauenstimmrechtvereins Fribourg, die eine spektakuläre Tat für endlich notwendig hielt. Einmal mehr wurde im Protokoll zu diesem Vorschlag nichts weiter festgehalten und einstweilen der SVF-Zentralvorstand angewiesen, darauf zu achten, dass die religiösen Ausnahmeartikel der Verfassung nicht beseitigt würden ohne gleichzeitige Einführung des Frauenstimmrechts.[7]

Bedenklich für die Stimmrechtlerinnen sollte sich erweisen, dass der St. Galler Nationalrat Mathias Eggenberger, Präsident der SP-Fraktion, zusammen mit den Fraktionspräsidenten der anderen Parteien am 14. Dezember 1965 im Anschluss an die Debatte zur Aussenpolitik mit einer Motion die Prüfung der Voraussetzungen zu einer Unterzeichnung der EMRK verlangte. Im Sommer 1966 wurde dieser Vorstoss vom Nationalrat behandelt. Eggenberger begründete sein Begehren damit, dass die Schweiz es sich nicht leisten könne, Unterzeichnung und Ratifikation der EMRK auf den Sankt-Nimmerleinstag zu verschieben. Da die Verfassungsänderungen zur Behebung der strittigen Punkte voraussichtlich längere Zeit brauchten, mochte er auch eine Unterzeichnung der Konvention mit Vorbehalten nicht ausschliessen. Bundesrat Willy Spühler, der inzwischen im Justiz- und Polizeidepartement auf den Unterzeichnungsgegner Wahlen gefolgt war, zeigte sich bereit, einen Bericht auszuarbeiten. Zur Beschleunigung veranlasste er den Nationalrat, die Motion in ein Postulat umzuwandeln, weil dann der Ständerat nicht auch noch über das Geschäft befinden musste. Der SVF veröffentlichte gegen die Aussicht, dass die EMRK vielleicht doch mit Vorbehalten unterzeichnet werden sollte, sofort einen Protest in der Presse und ersuchte um eine Unterredung mit Bundesrat Spühler. Dazu erhielt er zusammen mit der Arbeitsgemeinschaft der Schweizerischen Frauenverbände für die politischen Rechte der Frau aber erst nach zweimaligem Insistieren 1968 Gelegenheit.[8]

Im Kanton Zürich hatten inzwischen die Männer am 20. November 1966 die politischen Frauenrechte abgelehnt. Der Zürcher Stimmrechtsverein war daraufhin nicht mehr bereit, am kommenden Stimmrechtstag seinen traditionellen Fackelzug durchzuführen. An der Konferenz des SVF-Zentralvorstandes vom 3. Dezember 1966 meinte die Neuenburgerin Ruth Schaer-Robert, unterstützt von ihrer Waadländer Kollegin Gertrude Girard-Montet, statt Fackelzügen sollten die Stimmrechtlerinnen eher einmal einen Marsch nach Bern

Abb. 18: Frauenmarsch nach Bern, 1. März 1969.

veranstalten. Aber leider hätten die Zürcherinnen die empörte Stimmung an ihrer Versammlung nach dem Urnengang nicht zu nutzen verstanden, das Publikum hätte sicher mitgemacht. Gerade weil die Wahl des richtigen Zeitpunktes für das Gelingen einer solchen Kundgebung entscheidend war, riet SVF-Präsidentin Lotti Ruckstuhl jedoch, einen Marsch nach Bern weiterhin zurückstellen, bis die Angelegenheit der Menschenrechtskonvention «reif» sei.[9]

In der nächsten Zeit erkundigten sich die Vorstandsmitglieder erst einmal bei Staatsrechtsprofessor Werner Kägi und dem Institut für Internationales Recht in Genf, ob eine Unterzeichnung der EMRK bei einem so wesentlichen Vorbehalt wie der fehlenden politischen Gleichberechtigung überhaupt zulässig sei. Kägi hielt die Unterzeichnung für durchaus möglich, wenn auch nicht wünschbar. Die Stimmrechtlerinnen wussten nur zu gut, dass viele Parlamentarier sehr wohl dazu bereit waren. Daher begann der Zentralvorstand endlich doch ernsthaft, eine Protestdemonstration in Betracht zu ziehen. Marthe Gosteli aus Bern, ausser SVF-Vorstandsmitglied auch damalige Vizepräsidentin des Bundes Schweizerischer Frauenvereine, wollte auch weitere Frauenverbände zur Organisation beiziehen. Vorher sollte jedoch eine kleine Gruppe aus ihrer Mitte die Aktion gut vorbereiten. Marthe Gosteli wurde beauftragt, bei der Polizei schon vorsorglich abzuklären, ob ein Marsch zum Bundeshaus möglich sei.[10]

Zunächst wartete der SVF aber den Bericht des Bundesrates zur Menschenrechtskonvention ab. Bundesrat Spühler verkündete unterdessen ausgerechnet am 1. Februar 1968, dem Frauenstimmrechtstag, in einer Rede zum Internationalen Jahr der Menschenrechte, dass der Beitritt zur EMRK mit Vorbehalten ernsthaft geprüft werde. Im März empfing er endlich eine Delegation der Arbeitsgemeinschaft für die politischen Rechte der Frau, mit Vertreterinnen des SVF, des Bundes Schweizerischer Frauenverbände, des Schweizerischen Katholischen Frauenbundes und des Evangelischen Frauenbundes der Schweiz. Dabei hatte er zur Kenntnis zu nehmen, dass nicht allein der SVF, sondern auch die grossen Frauenorganisationen die Unterzeichnung der EMRK mit Vorbehalten ablehnten. Nichtsdestotrotz liess Mitte Jahr ein hoher Bundesbeamter aus der Abteilung für internationale Organisationen, den der SVF als Gastredner an seine Jahresversammlung eingeladen hatte, durchblicken, dass bereits Schritte beim Europarat zur Unterzeichnung der EMRK unternommen worden waren. Obwohl ein Teil der Mitglieder, in deren Kantonen Abstimmungen zum Frauenstimmrecht bevorstanden, nichts überstürzen wollte, war die Mehrheit im SVF der Meinung, dass sofort Eingaben an die Eidgenössischen Räte ausgearbeitet und Kopien an den Europarat geschickt werden müssten. Auch Lotti Ruckstuhl hielt nun den Moment für einen Marsch nach Bern für gekommen, und zwar während der Bericht des Bundesrates vom Parlament beraten würde.[11] Die Gelegenheit bot sich allerdings früher als angenommen.

**Frauenstimmrechtlerinnen und Frauenbefreiungsbewegung:
Kein Marsch! – Marsch, nach Bern!**
Am 10. November 1968 feierte der Zürcher Stimmrechtsverein sein 75-jähriges Bestehen im Zürcher Schauspielhaus umrahmt von klassischer Musik mit regierungsrätlicher Ansprache und Festreden prominenter Frauen. Völlig unerwartet trat auch eine Studentin aus der 1968er Bewegung ans Mikrofon und erklärte, es erübrige sich, eine Bewegung am Leben zu erhalten, die nur das Stimmrecht fordere. Mit dem Stimmrecht werde die Gleichberechtigung nicht erreicht sein. Es gelte, das Rollenbild der Frau in der Gesellschaft und die Aufgabenteilung der Geschlechter zu überdenken. Nachdem sich die entstandene Unruhe unter den Gästen gelegt hatte, nahmen die Stimmrechtlerinnen mit der ungebetenen Rednerin und ihren Kolleginnen die Diskussion auf, in deren Verlauf auch ein Marsch nach Bern vorgeschlagen wurde.[12] Obwohl die überfallenen Stimmrechtlerinnen gekränkt waren, dass die jungen Frauen ihre bisherigen Anstrengungen nicht zu würdigen wussten, veranstalteten sie mit ihnen zusammen am 10. Dezember 1968, dem 20. Jahrestag der UNO-Menschenrechte und einen Tag nach der Veröffentlichung des Bundesratsberichts zur EMRK, ein *Teach-in* mit 500 Teilnehmenden, an dem die Durchführung des Marschs nach Bern beschlossen wurde. In der Presse waren die Ereignisse

derart ausführlich kommentiert worden, dass die Zürcher Stimmrechtsfrauen den Anlass ohne Gesichtsverlust nicht mehr abblasen konnten. Für den Organisationsaufwand ersuchten sie um Unterstützung des Gesamtverbandes.[13] Trotz Bedenken wegen möglicher Ausschreitungen entschied sich der Zentralvorstand mehrheitlich, die Massenkundgebung zu organisieren. In einer zweiten Abstimmung wurde zudem der geeignete Zeitpunkt festgelegt. Der Marsch sollte vor einer Entscheidung der Eidgenössischen Räte stattfinden als Demonstration der Willensstärke der Frauen, nicht erst im Falle einer ungünstigen Entscheidung hinterher als Protest «sans grand effet pratique».[14]

Kurz danach beriet die Arbeitsgemeinschaft für die politischen Rechte der Frau ihr Vorgehen. Inzwischen hatten sich ihr auch der Schweizerische Gemeinnützige Frauenverein, der Landfrauenbund und der Evangelische Frauenbund angeschlossen. Damit gab es abgesehen vom Bund der Schweizerinnen gegen Frauenstimmrecht keine Frauenorganisation mehr, die nicht gegen eine Unterzeichnung der EMRK mit Vorbehalten gewesen wäre.[15] Trotz Vorstandsmitgliedern, die sich für eine Teilnahme am geplanten Marsch und eine Zusammenarbeit mit den inzwischen zur Frauenbefreiungsbewegung FBB formierten jungen Frauen einsetzten, zog es die Arbeitsgemeinschaft vor, ihre Stärke an einem grossen Kongress in Bern zu zeigen.[16]

Bevor der Marsch durchgeführt wurde, begingen die Zürcherinnen am 1. Februar den Frauenstimmrechtstag wie immer mit Saalveranstaltung und Fackelzug. Die anwesenden FBB-Vertreterinnen klatschten die Rednerinnen des Stimmrechtsvereins nieder und wurden ihrerseits vom Publikum am Reden gehindert, so dass der Anlass abgebrochen werden musste. Auch am Fackelzug kam es zu Störmanövern. Schon vor diesen Ereignissen hatte der stets zurückhaltend agierende BSF seine Beteiligung am Marsch abgesagt. Nun folgte ihm auch die Zürcher Frauenzentrale, der 140 kantonale Organisationen angehörten. Der SVF-Zentralvorstand zog seine Zusage zur Organisation des Marsches äusserst knapp mit Stichentscheid der Präsidentin zurück. Die Minderheit verlangte daraufhin eine ausserordentliche Delegiertenversammlung.[17]

Am 16. Februar 1969 lehnte diese nach einer hitzigen Diskussion die Durchführung des Marsches ab. Die Furcht vor Ausschreitungen, die Befürchtung einer zu geringen Zahl von Teilnehmenden um Eindruck zu machen, die Angst sich lächerlich zu machen und die mögliche Gefährdung kantonaler Abstimmungsvorlagen überwogen das Argument, ein Verzicht nach Bekanntgabe des Marsches wäre ein taktischer Fehler, und den Appell, sich «das Gesetz des Handelns nicht wegen einer Handvoll Linksextremistinnen aus der Hand nehmen zu lassen».[18]

Genau das war aber eingetroffen. Seit Beginn der Auseinandersetzungen um die Widersprüche zwischen schweizerischen Gesetzen und europäischen Rechtsnormen hatte der SVF sein Vorgehen schrittweise geändert, war er von einer zunächst diskreten Aktion zu immer mehr öffentlichkeitswirksamem

Auftreten übergegangen und hatte damit den Druck auf die Politiker für eine Entscheidung in dem von ihm gewünschten Sinn erhöht. Solange er allerdings hoffen durfte, mit geschickten Schachzügen im jahrzehntelang eingeübten Verhandlungsstil einen Schritt weiter zu gelangen, blieb die Idee der Massenkundgebung ein Zeichen der Ungeduld ohne klar umrissene Funktion. Erst als sich die Aussichten verschlechterten, wurde aus dem Protestmarsch ein Instrument, mit dem zum genau berechneten Zeitpunkt, der Parlamentsdebatte über die Menschenrechtskonvention – und zwar vor einer Entscheidung der Räte – den Forderungen der Stimmrechtlerinnen Beachtung verschafft werden sollte. Doch beeinflussten die sich überstürzenden Ereignisse nach der Begegnung mit der FBB und nicht zuletzt die Presse, die fälschlicherweise ein unrealistisch frühes Datum für den Marsch verbreitet hatte – also äussere Faktoren – die vorgezogene Durchführung sowohl der Kundgebung der Arbeitsgemeinschaft als auch des Marsches nach Bern.

Die Zürcherinnen, bei denen schon längst ein Aktionskomitee die Marschvorbereitungen aufgenommen hatte, dachten nämlich nicht daran aufzugeben und organisierten mit der Unterstützung aus den risikobereiteren Sektionen Basel, Neuenburg, Schaffhausen und Winterthur die Demonstration selbst. Nachdem am Vormittag des 1. März 1969 im Berner Kursaal der Kongress der Arbeitsgemeinschaft mit 500 Delegierten aus allen angeschlossenen Organisationen mit Resolutionen gegen die Unterzeichnung der EMRK mit Vorbehalten, mit den Forderungen nach Anhörung der Frauenorganisationen und einer schnellen Verfassungsänderung zur Einführung des Frauenstimmrechts stattgefunden hatte, strömten schliesslich zum Marsch nach Bern am Nachmittag 5000 Personen beiderlei Geschlechts auf den Bundesplatz. Nach einem Trommelwirbel, der Ansprache der Leiterin des Aktionskomitees Emilie Lieberherr, der Verabschiedung einer Resolution mit der Forderung des vollen eidgenössischen Frauenstimm- und -wahlrechts und der Verwirklichung der Menschenrechte ohne jegliche Vorbehalte, Sprechchören und einem schrillen Pfeifkonzert mit Trillerpfeifen, wollte eine Delegation im Bundeshaus dem Bundesrat die Resolution überreichen. Es war aber kein Bundesrat da, um sie entgegenzunehmen, worauf ein erneutes Pfeifkonzert folgte.[19]

Anlässlich der Demonstration vom 1. März 1969 angenommene Resolution

Wir Schweizerinnen hier auf dem Bundesplatz fordern das volle Stimm- und Wahlrecht auf eidgenössischer und kantonaler Ebene. Die Konvention zum Schutze der Menschenrechte und Grundfreiheiten des Europarates darf erst dann unterzeichnet werden, wenn dieser Vorbehalt nicht mehr nötig ist.
Die Gleichstellung der Geschlechter ist eine wichtige Voraussetzung für die Verwirklichung der Menschenrechte. Sämtliche vorgeschlagenen Vorbehalte

stellen die Glaubwürdigkeit unseres Landes als Rechtsstaat und Demokratie in Frage. Wir fordern deshalb alle gutgesinnten Politiker und Bürger auf, das Frauenstimmrecht im Bund, den Kantonen und allen Gemeinden so rasch als möglich zu verwirklichen.

Quelle: Ruckstuhl Lotti, Frauen sprengen Fesseln. Hindernislauf zum Frauenstimmrecht in der Schweiz, Bonstetten 1986, S. 139.

Der Bundesrat hatte die Dringlichkeit der Frauenforderungen offensichtlich unterschätzt. Doch nur vier Tage nach den beiden Grosskundgebungen der Frauen wurde immerhin ein seit einem Jahr hängiger Vorstoss zur Ausarbeitung einer Abstimmungsvorlage für das eidgenössische Frauenstimmrecht vom Nationalrat diskussionslos an die Regierung überwiesen. Die Parlamentsdebatten über die Menschenrechtskonvention begannen dagegen nicht wie von den Frauenorganisationen erwartet. Der Nationalrat beschloss im Juni mit knapper Mehrheit doch die Unterzeichnung der EMRK mit Vorbehalten. Erst der Ständerat verhinderte dies im Oktober, ebenfalls knapp, mit einer reinen Kenntnisnahme des Bundesratsberichts. Unterdessen arbeitete die Bundesverwaltung mit bisher nicht gekannter Eile am Bericht zu einer neuen Abstimmungsvorlage für das eidgenössische Frauenstimmrecht, der noch knapp vor Ende Jahr veröffentlicht werden konnte. Der Bericht wurde schliesslich ohne nennenswerte Opposition in den Eidgenössischen Räten angenommen, denn endlich hatte sich die Ansicht durchgesetzt, dass jede Verzögerung des Frauenstimmrechts dem internationalen Ansehen der Schweiz nur schaden würde. Da der eventuelle Abstimmungstermin schon vor den Ratsdebatten auf das Frühjahr 1971 angesetzt worden war, würden bei positivem Ausgang des Urnengangs die Frauen zudem bereits an den Erneuerungswahlen des Parlaments im Herbst teilnehmen können. Da wollte niemand die möglichen neuen Wählerinnen an die Konkurrenz verlieren. So legten sich dann Politiker aller Parteien ebenso in der Abstimmungskampagne zusammen mit Wirtschaftsvertretern für das Frauenstimmrecht mächtig ins Zeug. Beeinflusst auch vom rasanten gesellschaftlichen Wandel in den vergangenen 12 Jahren nahmen die Stimmbürger am 7. Februar 1971 mit 65,7 Prozent die politische Gleichberechtigung der Frauen auf eidgenössischer Ebene an. Wohl reichte es auch zum Ständemehr, aber noch immer lehnten 6 1/2 Kantone ab.[20]

1   Protokoll ausserordentliche Delegiertenversammlung SVF, 22. September. 1963, Archiv Schweizerischer Verband für Frauenrechte/Association suisse pour les droits de la femme, Schweizerisches Sozialarchiv (SozArch), Ar. 29.10.3. Grundlage zu den folgenden Ausführungen ist Voegeli Yvonne, Zwischen Hausrat und Rathaus. Auseinandersetzungen um die politische Gleichberechtigung der Frauen in der Schweiz 1945–1971, Zürich 1997.

2 Ibd. S. 491f.
3 Protokoll der ausserordentlichen Delegiertenversammlung SVF, 2. Dezember 1962, SozArch, Ar. 29.10.2.
4 Voegeli, Zwischen Hausrat und Rathaus, S. 137.
5 Protokoll der ausserordentlichen Delegiertenversammlung SVF, 23. September 1963, SozArch, Ar. 29.10.2.
6 Voegeli, Zwischen Hausrat und Rathaus, S. 383f.
7 Protokoll der 54. Delegiertenversammlung SVF, 24./25. April 1965, SozArch, Ar. 29.10.3.
8 Voegeli, Zwischen Hausrat und Rathaus, S. 143f.
9 Protokoll der Sitzung des Zentralvorstandes SVF, 3. Dezember 1966, SozArch, Ar. 29.10.13.
10 Protokoll der Sitzung des Zentralvorstandes SVF, 24. Juni 1967, SozArch, Ar. 29.10.13. Voegeli, Zwischen Hausrat und Rathaus, S. 500f.
11 Voegeli, Zwischen Hausrat und Rathaus, S. 501f. Protokoll der 57. Delegiertenversammlung SVF, 15./16. Juni 1968, SozArch, Ar. 29.10.4. Protokoll der Sitzung des Zentralvorstandes SVF, 22. Juni 1968, SozArch, Ar. 29.10.13.
12 Die Berichte über die turbulente Jubiläumsfeier, seien sie aus der Schreibmaschine von Stimmrechtlerinnen oder aus der Presse, lassen im Unklaren, welche Seite die Idee des Marsches in die Diskussion einbrachte. Aufgrund der stehenden Wendung «Marsch nach Bern», die seit einigen Jahren in Sitzungsprotokollen und Briefen der Stimmrechtsfrauen erscheint und in der anfänglich zu findenden, später wohl bewusst vermiedenen Variante «Marsch auf Bern» an den faschistischen «Marsch auf Rom» oder das mundartliche «Marsch uf Bern» erinnert, kann die Urheberinnenschaft genauso gut bei den Stimmrechtsfrauen liegen wie bei den 1968er Studentinnen in Anlehnung etwa an den «Marsch durch die Institutionen».
13 Voegeli, Zwischen Hausrat und Rathaus, S. 388–392. Die Rede Andrée Valentins ist vollständig zitiert auf den Seiten 654–656. Fundstelle: «Frauenstimmrecht. ‹Stimmrecht ist Menschenrecht›», Zeit-Dienst 45, 15. November 1968.
14 Protokoll der Sitzung des Zentralvorstands SVF, 11. Januar 1969, SozArch, Ar. 29.10.13.
15 Mesmer Beatrix, Staatsbürgerinnen ohne Stimmrecht. Die Politik der Schweizerischen Frauenverbände 1914–1971, S. 321.
16 Protokoll der Vorstandssitzung der Arbeitsgemeinschaft der Schweizerischen Frauenverbände für die politischen Rechte der Frau, 27. Januar 1969, Archiv der Gosteli-Stiftung zur Geschichte der schweizerischen Frauenbewegung (AGoF), 102 ,11–02.
17 Voegeli, Zwischen Hausrat und Rathaus, S. 392f., 505–513. Protokoll der Sitzung des Zentralvorstands SVF, 11. Januar 1969, SozArch, Ar. 29.10.13.
18 Protokoll der ausserordentlichen Delegiertenversammlung, 16. Februar 1969, SozArch Ar. 29.10.13. Zitat aus: Basler- und Zürcherinnen wollen doch nach Bern, Volksrecht Nr. 43, 21. Februar 1969. Voegeli, Zwischen Hausrat und Rathaus, S. 506–513.
19 Voegeli, Zwischen Hausrat und Rathaus, S. 394, 511f. Beschreibung des Anlasses und Wortlaut der Resolution in: Ruckstuhl Lotti, Frauen sprengen Fesseln, Hindernislauf zum Frauenstimmrecht in der Schweiz, Bonstetten 1986, S. 138ff.
20 Voegeli, Zwischen Hausrat und Rathaus, S. 303–330, 513–525. Mesmer, Staatsbürgerinnen ohne Stimmrecht, S. 322–332.

Abb. 19: Travail des femmes à domicile. Die «Schweizer Illustrierte Zeitung» wies 1917 auf die «Schuhnot» hin, welche die Frauen zwang, Schusterarbeiten zuhause zu erledigen.

Allianzen für die Rechtsgleichheit

Alliances pour la réalisation de l'égalité en droit

Schweizerische Arbeitsgemeinschaft Frau und Demokratie: In welcher Staatsform sind die Frauenrechte am besten aufgehoben?

Béatrice Ziegler

Das Verhältnis zwischen Frauenstimm- und -wahlrecht und Demokratie
Annie Leuch-Reineck, die Präsidentin des Schweizerischen Verbands für Frauenstimmrecht, veröffentlichte 1933 im Jahrbuch der Schweizerfrauen einen Beitrag zu «Frauenstimmrecht und Demokratie» und äusserte sich zur gleichen Thematik auch im «Schweizer Frauenblatt». In politisch aufgeheiztem Klima vertrat sie dabei dezidiert die Auffassung, die demokratischen Volksrechte seien Vorbedingung für die Frauenrechte. Damit distanzierte sie sich öffentlich von den Fronten und rechtskonservativen Kreisen, die den Abbau der Demokratie über die Totalrevision der Bundesverfassung zu fordern begannen. Ihre Schlussfolgerung war klar: Frauen müssen für die Demokratie einstehen.[1]

Am 18. Juni 1933 trafen sich 20 Frauen, darunter Leuch-Reineck, zu einer «réunion toute privée», die aber protokolliert wurde und aus der Beschlüsse hervorgingen. Insbesondere gründete die Zusammenkunft eine Studiengruppe, die auf den 1. August 1933 einen «Aufruf an die Schweizer Frauen» vorbereitete. Dieser wurde dann von den Präsidentinnen der grösseren Frauenverbände unterzeichnet und in der Frauenpresse und in Tageszeitungen publiziert. Er dokumentierte ein Bekenntnis der Verbände zur Demokratie, zum Frieden und zur Mitarbeit der Frauen im öffentlichen Leben.[2]

Die Stellungnahme war brisant, waren doch 1929, im Nachgang zum Grosserfolg der SAFFA, rund 260 000 Petitionsstimmen gesammelt worden, die bezüglich des Stimm- und Wahlrechts von Frauen eine Verfassungsrevision verlangten. Nun, da aus völlig anderen politischen Kreisen die Verfassungsrevision Schub erhielt, war man sich innerhalb der Verbände nicht unbedingt einig, ob eine deutliche Abgrenzung zu diesen wirklich opportun sei.

Dennoch gab sich der informelle Zusammenschluss, stimuliert durch die bisherige Zusammenarbeit, am 18. Oktober 1933 eine feste Organisationsstruktur unter dem Titel Schweizerische Arbeitsgemeinschaft Frau und Demokratie.[3] Unter der neu gewählten Präsidentin Maria Fierz sollte sich die Zusammenarbeit mit Hilfe eines Arbeitsprogramms nun verstetigen. In der Ausarbeitung dieses Programms brachen aber die ersten Differenzen zwischen den vertretenen Frauenverbänden wieder auf: Der Schweizerische Katholische Frauenbund (SKF) mochte die Betonung der liberalen Freiheits- und Persönlichkeitsrechte nicht mittragen. Seine Referenzpartei, die Katholisch-Konser-

vative Volkspartei, hatte sich den Fronten angenähert und sah vor allem in den
linken Bewegungen die Gefahren für die Demokratie.[4] Die Divergenzen be‑
schränkten sich aber nicht auf das Verhältnis zwischen dem SKF und der Ar‑
beitsgemeinschaft. Auch im Innern anderer mitarbeitender Verbände war die
Unterstützung für die Arbeitsgemeinschaft Frau und Demokratie nicht un‑
umstritten. Selbst im Schweizerischen Verband für Frauenstimmrecht (SVF),
dessen Präsidentin Annie Leuch-Reineck öffentlich ihre Auffassung bekun‑
det hatte, sich im schwierigen politischen Umfeld prioritär mit der Verteidi‑
gung der Demokratie befassen zu wollen, wurden die Prinzipien demo‑
kratischer Verfasstheit des schweizerischen Staates nur teilweise als a priori zu
verteidigen eingeschätzt.[5] Quellen zeugen davon, dass auch beim Sachwalter
der staatsbürgerlichen Rechte der Frauen, beim SVF, der unmittelbare Zu‑
sammenhang zwischen Individual- und Freiheitsrechten für Frauen auf der
einen und der Demokratie auf der anderen Seite nicht selbstredend als gegeben
angenommen wurde.[6]

Meinungsbildung im SVF über Demokratie und Frauenrechte

Dieser Sachverhalt soll im Folgenden kurz skizziert werden, um damit die Ein‑
schätzung zu begründen, dass ein allzu schneller Rückschluss von Texten der
Annie Leuch-Reineck auf die politischen Haltungen im von ihr präsidierten
Verband an der Realität vorbeigehen würde. Oder anders formuliert: Auch im
SVF waren – wie dies in einem Dachverband unterschiedlichster Mitglieder‑
verbände nicht weiter erstaunt – die Haltungen gegenüber den politischen
Strömungen nicht einheitlich. Man hatte sich die Aufgabe gegeben, das Stimm‑
und Wahlrecht für Frauen zu erreichen. Welche Mittel dafür opportun und
akzeptabel seien, war auch im Innern umstritten.

Die Arbeit des Zentralvorstands des SVF war in der Zeit vor der Abstim‑
mung zur Totalrevision der Bundesverfassung denn auch geprägt vom Bemü‑
hen, den Mitgliedern über Referate die Meinungsbildung zu ermöglichen. Im
Oktober 1933 referierte die Präsidentin, Annie Leuch-Reineck, vor der Ver‑
sammlung der Sektionspräsidentinnen über den Zusammenhang zwischen
Demokratie und Frauenrechten. Die Präsidentinnen wurden aufgefordert, das
Thema der Demokratie in das Winterprogramm der Sektionen zu integrieren.[7]
1934 sprachen Bundesrat Motta und Émilie Gourd über Frauenrechte und an
die Präsidentinnenkonferenz waren zwei Redner eingeladen, die für und gegen
den Korporationenstaat und die Fronten sprachen.[8] Aus diesen Veranstaltun‑
gen ist die programmatische Arbeit des Zentralvorstands erkennbar.

Der Jahresbericht der Präsidentin von 1933 dokumentiert, dass die politi‑
schen Parteien und die Fronten angeschrieben worden waren, da man von
ihnen Auskünfte über ihre Haltung zu den Frauenrechten verlangte. Dies be‑
traf insbesondere das allgemeine Stimm- und Wahlrecht für Männer und
Frauen, dann die Stellung der berufstätigen Frau und der Frau als Konsumen‑

tin – für den Fall, dass ein Korporationenstaat geschaffen würde – zudem die Mitarbeit der Frau in öffentlichen Ämtern, die Stellung der Frau in der Familie sowie die Berufsausübung der verheirateten Frau. Man verlangte Aufschluss bezüglich der Einstellung gegenüber dem Doppelverdienertum von Männern und Frauen.[9]

Diese Tendenz, die Haltung gegenüber dem Korporationenstaat und den Fronten beziehungsweise gegenüber der Totalrevision der Bundesverfassung von der Sicherung von Frauenrechten abhängig zu machen, zeigte sich auch nach dieser Umfrage im Verband deutlich. So machte Annie Leuch-Reineck in ihrem Jahresbericht von 1934/35 klar, dass dem Verband wichtig gewesen sei zu prüfen, ob die Verankerung des Frauenstimmrechts möglich sei. Erst das Ergebnis der erwähnten Umfrage überzeugte auch die Mitglieder des SVF, dass mit Fronten und Rechtsgruppierungen keine Frauenrechte zu holen waren: Die Antworten der Eidgenössischen Front und des Bundes für Volk und Heimat zeigten eine deutliche Sprache. So hatte Wilhelm Frick für die Eidgenössische Front geantwortet, die «Stellung der Eidgenössischen Front gegenüber der politischen Gleichberechtigung der Frau [sei] absolut und eindeutig ablehnend».[10] Der Bund für Volk und Heimat liess über seinen Pressechef Trechsel unter anderem ausrichten:

> «Wir halten es nun angesichts der Gefahr der marxistischen und faschistischen Gleichschaltung für dringend notwendig, dass der Einfluss wahren und echten Frauentums wieder stärker und grösser werde und halten es darum für ein Unrecht, den Schweizerfrauen die Verpflichtung zum politischen Machtkampf aufzwingen und der Gefahr der zersetzenden Parteiung aussetzen zu wollen.»[11]

Leuch-Reineck kommentierte deshalb, Fronten und Parteien unterstützten das Anliegen der Frauenrechte nicht, «sodass», wie sie schloss, «wir uns ihnen gegenüber besser neutral verhalten». Mit der Umfrage konnte der Vorstand den Mitgliedsverbänden deutlich machen, dass die von den Fronten und rechtskonservativen Kreisen angestrebte Totalrevision der Bundesverfassung den Frauen kein Stimm- und Wahlrecht, sondern weitere Rückschritte bringen würde. Wie schwierig es offenbar war, die Mitgliedschaft gegen die Totalrevision und für die Verteidigung demokratischer Strukturen zu gewinnen, zeigt sich aber an ihrem Schlusssatz, würde man doch erwarten, dass Leuch-Reineck das Ergebnis der Umfrage zum Anlass nehmen würde klar zu machen, dass die Fronten und rechtskonservativen Parteien mit ihrem Wunsch nach Totalrevision der Verfassung abzulehnen seien. Stattdessen mahnte sie zur Neutralität gegenüber den Fronten und diesen Parteien.

Diese Schlussfolgerung ist einigermassen überraschend, wenn sie den deutlichen Bekenntnissen der Präsidentin in der Öffentlichkeit zugunsten der Verteidigung der Demokratie gegenübergestellt wird. Warum sie sich in der Generalversammlung derart zurücknahm, kann nur vermutet werden. Aber die Tatsache, dass die Anwesenden an der Generalversammlung schliesslich dem Zentralvorstand den Antrag stellten, die Totalrevision dürfe nur empfohlen werden, wenn der Gleichstellung Rechnung getragen werde, lässt doch schliessen, dass eine nicht zu vernachlässigende Zahl der anwesenden Mitglieder keine grundsätzlichen Einwände gegen die Totalrevision der Bundesverfassung hatten, solange die Mitsprache der Frauen in die Revision einbezogen würde.[12]

Das öffentliche Bekenntnis zur Demokratie und zur Ablehnung der Totalrevision

Trotz der vermutlich grossen Heterogenität innerhalb des Dachverbandes gehörte der SVF zu den Trägern der Abstimmungsaktion der Arbeitsgemeinschaft Frau und Demokratie im Vorfeld der Abstimmung über die Totalrevision der Bundesverfassung. Die Arbeitsgemeinschaft beschloss 1934, in der Öffentlichkeit mit einem Frauentag auf die fehlenden Rechte der Frauen aufmerksam zu machen. Schwierige Vorbereitungsverhandlungen führten dazu, dass der Frauentag um ein Jahr verschoben, dann aber als Manifestation für die Erhaltung der Demokratie eine Woche vor der Abstimmung über die Totalrevision der Bundesverfassung vom 8. September 1935 gestaltet wurde. Am 1. September wurden in Basel, Bern, Lausanne und Zürich «Verfassungsfeiern» abgehalten, deren politischer Kern eine einheitliche Resolution war. Ein Abzeichenverkauf sollte das Bekenntnis zur Demokratie stärken, denn das Motto auf dem Abzeichen lautete: «Der Schweiz die Demokratie». In der Presseverlautbarung wurde nicht nur Stellung bezogen gegen die Revision, sondern auch für das Frauenstimm- und -wahlrecht. Ausserdem wurde betont, dass die Arbeitsgemeinschaft seit ihrer Gründung unermüdlich Aufklärungsarbeit in Frauenkreisen zugunsten der Hochhaltung der Demokratie betrieben habe.[13]

Die am Tag der Schweizerfrauen verabschiedete Resolution

Die am 1. September 1935 versammelten Schweizerfrauen sehen der Abstimmung über die Totalrevision der Bundesverfassung mit Spannung entgegen.
Sie bedauern, in dieser Frage, die die Zukunft des gesamten Schweizervolkes entscheidend beeinflussen wird, kein Mitspracherecht zu haben.
Sie sind überzeugt, dass der Wille zur inneren Geschlossenheit unseres Volkes und damit die Kraft zur Abwehr gegen wesensfremde Einflüsse und Angriffe nur auf dem Boden der Selbstbestimmung aller unter sich gleichberechtigten Bürger erhalten werden kann.
Sie setzen sich mit Überzeugung ein für die Anerkennung der demokratischen Rechte und Pflichten aller Bürger und Bürgerinnen. Sie erwarten, dass, entge-

gen heutigen Strömungen, die Grundsätze der persönlichen *Verantwortung* und *Freiheit*, der *Gleichberechtigung*, der *Solidarität*, der *Menschlichkeit* und *Toleranz*, weiterhin durch die Verfassung verbürgt, oberstes Gut der Schweizerischen Eidgenossenschaft bleiben.

Quelle: Gosteli Marthe (Hg.), Vergessene Geschichte. Illustrierte Chronik der Frauenbewegung 1914–1963, Bern 2000, Bd. 2, S. 662.

Das kompromisslose Bekenntnis zur Demokratie in der Öffentlichkeit ist umso bemerkenswerter, wenn die oben angesprochene verbandsinterne Widersprüchlichkeit auch desjenigen Verbandes zur Kenntnis genommen wird, der als progressive Spitze der Frauenverbände gilt, da er sich kompromisslos für die Rechte der Frauen einsetzte. Dies bestätigt einmal mehr die Komplexität der politischen und gesellschaftlichen Verankerungen damaliger Frauenrechtlerinnen, eine Komplexität, die bereits Sibylle Hardmeier für die Zeit bis zu den ausgehenden 1920er Jahren konstatierte.[14]

Demokratisches Bekenntnis, Geistige Landesverteidigung und Kalter Krieg
Die Komplexität und Heterogenität der Frauenorganisationen machen auch verständlicher, weshalb mit dem zunehmenden Druck der Geistigen Landesverteidigung in den 1930er Jahren die Frauenverbände sich auf den Dienst an der Heimat einliessen und die Einforderung demokratischer Rechte immer verklausulierter formulierten[15] und warum die Unterstützung der Arbeitsgemeinschaft durch die Frauenorganisationen zunehmend geschwächt wurde.

Dieser Vorgang kann auch für den Schweizerischen Verband für Frauenrechte punktuell belegt werden. Kommentarlos wurde 1944 im nun von Elisabeth Vischer-Alioth präsidierten Zentralvorstand entgegengenommen, dass die Verbände von der Arbeitsgemeinschaft Frau und Demokratie verlangten, vor eventuellen Eingaben bei Behörden die Verbände um Zustimmung zu bitten.[16] Im November des gleichen Jahres drückte sich die zunehmende Entfremdung darin aus, dass der Vorstand des SVF das neue Programm der Arbeitsgemeinschaft als «Übergangsprogramm» bezeichnete und damit klar machte, er wünsche ein anderes.[17] Zwei Protokolleinträge von 1949 schliesslich belegen die inzwischen zerstörte Zusammenarbeit. Als die Arbeitsgemeinschaft Frau und Demokratie eine Petition an den Bundesrat plante, welche die Weiterführung des Waffenausfuhrverbots verlangte, war die Unterstützung durch den SVF nur begrenzt, da er sich für ein Bekenntnis zur Landesverteidigung stark machte: Der Verband verlangte, dass die Waffenausfuhr nicht verboten werde, sondern ein Zusatz aufgenommen werde, «die kontrollierte Ausfuhr wäre auf ein Minimum zu beschränken, das nötig ist, damit die Schweiz ihre eigenen Waffen herstellen kann».[18] Aber es kam noch schlimmer: Der Zentralvorstand des SVF schüttelte schliesslich nur noch den Kopf. Das Protokoll hielt fest:

> «Ein Bericht an den Bundesrat über die Zusammenkunft von ‹Frau und Demokratie› vom 16.1.49 in Bern wurde uns zugestellt mit der Bitte, mit zu unterzeichnen. Er ist aber so weltfremd und unpraktisch, und voller Widersprüche abgefasst, dass wir beschliessen, es nicht zu tun. Wir werden ‹Frau und Demokratie› sogar ersuchen, diesen Bericht nicht abzusenden, da er sicher seine Wirkung verfehlen würde.»[19]

In den beginnenden 1950er Jahren machten dann die politischen Querelen des einsetzenden Kalten Kriegs vor der Arbeitsgemeinschaft Frau und Demokratie nicht Halt.[20] Ihr Bekenntnis zur Freiheitlichkeit und zu den liberalen Grundrechten für alle sowie die Auffassung, für die Demokratie Aufklärungsarbeit leisten zu wollen, waren die Grundlage dafür, dass ein Teil der Delegierten der beteiligten Verbände sich für eine Annäherung an die Neue Helvetische Gesellschaft und an den SAD, den Schweizerischen Aufklärungsdienst, aussprach. Sie waren der Auffassung, dass eine sich ergänzende Arbeitsteilung zwischen den drei Institutionen möglich wäre. Dagegen verwahrten sich andere kategorisch.[21] So informierte die Vertreterin der aargauischen Frauenzentrale Anny Gerster-Simonett die BSF-Präsidentin Gertrud Haemmerli-Schindler, dass sie aus dem völlig zerstrittenen Vorstand zurücktreten werde. Sie sei für Wachsamkeit bezüglich demokratischer Gesinnung und ihr liege auch die Propagierung staatsbürgerlicher Haltung und Erziehung am Herzen. So erscheine ihr grundsätzlich die Arbeitsgemeinschaft nicht als überflüssig. Aber der «SAD, so wie es jetzt ist, scheint mir für diesen Zweck nur zum Teil geeignet. Die Zürcher Gruppe stellt wirklich eine extremrechts gerichtete Richtung dar, die zudem in erster Linie *gegen* was kämpft und nicht *für* etwas arbeitet.»[22] Die Auseinandersetzungen führten dann zur Ablösung der bisherigen Präsidentin und des Vorstandes.

Zu den folgenden Jahren fehlen bis anhin systematische Materialien, die das weitere Verhältnis des SVF und der Arbeitsgemeinschaft Frau und Demokratie dokumentieren könnten; von einer intensiven Zusammenarbeit kann allerdings aufgrund des letzten Zitats nicht ausgegangen werden.[23]

1 Leuch-Reineck Annie, Frauenstimmrecht und Demokratie, in: Jahrbuch der Schweizerfrauen 1932/33, sowie Leuch-Reineck Annie, Frauenstimmrecht und Demokratie, in: Schweizer Frauenblatt, 26. Mai 1933.
2 Bumbacher Claudine, Das Demokratiebekenntnis und der Ruf der Frauen nach Gleichstellung. Die traditionelle Frauenbewegung am Beispiel der Schweizerischen Arbeitsgemeinschaft «Frau und Demokratie» (1933–1992). Liz. Bern 1992. Lizentiatsarbeiten wie diejenige Bumbachers sowie eigene Archivarbeiten liegen der Darstellung von Mesmer Beatrix, Staatsbürgerinnen ohne Stimmrecht. Die Politik der schweizerischen Frauenverbände 1914–1971. Zürich 2007, S. 168–177, hier S. 170, zugrunde.

3　Vgl. neben Mesmer, Staatsbürgerinnen ohne Stimmrecht, und Bumbacher, Das Demokratiebekenntnis, auch Redolfi Silke, Frauen bauen Staat. 100 Jahre Bund Schweizer Frauenorganisationen. Zürich 2000, S. 106–110.

4　Mesmer, Staatsbürgerinnen ohne Stimmrecht, S. 171.

5　Stämpfli Regula, Die Nationalisierung der Schweizer Frauen. Frauenbewegung und Geistige Landesverteidigung 1933–1939, in: Schweizerische Zeitschrift für Geschichte 50 (2000), S. 155–180, hier S. 165.

6　Leider ist das Archivmaterial für die entsprechenden Jahre nur lückenhaft erhalten. Insbesondere die Arbeit des Zentralvorstands unter Annie Leuch-Reineck ist nicht dokumentiert. Vgl. das Archiv des SVF im Schweizerischen Sozialarchiv (SozArch), Ar. 29.

7　Präsidentinnenkonferenz 1930–1938: XI. Zusammenkunft der Sektionspräsidentinnen des S.V.F.S., 29. Oktober 1933, Bern. SozArch, Ar. 29.10.11. Präsidentinnenkonferenz 1930–1938.

8　XXIII. Generalversammlung und Jubiläumsfeier in Bern. Feier des 25jährigen Bestehens des Schweiz. Verbandes für Frauenstimmrecht. 16./17. Juni 1934. SozArch, Ar. 29.10.1.; XII. Zusammenkunft der Sektionspräsidentinnen des S.V.F.S., 21. Oktober 1934, Bern. SozArch, Ar. 29.10.11. Präsidentinnenkonferenz 1930–1938.

9　XXIII. Generalversammlung und Jubiläumsfeier in Bern. Feier des 25jährigen Bestehens des Schweiz. Verbandes für Frauenstimmrecht. 16./17. Juni 1934. SozArch, Ar. 29.10.1. Delegiertenversammlungen 1931–1936.

10　Jahrbuch der Schweizerfrauen, 1935, S. 4–7 und 60–62; hier S. 60.

11　Ibd., S. 62.

12　Schweizerischer Verband für Frauenstimmrecht. XXIV. Generalversammlung in Frauenfeld, 15./16. Juni 1935. SozArch, Ar. 29.10.1. Delegiertenversammlungen 1931–1936.

13　Der dezentrale Frauentag am 1. September 1935 ist bislang in der Literatur wenig beachtet worden. Vgl. Mesmer, Staatsbürgerinnen ohne Stimmrecht, S. 172–174; zudem: Dr. Aellig Clara, Schweizerischer Verband für Frauenstimmrecht, Pressebulletin, August 1935, Archiv der Gosteli-Stiftung zur Geschichte der schweizerischen Frauenbewegung (AGoF), 116 Schweizerische Arbeitsgemeinschaft Frau und Demokratie. Korrespondenz/Akten 1933–1939.

14　Hardmeier Sibylle, Frühe Frauenstimmrechtsbewegung in der Schweiz (1890–1930). Argumente, Netzwerk und Gegenbewegung, Zürich 1997. Konkret zur «Arbeitsgemeinschaft Frau und Demokratie», S. 326f.

15　Für diesen Prozess in der Arbeitsgemeinschaft Frau und Demokratie vgl. Stämpfli, Die Nationalisierung der Schweizer Frauen, S. 171–180.

16　Zentralvorstandssitzung vom 21. Mai 1944 in Luzern. SozArch, Ar. 29.10.13. Zentralvorstand 1944–1949/50.

17　Bürositzung ZV vom 11. November 1944 in Bern. SozArch, Ar. 29.10.13. Zentralvorstand 1944–1949/50.

18　Zentralvorstandssitzung vom 5. Februar 1949 in Bern. SozArch, Ar. 29.10.13. Zentralvorstand 1944–1949/50.

19　Zentralvorstandssitzung vom 5. Februar 1949 in Bern. SozArch, Ar. 29.10.13. Zentralvorstand 1944–1949/50. Leider konnte dieser Bericht im Archiv der Arbeitsgemeinschaft nicht gefunden werden. AGoF, 116 Schweizerische Arbeitsgemeinschaft Frau und Demokratie.

20　Die Querelen im Vorstand bzw. in der Arbeitsgemeinschaft und den diese tragenden Verbänden betrafen nicht nur diese politische Orientierung. Sie dokumentieren eine Gemengelage von politischen, arbeitsökonomischen und persönlichen Konflikten. AGoF, 116 Schweizerische Arbeitsgemeinschaft Frau und Demokratie. Protokolle Delegierten-Versammlungen/Tagungen/Arbeitsausschuss, 1933–1947; Korrespondenz/Akten 1954.

21 AGoF, 116 Schweizerische Arbeitsgemeinschaft Frau und Demokratie. Protokolle Delegierten-Versammlungen/Tagungen/Arbeitsausschuss, 1933–1947; Korrespondenz/Akten 1954.
22 AGoF, 116 Schweizerische Arbeitsgemeinschaft Frau und Demokratie. Korrespondenz/Akten 1954. Anny Gerster-Simonett an Gertrud Haemmerli-Schindler am 1. Februar 1954.
23 Die Akten des Zentralvorstands für die Jahre 1950 bis 1959 fehlen. Gerade sie müssten aber vorliegen, damit die Überlegungen bezüglich der Zusammenarbeit mit der Arbeitsgemeinschaft verfolgt werden könnten.

Die verlorenen Töchter – der Verlust des Schweizer Bürgerrechts bei der Heirat eines Ausländers

Silke Redolfi

1925 heiratete die 27-jährige Anna G. von Appenzell einen in Davos niedergelassenen Polen. Weil sie durch die Heirat Polin wurde, verlor sie – wie damals üblich – ihr Schweizer Bürgerrecht (Staatsangehörigkeit). Anna G. und ihr Ehemann lebten weiterhin in der Schweiz. Dass sie nunmehr eine Ausländerin im eigenen Heimatland war, musste sie besonders im Zweiten Weltkrieg schmerzhaft erfahren:

> «Frau G. bekam mit Kriegsausbruch die ersten Schwierigkeiten, weil sie als Ausländerin keine Arbeit mehr bekommen konnte. Als Polen von den Deutschen besetzt wurde, bekamen die Eheleute die Aufforderung vom Kreisbüro [Personenmeldeamt], mit ihren Papieren vorzusprechen. Es wurde Frau G. die Niederlassungsbewilligung abgenommen und ihr ein Schein mit dem Vermerk: Duldungsfall, ausgehändigt. Nach zwei Jahren schwerster Entbehrungen haben beide wieder Arbeit gefunden. Frau G. kann nicht verstehen, dass man eine Schweizerin, die ihr Land nie verlassen hat, derart straft, weil sie einen Mann heiratet, den sie aufrichtig liebt. Sie leidet schwer darunter, überall als Ausländerin gewertet zu werden.»[1]

Mit der Heirat wurde Anna G. aus dem Schweizer Staatsverband ausgeschlossen. In der Krisenzeit des Zweiten Weltkriegs entzogen ihr die Behörden die Niederlassungsbewilligung, was existenzbedrohende Konsequenzen hatte: Als «Duldungsfall» war Anna G., was den Verbleib in der Schweiz betraf, noch mehr auf die Gunst der Behörden angewiesen und hatte Mühe, Arbeit zu finden. Als Ausländerin konnte sie im Notfall aber keine Armenunterstützung mehr beantragen. Anna G. fühlte sich wohl zeitlebens als Schweizerin. Die Ausbürgerung empfand sie als Strafe dafür, dass sie keinen Schweizer Mann geheiratet hatte.

Anna G. war kein Einzelfall. Zwischen 1885 und 1952 heirateten etwas mehr als 20 000 Schweizerinnen einen ausländischen Staatsangehörigen. Das war 1910 jede zwölfte Braut, 1935 noch jede 25. Zum grössten Teil stammten die Ehemänner aus dem angrenzenden Ausland, wie dies auch bei den Ehen von Schweizern mit Ausländerinnen der Fall war. Über 44 000 Schweizer heirateten im gleichen Zeitraum über die Grenze; 1935 traf dies sogar auf jeden achten Bräutigam zu. Staatsbürgerliche Konsequenzen hatten sie allerdings keine zu tragen.

Die Sanktionen gegen Anna G. fielen im Vergleich zu anderen Fällen noch verhältnismässig glimpflich aus. Aus Amtsakten und Berichten von Zeitzeuginnen und ihren Angehörigen wissen wir, dass ehemalige Schweizerinnen und ihre Familien mitten im Zweiten Weltkrieg ins Heimatland des Ehemannes abgeschoben wurden oder dass Jüdinnen schweizerischer Herkunft, die Zuflucht in der Schweiz suchten, an der Grenze abgewiesen wurden. Eine von ihnen war die junge Margrit B., die 1938 nach Amsterdam heiratete und 1940 nach vergeblichen Einreiseversuchen in die Schweiz nach Auschwitz deportiert wurde. Auch Lea B. aus Zürich, die mit ihrem Mann und dem kleinen Sohn in Nancy lebte, wurde 1944 von der Gestapo gefasst und im KZ ermordet. Weil sie das Bürgerrecht verloren hatte, konnte sie von der Schweiz keine Hilfe mehr erwarten.[2]

Abgesehen von den gravierenden Folgen, die der Verlust des Bürgerrechts im Zusammenhang mit Krieg und Verfolgung zeitigte, ergaben sich für die in der Schweiz lebenden Betroffenen auch einschneidende Konsequenzen im beruflichen und sozialen Alltag: Lehrerinnen oder Beamtinnen mussten ihre Stellen von einem Moment auf den anderen aufgeben, Juristinnen verloren ihre Zulassung, Angehörige des Frauenhilfsdienstes FHD mussten ihren Dienst quittieren. Auch höhere Abschlüsse wie das medizinische Staatsexamen waren nicht mehr möglich, weil sie an das Bürgerrecht gekoppelt waren. Ganz abgesehen davon wartete der regelmässige demütigende Gang zur Fremdenpolizei auf die Frauen, und darüber hinaus litten viele unter xenophoben Äusserungen und abwertenden Bemerkungen.

Das Recht
Dass die Schweiz mit ihren Bürgerinnen derart rigide umsprang, ist aus heutiger Sicht völlig unverständlich. Aus historischer Perspektive wird deutlich, dass der besonders im Zweiten Weltkrieg fatale Ausschluss der Frauen möglich wurde, weil ihnen im liberalen Staat des 19. Jahrhunderts keine ausdrückliche Staatsbürgerschaft zuerkannt worden war. Die schwache Anbindung an das öffentliche Recht, ja die konsequente Rückweisung der Bürgerin in den privaten Raum mit der staatsrechtlichen Anbindung über das Ehe- und Familienrecht lieferten sie den Zielen und dem Auf und Ab staatlicher Politik aus und machten sie zum Spielball nationalistischer Strömungen. Es handelt sich dabei aber nicht um ein «Versäumnis» der liberalen Staatsgründer, sondern um die Weiterführung einer etablierten Politik, die der männlichen Gesellschaft Vorteile brachte. Seit 1808 war die sogenannte Heiratsregel, wonach die Ehefrau das Bürgerrecht des Mannes annahm und ihr eigenes verlor, unter den Kantonen anerkanntes Rechtsprinzip. Man suchte mit der lange hochgehaltenen Einheit des Bürgerrechts in der Ehe Rechtssicherheit zu erzielen und schuf für die Familie im Hinblick auf die kommunale Zuständigkeit in der Armenunterstützung klare Verhältnisse. 1874 fand die Heiratsregel in Artikel 54 Absatz 4 Eingang in die Schweizerische Bundesverfassung.[3]

In Zusammenhang mit dieser familienrechtlichen Tradition ist auch die Ausbürgerung der Schweizerinnen bei der Heirat zu verstehen. Weil das patriarchale *jus sanguinis*, der Bürgerrechtserwerb durch Vererbung in männlicher Linie, und das Prinzip des Bürgerrechtswechsels in der Ehe ein gemeinsames und allgemein anerkanntes europäisches Rechtserbe darstellten, fand die Regel auch bei Heiraten über die Grenze hinweg Anwendung. Bemerkenswert und aus geschlechtergeschichtlicher Perspektive interessant ist dabei, dass sich im sonst rigide abgegrenzten Nationalstaat im Bereich der binationalen Ehen eine durchlässige supranationale Kontaktzone erhalten konnte.

In der Schweizer Bürgerrechtstradition, die seit der Gründung des Bundesstaates bestrebt war, Staatenlosigkeit zu verhindern, bildete sich wegen der Rechtsprechung des Schweizerischen Bundesgerichts eine im Vergleich zu anderen Ländern gewissermassen «humanitäre» Praxis heraus: Schweizerinnen, die durch die Heirat das Bürgerrecht des Ehemannes nicht erhielten – etwa weil der Ehemann staatenlos war oder weil das Land die Heiratsregel nicht kannte, wie dies beispielsweise in Sowjetrussland oder in den USA der Fall war –, konnten Schweizerinnen bleiben. Die Entscheidungen des Bundesgerichts waren aber auch unter dem Aspekt der Rechtssicherheit wichtig, weil der Verlust des Bürgerrechts bei der «Ausheirat» in der Schweiz nur auf Gewohnheitsrecht beruhte, also nicht schriftlich fixiert war. Mit seinen Urteilen bestätigte das Bundesgericht die Regel und federte zugleich die schlimmsten Härten ab, weil es auf den Wandel der internationalen Staatsangehörigkeitsgesetze reagieren konnte.

Bei Juristen und Politikern war man sich um die Wende zum 20. Jahrhundert sehr wohl der Ungerechtigkeit der geschlechtsspezifischen Ausbürgerung bewusst. Deshalb versuchte man nachträglich eine ausgleichende Gerechtigkeit zu erzielen, indem 1903 die Wiederaufnahme von ehemaligen Schweizerinnen möglich wurde, wenn sie verwitwet oder geschieden waren. Allerdings war dies kein Recht – dies hätte einen unbotmässigen Eingriff in die Bürgerrechtshoheit der Kantone und Gemeinden bedeutet –, sondern eher eine (nicht immer gewährte) Gunst.[4] Weil die Gemeinden aber oftmals ärmere, kinderreiche, kranke oder ältere Frauen unter dem Vorwand übermässiger finanzieller Belastungen als Bürgerinnen ablehnten, beteiligte sich der Bund ab 1928 an den Armenlasten und entkräftete damit einen wichtigen Ablehnungsgrund.

Dennoch blieb die Tatsache, dass das Bürgerrecht in einem modernen Rechtsstaat, als den sich die Schweiz zu Beginn des 20. Jahrhunderts verstand, bei der Heirat verlorengehen konnte, zumindest erklärungsbedürftig. Denn in der Bundesverfassung wurde bereits 1848 in Artikel 43 Absatz 1 die sogenannte Unverlierbarkeit des Schweizer Bürgerrechts verankert. Nur bei den Frauen – und bei Kindern im Falle einer Legitimation – trat der Verlust aufgrund von familienrechtlichen Tatsachen von Gesetzes wegen und ohne Zustimmung der Trägerin ein.[5] Demgegenüber konnte der Schweizer das Bürgerrecht im Prinzip nur dann verlieren, wenn er es selbst wollte: durch Verzicht. Dieser Verfassungsgrundsatz der Unverlierbarkeit galt im 20. Jahrhundert jedoch auch für Schweizer Männer nicht mehr absolut; im Zweiten Weltkrieg war es ausnahmsweise möglich, Schweizer, die den Interessen und dem Ruf des Landes schadeten, auszubürgern.[6] Im Fall der «Ausheirat» werteten Juristen und Staatsrechtler den Rechtsgrundsatz der Unverlierbarkeit allerdings nur als Relikt einer alten Schweiz, in der noch die Ausbürgerung und die Abschiebung von unbeliebten «Vaganten» und «Kesselflickern» von Gemeinde zu Gemeinde üblich war.

Denn in einer modernen Welt, die wegen der neuen Waren- und Verkehrsströme, der aufstrebenden Kommunikationstechnik und der wirtschaftlichen Dynamisierung in einen grenzüberschreitenden Dialog kam, sich aber im Nationalstaat dennoch Grenzen setzte, musste die Staatsangehörigkeit der Bürger und Bürgerinnen eindeutig sein. Doppelbürgerschaften, wie sie sich bei der Heirat aufgrund des *jus sanguinis* und der Heiratsregel ergeben konnten, wollte man dabei möglichst ausschliessen. Wichtig war aber noch ein anderer Aspekt: Konnten die Schweizerinnen ihr Bürgerrecht behalten, hatten sie jederzeit das Recht, mit ihren Kindern in der Schweiz Wohnsitz zu nehmen. Der Nachzug des Ehemanns war damit in den Augen der Behörden nur noch eine Frage der Zeit: «Jeder Ausländer, der eine Schweizerin heiratet, erhält somit eine Rückversicherung auf Aufenthalts- und Arbeitsbewilligung in der Schweiz», äusserte Glarus 1951 seine Befürchtungen stellvertretend für viele Kantone.[7] Der Bürgerrechtsverlust der Schweizerinnen war aus dieser Perspektive ein Mittel zum Schutz des Arbeitsmarktes und schonte die Kassen der Heimatgemeinden. In den 1930er Jahren kam eine weitere Funktion hinzu: die Abwehr von Flüchtlingen und Fremden.

Fataler Ausschluss im Zweiten Weltkrieg
Seit den 1920er Jahren betreute der eloquente St. Galler Jurist Max Ruth als erster Adjunkt in der Polizeiabteilung des EJPD die Dossiers zur Ausländerpolitik und zum Bürgerrecht. Damit sass der umtriebige Beamte an einer Schaltstelle der Schweizer Politik, die mit der zunehmenden faschistischen Bedrohung und dem Flüchtlingsdruck auf die Schweiz in den 1930er Jahren eine neue Bedeutung erhielt. Im Departement galt Ruth als gewiefter Experte auf seinen Gebieten und konnte sich unter seinem Chef Heinrich Rothmund eine Vertrauensstellung zum Bundesrat aufbauen, was ihm ermöglichte, Gesetzestexte und Weisungen entscheidend zu beeinflussen. Was das Bürgerrecht der Frauen betraf, war Ruth der Tradition verpflichtet. Alle Eingaben und Bittschriften, mit denen die fortschrittlichen Frauenorganisationen in den 1930er Jahren eine Richtungsänderung bei der «Ausheirat» auf den Weg bringen wollten, schmetterte er als die Familie und letztlich den Staat «zersetzend» ab.[8] Von den neuen Ideen eines zivilstandsunabhängigen Bürgerrechts, das die internationale Frauenbewegung als Forderung bis vor den Völkerbund trug, hielt er nichts, und die Schweizer Feministinnen, die dies verlangten, rückte er mit

Als Fremde im eigenen Land

Frauen, die durch Heirat mit einem Ausländer ihr Schweizer Bürgerrecht verloren haben, erzählen unserem Reporter ihr Schicksal

Der vom Eidgenössischen Justiz- und Polizeidepartement ausgearbeitete Vorentwurf zu einem neuen Bundesgesetz über Erwerb und Verlust des Schweizer Bürgerrechts wird gegenwärtig von einer eidgenössischen Expertenkommission, in der auch Frauen vertreten sind, durchberaten. Daß vor allem in Frauenkreisen das neu entstehende Gesetz große Beachtung findet, ist damit zu erklären, daß die Schweizer Frauen in Zukunft ihr Bürgerrecht auch nach der Ehe mit einem Ausländer behalten möchten.

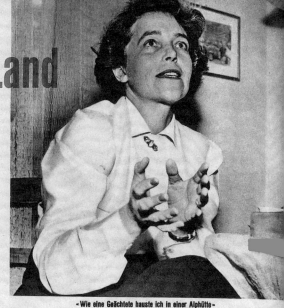

«Wie eine Geächtete hauste ich in einer Alphütte»

Eine Juristin zum neuen Bürgerrechtsgesetz

Frau Ruth Vischer-Frey, Fürsprech in Bern, kennt viele Schicksale von mit Ausländern verheirateten Frauen aus ihrer eigenen Anwaltspraxis und führte verschiedene Rückbürgerungsverfahren ehemaliger Schweizerinnen durch, die geschieden oder verwitwet waren. Als ausgezeichnete Kennerin des Bürgerrechtsproblems haben wir Frau Vischer-Frey über ihre persönliche Auffassung befragt. Sie vertritt die Meinung, daß in dem neuen Gesetz einer Ausländer heiratenden Frau zumindest das Optionsrecht eingeräumt werden sollte, wie dies in Belgien, Frankreich, Schweden und Norwegen schon seit Jahren der Fall sei. Zu wünschen wäre aber, daß die Schweizerin die gleichen Rechte wie der Mann und die ledige Schweizerin besitzt: Kein Verlust des Schweizer Bürgerrechts! «Der ‹automatische› Verlust des Schweizer Bürgerrechts durch Heirat», so schreibt Frau Vischer im Jahrbuch «Die Schweizerin» 1949» u. a., «bringt mit sich, daß die gebürtige Schweizerin trotz Abstammung, Willen, Eignung viel schlechter gestellt ist als die eingeheiratete Frau. Im Ausland wird sie immer und überall hinter der Eingeheirateten zurückstehen müssen, sei es nun bei materieller Hilfe der Schweiz für die Schweizerkolonie oder bei Beanspruchung des diplomatischen oder konsularischen Schutzes.»

Ihr Haus im einstigen ostpreußischen Königsberg brannte ab, ihr Gatte kam in Kriegsgefangenschaft nach Rußland, aus der er erst 1947 wieder in die Schweiz zurückkehren durfte, wo Frau Dr. L. L., eine gebürtige Zürcherin und Mutter von vier Knaben, wie eine Nomadin lebte. — «Zweiundzwanzigmal wechselte ich mit zwei Kindern innert kurzer Zeit den Wohnort. Wie eine Geächtete hauste ich sieben Monate in einer Alphütte, die uns verständnisvolle Bauern überließen», erzählte uns die arme Frau mit frohem Gesicht und ungebrochenem Lebensmut.

Antiquiertes Recht

Eine Reihe europäischer Staaten wie Belgien, Frankreich, Schweden und Norwegen sind in der Modernisierung ihrer Bürgerrechtsgesetzgebung unserem Land beispielhaft vorangegangen. In Großbritannien, Nord- und Südamerika bleibt die verheiratete Frau auch nach der Ehe mit einem Ausländer Staatsbürgerin ihrer Heimat. Es ist daher verständlich, wenn der Wunsch öffentlich ausgesprochen wird: «Die Schweiz möge sich mit ihrem antiquierten Recht nicht in eine eigenbrötlerische Isolierung begeben und vom übrigen europäischen Recht absperren.» (Prof. Dr. A. Egger, Zürich, anläßlich der Herbsttagung des Bundes Schweiz. Frauenvereine in Olten.) Und kein Geringerer als General Guisan schreibt an eine Frau, die sich persönlich in ihrer seelischen Bedrängnis an ihn wandte, die Worte: «Ich gebe der Hoffnung Raum, daß die zuständigen Instanzen dieses Anliegen wohlwollend prüfen und daß zum mindesten allen denjenigen Frauen, die die Beibehaltung des Schweizer Bürgerrechts ausdrücklich wünschen, entsprochen werden könne.»

«Schuldig — wegen Heirat»

Kurz nach Kriegsausbruch im Herbst 1939 heiratete Frau E. M. einen deutschen Staatsangehörigen in ihrer Heimatstadt Basel. Später zogen sie nach Berlin und mußten 1942 nach dem Schwarzwald evakuieren, während ihr Mann zum Militärdienst eingezogen wurde. «Als ich 1945 mit meinen vier Kindern als Flüchtling bei Basel über die Schweizer Grenze trat, mußte ich erleben, daß ich nicht mehr als Schweizerin anerkannt wurde. Ja, es war wie eine Schuld, so fuhr Frau M. fort, «einen Ausländer geheiratet zu haben, für die ich büßen sollte.»

«Man lasse uns selbst entscheiden»

«Das angestammte Bürgerrecht behalten zu können, ist der Schweizerin bis heute vorenthalten worden, und wir Frauen kein Stimmrecht besitzen. In Großbritannien, Nord- und Südamerika braucht die Frau nicht einmal für die Beibehaltung ihrer früheren Staatszugehörigkeit zu optieren; sie bleibt ohne weiteres Amerikanerin oder britische Staatsangehörige. Man lasse uns Schweizer Frauen daher selbst entscheiden, ob wir auf das Bürgerrecht verzichten wollen.» Frau A. St. ist mit einem polnischen Ingenieur verheiratet und arbeitet als Büroangestellte. In der freien Zeit gilt ihre ganze Sorge ihrem Kind.

«Ach diese Gesetze sind ja so kompliziert»

Die betagte, ehemalige Zürcherin hat die Schweiz zwar nie verlassen und hat ihr Lebtag schwer gearbeitet. Trotzdem will sich heute niemand um sie kümmern, denn nach den Papieren ist sie italienische Staatsangehörige und hat keinen Anspruch auf eine Uebergangsrente der AHV. Die arme Frau heiratete in erster Ehe einen Belgier, dann einen Schweizer und nach dessen Tod einen Italiener. Obschon diese dritte Ehe gerichtlich geschieden wurde, konnte ihre Wiedereinbürgerung nicht vorgenommen werden, da die gesetzliche Frist von 10 Jahren von der Scheidung der ersten Ehe im Jahre 1908 an, schon längst verstrichen war.

«Nur Staatenlosigkeit schützt vor Verlust Schweizer Bürgerrechts»

Frau G. in Basel heiratete einen Deutschen, der staatenlos geworden war. Als Orgel gehört ihr Mann einem Mangelberuf an und kann die Arbeitsbewilligung in der Schweiz erhalten. «Als wir im Jahre 1944 heirateten erklärte uns die bekannte Sängerin, «schmich und unser Kind nur die Staatenlosigkeit meines Gatten vor dem sonst automat Verlust des Schweizer Bürgerrechts.» Würde mein Mann wieder Deutscher werden, müßte nach dem geltenden Gesetz das Schweizer recht wieder verlieren.»

Abb. 20: Ein Bericht in der «Schweizer Illustrierten Zeitung» aus dem Jahr 1951 schildert die entwürdigende Situation von Frauen, die durch Heirat das Schweizer Bürgerrecht verloren haben und dadurch schlechter gestellt waren als «eingeheiratete» Frauen.

Blick auf das von der Ehe unabhängige weibliche Bürgerrecht in Sowjetrussland in die Ecke kommunistischer Wasserträgerinnen. Dem «klassischen» Prinzip der Bürgerrechtsehe drohte allerdings auch von anderer Seite Gefahr. Seit 1927 respektive 1938/39 bürgerte Frankreich, wo nationalistische Tendenzen aus der Erfahrung des Ersten Weltkriegs nachklangen, ausländische Ehefrauen nicht mehr automatisch bei der Heirat, sondern nur noch auf Verlangen respektive Gesuch hin ein. Schweizerinnen mit französischen Ehemännern, die das Gesuch nicht stellten, konnte die Schweiz aufgrund der Rechtstradition nicht ausbürgern, da sie sonst staatenlos geworden wären. Das hatte das Bundesgericht in einem Urteil von 1939 bestätigt. Ruth befürchtete, dass Nazideutschland und das faschistische Italien das französische Modell übernehmen und dass damit die Schweizerinnen ihre Nationalität behalten könnten, wenn sie kein entsprechendes Gesuch stellten. Dies wollte man in Bundesbern unter allen Umständen verhindern. Am 11. November 1941 erliess der Bundesrat im Rahmen der Notrechtsartikel den Bundesbeschluss über «Änderung der Vorschriften betreffend Erwerb und Verlust des Schweizerbürgerrechts», der auch die «Ausheirat» regelte. Der Artikel war bedeutsam, weil damit die «Ausheirat» vom Gewohnheitsrecht in schriftlich fixiertes Recht überführt wurde und erstmals eine klare Definition erhielt. Er war aber auch deshalb wichtig, weil er eine Wende in der Bürgerrechtstradition einläutete. 1941 wurden die Gründe für den Verlust deutlich verschärft und mit der Ausweitung der Entscheidungskompetenzen im EJPD das Bundesgericht ausgeschaltet. Zwar opponierten Politiker, Juristen und die Richter am Bundesgericht, doch ihre Kritik zerschellte an der Festung des bundesrätlichen Notrechtsregimes.

Die Leidtragenden waren in dieser angespannten Zeit der Bedrohung und Flucht in Europa die betroffenen Schweizerinnen und ihre Familien. Von den Frauen wurde erwartet, dass sie sich aktiv um das Bürgerrecht des Ehemannes bemühten, sich in diesem Zusammenhang etwa auch fremden religiösen Riten unterzogen oder eben Einbürgerungsgesuche einreichten. Nur jene, die «unvermeidlich» staatenlos wurden, konnten Schweizerinnen bleiben. Noch gravierender war eine weitere Massnahme des Bundesrates, die als Reaktion auf das nazistische Reichsbürgergesetz vom 27. November 1941 (11. Verordnung zum Reichsbürgergesetz), mit dem alle landesabwesenden deutschen Jüdinnen und Juden ausgebürgert wurden, zu werten ist. Die Ausbürgerung betraf auch ehemalige Schweizerinnen und Frauen, die im Sinn hatten, deutsche Juden zu heiraten. Mit Artikel 5 Absatz 5 des Bundesratsbeschlusses von 1941 hatte der Bundesrat jedoch die Möglichkeit, in «Härtefällen» das Schweizer Bürgerrecht zuzusprechen. Doch für die verzweifelten Frauen gingen die Türen der Hoffnung in ihrem ehemaligen Heimatland nicht auf. Die Behörden weigerten sich, ihren Handlungsspielraum zugunsten der Betroffenen zu nutzen. Mit dem Argument, die Ausbürgerung aus «Rassegründen» widerspreche dem schweizerischen *ordre public*, akzeptierte man die Staatenlosigkeit nicht und entzog jenen Frauen, die einen jüdischen Mann heirateten, weiterhin das Schweizer Bürgerrecht. Und für ehemalige Schweizerinnen, die Nazideutschland zusammen mit ihren Ehemännern ausbürgerte, fühlte sich Bern auch nicht zuständig. Hier lautete das Credo:

> «Die Schweizerin, die einen Ausländer heiratet, setzt sich immer mehr oder weniger harten Konsequenzen aus. Dies ist selbst dann der Fall, wenn sie mit dem Eheschluss die Staatsangehörigkeit des Mannes erhält. So z.B. wenn sie einen Deserteur […], einen Emigranten oder politischen Flüchtling heiratet. Vor dem Abschluss einer solchen Ehe muss sich die Frau deren Konsequenzen überlegen und nachher muss sie sie tragen. Sie muss wissen, dass nach schweizerischer Rechtsauffassung die Frau zum Manne gehört und während bestehender Ehe sein Schicksal zu teilen hat.»[9]

Diese unerbittliche Haltung der Behörden spiegelte die zeitgenössische Politik der Flüchtlingsabwehr. Bereits 1935 hatte Heinrich Rothmund, der Chef der Polizeiabteilung, formuliert, worum es beim Ausschluss der «ausheiratenden» Schweizerin auch ging: «Praktisch haben wir wenig Interesse an Heiraten deutscher Juden mit Schweizerinnen, weil dann die Familie alles tun wird, um sich in der Schweiz festzusetzen.»[10] Der Verlust des Schweizer Bürgerrechts durch die Ehe hatte eine neue Zielsetzung erhalten: Sie diente nun auch der Abwehr jüdischer Flüchtlinge und ihrer Familien. Für ehemalige Schweizerinnen, die im Ausland lebten, besonders für Jüdinnen, war die Schweiz allerdings schon länger ein Bollwerk, das weder illegal noch legal zu bezwingen war. Denn eine Einreise in die Schweiz war wegen der harten Haltung vieler Kantone, die zusammen mit dem Bund für die Bewilligungen zuständig waren, kaum möglich. Sie machten die Einreise von hohen Kautionen abhängig, was ärmere Frauen ausschloss, oder lehnten die Einreise von Jüdinnen mit dem Argument ab, die Weiterreise sei nicht gesichert, auch wenn sie in der Schweiz aufgewachsen waren und Eltern, Geschwister oder Verwandte in der Schweiz hatten. Interventionen der Schweizer Familienangehörigen nützten in diesen Fällen zumeist nichts. Erst Ende 1942, viel zu spät, sprach der Bundesrat ehemaligen Schweizerinnen und ihren Familien einen Flüchtlingsstatus in der Kategorie «Härtefälle» zu.[11]

Aus den Akten geht allerdings auch hervor, dass nicht alle dem Schicksal der «verlorenen Töchter» gleichgültig gegenüberstanden. So forderte im Frühling 1942 ein Mitglied der ständerätlichen Vollmachtenkommission, für solche «Härtefälle» solle kurzfristig ein «Bundesbürgerrecht» geschaffen werden.[12] Auch setzten sich Juristen und Juristinnen, Flüchtlingsorganisationen, Frauenverbände, Konsulate oder Auslandschweizerorganisationen sowie Private für betroffene Frauen ein. Zu jenen, die die Entwicklungen beim Bürgerrecht intensiv beobachteten und sich für eine Gesetzesänderung einsetzten, gehörten die fortschrittlichen Frauenorganisationen, allen voran der

Schweizerische Verband für Frauenstimmrecht (SVF), der sich bereits im Ersten Weltkrieg mit der Bürgerrechtsfrage beschäftigt hatte und der Bund Schweizerischer Frauenvereine (BSF) mit seiner Gesetzesstudienkommission (ab 1949 Kommission für Rechts- und Versicherungsfragen), der zu Beginn der 1930er Jahre gemeinsam mit dem SVF und dem Verband der Akademikerinnen bei Bundesrat Motta in der Sache vorstellig wurde.[13] Als Spezialistinnen für das Bürgerrecht galten die Mathematikerin, Stimmrechtskämpferin und von 1928 bis 1940 Präsidentin des SVF Annie Leuch-Reineck sowie die promovierte Lausanner Juristin, Stimmrechtlerin und von 1937 bis 1952 Präsidentin der Gesetzesstudienkommission BSF Antoinette Quinche, die nach dem Krieg ihren Kampf für eine Änderung des Schweizer Bürgerrechts wieder aufnahmen.[14]

Der Sieg der Frauen 1952
Nach dem Krieg kam es erneut zu einer markanten Wende in der Bürgerrechtspolitik. Das Versagen der Behörden gegenüber ihren ehemaligen Mitbürgerinnen rüttelte die Öffentlichkeit auf und legte das Fundament für einen Kurswechsel. Die Initiative für diese Sensibilisierungsarbeit ging von den fortschrittlichen schweizerischen Frauenverbänden aus. Ihnen ist es zu verdanken, dass die Bürgerrechtsfrage zum öffentlichen Thema wurde und dass 1953 das sogenannte Optionsrecht, die Möglichkeit, das Schweizer Bürgerrecht bei der Heirat durch eine einfache Erklärung zu behalten, eingeführt wurde. Die Strategie der Verbände und einzelner prominenter Exponentinnen wie der Juristin und späteren Präsidentin des SVF Lotti Ruckstuhl-Thalmessinger, die 1948 die juristische Kommission im Schweizerischen Katholischen Frauenbund gründete, griff auf mehreren Ebenen ein: Bereits kurz nach dem Krieg führten die Verbände Tagungen durch, an denen prominente Juristen und Juristinnen über Gesetzesänderungen nachdachten und Expertinnen für das Bürgerrecht auftreten konnten. Während des Krieges hatten die Frauenverbände Ausbürgerungsfälle wie jenen von Anna G. dokumentiert; nach dem Krieg legten sie nun die gesammelten Fakten der Öffentlichkeit vor. Damit erreichten sie ein entscheidendes Ziel: Die Ausbürgerung der Frauen erhielt ein Gesicht und eine Stimme. Die Schicksale der ausgestossenen Bürgerinnen, von den Medien begierig verbreitet, erschütterten die Schweiz. Das EJPD unter Bundesrat Eduard von Steiger geriet bald unter Erklärungsdruck. Man hatte sich hier darauf eingestellt, nach dem Krieg wieder in die gewohnten Fahrwasser steuern zu können und ausgerechnet den mittlerweile in den Ruhestand getretenen Max Ruth mit der Ausarbeitung des mit dem Auslaufen des Notrechtsregimes Ende der 1940er Jahre nötigen neuen Bürgerrechtsgesetzes betraut. Ruth, unsensibel für den Stimmungsumschwung und unfähig, über den eigenen Schatten zu springen, sah für die Frauen keine Neuerungen vor. Doch in der wichtigen 26-köpfigen ausserparlamentarischen Beratungskom-

mission für das neue Bürgerrechtsgesetz, in der auch fünf Vertreterinnen der Frauenverbände sassen, sahen sich die Konservativen bald in die Minderheit versetzt.[15] Die Allianz der Frauenverbände lancierte mit ihrer Medienkampagne, mit ihrem Fachwissen und mit der Hilfe von fortschrittlichen Juristen und Parlamentariern in der Kommission eine Grundsatzdiskussion über die Zusammenhänge von Bürgerrecht und Ehe und handelte als Kompromiss das Optionsrecht aus. Dies war zwar nur ein Teilsieg, denn die Frauenrechtlerinnen hatten ursprünglich ein eigenständiges weibliches Bürgerrecht mit entsprechenden Konsequenzen für das Schweizer Ehe- und Familienrecht gefordert, was für die Mehrheit der Kommission jedoch inakzeptabel war. Doch für jene Frauen, die einen Ausländer heirateten, war dieser Kompromiss von entscheidender Bedeutung: 99 Prozent aller Frauen behielten nach 1953 denn auch ihr Bürgerrecht.

Die letzte Bastion im Kampf um das Optionsrecht bildeten die Eidgenössischen Räte. Feministen wie der Walliser Peter von Roten und ultrakonservative Parlamentarier gerieten heftig aneinander. In der Diskussion um Humanität, Gerechtigkeit, individuelles Bürgerrecht, Staatsinteressen, Tradition und Stellung der Frauen in der Schweiz obsiegte schliesslich der gutbürgerliche Kompromiss des Optionsrechts. Die Akzeptanz des neuen Bürgerrechtsgesetzes darf aber auch als erster Schritt der Integration der Frauen in den Bundesstaat gewertet werden. Entscheidend für den Durchbruch im Parlament war die engagierte Präsenz des neuen Vorstehers des EJPD, Markus Feldmann, eines Mannes der neuen Generation, der im Gegensatz zu Bundesrat von Steiger ein offenes Ohr für die Anliegen der Frauenverbände hatte und selbst die katholisch-konservativen Hinterbänkler ins Boot holte, als er ihnen mitteilen konnte, der konservative Schweizerische Katholische Frauenbund, der sich lange aus der Sache herausgehalten hatte, wünsche die Gesetzesänderung dringend. 1953 trat das neue Bürgerrechtsgesetz in Kraft. Es war von einer für die Schweiz beispiellosen Aktion begleitet: der sogenannten Rückbürgerung von über 20 000 ehemaligen Schweizerinnen aus dem In- und Ausland. Die Gleichberechtigung der Geschlechter in der Schweiz hatte aber, wie die erste Abstimmung zum Frauenstimm- und -wahlrecht 1959 deutlich zeigte, noch einen langen Weg vor sich. Der Verlust des Bürgerrechts bei der Heirat und seine Folgen ist heute noch eine offene Wunde in der Geschichte der Schweiz und der Schweizerinnen.

1   Fallsammlung der Zürcher Frauenzentrale im Schweizerischen Sozialarchiv (SozArch), Ar. 29.90.8.
2   Alle aufgeführten Schicksale sind in meiner Dissertation «Die Ausbürgerung von Schweizerinnen durch Heirat im 20. Jahrhundert und ihre Folgen (bis 1953)» (Arbeitstitel, erscheint voraussichtlich 2010) ausführlich dokumentiert.

3 Juristen diskutierten deshalb, ob die «Ausheirat» durch Umkehrschluss aus Art. 54 Abs. 4 BV anstatt eines blossen Gewohnheitsrechts nicht doch ein Verfassungsrechtssatz war. Vgl. Giacometti Zaccaria, Schweizerisches Bundesstaatsrecht, Zürich 1965, S. 202, Anm. 3.
4 Zum Wiedereinbürgerungsverfahren: Schuppisser Ka, «Denn im Herzen bin ich eine ‹Schweizerin› im wahrsten Sinne des Wortes». Wiedereinbürgerungsverfahren 1937–1947: Die ehemalige Schweizerin im Diskurs der nationalen Identität der Frau. Lizentiatsarbeit Universität Bern, Bern 1998.
5 Vgl. Giacometti, Schweizerisches Bundesstaatsrecht, S. 203–205.
6 Vgl. dazu Schwalbach Nicole, Ausbürgerung zur Zeit des Zweiten Weltkriegs, in: Studer Brigitte et al. (Hg.), Das Schweizer Bürgerrecht. Erwerb, Verlust, Entzug von 1849 bis zur Gegenwart, Zürich 2008, S. 265–291, sowie die Dissertation von Nicole Schwalbach im Rahmen des Schweizerischen Nationalfonds-Projektes «Ausheirat» und «Ausbürgerung». Der Verlust des Bürgerrechts und seine politischen und individuellen Folgen. Geschlechtergeschichtliche Studien zur Bedeutung des Bürgerrechts in der Schweiz des 20. Jahrhunderts, im Druck.
7 Schweizerisches Bundesarchiv (BAR), Bern E 4001 (c) -/1, JPD Sekretariat Vorsteher, Schachtel 147.
8 Zur Argumentation von Ruth und zum Thema Bürgerecht der Frauen überhaupt vgl. Wecker Regina, «Ehe ist Schicksal, Vaterland ist auch Schicksal und dagegen ist kein Kraut gewachsen.» Gemeindebürgerrecht und Staatsangehörigkeitsrecht von Frauen in der Schweiz 1798–1998, in: L'Homme. Zeitschrift für feministische Geschichtswissenschaft, Citizenship, 1, 1999, S. 13–37, oder Studer Brigitte, «Die Ehefrau, die den Ausländer heiratet, soll sich die Geschichte klar überlegen»: Geschlecht, Ehe und nationale Zugehörigkeit im 20. Jahrhundert in der Schweiz, in: tsantsa. Zeitschrift der schweizerischen ethnologischen Gesellschaft 9, 2004, S. 49–60.
9 EJPD, Kreisschreiben zum Bundesratsbeschluss vom 11. November 1941 über das Bürgerrecht der Schweizerin, die einen Ausländer heiratet.
10 Schweizerische nationale Kommission für die Veröffentlichung diplomatischer Dokumente der Schweiz (Hg.), Diplomatische Dokumente der Schweiz 1848–1945, Bd. 11 (1934–1936), Bern 1989, 526.
11 BAR, Bern E 4001 (c) -/1, Bd. 149.
12 BAR, Bern E 4001 (c) -/1, Bd. 112.
13 «Démarches faites par les associations féminines pour assurer sa nationalité à la femme mariée», in: Archiv der Gosteli-Stiftung zur Geschichte der schweizerischen Frauenbewegung (AGoF), 103 BSF, Schachtel 333.
14 Redolfi Silke, Frauen bauen Staat. 100 Jahre Bund Schweizerischer Frauenorganisationen, Zürich 2000, S. 92, 213–215 (Bürgerrechtsgesetz), 421–422 (Quinche).
15 Dr. iur. Hildegard Bürgin-Kreis, Notarin, Basel-Stadt; Dr. iur. Tina Peter-Ruetschi, Zürich; Dr. iur. Antoinette Quinche, Lausanne; Fürsprecherin Ruth Vischer-Frey, Bern; lic. iur. M. Willfratt-Düby, Zürich.

Ungleiche Sicherheiten.
Das Ringen um Gleichstellung in den Sozialversicherungen
Regina Wecker

Der lange Weg der Sozialversicherungen in der Schweiz

In der Schrift zum 25-Jahr-Jubiläum des Schweizerischen Verbandes für Frauenstimmrecht (SFV) im Jahre 1934 hält Anni Leuch-Reineck fest, dass der Verband in seinen ersten Jahren nur wenig in der Öffentlichkeit hervorgetreten sei und sich zunächst auf reine Stimmrechtsfragen beschränkte. Erst um 1920 habe es eine Neuorientierung gegeben und der Verband habe begonnen, «neben der Propagierung des Frauenstimmrechts aktiven Anteil an den Frauenfragen im öffentlichen Leben zu nehmen und sie zu beeinflussen, soweit es die politische Rechtlosigkeit der Schweizerfrauen erlaubt».[1] Zwei Gründe führt Leuch für diese Neuorientierung an: Einerseits die vermehrte Anteilnahme der Frauen am wirtschaftlichen Leben und die Notwendigkeit, «ihre Stellung zu sichern»; andererseits den Einfluss des Völkerbundes und des internationalen Arbeitsamtes, die in Fortsetzung der ersten internationalen Arbeitskonferenz von Washington (1919) Themen der Sozialpolitik und der sozialen Sicherheit wie Arbeitslosenversicherung, Mutterschaftsversicherung, den Acht-Stunden-Tag, Nachtarbeit und die Alterssicherung verhandelt hatten. Kontakte auf der internationalen Ebene wurden als Aufgabe des Gesamtverbandes angesehen.

Die Schweiz hatte zwar zunächst zu den Initianten der Konferenz von Washington gehört, die dort erarbeiteten Konventionen hatte das Parlament aber abgelehnt. Daran hatte auch die Eingabe des Verbandes an die Bundesversammlung nichts ändern können. Man habe in Bern – so Leuch – «nicht die geringste Notiz» davon genommen. Das ist jedoch nicht ganz richtig. Es stimmt, dass schon der Bundesrat nur solche Bestimmungen zur Annahme empfahl, die vollumfänglich dem in der Schweiz geltenden Recht entsprachen, die darüber hinausgehenden sozialpolitischen Vorstellungen – wie die Ausweitung eines Nachtarbeitsverbotes für Jugendliche und Frauen oder die Vergütung des Lohnausfalls vor und nach der Niederkunft – aber als nicht finanzierbar rundum ablehnte. Allerdings wurde darüber in den Eidgenössischen Räten eine heftige Diskussion geführt.[2] Die Vorstösse des Bundes Schweizerischer Frauenvereine (BSF) und des SFV, dass es sich beim Mutterschutz um ein in weiten Kreisen geteiltes «humanitäres Anliegen» handle, wurden dabei zusammen mit Vorstössen aus dem linken Parteienspektrum, die in die gleiche Richtung gingen, im Ständerat vom deutschsprachigen Berichterstatter als «Phrasen» bezeichnet.[3]

Aber offensichtlich hatten diese internationalen Aktivitäten den Anstoss dazu gegeben, dass sich der Verein vermehrt mit Fragen der sozialen Sicherheit in der Schweiz auseinandersetzte.

Der zögerliche Ausbau der Sozialversicherungen
Die Schweiz hat das System von Versicherungen, das den Verdienstausfall infolge der klassischen vier Risiken Unfall, Krankheit, Alter und Arbeitslosigkeit für die Versicherungsnehmer beziehungsweise ihre Angehörigen deckte, im internationalen Vergleich erst relativ spät auf Gesetzesebene umgesetzt. Zwar erkannte man schon gegen Ende des 19. Jahrhunderts, dass in der Industriegesellschaft Familie und private Wohltätigkeit bei weitem nicht ausreichen, sondern dass der öffentlichen Hand diese Aufgabe zukam, und man hatte entsprechende Verfassungsbestimmungen geschaffen. Die konkrete Ausgestaltung und Umsetzung scheiterte aber immer wieder an den unterschiedlichen Interessen und den Vorstellungen darüber, wie denn diese Anliegen verwirklicht werden sollten, welche Bevölkerungsgruppe in den Genuss der Leistungen kommen beziehungsweise wie stark die individuelle Beteiligung sein sollte.[4]

So war 1890 mit Artikel 34 der Bundesverfassung dem Bund erstmals die Kompetenz zur Schaffung von Sozialversicherungen erteilt worden, das Kranken- und Unfallversicherungsgesetz scheiterte dann aber 1900 am Referendum. Einzig die Militärversicherung konnte damals realisiert werden. Ein wesentlich weniger weitgehendes Krankenversicherungsgesetz trat schliesslich 1914 und das Unfallversicherungsgesetz 1918 in Kraft. Ein Versicherungsobligatorium wurde allerdings nach verschiedenen gescheiterten Revisionsversuchen erst 1994 verabschiedet. Ein ähnliches Schicksal lässt sich auch für die Alters- und Hinterlassenenversicherung (AHV) nachzeichnen: 1925 war sie durch eine Ergänzung von Artikel 34 in die Verfassung aufgenommen worden, scheiterte aber 1931 auf der Gesetzesstufe und konnte schliesslich erst in der Nachkriegszeit 1948 realisiert werden. Einzig die Erwerbsersatzordnung, die den Lohnersatz für Wehrmänner sicherte, war 1939 vom Bundesrat im Rahmen des Vollmachtenregimes beschlossen worden.

Die Möglichkeit, sich gegen Arbeitslosigkeit zu versichern war bereits gegen Ende des 19. Jahrhunderts durch Gewerkschaftskassen geschaffen worden, dazu kamen Kassen der Berufsverbände, aber auch öffentliche Kassen der Kantone. Deren unterschiedliche Organisation wurde schliesslich durch den Bundesrat 1942 vereinheitlicht und in der Nachkriegszeit in ordentliches Recht überführt. Allerdings war immer nur eine Minderheit der Arbeitnehmerinnen und Arbeitnehmer versichert. Erst infolge der konjunkturellen Krise der 1970er Jahre wurde die alte Forderung nach einem Versicherungsobligatorium erfüllt, das 1982 definitiv in Kraft trat. Es beruhte auf dem inzwischen bei der AHV bewährten Prinzip der Lohnprozente.

Neben der Abdeckung der klassischen Risiken wurde das Feld sozialer Sicherheit ergänzt durch Vorkehrungen im Falle der Mutterschaft, und auch gegen das erhöhte Verarmungsrisiko von Familien wollte man mit Sonderbestimmungen vorgehen. Oft wurden diese Risiken zusammen mit den Sozialversicherungen behandelt. Ein typisches Beispiel ist die Mutterschaftsversicherung, die seit dem 19. Jahrhundert diskutiert wurde, dann im Rahmen der Washingtoner Abkommen 1920 in die Agenda der «grossen Politik» aufgenommen wurde und schliesslich 1945 als Bundesaufgabe Aufnahme in die Verfassung fand. Sie scheiterte aber immer wieder, meist im Zusammenhang mit der Revision der Unfallversicherung.[5] Erst im Jahre 2005 wurde auch dieses alte Anliegen der Frauenverbände vom Stimmvolk angenommen und damit dem langen Ringen um einen Ausgleich für den Lohnausfall infolge der Geburt eines Kindes ein Ende gesetzt. – Diese lange Geschichte der Schaffung eines Sozialversicherungssystems gab also für den SFV immer wieder Anlass, sich für Lösungen einzusetzen, die die Anliegen der Frauen berücksichtigten.

Im Folgenden soll an ausgewählten Stellungnahmen dargestellt werden, welche Politik der SVF in Sachen Sozialversicherungen verfolgte, in welchen Fragen er sich besonders engagierte und wie er versuchte, sich Gehör zu verschaffen. Abschliessend wird nochmals danach gefragt, welche spezifischen Probleme es in diesem Feld für Frauen gab und wie diese mit dem Fehlen der politischen Rechte zusammenhängen: Wie strukturierte dieses Schweizer Spezifikum das Feld der Sozialversicherungen, wie beeinflusste es insbesondere das Tempo der Verwirklichung und die konkrete Ausgestaltung der Versicherungen?

Der Anspruch auf Gleichberechtigung und die Eingaben des SVF
Wie Annie Leuch-Reineck im Tätigkeitsbericht von 1934 festhielt, engagierte sich der SVF seit den 1920er Jahren in den wichtigen Fragen der politischen Agenda der Schweiz. Die Sozialpolitik und die Schaffung der Sozialversicherungen waren dabei zentrale Bereiche, für die der Verband Stellungnahmen verfasste und Eingaben an die zuständigen politischen Gremien machte. Allerdings gehörte der Verband nicht zu den Gremien, die – entsprechend den sich in der Referendumsdemokratie langsam verfestigenden Strukturen – zu Stellungnahmen eingeladen wurden. Die Frauenverbände waren keine referendumsfähigen Organisationen, die man tunlichst vor der Veröffentlichung der Gesetzesvorlagen in die Diskussion einbeziehen musste. Um diesen Status mussten sie erst kämpfen. Allerdings liess sich der SVF auch unaufgefordert vernehmen, wie etwa die erwähnte Eingabe zum Mutterschutz zeigt. Auch in Sachen Arbeitslosenversicherung ging im Jahre 1922 ein Schreiben an Bundesrat Schulthess, den Vorsteher des Volkswirtschaftsdepartements. Darin protestierte der SVF gegen die Absicht des zuständigen Bundesamtes, Frauen von

der Arbeitslosenversicherung auszuschliessen.[6] Dieser Plan war damit begründet worden, dass bei den häuslichen Dienstboten Arbeitskräftemangel herrsche, also Frauen hier eine Stelle finden konnten. Der SVF wies darauf hin, dass eine solche Umschichtung auf erhebliche praktische Probleme stossen würde. Noch stossender sei aber – so die Eingabe –, dass auf diese Weise ein Sonderrecht geschaffen würde und jede solche Sonderbestimmung zu Ungerechtigkeiten führen müsse. Das Beharren auf gleichem Recht ist das Hauptargument, das hier neben die Feststellung tritt, dass es nicht praktikabel sei, alle arbeitslosen Frauen zu Dienstmädchen zu machen.

In diesem Beharren auf gleichem Recht war der SVF konsequenter als andere Frauenverbände. So hatte er die Sonderschutzbestimmungen für Frauen im Arbeitsrecht abgelehnt, wie sie 1919 in Washington vorgeschlagen wurden. Beide Geschlechter hätten das gleiche Recht auf unschädliche Arbeitsbedingungen: «Ein einseitiger Frauenschutz gibt das Wohl des Mannes und seiner Nachkommenschaft preis und erschwert gleichzeitig die Arbeitsbedingungen für das weibliche Geschlecht.»[7] Dieser Grundsatz war allerdings für den Gesetzgeber nur selten relevant. Für den SVF eröffnete sich damit ein weites Betätigungsfeld: Hatte man nach der Eingabe von 1922 noch erfreut registriert, dass «eine Milderung der Bestimmung insbesondere für ältere Frauen und zur Überführung von jugendlichen Arbeitslosen in den Hausdienst»[8] erreicht wurde, so entwickelte sich die Arbeitslosenversicherung zunächst keineswegs in Richtung Gleichberechtigung. Insbesondere der Zugang der verheirateten Frauen, die schon durch die Verordnung von 1932 durch tiefere Entschädigungsansätze diskriminiert waren, wurde durch die Gesetzesrevision von 1942 zusätzlich erschwert. Verheiratete Frauen hatten nur Anspruch auf Leistungen, wenn die Einkünfte des Mannes nicht zur Versorgung der Familie ausreichten.[9] Diese Diskriminierung wurde erst durch das Gesetz von 1952 aufgehoben.[10]

Auch die Krankenversicherung verstärkte im Laufe der Zeit die Diskriminierung der weiblichen Kassenmitglieder. Hatte das Gesetz 1912 noch für Männer und Frauen gleiche Prämien vorgeschrieben und dafür 1923 vom Bund noch eine beträchtliche Subventionszahlung vorgesehen,[11] so erlaubte der Bundesrat nach 1930, dass Frauenprämien bis zu 25 Prozent über denen der Männer liegen durften, und er stufte Frauen generell auf den unteren Versicherungsstufen mit geringeren Leistungen ein.[12] Die Begründung war, dass Frauen durch Krankheit und Wochenbett ein «schlechteres Versicherungsrisiko» darstellten. Diese Schlechterstellung sollte dann in den 1960er Jahren noch gesetzlich verankert werden. In mehreren Eingaben opponiert der SVF gegen diese Diskriminierung,[13] die einerseits die Geburt einseitig als Frauenrisiko definierte, andererseits aber auch die angeblich höheren Fehlzeiten von Frauen nicht als Ergebnis höherer familiärer Belastung aufgrund ihrer familiären Leistungen einstufte. Dagegen führte der SVF an, dass solche Leistun-

Abb. 21: Plakat zur Abstimmung über die Familieninitiative von 1945, auf dem das «Hausfrau-Ernährer-Modell» ins Bild gesetzt wird.

gen gar den Kassen zugute kämen, da sie die Kosten der Krankenpflege für Männer verringere. Zudem monierte er, dass eine eingehende Untersuchung über die angeblich höheren Fehlzeiten nie stattgefunden habe.

Gerade im Zusammenhang mit der Krankenversicherung wurden auch immer wieder das Fehlen einer Mutterschaftsversicherung sowie das «Frauenrisiko» Familie deutlich. In Sachen Mutterschaftsversicherung, die trotz der Aufnahme in die Bundesverfassung immer wieder zwischen Krankenversicherung und eigenständiger Versicherung hin- und hergeschoben wurde,[14] intervenierte der SVF regelmässig, es seien nun endlich diese Leistungen in der einen oder anderen Form zu erbringen.[15] Das Postulat der Familienzulagen erreichte – wenn auch sehr beschränkt – was mit der Mutterschaftsversicherung immer wieder misslang: einen gewissen Lastenausgleich zugunsten der Familien.[16] Unter Familienzulagen verstand man ein Bündel von Leistungen, wie Kinderzulagen, Steuerreduktionen und Mietbeiträge, die die wirtschaftliche Situation von Familien verbessern sollten. Der SVF unterstützte seit 1926 zusammen mit dem BSF die Einführung von Familienzulagen. Beide Verbände hatten dazu 1928 eine Kommission gebildet und veröffentlichten ihre Vorstellungen in einer Broschüre, in der sie die Verpflichtung des Staates, mit verschiedenen Massnahmen zur Entlastung der Familie beizutragen, darlegten.[17] Die Aufnahme des Familienartikels in die Bundesverfassung von 1945 bot schliesslich die Grundlage für die Verallgemeinerung dieser Forderung, die dann – im Gegensatz zur ebenfalls dort verankerten Mutterschaftsversicherung – tatsächlich erfüllt wurde. Anders als es sich SVF und BSF vorgestellt hatten, wurde aber mit dem Auszahlungsmodus an den Familienvater und der Tatsache, dass sein Einkommen die Bemessungsgrundlage war, der Anspruch verheirateter Frauen, erwerbstätig zu sein, eher unterlaufen. Zusammen mit der Tatsache, dass die Mutterschaftsversicherung nicht realisiert wurde, verstärkten die Familienzulagen die ohnehin kritische Haltung gegenüber der Erwerbstätigkeit von Müttern beziehungsweise nahmen diesem Anspruch die ökonomische Grundlage, obwohl die Höhe der Zulagen und die Art der Bemessung keinesfalls ökonomische Sicherheit boten.

Grenzen der Einflussmöglichkeiten

Der SVF sah sehr deutlich, dass seine Einflussnahme auf die Gesetzgebung dadurch beschränkt war, dass der Verband – anders als die politischen Parteien und Interessenverbände – keine Mitsprache in den vorberatenden Kommissionen hatte. Man bemühte sich intensiv um Einsitz. Dabei ging es dem Verband einerseits um die Möglichkeit der Mitgestaltung, andererseits aber auch immer darum zu zeigen, dass Frauen den nötigen politischen Sachverstand besassen, also sozusagen reif für das Frauenstimmrecht waren. Den Kommissionen, die das erste, 1931 abgelehnte AHV-Gesetz oder auch die Revision des Krankenversicherungsgesetzes beraten hatten, gehörten jeweils Mitglieder

der Frauenverbände an,[18] später wurden sie allerdings nicht mehr berücksichtigt.[19]

Besonders grosses Interesse bestand im SVF an einer Einsitznahme in die Expertenkommission zur Einführung der AHV, war doch für die Frauenverbände offensichtlich, dass dieses grosse Sozialwerk der Nachkriegszeit ganz allgemein soziale Sicherheit für die nicht mehr erwerbstätigen Männer und Frauen schaffen musste und dass gerade die Hinterbliebenenversicherung für Frauen und Kinder von grosser Wichtigkeit war.[20] Als die Frauen entgegen ihren Vorstellungen zunächst keine Aufnahme in die AHV-Kommission fanden, machten sie ihrer Enttäuschung öffentlich Luft und versuchten über parlamentarische Vorstösse eine Beteiligung zu erlangen.[21] Es reichte dann schliesslich «nur für die grosse Expertenkommission» wie der Verband in seinem Tätigkeitsbericht unzufrieden festhielt.[22] Die inhaltlichen Vorstösse verfasste der Verband zusammen mit dem BSF. Dabei versuchte man jeweils im Rahmen des eingeschlagenen Weges zu bleiben und auch konstruktive Mitarbeit zu signalisieren. So wurde zwar festgehalten, dass die Frauenverbände eine einheitliche Rente für alle Versicherten vorgezogen hätten, sich aber dem nun vorgeschlagenen Weg der abgestuften Renten «nicht entziehen» wollten.[23] Allerdings wünschten sie eine Erhöhung der Minimalrenten, eine selbständige Beitragspflicht der verheirateten Frauen, eine «Ruhestandsrente», die erst bei Aufgabe der Erwerbsarbeit gezahlt werden sollte, statt dem auf ein Alter von 65 festgelegten Rentenbezug, die Auszahlung durch staatliche Stellen (statt wie wohl zunächst vorgesehen durch den Arbeitgeber) sowie die Anrechnung der Beitragsleistungen der Ehefrau nicht schon ab dem 60., sondern erst ab dem 65. Altersjahr. Ingesamt lässt sich in diesen Vorstössen erkennen, dass die Frauenverbände einerseits dem Prinzip von Gleichberechtigung und Selbständigkeit der Frauen verpflichtet waren, andererseits aber auch dem Prinzip der Solidarität, das eine Bevorzugung bestimmter Frauengruppen aufgrund der Eheschliessung oder des Alters zu verbieten schien, wenn dadurch nicht die traditionelle Rollenteilung zementiert werden sollte. Angesichts dieser übergeordneten Prinzipien, die ja erst nach vielen AHV-Revisionen auch nur annähernd zum Tragen gekommen sind, ist es erstaunlich, dass das abschliessende Urteil über die Interventionen so positiv ausfiel, auch wenn die kompetenten Eingaben des Verbandes grosse Hochachtung verdienen. So hiess es im Tätigkeitsbericht 1959: «Auch die Entwürfe zur Einführung der AHV beschäftigten unseren Verband, gemeinsam mit dem BSF, eingehend. In Eingaben an die eidgenössische Expertenkommission kamen die Frauenwünsche zum Ausdruck und wurden zu unserer Befriedigung weitgehend berücksichtigt.»[24] Mit der Schaffung der AHV war die Tätigkeit in diesem wichtigen Sozialversicherungsbereich nicht beendet. Bei jeder Revision und dann auch speziell bei der Schaffung der Pensionskassenregelungen versuchte der Verband beharrlich, das Prinzip der Gleichberechtigung zum Tragen zu bringen.[25]

Frauen und Sozialversicherungen – Versuch eines Fazits
Der Ausbau des Netzes der sozialen Sicherheit erfolgte in der Schweiz zu Beginn des 20. Jahrhunderts nur zögerlich, und auch im Zeitraum zwischen 1940 und 1960, als in den meisten europäischen Staaten eine deutliche Erhöhung der Sozialausgaben feststellbar ist, kann in der Schweiz nur von einer «moderaten Expansionstendenz» gesprochen werden.[26] Es wäre wohl allzu einfach, diesen Rückstand allein dem Fehlen des Frauenstimm- und -wahlrechts zuzuschreiben. Es hat aber wohl in verschiedener Hinsicht Einfluss auf die Entwicklung gehabt, und zwar sowohl auf die zögerliche Verwirklichung als auch auf die Art der Ausgestaltung: Während in den anderen europäischen Ländern Parlamentarierinnen sich im Gesetzgebungsprozess und in den öffentlichen Diskussionen vehement für rasche Verwirklichung der Sozialwerke einsetzten und daraus auch ihre Legitimation und ihr Prestige als Politikerinnen ableiteten, fehlte diese Kraft in der Schweiz. Gerade die soziale Sicherheit, die die AHV für die Hinterbliebenen schuf, war ein Frauenanliegen, dem in der Zwischenkriegszeit der Rückhalt der Stimmbürgerinnen gefehlt hatte. Weiterhin waren die Frauenverbände keine referendumsfähigen Gruppen, die man allein schon aufgrund ihrer Grösse hätte berücksichtigen müssen. Als «Staatsbürgerinnen ohne Stimmrecht»[27] fehlte ihnen diese in der Schweiz so wichtige Druckmöglichkeit. Schliesslich musste bis 1971 keines der Gesetzeswerke vor den Augen einer weiblichen Wählerschaft bestehen.

So lässt sich nicht nur die Verzögerung der Entwicklung teilweise durch das fehlende aktive und passive Wahlrecht begründen, zudem dürfte das Fehlen der politischen Rechte auch die Art der Umsetzung beeinflusst haben. Hier lassen sich einige Hauptprobleme wie folgt zusammenfassen:

- Die Ausrichtung der Leistungen auf das Erwerbseinkommen benachteiligt Frauen, die allein aufgrund ihrer Geschlechtszugehörigkeit niedrigere Löhne haben und zudem nicht kontinuierlich in den «offiziellen Arbeitsmarkt» eingebunden sind.

- Die Abhängigkeit vom Ehemann benachteiligt Frauen in Krisensituationen wie Scheidung oder Beitragslücken des Ehemannes; sie wird erst mit der 10. Revision aufgehoben.

- Die Bemessung der «Risiken» erfolgte individuell und geschlechtsspezifisch (Beispiel Krankenversicherung, Schwangerschaft), «Frauenrisiken» werden nur äusserst zögerlich überhaupt abgedeckt (Beispiel Mutterschaftsversicherung).

- Insgesamt gehen die Sozialversicherungen vom Hausfrau-Ernährer-Modell aus, benachteiligen andere Formen des Zusammenlebens und erschweren oder verunmöglichen die Entwicklung gleichberechtigter Lebensmuster (Beispiel Familienzulagen).

Diese Tendenzen und Probleme sind nun keineswegs nur in den Schweizer Sozialwerken vorhanden. Auch haben die Frauenverbände und insbesondere der SVF beharrlich – und langfristig durchaus erfolgreich – versucht, besonders krasse Benachteiligungen des Systems zu beseitigen. Aber im internationalen Vergleich ist sehr wohl feststellbar, dass sich in der Schweiz die Ausrichtung am Hausfrau-Ernährer-Modell auffallend lange gehalten hat.[28] Anliegen, die nur Frauen zu betreffen schienen, hatten es hier extrem schwer, während der Ausbau der sozialen Sicherheit bei «Männerfragen» leichter vonstatten ging, konnte doch die Militärversicherung, aber auch die Erwerbsersatzordnung früh und zügig realisiert werden. Mutterschaftsversicherung und Gleichstellung von Frauen aber sind zu «Jahrhundertwerken» geworden.

1 Schweizerischer Verband für Frauenstimmrecht/Association suisse pour le suffrage féminin, 1909–1934, Basel 1934, S. 25.
2 Wecker Regina/Studer Brigitte/Sutter Gaby, Die «schutzbedürftige Frau». Zur Konstruktion von Geschlecht durch Mutterschaftsversicherung, Nachtarbeitsverbot und Sonderschutzgesetzgebung, Zürich 2001, S. 116–127.
3 Ibd., S. 119.
4 Vgl. die Artikel «Sozialversicherungen», «Krankenversicherung» «Alters- und Hinterlassenenversicherung» und «Arbeitslosenversicherung» im Historischen Lexikon der Schweiz, Basel 2002–, oder unter www.hls-dhs-dss.ch.
5 Studer Brigitte/Sutter Gaby/Wecker Regina, Die unendliche Geschichte der Mutterschaftsversicherung. Zur Konstruktion von Geschlecht durch Sozialpolitik, in: Nadai Eva, Ballmer-Cao Thanh-Huyen (Hg.), Grenzverschiebungen. Zum Wandel des Geschlechterverhältnisses in der Schweiz, Chur/Zürich 1998, S. 93–115.
6 Schweizerisches Sozialarchiv (SozArch), Ar. 29.70.1 Brief vom 8. September 1921. Ich danke Simon Wenger für die Archivrecherchen.
7 Schweizerischer Verband für Frauenstimmrecht/Association suisse pour le suffrage féminin, 1909–1934, Basel 1934, S. 29.
8 Ibd., S. 31.
9 Vgl. dazu Togni Carola, Arbeitslosenversicherung. Der soziale Kompromiss für die Nachkriegszeit, in: Leimgruber Matthieu/Lengwiler Martin (Hg.), Umbruch an der «inneren Front». Krieg und Sozialpolitik in der Schweiz, erscheint 2009, S. 111f. Ich danke Martin Lengwiler für die Möglichkeit der Einsichtnahme ins Manuskript.
10 Der SVF scheint in diesem Bereich und Zeitraum keine separaten Eingaben gemacht zu haben, vgl. die Liste der Eingaben im Tätigkeitsbericht von 1959 (Schweizerischer Verband für Frauenstimmrecht/Association suisse pour le suffrage féminin/Associazione svizzera per il suffragio femminile, 1934–1959, [s.l.] 1959).
11 Wasmann Simone, Mutterschaftsversicherung. Unveröffentlichte Seminararbeit 2008, Politikwissenschaft Uni Zürich, S. 16.
12 Hünerwadel Hans, Die Krankenversicherung in der Schweiz 1914–1923, Zürich 1925, S. 70, und Wasmann, Mutterschaftsversicherung, S. 16ff. Diese Benachteiligung wurde auf der Gesetzesebene erst 1993 aufgehoben.
13 Eingaben vom 30. Oktober 1961, 3. März 1962, 1. Mai 1963, 7. Dezember 1963, alle SozArch, Ar. 29.70.4.

14 Vgl. dazu Wecker, Studer, Sutter, Die «schutzbedürftige Frau»; Hauser Karin, Die Anfänge der Mutterschaftsversicherung. Deutschland und Schweiz im Vergleich, Zürich 2004.
15 Die letzte mir vorliegende Eingabe stammt vom 21. August 2001 und setzt sich mit der Neukonzeption nach der verlorenen Abstimmung von 1999 auseinander, die erste Eingabe war 1920 im Zusammenhang mit dem Washingtoner Abkommen entstanden.
16 Studer Brigitte, Familienzulagen statt Mutterschaftsversicherung? Die Zuschreibung der Geschlechterkompetenzen im sich formierenden Schweizer Sozialstaat 1920–1945, in: Schweizerische Zeitschrift für Geschichte, 47/2, 1997, S. 151–170.
17 Die wirtschaftliche Versorgung der Familie, dargestellt im Auftrag der Kommission für Familienzulagen des Bundes Schweizerischer Frauenvereine und des Schweizerischen Verbandes für Frauenstimmrecht, Basel 1929.
18 Mesmer Beatrix, Staatsbürgerinnen ohne Stimmrecht. Die Politik der schweizerischen Frauenverbände 1914–1971, Zürich 2007, S. 236.
19 Ibd., S. 233–240.
20 Vgl. dazu Luchsinger Christine, Solidarität, Selbständigkeit, Bedürftigkeit. Der schwierige Weg zu einer Gleichberechtigung der Geschlechter in der AHV 1939–1980, Zürich 1995.
21 Mesmer, Staatsbürgerinnen ohne Stimmrecht, S. 237f. Eingabe des SVF aus dem Jahr 1943, vgl. Liste der Eingaben im Tätigkeitsbericht 1934–1959.
22 Liste der Eingaben im Tätigkeitsbericht 1934–1959.
23 Schreiben des BSF an Bundesrat Stämpfli vom 7. Juni 1945, SozArch, Ar. 29.70.10).
24 Schweizerischer Verband für Frauenstimmrecht / Association suisse pour le suffrage féminin / Associazione svizzera per il suffragio femminile, 1934–1959, [s.l.] 1959, S. 20.
25 Vgl. u.a. die Eingaben zu den Renten der geschiedenen Frauen aus dem Jahr 1967 und 1968 oder zur 2. Säule vom 29. September 1977, SozArch, Ar. 29.70.10).
26 Leimgruber / Lengwiler (Hg.), Umbruch, S. 6.
27 Mesmer, Staatsbürgerinnen ohne Stimmrecht, S. 237.
28 Wecker Regina. Von der Langlebigkeit der «Sonderkategorie Frau» auf dem Arbeitsmarkt. Frauenerwerbstätigkeit 1880–1980, in: Barben Marie Louise / Ryter Elisabeth (Hg.), Verflixt und zugenäht! Frauenberufsbildung – Frauenerwerbsarbeit 1888–1988, Zürich 1988.

Le droit au travail des femmes: l'engagement du réseau associatif suffragiste contre la «polémique sur les doubles salaires»

Céline Schoeni

Dans le sillage de la crise économique mondiale qui affecte la Suisse dès 1932, se développe l'une des plus importantes offensives de remise en cause du droit au travail salarié des femmes.[1] Le chômage, dont le taux est faible en Suisse en comparaison internationale, suscite d'âpres discussions sur la répartition des postes de travail, et l'activité professionnelle féminine endosse le rôle de bouc émissaire. Selon les détracteurs du travail féminin, qui se recrutent dans l'ensemble des forces politiques avec une prépondérance au sein du Parti conservateur suisse regroupant les catholiques et du Parti socialiste suisse, les femmes voleraient les emplois revenant aux hommes. Érigé en acte préjudiciable pour le bien commun, le travail féminin est affublé de tous les maux: il priverait les chefs de famille de leur gagne-pain destiné à entretenir femme et enfants, menacerait l'équilibre social et détruirait la famille, cellule de base de l'État. Pour contrer ce qui est ressenti comme une perte inquiétante de repères et afin d'assurer aux hommes une priorité à l'emploi, le retour des femmes au foyer est plébiscité comme la solution adéquate par l'ensemble de la classe politique.

Cette opposition au travail féminin se manifeste par une polémique visant la diminution, voire la radiation totale, de certaines catégories de salariées du marché du travail par l'instauration de mesures légales restrictives. En réalité, la controverse se cristallise presque exclusivement sur les femmes fonctionnaires mariées à un conjoint fonctionnaire, soit sur celles qui exercent un travail qualifié (enseignantes, employées dans l'administration publique) leur permettant d'entrevoir une amélioration qualitative de leur insertion dans la sphère productive. D'après les instigateurs de cette «lutte contre les doubles salaires» – dans le sens d'une dénonciation du cumul de deux revenus au sein du couple –, le salaire des femmes fonctionnaires mariées à un collègue est jugé superflu, le salaire de l'époux étant largement suffisant pour subvenir à l'entretien de la famille. Les autorités publiques devraient donc endosser leurs responsabilités et œuvrer pour une répartition plus équitable des postes de travail en mettant un terme à l'injustice sociale que représente la présence, dans le monde du travail, de ces privilégiées qui ne travaillent pas par nécessité mais pour assouvir égoïstement leur désir d'exercer un métier.

Face à la démultiplication de projets de lois visant à restreindre aux niveaux fédéral, cantonal et communal l'activité professionnelle féminine dans la fonction publique, les associations féministes helvétiques se mobilisent. Cet article présente la contribution décisive de l'Association suisse pour le suffrage féminin (ASSF) au combat pour le droit au travail des femmes durant les années 1930. Afin de mettre en évidence l'implication multiforme du réseau associatif suffragiste pour défendre l'activité professionnelle des femmes fonctionnaires, nous analyserons son action en deux temps distincts. La première partie traitera de l'apport de l'ASSF – soit l'association faîtière – à l'activité de la commission nationale fondée en 1932 afin de défendre le travail féminin contre les effets de la crise et du chômage. Basée sur l'exemple du canton de Vaud, la seconde partie montrera le rôle clé des sections cantonales et communales de l'ASSF dans l'organisation d'une riposte pour contrer les attaques contre le travail des femmes fonctionnaires. En raison du fédéralisme, l'offensive contre le travail des femmes fonctionnaires présente un caractère à géométrie variable: la teneur et la nature des restrictions à l'égard de l'activité féminine diffèrent d'un canton et d'une commune à l'autre. Les mobilisations sur un plan local s'avèrent donc décisives pour défendre le droit au travail des femmes fonctionnaires. Grâce à cet engagement simultané sur les plans fédéral, cantonal et communal, l'ASSF constitue la principale force du mouvement féministe organisé à défendre le droit au travail des femmes fonctionnaires durant les années 1930.

Création de la Commission pour la lutte contre les effets de la crise sur le travail féminin

Avec l'émergence d'une remise en cause systématique du droit au travail des femmes mariées sur le plan international et national, l'Alliance nationale de Sociétés féminines,[2] qui regroupe les principales associations féminines dites bourgeoises dont l'ASSF, décide de créer une commission traitant des conséquences de la crise sur l'activité professionnelle féminine en Suisse. Ainsi naît la Commission pour la lutte contre les effets de la crise sur le travail féminin, également connue durant ses premiers mois d'existence sous le nom de Commission d'étude pour la lutte contre le chômage de la femme.[3] Formellement instituée en décembre 1932 par le Comité national de l'Alliance, cette commission est placée dès le printemps suivant sous la houlette de l'Alliance et de l'ASSF. Deux éléments expliquent ce mode de collaboration, qui reste alors une exception.[4]

D'une part, la présidente et la vice-présidente de l'Alliance se trouvent être deux personnalités engagées dans la lutte pour le suffrage féminin. Présidente de l'Alliance, Anne de Montet-Burckhardt[5], Bâloise d'origine domiciliée à Vevey depuis son mariage, a présidé le groupe de Vevey pour le suffrage féminin (1917–1929) et milite activement au sein de la section du canton où elle réside, soit l'Association vaudoise pour le suffrage féminin.[6] La vice-présidente de l'Alliance n'est autre que la Lausannoise Antoinette Quinche[7], dont la renommée en matière de combat pour le droit de vote des femmes dépasse largement les frontières cantonales, voire nationales. Première femme avocate du canton de Vaud (1926), elle préside de 1928 à 1929 le Comité vaudois pour la pétition fédérale en faveur du suffrage féminin,[8] ainsi que l'Association vaudoise pour le suffrage féminin durant plus de vingt ans (1932–1959), puis dès 1935 le Groupe lausannois pour le suffrage féminin. En regard de leur ancrage dans le réseau associatif suffragiste, il n'est donc guère surprenant que la présidente et la vice-présidente de l'Alliance tentent d'impliquer l'ASSF dans la Commission de crise nouvellement créée.

D'autre part, la collaboration entre l'Alliance et l'ASSF à la tête de la Commission de crise trouve son origine dans l'intérêt que porte l'ASSF à la question du travail salarié féminin. En effet, si la principale revendication de cette association réside dans l'obtention de l'égalité civique entre hommes et femmes – le droit de vote étant conçu comme un instrument permettant aux femmes de lutter, par le biais de l'urne, contre les principales injustices qu'elles subissent –, le mouvement associatif suffragiste helvétique s'engage également dans d'autres batailles. La défense du droit au travail des femmes en constitue l'une des principales de 1932 à 1937. La polémique sur les doubles salaires s'articule en effet étroitement avec la question de la citoyenneté politique: privées du droit de vote, les femmes n'ont aucun moyen légal pour intervenir dans le processus d'élaboration des lois entravant leur droit au travail. L'Alliance internationale pour le suffrage féminin, fondée en 1904, contribue aussi à impulser l'engagement des différentes sections nationales sur le thème du droit au travail. Dès les premiers signes manifestes de la vague de remise en cause du travail féminin, l'Alliance internationale pour le suffrage féminin adresse un message explicite aux sociétés affiliées sur l'attitude à adopter. En 1929 déjà, elle vote la résolution suivante lors de son congrès:

> «Le congrès constate avec inquiétude la tendance des lois et des coutumes de quelques pays à restreindre le droit des femmes mariées à exercer un métier ou une profession rémunérés et, affirmant sa croyance dans le principe que le choix du travail est essentiel à la liberté véritable de l'individu adulte, il demande aux Sociétés de l'Alliance de revendiquer ce principe, de surveiller ladite tendance, de s'y opposer avec la plus grande énergie partout où elle fait jour, et de défendre les droits déjà acquis des femmes mariées à exercer un métier ou une profession.»[9]

Dès lors, à chacun de ses congrès durant les années 1930, l'Alliance internationale pour le suffrage féminin réitère son inquiétude, puis son indignation et la ferme condamnation des mesures de restriction du travail féminin.

Initialement, la Commission de crise chapeautée par l'Alliance et l'ASSF se fixe pour but «de montrer que c'est une injustice d'enlever son activité à la femme qui aime sa profession et qui est obligée de travailler, activité devenue indispensable en temps normal. Nous voulons aussi montrer la mesquinerie

Règlement pour le personnel de l'Administration communale.

Pétition.

Lausanne, le 27 juin 1936.

A Messieurs les membres du Conseil communal,
LAUSANNE.

Monsieur le Président et Messieurs,

Nous avons pris connaissance des modifications que la Municipalité vous demande d'apporter au règlement pour le personnel de l'Administration communale ; le troisième paragraphe de l'article 22 intéresse tout particulièrement nos associations. Cet article prévoit qu'il est interdit à l'épouse d'un membre du personnel d'exercer une occupation lucrative.

[...]

Enfin, ce paragraphe dépasse de beaucoup, par ses conséquences, le cadre restreint des employés de la commune. Il consacre en effet une atteinte au droit au travail des femmes, et cette atteinte, — une fois admise par une commune, — risque de s'étendre aux entreprises privées et de rendre toujours plus difficile aux femmes la possibilité de gagner leur vie. Nous faisons donc appel à votre esprit d'équité et vous demandons de ne pas aggraver la situation déjà si difficile des femmes.

Veuillez croire, Monsieur le Président et Messieurs, l'assurance de notre haute considération.

Pour l'Union des femmes :
Léa COMTE, présidente.

Pour l'Association lausannoise pour le suffrage féminin :
Antoinette QUINCHE, av., prés.

Pour le Lycéum vaudois :
Gertrude SCHROEDER.

Pour l'Union des carrières libérales et professionnelles :
Gertrude SCHROEDER.

Pour les femmes abstinentes :
A. GILLABERT-RANDIN.

Pour l'Association des femmes universitaires :
Cécile DELHORBE.

Abb. 22: Les femmes, menées par Antoinette Quinche, mécontentes d'une décision du Conseil communal de Lausanne, interviennent en envoyant cette pétition.

et l'inutilité des arguments contre le travail des femmes».[10] Jusqu'à la dissolution de la commission en 1938, motivée par la diminution des attaques contre le travail féminin, une dizaine de membres s'engagent pour cette cause.[11] La moitié d'entre elles milite activement au sein d'une des structures – nationale, cantonale ou communale – de l'ASSF. Ces femmes, majoritairement suisses-allemandes, ont pour la plupart suivi une formation académique et leur action se déploie sur trois axes.

Premièrement, la Commission de crise tente de cerner l'ampleur de la polémique en Suisse et centralise à cet effet toutes les informations relatives aux dispositions légales débattues et/ou promulguées restreignant le droit au travail des femmes fonctionnaires. Il s'agit là d'un objectif ambitieux, que la commission ne parvient pas entièrement à atteindre en raison de la démultiplication des mesures envisagées, ceci malgré le concours des sociétés affiliées à l'Alliance et un abonnement à l'Argus de la presse qui devient rapidement indispensable.

Deuxièmement, mue par la conviction que «si d'une manière générale, on comprenait mieux la signification et l'importance du travail féminin en Suisse, et qu'on pouvait juger d'une manière plus objective, il y aurait bien moins d'attaques inconsidérées contre le travail féminin»,[12] la Commission se lance dans un travail considérable d'information et de sensibilisation à l'interne auprès des sociétés membres de l'Alliance, et plus généralement auprès des Suisse-sse-s. Des circulaires sont envoyées à l'attention des sociétés affiliées à l'Alliance les priant de porter toute leur attention sur la situation du travail féminin en temps de crise économique, des conférences publiques sont organisées dans les centres urbains et des intervenantes «spécialistes», recrutées par la Commission de crise, sont mises à disposition pour les séances publiques locales. En outre, les membres de la Commission de crise rédigent de nombreux articles sur le travail féminin – droit au travail des femmes, chronique des attaques contre ce droit en Suisse et à l'étranger, mobilisations féminines – qui paraissent dans les organes de presse alémanique et francophone de l'Alliance. Elles tentent aussi de répondre, dans la mesure de leurs moyens, aux articles publiés dans la presse à grand tirage qu'elles jugent tendancieux et hostiles au travail féminin. Fruit des deux premières années d'activité de la Commission de crise, un *Guide pour conférenciers*[13] paraît en 1934, qui constitue un véritable outil de travail pour mener une contre-offensive face au mouvement de remise en cause du droit au travail des femmes. Réunissant huit articles, il livre les clés d'analyse du travail féminin en Suisse en retraçant l'évolution de ce phénomène, synthétise les arguments en faveur du droit au travail des femmes, et dresse un état des lieux détaillé de l'offensive contre les doubles salaires en Suisse. Les quatre cents premiers exemplaires sont rapidement épuisés et la qualité du guide est relevée lors du congrès de l'Alliance internationale pour le suffrage féminin qui se tient à Istanbul en 1934.

Troisièmement, la Commission de crise tente d'agir pour infléchir directement sur la polémique. Campant sur une position défensive, son action en la matière reste cependant timide. Réticente face à des modalités d'intervention trop visibles dans l'espace public (manifestations de protestation et organisation de grèves), la Commission de crise se limite à condamner les deux propositions portant atteinte au travail féminin dans l'Administration fédérale. Il s'agit du postulat Schmid-Ruedin (1933) qui demande au Conseil fédéral d'examiner la possibilité de supprimer les doubles gains dans l'Administration fédérale, ainsi que de la motion Rittmeyer (1936) proposant de favoriser le personnel masculin lors de nouveaux engagements dans l'Administration fédérale.[14] À ces deux occasions, la Commission de crise adresse des lettres de protestation, co-signées par l'Alliance et l'ASSF, au conseiller fédéral à la tête du Département des finances, aux membres du Conseil des États et du Conseil national, visant à dissuader l'adoption de ces propositions. Quant aux offensives menées sur les plans cantonal et communal, la Commission de crise n'intervient pas directement, mais fonctionne comme «base arrière»: elle soutient les initiatives locales pour défendre le droit au travail des femmes fonctionnaires en relayant les informations dont elle dispose (documentation, renseignements sur les expériences faites dans d'autres localités, noms de conférencières compétentes, etc.). Pour être efficace, ce mode de fonctionnement faisant interagir le niveau fédéral (la Commission de crise) et le niveau local (le réseau de défense du travail féminin qui s'initie sur le plan cantonal voire communal) suppose l'existence de personnes «relais», soit une membre de la Commission de crise, soit une personnalité féministe locale ayant connaissance de l'existence de la Commission de crise. Très souvent, les membres de l'ASSF assument cette fonction, notamment car elles sont les mieux informées sur l'activité de la Commission de crise dans laquelle est impliquée leur association faîtière nationale. Lorsqu'une interaction est en mesure de s'établir, ce qui ne va pas forcément de soi étant donné que ni les membres de la Commission de crise ni les sections existantes de l'ASSF ne suffisent à quadriller l'ensemble du territoire helvétique, les initiatives déployées sur le plan local témoignent de la capacité d'action et de mobilisation des militantes suffragistes. Toutefois, malgré la persévérance des membres des sections cantonales et communales de l'ASSF, les campagnes en faveur du droit au travail des femmes fonctionnaires ne sont pas toujours couronnées de succès. Le cas du canton de Vaud démontre l'ancrage profond de l'hostilité masculine à l'instauration d'une égalité professionnelle entre hommes et femmes et met en exergue le renforcement, sous l'effet de la remise en cause du droit au travail des femmes, du processus de différenciation et de hiérarchisation entre travail féminin et travail masculin.

L'Association vaudoise pour le suffrage féminin et le droit au travail des femmes

Deux exemples permettent de saisir les enjeux de la polémique sur les doubles salaires et d'illustrer l'importance jouée par l'Association vaudoise pour le suffrage féminin, sur les plans cantonal et communal, dans l'impulsion d'une campagne publique de défense du droit au travail des salariées mariées de la fonction publique.

Le premier concerne la révision partielle de la loi sur l'instruction publique primaire vaudoise, débattue dès 1935. À cette date, la commission de gestion du Département de l'instruction publique et des cultes, composée d'un député libéral et d'un député radical, demande au Conseil d'État d'étudier à nouveau la mesure permettant d'exclure le corps enseignant féminin marié.[15] Cette mesure frapperait presque un quart des institutrices en fonction (170 sur 760)[16] et placerait l'ensemble des enseignantes primaires devant le dilemme du mariage ou du travail salarié. Cette restriction du droit au travail des enseignantes primaires a déjà été longuement débattue en 1929–1930 dans le cadre de l'élaboration de la loi scolaire vaudoise, pour être finalement écartée pour des considérations davantage pragmatiques – notamment l'absence de personnel disponible pour remplacer les enseignantes devant être licenciées – que par un souci d'égalité entre les sexes. Elle resurgit pourtant cinq ans plus tard, durant la période d'apogée de la polémique sur les doubles salaires en Suisse.

Comme en 1929–1930, la section vaudoise pour le suffrage féminin figure au premier rang de la contre-offensive qui s'organise.[17] Antoinette Quinche, présidente de la Section vaudoise pour le suffrage féminin, signe conjointement avec les principales associations regroupées dans le Cartel des sociétés féminines vaudoises une lettre de protestation adressée à tous les membres de Grand Conseil vaudois et à son président. Anecdote révélatrice de l'occultation de la parole féminine, ce dernier refusera de lire publiquement la lettre en séance, sous prétexte que la signature collective au nom d'un Cartel est considérée comme invalide! La lettre en question reprend les principaux arguments de défense du travail féminin qui figurent dans le *Guide pour conférenciers* publié par la Commission de crise, commission dont Antoinette Quinche a contribué, rappelons-le, à la constitution. Anne de Montet-Burckhardt, simultanément membre de l'Association vaudoise pour le suffrage féminin et présidente de la Commission de crise (dès 1935), est reçue en audience par la commission législative chargée d'élaborer les nouvelles dispositions de la loi scolaire vaudoise pour exposer la position de l'Association vaudoise pour le suffrage féminin. Sous la plume de Susanne Bonard,[18] journaliste réputée et membre de l'Association vaudoise pour le suffrage féminin, deux articles paraissent dans *Le Mouvement féministe*, qui relatent la situation vaudoise d'une part et apportent un soutien moral aux protestations portées par un groupe d'institutrices d'autre part.[19]

Une fois encore, la disposition visant à interdire le travail des institutrices mariées est repoussée à une large majorité à l'issue du débat au Grand Conseil, mais pour des motifs laissant présager une offensive encore plus grande contre le travail féminin. En effet, un des principaux arguments à l'origine du refus réside dans l'aspect trop minimaliste de la loi. Lucide sur l'implication de ce vote, Susanne Bonard commente en ces termes le résultat du vote dans les colonnes du *Mouvement féministe*:

> «Il convient d'ailleurs de ne pas se réjouir outre mesure [...]. Lisez: il faudra étudier le statut de toute femme fonctionnaire ... puis de la femme mariée ... pour arriver à interdire le travail à toute femme mariée ... Espérons que d'ici-là, la prospérité sera revenue, ramenant nos législateurs à une plus saine appréciation des choses et à un plus grand respect du travail féminin.»[20]

Le second exemple a trait à la révision partielle du règlement pour le personnel de l'administration communale de Lausanne en 1936, ville dont la Municipalité est à majorité socialiste depuis 1933. À l'initiative du syndic socialiste, il est envisagé d'insérer deux nouvelles dispositions au règlement, qui frappent de plein fouet les employées communales et les épouses du personnel communal.[21] Comme dans le cas des institutrices, il s'agit d'une part d'instaurer le mariage comme motif de résiliation du contrat pour le personnel féminin (article 44), mesure qui aurait potentiellement concerné les cinq femmes fonctionnaires de la commune de Lausanne. D'autre part, l'introduction d'une nouvelle notion est préconisée: celle de l'incompatibilité entre la qualité de membre du personnel communal et l'activité lucrative de l'épouse (article 22). Cette disposition revient à obliger légalement les épouses de fonctionnaires communaux à démissionner de leur poste, quelles que soient l'activité professionnelle exercée et les années de formation suivies. Quantitativement, l'impact de l'article 22 est donc plus préjudiciable que celui de l'article 44. Pour cette raison, mais aussi à cause de la brèche supplémentaire qu'il ouvre dans la généralisation de la remise en cause du droit au travail des salariées, le Groupe lausannois pour le suffrage féminin, également présidé par Antoinette Quinche, se mobilise activement.[22]

En février 1936, soit quatre mois avant le début des discussions au Conseil communal, il organise une séance publique où des conseillers municipaux d'horizons politiques divers sont invités à exprimer leur point de vue sur l'article 22. Cadrant le débat, une militante du Groupe lausannois pour le suffrage féminin introduit la discussion par un exposé sur le droit des femmes au travail et, à l'issue de celle-ci, Antoinette Quinche soumet à l'assemblée une résolution qui condamne l'article 22 et demande à la Municipalité de renoncer à cette mesure. En juin 1936, alors que l'adoption de cette mesure doit être soumise au Conseil communal, le Groupe vaudois pour le suffrage féminin signe conjointement avec d'autres associations féminines une lettre de protestation solidement argumentée contre l'article 22. Relayant un point de vue féministe, Susanne Bonard assure à nouveau la médiatisation des discussions sur cet article.[23] Après l'adoption en premier débat de celui-ci, paraît sous sa plume dans la *Tribune de Lausanne* un article acerbe, qui provoque des remous jusqu'en séance du Conseil communal.[24] Avec dérision, Susanne Bonard s'élève contre l'inconstitutionnalité de l'atteinte au droit de l'individu que constitue l'article 22 et le fait que le mariage devienne un facteur de disqualification professionnelle pour les femmes. Pourtant, les hommes du Conseil communal ne tiennent absolument pas compte des récriminations féministes et intègrent les deux articles à la nouvelle version du règlement du personnel en novembre 1936. Bien que décevant et profondément injuste, ce résultat ne surprend pas les militantes du Groupe lausannois pour le suffrage féminin. Consciente des rapports de pouvoir entre les sexes, Susanne Bonard écrit déjà en février 1936 dans les colonnes du *Mouvement féministe*:

> «Notre cause est perdue, puisque le Conseil communal de Lausanne compte 55 socialistes et 45 bourgeois, dont plusieurs sont étroitement antiféministes. On s'étonnera une fois de plus de la facilité avec laquelle les socialistes, si attachés aux principes en théorie, notamment au droit de la femme et au principe du salaire égal, les oublient sitôt qu'ils sont en mesure de les appliquer».[25]

En guise de conclusion, on constate que l'ASSF a joué un rôle déterminant dans l'organisation de la campagne de défense du droit au travail des femmes durant les années 1930, que ce soit au sein de la Commission de crise sur le plan national ou par l'intermédiaire de ses sections sur les plans cantonaux et communaux. Même si les efforts déployés n'ont pas réussi à enrayer l'offensive contre l'emploi féminin, ils ont permis de faire entendre une parole dissonante, féministe, volontairement évincée par le peuple masculin helvétique des sphères de pouvoir décisionnelles, où s'élaborent notamment les lois réglementant l'activité professionnelle des femmes.

1 Schoeni Céline, La lutte contre les doubles salaires et l'emploi féminin dans les années 1930, in: Christe Sabine et al., Au foyer de l'inégalité. La division sexuelle du travail en Suisse pendant la crise des années 30 et la Deuxième Guerre mondiale, Antipodes, Lausanne 2005, p. 35–103; Schoeni Céline, Politique de l'emploi et division sexuelle du travail: l'offensive contre le travail des femmes dans la fonction publique en Suisse et en France durant les années 1930, thèse en cours sous la dir. des professeur-e-s Jost Hans Ulrich et Studer Brigitte.
2 Désormais abrégé Alliance. Sur cette association: Redolfi Silke, Frauen bauen Staat. 100 ans de l'Alliance de sociétés féminines suisses (1900–2000), NZZ Verlag, Zürich 2000; Mesmer Béatrix, Ausgeklammert – Eingeklammert. Frauen und Frauenorganisationen in der Schweiz des 19. Jahrhunderts, Helbing & Lichtenhahn, Basel 1988; Mesmer Beatrix, Staatsbürgerinnen ohne Stimmrecht. Die Politik der schweizerischen Frauenverbände 1914–1971, Chronos, Zürich 2007.
3 Désormais abrégé Commission de crise. Cette partie se base sur l'analyse des rapports de la Commission de crise: AGoF, BSF: Kommission zur Bekämpfung der Krisenfolgen für

die berufstätige Frau (ca. 1934–1939); AGoF, LB-BSF Delegiertenversammlungen (1923–1934); AGoF, LB-BSF Delegiertenversammlungen (1935–1939).

4   L'Alliance se compose de plusieurs commissions thématiques (Commission des Lois, Commission du Suffrage, Commission pour l'Education nationale, etc.). La seule autre commission à être officiellement chapeautée par l'Alliance et l'ASSF est la Commission pour les allocations familiales, fondée en 1927.

5   ACV. Dossier ATS «Anne de Montet». Voir aussi: «Montet, Anne de», Dictionnaire historique de la Suisse (en ligne), par Ludi Regula, version du 20 mars 2008.

6   Sur cette association: Ringli Carole, L'Association vaudoise pour le suffrage féminin (1907–1921): le début d'un mouvement suffragiste militant dans le canton de Vaud?, mémoire de licence en histoire non publié, dir. Jost Hans Ulrich, Université de Lausanne 2002.

7   ACV. Dossier ATS «Antoinette Quinche». Voir aussi la notice biographique figurant dans le présent ouvrage.

8   Voir l'article de Hardmeier Sibylle dans le présent ouvrage (4.2. Die Petition von 1929).

9   Cité in: Le Mouvement féministe, 12 juillet 1929. Le Mouvement féministe est l'organe de presse francophone de l'Alliance nationale de Sociétés féminines.

10 AGoF. LB-BSF Delegiertenversammlungen (1923–34). Rapport de la Commission pour la lutte contre les effets de la crise, 1933, par Nelly Jaussi, p. 1.

11 La composition de la commission varie durant ses sept années d'existence. Voici la liste des membres qui participent à la commission sur l'ensemble de la période: Eder-Schwyzer Jeanne (Zurich); Bänninger Martha (Berne); Debrit-Vogel Agnès (Berne); Jucker Agnes (Zurich); Meyer Martha (Zurich); Schönauer-Regenass Martha (Bâle); Leuch-Reineck Annie (Lausanne/Berne); Huber Louise (Zurich); Jaussi Nelly (Zurich/Berne); Schwarz-Gagg Margarita (Berne); De Montet-Burckhardt Anne (Vevey); Kuhn Hedy (Zurich); Martin Anna (Berne); Daeppen Marguerite (Lausanne); Long Pauline (Genève).

12 AGoF. LB-BSF: Delegiertenversammlungen (1923–34). Rapport de la Commission d'étude pour la lutte contre les effets de la crise, 1933–34, par Jeanne Eder-Schwyzer, p. 61.

13 Frauenarbeit und das sogenanntes Doppelverdienertum in der heutigen Krisenzeit. Referentenführer. Hrsg. von der Kommission zur Bekämpfung der Krisenfolgen für die berufstätige Frau, Zürich, 1934. Pour la version française (traduction partielle): Le travail féminin, publ. par l'Alliance de sociétés féminines suisses et l'Association suisse pour le suffrage féminin, La Concorde, Lausanne 1937.

14 Signalons ici que la Loi fédérale sur le statut des fonctionnaires, adoptée en 1927, permettait déjà de licencier le personnel féminin pour motif de mariage (article 55).

15 Pour les discussions relatives à cette proposition, voir le Bulletin du Grand Conseil vaudois, séances du 26 août 1935, 3 mai 1937, 11 mai 1937, 12 mai 1937 et 13 mai 1937.

16 Chiffres cités in: Bulletin du Grand Conseil vaudois, séance du 11 mai 1937, p. 259.

17 ACV. Fonds PP 314 A 8 «Procès-verbaux du comité cantonal de l'Association vaudoise pour le suffrage féminin (1929 et 1930)» et PP 314 A150 «Procès-verbaux du comité cantonal de l'Association vaudoise pour le suffrage féminin (1936 et 1937)».

18 ACV. Dossier ATS «Susanne Bonard».

19 Le Mouvement féministe, 28 novembre 1936 et 25 septembre 1936.

20 Le Mouvement féministe, 25 septembre 1936.

21 Pour les discussions relatives à cette disposition, voir le Bulletin du Conseil Communal de Lausanne, séances du 30 juin 1936 et 13 octobre 1936.

22 ACV. Fonds PP 314 A156 Rapport d'exercice du groupe lausannois 1936 et PP 314 A157 Rapport d'exercice du groupe lausannois 1937.

23 Le Mouvement féministe, 15 février 1936 et 6 novembre 1936.

24 La Tribune de Lausanne, 25 octobre 1936.

25 Le Mouvement féministe, 15 février 1936.

ASSF et syndicats, une collaboration soumise à de rudes épreuves 1912–1945

Nora Natchkova

Rares sont les occasions où l'Association suisse pour le suffrage féminin (ASSF) collabore de façon formelle avec les syndicats suisses du secteur secondaire durant la période étudiée. L'enjeu de cette contribution va au-delà de la simple énumération de démarches faites en commun. Il s'agira tout d'abord de montrer que cette association féministe appuie la syndicalisation des travailleuses du secteur industriel et relate les luttes de ces dernières pour de meilleures conditions d'emploi. En deuxième lieu, la description des moments de jonction entre les syndicats et l'ASSF me permettra de montrer que les liens difficiles entre organisations féministes et ouvrières s'inscrivent dans un contexte politique plus large. Je voudrais en particulier esquisser les conditions factuelles dans lesquelles peuvent – ou ne peuvent pas – s'inscrire les actions de l'ASSF, puis évoquer les champs possibles des stratégies individuelles et collectives des membres de l'Association.

Mon article se base essentiellement sur des sources provenant de la Fondation Gosteli et du dépouillement du journal *Le Mouvement féministe* que je considère représentatif des préoccupations du milieu suffragiste suisse: c'est Émilie Gourd qui le fonde en 1912, elle en est la rédactrice en chef et est présidente de l'ASSF de 1914 à 1928. Plusieurs autres membres de l'Association, y compris son premier président, Auguste de Morsier, contribuent avec leurs articles à l'établissement des lignes directrices des actions de l'organisation. Par ailleurs, les pistes de réflexions que je tracerai ici sont le fruit de la lecture d'un grand nombre de documents syndicaux, et d'autres, provenant des archives fédérales et du Bureau international du travail, qui, pour muettes qu'elles soient le plus souvent sur l'interaction entre féminisme et lutte sociale, sont significatives aussi dans leur silence.[1] Cette contribution est un appel – consécutif et réitéré – à la prise au sérieux des rapports sociaux de sexe dans tous les domaines de la société, dans la recherche en histoire et dans le classement des archives, étape importante pour permettre l'écriture de l'histoire sous l'angle des rapports de genre.

Dernière remarque avant d'entrer dans le vif du sujet, les événements en Suisse doivent être lus avec l'apport de l'histoire européenne: les réseaux des différents acteurs et actrices sociales sont internationaux, la peur et l'excitation suscitées par l'avènement de l'URSS apparaissent comme des éléments universels dans les politiques menées au niveau national, l'obtention du droit de vote est suivie sur la scène de tous les pays du monde. C'est dans cette optique qu'il s'agit de lire les différents points abordés dans cette contribution.

Déplacement de l'intérêt pour le travail salarié des femmes du secteur secondaire vers le tertiaire

Dès la création du journal *Le Mouvement féministe*, les articles sur le travail salarié des femmes, notamment dans les usines, font partie des thématiques courantes. Sans aucun doute, la clé de cette constante est à chercher dans les intérêts de sa rédactrice en chef qui sollicite également des collaborations extérieures pour étayer son combat féministe dans le domaine de l'emploi des femmes. Néanmoins, l'article que signe Auguste de Morsier, premier président de l'ASSF de 1909 à 1912 dans le numéro 4 du journal, daté du 10 mars 1913, donne une explication complémentaire: l'ASSF, bien que fondée par des personnes libérales et dans leur forte majorité bourgeoises,[2] inscrit la logique de ses combats dans l'esprit du radicalisme suisse de la fin du XIXe siècle: un libéralisme social.

Auguste de Morsier, tout en se déclarant contre le labeur harassant des usines pour les femmes, défend leur droit de disposer librement de leur force de travail. Il plaide pour l'autonomie civile économique et sociale des femmes: «La dépendance économique – toutes questions morales réservées – c'est la servitude.» Il soutient la nécessité de l'organisation syndicale des femmes face au patronat afin d'obtenir des salaires décents et égaux à ceux des hommes:

> «Que le capital résiste à l'égalisation des salaires masculins et féminins, nous le comprenons, puisqu'il défend cette position privilégiée qui est de pouvoir profiter, pour un même travail, de l'octroi d'un salaire moindre. Mais nous n'admettons pas que cela doive toujours durer. [...] il y a là un cercle vicieux: le bas salaire est l'ennemi du syndicalisme, et le manque de syndicalisme déprime le salaire.»

Dans les articles du journal durant les années de guerre et dans les années 1920, *Le Mouvement féministe* rend invariablement compte des actions syndicales menées par des ouvrières – grèves, mobilisations – quand elles ont tendu ou abouti à une amélioration de leurs conditions de travail, et souligne à toutes les occasions combien il est primordial pour les ouvrières de se syndiquer, combien les femmes syndiquées apportent au mouvement ouvrier et combien cette lutte sur les lieux de travail est féministe. Sous le titre *Les salaires féminins pendant la guerre*, article paru le 10 décembre 1915 dans le numéro 38, après avoir décrit avec enthousiasme une manifestation publique appelée par le Syndicat des employées de magasin et de bureau le 19 novembre 1915 à Genève pour protester contre les bas salaires des femmes, Jeanne Gueybaud finit son papier avec ces mots:

> «Pourquoi les féministes, à Genève, ne s'intéressent-elles pas plus directement à ces questions? Pourquoi, dans la vaste assemblée, n'avons-nous pu en compter que trois ou quatre? Il s'agissait pourtant de nos sœurs qui travaillent et le féminisme a sa tâche à remplir à leur égard comme au nôtre.»

L'effervescence sociale que l'on peut observer dans les manifestations des femmes socialistes dans les dernières années de la Première Guerre mondiale, trouve dans le journal féministe «bourgeois» un écho non dissimulé. Un exemple parmi d'autres, l'article du numéro 56, daté du 10 juin 1917, signé par la même collaboratrice, Jeanne Gueybaud, commence par exprimer quelque chose de l'ordre de l'enchantement par les conflits de travail: «Le joli mois de mai a vu éclore toute une série de grèves féminines.»

Parallèlement, la revendication d'égalité salariale occupe une place de premier ordre dans les chroniques du mensuel.[3] Dans cette démarche, les informations obtenues auprès des syndicats sont essentielles. Le 10 mars 1914 déjà, dans le numéro 17, Émilie Gourd signe un papier sur l'inégalité salariale *De quelques salaires féminins à Genève*, où elle précise que les données lui sont fournies par Émile Nicolet, député socialiste et secrétaire général de la Fédération des syndicats ouvriers du commerce, du transport et de l'alimentation de Genève; elle ne manque d'ailleurs pas d'éloges à son égard. Quelques numéros plus tard, le même Émile Nicolet signe dans le numéro 34 du journal, le 10 août 1915, *L'œuvre des syndicats féminins*. Il y expose le rôle indispensable des syndicats et la fonction du socialisme dans l'obtention des droits égaux entre hommes et femmes:

> «On ne veut voir, au travers de leur action [des syndicats ouvriers], continue et persévérante en faveur de l'amélioration du sort de la classe ouvrière, que l'excitation à la haine des classes, et des déclarations creuses contre la bourgeoisie. C'est une erreur, une erreur profonde. Les syndicats sont nés de l'inégalité des classes. […] On reprochera aux ouvrières syndiquées d'être socialistes. Oui, elles le sont ardemment, parce qu'elles sentent que c'est de ce côté-là que leur viendra leur libération définitive.»

De fil en aiguille, d'article en conférence, Émilie Gourd collecte suffisamment de données pour publier en 1919 un petit livre fort détaillé *À travail égal, salaire égal*. Les informations s'y trouvant, proviennent souvent, comme le montrent les notes, de différentes cellules syndicales, et pas seulement genevoises. Cette brochure paraît peu après l'inscription du principe de l'égalité des salaires dans le Traité de Versailles, ce qui marque la simultanéité des actions de l'ASSF au contexte international.

Dernier élément, non sans importance, *Le Mouvement féministe* consacre aux occasions de nouvelle législation du travail, des rubriques conséquentes au regard de leur portée sur le travail féminin. Dans les numéros 12 et 15, respectivement du 10 octobre 1913 et du 10 janvier 1914, T. Schaffner, inspectrice du travail, analyse le projet de révision de la loi sur les fabriques, abandonné avec l'éclatement de la guerre. La question du temps de travail, comme progrès social pas encore suffisamment étendu aux ouvrières, y est notamment traitée:

> «Ces diminutions [du temps de travail] sont dues surtout aux efforts des syndicats et à des tarifs conventionnels valables pour certaines communes ou districts, et seulement dans une très petite mesure pour tout le territoire de la Confédération. […] Même sous le nouveau régime, les femmes continueront à travailler plus longtemps que les hommes, leur organisation syndicale n'étant pas assez forte pour qu'elles puissent réclamer des conditions plus favorables que celles autorisées par la législation.»

Il apparaît à travers ces quelques exemples que dans les années 1910 et 1920, la lutte pour le suffrage va de pair avec des revendications pour un meilleur emploi; les personnes impliquées dans la quête de citoyenneté pour les femmes dénoncent leur exploitation dans les usines. La tendance est cependant vers une focalisation durant les années 1930, sur les emplois dans le service et/ou les emplois exigeant une formation. Le déplacement du centre d'intérêt vers le salariat du tertiaire qui peut être constaté dans les colonnes du journal, correspond au déni social croissant fait aux femmes pour leur accès aux emplois qualifiés, à un moment du développement économique helvétique, où le tertiaire comptabilise une main-d'œuvre en hausse et où le chômage sévit. Néanmoins, la disparition progressive de la sollicitude envers les ouvrières peut aussi se lire à travers le prisme de l'évolution politique globale dans la société suisse: un fossé de plus en plus profond se creuse entre organisations féminines du prolétariat et les associations féministes dites bourgeoises, tout comme une retenue plus forte de la part des groupements féministes à collaborer avec la gauche par peur d'être associées au communisme. Je reviendrai sur ce dernier aspect, car s'il y a du vrai dans cette constatation, l'écriture de l'histoire a jusqu'ici sous-estimé les interactions entre ASSF et mouvement ouvrier dans leur ensemble.

La structuration des syndicats en Suisse et leur stratégie d'accords sectoriels plutôt que la législation nationale limitent en conséquence la place des réactions de la part d'un cercle plus vaste d'organisations ou de personnes, comme les milieux féministes. L'exemple de la signature de la Paix du travail dans l'horlogerie en 1937 est frappante à ce propos: cet accord, élaboré par un cercle restreint de secrétaires syndicaux de la Fédération suisse des ouvriers de la métallurgie et de l'horlogerie (FOMH) ne figure par exemple pas dans les objets relatés par *Le Mouvement féministe*, alors bien même que le texte paraphé par les dirigeants syndicaux et patronaux fixe des différenciations salariales entre les deux sexes et une fermeture de certaines professions aux femmes. Une démarche est tentée auprès de la FOMH par la Commission de lutte contre les effets de crise sur le travail féminin, commission créée en décembre 1932 sous la houlette conjointe de l'Alliance nationale de sociétés féminines suisses et de l'ASSF. L'essai d'attirer l'attention du syndicat sur les points inégaux contenus dans leur ligne politique se solde néanmoins par une résignation des féministes. Après s'être confrontée à la non entrée en matière du syndicat concernant l'abandon des quotas de femmes dans l'horlogerie, la Commission déclare:

> «Nous comprîmes qu'on voulait par ces mesures [limiter par un quota le travail des femmes dans l'horlogerie] protéger les femmes contre l'exploitation et préserver les horlogers masculins d'une concurrence dangereuse, parce que basée sur des salaires inférieurs. Comme nous aussi nous voudrions que pour un salaire égal on ait droit à un travail égal, nous avons dû accepter la décision du syndicat, mais nous espérons que le travail des femmes dans l'horlogerie n'en souffrira pas trop.»[4]

La différence de ton dans le positionnement face à l'égalité salariale entre les années 1910–1920 et les années 1930 est marquante, bien qu'il faille rajouter qu'il est sans doute plus facile d'écrire un papier dans une gazette bienveillante que d'aller défendre une position égalitaire dans le monde syndical tel qu'il se présente dans l'entre-deux-guerres en Suisse. Sans compter que les protagonistes ne sont pas tout à fait les mêmes et que la charpente de l'ASSF laisse plus de souplesse dans l'attitude de ses membres.

Du temps des révolutions ailleurs et de la Grève générale en Suisse

Revenons en arrière pour suivre l'influence des événements politiques sur les interactions entre associations féministes et syndicats. L'époque de la fin de la Première Guerre mondiale agit comme un coup de fouet dans le monde de l'associationnisme féministe. Une des raisons majeures de ce fait est l'obtention du droit de vote des femmes dans plusieurs autres pays. À un niveau national cependant, la Grève générale de 1918 constitue une pierre angulaire de l'effervescence des associations féministes. Lorsque le Comité d'Olten, en réponse à une vague de cessations du travail sur le territoire helvétique, pose ses neuf revendications le 11 novembre 1918, il s'agit d'une première: la demande du droit de vote et d'éligibilité des femmes qui y figure est portée par un mouvement social large – et, quoi qu'il en soit, menaçant l'ordre social, et, ce qui plus est, est adressée aux autorités fédérales et non plus cantonales. Émilie Gourd, en tant que présidente de l'ASSF, signifie le lendemain de l'ultimatum le soutien de son organisation pour ce point du programme du Comité d'Olten – composé dès sa quatrième séance uniquement par des hommes, des secrétaires syndicaux ou dirigeants du Parti socialiste. Le 12 novembre 1918, elle envoie au Conseil fédéral cette dépêche:

> «L'Association suisse pour le suffrage féminin, condamnant énergiquement toute violence et se plaçant exclusivement sur le terrain de la plus scrupuleuse constitutionnalité, conformément à l'appel du Conseil fédéral au peuple suisse du 11 novembre, recommande chaleureusement au Haut Conseil fédéral la réalisation du point 2 du programme du Comité d'action d'Olten, soit: Droit électoral actif et passif pour les femmes.»

Replacé dans le contexte social et politique de la période, cet acte a une force symbolique considérable: rappelons simplement qu'en 1919, suite à la Grève, 21 personnes seront jugées par un tribunal militaire[5] et que quatre membres du Comité d'Olten seront condamnés à des peines de prison. Au sein de l'ASSF, l'acte d'Émilie Gourd faillit lui coûter son poste de présidente mais, soutenue par une partie des sociétaires de l'organisation, elle garde la confiance du Comité de direction.[6] Qui plus est, à l'Assemblée générale extraordinaire du 22 janvier 1919 de l'Alliance nationale de sociétés féminines suisses – organisation qui peut être qualifiée sans embarras comme nettement plus conservatrice – adopte à l'unanimité et pour la première fois la prérogative politique de l'obtention du droit de vote. Émilie Gourd, elle encore, signe un compte-rendu de cet événement dans *Le Mouvement féministe* numéro 76 du 10 février 1919:

> «[…] la grève générale d'une part, la révolution allemande d'autre part et les droits qu'elle conférait aux femmes, l'éligibilité des Anglaises au Parlement, les perspectives de révision totale de la Constitution fédérale, bref, la vague d'agitation démocratique qui passe sur l'Europe au moment de la signature de l'armistice … changèrent brusquement l'aspect de notre revendication […].»

Il est vrai que, au même moment, l'ASSF refuse de soutenir le lancement d'une initiative du Parti socialiste – qui ne voit d'ailleurs pas le jour – et s'allie à une motion de droite pour la révision de la Constitution comme offrant de meilleures perspectives pour l'introduction du suffrage universel. Il n'empêche que la revendication du Comité d'Olten aide à construire un sujet politique fédéral: deux motions, une de droite et une de gauche, sont déposées dans ce sens en 1919.

L'épisode de la recommandation par Émilie Gourd, ne serait-ce que de l'une des revendications du Comité d'Olten, pourrait paraître anecdotique et conjoncturel sans un élément supplémentaire. *Le Mouvement féministe* du 10 septembre 1918 relate en sa une qu'une Commission de pétitionnement de femmes suisses a été constituée afin d'exiger du Conseil fédéral le retrait immédiat de son arrêté urgent rendu le 1er mai 1918, ordonnant le refoulement à la frontière de tous les déserteurs et réfractaires qui ne résidaient pas en Suisse avant la guerre. Or, l'exigence de l'abrogation de cet arrêté fédéral figure également dans les onze postulats envoyés au Conseil fédéral en juillet 1918, signés par Robert Grimm, président du Comité d'Olten.[7]

Quid du travail collectif?
Dans ce contexte politique et économique, le travail collectif entre associations féministes et membres des syndicats ne forme pas une continuité linéaire, mais présente des rapprochements et des accrochages. Je ne reviens pas ici sur les engagements des féministes dans différents noyaux des organisations ouvrières. J'aimerais par contre reprendre trois moments clés dans le positionnement de

Abb. 23: Grève des cigarières d'Yverdon en 1907. Une soixantaine d'ouvrières cessent le travail pour protester contre le licenciement de sept de leurs camarades, renvoyées pour avoir cherché à créer un syndicat.

l'ASSF et de l'Alliance quant aux lignes politiques de la gauche en Suisse: le clash public à Bâle, peu après les événements de 1918, les interactions à la fin des années 1920 et au début des années 1930 et finalement la distanciation au début de la Guerre froide. Je parle sciemment des deux organisations féministes puisqu'en ce qui concerne les démarches visibles, il est difficile de dissocier leur travail. L'Alliance nationale de sociétés féminines suisses pèse plus lourd dans le paysage politique fédéral, et manifeste une plus grande réticence à se lier avec la gauche.

Dans le creuset des collaborations entre «la gauche» et «les féministes», la dissension à Bâle concernant le droit à l'avortement est emblématique. L'Alliance soutient la protestation de l'Association bâloise pour le suffrage contre l'autorisation de l'avortement voulue par des hommes et des femmes du Parti socialiste.[8] Le débat organisé par le groupement bâlois en juillet 1919 est houleux, la rupture flagrante. Il n'est pas certain que l'ASSF à un niveau fédéral adopte la même position, force est néanmoins de constater le clivage public que cette affaire produit.

Concernant le domaine du travail, l'ASSF adresse en 1919 une demande aux autorités fédérales et cherche l'appui de l'Alliance, afin de créer un Comité de travail féminin qui devrait être composé simultanément de femmes syndicalistes et de femmes d'autres associations. Sur fond de dissension politique dont la Grève générale fixe les premiers termes et dont le clash ci-dessus illustre la violence, l'Alliance se déclare peu favorable à une telle collaboration:

> «La présidente [Mme Chaponnière-Chaix] dit que, s'il s'agit, à l'Office fédéral du Travail, de l'admission d'ouvrières, nous n'avons pas à intervenir, les ouvrières dépendant uniquement des meneurs socialistes, qui leur interdisent absolument le travail en commun avec les bourgeoises.»[9]

Telle est l'atmosphère en Suisse dans laquelle l'ASSF n'a pas forcément les moyens d'agir et d'imposer sa vision du féminisme. À un niveau international cependant, Émilie Gourd, présidente de l'ASSF de 1914 à 1928, semble disposer d'un réseau plus ouvert qui lui permet de prendre des positions autrement plus enclines à la collaboration. À l'occasion de la tenue du deuxième Congrès de la Fédération internationale des travailleuses[10] en 1921 à Genève, elle assiste en tant que «visiteuse» et fait un compte rendu emporté dans son journal. Émilie Gourd en tire quelques remarques générales sur l'état du féminisme en Suisse en comparaison internationale:

> «Pour ces auditrices justement [les autres membres d'associations féministes/féminines suisses], le mot de ‹Congrès féminin ouvrier› avait éveillé d'autres images; et nous sommes extrêmement heureuses que, dans certains de nos milieux féminins suisses, on ait pu constater une bonne fois la valeur de ces délibérations, et se rendre compte de ce que l'on comprend ailleurs infiniment mieux que chez nous: que ‹ouvrière› ne signifie pas, comme on a une fâcheuse tendance à le croire, ou ignorante à patronner et à instruire, ou militante à combattre et à redouter. […] cela fut aussi une surprise pour plusieurs des congressistes suisses de constater combien ailleurs, dans les pays anglo-saxons notamment, la collaboration s'est établie entre travailleuses manuelles et intellectuelles, les institutrices, par exemple, faisant partie tout naturellement des fédérations syndicales féminines; […] Nous avons grand peur que chez nous pareille collaboration ne soit guère possible. Et les responsabilités du fossé ainsi malheureusement creusé se trouvent des deux côtés.»[11]

Nonobstant les difficultés de collaboration entre féministes suisses et le monde du travail, des appuis mutuels existent. En 1921, dans le cadre de l'élaboration de la nouvelle loi fédérale sur la réglementation du travail de nuit des femmes dans les arts et métiers, l'ASSF envoie une lettre aux conseillers nationaux. Ce document est signé par la présidente et la secrétaire de l'Association, respectivement Émilie Gourd et Georgine Gerhard. Les deux femmes y soulignent leur désaccord avec le principe non égalitaire de l'interdiction du travail de nuit, en évoquant la résolution du premier Congrès international des travailleuses de 1919.[12]

Lorsqu'il s'agit en 1924 de réitérer aux autorités fédérales les desiderata des associations féministes pour la nomination officielle d'inspectrices du travail, l'ASSF se servira à nouveau des structures internationales, celles du

Bureau international du travail, mais cette fois, l'organisation réussit un coup de force: elle cosigne la lettre avec l'Union syndicale suisse et l'Alliance nationale.[13]

À nouveau, les liens tissés durant les années 1920 s'effilochent petit à petit sous la conjugaison de la conjoncture politique et du positionnement de l'Alliance: dès 1933, aucune délégation suisse n'assistera aux Congrès internationaux des travailleuses. Après la guerre, en 1946, c'est l'Alliance qui reçoit la demande d'envoyer une déléguée visiteuse au Congrès international des femmes à Paris. Il transparaît dans le procès-verbal de l'Alliance après la tenue du Congrès, que l'orientation politique de cette union ouvrière internationale est jugée par trop communiste, facteur repoussoir pour l'Alliance.[14]

À ce titre, on n'est pas surpris-es de lire que la lutte contre les cellules communistes, qui marque la société suisse et les rangs syndicaux durant les années de l'entre-deux-guerres, se répercute dans les collaborations avec les associations féministes. En 1937, l'Alliance cherche à mobiliser des acteurs helvétiques pour participer au Rassemblement Universel pour la Paix.[15] L'Union syndicale suisse est sollicitée et elle accorde sur le principe son adhésion, à la condition d'exclure le Parti communiste suisse de ce Rassemblement. La réponse de l'Alliance, exprimée par Mlle Nef est la suivante: «Notre comité directeur est majoritairement de l'avis que la bonne disposition de cette grosse organisation à collaborer sur une ligne politique de centre est suffisamment importante afin d'exaucer leur vœu d'exclusion d'un petit groupe extrémiste; en conséquence, tout devrait être fait pour gagner la coopération de la grande masse de gens dont l'Union syndicale suisse est représentative.»[16]

Je terminerai cette partie par la mention d'un soutien d'un syndicat à une initiative des associations féministes. En 1928, soit peu avant la mobilisation commune de l'ASSF, du Parti socialiste et des syndicats suisses pour l'aboutissement de la pétition pour le droit de vote des femmes, la très conservatrice et patriarcale FOMH – après bien des tergiversations et non sans les réticences de certains des membres du Comité directeur – suite à une proposition d'Achille Grospierre, décide de consacrer 10 000 francs de son budget afin de permettre à environ 2000 de ses membres féminins de visiter l'Exposition suisse du travail féminin (SAFFA).[17]

Stratégie de lutte et de vie: entre individualité et collectivité
En guise de conclusion, quelques pistes de réflexion sur les stratégies d'alliance ou l'absence de collaboration avec les syndicats. Dans toutes les sources parcourues, il apparaît que les membres de l'ASSF croient d'une part dans la force des structures démocratiques: selon toute logique, les femmes ne peuvent pas en être éternellement exclues. D'autre part, et comme fait sous-jacent, l'ASSF cherche à pénétrer les maillages du système étatique tel qu'il existe. De ce fait, plutôt que de privilégier des ententes avec les syndicats pour améliorer les

conditions de travail des femmes salariées, ses membres mettent une grande énergie à faire partie de l'inspectorat du travail, des prud'hommes, des commissions ad hoc qui traitent notamment de l'emploi. C'est en partie une expression de leur socialisation, mais il s'agit également pour plusieurs d'entre elles de ne pas rester individuellement exclues de la vie politique et économique de la Suisse. Elles œuvrent de pair pour le suffrage et l'égalité pour toutes, et pour une réalisation personnelle. Pour ce faire, elles fondent la validité des arguments sur la reconnaissance sociale des personnalités qui les énoncent.[18] D'autre part, conformément à leur insertion professionnelle ou leurs origines sociales, leurs réseaux sont plus denses dans les instances de pouvoir que dans les milieux ouvriers. Finalement, dans une recherche de légitimité du combat suffragiste, faut-il le dire longtemps malmené en Suisse, les membres de l'ASSF adoptent une stratégie de non marginalisation de leur revendication principale: en accord avec l'évolution politique, un de leur souci est de ne pas amalgamer, dans la conscience populaire, droit de vote et partis politiques de gauche, pire encore droit de vote et communisme.

Une extension de cette réflexion permet à mon sens de comprendre l'évolution du positionnement des organisations féministes concernant les ouvrières. Conjointement avec leur rôle dans des associations féministes, la plupart des figures féminines suisses font partie d'autres sociétés, dites d'utilité publique: ouvroirs, sociétés d'hygiène sociale et morale, aide aux soldats etc. Dans ce cadre où les autorités leur confèrent un rôle social, elles disposent d'un certain pouvoir décisionnel et exécutif. Le grand écart entre position dominée et position dominante pour ces suffragistes fait ressortir les limites de leur engagement: lorsqu'il s'agit de l'ordre social, elles ne peuvent le bousculer sans risquer de perdre l'estime des hommes de leur milieu social quant à leur capacité de gestion des rares entreprises – au sens propre et figuré – auxquelles elles ont accès et de saboter de cette manière leur revendication d'égalité politique.

1   Peu d'ouvrages traitent de façon approfondie des collaborations entre mouvement féministe et mouvement ouvrier. J'ai utilisé pour cet article majoritairement la littérature secondaire suivante (ordre alphabétique des auteurs ou autrices): Boillat Valérie et al. (dir), La valeur du travail. Histoire et histoires des syndicats suisses, Lausanne 2006; Christe Sabine et al., Au foyer de l'inégalité. La division sexuelle du travail en Suisse pendant la crise des années 30 et la Deuxième Guerre mondiale, Lausanne 2005; Escher Nora, Entwicklungstendenzen der Frauenbewegung in der deutschen Schweiz 1850–1918/19, Zürich 1985; Gautschi Willi, Der Landesstreik 1918, Köln 1968; Hardmeier Sibylle, Frühe Frauenstimmrechtsbewegung in der Schweiz (1890–1930). Argumente, Strategien, Netzwerk und Gegenbewegung, Zürich 1997; Mesmer Beatrix, Staatsbürgerinnen ohne Stimmrecht. Die Politik der schweizerischen Frauenverbände 1914–1971, Zürich 2007.
2   La composition du comité exécutif de l'ASSF se modifie quelque peu dans les années 1930, notamment avec l'entrée de plusieurs figures masculines du Parti socialiste.
3   Dès janvier 1920, Le Mouvement féministe devient bimensuel.

4   Voir Schoeni Céline, Politique de l'emploi et division sexuelle du travail: la controverse sur le travail des femmes dans la fonction publique en Suisse et en France durant les années 1930, thèse en cours sous la dir. des professeur-e-s Jost H. U. et Studer B.
5   Parmi les personnes conduites devant le Tribunal militaire, on retrouve Émile Nicolet.
6   Compte rendu de l'Assemblée extraordinaire de l'ASSF, signé par Porret Emma, in: Le Mouvement féministe, n° 74, 10 décembre 1918, p. 98–99.
7   Archives fédérales, E 21 9919: Lettre du Comité d'Olten au Conseil fédéral, datée du 22 juillet 1918, signée par Robert Grimm, Président du Comité d'Olten. Les onze postulats sont établis par l'Assemblée unitaire du Comité central de l'Union syndicale suisse, du Comité directeur du Parti socialiste suisse et du Comité d'Olten, représentant de ces deux organisations ouvrières.
8   AGoF, 1 BSF (103): Vorstand Protokolle 1901–1922. Séance du 26 juin 1919.
9   AGoF, 1 BSF (103): Vorstand Protokolle 1901–1922. Séance du 23 août 1919.
10 Il s'agit d'une structure fondée en 1919 qui, à sa création, représente des syndicats de onze pays dont une déléguée de l'Union syndicale suisse. La Fédération cherche à influencer les politiques nationales et internationales dans le domaine des conditions de travail des femmes.
11 Le Mouvement féministe, n° 130, 25 novembre 1921, p. 154–155.
12 Archives du BIT, D 601/2010/59: Copie de lettre sans adresse précise, destinée aux conseillers nationaux suisses, datée du mois de janvier 1921, signée à Genève et Bâle pour l'ASSF par la présidente, Émilie Gourd, et la secrétaire, Georgine Gerhard, p. 27–31 du dossier.
13 Reproduction de lettre, adressée au Conseiller fédéral Schulthess, Chef du Département fédéral de l'économie publique, datée du 10 mars 1924 et signée à Genève, Bâle et Berne par l'Union syndicale suisse, l'Association suisse pour le suffrage féminin et l'Alliance nationale de sociétés féminines suisses, in: Le Mouvement féministe, n° 184, 4 avril 1924, p. 53–54.
14 AGoF, 3 BSF (103): Vorstand Protokolle (1941–1968). Séance du 24 janvier 1946, p. 6–7.
15 Structure internationale, unissant des acteurs et actrices de tout l'échiquier politique et de tous les pays, y compris dans la Russie soviétique, tentant de s'opposer à la menace des dictatures et l'éclatement d'une nouvelle guerre mondiale.
16 AGoF, 2 BSF (103): Vorstand Protokolle 1923–1940. Séance du 16 janvier 1937, traduit en français par mes soins. Version originale: «Unser Vorstand ist mehrheitlich der Meinung, dass die Bereitschaft dieser grossen Organisation, auf einer mittleren Linie zusammenzuarbeiten, wichtig genug ist, um ihrem Wunsch nach Ausschluss einer kleinen, extremen Gruppe nachzugeben, und dass deshalb alles getan werden sollte, um die grossen Massen die der Schweiz. Gewerkschaftsbund repräsentiert, für die Mitarbeit im R.U.P. zu gewinnen.»
17 Sozialarchiv, SMUV 01C-0001 Protokoll des Zentralvorstandes 1928. Sitzung des Zentralvorstandes vom 5. September 1928. Présents: Ilg, Brunner, Grospierre, Baumann, Grossrieder, Hönger, Hartmann, Hübscher, Neuenschwander, Plattner, Schneider, Saam, Wälti.
18 Deux exemples ici: lors de la pétition des femmes suisses au Conseil fédéral en 1918 contre l'Arrêté urgent pour le refoulement à la frontière des déserteurs et réfractaires, dont il a été question dans l'article, la stratégie préconisée et adoptée par le Comité pétitionnaire est de faire appel à des femmes connues par le public. Autre cas de figure, afin de démentir le fait que la division sexuelle du travail soit naturellement induite par le sexe, l'ASSF fait appel au Dr Franziska Baumgarten-Tramer, docent privé à l'Université de Berne, qui signe un article en 1943 dans la revue Gesundheit und Wohlfahrt, AGoF, 1 BSF (103): AGoF, 1943/BSF/7698.

Von halben und ganzen Demokratien: Die Kundgebung der Schweizerfrauen vom 2. Mai 1948

Regula Zürcher

Ob 1940 in Genf, ein Jahr später in Neuenburg, 1946 in Basel-Stadt, Basel-Landschaft, im Tessin und erneut in Genf oder schliesslich 1947 in Zürich:[1] Überall, wo in den 1940er Jahren die Männer an der Urne über die Einführung des Frauenstimm- und -wahlrechts abstimmen durften (und sei es auch nur über ein fakultatives Gemeindebestimmungsrecht wie im Kanton Basel-Landschaft), wurden die Vorlagen abgelehnt.[2] Das Thema lag zwar sozusagen in der Luft und wurde in Regierungsrats- und Parlamentssitzungen mit Verve diskutiert. Konkrete Fortschritte hin zu einer tatsächlichen Gleichstellung liessen sich aber keine ausmachen, was engagierten Frauenrechtlerinnen den Wunsch entlockte: «Möge es den Frauen gelingen, in Bälde aus der Halbdemokratie eine volle Demokratie zu machen!»[3]

Die Vorgeschichte

Eine gute Gelegenheit, auf dieses Anliegen aufmerksam zu machen, stellte das 100-Jahr-Jubiläum der Schweizerischen Bundesverfassung dar, das 1948 anstand. Bereits im Juni 1947 skizzierte die Lausanner Juristin Antoinette Quinche in einer Sitzung des Schweizerischen Aktionskomitees für Frauenstimmrecht das Projekt einer grossangelegten Veranstaltung. Gedacht war an eine Art Frauenparlament, das mit je zwei Abgeordneten der im Aktionskomitee vertretenen Verbände im Nationalratssaal abgehalten werden sollte.[4] Das Projekt gründete in der – wie sich herausstellen sollte – berechtigten Befürchtung der Frauenorganisationen, dass die Verfassungsfeierlichkeiten zu einer reinen Männerangelegenheit verkommen könnten. Tatsächlich erhielten sie auf ihre Anfrage, ob Abgeordnete der weiblichen Interessenverbände am offiziellen Festanlass teilnehmen könnten, negativen Bescheid. Die «Eidgenössische Centenarfeier» sollte – von langer Hand geplant – gleichzeitig mit dem Eidgenössischen Sängerfest stattfinden, womit die Frage des Rahmenprogramms natürlich elegant gelöst war.[5] Man ging davon aus, dass der Bundesrat neben den eidgenössischen Räten, dem General und den Mitgliedern des Bundes- und Versicherungsgerichts die üblichen Honoratioren von (männlichem) Volk und Ständen einladen würde, und zwar «ähnlich wie zur Bundesfeier 1941 in Schwyz», an der die Frauenorganisationen ebenfalls ausge- schlossen gewesen waren.[6]

Infolge dieses Schreibens des Eidgenössischen Departements des Innern vom 19. November 1947[7] erhielt also das, was ursprünglich als Zusatzveranstaltung zur nationalen Verfassungsfeier geplant gewesen war, plötzlich die Dimension einer Alternativ-, wenn nicht gar Protestkundgebung oder doch zumindest Gegenveranstaltung.[8] Unter Mithilfe des Schweizerischen Frauensekretariates versuchten die Initiantinnen, dem Anlass gebührende Breitenwirkung zu verschaffen. Bis Ende April erschienen in den verschiedensten Schweizer Zeitungen und Zeitschriften gesamthaft mindestens 28 Berichte, die auf das Ereignis hinweisen. Einige verzichteten auf eine redaktionelle Überarbeitung und übernahmen den vom Sekretariat eingereichten Textvorschlag direkt:

> «Der Plan, die Delegierten der Frauenverbände am 2. Mai zur Verfassungsfeier in Bern zu versammeln, stösst überall auf reges Interesse; zahlreiche Delegationen haben sich schon angemeldet, und Hunderte von Frauen werden an der Zusammenkunft teilnehmen. Dazu aufgerufen haben bekanntlich das Schweiz. Aktionskomitee für Frauenstimmrecht (Präsidentin: Frl. Dr. A. Quinche, Advokatin in Lausanne) und der Schweiz. Verband für Frauenstimmrecht (Präsidentin: Frau E. Vischer-Alioth, Basel); sie sind der Meinung, es sei natürlich und opportun, im Verlauf einer feierlichen Kundgebung der Schweizerfrauen zu verlangen, dass das Grosse Werk der Bundesverfassung von 1948 vollendet werde durch die Verleihung der vollen Bürgerrechte an den grösseren Teil des Schweizervolkes, die Frauen. Sie gehorchen den Gesetzen, die sie nicht aufgestellt und über die sie nicht abgestimmt haben, sie bezahlen Steuern, zu denen sie nichts zu sagen haben, ebenso wenig wie zu den öffentlichen Einnahmen und Ausgaben. Der Augenblick ist gekommen, um sie an den Geschäften des Landes mehr teilhaben zu lassen. Dies ist möglich und nötig, denn ihre patriotischen Gefühle sind ebenso stark und einsichtsvoll wie diejenigen der Stimmbürger.»[9]

Zusagen und Absagen

Moralische Unterstützung für ihr Vorhaben erhielten die veranstaltenden Verbände durch ein hochkarätiges Ehrenkomitee, dem neun weitherum bekannte Frauen und 54 bedeutende Männer angehörten. Nebst verschiedenen Politikern und Redaktoren unterzeichneten der damalige Bundesgerichtspräsident Georg Leuch und drei seiner Kollegen, Eduard Arnold, Eugen Blocher und Walter Leuenberger, eine Resolution, in der sie bedauerten, dass nach 100-jährigem Bestehen der schweizerischen Demokratie den Schweizerfrauen immer noch die elementarsten politischen Rechte verwehrt seien.[10]

Wäre es nach den Plänen der Organisatorinnen gegangen, hätte die Veranstaltung im Bundeshaus im Nationalratssaal stattgefunden. Dieses Ansinnen lehnten die zuständigen Behörden jedoch ab. Als Alternative zogen die Initiantinnen den Grossratssaal des Kantons Bern in Betracht, dieser war jedoch am vorgesehenen Datum vom 2. Mai 1948 bereits besetzt, und der im gleichen Gebäude darunterliegende Saal hatte den Frauen wohl zu wenig repräsentativ-offiziellen Charakter, so dass sie schliesslich auf die Aula der Universität Bern auswichen, die mit 500 bis 600 Plätzen ebenfalls ein genügend grosses Forum bot.[11] Der Saal war schliesslich mit mehreren hundert Personen gut (wenn auch offenbar nicht unbedingt voll) besetzt. Das Publikum bestand aus Delegierten der fortschrittlicheren Frauenverbände, zu denen auch der 1946 gegründete Staatsbürgerliche Verband Katholischer Schweizerinnen gehörte, der sich hier erstmals einer grösseren Öffentlichkeit bekannt machen konnte. Die Kundgebung war für ihn eine willkommene Plattform, die Interessen der katholischen Stimmrechtsbefürworterinnen wahrzunehmen, die der Schweizerische Katholische Frauenbund vernachlässigte.

Die konservativen Frauenorganisationen hingegen hatten eine offizielle Teilnahme verweigert,[12] so der Schweizerische Katholische Frauenbund, der Schweizerische Gemeinnützige Frauenverein, der Schweizerische Landfrauenverband sowie die Frauenzentralen Aarau und beider Basel. Ebenfalls nicht vertreten liessen sich die Genfer Sektion des Club suisse des Femmes Alpinistes, die Basler Fürsorgerinnen und der Bäuerinnenverein Rüdlingen SH, wobei

Abb. 24: Ausschnitt aus einer Folge von Bildern im Pavillon der Schweizerfrau an der Landesausstellung Zürich 1939.
Der Holzschnitt stammt von Erica Mensching. Er ist einer Serie von elf Bildern entnommen, die darstellen, auf welchen Gebieten die Frau dem Staat bereits Dienste leistet, und wo sie zukünftig Dienste leisten möchte.

letzterer als Grund für seine Absage finanzielle Gründe geltend machte. Alle übrigen störten sich hauptsächlich daran, dass an der Veranstaltung die Forderung nach politischer Gleichberechtigung der Schweizerfrau in einer Resolution verankert werden sollte. Ausserdem hatte im Vorfeld die Tatsache für Protest gesorgt, dass an der Kundgebung auch die Schweizerische Frauenkommission der Partei der Arbeit vertreten sein und eine ihrer Führerinnen gar ein Referat halten sollte. Die PdA-Frauen wurden schliesslich wieder ausgeladen und damit – dem Zeitgeist entsprechend – jegliche Tendenzen ausgeklammert, die als extrem und potentiell staatsgefährdend empfunden wurden. Diese Haltung fand schliesslich auch ihren Niederschlag im Text der Resolution zur politischen Gleichberechtigung. Darin heisst es, die Anwesenden «weisen darauf hin, dass den neuen politischen Kampfmethoden der Infiltration und der Massensuggestion, von welcher Seite sie auch kommen mögen, dass den modernen Formen des totalen Krieges nur durch politische Schulung, durch Wachheit, Überzeugtheit und Einsatzbereitschaft möglichst vieler Bürger und Bürgerinnen begegnet werden kann, und dass der Weltfrieden nur durch Zusammenarbeit von Männern und Frauen aufzubauen und zu sichern ist».[13]

Die öffentliche Kundgebung
Die auf dem Einladungsflugblatt schliesslich als «Öffentliche Kundgebung der Schweizerfrauen» betitelte Veranstaltung dauerte von morgens um zehn bis nachmittags gegen halb fünf Uhr. Nach der französisch gehaltenen Eröffnungsansprache von Antoinette Quinche, der Vorsitzenden des Schweizerischen Aktionskomitees für Frauenstimmrecht, folgte ein «Gruss der Tessiner Frauen» in italienischer Sprache. Nicht im Programm erwähnt war die anschliessend verlesene Grussbotschaft der Berner Regierung, die der SP-Regierungsrat und Vorsteher der Gemeinde- und Sanitätsdirektion, Fritz Giovanoli-Deschwanden, überbrachte. Der Referent verwies auf das seit rund 30 Jahren geltende passive, aber wenig genutzte Wahlrecht der Bernerinnen für verschiedene Kommissionen auf kommunaler Ebene und darauf, dass er dieses in einer eigenen Vorlage auf das integrale Stimm- und Wahlrecht für sämtliche Angelegenheiten auf Gemeindeebene ausweiten wolle. Die Berner Kantonalregierung habe seinen Vorstoss zwar einstimmig angenommen, aber er fürchte angesichts der vielen negativ verlaufenen Abstimmungen in anderen Kantonen, dass seine Vorlage beim männlichen Stimmvolk zurzeit kein positives Echo finden werde. Zuerst müssten die Frauen in der Schweiz deutlich machen, dass eine entschiedene Menge unter ihnen die politische Gleichberechtigung tatsächlich beanspruche. Giovanoli gab sich überzeugt, dass dies mit intensiverer und offensiverer Propaganda, unter anderem auch mit Massenkundgebungen auf der Strasse, zu verfechten sei.[14] Nach den Ausführungen des Politikers hielt die Berner Pädagogin Ida Somazzi unter dem Titel «Hundert Jahre Schweizer Demokratie» die offizielle Festrede. Der genaue

Text des Referats ist nicht überliefert, er dürfte jedoch inhaltlich mit dem Aufsatz «Um die Gleichberechtigung der Frau» übereinstimmen, den Somazzi als einzigen Beitrag einer Frau im rund 450 Seiten umfassenden Jubiläumswerk «Schweizerische Demokratie 1848–1948» publizieren durfte. Darin wies sie insbesondere auf den Passus in Artikel 4 der Bundesverfassung hin, der besagte, dass alle Schweizer vor dem Gesetz gleich seien, dass es keine Untertanenverhältnisse und keine Vorrechte des Ortes, der Geburt, der Familien oder der Personen gebe: «Aber die Frauen waren stillschweigend von dieser proklamierten Gleichheit der Rechte ausgenommen.» Dass sich dies auch im Festjahr wohl kaum ändern werde, lag nach Meinung der Autorin einerseits an der «schwerbewegliche[n] Mentalität eines grossen Teils des Volkes», das allem Neuen und Ungewohnten skeptisch gegenüberstehe, und andererseits daran, dass in der Schweiz nicht wie in anderen Ländern das Parlament für die Einführung des Frauenstimmrechts verantwortlich sei, sondern dass eine Mehrheit der stimmberechtigten Männer das Anliegen gutheissen müsse.[15]

Alte Forderungen – neue Resolutionen
Die fehlende politische Gleichberechtigung der Schweizerfrauen war denn auch das zentrale Thema der Veranstaltung, was sich nicht zuletzt in der Positionierung und Ausführlichkeit der Beschreibung bei den gefassten Resolutionen niederschlug. Kämpferisch, unmissverständlich und mit Bezug auf die allerorts gefeierten, aber de facto nur einem Teil der Bevölkerung zugestandenen Errungenschaften schweizerischer Demokratie heisst es im entsprechenden Passus:

> «Im Bewusstsein ihrer freien Persönlichkeit und in der Erkenntnis, dass das volle, uneingeschränkte Bürgerrecht heute ein fundamentales Menschenrecht geworden ist, sind sie [i.e. die Frauen] immer weniger gewillt, sich bevormunden zu lassen und staatliche Massnahmen anzunehmen, die ohne frauliche Mitbestimmung und Mitarbeit getroffen werden, was sie zu Bürgern minderen Rechtes stempelt. Ihre Forderung entstammt und entspricht dem Ethos der Freiheit, der Gerechtigkeit und der persönlichen Verantwortungsbereitschaft.»

Damit war auch erstmals der Konnex zwischen den allgemeinen Menschenrechten und dem fehlenden Frauenstimm- und -wahlrecht in der Schweiz gemacht: Ende 1948 genehmigten die Vereinten Nationen die UN-Menschenrechtscharta, und rund zwei Jahre später wurde auch die Europäische Menschenrechtskonvention angenommen, deren beabsichtigte Ratifizierung durch die Schweiz Ende der 1960er Jahre schliesslich den entscheidenden Impuls zur erneuten eidgenössischen Abstimmung über die politische Gleichberechtigung der Frau geben sollte.[16]

Inhaltlich befasste sich die Kundgebung der Schweizerfrauen neben diesem zentralen Problem mit den folgenden sechs Themenbereichen: mit der

Staatsangehörigkeit der verheirateten Frau (das heisst mit dem die Frauen diskriminierenden Bürgerrechtsgesetz), mit der Arbeit der berufstätigen Frau, mit der zivilrechtlichen Stellung der verheirateten Frau, mit dem Schutz der Familie, der Bedeutung der Hausfrau und mit den Sozialversicherungen. Die Teilnehmerinnen wiesen auf das schon alte Begehren hin, dass für gleiche oder gleichwertige Arbeit dieselben Gehälter auszuzahlen und dass Sozialzulagen «nach den sozialen Leistungen und nicht nach dem Geschlecht» abzustufen seien. In der Resolution betreffend die zivilrechtliche Stellung der Frau forderten sie insbesondere eine «ausdrückliche gesetzliche Festlegung des Anspruchs der Ehefrau auf einen angemessenen Beitrag für ihre persönlichen Ausgaben». Zum Schutz der Familie sollten Familienzulagen und besondere Steuererleichterungen für Familien eingeführt werden. Ausserdem verlangte die Versammlung den Ausbau des Hauswirtschaftsunterrichts, «die Vorbereitung der jungen Menschen beiderlei Geschlechts auf Ehe und Elternschaft», die Gründung von Kindergärten sowie den Bau von Spielplätzen und von gesundem und billigem Wohnraum. Um die Bedeutung der Hausfrau zu stärken, wollten die Anwesenden insbesondere «volles Mitsprache- und Mitarbeitsrecht bei der Vorbereitung, Gestaltung und Durchführung von Gesetzen und Beschlüssen, die wichtige Konsumenteninteressen berühren» verankert wissen. Bei den Resolutionen zu den Sozialversicherungen findet man ebenfalls Postulate, die zum Teil erst in den letzten Jahren erfüllt wurden: Gefordert wurden unter anderem eine «beschleunigte» Einführung der Mutterschaftsversicherung und eine Erweiterung der Krankenversicherung «durch den Einbezug von Leistungen, die der Vorbeugung, und nicht nur der Bekämpfung der Krankheiten» dienten. Der Text hielt überdies ausdrücklich fest, dass die mitwirkenden Frauenverbände «an allen Zweigen der Sozialversicherung unter dem doppelten Gesichtspunkte der Familie und der alleinstehenden Frau unmittelbar interessiert» seien.[17]

Breite Resonanz in Presse und Öffentlichkeit
Dass die Kundgebung nicht einfach eine weitere Veranstaltung von Frauen für Frauen war, die in einer breiteren Öffentlichkeit nicht wahrgenommen wurde, beweisen die zahlreichen Presseberichte: Bis zum Juni 1948 erschienen mindestens 46 Artikel, wobei «Der Bund», die «National-Zeitung», das «St. Galler Tagblatt» und der Baselbieter «Landschäftler» gleich mehrfach Texte publizierten. Gemessen an der Tatsache, dass es sich um eine Separatkundgebung handelte, deren Ziele die an den offiziellen Feiern demonstrierte Einigkeit und Einheit des Schweizervolks demontierten, war das Presse-Echo überaus weitreichend und erstaunlicherweise durchwegs sachlich und keineswegs negativ. In der Regel druckten die Blätter die wesentlichen Forderungen der Veranstaltung kommentarlos ab. Einzig die massgebliche katholische Tagespresse war gespalten. Während die Freiburger «Liberté» und die «Neue[n]

Zürcher Nachrichten» sachlich-distanziert[18] oder sogar wohlwollend[19] über das Ereignis berichteten, erwähnten die beiden anderen einflussreichen katholischen Blätter, die «Ostschweiz» und das in Luzern erscheinende «Vaterland» die Veranstaltung mit keinem Wort.[20] Desto ausführlicher berichtete das «Vaterland» jedoch über eine offensichtlich genehme Feier des Luzerner Kantonalverbandes des Katholischen Frauenbundes, die schon am 29. April 1948 unter namhafter Beteiligung unter anderem der Luzerner Regierung stattgefunden hatte. Das thematische Schwergewicht dieser Veranstaltung lag auf der Betonung der wertvollen Mitarbeit der Frauen auf dem «Gebiete der Familienpflege, der Erziehung, der Berufsbildung und der Fürsorge», Themen, die nebst der dominanten Forderung nach der Einführung des Frauenstimm- und -wahlrechts an der Veranstaltung der Frauen in Bern ebenfalls zur Sprache kamen. Den katholischen Luzernerinnen wurde jedoch sehr deutlich gesagt, dass die Hauptaufgaben ihres Wirkens nicht auf politischem Gebiet lagen: «Ist es klug, Frauen zu einer solchen Feier aufzubieten. Gewiss! Hat doch die Frau einen entscheidenden Anteil am Wohl und Aufbau des Landes. Sie adelt mit ihrem Gemüt die Familienstube. Glückliche Familien sind das sicherste Fundament des Staates.» Ihre konkrete Mitarbeit sei erst dann erwünscht, wenn die Männer nicht mehr imstande sein sollten, «das Vaterland vor dem Kommunismus zu retten». Vorläufig sollten die Frauen jedoch noch «im Frieden am Wohle des Vaterlandes» arbeiten.[21]

Gesamthaft betrachtet wiesen demzufolge 1948 weite Kreise der organisierten Schweizer Frauen ein weiteres Mal deutlich und öffentlich auf Missstände hin, zu deren Abschaffung trotz der von der weiblichen Bevölkerung immer wieder bewiesenen Solidarität zu diesem Staat offensichtlich niemand ernsthaft Hand bieten wollte. Schon der Dritte Schweizerische Frauenkongress von 1946,[22] an dem im Übrigen Frauenorganisationen des ganzen politischen und konfessionellen Spektrums beteiligt gewesen waren, hatte unmissverständlich erklärt: Die Schweizer Frauen «bekennen sich erneut freudig zum schweizerischen Staatsgedanken und zur Gemeinschaft des schweizerischen Volkes. Sie treten ein für die schweizerische Demokratie als allein tragfähige Grundlage unseres Staates. Unter Demokratie verstehen sie die Ausübung der obersten Staatsgewalt durch die Gesamtheit der unter sich gleichberechtigten Schweizerbürger und Schweizerbürgerinnen. Jede Bevorrechtigung und ungleiche Behandlung nach Rassen, Religionen, Sprachen, Klassen und Geschlecht ist abzulehnen.»[23] Die Veranstaltung von 1948 war im Wesentlichen nichts anderes als eine weitere Bekräftigung dieses Bekenntnisses. Das zeigt sich auch beim Vergleich mit den übrigen Resolutionen, die am Kongress verabschiedet worden waren. Die Postulate hatten sich seit 1946 nicht verändert, die Probleme waren dieselben geblieben. Im Unterschied zum Dritten Schweizerischen Frauenkongress, den die Frauen aus eigenem Antrieb und als Standortbestimmung genau 25 Jahre nach dem Zweiten Schweizerischen Kongress für Fraueninteressen veranstaltet hatten, entstand die Idee zur Kundgebung jedoch aus einer äusseren Notwendigkeit heraus. Sie war eine bewusst inszenierte Gegenveranstaltung zu den offiziellen Feiern, an denen die spezifischen Anliegen der Frauen – immerhin der Hälfte des Schweizer Volkes – einmal mehr keine Beachtung finden sollten, schon weil zu befürchten stand, dass damit die bestehenden Unstimmigkeiten im Staat aufgezeigt worden wären.

Gleichsam als post scriptum sei noch bemerkt, dass der Bundesrat die an der Kundgebung verabschiedeten Resolutionen in seiner Sitzung vom 4. Mai zwar zur Kenntnis nahm, aber offensichtlich keinen Handlungsbedarf daraus ableitete.[24] Damit hatte die Karikatur vom Bundesweibel, der mit einem grossen Schlüssel vor dem «Schrank für versorgte Eingaben von Frauen» steht, die im Frauenpavillon an der Landesausstellung von 1939 in Zürich zu sehen gewesen war, nach wie vor ihre Gültigkeit. Immerhin nahmen mit Adrienne Jeannet-Nicolet als Präsidentin und Michelle de Cuenod-Muralt als Sekretärin des Bundes Schweizerischer Frauenvereine schliesslich doch noch zwei Vertreterinnen der Frauenorganisationen offiziell an der nationalen Zentenarfeier teil. Damit hatte man von Bundesseite wenigstens der bürgerlichen Frauenbewegung Reverenz erwiesen, gleichzeitig jedoch die politische Dimension der Frauenstimmrechtsfrage – entsprechender Sympathien der als «gesamthafte» Frauenvertretung wirkenden Delegierten des BSF zum Trotz – elegant umschifft.[25]

1 Die nachstehenden Ausführungen beruhen auf: Zürcher Regula, Das Unbehagen im Staat: Die Schweizerische Frauenbewegung, die Landesausstellung 1939 und das Bundesstaatsjubiläum 1948. Ein Nachtrag zum Jubiläumsjahr 1998, in: Schweizerische Zeitschrift für Geschichte, Vol. 48, 1998, S. 444–470.
2 Vgl. Chronik der Schweizerischen Frauenbewegung, in: Jahrbuch der Schweizerfrauen, 1940/41 bis 1949. Ausführlich dazu: Mesmer Beatrix, Staatsbürgerinnen ohne Stimmrecht. Die Politik der schweizerischen Frauenverbände 1914–1971, Zürich 2007, S. 269–278.
3 Vischer-Alioth Elisabeth, Kundgebung der Schweizerfrauen, in: Landschäftler, 4.6.1948.
4 Archiv der Gosteli-Stiftung zur Geschichte der schweizerischen Frauenbewegung (AGoF), 103 BSF, 35-01, Schweizerisches Aktionskomitee für Frauenstimmrecht, Protokoll 8.6.1947.
5 Vgl. Kreis Georg, Das Verfassungsjubiläum von 1948, in: Schweizerisches Bundesarchiv (Hg.), Studien und Quellen, Bd. 24, Bern 1998, S. 131–169 (hier S. 159).
6 Vgl. Wie die Schweizerfrauen das 650. Jubiläum der Eidgenossenschaft feierten, in: Die katholische Schweizerin, September 1941.
7 AGoF, 103 BSF, 35-02, Kundgebung der Schweizer Frauen 1948.
8 Von Gegenveranstaltung spricht: Bumbacher Claudine, Das Demokratieverständnis und der Ruf der Frauen nach Gleichstellung. Die traditionelle Frauenbewegung am Beispiel der Schweizerischen Arbeitsgemeinschaft «Frau und Demokratie» (1933–1992), Lizentiatsarbeit, Bern 1992, S. 77.
9 Frauensekretariat, Die Hundertjahrfeier der Verfassung und die Frauen, in: Bernische Staatspersonal-Zeitung, 2.4.1948.

10 Wie Anm. 7.
11 Wie Anm. 4, Protokoll 28.2.1948.
12 Einzelmitgliedern stand der Besuch der Veranstaltung natürlich frei.
13 Wie Anm. 7, Resolutionen.
14 Genge A., Öffentliche Kundgebung der Schweizer Frauen, in: Die Frau in Leben und Arbeit, Juni 1948. Vgl. auch: M. J.-C., Quelques réflexions sur la manifestation publique des femmes suisses à Berne, in: Feuille d'Avis de Neuchâtel, 4.5.1948.
15 Somazzi Ida, Um die Gleichberechtigung der Frau, in: Schwengeler Arnold H. (Red.), Schweizerische Demokratie 1848–1948. Ein Jubiläumswerk zum hundertjährigen Bestehen des eidgenössischen Bundesstaates. Beiträge von prominenten Persönlichkeiten der Politik, Wirtschaft, Wissenschaft, Kunst und Armee, Murten 1948, S. 145–152.
16 Vgl. dazu Voegeli Yvonne, Zwischen Hausrat und Rathaus. Auseinandersetzungen um die politische Gleichberechtigung der Frauen in der Schweiz 1945–1971, Zürich 1997, S. 513–525 und Mesmer, Staatsbürgerinnen ohne Stimmrecht, S. 313–323.
17 Wie Anm. 7, Resolutionen.
18 Le congrès féministe suisse, in: La Liberté, 3.5.1948.
19 Schweizerische Frauentagung, in: Neue Zürcher Nachrichten, 5.5.1948.
20 Wie Anm. 7, Presseausschnittsammlung.
21 Borsinger Hilde Verene, Die katholischen Frauen feiern das Bundesjubiläum, in: Vaterland, 1.5.1948.
22 Weitere Beispiele: 1921 am Zweiten Schweizerischen Kongress für Fraueninteressen, 1928 mit der Schweizerischen Ausstellung für Frauenarbeit SAFFA in Bern, 1929 mit der Frauenstimmrechtspetition, 1939 im Frauenpavillon an der Landesausstellung in Zürich.
23 Dritter Schweizerischer Frauenkongress Zürich, 20.–24. September 1946, Kongressbericht, Zürich 1946.
24 Vgl. Kreis, Das Verfassungsjubiläum von 1948, S. 157, Anm. 74. Die entsprechende Quelle findet sich im Schweizerischen Bundesarchiv: BAR 4110 (A) 1969, Bd. 161.
25 AGoF, 103 BSF, 04, Jahresbericht 1947/48, S. 13.

Abb. 25: Collaboration dans l'égalité. Tatsächliche Gleichstellung und Chancengleichheit in allen Lebensbereichen – kein Spiel.

Der adf-svf seit 1971

L'adf-svf depuis 1971

Congrès, anti-Congrès: deux vagues de féminisme
Carole Villiger

Dans les années 1970, en Occident, deux visions du féminisme se côtoient, que les historiens et les sociologues nomment «première et deuxième vague» de féminisme. Si les féministes de la première génération se sont, de manière générale, attelées à l'obtention des droits politiques, les féministes de la deuxième génération sont parties à la conquête des droits sociaux. À travers cet article, nous brosserons brièvement un tableau des féminismes de la première et de la deuxième génération avant de nous pencher sur la confrontation de ces derniers en Suisse romande et plus particulièrement lors d'un événement national: le Congrès et l'anti-Congrès de 1975.

Dans le *Dictionnaire critique du féminisme* qui synthétise les théories des historiens et des féministes, Dominique Fougeyrollas-Schwebel mentionne deux mouvements successifs:

> «Deux vagues historiques des mouvements féministes: la première émerge dans la seconde moitié du XIXe siècle et au début du XXe siècle; la seconde, qualifiée de ‹néoféminisme› débute dans le milieu des années 1960 et le début des années 1970 [...].»[1]

La principale différence entre ces deux conceptions du féminisme concerne les droits politiques et sociaux:

> «La première vague du féminisme est souvent représentée autour de revendications du droit de vote [...]. À l'inverse, les mouvements féministes des années 1970 ne se fondent pas sur la seule exigence d'égalité mais sur une reconnaissance de l'impossibilité sociale de fonder cette égalité dans un système patriarcal.»[2]

Selon l'auteure, les deux façons d'envisager le féminisme ne s'opposent pas. Elle préfère parler de continuation:

> «Le féminisme contemporain prolonge les attendus du féminisme du XIXe siècle, à savoir l'individuation du sujet démocratique et économique de la citoyenne et de la travailleuse, mais il ajoute avec force la question de l'autonomisation de la sexualité féminine; la maternité n'est pas le seul horizon des femmes, et, plus encore, le désir de ‹non-maternité›, à l'heure de la contraception féminine [...] trouve à s'exprimer de manière positive et non plus comme un manque.»[3]

Les politologues ont mis en avant que la première génération a lutté pour l'obtention de droits qui touchaient principalement à la sphère publique; le droit de vote et l'inscription du principe d'égalité entre hommes et femmes dans la Constitution fédérale. Alors que les féministes de la deuxième vague ont mis l'accent sur ce qui touchait au domaine privé; la sexualité, la violence conjugale, le travail domestique et tout ce qui concerne généralement la famille.[4] En outre, elles proclament que «le personnel est politique». Avec ce slogan, les néoféministes entendent que:

> «ce qui se passe dans la vie personnelle, et en particulier dans les relations entre les sexes, n'est pas imperméable à la dynamique du pouvoir, qui est généralement considéré comme caractéristique du politique. Nous entendons également que ni le domaine de la vie domestique et personnelle, ni celui de la vie non domestique, économique et politique, ne peuvent être compris ou interprétés isolément l'un de l'autre.»[5]

Bien que l'idée «le personnel est politique» soit déjà vivace dans les mouvements issus de Mai 68, les féministes ont toutefois placé la famille et le ménage sous les feux des projecteurs. Elles ont démontré que tant que les inégalités perdureront dans le privé, les femmes n'auront qu'un accès limité à la sphère publique. Par ailleurs, en s'inspirant du marxisme, les néoféministes dénoncent l'exploitation domestique des femmes. La famille est décrétée comme étant le lieu d'oppression parce qu'en instituant la dépendance économique des femmes, elle est fondée sur l'inégalité de ses membres: «Dans la famille, l'homme est le bourgeois et la femme joue le rôle du prolétariat», scandent les tracts du Mouvement de Libération des Femmes (MLF). L'accomplissement des tâches domestiques ainsi que l'éducation des enfants confinent les femmes dans la sphère privée et ne sont pas rétribuées. Par conséquent, ce travail n'est pas reconnu socialement. Pourtant, il permet aux hommes d'occuper l'espace public et d'y exercer un métier rémunéré.

Toutefois, c'est sur le corps que les néoféministes focalisent leur lutte principale et plus précisément sur le droit à l'avortement. En effet, c'est à travers la reproduction que les militantes perçoivent le fondement du patriarcat: «L'exploitation économique de la sexualité et de la reproduction fonde ainsi les femmes comme la première exploitation économique.»[6] D'une part, les féministes radicales du MLF estiment que si les femmes n'ont pas le droit de choisir librement ce qui est fait de leur corps, elles sont ramenées à un statut d'esclave. D'autre part, le fait que ce sont principalement les femmes qui s'occupent des enfants les retient dans une sphère moins valorisée qu'elles n'ont pas choisi d'occuper. C'est dans ce sens que pour les féministes du MLF, la reproduction est le substrat même de la domination masculine. Ainsi, obtenir le pouvoir de décision en ce qui concerne sa reproduction est un des éléments fondateurs de libération pour les féministes de la deuxième vague.

Féministes et néoféministes se regardent en chiens de faïence
Nous avons consulté le journal *Femmes suisses* pour connaître la réaction des féministes de la première vague aux idées de celles de la deuxième. Ce dernier était l'organe officiel de l'Alliance de sociétés féminines suisses et les associations féministes y donnaient leur point de vue. Le journal paraissait mensuellement et était édité à Genève. Actuellement, il est publié sous le titre *L'Émilie*,

en référence à Émilie Gourd qui lui a donné vie en 1912, sous le titre *Le Mouvement féministe*. Lorsqu'on se réfère aux articles parus dans *Femmes suisses* entre 1970 et 1980 (les années MLF), on se rend compte qu'il existe une multitude d'associations ayant des tendances très diverses et, surtout, qu'elles ne sont pas toutes du même avis. Cependant, de manière générale, le MLF n'a pas très bonne presse et il se dégage du journal une volonté de se distancer des nouvelles féministes. En avril 1973, un article est consacré au nouveau féminisme. Il s'agit d'un compte-rendu de l'Assemblée des présidentes de l'Association suisse pour les droits de la femme intitulé «Du suffrage féminin au nouveau féminisme». Il ressort de l'article que les féministes de la première génération n'adhèrent pas vraiment aux nouvelles façons de penser: «Ce féminisme radical, outrancier peut-être, n'a semble-t-il pas rencontré l'adhésion des présidentes de section».[7] Si l'on s'en tient à une analyse strictement quantitative, il se trouve que le journal *Femmes suisses* a accordé très peu de place aux revendications du MLF. De 1971 à 1980 paraissent dans ses colonnes en tout et pour tout treize articles dont le sujet aborde de près ou de loin le MLF. Ce quasi-silence sur les actions du MLF laisse supposer quelques tensions, ou du moins une certaine incompréhension, entre les féministes de la première génération et celles de la deuxième.

Les néoféministes, quant à elles, n'étaient pas tendres avec les féministes de la première génération. Elles les traitaient de «bourgeoises» et estimaient que leurs luttes étaient dépassées:

> «Mais à première vue on peut déjà constater d'importantes différences entre le mouvement des suffragettes de 1920 et les remous actuels: si, au début du siècle, les femmes se bornaient à réclamer l'égalité des droits bourgeois, le caractère des revendications mis en avant actuellement par les mouvements de femmes semble dépasser considérablement le cadre réformiste.»[8]

Cette volonté de se distancer les unes des autres se comprend dans la mesure où il existe un écart non négligeable entre les deux mouvements. Tout d'abord, l'âge des militantes: les femmes du MLF ont entre vingt-cinq et trente-cinq ans alors qu'au sein des mouvements de la première génération elles sont plus âgées. Les jeunes féministes, qui entraînent dans leur sillage le souffle de Mai 68, ont le verbe plus radical que l'ancienne génération, qui est plus modérée dans ses revendications et ses actions. Les formes d'actions diffèrent d'un groupe à l'autre, les unes sont plutôt consensuelles alors que les autres usent de formes d'action non conventionnelles telles que les manifestations non autorisées ou les sit-in. L'organisation des mouvements varie également; alors que les associations féministes de la première vague sont structurées, le MLF se veut non hiérarchique; toute femme prend la parole quand elle le désire, aucun procès-verbal n'est pris lors des réunions et il n'y a surtout pas d'ordre du jour. De plus, le MLF s'autoproclame mouvement non mixte; aucun

Abb. 26: Vers l'égalité? Graphique figurant sur les publications de l'Office fédéral de la statistique. Les revendications demeurent les mêmes, la manière de les exprimer change.

homme ne participe à ses luttes alors que les associations féministes de la première génération n'excluent pas la présence d'hommes. La question de l'extraction sociale des militantes est épineuse. En effet, les féministes de la deuxième génération traitent régulièrement leurs aînées de «bourgeoises», et en 1975, le MLF accuse le Congrès d'être une réunion de femmes privilégiées. Toutefois, le MLF reçoit les mêmes accusations de la part des groupes d'extrême-gauche qui estiment que ses préoccupations sont celles de femmes privilégiées. Au sein des associations féministes de la première vague, les participantes sont généralement des femmes pourvues d'une solide instruction et/ou dont le mari exerce une profession libérale. Les militantes du MLF sortent, pour la plupart, de l'Université où elles ont participé à des séminaires, ce qui les a habituées à prendre la parole en public et à débattre d'idées. De même, elles se sont confrontées aux théories marxistes à travers le militantisme. Un document dresse le «Portrait robot d'une fille MLF»:

> «[celle-ci] travaille à mi-temps; pense que le travail peut être un terrain de lutte politique […] gagne environ mille francs par mois; elle est intellectuelle.»[9]

Malgré le fait que les féministes des deux mouvements aient lutté pour la même cause – l'amélioration du statut féminin – trop de différences les ont séparées pour qu'il y ait eu une volonté de travailler ensemble. Si elles se sont rencontrées à plusieurs reprises, entre 1970 et 1980, elles n'ont pas collaboré. L'exemple du Congrès et de l'anti-Congrès illustre passablement bien cette divergence. Cet événement met en exergue les différentes façons d'envisager le féminisme propre à chaque génération, tant par sa forme que par sa substance.

Le Congrès et l'anti-Congrès de 1975: collision entre deux vagues de féminisme
Tout commence par la déclaration de l'ONU proclamant l'année 1975 «Année internationale de la femme». À cette occasion, les associations féminines de Suisse – quatre-vingt au total – décident d'organiser une rencontre au Kursaal de Berne, les 17, 18 et 19 janvier, sur le thème de la «Collaboration dans l'égalité/Partnerschaft». Celle-ci comprend des expositions, des conférences, des débats et des spectacles. Or, plusieurs questions sont alors soigneusement écartées de l'ordre du jour, notamment l'homosexualité et l'avortement. Si les congressistes n'abordent pas ces questions, c'est parce qu'au sein même des différentes associations qui organisent l'événement, il existe des dissensions. Les femmes catholiques, notamment, sont opposées à l'initiative qui propose de décriminaliser l'avortement. Toutefois, malgré leurs protestations emportées, de nombreuses congressistes soutiennent l'initiative. Au programme, un défilé de mode est prévu au chapitre des divertissements. Et comme dans tout Congrès, les résolutions devant être adoptées ont d'ores et déjà été préparées. On imagine bien que ce type de fonctionnement institutionnel ne convienne pas à la nouvelle vague féministe des années septante. C'est donc presque à l'unanimité que les MLF de Suisse refusent de collaborer à l'organisation du Congrès et décident de préparer un anti-Congrès intitulé «Ensemble nous sommes fortes». Les raisons qui ont poussé de nombreuses féministes à refuser la collaboration avec les congressistes apparaissent dans un article de presse consacré à cet événement, qui reprend les arguments d'un tract du MLF créé pour cette occasion:[10]

> «Pourquoi certains groupes féminins [...] ont-ils refusé de participer au Congrès officiel? D'abord parce que le Congrès aurait été patronné et financé par des représentants du gouvernement, du parlement, de la Banque nationale, des syndicats et de la grosse industrie, comme Ciba et Nestlé. Puis parce que ‹c'est une manifestation de privilégiées pour des privilégiées› et ‹que les grands discours sur la collaboration dans l'égalité, loin de poser les véritables problèmes des femmes, ne font que les masquer. Cela ne concerne guère que les femmes qui, par leur situation économique favorable ont la possibilité de se libérer individuellement›. Et enfin parce que le Congrès a refusé délibérément la question de l'avortement.»[11]

Les anti-congressistes ne sont pas non plus d'accord avec la décision de faire payer l'entrée au Congrès (dix francs par personne, par jour) ni avec celle de limiter le nombre de places. En conséquence, elles décident que l'anti-Congrès se tiendra à Gäbelbach, dans la banlieue de Berne, le vendredi 18 et le samedi 19 janvier et qu'il sera ouvert à toutes et à tous gratuitement.

Lors de cet événement, les congressistes démontrent que leur force réside dans leurs capacités à collaborer avec les institutions. Elles proposent cinq résolutions: 1) une initiative visant à introduire dans la Constitution un article sur l'égalité de traitement; 2) adresser cette initiative au Conseil fédéral et à l'Assemblée fédérale; 3) proposer la création d'un organisme fédéral chargé des questions féminines; 4) préciser le cahier des charges de cet organisme; et 5) un engagement individuel à travers lequel chaque personne promet la réalisation d'une véritable collaboration égalitaire (que ce soit en famille, en société ou à l'État). Le programme est chargé: ce sont une cinquantaine de conférences, débats, spectacles, activités et expositions qui ont lieu. De nombreuses personnalités prestigieuses sont invitées à prendre la parole. Parmi elles, la philosophe Jeanne Hersch, la secrétaire générale adjointe des Nation Unies, Helvi Sipilä, et la Professeure à l'Institut universitaire de hautes études internationales à Genève, Denise Bindschedler.

Les anti-congressistes, quant à elles, ont un autre programme. Rina Nissim, une membre du MLF, interviewée par un-e journaliste de *La Tribune de Genève* en livre une description:

> «Ce rassemblement doit aider à atteindre le but visé par le MLF: l'indépendance totale de la femme. Les deux principaux sujets traités au cours de cette contre-manifestation seront l'avortement et la sexualité. [...] En plus des conférences et des débats, il y aura des projections de films et des expositions.»[12]

Les néoféministes ne se contentent pas de tenir un anti-Congrès où l'on débat de tout ce qui est occulté au Kursaal. Elles interviennent également lors du Congrès officiel en distribuant à l'entrée des tracts sur l'avortement. Le samedi, elles perturbent le défilé de mode en surgissant vêtues de costumes burlesques et en singeant les attitudes des mannequins. Le dimanche, elles font irruption en masse dans la salle, en criant des slogans, en brandissant des banderoles et en troublant les conférences. Les congressistes, qualifiées de «belles joueuses» par la presse écrite, tendent le micro aux néoféministes afin qu'elles puissent s'exprimer. Ces dernières ne se font pas prier et reviennent sur la question de l'avortement. Celui-ci est au centre des thématiques de l'anti-Congrès. La plupart des tracts distribués exigent qu'il soit libre et gratuit. Les banderoles et les slogans chantés ou criés varient ainsi entre les expressions: «Avortement libre et gratuit», «Des enfants ou pas c'est nous qui décidons» ou «Notre ventre nous appartient».[13] Le samedi soir est consacré à la projection du film *Histoire d'A*, interdit en France dès sa sortie parce qu'il présente un avortement in vivo. En deuxième lieu, cette rencontre place l'accent sur l'homosexualité. Une pièce de théâtre, organisée par le MLF de Zurich, donnée le samedi, met en scène les difficultés auxquelles peuvent être confrontées les lesbiennes. Dans cette perspective, le labyrinthe, en tant que création collective, marque passablement la presse de l'époque qui produit de nombreux articles à ce sujet:

> «Dans un coin séparé, un ‹labyrinthe lesbien› débouche sur des photos, des textes et un groupe de discussion. Celui qui y pénètre se heurte à un miroir qui lui renvoie son image et sur lequel est écrit: ‹Voilà à quoi ressemble une lesbienne›, autrement dit à n'importe lequel d'entre nous.»[14]

Outre ces deux thèmes, d'autres sujets sont abordés: le travail domestique féminin non rémunéré, le mariage perçu comme un contrat de travail pour les femmes, la situation de ces dernières face à la médecine, à l'éducation et au travail professionnel. Le groupe self-help, qui pratique des auto-examens gynécologiques collectifs dans le but d'avoir une meilleure connaissance de son corps, présente également son travail.

Le Congrès et l'anti-Congrès rencontrent un succès au-delà de toute espérance: «Les organisatrices [du Congrès] attendent 2000 personnes pour chaque journée. Ce chiffre a dépassé l'espérance des plus optimistes: des centaines de demandes d'inscription ont dû être refusées.»[15] Quant à l'anti-Congrès, seules trois cents à quatre cents personnes étaient d'abord attendues, mais sept à huit mille personnes, hommes et femmes, y participent.

Cet événement est très révélateur des différences qui existent entre les organisatrices féministes réformistes du Congrès et les militantes révolutionnaires du MLF, instigatrices de l'anti-Congrès. La manière divergente d'envisager la lutte pour l'égalité des hommes et des femmes se fait criante entre la première génération qui a depuis peu obtenu le droit de vote sans l'avoir réclamé trop fort et la deuxième qui hurle dans les mégaphones pour l'abolition du patriarcat. Toutefois, deux thèmes font l'unanimité parmi les féministes des deux générations: l'inscription de la résolution sur l'égalité entre femmes et hommes dans la Constitution fédérale ainsi que la création d'un organisme fédéral chargé des questions féminines.

Dans les années 1980, la vague contestataire du féminisme révolutionnaire s'apaise et prend d'autres formes. Si les revendications demeurent les mêmes – droit à l'avortement, égalité des salaires, partages des tâches domestiques – la manière de les exprimer change. L'époque du poing levé est terminée. Les canaux s'institutionnalisent avec la naissance des Bureaux de l'égalité et des Commissions féminines des partis politiques et des syndicats. Et à partir de ces années, les féministes des deux générations collaborent de façon plus durable sur des projets communs.

1. Fougeyrollas-Schwebel D., Mouvements féministes, in: Dictionnaire critique du féminisme, [sld] Hirata H., Laborie F., Le Daoré H., Senotier D., Paris, PUF, 2000, p. 139.
2. Ibid., p. 140.
3. Idem.
4. Par commodité, nous emploierons la distinction espace privé/espace public sans entrer dans les débats actuels. Nous limiterons notre propos aux aspects de cette question pour lesquels les militantes de la deuxième génération de féministes ont lutté.
5. Moller Okin S., Le genre, le public et le privé, in: Genre et politique. Débats et perspectives, [sld] Ballmer Cao T., Mottier V., Sgier L., Paris, 2000, p. 345–369.
6. Fougeyrollas-Schwebel D., Le féminisme des années 70, in: Encyclopédie politique et historique des femmes, [sld] Fauré Ch., Paris, 1997, p. 729–770.
7. Deonna L., Du suffrage au nouveau féminisme, in: Femmes suisses, Archives cantonales vaudoises, fonds de l'Association vaudoise pour les droits de la femme, PP 314/332 et 314/333, avril 1973, p. 1.
8. Idem.
9. Circulaire interne au MLF «Portrait robot d'une fille MLF», sans nom, 1972, Archives de l'Espace Femmes International (EFI), Carouge.
10. Nous reproduisons l'article de presse car nous n'avons pas retrouvé le tract en question.
11. Lescaze M.-C., L'anti-congrès, in: La vie protestante, 24 janvier 1975, Archives de l'EFI.
12. Sans nom, Des centaines de femmes chercheront à «collaborer dans l'égalité», in: La Tribune de Genève, 16 janvier 1975, Archives de l'EFI.
13. Riat Lavarino E., Guisan I., La liberté d'expression pas un vain mot, in: La Tribune de Genève, 20 janvier 1975, Archives de l'EFI.
14. Riat Lavarino E., Guisan I., À l'anti-congrès MLF, les hommes ont fait du baby-sitting, in: La Tribune de Genève, Archives de l'EFI.
15. Sans nom, Des centaines de femmes chercheront à ‹collaborer dans l'égalité›, art. cit.

«Gleiche Rechte für Mann und Frau»: Vom spannungsgeladenen Zwist zur erfolgreichen Abstimmung

Elisabeth Joris

«Partnerschaft ist eine rein schweizerische Erfindung. Mindestens müsste nicht von Problemen die Rede sein», schrieb Gertrud Heinzelmann im Vorfeld des Frauenkongresses, der im Januar 1975 unter eben diesem Motto in Bern eröffnet werden sollte, an die damalige Präsidentin Gertrude Girard-Montet und vier weitere Exponentinnen des Schweizerischen Verbands für Frauenrechte (SVF), darunter Lotti Ruckstuhl in Wil.[1] In den Verlautbarungen der UNO stehe nichts von Partnerschaft, sondern die Parolen des «Internationalen Jahr der Frau» hiessen «Equality, development and peace». Nicht die Partnerschaft harre der Lösung, sondern die fehlende Gleichberechtigung.

Während die Medien den Konflikten zwischen der «neuen» und der «alten» Frauenbewegung breiten Raum einräumten, nahm die Öffentlichkeit – abgesehen vom Streit rund um die Resolution zur Fristenlösung – die Konfliktlinien innerhalb der am Kongress vertretenen Organisationen kaum wahr. Diese Auseinandersetzungen sollten erst im Laufe des Jahres 1975 stärker hervortreten, als die Delegiertenversammlungen der grossen Frauenverbände reihum die vom Kongress abgesegnete Resolution zur Lancierung der Gleichstellungsinitiative ablehnten und damit das Vorgehen der Arbeitsgemeinschaft «Die Schweiz im Jahr der Frau» ARGE desavouierten.

Die Lancierung der Initiative

Die für den Kongress verantwortliche ARGE wurde von der jungen Juristin Lili Nabholz-Haidegger präsidiert. Im Vorstand waren alle grossen Frauenverbände vertreten. Zu den insgesamt über 80 Mitgliedern zählten neben allen Frauenzentralen und den unterschiedlichsten Frauengruppierungen auch Gewerkschaften, die Zeitschriften «Annabelle» und «Femmes Suisses» sowie als einzige Bundesratspartei die Schweizerische Volkspartei SVP. Die anderen grossen Parteien waren in der ARGE über ihre Frauengruppen vertreten.[2] Im November 1974 präsentierte Lydia Benz-Burger, Vertreterin des SVF im Vorstand der ARGE, an deren Delegiertenversammlung eine Resolution zur Lancierung einer Verfassungsinitiative. Dem Kongress wurde dann kein fertiger Initiativtext vorgelegt, die Resolution forderte jedoch unmissverständlich, «dass die Gleichbehandlung von Mann und Frau in Gesellschaft, Familie und Arbeit ausdrücklich in der Bundesverfassung garantiert» werden müsse.[3] Der Text definierte detailliert diese Bereiche, beschränkte die Übergangsfrist bis zur Umsetzung auf fünf Jahre und begrüsste, dass ein Komitee die Verfassungsinitiative an die Hand nehmen sollte. 682 Frauen stimmten für, 375 gegen die Resolution zur Lancierung der Initiative, eine bedeutende Zahl enthielt sich der Stimme.[4] Bis im Frühjahr wurde auf der Grundlage dieser Resolution der Initiativtext erarbeitet und als Ergänzung des bestehenden Artikels 4 der Bundesverfassung konzipiert.

Artikel 4bis

[1] Mann und Frau sind gleichberechtigt.
[2] Mann und Frau haben die gleichen Rechte und Pflichten in der Familie.
[3] Mann und Frau haben Anspruch auf gleichen Lohn für gleiche oder gleichwertige Arbeit.
[4] Mann und Frau haben Anspruch auf Gleichbehandlung und Chancengleichheit in Erziehung, Schul- und Berufsbildung sowie bei Anstellung und Berufsausübung.

Übergangsbestimmung:

Innert fünf Jahren vom Inkrafttreten des Art. 4bis an gerechnet sind die erforderlichen Ausführungsbestimmungen zu erlassen, sowohl was die Beziehungen zwischen Bürger und Staat als auch was die Beziehungen der Einzelnen untereinander betrifft.

Quelle: Chaponnière-Grandjean Martine, Geschichte einer Initiative. Gleiche Rechte für Mann und Frau, Zürich 1983, S. 14.

Abb. 27: Die Taube mit dem Frauenzeichen: Signet zum internationalen Jahr der Frau 1975 und Symbol für den 4. Schweizerischen Frauenkongress in Bern.

Sechs Mitglieder des 15-köpfigen Initiativkomitees hatten schon dem Vorstand der ARGE angehört.[5] Als Präsidentin fungierte Lydia Benz-Burger vom SVF, die auch die strategische Organisation der Unterschriftensammlung übernahm. Doch diese sollte sich als äusserst hindernisreich entpuppen.

Die Desavouierung der Initiantinnen

Für die sozialdemokratische Frauenrechtlerin Jacqueline Berenstein-Wavre war die öffentliche Positionierung zwischen der moderaten Ausrichtung des von ihr präsidierten Bunds Schweizerischer Frauenorganisationen (BSF) und ihren eigenen pointierten Überzeugungen nicht immer einfach. In der ARGE hatte sie noch den BSF vertreten, im April dagegen übernahm sie beim Initiativkomitee «Gleiche Rechte für Mann und Frau» das Vizepräsidium in eigenem Namen. Auf ihr engagiertes Votum hin sprach sich die Delegiertenversammlung des BSF zwar mit 123 Ja gegen 69 Nein für die Initiative aus, doch wegen der 79 Enthaltungen wurde zur grossen Enttäuschung der Präsidentin die Zweidrittelmehrheit befürwortender Stimmen nicht erreicht, die statuarisch für das Sammeln von Unterschriften notwendig war.[6] Noch enttäuschter zeigten sich die Vertreterinnen des SVF im Initiativkomitee, namentlich Gertrud Heinzelmann und Lydia Benz-Burger. Der SVF war erst 1973 aus dem BSF ausgetreten, weil ihm dieser zu kompromissbereit schien.[7] Und nun lehnte auch die Delegiertenversammlung eben dieses Verbands es explizit ab, sich für die Unterschriftensammlung zu engagieren: Mit 61 Ja gegen 67 Nein bei 10 Enthaltungen beschloss sie, weder im befürwortenden noch im ablehnenden Sinn Stellung zu diesem Volksbegehren zu nehmen, den einzelnen Delegierten und Mitgliedern stand es jedoch frei, die Initiative zu unterschreiben. Denn auch wenn sich der Verband mit den Zielen der Initiative einig erklärte, war er der Meinung, dass es besser sei, die Gleichstellung mit Gesetzesreformen voranzutreiben. Diese Überzeugung vertra-ten insbesondere die Westschweizer Sektionen.[8] Die Sektionen Basel und Zürich zeigten sich dagegen entschlossen, die Initiative weiter zu unterstützen.

So waren die Erfahrungen der Initiantinnen während des Internationalen Jahres der Frau sehr ernüchternd. Dass nach der Zurückbindung im BSF und der Desavouierung im SVF auch die anderen bedeutenden Frauenverbände wie der Schweizerische Katholische Frauenbund (SKF) und der Evangelische Frauenbund der Schweiz (EFS) sowie der Schweizerische Gemeinnützige Frauenverein (SGF) sich der Unterschriftensammlung enthielten, war nicht erstaunlich.[9] Umso mehr erstaunte jedoch vor dem Hintergrund der am Kongress und Antikongress zu Tage getretenen Polarisierung zwischen der «alten» Frauenbewegung und den «neuen» Feministinnen, dass Letztere sich mit grösstem Elan für die Initiative einsetzten. Deshalb stammte denn auch eine grosse Zahl der Unterschriften aus städtischen Zentren, in denen die neue Frauenbewegung verankert war, während aus ländlichen Gebieten oder Kantonen, in denen der SKF dominierte, nur relativ wenig Personen die Initiative unterschrieben.

Ernüchternd für die Initiantinnen war auch der Versuch, bedeutende Persönlichkeiten, die sich noch für das Frauenstimmrecht exponiert hatten, als Aushängeschilder zu gewinnen. So hatte beispielsweise die Anwältin Lotti Ruckstuhl, aktives Mitglied des SKF und früher langjährige Präsidentin des Frauenstimmrechtsverbands, für eine gesellschaftlich breite Abstützung der Initiative lobbyiert. Auf ihre Anfrage, ob sie dem Unterstützungskomitee der Initiative beitreten würden, antwortete die Mehrzahl der Personen aus dem Umfeld der bürgerlichen Parteien ablehnend. Während beispielsweise die sozialdemokratische Bundesrichterin Margrith Bigler-Eggenberger und deren Ehemann, Professor Kurt Bigler-Eggenberger, zusagten, verwahrte sich Ruedi Keel, Sekretär des Departements des Innern, scharf gegen dieses Ansinnen: «Sehr geehrte Frau Doktor, Es tut mir leid, aber diese Aktion halte ich im jetzigen Augenblick für völlig verfehlt. Da kann ich nicht mittun!»[10] Er begründete die Ablehnung mit Initiativenflut, Gleichmacherei und der damaligen Rezession nach Jahren der Hochkonjunktur: «Entwicklung der letzten Zeit: Aufblähung und Tempo bis zum Zusammenbruch. Ich wünsche Ihrem Komittee [sic!] Sinn für Mass und Zurückhaltung!»[11]

Lotti Ruckstuhl ihrerseits ging mit der ablehnenden Haltung der Frauenverbände scharf ins Gericht. Sie zeigte sich mit der im «Schweizer Frauenblatt» erschienenen Kritik an der Delegiertenversammlung des SVF einig, wonach die freisinnige Waadtländer Nationalrätin und Präsidentin des Verbands, Gertrude Girard-Montet, parteipolitischen Erwägungen den Vorrang vor dem Einsatz für Frauenrechte gegeben habe. Diese Kritik wies die Verbandsleitung des SVF klar zurück, da schon vor dem Kongress nur drei Frauen im Vorstand, darunter Gertrud Heinzelmann, klar für die Initiative votiert, eine Mehrheit rund um die Präsidentin Girard-Montet aber gegen dieses Vorgehen Stellung bezogen habe, da die Bevölkerung die «Flut von Initiativen» nicht goutiere, und es besser sei, alle Energie für die gleichstellungsrelevanten Gesetzesreformen aufzubringen.[12]

Als langjähriges Mitglied des SKF empfand Lotti Ruckstuhl auch dessen Beschluss als Affront, die Initiative an der Generalversammlung 1975 nicht kontrovers zu diskutieren und darüber abzustimmen: «Haben wir jetzt eigentlich im SKF eine Diktatur?»[13] Gegen diesen Vorwurf verwahrte sich der SKF später deutlich, habe er doch schon im Vorfeld des Kongresses eine interne Vernehmlassung zur projektierten Initiative vorgenommen und seine ablehnende Haltung der ARGE vermittelt.[14] Besonders erbittert zeigte sich Lotti Ruckstuhl über den Staatsbürgerlichen Verband katholischer Schweizerinnen (STAKA): «Der STAKA ist von gewissen Mitgliedern des SKF gerade deshalb gegründet worden, weil der SKF und seine angeschlossenen Verbände und Vereine sich zu wenig um die Gleichberechtigung und politische Tätigkeit der Frauen kümmerten.»[15]

Kurt Furglers Vernehmlassung

Mitte Dezember 1976 war die Initiative eingereicht worden. Zu Beginn des Jahres 1978 leitete Bundesrat Kurt Furgler als Direktor des zuständigen Eidgenössischen Justiz- und Polizeidepartements EJPD die Vernehmlassung ein.[16] Dabei bat der Bundesrat nicht nur um eine Stellungnahme zur Initiative oder zu einem allfälligen Gegenvorschlag, sondern stellte insgesamt sieben Fragen, unter anderem auch nach konkreten Erfahrungen rechtlicher und faktischer Ungleichheiten und Massnahmen zu deren Beseitigung.[17] Die in die Vernehmlassung einbezogenen Kantone, Parteien und 23 Organisationen – neben den grossen Wirtschaftsverbänden auch die Frauenverbände – hatten den Fragebogen bis Ende April an die Eidgenössische Justizabteilung zurückzusenden, eine Frist, die auf Verlangen des SVF bis zum Sommer verlängert wurde. Dass sich der Schweizerische Gewerkschaftsbund (SGB) sowie die Linksparteien SP und PdA vorbehaltlos für die Initiative aussprachen, erstaunt nicht, ebenso wenig, dass die CVP und FDP – deren Vorbehalte galten vor allem der Lohngleichheit – dies nur zum Teil taten und die Liberalen ihre Ablehnung deklarierten. Aus heutiger Perspektive erstaunt jedoch die Haltung der SVP, die sich als einzige bürgerliche Partei zustimmend äusserte. «Wir sind der Auffassung, dass der Initiativtext klar formuliert ist und keines Alternativvorschlags bedarf. Geprüft werden müsste allenfalls die Abänderung der Übergangsbestimmung.»[18] Es scheint, dass sich damals die befürwortenden Bernerinnen in der SVP mit ihrer Meinung durchsetzen konnten.[19]

Die Spaltung zwischen den Frauenverbänden zeigte sich in den Vernehmlassungsantworten noch markanter als anlässlich des Frauenkongresses. Der SGF sah weder in der Initiative noch in einem Gegenvorschlag einen Nutzen, da es für die Veränderungen Gesetze brauche und keinen Verfassungsartikel. Selbst der Verband der Berufs- und Geschäftsfrauen (BGF) lehnte die Initiative ab, da in der Verfassung lediglich der Grundsatz der Gleichheit verankert werden müsste. Klar äusserte auch der SKF seine verwerfende Haltung: Die Gleichstellung könne nicht erzwungen werden.[20] Umso unmissverständlicher begrüssten die Frauen des Schweizerischen Verbands der Akademikerinnen (SVA), die gerade im Berufsleben seit Jahrzehnten immer wieder konkrete Diskriminierungen erfahren hatten, die Initiative. Nur im Falle des Rückzugs der Initiative würden sie sich auch mit einem Gegenvorschlag einverstanden erklären.[21] Im SVA waren Juristinnen, die zu einem grossen Teil auch Mitglied des SVF waren, in dieser Sache tonangebend. Der Schweizerische Anwaltsverband (SAV) als deren Kontrahent betonte dagegen die «naturgegebenen Verschiedenheiten» zwischen Mann und Frau, der Gesetzgeber müsste daher berechtigt werden, «Differenzierungen der Rechte von Mann und Frau vorzusehen, die sich aus ihren physischen und psychischen Verschiedenheiten, aus dem Schutzbedürfnis der Frau und aus den verschiedenen Anforderungen, die leistungsmässig an Mann und Frau gestellt werden könnten, ergeben».[22]

Wie die Akademikerinnen stimmten der Bund schweizerischer israelitischer Frauenvereine (BSIF), der EFS, der BSF und der SVF der Initiative ohne Vorbehalt zu. So haben entgegen der zweideutigen Haltung im Sommer 1975 die dem BSF angeschlossenen Verbände 1978 an einer Präsidentinnenkonferenz deutlich für die Initiative votiert und einen Gegenvorschlag klar abgelehnt.[23] Ebenso geändert hat sich in den drei Jahren die Haltung des SVF: Einem Gegenvorschlag könne er nur nach dem Rückzug der Initiative zustimmen.

Die Redigierung der Antworten auf die Vernehmlassung hatte der SVF Rechtsexpertinnen des Verbands übertragen. Die Koordination lag bei der neuen Präsidentin Olivia Egli-Delafontaine und bei Isabell Mahrer von der juristischen Kommission, die eine erste Fassung entworfen hatte. Dieser Entwurf wurde überarbeitet und mit Passagen aus den Antworten von Spezialistinnen wie Gertrud Heinzelmann zu Fragen der Religion und Moral, Marie Boehlen zum Steuerrecht und Lotti Ruckstuhl zum Namens- und Bürgerrecht ergänzt.[24] Erst nach einer breit angelegten internen Vernehmlassung, an der alle Sektionen teilgenommen hatten, wurde die definitive Antwort ausgearbeitet.[25] Der SVF befürwortete die detaillierte Verankerung der Gleichheit in der Verfassung, um den Interpretationsraum möglichst klein zu halten: «Die Unklarheit, ob unter ‹Schweizer› auch Frauen zu verstehen seien, ist mit dem neuen Artikel behoben.»[26] Er sprach sich ebenso dezidiert gegen eine Verbindung des Anspruchs auf Rechtsgleichheit mit der Armeepflicht der Männer aus. Eine allfällige Dienstpflicht als Folge der Verankerung des Gleichheitsartikels in der Verfassung könne nur bejaht werden, wenn «der ‹weibliche Dienst› auch wirklich in derselben Weise gestaltet würde wie derjenige der Männer, nämlich als Gemeinschaftsdienst und nicht als isolierte und unqualifizierte Arbeitsleistung mit dem Beiwort ‹sozial›. Denn im Gemeinschaftserlebnis des Milizsystems liegt die staatsbürgerliche Bedeutung dieser Einrichtung. Nur auf diese Weise wird das Solidaritätsgefühl gefördert.»[27] Der SVF wollte damit Vorschlägen entgegentreten, Frauen könnten wegen des Mangels an Arbeitskräften in sozialen Einrichtungen wie Altersheimen als billiger Ersatz eingesetzt werden.

Höchst umstritten war der in das Vernehmlassungsverfahren integrierte Fragenkatalog. Der SVF fand, es sei Sache des Bundesrats, statistische Erhebungen über Ungleichheiten anzuordnen und diese der wissenschaftlichen Bearbeitung zugänglich zu machen. Trotzdem erstellte er einen breiten Katalog von Beispielen zur faktischen Ungleichheit, die in einer internen Vernehmlassung und im Rahmen eines Seminars in Gruppen diskutiert und zusammengetragen worden waren.[28] Neben den Ungleichheiten im Sozialprestige, der Diskriminierung in der Kirche und der Herabminderung in der Sprache dominierten Beispiele aus dem Berufsleben, vom Ausschluss aus Berufsorganisationen, von rechtlich bedingter Einschränkung der Handlungsfähigkeit sowie ungleicher Entlöhnung, Weiterbildung und Karrieremöglichkeit. So habe man einer Juristin, die sich um eine Gerichtsschreiberstelle bei einem kantonalen Obergericht beworben hatte, geantwortet: «Die Herren wünschen keine Frau!»

Explizit kritisierte der SVF in seiner Antwort die Ausgangslage der Vernehmlassung, die in Bezug auf die Ursachen der Initiative nicht nur nach der Rechtsordnung fragte, sondern auch nach Konvention, Sitte, Moral oder Religion.

> «Vorrechte des Ortes, der Geburt, der Familie beruhen alle auf Sitte und Konvention und genossen den Schutz der Moral und der Religion. Unsere Bundesverfassung hat gerade deshalb in Art. 4 BV die Rechtsgleichheit gewährleistet, als Reaktion gegen die früheren Rechtsungleichheiten. Die Art der Fragestellung könnte zum Schluss führen, sofern Sitte und Überlieferung eine ungleiche Behandlung von Mann und Frau mit sich brächten, sei das Recht dagegen machtlos, was unseres Erachtens nicht zutrifft.»[29]

Wie fragwürdig die Kategorien waren, erläuterte die Antwort an Beispielen zur faktischen Ungleichheit:

> «Beruht die ungleiche Entlöhnung, die Tatsache, dass unter gleichen Voraussetzungen bei einer Anstellung dem männlichen Bewerber der Vorzug gegeben wird, auf Konvention, Sitte, oder anderen, im Fragebogen nicht genannten Gründen (z.B. dem Druck des gesellschaftlichen Systems, der Fixierung der Ernährerrolle im Gesetz, der unterschwellig verbreiteten Mysogynie)?»[30]

Im Fragebogen waren unter Punkt 4 auch die Folgen der Initiative für den Staat, seine Organe, Institutionen und Finanzen sowie deren Auswirkungen auf die Wirtschaft und Gesellschaft angesprochen. Es wurde damit unterschwellig suggeriert, dass die Auswirkungen, insbesondere wohl die finanziellen Aufwendungen als Folge der Lohngleichheit, negativ sein könnten. So erachtete der SVF die Frage, ob der Initiative «in Anbetracht der unter Ziffer 4 erwähnten Konsequenzen» zugestimmt werden könne, schlicht als «tendenziös, da sie rein emotional beantwortet werden kann».[31]

Nicht kaschiert, sondern debattiert wurden in dieser Zeit auch die internen Differenzen. So widersprach Olivia Egli-Delafontaine in einem Vortrag in der Sektion Zürich ihrer «Kollegin Dr. Lili Nabholz». Diese hatte unter dem Titel «Rechtsgleichheit als liberales Anliegen» in der NZZ die Meinung vertreten, die Initiative entspreche einem Anliegen des Liberalismus für eine offene und freie Gesellschaft. Die Zentralpräsidentin sah dagegen in der Initiative nicht nur die Voraussetzung für die formelle Gleichheit, sondern auch zur Verwirklichung der Gleichheit; diese gehöre daher eher «zum Bild des sozialen Rechtsstaates als zum Bild des liberalen Rechtsstaates».[32] Informationen und Entwürfe der Vernehmlassung tauschte der SVF insbesondere mit dem

BSF aus, da laut dessen Präsidentin die Frauen in dieser Sache zusammenstehen müssten.[33] So betonte auch die dem BSF angeschlossene Zürcher Frauenzentrale die Unterstützung der Initiative, begründeten diese jedoch unter anderem mit dem juristisch doch etwas seltsamen Argument der Reife: «Unsere Bevölkerung hat den Bildungsstand erreicht, der notwendig ist, um diesen wesentlichen Schritt auf der Ebene der Verfassungsgebung zu tun.»[34] Die im ganzen Prozess der Lancierung der Initiative äusserst aktive Freisinnige Alice Moneda unterstützte dagegen die Initiative im Namen des Schweizerischen Kaufmännischen Verbands (SKV) vor allem wegen des Grundsatzes der Lohngleichheit, der im Gegensatz zu der von der Schweiz ratifizerten Konvention 100 der Internationalen Arbeitsorganisation (ILO) nicht nur für den Bund, sondern auch für die Privatwirtschaft bindend sei. Ein Gegenvorschlag würde daher nur dann begrüsst werden, wenn er alle prinzipiellen Anliegen der Initiative beinhalten würde.[35]

Geeint in den Abstimmungskampf
Wie die Mehrheit der in die Vernehmlassung mit einbezogenen Institutionen und Organisationen empfahl der Bundesrat in seiner Botschaft an das Parlament die Initiative zur Ablehnung, warb aber gleichzeitig für einen Gegenvorschlag. Im Sommer 1980 folgte der Nationalrat der Empfehlung des Bundesrats, im Herbst erst entschied sich auch der Ständerat für diese Variante. In der Zwischenzeit hatten Befürworterinnen der Initiative bei eidgenössischen Parlamentarierinnen und Parlamentariern lobbyiert.[36] Denn ohne Gegenvorschlag kam ein Rückzug der Initiative nicht in Frage. Ob diese Lobbyarbeit schliesslich zum Ja der kleinen Kammer beigetragen hat, ist aus den konsultierten Quellen nicht ersichtlich. Auf jeden Fall hielt bis zur ständerätlichen Befürwortung des Gegenvorschlags das Initiativkomitee an der Initiative fest, um den Druck aufrechtzuerhalten.

Schon nach dem Entscheid des Nationalrats waren mit der Gründung der Interessengemeinschaft (in) im Juli 1980 alle Vorbereitungen für den Abstimmungskampf aufgenommen worden. Es wurde um Mitglieder geworben, mit bedruckten Leibchen, Einkaufstaschen und Schirmen sowohl Werbung gemacht wie Finanzen eingeholt, Referentinnen geschult, Arbeitspapiere zu Fragen der Lohngleichheit sowie ein übersichtlicher Pro-und-Contra-Katalog produziert. Bewusst waren im Vorstand zwar einige führende Köpfe der ARGE, aber nur sehr wenige Vertreterinnen des Initiativkomitees, um diesem mehr Entscheidungsraum zu lassen. Dieses entschied sich dann nach dem eindeutigen Entscheid beider Kammern, die Initiative zurückzuziehen, um ein doppeltes Nein zu vermeiden. Inhaltlich entsprach der Gegenvorschlag weitgehend der Initiative, es fehlte darin jedoch die Frist für die Erstellung der gesetzlichen Ausführungsbestimmungen sowie die Chancengleichheit in Ausbildung und Beruf.

Elisabeth Joris

Abb. 28: Plakat zum Abstimmungskampf von Danièle Vuarambon. Seit 1981 ist der Grundsatz der Gleichheit von Mann und Frau in der Bundesverfassung verankert.

Die meisten grossen Frauenverbände traten im Abstimmungskampf geeint auf. So betonte auch der SKF den uneingeschränkten Einsatz für den Gegenvorschlag, verwies dabei jedoch zugleich auf die Partnerschaft zwischen Mann und Frau, das Thema des Kongresses von 1975: «Damit wird die Voraussetzung geschaffen für eine echte Partnerschaft, die der SKF nicht als Gleichmacherei versteht.»[37] Als grosse Expertin in Fragen der Rechtsgleichheit belieferte Lotti Ruckstuhl neben dem SKF und dem SVF auch die Interessengemeinschaft und deren Exponentinnen sowie eine ganze Anzahl weiterer Personen mit Dokumentationen und Argumentationen.[38] Im Abstimmungskampf zeigten sich auch erste Ansätze zu einem Zusammengehen zwischen jüngeren Feministinnen und den traditionellen Frauenverbänden. Zita Küng lieferte als Vertreterin der OFRA Unterlagen zur Lohnungleichheit, Martine Chaponnière-Grandjean leitete, obwohl Mitbegründerin des Mouvement de Libération des Femmes MLF, die Kampagne des Genfer Komitees «Gleiche Rechte für Mann und Frau» und übernahm neu das Präsidium der Zeitschrift «Femmes suisses», die dem SVF und dem BSF in der Westschweiz als offizielle

Plattform diente. Die Kampagne glich mangels Gegnern – nur die kleinen Parteien der extremen Rechten stellten sich gegen den Artikel – einem Kampf gegen Phantome. Die Spannung löste sich erst am 14. Juni 1981: Bei sehr tiefer Stimmbeteiligung waren 60,3 Prozent der Stimmenden für ein Ja, ebenso 14 Kantone und 3 Halbkantone.

Damit war die Gleichstellung in der Bundesverfassung verankert. Die Einführung der entsprechenden Gesetze, die der SVF 1975 – nicht zuletzt wegen der fehlenden Verfassungsgerichtsbarkeit – dem Verfassungsartikel noch vorgezogen hatte, erwies sich dagegen als eher harzig. Und so sollte Lotti Ruckstuhl Recht behalten mit ihrem Einwand gegen eine Reform nur auf Gesetzesebene, es würde noch ein Jahrzehnt vergehen, bis Frauen im Zivilrecht den Männern gleichgestellt würden. Ebenso richtig sollte sie mit dem Argument liegen, der Gleichstellungsartikel in der Verfassung werde die Diskussion dynamisieren, auch wenn sich damals noch niemand einen landesweiten Frauenstreik vorstellen konnte. Schliesslich sollte sich auch ihre Vermutung, den Männern sei nicht zu trauen, bestätigen, wurde doch gut zehn Jahre später von einem Komitee, angeführt von SVP-Nationalrat Christoph Blocher, das Referendum gegen das neue Eherecht ergriffen. Dessen Annahme kam nur dank der starken Mehrheit der Ja-Stimmen von Frauen zu Stande, während die Männer sich an der Urne mehrheitlich dem Ende der patriarchalischen Vorherrschaft in der Ehe widersetzten.

1 Schweizerisches Sozialarchiv (SozArch), Ar. 29.70.3, Mappe «Gleiche Rechte für Mann und Frau». Korrespondenz Ruckstuhl 1975–1978, Heinzelmann, 7. November 1974 an Gertrude Girard-Montet, Doris Karmin, Lotti Ruckstuhl und Judith Widmer-Straatsman.
2 ARGE, Arbeitsgemeinschaft «Die Schweiz im Jahr der Frau» (Hg.), Die Schweiz im Jahr der Frau, Zürich 1975, S. 142.
3 ARGE, S. 82.
4 ARGE, S. 85.
5 Chaponnière-Grandjean Martine, Geschichte einer Initiative. Gleiche Rechte für Mann und Frau, Zürich 1983, S. 14. Zum Initiativkomitee gehörten u.a. die ARGE-Präsidentin Lili Nabholz-Haidegger, die Genfer Sozialdemokratin und Präsidentin des BSF Jacqueline Berenstein-Wavre, Hulda Autenrieth-Gander von der Zürcher Frauenzentrale, Alice Moneda von Schweizerischen Kaufmännischen Verband, die Journalistin Ursa Krattiger aus Basel, die Berner Sozialdemokratin Marie Boehlen, die international bekannte katholische Gleichstellungsexpertin Gertrud Heinzelmann, Clara Feinstein-Rosenberg vom Israelitischen Frauenbund und Barbara Stettler-von Albertini von der SVP.
6 Bund Schweizerischer Frauenorganisationen, Jahresbericht 1975, S. 11.
7 Redolfi Silke, Frauen bauen Staat. 100 Jahre Bund Schweizerischer Frauenorganisationen, Zürich 2000, S. 296.
8 U.a. stellten sich die bekannte Frauenstimmrechtlerin Antoinette Quinche und die schweizerische Verbandspräsidentin Gertrude Girard-Montet gegen die Initiative.
9 Schweizerischer Katholischer Frauenbund, Jahresbericht 1975, S. 44.
10 SozArch, Ar. 29.70.3, Mappe: «Gleiche Rechte für Mann und Frau», Korrespondenz Ruckstuhl 1975–1978, Patronatskomitee Kt. St. Gallen, Karte mit Brief von Ruedi Keel.

11 Ibd.
12 SozArch, Ar. 29.70.3, Korrespondenz Ruckstuhl 1975–1978, von Girard-Montet, 6. Januar 1975.
13 SozArch, Ar. 29.70.3, Korrespondenz Ruckstuhl 1975–1978, an Höchli-Zen Ruffinen, 26. August 1975.
14 SozArch, Ar. 29.70.3, Korrespondenz Ruckstuhl 1975–1978, von Höchli-Zen Ruffinen, 20. November 1975.
15 SozArch, Ar. 29.70.3, Korrespondenz Ruckstuhl 1975–1978, an M. M. Freuler, Basel, 22. Januar 1976.
16 SozArch, Ar. 29.70.2, Mappe «Gleiche Rechte für Mann und Frau», Vernehmlassungsakten des EJPD, Brief von Bundesrat Furgler, 6. Januar 1978, Einladung zur Vernehmlassung.
17 SozArch, Ar. 29.70.2, Vernehmlassungsakten des EJPD, Einladung zur Vernehmlassung, Anhang, Fragen im Zusammenhang mit der Volksinitiative «Gleiche Rechte für Mann und Frau».
18 SozArch, Ar. 29.70.2, Vernehmlassungsakten des EJPD, Zusammenstellung der Vernehmlassungsergebnisse zur Volksinitiative «Gleiche Rechte für Mann und Frau», I. Teil.
19 Neben Barbara Stettler-von Albertini, Mitglied im 15-köpfigen Initiativkomitee, gehörte auch Ruth Geiser-Im-Oberdorf zur SVP. Sie war die erste Frau in der Stadtberner Exekutive. Diese setzte sich aktiv für die Verankerung der Gleichstellung in der Verfassung ein und hatte bereits am Kongress als Vertreterin der Frauenzentralen der deutschen Schweiz die Verantwortung für eine Podiumsdiskussion übernommen.
20 SozArch, Ar. 29.70.3, Korrespondenz Ruckstuhl 1975–1978, an Benz-Burger, 13. Juni 1978.
21 SozArch, Ar. 29.70.2, Vernehmlassungsakten, I. Teil.
22 SozArch, Ar. 29.70.2, Vernehmlassungsakten, I. Teil.
23 BSF, Jahresbericht 1978, S. 9.
24 SozArch, Ar. 29.70.2, Mappe: Korrespondenz Akten des SVF-Seminars.
25 Die Redaktion übernahm Isabell Mahrer zusammen mit Lili Nabholz-Haidegger und Judith Mayer.
26 SozArch, Ar. 29.70.2, Vernehmlassung des SVF, S. 19.
27 SozArch, Ar. 29.70.2, Vernehmlassung des SVF, S. 20.
28 Das Seminar war am Samstag, 11. März 1978, im Bahnhofbuffet in Bern veranstaltet worden. Am 11. und 12. März fand auch eine breite, vom BSF in der evangelischen Bildungsstätte Boldern bei Männedorf organisierte zweitägige Tagung zur Initiative statt, die unter engagierten Frauenrechtlerinnen und Feministinnen ein breites Echo auslöste und an der auch prominente Mitglieder des SVF teilnahmen.
29 SozArch, Ar. 29.70.2, Mappe Vernehmlassung des SVF, Vernehmlassung, S. 2.
30 SozArch, Ar. 29.70.2, Vernehmlassung des SVF, S. 4.
31 SozArch, Ar. 29.70.2, Vernehmlassungsakten des EJPD, Einladung zur Vernehmlassung, Anhang, Fragen im Zusammenhang mit der Volksinitiative «Gleiche Rechte für Mann und Frau»; Mappe Vernehmlassung des SFV, Antwort auf die Vernehmlassung durch den Bundesrat, Gertrud Heinzelmann, 20. Juni 1978.
32 SozArch, Ar. 29.70.102, Akten des SVF-Seminars, Vortrag von Olivia Egli-Delafontaine, 12. Juni 1978, Sektion Zürich. Sie bezieht sich auf einen Artikel in der NZZ vom 8. Juni 1978.
33 SozArch, Ar. 29.70.2, Akten des SVF-Seminars, Karte von Jacqueline-Berenstein Wavre an Olivia Egli-Delafontaine, 7. März 1978.
34 SozArch, Ar. 29.70.2, Mappe Vernehmlassung anderer Frauenorganisationen, Stellungnahme der freisinnigen Politikerinnen Liselotte Meyer-Fröhlich und Trix Heberlein-Ruff im Namen der Zürcher Frauenzentrale.
35 SozArch, Ar. 29.70.2, Mappe Vernehmlassung anderer Frauenorganisationen.

36 SozArch, Ar 29.70.3, Korrespondenz der Interessengemeinschaft 1980–1983, Brief an Höchli-Zen Ruffinen vom 24. Juli und deren Antwort vom 7. August 1980.
37 SKF 81, Jahresbericht 1981, S. 33.
38 SozArch, Ar 29.70.3, Korrespondenz der Interessengemeinschaft 1980–1983.

Keine Veränderung ohne Druck – Quotierungsvorstösse in der Schweiz

Nicole Gysin

Es waren Tausende, die sich am 3. März 1993 spontan auf dem Berner Bundesplatz versammelten, um gegen die Art und Weise zu protestieren, wie die von Männern dominierte Bundesversammlung soeben die Wahl Christiane Brunners in den Bundesrat verhindert hatte.[1] Eine Schlammschlacht im Vorfeld hatte die Genfer SP-Nationalrätin desavouiert: In einem anonymen Brief wurde Brunners persönliche Integrität für das Regierungsamt in Frage gestellt, indem auf allfällige Nacktfotos und eine angeblich vorgenommene Abtreibung hingewiesen wurde. Zahlreiche, auch bürgerliche Frauen solidarisierten sich in der Folge mit Brunner. Doch das nützte vorderhand nichts: Am 3. März 1993 wurde der Neuenburger SP-Staats- und Nationalrat Francis Matthey im zweiten Wahlgang mit 130 Stimmen gewählt. Die Bundesratswahl war zu einem politischen Ränkespiel verkommen.[2] Unter dem grossen Druck der Öffentlichkeit und nach Rücksprache mit seiner Fraktion verzichtete Matthey schliesslich auf die Annahme der Wahl. Die SP ihrerseits sah sich aufgrund des Drucks der bürgerlichen Parteien gezwungen, dem Parlament neben Christiane Brunner in der Person von Ruth Dreifuss noch eine Alternativkandidatur zu präsentieren. Sie war es schliesslich, die am 10. März 1993 als zweite Frau in der Schweizer Geschichte in den Bundesrat gewählt wurde. Zugleich löste die Nichtwahl Brunners eine parteiübergreifende Solidarisierung der Frauen aus, die im öffentlichen Bewusstsein mit den Schlagworten «Brunner-Effekt» und «Frauenfrühling» umschrieben wurde und zunächst tatsächlich eine Art Schubkraft für die Repräsentation der Frau in der Schweizer Politik entfaltete. So konnten die Frauen bei den Aargauer Grossratswahlen ihren Anteil im Parlament um 25 auf 64 Sitze erhöhen. Wie spätere Analysen zeigten, waren Männer systematisch von den Listen gestrichen worden. Ein ähnlicher Effekt, allerdings in geringerem Ausmass, war am gleichen Tag im Kanton Wallis zu verzeichnen. Ende März gelang es den Frauen bei den Solothurner Kantonsratswahlen gar, ihre Sitzzahl mehr als zu verdoppeln und im Neuenburger Parlament stieg der Frauenanteil von 14 auf 27 Prozent.[3]

Aufgestaute Enttäuschung: Trotz grosser Anstrengungen kaum Erfolge
Hinter der Wut und Enttäuschung der Frauen über die Nichtwahl Brunners im März 1993 stand jedoch mehr: Sie hatte sich aufgestaut in den Jahrzehnten seit der Einführung des Frauenstimmrechts, in denen sich die Stellung der Frau in der Politik nicht wesentlich verbessert hatte, in denen es trotz aller An-

strengungen nicht gelungen war, eine angemessene Vertretung der Frauen in der Schweizer Politik zu erreichen. Mit der Einführung des Frauenstimm- und -wahlrechts auf eidgenössischer Ebene dominierte in den 1970er Jahren in weiten Teilen der Öffentlichkeit die Ansicht, dass damit die Gleichstellung der Frauen auf politischer Ebene gewährleistet sei. Auch in Kreisen der Frauenbewegung machte sich mitunter Zufriedenheit mit dem Erreichten breit, viele Frauenorganisationen wandten sich nun anderen Themen zu. Im Bereich der politischen Gleichberechtigung vermochten sie kaum direkte Impulse zu setzen.

Dies übernahm stattdessen die 1976 gegründete Eidgenössische Kommission für Frauenfragen (EKF), die erste geschlechterparitätisch zusammengesetzte Kommission in der Schweiz. Sie leistete wichtige Grundlagenarbeit, indem sie umfassende und zuverlässige Fakten zur tatsächlichen Stellung der Frauen in der Schweiz erarbeitete.[4] Die politische Partizipation von Frauen war ein zentrales Anliegen der EKF, das sie mit einer Reihe eigener Vorschläge und Vorstösse vertrat. Sowohl von der EKF wie auch von diversen Parlamentarierinnen wurde bis in die 1980er Jahre hinein immer wieder Druck aufgesetzt, um den Frauenanteil allen voran in den politischen Kommissionen zu erhöhen.[5]

Nachdem in den vier eidgenössischen Parlamentswahlen seit Einführung des Frauenstimm- und Wahlrechts erst 22 Frauen in den 200-köpfigen National- und drei Frauen in den 46-köpfigen Ständerat gewählt worden waren, stieg der Reformdruck auf die Politik. Zudem sorgten die Wahlen in den Bundesrat regelmässig für Unmut. Mit Elisabeth Kopp wurde 1994 zwar zum ersten Mal in der Schweizer Geschichte eine Frau in den Bundesrat gewählt, alle anderen weiblichen Kandidaturen vor- und nachher blieben jedoch erfolglos.[6]

Die Frauen der politischen Linken wollten dies nicht länger hinnehmen und arbeiteten in ihren Parteien auf eine statutarische Verankerung von Quotenregelungen hin. 1986 führten erst die Progressiven Organisationen der Schweiz (POCH), danach die SPS interne Quotenregelungen ein. Noch im gleichen Jahr übernahmen mit Eva Segmüller (Präsidium der CVP Schweiz) und mit der Aargauer Nationalrätin Ursula Mauch (Fraktionspräsidentin der SPS) zwei Frauen erstmals führende Parteipositionen in der Schweiz. Schien diese Entwicklung vordergründig eine grössere Akzeptanz von Frauen in der Politik zu dokumentieren, so wurden diese Hoffnungen bei den eidgenössischen Wahlen vom Herbst 1987 wieder zerschlagen. Die Wahlchancen von Frauen hatten sich trotz günstiger Ausgangslage nicht merklich verbessert. Die EKF gab in der Folge einen Bericht zur politischen Repräsentation der Frauen in der Schweiz in Auftrag, der 1990 unter dem Titel «Nehmen Sie Platz, Madame» publiziert wurde und in aller Deutlichkeit aufzeigte, dass die Frauen rund 20 Jahre nach Einführung des Frauenstimm- und -wahlrechts in der Politik noch immer drastisch untervertreten waren.[7] Die Partei der Arbeit (PdA) reagierte als erste auf diesen Bericht und stellte im Juni 1990 die Lancierung einer Quoteninitiative unter dem Titel «Frauen und Männer» in Aussicht.[8] Vergeblich suchte man in der Folge die Unterstützung der Frauenorganisationen. Diese übten harsche Kritik am Vorpreschen der PdA, da die Frauenorganisationen selbst mitten in der Vorbereitung eines ähnlichen Volks- begehrens steckten.

Initiative «Nationalrat 2000»: Erster Quotenversuch scheitert vorzeitig
Nur einige Wochen später als die PdA, am 17. September 1990, gelangten die Frauenorganisationen mit der Ankündigung ihrer eigenen Initiative «Nationalrat 2000» an die Öffentlichkeit: Sie wollten die Kantone dazu verpflichten, die Wahlen in den Nationalrat auf nach Geschlechtern getrennten Listen durchzuführen.[9] Getragen wurde das Volksbegehren von einem überparteilichen Initiativkomitee, in dem sich der Schweizerische Katholische Frauenbund (SKF), der Evangelische Frauenbund der Schweiz (EFS), der Schweizerische Verband alleinerziehender Mütter und Väter (SVAMV), die OFRA, der Verein Feministische Wissenschaften (FemWiss), der Verein Aktive Staatsbürgerinnen und die Gruppe Frauen für den Frieden zusammengefunden hatten. Der Verband für Frauenrechte (SVF) war mit beiden Co-Präsidentinnen Simone Chapuis-Bischof und Ursula Nakamura-Stoecklin vertreten, wobei Letztere gleichzeitig auch als Koordinatorin des Initiativkomitees amtierte.

In relativ kurzer Zeit musste der Initiativtext ausgearbeitet werden, so dass die Initiative «Nationalrat 2000» gleich zu Beginn des Jubiläumsjahres «700 Jahre Eidgenossenschaft» am 24. Januar 1991 lanciert werden konnte. Doch trotz guter Ausgangslage[10] tauchten schon bald grosse Probleme auf organisatorischer Ebene auf.[11] Nachdem das Budget für die Kampagne zur Initiative auf lediglich 100 000 Franken festgelegt worden war, fehlten der Trägerschaft bereits die nötigen Finanzen. Ausserdem war die Initiative in der Hoffnung angepackt worden, dass die beteiligten Frauenverbände mit ihren zahlreichen Mitgliedern rasch die nötigen Unterschriften sammeln könnten – dem war aber nicht so. Besonders die bürgerlichen Frauen taten sich schwer damit, für die eigenen Anliegen auf die Strasse zu gehen. Es zeichnete sich ab, dass das ursprüngliche Prinzip der Initiantinnen, auf die Unterstützung der linken und gewerkschaftlichen Frauen zu verzichten, schwerwiegende Folgen hatte. Die Initiantinnen konnten nicht auf die Infrastruktur der traditionell frauenpolitisch aktiven sozialdemokratischen und gewerkschaftlichen Kreise und deren Erfahrungen in der politischen Basisarbeit zurückgreifen.[12] Kurz vor den Wahlen, im Oktober 1991, waren erst 15 000 der benötigten 100 000 Unterschriften gesammelt worden.[13]

Das Resultat der Wahlen war aus Frauensicht einmal mehr ernüchternd.[14] Für das Initiativkomitee «Nationalrat 2000» machte dies deutlich, dass sich

Abb. 29: Von einer Initiative zur anderen kämpften Komitees für eine gerechte Vertretung der Frauen in den Bundesbehörden. Helvetia lieh den Schweizer Frauen dabei die Feder.

ohne Druck nichts änderte. Quoten seien das einzig wirksame Mittel, um den Frauenanteil in der Politik zu erhöhen.[15]

Doch wenig später folgte die Überraschung: Nach stundenlanger Diskussion hatte das Initiativkomitee am 8. November 1991 mit 4:3 Stimmen den Entscheid gefällt, die Initiative zurückzuziehen. Die beiden Vertreterinnen des SVF hatten dies vergeblich gemeinsam mit der Vertreterin der «Frauen für den Frieden» zu verhindern versucht. Das gleiche Schicksal ereilte auch die parallel laufende PdA-Initiative «Frauen und Männer», die ebenfalls in der Phase der Unterschriftensammlung scheiterte.

Teilhabe statt bloss Teilnahme: Die Quoteninitiative bringt eine neue Stossrichtung

Damit waren Quotenforderungen vorderhand vom Tisch – bis im März 1993. Die Nichtwahl Brunners war der Tropfen, der das Fass zum Überlaufen brachte und dazu beitrug, dass verstärkt gleichstellungspolitische Forderungen vorgetragen wurden. Frauenförderung wurde in allen Parteien zu einem aktuellen Thema. Um diese Frauenkräfte nicht verpuffen zu lassen, sondern sie vielmehr zu bündeln und konstruktiv zu nutzen, trat in der Folge eine Gruppe von Frauen um die Baselbieter Grüne Ruth Gonseth an und rief den Verein «Frauen in den Bundesrat» ins Leben, der das als Quoteninitiative bekannte Volksbegehren lancierte. Unterstützt wurden sie von zahlreichen Frauenorganisationen, den Frauenstrukturen der SP, der GPS, der CVP, von diversen kleineren Parteien sowie von den Gewerkschaften.[16] Der SVF war von Anfang an mit seiner Präsidentin Simone Chapuis-Bischof im Verein vertreten. Mit ihrem Engagement für Quoten wollte Chapuis den Weg der SVF-Pionierinnen weitergehen: «Les principes qui avait guidé nos aînées n'ont pas changé: elles ont lutté pour l'égalité, la justice, la reconnaissance des droits de la femme. Parmi ceux-ci figuraient non seulement le suffrage féminin, mais aussi le droit d'être traitée comme une égale [...].»[17] Chapuis stellte nicht nur den Informationsfluss in den SVF sicher, sondern war das wichtigste Bindeglied des Vereins «Frauen in den Bundesrat» mit der Romandie. So kam es nicht von ungefähr, dass sie ab 1997 vom Vorstand gemeinsam mit zwei anderen Frauen mit der Geschäftsleitung des Vereins betraut wurde.

Bereits die Wahl des Vereinsnamens liess darauf schliessen, dass die Idee einer weiteren Quoteninitiative aus einem neuen Selbstverständnis heraus entstand – und der letztlich gewählte offizielle Initiativtitel «Für eine gerechte Vertretung der Frauen in den Bundesbehörden (Initiative 3. März)» liess daran keinen Zweifel mehr: Ein berechtigter Anspruch sollte ultimativ eingefordert und endlich in die Tat umgesetzt werden, um der Gerechtigkeit Genüge zu tun.[18] Das stand im Gegensatz insbesondere zur zuletzt erfolglos lancierten Quoteninitiative «Nationalrat 2000». Diese stellte, primär basierend auf der Differenzidee, wonach Frauen eine andere Politik machten als Männer, in erster Linie ein Angebot auf Ergänzung der bisher unvollständigen, weil vorwiegend männlichen Politik dar. Die neue Quoteninitiative kam vor einem anderen Hintergrund zustande. Sie bot nicht mehr Teilnahme an – sie verlangte Teilhabe. Sie forderte den längst fälligen Vollzug eines (zu) lange vorenthaltenen Rechtes: Frauen sollten am politischen (Entscheidungs-)Prozess und an der politischen Macht gleichberechtigt teilhaben. Ihre Legitimation bezog die Quoteninitiative dabei aus rechts- und moralphilosophischen sowie demokratietheoretischen Überlegungen heraus.[19] Sie ging von einem distributiven Gerechtigkeitsbegriff aus und visierte das gesellschaftspolitische Ziel einer gerechten Gesellschaft an, die dadurch charakterisiert war, dass alle relevanten gesellschaftlichen Gruppen auf sämtlichen Ebenen in der ihnen zahlmässig angemessenen Art und Weise repräsentiert sein sollten. Die geforderten Quoten waren als Instrument gedacht, um den notwendigen sozialen Wandel herbeizuführen, den es für eine gerechtere Umverteilung der Ressourcen brauchte. Dieses übergeordnete gesamtgesellschaftliche Kollektivziel rechtfertigte den Umstand, dass Einzelne – in diesem Falle die Männer – zum Wohle des Ganzen ihre individuellen Ansprüche und Rechte vorübergehend zurückstellen mussten. Angepeilt wurde letztlich ein neuer Gesellschaftsvertrag, der auf einer gerechten, weil den Bevölkerungsanteilen entsprechenden paritätischen Verteilung von Ressourcen und Macht gründete und zu dem die Quotenregelung die notwendigen Voraussetzungen schaffen sollte. Gleichheit war nach diesem Verständnis daher nicht erreicht, wenn lediglich formal gleiche Ausgangspositionen geschaffen wurden. Denn diese führten, wie die historische Erfahrung belegte, in den bestehenden Strukturen zu keiner – oder höchstens einer sehr langsamen – Veränderung im Sinne einer gerechten Verteilung. Gleichheit war erst dann erreicht, wenn sie substantiell im Ergebnis hergestellt war und daraus eine faktisch gleiche Stellung von Frauen und Männern auf allen Ebenen der Gesamtgesellschaft resultierte. Eine solche neue Grundlage des gesellschaftlichen Zusammenlebens bedingte in der logischen Konsequenz auch eine Anpassung seiner institutionalisierten Form. Die Demokratie war dem Verständnis nach, das der Initiative zugrunde lag, wandelbar in dem Sinne, dass sie nicht auf ewigen Grundsätzen basierte, sondern Ausdruck eines nicht abschliessbaren Prozesses demokratischer Politik war, die ihre Grundsätze immer wieder neu verhandeln musste. In diesem Sinne sah der SVF in der Unterstützung der Quoteninitiative auch die logische Konsequenz seiner bisherigen Tätigkeit im Kampf um die Gleichberechtigung der Frau. Die Quoteninitiative sei «le seul projet actuel conduisant à un partage équitable du pouvoir. [...] L'objectif est donc clair pour nous: nous visons une société paritaire.»[20] Was indes in der Theorie so eindeutig und einsichtig schien, sollte sich in der Praxis als erhebliches Problem erweisen. Das betraf zum einen die nahe liegende Frage, wie ein solcher Anspruch konkretisiert und in einen Initiativtext verpackt werden sollte. Und wenn dies gelang, so stellte sich zum anderen das Folgeproblem der angemessenen Vermittlung. Genau um diese Fragen kreisten denn auch im Kern die Diskussionen bei der Ausarbeitung des Initiativtextes in der Anfangsphase des Vereins «Frauen in den Bundesrat». Es liessen sich grob zwei Sichtweisen unterscheiden: Der radikalere Flügel wollte mit der Initiative Maximalforderungen stellen und so eine öffentliche Grundsatzdiskussion lancieren. Das Risiko eines Scheiterns der Initiative wurde in Kauf genommen. Stattdessen ging es in erster Linie um eine breite Sensibilisierung von Politik und Bevölkerung, um so den Boden für spätere und dannzumal erfolgreiche Vorstösse vorzubereiten. Diese Vereinsfrauen waren es auch, die auf eine möglichst rasche Lancierung der Initiative drängten, um die momentane Grundstimmung nach der Nichtwahl Brunners auszunutzen. Auch die Vertreterin des SVF, Simone Chapuis-Bischof, argumentierte in diese Richtung. Auf der anderen Seite stand der Realo-Flügel, der vor einer überstürzten Lancierung warnte. Diese Frauen plädierten dafür, sich genügend Zeit zu nehmen und am Ende eine bis ins letzte Detail durchdachte Lösung mit gemässigten Forderungen zu präsentieren, die realistische Aussichten auf Erfolg hatte. Am Ende setzte sich der Kompromiss durch. Das Resultat war ein ausgeklügelter, qualitativ hochstehender Initiativentwurf, der sehr detailreich ausgefallen war. Damit vermischte der letztlich verabschiedete Initiativtext beide Sichtweisen. Die Mehrheit der Frauen wollte verhindern, dass die Quoteninitiative das gleiche Schicksal erleiden würde wie einst die Mutterschaftsversicherung – als allgemeiner Anspruch zwar in der Verfassung verankert zu sein, aber dann ewig nicht umgesetzt zu werden.

Die Kompromissvariante des Initiativtextes sollte sich aber als schwerwiegende Hypothek erweisen, da sie sowohl eine Grundsatzdiskussion auslösen wie auch Antworten zu deren konkreten Umsetzung geben wollte. Dieses war ein allzu komplexes Unterfangen, wie aus den Debatten in den politischen Gremien und im Abstimmungskampf deutlich wurde. Zunächst gab es im Frühling 1995 aber Anlass zum Feiern: Am 21. März 1995 konnte der Verein «Frauen in den Bundesrat» seine Quoteninitiative mit 109 713 gültigen Unterschriften einreichen!

Verschleppen und verschleiern:
Verheerende Folgen des parlamentarischen Verfahrens
Erste Schwierigkeiten hatten sich jedoch bereits bei der Lancierung der Initiative im Herbst 1993 gezeigt: Es gelang nicht, auch genügend bürgerliche Frauen für die Initiative einzuspannen. Diese mochten zwar das Bemühen um die Frauenförderung in der Politik teilen, doch letztlich ging ihnen die im Detail ausformulierte Initiative zu weit. Trotz grundsätzlicher Sympathien konnten sie sich nicht dafür begeistern. Auch der Bundesrat brachte dem Anliegen des Vereins «Frauen in den Bundesrat» ein gewisses Verständnis entgegen, da Frauen in der Schweiz in politischen Ämtern durchaus unterreprä- sentiert seien. Dennoch lehnte der Bundesrat die Initiative in seiner Botschaft an das Parlament entschieden ab.[21] Ohne Gegenvorschlag kam die Initiative deshalb in die Eidgenössischen Räte, wo, anders als unmittelbar nach dem 3. März, von parteiübergreifender Frauensolidarität kaum mehr etwas zu spüren war.

Am Ende unterstütze nur noch die politische Linke die Initiative, so dass sie in der Schussabstimmung deutlich scheiterte. Während die Quotenbefürworterinnen und -befürworter in der bevorzugten Berücksichtigung von Frauen durch Quotierungsmassnahmen die einzig wirksame Antwort auf das Problem sahen, erkannte die Quotengegnerschaft darin einen unverhältnismässigen Eingriff in einen laufenden gesellschaftlichen Prozess sowie in die verfassungsmässig garantierten Grundrechte der Bürgerinnen und Bürger. Die rechtsbürgerlichen Parteien SVP, SD und FPS sowie Teile der FDP und vereinzelt der CVP machten gegen Quoten mobil, da sie in ihrem formalen Verständnis von Gerechtigkeit und Gleichheit keinen Platz hatten. Eine Ungerechtigkeit durch eine andere zu ersetzen, kam für sie auch vorübergehend nicht in Frage.

Trotzdem erwuchs aus der breit und differenziert geführten gleichstellungspolitischen Diskussion in der vorberatenden nationalrätlichen Kommission das Bewusstsein, dass das Problem zu wichtig war, als dass es einfach beiseitegeschoben werden konnte, wie das etwa der Bundesrat in seiner Botschaft tat. Und obwohl sich schon bald zeigte, dass die Forderungen der Quoteninitiative chancenlos sein würden, zeichnete sich doch immerhin im Nationalrat zunächst der Wille zu einem Kompromiss in Form einer Listenquote ab. Doch mit diesem Vorschlag verflachte zugleich auch die gleichstellungspolitische Diskussion im Parlament. Bereits im weiteren Verlauf der Kommissionsberatungen traten formalrechtliche und verfahrenstechnische Aspekte immer mehr in den Vordergrund, letztlich fand auch die Listenquote keine Parlamentsmehrheit. Das Geschäft wurde zwischen den Räten in den Jahren 1997 bis 1999 nicht wegen inhaltlicher Differenzen hin und her geschoben, sondern aufgrund formaler Aspekte – die Frauenförderung spielte dabei längst keine Rolle mehr.

Die Konsequenzen dieser Verschleppung bekam der Verein «Frauen in den Bundesrat» hautnah zu spüren. Entsprechend mussten auch die Aktivitäten immer wieder angepasst und die Aktivistinnen bei der Stange gehalten werden. Zu den anhaltenden finanziellen Problemen gesellten sich zunehmend auch personelle und organisatorische. Im Vorstand waren in dieser Phase zahlreiche Wechsel zu verzeichnen, die eine kontinuierliche Arbeit behinderten. Zudem konzentrierte sich das Engagement dadurch mehr und mehr auf einen harten Kern von einigen wenigen Frauen. Aufgrund dieser internen Probleme wurde gar erwogen, die Initiative zurückzuziehen.

Verändertes Umfeld: Die Unterstützung für die Quoteninitiative bröckelt
In der Phase des Abstimmungskampfes kam ein weiteres Problem hinzu. Die Quoteninitiative hatte nach sieben Jahren offensichtlich dermassen an Aktualität und Dringlichkeit verloren, dass sie selbst im nahen Umfeld des Vereins «Frauen in den Bundesrat» nicht mehr prioritär behandelt wurde. Die aktive Unterstützung durch die grossen Organisationen liess in der Kampagne merklich nach. So konnten sich die CVP-Frauen – obwohl Mitinitiantinnen – nicht einmal mehr zu einer Ja-Parole durchringen und beschlossen Stimmfreigabe. Damit kehrten die bürgerlichen Frauen der Quoteninitiative vollends den Rücken, obwohl gerade sie es waren, die einst vom «Brunner-Effekt» profitiert hatten. Das politische Umfeld hatte sich in der langen Phase, bis die Initiative endlich zur Abstimmung kam, merklich verändert. Der «Brunner-» war vom «Metzler-Effekt» abgelöst worden: Jungen, kompetenten Frauen schien das Bundeshaus offenzustehen, die 1999 gewählte jüngste Bundesrätin Ruth Metzler-Arnold wurde gar zur prominentesten Quotengegnerin. Das veränderte Umfeld liess sich auch an der Haltung der Medien ablesen – vom einst wohlwollenden Sukkurs bei der Lancierung war nicht viel mehr geblieben als Skepsis;

auch die Mehrheit der Kommentatorinnen und Kommentatoren betrachtete die Quoteninitiative im Jahr 2000 als überholt und unangemessen. Sieben Jahre nach der Nichtwahl Brunners war vom damaligen «Frauenfrühling» nichts mehr zu spüren. Die lange Zeit seit der Lancierung des Begehrens hatte die Wellen der Empörung verebben und sowohl Motivation wie Finanzmittel der Befürworterinnen schwinden lassen. Ein eigentlicher Abstimmungskampf fand denn auch kaum statt – nicht zuletzt auch, weil sich sowohl die Gegnerschaft wie auch Befürworterinnen und Medienschaffende schon im Vorfeld einig waren über den Ausgang der Abstimmung: «Chancen hat die Vorlage ohnehin keine».[22] Unterstützt wurde die Quoteninitiative zu diesem Zeitpunkt lediglich noch von der politischen Linken sowie von diversen Frauenorganisationen wie SVF, SKF, EFS, «Frau und Politik», FFU, FraP!, FemWiss sowie «Frauen für den Frieden». Kein Support kam aus dem bürgerlichen Lager: FDP, CVP, LPS und EVP lehnten die Quoteninitiative genauso geschlossen ab wie die Rechtsaussenparteien und namhafte Wirtschaftsverbände. Auch der Dachverband der Schweizerischen Frauenorganisationen (Alliance F, ehemals BSF) vermochte sich nicht zur Quoteninitiative zu bekennen und beschloss Stimmfreigabe. Sie alle machten gegen Quoten geltend, diese würden die Wahlfreiheit der Stimmberechtigten empfindlich einschränken und so den Wählerwillen verfälschen und führten zu ungleichen Wahlchancen für Männer und Frauen. Quoten brächten nur neue Ungerechtigkeiten, anstatt alte zu beseitigen, da sie sich diskriminierend für Männer auswirken könnten. Ausserdem lasse sich die Gleichheit zwischen den Geschlechtern nur über einen tiefgreifenden gesellschaftlichen Wandel erreichen, wurde argumentiert.

Genau umgekehrt sahen es die Quotenbefürworterinnen und -befürworter: Unter dem Motto «Geduld hat doch Grenzen» stiegen sie in den Abstimmungskampf. Gleichstellung komme nicht von selbst, warfen sie ein. Ohne gezielte Massnahmen würde es noch Jahrzehnte dauern, bis Frauen wie Männer gleichermassen im Parlament vertreten seien. Tatsächlich zeigte eine während des Abstimmungskampfes veröffentlichte Studie des Bundesamtes für Statistik, dass Frauen nicht nur weniger häufig als Kandidatinnen nominiert wurden, sondern auch deutlich geringere Wahlchancen hatten als Männer.[23]

Niederlage an der Urne: Die Initiative scheitert auf der ganzen Linie
Die Argumente des Vereins «Frauen in den Bundesrat» fanden bei den Stimmberechtigten kein Gehör. Mit einer ablehnenden Mehrheit von 82 Prozent der Stimmenden erlitt die Quoteninitiative eine Abfuhr historischen Ausmasses, wurden doch in der Geschichte eidgenössischer Volksabstimmungen bis dato nur wenige Vorlagen derart deutlich verworfen. Abstimmungsanalysen zeigen, dass die Initiative von den Männern deutlicher abgelehnt wurde als von den Frauen, und sie deckten vor allem auf, dass die männlichen SP-Sympathisierenden ihre Parteikolleginnen arg im Stich liessen: Die Hälfte von ihnen

lehnte die Vorlage ab. Dem Verein «Frauen in den Bundesrat» war es nicht gelungen, sein Anliegen und den tieferen Sinn der Quoteninitiative einer breiteren Öffentlichkeit zum Abstimmungssonntag hin zu vermitteln.

1   Dieser Aufsatz basiert auf: Gysin Nicole, Angst vor Frauenquoten? Die Geschichte der Quoteninitiative 1993–2000, Bern/Wettingen 2007 (Reihe gender wissen, Bd. 11). Nach Auflösung des Vereins «Frauen in den Bundesrat», der die Quoteninitiative lanciert hatte, gingen im Juni 2000 sämtliche Unterlagen des Initiativsekretariates ins Archiv der Gosteli-Stiftung zur Geschichte der schweizerischen Frauenbewegung (AGoF) in Worblaufen bei Bern über.
2   Zur Nichtwahl von Brunner vgl. Duttweiler Catherine, Adieu, Monsieur. Chronologie einer turbulenten Bundesratswahl. Mit einer ergänzenden Analyse von Claude Longchamp, Zürich 1993, oder Haas Esther et al. (Hg.), Der Brunner-Effekt, Zürich 1993, oder Dayer Ariane / Giussani Bruno (Hg.), Chère Christiane: lettres à une femme qui ne sera pas Conseillère fédérale, Genève 1993.
3   Vgl. Rielle Yvan, Der andere Kulturkampf. Über die weibliche Repräsentation in den Kantonsparlamenten und ihren geschlechterkulturellen Kontext. Ansätze zur Erklärung der unterschiedlichen Frauenanteile in den kantonalen Parlamenten von 1968 bis 2003. Lizentiatsarbeit am Institut für Politikwissenschaft Universität Bern 2005, S. 32–34.
4   Violi Enrico, Keller Elisabeth, 25 Jahre Eidgenössische Kommission für Frauenfragen, in: F-Frauenfragen, 1, 2001, S. 1–4.
5   Z.B. Einfache Anfrage Morf vom 22. Juni 1978 (Amtl. Bulletin NR 1978 II, S. 1479) sowie Interpellation Bacciarini «Frauen in eidgenössischen Kommissionen» vom 12. März 1980 (Amtl. Bulletin NR 1980 II, S. 1679). Eine Zusammenfassung der Aktivitäten der EKF sowie der parlamentarischen Quotierungsvorstösse in den 1970er und 80er Jahren findet sich bei Gysin, Angst vor Frauenquoten?, S. 24–35.
6   Die Wahl von Otto Stich anstelle der offiziellen SP-Kandidatin Lilian Uchtenhagen sorgte 1983 für heftige Proteste. Drei Jahre später traten gleich zwei CVP-Bundesräte zurück, doch die CVP-Nationalrätin Judith Stamm hatte in ihrer eigenen Fraktion keine Chance, gewählt wurden schliesslich Arnold Koller und Flavio Cotti. Allen Meinungsumfragen zum Trotz – zwei Drittel der Bevölkerung wünschten die Wahl einer weiteren Frau in den Bundesrat – konnte sich 1988 bei den Ersatzwahlen für die zurücktretenden Bundesräte Pierre Aubert (SP) und Leon Schlumpf (SVP) weder die SP- noch die SVP-Fraktion zu einer Frauenkandidatur durchringen.
7   Eidgenössische Kommission für Frauenfragen, Nehmen Sie Platz, Madame. Die politische Repräsentation der Frauen in der Schweiz, Bern 1990.
8   24 heures, 13. Juni 1990.
9   Vgl. Bestand «Nationalrat 2000» im AGoF.
10 Eine Umfrage hatte gezeigt, dass die Mehrheit der Schweizerinnen und knapp die Hälfte der Schweizer zu diesem Zeitpunkt wollten, dass 50 Prozent aller politischen Ämter künftig von Frauen besetzt werden (vgl. Aargauer Tagblatt, 25. Februar 1991).
11 Vgl. hierzu und zum Folgenden Vaterland, 9. September 1991.
12 Von den Erfahrungen in politischer Basisarbeit der Sozialdemokraten und der Gewerkschaften konnte die Frauenstimmrechtsbewegung bereits früher profitieren. So war es insbesondere ihnen zu verdanken, dass für die Stimmrechtspetition 1929 eine Viertelmillion Unterschriften gesammelt werden konnte (vgl. Mesmer Beatrix, Schweiz: Staatsbürgerinnen ohne Stimmrecht, in: Gerhard Ute (Hg.), Feminismus und Demokratie. Europäische

Frauenbewegungen der 1920er Jahre, Königstein/Taunus 2001 (Frankfurter Feministische Texte, Bd. 1), S. 104–115, hier S. 110).
13 Vgl. Basler Zeitung, 8. Oktober 1991.
14 Die Frauen machten nur gerade einen Sitz mehr als 1987 – überdurchschnittlich gut vertreten waren sie einzig in der Gruppe der Abgewählten, die Kantone Wallis und Freiburg schickten neu gar keine Frauen mehr nach Bern.
15 Medienmitteilung Initiativkomitee «Nationalrat 2000» vom 15. November 1991, Bestand «Nationalrat 2000» im AGoF.
16 Den ersten Vorstand bildeten Christine Bietenhard Guthauser (Präsidentin «Frau und Politik»), Rose-Marie Bröcking (FfF), Simone Chapuis-Bischof (Präsidentin SVF), Christine D'Souza (PdA), Eva Ecoffey (SMUV), Christine Goll (NR FraP! Zürich), Ruth Gonseth (Nationalrätin, GP Basselland), Erica Hennequin (Grüne Jura), Marie-Therese Larcher (CVP Frauen) und Margrith von Felten (Nationalrätin Basel-Stadt). Eine vollständige Liste der unterstützenden Organisationen findet sich bei Gysin, Angst vor Frauenquoten?, im Anhang.
17 Rede von Simone Chapuis-Bischof anlässlich ihres Rücktritts vom SVF-Präsidium an der Delegiertenversammlung vom 3. Mai 1997 in Lausanne, Schweizerisches Sozialarchiv (SozArch), Ar 29.92.1 (Protokolle Mai–November 1997).
18 Die Initiative wollte als Ergänzung des Gleichstellungsartikels Art. 4 BV die angemessene Vertretung der Frauen in den Bundesbehörden und in der allgemeinen Bundesverwaltung, den Regiebetrieben und an den Hochschulen festschreiben. Für jede Behörde wurde eine entsprechende Präzisierung vorgenommen: mindestens drei Frauen im Bundesrat, mindestens 40 Prozent Frauen im Bundesgericht, eine Ständerätin und ein Ständerat pro Kanton und für den Nationalrat pro Kanton nicht mehr als ein Sitz Differenz zwischen der Anzahl weiblicher und männlicher Abgeordneter.
19 Zu den theoretischen Konzepten der Quotendiskussion vgl. Gysin Nicole, Geduld hat doch Grenzen. Die Geschichte der Quoteninitiative 1993–2000. Lizentiatsarbeit am Historischen Institut der Universität Bern 2002, S. 11–33.
20 Telefax-Schreiben von Simone Chapuis-Bischof an Anni Lanz (Koordination Post Beijing) vom 14. September 1997 im SozArch, Ar 29.92.4 (Korrespondenz Oktober–Dezember 1997).
21 Botschaft des Bundesrates zur Volksinitiative «Für eine gerechte Vertretung der Frauen in den Bundesbehörden (Initiative 3. März)» vom 17. März 1997.
22 Basler Zeitung, 2. März 2000.
23 Bundesamt für Statistik, Die Frauen bei den Nationalratswahlen 1999. Entwicklung seit 1971, Neuenburg 1999.

Le langage et les femmes: de la formulation non sexiste à la féminisation de la langue

Simone Chapuis-Bischof

Dès la Révolution française, les femmes l'ont compris: les hommes revendiquaient le pouvoir pour tous … les hommes. L'espoir d'égalité était mort-né. Les femmes étaient trahies par le langage: le mot «homme» utilisé dans les discours n'avait d'autre sens que celui d'«être humain de sexe masculin». On avait refusé la citoyenneté aux femmes tout en déclarant universels les Droits de l'homme.[1]

En Suisse, les auteurs de la Constitution fédérale de 1848 n'ont pas fait mieux: pleins des idéaux égalitaires, ils ont cru supprimer tous les privilèges avec cette garantie de l'article 4: «Tous les Suisses sont égaux devant la loi. Il n'y a en Suisse ni sujets, ni privilèges de lieu, de naissance, de personnes ou de familles.» En fait, ils n'ont pas supprimé le privilège de l'être de sexe masculin et ils ont ancré dans la loi rien de moins qu'un statut de sujets pour les femmes!

Les féministes – femmes et hommes – se sont rendu compte du sens des mots: il y avait dans tous les textes juridiques une prédominance du masculin et une exclusion des femmes; l'accès aux droits était interdit à la moitié de la population. Elles et ils découvraient la façon inégale dont la langue traite les femmes ou les hommes, autrement dit le «sexisme» du langage, sans l'appeler ainsi, puisque le mot a été créé en 1965 environ. Ces féministes ont demandé à maintes reprises une juste définition des mots du langage juridique,[2] mais leur voix était plutôt isolée et l'on ne constate pas de vraie prise de conscience de la nécessité de modifier la langue avant les années 80. Même la votation de 1971 reconnaissant aux femmes les droits civiques ne marque pas un tournant dans l'évolution de nos langues nationales.

L'adoption en 1981 du nouvel article 4 Cst[3] garantissant l'égalité entre femmes et hommes va obliger nos autorités à mettre en marche le processus de l'égalisation dans tous les domaines, y compris celui du langage: ce processus va s'accélérer dans les années 90 avec l'apparition des guides «pour un langage non sexiste». Aujourd'hui – malgré quelques progrès dans les textes – la mue du langage est loin d'être terminée.

Mais voyons un peu quelques jalons de cette histoire.

Jusqu'en 1980

Pendant des décennies, l'occultation de la femme dans les dictionnaires, dans les codes et dans la société semble chose tellement naturelle qu'on minimisa les protestations d'une Emilie Kempin-Spyri à qui on interdisait d'exercer la profession d'avocat[4] et qu'on ne comprit pas la recommandation de désobéissance civique d'une Hubertine Auclert[5]: tant que les femmes n'avaient pas de droits, pourquoi paieraient-elle des impôts?

Cette incohérence du droit écrit avait aussi frappé les suffragistes qui créèrent l'Alliance internationale pour le suffrage féminin, puisque dès la fondation de cette association en 1904, sa devise fut – elle l'est encore aujourd'hui – «Droits égaux, responsabilités égales». L'Association suisse pour le suffrage féminin (ASSF), créée en 1909 a repris la même devise, en inversant les termes pour prouver la bonne volonté des femmes! Dans l'esprit des pionnières, il allait de soi que si les femmes avaient les mêmes responsabilités que les hommes dans la société, responsabilités fixées dans les textes juridiques – constitutions, codes et lois – on devait forcément leur reconnaître les mêmes droits.

Pendant des décennies, les femmes suisses se battent pour leurs droits, on sait le temps qu'il leur a fallu, en passant, parmi beaucoup d'échecs, d'un petit succès à l'autre. C'est la politique des petits pas, a-t-on dit! De même la féminisation de la langue a commencé tout doucement: des mots oubliés, des mots nouveaux s'introduisent sans faire de vagues. Par exemple, dans le tout premier numéro du *Mouvement féministe*[6] journal créé par Émilie Gourd[7] en 1912, un article rendait compte de la volonté des suffragistes d'ouvrir les Tribunaux de prud'hommes aux femmes et l'on employait le mot de prud'femmes qui n'est pas dans le Grand Larousse.[8]

En revanche, l'élection de deux femmes comme juges à la Chambre pénale des mineurs du canton de Vaud en 1941 n'a pas donné l'idée aux contemporains de parler de «la» juge: les journaux écrivent «deux juges féminins»[9] et le président de ladite Chambre, Maurice Veillard, pourtant grand féministe, membre du comité de l'ASSF de 1922 à 1924, écrit dans son journal personnel «l'un de mes juges (…) Mme de Rham».[10]

En 1949, suite au vœu du Grand Conseil vaudois, le Gouvernement autorise la commune de Coinsins à nommer officiellement une femme au poste de greffier communal; le féminin «greffière» est tout de suite adopté par les journalistes qui rendent compte de l'événement.

En 1957, les 1414 femmes de Suisse romande qui demandent leur carte civique et recourent au Tribunal fédéral sous la houlette d'Antoinette Quinche manifestent ainsi leur volonté de changer le sens des mots: «tous les Suisses» les concernent aussi. Seuls deux juges sur sept abondent dans leur sens. Le temps des électrices n'est pas encore venu!

En 1969, la première étude de l'ADF-Vaud sur le nombre de femmes dans les autorités politiques avait fait le compte des élues, conseillères communales et députées, les termes féminins se sont imposés!

Pourtant, comment expliquer qu'en 1971 une des premières conseillères nationales ait fait imprimer «conseiller national» sur sa carte de visite?

On le voit: la féminisation du langage est encore bien hésitante.

Après 1980

L'adoption – dans les années 80 – d'articles constitutionnels[11] garantissant l'égalité entre femmes et hommes va donner le coup d'envoi à une féminisation du langage juridique et c'est le début d'une guerre des mots qui dure toujours, trente ans après.

Certains mots féminins s'imposent tout de suite dans la vie quotidienne, ceux qui découlent des fonctions politiques que les femmes peuvent occuper depuis 1971 et l'on n'entend plus en Suisse «Madame le député» ou «Madame le conseiller national». Il y a pourtant un problème: les mots «députée», «conseillère» ne figurent pas dans les textes juridiques, pas plus que les mots «citoyenne», «présidente»! Les femmes vont-elles supporter longtemps cet effacement, cette non visibilité?

En 1985, deux membres du comité central de l'Association suisse pour les droits de la femme (adf-svf)[12] participent à Berlin à un séminaire sur le langage organisé par l'Alliance internationale des femmes et le Deutscher Frauenbund: «Sexismus in Sprache und Erziehung».[13] Trois ans plus tard, l'association suisse organise son propre séminaire «Sehr geehrte Herren, Sexismus in der Sprache»,[14] qui réunit une centaine de participantes à Zurich.

Dans les mêmes années, les féministes lausannoises recevaient du Québec les premiers guides *Pour un genre à part entière* qu'elles lurent avec délectation. S'en inspirant, l'ADF-Vaud lance en 1988 dans sa toute première *Gazette* (bulletin associatif existant aujourd'hui encore) une rubrique sur le langage, rubrique qui sera régulièrement reprise les années suivantes: «Féminisons nos professions». Elle commence ainsi: «Sachant que c'est l'usage qui influence le dictionnaire et non l'inverse, et que la langue évolue au rythme des réalités sociales et politiques, nous allons ci-après et au fil des prochaines parutions tenter une nouvelle démarche pratique en vue de la reconnaissance des femmes dans la langue française.» Ce premier article se réfère à celui de Thérèse Moreau paru dans *Femmes Suisses*[15] deux ans auparavant: «Les exilées du langage». Thérèse Moreau, écrivaine française habitant la Suisse, membre de l'ADF-Vaud, est la grande spécialiste du langage épicène dans notre pays et ses divers ouvrages[16] sont très précieux. Plusieurs sont des commandes de bureaux de l'égalité ou d'associations professionnelles et s'il y avait quelqu'une à envoyer dans une commission officielle, c'était elle, l'experte, qui était sollicitée.

L'on peut vraiment dire que l'année 1988 est une année charnière, puisque c'est aussi l'année où la Chancellerie fédérale nomme un groupe de travail interdépartemental chargé de remplir une promesse faite par le Conseil fédéral en 1986: il annonçait dans son programme législatif son intention de procéder à l'adaptation linguistique des normes de droit pour satisfaire au principe de l'égalité des sexes.[17]

Le groupe interdépartemental présenta son rapport final lors d'une conférence de presse du 25 juin 1991. Le rapport fut transmis le lendemain aux associations féminines et le comité central de l'adf-svf put en prendre connaissance. Les réactions des membres du comité central furent différentes selon leur origine linguistique: les Romandes exprimèrent leur satisfaction dans une lettre du 10 août de la coprésidente romande.[18] Le rapport ne présentait pour les Alémaniques pas vraiment de nouveautés, d'où leur déception, exprimée dans une lettre du 15 septembre signée de la coprésidente alémanique et d'une membre du comité central.[19] Roestigraben? Non, pas vraiment.

La situation était effectivement différente selon la langue: en allemand, elle est assez satisfaisante, alors qu'elle est mauvaise dans les langues latines. Le Gouvernement s'en est d'ailleurs si bien rendu compte qu'il décide en juin 1993 que les principes de la formulation non sexiste seront obligatoirement appliqués aux lois qu'il soumet au Parlement en allemand, mais non en français et en italien. Pour les textes administratifs, en revanche, on s'efforcera de respecter les principes dans les trois langues.[20]

Dans les années qui suivent, la situation se dégrade puisque de plus en plus les textes allemands sont rédigés de façon conforme, alors que les textes français et italiens restent très en retard. Or le principe de l'égalité doit être respecté dans le langage juridique de toute la Suisse. Cette attitude différente en ce qui concerne les trois langues officielles est fortement critiquée par le Bureau fédéral de l'égalité entre femmes et hommes. Patricia Schulz conclut un rapport sur ce sujet en soulignant la nécessité d'une soumission égale des trois langues officielles, voire des quatre langues nationales, aux exigences du langage non sexiste conformément à l'article 4. al. 2 Cst.

Exigences des féministes

La langue courante est sexiste, le langage juridique l'est aussi; ce dernier n'est pas clair, puisqu'un nom masculin de personne signifie tantôt la femme et/ou l'homme, tantôt l'être humain de sexe masculin seulement. L'objectif visé par les féministes est de mettre les femmes en évidence, de les rendre visibles. Les femmes n'acceptent plus de se cacher derrière un masculin grammatical soi-disant universel. Deux solutions se présentent: mentionner nommément les femmes et les hommes ou utiliser un mot collectif ou neutre. Exemple: la citoyenne et le citoyen, les citoyennes et les citoyens ou le corps électoral.

Il n'est pas admissible de laisser le terme masculin seulement et d'ajouter une note expliquant que les femmes sont comprises dans le terme «les citoyens».

Certaines formes abrégées peuvent être utilisées, mais attention, pas n'importe lesquelles: les citoyen-ne-s (aujourd'hui, certain-e-s mettent des points au lieu des tirets); die LehrerInnen (le I majuscule combinant lettre et barre oblique).

En revanche, les féministes ne tolèrent pas les citoyen(ne)s, ni die Lehrer(innen). Les femmes ne sont pas une parenthèse pas plus qu'une note en bas de page.

Quand il n'y a pas de mot pour désigner la personne de sexe féminin, les féministes préconisent le néologisme. Chaque année, la langue invente de nouveaux mots pour désigner des objets qui n'existaient pas dans les siècles passés; pourquoi n'inventerait-on pas de nouveaux termes pour désigner des femmes exerçant professions et fonctions nouvelles? La langue doit être ouverte et vivante. Comme elle est le reflet de la société, et que celle-ci change, la langue ne peut que se modifier aussi! Elle ne peut pas rester figée, immuable. De nouveaux mots arrivent, parfois très rapidement, parfois ils s'imposent plus lentement. Le néologisme n'est pas toujours création ex nihilo ou à partir d'une racine latine ou grecque; il est parfois reprise d'un mot oublié: une syndique était une femme responsable d'un syndicat, au temps de la Révolution française;[21] Jeanne d'Arc fut commandante en cheffe[22] des troupes royales.

Ursa Krattiger, l'une des conférencières[23] du séminaire «Sehr geehrte Herren», préconise le «ladies first», c'est-à-dire qu'elle mentionne toujours les femmes d'abord, non par galanterie, mais par conscience et respect de soi (Selbstachtung), principalement en parlant: si elle écrit «liebe HörerInnen», elle dit toujours «liebe Hörerinnen, liebe Hörer», «chères auditrices, chers auditeurs». Elle introduit cette exigence en se référant à une fonctionnaire d'état-civil qui, lors de l'enregistrement d'une naissance, avait chaque fois un coup au cœur de devoir écrire «Pierrette, Jacques ou Jean-ne» fils ou fille de «Olivier ou Nicolas», le nom de la mère étant toujours mentionné en second lieu! Personnellement, je constate le même scénario dans mon livret de famille: j'y suis «fille de Joseph Bischof et d'Elsa Mabille»!

Mais il n'est pas évident de toujours placer la femme en premier lieu. Le simple fait d'utiliser les formules abrégées qui ont été adoptées assez facilement en allemand (die RichterInnen) fâche d'un certain point de vue les féministes: cela signifie que la femme est toujours en référence à un homme. En français aussi: pas de boulangère, sans boulanger, pas de présidente, sans président. Mais pourvu que le terme féminin existe!

Interventions des féministes
Dès que les femmes suisses sont devenues citoyennes, elles ont pu dire leur mot, lors des révisions de textes juridiques et lors de la création de nouvelles lois, puisqu'à chaque modification d'une constitution ou d'un code, nos autorités lancent une procédure de consultation: les femmes, devenues citoyennes, ont droit à la parole. Leurs associations ont été incluses dans la liste des groupes politiques consultés. Il est arrivé qu'on les oublie, mais elles ont su réclamer. L'étude de ces projets de nouvelles constitutions et lois a été une des tâches majeures de l'adf-svf dès 1971.

Par exemple, pendant de nombreuses années, l'OFIAMT[24] soumettait chaque révision de règlement d'apprentissage à consultation: ces règlements étaient rédigés au masculin et les filles qui faisaient une telle formation recevaient un CFC de vendeur, de dessinateur … L'adf-svf a écrit un nombre considérable de lettres à l'OFIAMT soulignant que la mention unique du nom de métier au masculin est une façon d'exclure les filles de certaines formations et demandant que le titre du règlement mentionne le nom féminin et le nom masculin.

En 1990, par exemple, onze lettres ont été envoyées à l'OFIAMT concernant des métiers très divers[25] ouvrant des voies nouvelles aux filles qui n'étaient jamais mentionnées dans les textes que nous recevions. Ainsi avons-nous exigé la mention des féminins. Même si un métier pouvait paraître destiné à tout jamais aux garçons, l'adf-svf demandait par principe d'inscrire également le féminin en titre du règlement, et de parler d'apprenties et d'apprentis, de maîtresses et de maîtres d'apprentissage dans les différents articles du règlement.

En 1994, nous écrivions à l'OFIAMT notre satisfaction: sur dix-huit règlements soumis à consultation pendant l'année, seul un règlement avait oublié les filles, celui de dessinateur en bâtiment. Or l'office fédéral avait admis la dessinatrice en installations sanitaires, la sertisseuse en joaillerie, la conductrice de camion, la tourneuse sur bois, la couturière d'industrie, la mécanicienne de l'industrie textile, etc.

À fin 1997, début 1998, alors que la Constitution fédérale était en révision depuis des années, que des commissions planchaient sur le texte final, l'on apprenait que le texte en allemand serait satisfaisant, mais que pour les textes en français et en italien, les législateurs baissaient les bras devant la difficulté de formuler de manière non sexiste les articles de notre future charte fondamentale. L'adf-svf écrivit sa déception à tous les membres des commissions parlementaires concernées par cette révision.[26] Ce ne fut pas inutile! «Grâce à la lutte intense menée tant au sein des Chambres fédérales que devant le grand public, la nouvelle Constitution fédérale, entrée en vigueur au début de l'an dernier, tient compte dans ses grandes lignes des principes de la formulation non sexiste, même en français: la chancelière y côtoie la conseillère fédérale et la juge, et les citoyens partagent les droits et les devoirs des citoyennes» écrit Liliane Maury Pasquier, conseillère nationale, en 2001 dans la préface d'*Écrire les genres. Guide romand d'aide à la rédaction administrative et législative épicène*.

Directives de la Confédération

En 1988, la Confédération avait déjà publié une ordonnance concernant la classification des fonctions où tous les termes étaient indiqués au masculin et au féminin, cela dans les trois langues officielles; l'OFIAMT ajoute trois ans plus tard sa propre liste de dénominations professionnelles au féminin et au masculin dans les quatre langues nationales.

En 1991, la Chancellerie fédérale émet, dans ses directives pour une «Formulation non sexiste des actes législatifs et administratifs», trois exigences:

- l'indication du sexe,
- la symétrie (ce qui est valable pour l'un des sexes l'est aussi pour l'autre),
- des chances égales d'être pris-e-s en considération: les femmes et les hommes doivent se sentir également concerné-e-s par une expression.

En ce qui concerne les modifications du langage, la Chancellerie préconise:
- une utilisation modérée de la définition légale, car elle risque de renforcer l'utilisation d'un terme générique au masculin, ce qui ne satisfait pas au besoin de visibilité des femmes;
- la version à doublet intégral, soit la mention des groupes féminins et masculins réunis par une conjonction (et, ou);
- la neutralisation quand c'est possible, ce qui permet d'éliminer la notion de sexe (exemple: le corps enseignant, quiconque);
- une solution créative, soit une formulation combinant toutes les possibilités à disposition. Dans ce cas, il s'agit de faire preuve d'une certaine liberté rédactionnelle et de repenser chaque article à formuler.

Formulation non sexiste dans les cantons

Ils sont rares les pays qui peuvent se vanter, comme la Suisse, d'avoir autant de textes juridiques puisque en dehors des constitutions, codes et lois suisses, il y a tous ceux et celles des 26 cantons. Si la Confédération a adopté une nouvelle Constitution en 2000, les cantons ont pour la plupart également modifié leur charte fondamentale ces dernières années ou sont en train de le faire, dans le but de la moderniser et, à cette occasion, ils ont attaché plus ou moins d'importance à la formulation de ces textes. Citons pour exemple la Constitution du canton de Berne qui a été le tout premier canton à se doter de directives sur «l'égalité des sexes lors de l'établissement des lois»[27] et qui a réussi à écrire une nouvelle Constitution exemplaire votée en 1993. Les féministes vaudoises l'ont citée en exemple lors des travaux de leur Constituante. N'oublions pas que la Constitution bernoise est écrite dans deux langues!

Bâle-Ville a cru trouver la solution idéale en faisant voter un article constitutionnel général (= une définition légale) sur l'égalité garantissant que les droits et obligations s'appliquent aux femmes comme aux hommes. Cette solution a été très combattue, notamment par les milieux féministes. L'affaire est même allée jusqu'au Tribunal fédéral. Le Gouvernement bâlois a dû corriger le tir par un arrêté précisant comment assurer une visibilité plus grande aux femmes.

Les cantons romands ont montré la voie dans les offres d'emplois et par leurs initiatives consistant à représenter de manière équitable les rôles des femmes et des hommes dans les manuels scolaires. En 1984, une dizaine de femmes ont réalisé pour la section lausannoise de l'ADF une vaste enquête et publié l'*Analyse des stéréotypes masculins et féminins dans le matériel scolaire vaudois*, étude qui a eu beaucoup d'impact: elle fut le point de départ de plusieurs motions au Grand Conseil vaudois.

Le canton de Genève en collaboration avec ceux du Jura et de Berne a publié en décembre 1990 le *Dictionnaire féminin/masculin des professions, titres et fonctions électives*. Après une première publication tirée à 500 exemplaires, le dictionnaire a été repris en 1991 par les éditions Métropolis et réédité en 1999.[28]

Dans la dernière décennie du XXe siècle, les directives pour une formulation non sexiste vont se multiplier et se préciser. On ne parle plus de langage neutre, mais de rédaction épicène. On y donne des conseils même en ce qui concerne la grammaire. Un guide romand, sous forme de brochure très pratique,[29] prône l'accord avec le substantif le plus proche, comme cela se faisait au Moyen Âge et même, chez certains auteurs jusqu'au XVIIe siècle.

Le Bureau vaudois de l'égalité conseille de choisir la formule la moins choquante, soit de mentionner d'abord la femme afin que l'accord se fasse avec le second terme, le nom masculin. Exemple: «La doyenne ou le doyen est libéré d'un certain nombre de périodes d'enseignement.»

Jusqu'en 1997, les citoyennes vaudoises recevaient des «cartes d'électeur» qu'elles devaient présenter au bureau de vote, lors de chaque votation ou élection. Le comité de l'ADF-Vaud est intervenu pour demander une terminologie convenant aux deux sexes (carte civique ou de vote). Le Conseil d'État répondit en juillet 1997 qu'il avait invité les communes à changer leurs cartes … mais il n'était pas sûr que cette demande ait un effet immédiat! Effectivement, des membres de l'association ont signalé l'année suivante qu'elles avaient toujours des cartes d'électeur (elles venaient de 13 communes différentes!).

Au printemps 1997, les travaux de préparation d'une nouvelle Constitution commençaient: l'ADF-Vaud écrivit immédiatement aux autorités pour souhaiter un projet fort et novateur et nous insistions sur l'importance de prévoir une formulation non sexiste. L'ADF s'exprima, à plusieurs reprises pendant les travaux de la Constituante notamment sur l'égalité politique, l'assurance maternité et la rédaction épicène. Malgré quelques oppositions d'inébranlables fidèles à la «pureté de la langue française», le résultat final – voté en août 2002 – est satisfaisant.

En conclusion, pour les francophones en tout cas, la bataille est bien loin d'être gagnée, ni terminée et les féministes ont encore du pain sur la planche. Pensons à tous les discours (Messieurs), à toutes les prédications (chers frères), à tous les écrits que nous recevons (circulaires, formulaires ou questionnaires): les femmes n'y sont pas toujours présentes.

Citons un scandale relativement récent: on a occulté les femmes dans la Loi fédérale sur l'égalité entre femmes et hommes, loi qui a été adoptée suite à la reconnaissance par les autorités politiques des discriminations encourues par les travailleuses. Or, sauf dans son titre et dans les articles 1 et 3, la loi traite exclusivement des travailleurs, des employeurs et des supérieurs. Si la Confédération qui avait pourtant édicté force directives laisse passer un texte aussi fautif, qu'en est-il des cantons? De tous les cantons qui n'avaient manifesté aucun intérêt pour le problème? Il y aurait une intéressante recherche à faire à ce sujet.

Quant à la presse écrite, on y semble ménager la chèvre et le chou: certains journaux ont des directives de féminisation de la langue, d'autres laissent la liberté à leurs journalistes. Tout dépend donc des convictions de chacune et chacun. Ce seront les journalistes de la base et les lettres de lectrices féministes qui feront peut-être évoluer la langue petit à petit! Comme celle d'Odile Gordon-Lennox répondant à Maître Poncet[30]: «[…] Nous aimons ces mots qui respectent notre identité. Nous, les châtelaines comme les écrivaines et les reines, les cantatrices comme les actrices (sans les dictatrices), les sapeuses, les chercheuses, les moissonneuses, les glaneuses, les amoureuses, en un mot toutes les travailleuses heureuses.»

1 Écrire un article sur la langue, dans un pays qui en a quatre, est impossible: la signataire s'est contentée de parler du français, avec quelques allusions aux deux autres langues officielles.
2 Voir chapitre «Verfassungsrevision oder Interpretationsweg?» sur l'interprétation.
3 Article qui deviendra l'art. 8 dans la nouvelle Constitution fédérale votée en 2000.
4 In: Lotti Ruckstuhl, Vers la Majorité politique, chap. III «Égalité des droits sans modification de la Constitution». E. Kempin-Spyri (1853–1901).
5 Féministe française (1848–1914) qui dès 1878 a milité pour le suffrage féminin et qui a créé un journal, La citoyenne.
6 Le premier numéro du Mouvement féministe a paru le 10 novembre 1912.
7 Présidente centrale de l'ASSF de 1914 à 1928, décédée en 1946.
8 Mot suisse, selon Hélène Houssemaine Florent, lexicographe de la Maison Larousse, citée dans une interview en 2006.
9 In: Crapauds de gamins, notes d'un juge de l'enfance 1942–1977, de Maurice Veillard. 2007.
10 Idem.
11 Le principe de l'égalité a été introduit dans la Constitution vaudoise en 1980 (votation du 30 novembre 1980), dans la Constitution fédérale en 1981 (votation du 14 juin 1981).
12 L'Association suisse pour le suffrage féminin est devenue en 1971 l'Association suisse pour les droits de la femme – Schweizerischer Verband für Frauenrechte.
13 Rapport annuel de l'adf-svf 1985–86 (déléguées du Comité central: Christiane Langenberger-Jaeger et Erika Bedick-Strub).
14 Une brochure du même titre est publiée par l'adf-svf, brochure qui fait un tabac en 1989; elle est rééditée l'année suivante.
15 Femmes suisses (anciennement Le Mouvement féministe), oct. 1986.
16 «Le langage n'est pas neutre, guide de rédaction non discriminatoire», en collaboration avec l'Association romande des conseillers et conseillères en orientation scolaire et professionnelle. 1991. – «Pour une éducation épicène, guide de rédaction et de ressources de documents scolaires s'adressant aux filles comme aux garçons», Réalités sociales 1994. Ainsi que les divers «Dictionnaire féminin/masculin».
17 Le Conseil fédéral répondait là à une motion transformée en postulat de Barbara Gurtner, conseillère nationale (10 décembre 1985).

18 Simone Chapuis-Bischof.
19 Ursula Nakamura-Stoeklin et Ruth Rutman.
20 In: Journal 24Heures, 8 juin 1993.
21 In: 1789, Cahiers de doléances des femmes et autres textes. Éd. des femmes 1981, cité dans un discours de Christiane Mathys-Reymond lors de la fête en l'honneur de la première syndique lausannoise, Yvette Jaggi.
22 In: Dictionnaire féminin-masculin des professions, des titres et des fonctions. Métropolis 1991.
23 Ursa Krattiger était speakerine à la DSR et programmatrice d'émissions.
24 L'Office fédéral de l'industrie, des arts et métiers et du travail, devenu OFFT Office fédéral de la formation et du travail.
25 Concernant les vendeuses de la branche photographie, les mouleuses en fonderie, les agentes techniques de fonderie, les constructrices de route, les sculpteures, les marbrières, les tailleuses de pierre, les ouvrières sur pierre, les graveuses en héliogravure électronique, les mécaniciennes de machines agricoles, les opératrices géomètres, les tôlières en carrosserie, les laboristes, les bandagistes. À propos des deux derniers noms cités, nous faisions remarquer que le terme est épicène en français, mais qu'en allemand il faut deux termes différents.
26 Double lettre de Jessica Kehl-Lauff, présidente de l'adf-svf, datée du 4 janvier 1998, soutenant la réclamation énergique de l'ancienne présidente francophone et soutenant aussi le postulat de Liliane Maury Pasquier, CN membre de l'adf-svf. À la même date, autre lettre énergique sur le même sujet de Christiane Mathys-Reymond, présidente de la section vaudoise.
27 In: Formulation non sexiste des actes législatifs et administratifs. Chancellerie fédérale 1991.
28 Nouveau dictionnaire féminin/masculin des professions, titres et fonctions. Genève 1999.
29 Écrire les genres. Guide romand d'aide à la rédaction administrative et législative épicène. 2001.
30 In: Le Temps, 11 décembre 1998 et s.

Abb. 30: Mme Gertrud Späth-Schweizer, première femme élue dans un exécutif en Suisse, le Conseil des Bourgeois de Riehen. Als erste Bürgergemeinde führt Riehen, Kanton Basel-Stadt, 1958 das Frauenstimmrecht ein. Frau Gertrud Späth-Schweizer wird zur ersten Bürgerrätin in der Schweiz gewählt, hier begrüsst vom Bürgerratspräsidenten.

AUSGEWÄHLTE BIOGRAPHIEN

CHOIX DE BIOGRAPHIES

Helene von Mülinen (1850–1924)
Frauenemanzipation und Theologie

Doris Brodbeck

Abb. 31: Helene von Mülinen

Der Name Helene von Mülinen ist aus den Standardwerken zur frühen Schweizer Frauengeschichte nicht wegzudenken: Zu Recht wird sie als eine der wichtigsten Pionierinnen der fortschrittlichen Frauenbewegung bezeichnet.[1] Als Organisatorin, Rednerin und Vordenkerin setzte sie sich für die rechtliche Besserstellung der Frau ein. Dabei brachte sie emanzipatorische Gedanken und die Hoffnung auf ein kommendes Reich Gottes miteinander in ein Gespräch und überwand so überkommene Glaubensvorstellungen, die einer Partizipation von Frauen am öffentlichen Leben entgegenstanden. Gerade durch ihre Glaubensbindung an Gott sah sie sich gestärkt, sich als Frau mit ihren Gaben für gesellschaftliche Reformen einzusetzen. Sie ermutigte auch andere Frauen trotz der fehlenden Aktivbürgerrechte zu politischer Mitsprache. Da sie dieses «Empowerment» von Frauen auch biblisch-theologisch begründete, kann sie als frühe feministische Theologin angesehen werden.[2]

Herkunft und Lebensweg

Helene von Mülinen wurde am 27. November 1850 als zweitälteste Tochter in einer Berner Patrizierfamilie geboren und wuchs mit zwei Schwestern und vier jüngeren Brüdern auf. Sie hätte gerne Theologie studiert, denn die Universität Bern liess bereits Frauen zum Studium zu, doch wurde ihr dies von der Mutter verwehrt. Sie gab nach, wirkte als Lehrerin und erteilte Privatunterricht, doch musste sie realisieren, dass sie sich so nicht genügend gesellschaftlich entfalten konnte. Um ihr vierzigstes Lebensjahr erkrankte sie schwer und verzichtete auf eine Eheschliessung. Angeregt durch ihre Bekannte und spätere Lebenspartnerin Emma Pieczynska-Reichenbach entschied sie sich, am Aufbau der Frauenbewegung mitzuwirken. Sie wurde 1892 Mitglied des Berner Frauenkomitees, engagierte sich in der internationalen Abolitionistischen Bewegung zur Bekämpfung der reglementierten Prostitution und gehörte zu den Gründerinnen des Bundes Schweizerischer Frauenvereine (BSF). 1900–1904 wurde sie dessen erste Präsidentin und blieb bis 1920 Vorstandsmitglied. Helene von Mülinen starb am 10. März 1924 in Bern, die Abdankung wurde in der Kapelle des Burgerspitals gehalten.

Engagement für das Stimm- und Wahlrecht von Frauen
Helene von Mülinen gelangte über die Kritik am bestehenden Eherecht zur Forderung nach einer besseren Rechtsstellung der Frauen. 1892 unternahm sie zusammen mit dem Gemeinnützigen Verein einen Vorstoss bei der Berner Regierung, um das Frauengut bei der anstehenden Gesetzesrevision besser zu schützen. Der zuständige Regierungsrat griff das Anliegen auf,[3] und zwei Jahre später übermittelte das Berner Frauenkomitee dem Schweizerischen Juristenverein ähnliche Wünsche im Hinblick auf das neue Zivilgesetzbuch.

Helene von Mülinen gehörte 1896 zu den Organisatorinnen des ersten schweizerischen Kongresses für die Interessen der Frau. Aus Briefen geht hervor,[4] dass sie als Mitglied des Frauenkomitees den von der Sekretärin Julie Ryff vorgetragenen Bericht über die Erhebung der Frauentätigkeit auf dem Gebiet der Philanthropie verfasst hat.

1897 trat Helene von Mülinen erstmals öffentlich als Rednerin vor der Christlich-sozialen Gesellschaft des Kantons Bern auf. Sie liess ihr Referat in ein Plädoyer für die Einsitznahme von Frauen in die Aufsichtsbehörden von Schulen und Armenpflege münden, mit der Option, Frauen später auch das aktive Wahlrecht zu gewähren. Dieser «stillere Weg» schien ihr in der Schweiz erfolgversprechender, da es ihr Anliegen war, den Frauen schon bald die politische Mitarbeit zu ermöglichen, ohne auf die Einführung des Frauenstimmrechts durch eine Volksabstimmung warten zu müssen.

Am 23. Januar 1897 wurden zu diesem Zweck die späteren Berner Frauenkonferenzen zum Eidgenössischen Kreuz gegründet. Vorerst wurde der Name «Symphonische Gesellschaft» gewählt, der zum Ausdruck bringen sollte, dass unter den Frauen nicht ein Einklang, sondern ein Zusammenklingen entstehen sollte. Frauen aller Gesellschaftsschichten versammelten sich alle zwei Wochen an Samstagnachmittagen mit dem Ziel der politischen Meinungsbildung. Dieser Kreis richtete 1899 und 1900 zwei Eingaben an die Regierung, bei der Revision des Schulgesetzes die Wahl von Frauen in die Schulbehörden vorzusehen. Der Erziehungsdirektor folgte dieser Anregung, bei der Volksabstimmung wurde das Gesetz jedoch verworfen.

Helene von Mülinen liess sich vom eingeschlagenen Weg nicht abbringen. Am 14. Juni 1904 reichte sie im Namen des BSF bei der Schweizerischen Kirchenkonferenz in Frauenfeld die Forderung nach kirchlicher Partizipation in Verkündigung und Diakonie ein und zielte damit über das traktandierte kirchliche Frauenstimmrecht hinaus. Die Versammlung nahm die Frauenanliegen grundsätzlich positiv auf, konnte jedoch den Kirchen nur eine Empfehlung abgeben.

Mittlerweile machte auch die Idee des allgemeinen Stimmrechts Fortschritte. 1906 bildete der BSF unter der Leitung von Caroline Stocker-Caviezel eine Frauenstimmrechtskommission, die sich an der Delegiertenversammlung im November 1907 vorstellte. Helene von Mülinen, die dieser Kommission angehörte, hielt 1908 einen flammenden Vortrag über das Frauenstimmrecht vor der Berner Freistudentenschaft.[5] Sie warb dafür, den Frauen die Mitarbeit in Behörden zu ermöglichen, eine Form von politischer Betätigung, die sie als Aktivbürgerrecht bezeichnete. Die Bundesverfassung stehe dieser Partizipation nicht entgegen, da beide Geschlechter dem Staat gegenüber auch die gleichen Verpflichtungen hätten, ohne dass dies ausdrücklich so formuliert sei. Folgerichtig wurde Helene von Mülinen auch Mitglied des Bernischen Vereins für Frauenstimmrecht, der sich eben damals von den Frauenkonferenzen abspaltete.[6]

Als am Ende des Ersten Weltkriegs eine Revision der Bundesverfassung diskutiert wurde, stand Helene von Mülinen 1919 als fast 70-jährige nochmals am Rednerpult, um an der Delegiertenversammlung des BSF die Forderung nach politischer Gleichberechtigung zu bekräftigen. Sie brachte ihre Befriedigung über die Motionen Greulich und Göttisheim zum Ausdruck, mit denen die verfassungsmässige Einführung des Stimm- und Wahlrechts für Frauen verlangt wurde. Endlich werde das «starre, barrikadenbildende non possumus der Verfassung» aufgebrochen und Raum für die neuen Bedürfnisse der Zeit geschaffen. Sie appellierte an die Delegierten, sich diesen neuen Erfahrungen zu stellen und sich der vom Schweizerischen Verband für Frauenstimmrecht initiierten Petition zur Unterstützung der Motionen anzuschliessen.

Politische Partizipation ohne Stimmrecht?
Helene von Mülinen hielt die direkte politische Partizipation in Behörden für wichtiger als das Stimmrecht. Für sie standen die Arbeit in der Gemeinschaft und die Übernahme von Verantwortung für Entscheide, die direkt ihre Mitmenschen betrafen, im Vordergrund. Sie selbst hat auch ohne Stimmrecht versucht, politisch Einfluss zu nehmen, indem sie Expertisen einforderte, Petitionen einreichte und männliche Politiker für ihre Anliegen zu gewinnen suchte. Ihr war aber auch klar, dass den Frauen ohne Stimmrecht das politische Gewicht zur Durchsetzung ihrer Forderungen fehlte, wie dies schon 1902 der BSF-Vertreter in der Zivilgesetzeskommission, Max Gmür, am Schluss seines Rechenschaftsberichtes formulierte:

«Es ist heute noch keineswegs sehr dankbar und bequem, für die Frauensache einzutreten und ich habe bei den Beratungen oft das Gefühl gehabt, es müsste an und für sich viel leichter sein, einen Verein von bloss tausend Männern, anstatt von 100 000 Frauen hinter sich zu haben; warum? Nicht etwa weil ich dieses Frauenheer geringer achte, sondern weil eben die Stimmen der Männer in der Gesetzgebungsmaschine, beim Referendum etwas wiegen, während die Frauen gar nicht zur Geltung kommen [...].»[7]

An der Missachtung der weiblichen Interessen war aber nicht nur das fehlende Stimmrecht schuld. Da sich die Frauenorganisationen aufgrund ihrer sozialen Tätigkeit für die Lage von Hausangestellten, Heimarbeiterinnen und Fabrikarbeiterinnen einsetzen wollten, durften sie auch inhaltlich wenig Konsens erwarten, denn diese Frauenanliegen passten nicht in das bürgerliche Bild der nicht-erwerbstätigen Ehefrau, für das viele männliche Politiker eintraten.[8]

1 Vgl. Woodtli Susanna, Gleichberechtigung. Der Kampf um die politischen Rechte der Frau in der Schweiz, Frauenfeld 1975/83, S. 106–137; Mesmer Beatrix, Ausgeklammert-Eingeklammert. Frauen und Frauenorganisationen in der Schweiz des 19. Jahrhunderts, Basel/Frankfurt a.M. 1988, S. 222–233, und Hardmeier Sibylle, Frühe Frauenstimmrechtsbewegung in der Schweiz (1890–1930). Argumente, Strategien, Netzwerk und Gegenbewegung, Zürich 1997, S. 51–112.
2 Vgl. dazu Brodbeck Doris, Hunger nach Gerechtigkeit. Helene von Mülinen (1850–1924) – Wegbereiterin der Frauenemanzipation, Zürich 2000. Hier wird erstmals auch das Privatarchiv von Helene von Mülinen im Familienarchiv von Mülinen ausgewertet, das sich in der Burgerbibliothek Bern, Ms Mül 644 und 644a, befindet.
3 Vgl. ibd., S. 75f.
4 Helene von Mülinen an Susanna Schlatter, 20/21. März 1896, Burgerbibliothek Bern, Ms Mül 644.
5 Frauenstimmrecht. Vortrag gehalten vor der Sozialwissenschaftlichen Sektion der Freien Studentschaft Bern am 16.7.1908. Abgedruckt in: Schweizerische Lehrerinnenzeitung und Monatsschrift für christliche Sozialreform, 30. Jg., September 1908.
6 Vgl. Hardmeier, Frühe Frauenstimmrechtsbewegung, S. 98f.
7 Gmür Max, Bericht über die Vertretung des Bundes Schweizerischer Frauenvereine bei der Grossen Civilrechtscommission, abgestattet an der Jahresversammlung des BSF in Zürich 18.10.1902, S. 7. Archiv der Gosteli-Stiftung zur Geschichte der schweizerischen Frauenbewegung (AGoF), 103 BSF, Bd. 956, Dossier 437-01-10, Revision ZGB.
8 Brodbeck, Hunger nach Gerechtigkeit, S. 197f.

Pauline Chaponnière-Chaix (1850–1934)
International vernetzte Vorkämpferin für die Gleichberechtigung
Chantal Magnin

Abb. 32: Pauline Chaponnière-Chaix

Pauline Chaponnière-Chaix lässt sich zwar nicht zum engen Kreis der Gründerinnen des SVF zählen, doch die mit der internationalen Frauenbewegung bestens vernetzte Genfer Feministin trieb die Stimmrechtsfrage innerhalb des Bundes Schweizer Frauenvereine entscheidend voran und gründete den ersten Stimmrechtsverein in Genf mit. Auch hat sie wichtige Impulse zur Gründung des SVF gegeben.

Herkunft und Familie

Pauline Chaix, Tochter von Paul Chaix, Professor für Geographie, und Adèle Chaix, geborene Chaponnière, wurde 1850 in Genf geboren. Obwohl sie in gutbürgerlichen Verhältnissen aufwuchs, blieb ihre schulische Bildung gering.[1] Das Lesen brachte sie sich selbst bei. Eine Freundin ihrer Eltern unterrichtete sie in englischer Sprache, Deutschkenntnisse konnte sie sich während eines einjährigen Aufenthalts in Deutschland aneignen, den sie in einem Mädchenpensionat verbrachte. Zunächst machte es den Anschein, als würde ihr Leben in Bahnen verlaufen, die weder vertiefte Sprachkenntnisse noch sonstiges Wissen erforderlich machen würden. Im Alter von 18 Jahren heiratete sie den Bankier Edouard Chaponnière, einen entfernten Cousin. Die gemeinsame Zeit dauerte jedoch nicht lange, ihr Mann erkrankte psychisch und verstarb nach 10 Ehejahren. Mit 28 Jahren war Pauline Chaponnière eine kinderlose Witwe, geblieben war ihr das von ihrem Mann in Céligny am Genfersee erbaute Chalet.

Dort verbrachte sie den grössten Teil ihres Lebens, hierher lud sie viele Gäste ein, auch ihre Mitstreiterinnen vom Vorstand des International Council of Women (ICW), denen die Sitzungen im Garten des Hauses in guter Erinnerung geblieben sind.[2] Doch auch Familienangehörige wurden von Chaponnière bewirtet, insbesondere ihre Nichten und Neffen. Sie habe gerne gelacht, die «bons mots» und den «bon vin» geliebt, wie Anne de Montet sich 1934 in ihrem Nachruf erinnert.[3]

Als Diakonissin in Frankreich
Zwei Jahre nach dem Tod ihres Mannes verliess Pauline Chaponnière die Schweiz in Richtung Frankreich und trat in ein Diakonissenhaus in Reuilly bei Paris ein. Während der 13 Jahre ihres Wirkens in der Diakonie, einem innerhalb der evangelischen Kirchen angesiedelten Dienst an der Gemeinschaft, kümmerte sie sich zunächst um straffällig gewordene Jugendliche und in einem Heim untergebrachte «lasterhafte» Mädchen,[4] danach arbeitete sie in einem Frauengefängnis in Doullens (Picardie) und leitete schliesslich ein Heim für junge protestantische Mädchen Les Ombrages in Versailles. Während dieser Zeit erwarb sie das Diplom als Krankenschwester. Aus gesundheitlichen Gründen musste sie den Dienst jedoch quittieren und kehrte 1893 in die Schweiz zurück.

In Frankreich schloss Pauline Chaponnière Bekanntschaft mit den wichtigsten Vertreterinnen des französischen Feminismus, die sich in Versailles regelmässig trafen, was später, im Jahr 1901, in die Gründung des Conseil National des Femmes Françaises mündete.[5] Wie sie selbst stammten die damals bekanntesten französischen Feministinnen Sarah Monod, Julie Siegfried und Émilie de Morsier aus protestantischem Milieu und dies in einem Land, dessen Bevölkerung mehrheitlich katholischen Glaubens war. Als Diakonissin besuchte Pauline Chaponnière weibliche Gefangene im Gefängnispital St. Lazare,[6] das die britische Abolitionistin Josephine Butler und Émilie de Morsier in etwa derselben Zeit ebenfalls aufsuchten, um Frauen aus den Fängen der Prostitution zu befreien.[7] Obwohl ihre religiöse Herkunft, genauso wie jene ihrer katholischen Schwestern, für sie keinen Platz im öffentlichen Leben vorsah, überschritten diese Frauen den häuslichen Kreis. Sie seien, so Michelle Perrot, von einer moralischen Vision beseelt gewesen, mit der Elend, Ungerechtigkeit, Unordnung und physisches Leiden unvereinbar waren. Ihr Wirken, selbst wenn es ursprünglich religiös motiviert war, nahm dabei vielfach sehr weltliche Züge an. Dies gilt selbst für die Diakonissinnen. Zeitgenössische Beobachter habe in Erstaunen versetzt, dass sich einige von ihnen für den Zugang von Frauen an die Universität und die Freiheit, über ihr Äusseres selbst zu bestimmen, einsetzten.

Zurück in der Schweiz – Gründung des BSF

Als Pauline Chaponnière in die Schweiz zurückkehrte, um sich von ihrer Krankheit zu erholen, wurde sie alsbald von ihrer Nachbarin Émilie Lasserre, der damaligen Präsidentin der Union des Femmes de Genève, dazu ermutigt, sich auf regionaler, nationaler und internationaler Ebene für die Sache der Frauen einzusetzen.[8] Diese Ermutigung zeigte Wirkung. Pauline Chaponnière trat der lokal tätigen Vereinigung bei und stand dieser in den Jahren 1902 bis 1905 selbst vor. Mitglied der Genfer Union war damals auch die schon etwas ältere Pionierin der Frauenbewegung Marie Goegg, die den jüngeren Aktivistinnen ihren reichen Erfahrungsschatz weitergab. Goegg habe sie jeweils zu mehr Vorsicht ermahnt, so Chaponnière, manchmal auch vergeblich: «Elle avait peur que nous nous lancions dans des aventures, que de fois ne nous a-t-elle pas averties au nom de la prudence!»[9] 1914 legte Pauline Chaponnière in einer von der Zeitschrift «Le Mouvement féministe» durchgeführten Umfrage dar, wie es dazu kam, dass sie zur Stimmrechtsbefürworterin wurde: Passiert sei das am 22. März 1896, als die Genfer Stimmberechtigten es abgelehnt hätten, die Bordelle der Stadt zu schliessen, wie dies eine Initiative verlangt habe.[10]

> «J'ai réalisé ce jour-là, et cela dans une question qui nous touche au premier chef, – puisque les victimes de l'odieuse institution qu'il s'agissait d'abolir sont toutes des femmes, – notre impuissance absolue à faire entendre notre voix, puisque ces voix réclamant plus de justice, plus de pureté, – si nombreuses soient-elles, – à l'heure des décisions populaires, ne comptent pas.»

Wie andere Feministinnen, die sich international betätigten, wandte auch sie sich gegen den Frauen- und Mädchenhandel und setzte sich für die Schliessung der Bordelle ein.

Nur drei Jahre waren seit der Ermutigung durch Lasserre vergangen, als 1896 in Genf der erste schweizerische Kongress für die Interessen der Frau stattfand, an dessen Organisation Chaponnière massgeblich beteiligt war und der 1900 in die Gründung des Bundes schweizerischer Frauenvereine (BSF) mündete. Pauline Chaponnière war neben Camille Vidart und Helene von Mülinen die treibende Kraft hinter diesem nationalen Zusammenschluss. Im Rückblick auf die ersten elf Jahre des BSF, dem sie von 1904 bis 1911 und nochmals von 1916 bis 1920 als Präsidentin vorstand, beschrieb sie die Gründe, die für einen Dachverband sprachen: Zwar verfügten die 70 Mitgliedsvereine über vielfältige Erfahrungen im Bereich der Wohltätigkeit und Linderung von Leid, doch was fehlte, «war ein gemeinsames Band und die Möglichkeit sich gegenseitig zu verständigen zum Zweck einer einheitlichen Wirksamkeit auf den Gebieten, wo eine solche sich als Notwendigkeit erweist, vor allem auf dem der Gesetzgebung».[11]

Die 22 Jahre, die Pauline Chaponnière in verschiedenen Funktionen der Arbeit für den BSF widmete, hat sie laut Émilie Gourd, der sie freundschaftlich verbunden war, als die glücklichste Zeit ihres Lebens bezeichnet.[12] Auch nach ihrem Rücktritt aus dem Vorstand präsidierte sie noch das Initiativkomitee, das den zweiten schweizerischen Kongress für Fraueninteressen 1921 in Bern vorbereitete und setzte sich 1928 für das Zustandekommen der ersten Ausstellung für Frauenarbeit (Saffa) ein. Ihre Anliegen waren so breit wie jene der Organisation, die sie vertrat: Erziehung, Bildung und Sozialpolitik sowie die Gleichstellung von Frauen in sämtlichen Lebensbereichen. Vor allem ging es ihr um die Verbesserung der Bildungs- und Erwerbssituation von Frauen. So protestierte sie als Präsidentin des BSF beim Bundesrat dagegen, dass die Schweizerische Post keine weiblichen Lehrlinge mehr ausbildete.[13] Dies gehe nicht an, da immer mehr Frauen ihren Lebensunterhalt eigenständig bestreiten müssten. Zudem handle es sich um eine Verletzung der Verfassungsgrundsätze und des Prinzips der Gerechtigkeit. Für Pauline Chaponnière war klar, dass erst die ökonomische Besserstellung den Frauen ein Leben in Würde und Unabhängigkeit garantieren kann.

Internationale Aktivitäten
Die durch calvinistische Werte geprägte Pauline Chaponnière fühlte sich insbesondere den moralischen Prinzipien der Gerechtigkeit und der Humanität verpflichtet. Diese Haltung teilte sie mit den protestantischen Aktivistinnen des International Council of Women (ICW), der internationalen Dachorganisation der nationalen Frauenorganisationen, dem der BSF auf Chaponnières Bestreben hin im Jahr 1903 beitrat. Sie leistete nicht nur der Schweizer Frauenbewegung unverzichtbare Dienste, sondern war auch auf internationaler Ebene stets aktiv. So nahm sie regelmässig an internationalen Treffen teil, zum Beispiel an der Vorstandskonferenz des ICW 1905 in Paris. Auf ihre Initiative fand 1908 zudem eine ausserordentliche Generalversammlung des ICW in Genf statt, wo die Frauen von der Kantons- und Stadtregierung gebührend empfangen wurden: Für die Sitzungen stellten die Genfer Behörden dem ICW den Grossratssaal zur Verfügung.[14] Dank ihrer guten Sprachkenntnisse übernahm Chaponnière einen Teil der Korrespondenz und war verantwortlich für Übersetzungen, auch ausserhalb der ihr übertragenen Funktionen.[15] Als Lady Aberdeen, die langjährige Präsidentin des ICW, von ihrem Amt zurücktrat, übernahm sie von 1920 bis 1922 vorübergehend das Präsidium.[16] Es fehlten ihr jedoch die nötigen Mittel, um die mit dieser Aufgabe verbundenen Reisekosten zu bezahlen. In ihren letzten Lebensjahren blieb sie Ehrenvizepräsidentin.

Seit seiner Gründung im Jahre 1888 setzte sich der ICW für die politische Gleichberechtigung der Frauen ein. Aus dem Kreis des ICW erfolgte 1904 denn auch die Gründung des Weltbundes für Frauenstimmrecht in Berlin. Am

Gründungskongress nahmen auch Chaponnière und Vidart teil. In ihrer Ansprache kündigte Chaponnière an, es sei ein schweizerischer Verband für Frauenstimmrecht im Entstehen, dem sowohl Frauen wie Männer angehören sollten.[17] «Politisch existiert die schweizerische Frau nicht», so die von ihr vertretene These, in der Schweizer Verfassung sei nur vom «Bürger» die Rede.[18] Dennoch hoffte sie auf eine rasche Einführung des Frauenstimmrechts. Um die Aktivbürgerrechte auch auf die Frauen auszudehnen, sei nämlich keine Änderung des Verfassungstextes notwendig, sondern lediglich eine «andere Auslegung».[19]

Einsatz für das Stimmrecht

Das Vorhaben, einen nationalen Verband für Frauenstimmrecht zu gründen, liess sich nicht so rasch realisieren, wie das Chaponnière und Vidart damals vorschwebte. So misslang der Versuch, die Union des femmes de Genève dazu zu veranlassen, eine gesamtschweizerische Vereinigung zu gründen.[20] Und auch das anlässlich der Generalversammlung des BSF von Vidart vorgetragene Ansinnen, der schweizerische Dachverband solle sich für das Frauenstimmrecht einsetzen, stiess auf keinerlei Begeisterung.[21] Damit bestätigte sich, was Chaponnière in ihrer in Berlin gehaltenen Rede bereits vorausgesagt hatte, nämlich dass es noch viel «erzieherische Arbeit brauchen» würde, «bevor unsere Frauen zu der Überzeugung gebracht werden, dass die öffentlichen Angelegenheiten, die grossen Interessen des Landes sie ebenso gut angehen wie die Männer».[22] Diese Arbeit zu leisten, sah sie als ihre Aufgabe an. Der BSF setzte 1907 eine von ihr geleitete Stimmrechtskommission ein,[23] deren Aktivität zunächst darin bestand, bei den angeschlossenen Vereinen eine Umfrage zum Frauenstimmrecht durchzuführen. Im selben Jahr rief Pauline Chaponnière gemeinsam mit Camille Vidart, Auguste de Morsier und Louis Bridel in Genf den ersten Stimmrechtsverein ins Leben.

Als am Ende des Ersten Weltkriegs im Nationalrat in zwei Motionen die Einführung des Frauenstimmrechts gefordert wurde, gelang es Pauline Chaponnière gemeinsam mit Helene von Mülinen, anlässlich der Delegiertenversammlung vom 22. Januar 1919 den BSF von der Notwendigkeit zu überzeugen, diese Vorstösse zu unterstützen und eine entsprechende Resolution zuhanden der Bundesversammlung zu verabschieden.[24] In ihrem Votum argumentierte Chaponnière, dass der «état masculin» erst mit dem Frauenstimmrecht zu einem «état humain» werden könne, «pour lequel l'aide des femmes est nécessaire, je crois sincèrement que nous pouvons accepter la liberté d'action plus grande qui nous sera donnée, comme une liberté d'accomplir plus complètement notre être humain».[25] Das Engagement der vom demokratischen Rechtsstaat überzeugten Feministin ging über das Bemühen um formelle Gleichstellung der Geschlechter hinaus, es nährte sich vielmehr aus der Utopie einer besseren Gesellschaft.

Späte Anerkennung

In die kurze Amtszeit von Pauline Chaponnière als Präsidentin des ICW fiel die Gründung des Völkerbundes in Genf, mit dem die Organisation von Beginn weg Kontakt hielt. Die Frauenverbände unterhielten eine Verbindungsstelle in Genf und konnten auch Vertreterinnen für die Einsitznahme in Kommissionen vorschlagen.[26] Nach ihrem Rücktritt vom Präsidium des ICW 1922 wurde Chaponnière noch im selben Jahr ins Internationale Komitee vom Roten Kreuz (IKRK) berufen. Sie war die erste Frau, die diesem Gremium angehörte und sollte für längere Zeit auch die einzige bleiben. Zu ihren Aufgaben gehörte es, in Genf ausländische Delegierte zu empfangen und an internationalen Konferenzen teilzunehmen. Im stolzen Alter von 80 Jahren wurde ihr durch die Wahl zur Vizepräsidentin des IKRK (1930 bis 1932) eine späte Anerkennung zuteil, die sie sich Zeit ihres Lebens nicht für sich selbst, sondern für alle Frauen gewünscht hatte. Diese Anerkennung hatte sie sich durch ihr Engagement für die Sache der Frau, ihr dabei bewiesenes organisatorisches Geschick und ihre Fähigkeit erworben, sich auf internationalem Parkett zu bewegen. Ihrer Voraussicht und ihrer Hartnäckigkeit ist es zu verdanken, dass die Stimmrechtsfrage auch in der Schweiz zum Thema wurde und sich die im BSF organisierten Frauenverbände hinter das Anliegen der Einführung des Frauenstimmrechts stellten.

1 De Montet Anne, Engagement sans retour: Pauline Chaponnière-Chaix, in: Schweizerischer Frauenkalender, Jahrbuch der Schweizerfrauen 1951, «Frauen der Tat 1850–1950», Aarau 1951, S. 17–27, hier S. 19.
2 International Council of Women (Hg.), International Council of Women, Combined First and Second Annual Report of the Seventh Quinquennial Period, 1920–1922, S. 227. Archiv der Gosteli-Stiftung zur Geschichte der schweizerischen Frauenbewegung (AGoF), Dossier 601-03, Schachtel 636.
3 De Montet, Engagement sans retour, S. 27.
4 Ibd., S. 20; de Montet spricht von «fillettes vicieuses».
5 Ibd., S. 24.
6 Ibd., S. 20.
7 Perrot Michelle, Vorwort zum Band «Femmes protestantes au XIXe et au XXe siècle», in: Bulletin de la Société de l'histoire du protestantisme français, 146/1, 2000/01/02/03, oder unter http://www.shp.fr/.
8 Chaponnière Martine, Pauline Chaponnière-Chaix (Genève, 1850–1934), in: Deuber Ziegler Erica (Hg.), Les femmes dans la mémoire de Genève: du XVe au XXe siècle, Genève 2005, S. 1.
9 Chaponnière-Chaix Pauline, Une pionnière du mouvement féministe dans la Suisse romande. Madame Marie Goegg, née Pouchelin, 1826–1899, in: Annuaire féminin suisse, Jahrbuch der Schweizerfrauen, hg. von der Sektion Bern des Schweizerischen Verbandes für Frauenstimmrecht 2. Bern 1916, S. 140–146, hier S. 146.

10 «Notre enquête», in: Le Mouvement féministe, 10. Februar 1914, S. 10–12.
11 Chaponnière-Chaix Pauline, Der Bund Schweizerischer Frauenvereine. Wie und weshalb er gegründet wurde und was er bereits erreicht hat, in: Schweizerischer Frauenkalender, hg. von Clara Büttiker, Aarau 1911, S. 39–43, hier S. 39f.
12 Gourd Émilie, In Memoriam. Mme Chaponnière-Chaix, 1850–1934, in: Le Mouvement féministe, 15. Dezember 1934, S. 1.
13 Brief des BSF zu Handen des Schweizerischen Bundesrates. Bern Dezember 1910. AGoF, 103 BSF, Dossier 51-00-04.
14 Die Generalversammlung des I.C.W., in: Frauenbestrebungen, 1. Oktober 1908, 10, S. 73f.
15 Gourd, In Memoriam.
16 De Montet, Engagement sans retour, S. 24.
17 Chaponnière-Chaix Pauline, Politisches Frauenstimmrecht in der Schweiz. Referat gehalten am Kongress in Berlin, Juni 1904, in: Frauenbestrebungen, 10, 1905, S. 75–77, hier S. 77.
18 Ibd., S. 75f.
19 Ibd.
20 Mesmer Beatrix, Ausgeklammert – Eingeklammert. Frauen und Frauenorganisationen in der Schweiz des 19. Jahrhunderts, Basel 1988, S. 255.
21 Hardmeier Sibylle, Frühe Frauenstimmrechtsbewegung in der Schweiz (1890–1930). Argumente, Strategien, Netzwerk und Gegenbewegung, Zürich 1997, S. 94.
22 Chaponnière-Chaix, Politisches Frauenstimmrecht, S. 76.
23 Ibd.
24 Eine Kopie des Briefes befindet sich angeheftet an das Manuskript eines Vortrages von E. P.-B, gehalten anlässlich der 2. Präsidentinnen Konferenz vom 18. November 1954. AGoF, BSF 103, Dossier 350-04-25.
25 Chaponnière-Chaix Pauline, la Révision constitutionnelle fédérale et les Droits politiques des Femmes Suisses. Die Revision der Bundesverfassung und die Politischen Rechte der Schweizerfrauen. Travaux présentés à l'Assemblée de Déléguées de l'Alliance Nationale de Sociétés féminines suisses à Berne, le 22 janvier 1919 par Mmes H. de Mülinen et P. Chaponnière-Chaix, Genève 1919, S. 3–11, hier S. 11.
26 Chaponnière-Chaix Pauline, Bericht der Vorsitzenden, in: International Council of Women, Combined First and Second Annual Report of the Seventh Quinquennial Period, 1920–1922, S. 37–43, hier S. 39f. AGoF, Dossier 601-03, Schachtel 636.

Auguste de Morsier (1864–1923)
Du christianisme social au suffragisme, le parcours d'un féministe du tournant du XXe siècle

Corinne Dallera

Abb. 33: Auguste de Morsier

Membre fondateur de l'Association genevoise pour le suffrage féminin puis de l'Association suisse pour le suffrage féminin (ASSF), dont il sera le premier président, Auguste de Morsier est l'une des figures masculines les plus marquantes du suffragisme romand du début du XXe siècle.

Telle mère, tel fils

Auguste de Morsier passera une grande partie de son enfance à Paris où son père, Gustave, un banquier, et sa mère, Émilie, se fixent en 1868 avec leurs deux premiers fils suite à des difficultés financières. Émilie de Morsier (1843–1896) initiera son fils à l'engagement social et au féminisme.[1] En effet, suite à sa rencontre avec Joséphine Butler en 1875, Émilie de Morsier s'engage corps et âme dans la lutte pour l'abolition de la prostitution réglementée. Active dans l'Œuvre pour les libérées de Saint-Lazare, une association d'entraide aux anciennes prostituées, elle fait partie du Comité exécutif de la Fédération abolitionniste internationale fondée en 1875 et crée, en 1879, l'Association française pour l'abolition de la prostitution réglementée. C'est ce combat contre la double morale qui lui fait prendre conscience de la nécessité de rendre les femmes indépendantes et qui la conduit peu à peu à prendre publiquement des positions féministes. Au cours de son enfance, le jeune Auguste de Morsier fréquente les féministes de diverses tendances que sa mère réunit régulièrement. Jeune ingénieur en 1889, il l'assiste dans l'organisation du premier Congrès international des œuvres et institutions féminines et il est membre du Comité pour la réforme de la condition légale de la femme. Héritier de l'engagement abolitionniste de sa mère, il fera partie de la commission administrative de la Fédération abolitionniste internationale jusqu'à sa mort.

Ingénieur, journaliste, député et féministe
De retour à Genève depuis le milieu des années 1890, Auguste de Morsier alors marié à Blanche Claparède, une fille de pasteur, et père de trois enfants, Valérie (1891–1977), Georges (1894–1982) et Émilie (1898–1994), il va déployer une intense activité journalistique et s'engager dans des activités politiques et associatives aux côtés des chrétiens-sociaux. Il signe maintes contributions dans la *Revue de Morale sociale*, l'*Essor*, l'*Avant-Garde*, le *Relèvement moral*, la *Revue du Christianisme social*, les *Feuilles du «Sou»* et le *Bulletin abolitionniste*. Il sera un des rédacteurs les plus fidèles du *Signal de Genève* (1894–1912), un hebdomadaire qui se veut social, national et indépendant, mais dont beaucoup de collaborateurs ne cachent pas leur sympathie envers le christianisme social. Dès son premier numéro, le journal se positionne en faveur du féminisme. De Morsier sera le chroniqueur des événements féministes suisses, français et anglais. De 1904 à 1909, il siège au Grand Conseil dans le Groupe national d'études et de réformes sociales,[2] qui vote souvent avec la gauche en matière de protection sociale, mais qui reste attaché au principe du libéralisme conservateur sur d'autres questions. Porte-parole politique de la mouvance chrétienne sociale, le Groupe national occupera la scène politique genevoise jusqu'en 1912 et sera la seule formation qui affiche publiquement son soutien au féminisme, notamment à travers la voix d'Auguste de Morsier.

Du rôle social des femmes de la bourgeoisie
Alors qu'à l'aube du XXe siècle, les associations féminines se lancent dans différentes activités en faveur des femmes au nom de valeurs maternelles dont les femmes seraient porteuses et dont la société aurait besoin pour résoudre la question sociale, pour Auguste de Morsier et une poignée de féministes, ce n'est pas en s'adonnant aux bonnes œuvres et à la charité que les femmes vont s'élever moralement et légalement. Les femmes doivent plutôt acquérir des compétences qui les rendent capables de se faire entendre et de défendre leurs intérêts dans l'espace public. Dans une conférence donnée aux jeunes filles de la bonne société et à leurs parents, il émet les recommandations suivantes:

> «Pour travailler à la cause sociale, il faut l'étudier. Qu'elles laissent un peu les lectures purement littéraires et les insipides romans. Ce n'est pas là qu'on apprend la vie. Qu'elles lisent un peu d'économie sociale […] et d'économie ménagère; qu'elles apprennent surtout à panser une plaie et à se débrouiller, s'il le faut, avec les autorités de justice et police, pour une protégée malheureuse; qu'elles étudient l'économie ouvrière, la question des salaires et l'organisation du travail; qu'elles dénoncent les

logements insalubres; qu'elles étudient les principes du droit pour mieux défendre la veuve et l'orphelin; qu'elles organisent des réunions; qu'elles parlent en public; qu'elles prêchent; qu'elles conférencient; qu'elles protestent par la voie de presse contre les injustices et surtout qu'elles ne fondent pas trop de comités».[3]

Suivant ses aspirations pédagogiques, Auguste de Morsier, donnera des cours aux jeunes filles des milieux aisés qui fréquentent les internats privés, de 1902 à 1921, ainsi qu'à l'école sociale pour femmes de Genève fondée en 1918. Par ailleurs, à contre-courant d'une fin de XIXe siècle ne pouvant concevoir les femmes indépendamment de leurs fonctions maternelles et de la complémentarité des sexes, Auguste de Morsier leur reconnaît une existence en tant qu'être humain libre à part entière et revendique pour les femmes le droit de choisir un autre destin que le mariage et la maternité.[4] Dans *Le droit des femmes et la morale intersexuelle* (1903), il affirme que «L'idéal pour toute jeune fille devrait être de pouvoir se subvenir à elle-même en se rendant totalement indépendante du mariage. Les jeunes filles riches ou aisées – et justement parce qu'elles le sont – devraient se donner pour but une vocation, un métier. Il faut que leurs capacités, leur volonté, leurs connaissances soient orientées vers une activité pratique, en un mot, vers une carrière. Alors seulement, elles seront vraiment des personnes libres – et libres de se donner à l'homme de leur choix».[5]

Un suffragiste convaincu

La pensée d'Auguste de Morsier ne hiérarchise pas les différentes questions posées par le féminisme et ne sépare pas la question du suffrage des autres exigences. Alors que la scène féministe bourgeoise romande hésite encore à revendiquer le droit des femmes à la citoyenneté, il convoque durant l'hiver 1906–1907 une séance publique à Genève consacrée au suffrage féminin, dont résulte, au printemps suivant, l'organisation définitive de l'Association genevoise pour le suffrage féminin. Propagandiste infatigable, il en sera le vice-président jusqu'en 1921. Sa brochure *Pourquoi nous demandons le Droit de Vote pour la femme* (1912) rééditée et remise plusieurs fois à jour sera le vademecum des féministes romandes. Invité à prendre la parole en Suisse romande et en Suisse alémanique, il entretient des relations constantes avec les groupements suffragistes locaux et cantonaux qui se créent alors dans les villes. Le 28 janvier 1909, il fonde, avec d'autres pionnières du mouvement féministe, l'Association suisse pour le suffrage féminin. Pendant trois ans, il en est le Président national.

Avec la disparition du *Signal de Genève* en 1912, le suffragisme perd un moyen d'influence de l'opinion publique. En effet, estimant souvent que leurs luttes sont prématurées ou trop radicales, les féministes, engagé-e-s dans les Unions de femmes et les différentes associations féminines ou philanthropiques ne sont pas toujours prêt-e-s à compromettre leurs engagements en affichant publiquement dans les organes de leurs groupements des positions en faveur du droit de vote et d'éligibilité des femmes. Dès lors, la nécessité de disposer «d'un organe de propagande écrite, d'un lien entre divers groupements, d'un journal d'information féministe en même temps que d'éducation civique et politique de la femme»[6] se fait sentir. Auguste de Morsier secondera Émilie Gourd, qu'il a rencontrée en 1909 et à qui il a fait découvrir le féminisme militant, dans la fondation en 1912 du journal *Le Mouvement féministe*.

Suite au décès de son épouse, le 30 décembre 1920, Auguste de Morsier, malade, se retire peu à peu de la scène publique. En 1923, quelques mois avant sa mort, il épouse, en secondes noces, Mélanie Mittendorff, également fille de pasteur. Ses deux filles s'engageront dans le sillage de l'engagement féministe de leur père. Émilie Droin-de Morsier présidera pendant dix ans la Commission de Morale sociale au Conseil international des femmes. Valérie Chevenard-de Morsier, quant à elle, fonde en 1917 le Secrétariat des intérêts féminins à Genève et sera membre active de l'Alliance des sociétés féminines suisses.[7]

Le mouvement suffragiste romand du premier quart du XXe siècle est marqué par la figure d'Auguste de Morsier, ce qui fera dire à la rédactrice du *Mouvement féministe*, Émilie Gourd, dans l'hommage qu'elle rend dans le journal à son ami: «Nous n'avons rien fait, demandé, organisé, durant la période comprise entre son retour de Paris et l'époque où la maladie, les chagrins de famille, la guerre aussi qui eut sur lui une influence déprimante, l'obligèrent à laisser en d'autres mains ce genre d'activités – nous n'avons rien fait qui ne l'ait intéressé ou à quoi il n'ait contribué par ses avis et ses directions.»[8]

1 Sur la vie d'Émilie de Morsier et d'Auguste de Morsier voir: Käppeli Anne-Marie, Émilie de Morsier, in: Deubler Ziegler Erica, Tikhonov Natalia (dir.), Les femmes dans la mémoire de Genève. Du XVe au XXe siècle, Genève 2005, p. 112–114 et Käppeli Anne-Marie, Sublime croisade. Éthique et politique du féminisme protestant, 1875–1925, Genève 1990, p. 55–77 et p. 153–159, dont la plupart des éléments présentés ici sont tirés.
2 Sur le Groupe national voir Pavillon Monique, 1896. Premier congrès des femmes, in: Pages 2, n° 5, 1996, p. 14–18.
3 Le Signal de Genève, 5 décembre 1910, cité in: Käppeli, Sublime croisade, op. cit., p. 155.
4 Précisons que cette liberté de choisir repose sur les conceptions puritaines du mouvement abolitionniste. En effet, pour Auguste de Morsier, les femmes doivent être maîtresses de leur sexualité, mais ce libre choix est réduit à l'alternative entre maternité et chasteté.
5 de Morsier Auguste, Le droit des femmes et la morale intersexuelle, Genève 1903, p. 75.
6 Le Mouvement féministe, 1924, Archives cantonales vaudoises (ACV). PP 314/327.
7 Käppeli Anne-Marie, Sublime croisade, op. cit., p. 201.
8 Le Mouvement féministe, 1924. ACV. PP314/327.

Emma Graf (1865–1926)
Engagierte Kämpferin für Emanzipation und politische Rechte
Renate Wegmüller

Abb. 34: Emma Graf

Innerhalb der bernischen Frauenbewegung war Emma Graf eine eigentliche Leitfigur. Sei es im Lehrerinnenverein oder im Stimmrechtsverein, ihre Ideen und ihr Organisationstalent wirkten ansteckend und brachten die Forderung nach Gleichstellung ein gutes Stück weiter. Mit der Gründung des Jahrbuchs der Schweizerfrauen gab sie zudem den Anstoss zur Beschäftigung mit der Geschichte der bisher von den Historikern übersehenen Frauen.

Herkunft und frühe Jahre

Emma Graf wurde am 12. Oktober 1865 in Langenthal als zweites von acht Kindern geboren.[1] Sie erlebte eine glückliche und unbeschwerte Kindheit. Ihr Vater war Geschäftsführer der Eisenhandlung Geiser & Cie. und deshalb oft auf Reisen. Ihre Mutter betrieb die Wirtschaft zur Post in Langenthal. Emma war eine ausgezeichnete Schülerin. Sie hatte eine rasche Auffassungsgabe, bewältigte mühelos den Schulstoff und lernte begierig. Diese Wesenszüge prägten ihr ganzes späteres Wirken. Schon früh zeigte sich ihre dichterische Begabung. Sie verschlang Bücher und gab ihr Wissen ihren Geschwistern weiter. Nach der Schule zog sie für eine gewisse Zeit in die Romandie, was damals der übliche Bildungsweg für junge Frauen war. Bald nach ihrer Rückkehr nach Langenthal erlebte sie einen schweren Schicksalsschlag: Ihr Vater starb im Alter von 47 Jahren, das Haus wurde verkauft. Die finanzielle Situation hatte sich verändert, nun mussten die zwei ältesten Geschwister Verantwortung für die Familie übernehmen. Emma absolvierte eine Lehre als Weissnäherin bei ihrer Tante. Durch ihren Onkel erhielt sie eine Stelle in einem Tuchgeschäft bei Verwandten in Strassburg. Das war einträglicher als die Näharbeiten.

Ausbildung zur Lehrerin
Die ganze Verwandtschaft erkannte jedoch ihre Intelligenz, und durch die Unterstützung ihrer Tante konnte sie ab 1884 das Lehrerinnenseminar in Hindelbank besuchen. Sie war eine herausragende Schülerin und allen durch ihre Begabung und Lebenserfahrung weit überlegen. Im Seminar lernte sie ihre langjährige Freundin Hanna Martig kennen. Im April 1887 wurde Emma Graf Primarlehrerin. Sie hatte – wie hätte es anders sein können – das beste Examen abgelegt. Sie erhielt eine Stelle in Langenthal, wo es ihr sehr gut gefiel. Doch ihr Wissensdurst war noch lange nicht gestillt. Schon bald befasste sie sich mit dem Gedanken, die Studien fortzusetzen, um auf einer höheren Stufe unterrichten zu können. Im Oktober 1892 trug sie sich in die Lehramtsschule der Universität Bern ein. Ihr Hauptinteresse lag auf dem Studium der deutschen Sprache und der Geschichte. Nachdem sie im März 1894 den Abschluss als Sekundarlehrerin erworben hatte, entschied sie sich, in England zu arbeiten. Schon bald hatte sie wieder neue Freundschaften geknüpft und war sehr beliebt, doch kehrte sie nach einem Jahr in die Schweiz zurück. Im Januar 1895 wurde sie an die Mädchensekundarschule in Gelterkinden gewählt. Sie nahm ihre Mutter und ihre jüngste Schwester zu sich und erlebte glückliche und unbeschwerte Jahre. In dieser Zeit begannen sich die Schweizerfrauen zu regen und zu organisieren. Die Lehrerinnen hatten den schweizerischen Lehrerinnenverein gegründet. Emma Graf begann sogleich, die Sektion Baselland zu organisieren. Ihr stärkster Impuls war ihr Streben nach Höhen, nach geistiger Entwicklung.

Studium und Vertiefung in der Frauenfrage
Sie entschloss sich, ihre Stelle aufzugeben und nach Bern zu ziehen. Im April 1898 begann sie, an der Mädchensekundarschule in Bern zu unterrichten. Bern bot ihr, was sie erwartet hatte: Wissenschaft und Freundschaft. In Professor Walzel, bei dem sie das Fach Deutsche Literatur belegte, fand sie einen Mentor, der ihre geistige und seelische Entwicklung sehr förderte. In der Literatur, insbesondere bei den Romantikern, werden die Menschenrechte der Frau angesprochen. Dort stiess sie auf Frauen, die ein volles, bedeutendes Leben geführt, die einen Einfluss auf ihre Umgebung ausgeübt hatten. Ein Glaube und eine Mission erfüllten sie: Sich selbst und die anderen Frauen aus der Enge der gegenwärtigen Lebensbedingungen hinaus und hinaufzuführen. Sie vertiefte sich in das Leben von Rahel Varnhagen. Daraus entstand ihre Doktorarbeit «Rahel Varnhagen und die Romantik», die 1903 in Berlin erschien. In der Schweizerischen Lehrerinnenzeitung hatte sie ein Forum, wo sie ihre schrift-

lichen Arbeiten veröffentlichen konnte. Im Lehrerinnenverein wurde sie zur vielbeachteten Persönlichkeit, die durch ihr grosses Wissen über die Frauenemanzipation und ihre Zielstrebigkeit viel Schwung in den Verband hineinbrachte. 1902 wurde sie in den Zentralvorstand und im gleichen Jahr zur Präsidentin gewählt. 1904 übernahm sie zudem die Redaktion der Lehrerinnenzeitung. Zu dieser Zeit repräsentierte der Lehrerinnenverein die Intelligenz und die höchste Bildung der Frau.

Emma Graf setzte sich mit all ihren Kräften für die Errichtung des Schweizerischen Lehrerinnenheims in Bern ein. Dieses sollte ein Ort für alte und müde gewordene Lehrerinnen werden. Sie engagierte sich auch für die Ausbildung der Primarlehrerinnen und für eine bessere Besoldung. Zugleich nahm sie den Kampf gegen die Benachteiligung der Frauen auf. In den Werken von Henrik Ibsen fand sie eine grosse Ermutigung für ihr Engagement. Um ihre gewonnen Erkenntnisse weiterzugeben, besprach sie alle seine Werke in der Lehrerinnenzeitung. Für sie lag das Entscheidende in der Erziehung zur Frau, dass sie sich zu einer starken und freien Persönlichkeit entwickeln konnte. Alles andere würde ihr dann von selbst zufallen.

1907 wurde Emma Graf zur Seminarlehrerin gewählt und schrieb selbst Geschichte, da sie die erste Lehrerin war, die auch für Hauptfächer gewählt worden war. Sie durfte Deutsch und Geschichte unterrichten, daneben auch Schönschreiben und Handarbeiten. Diese neue Aufgabe bot ihr viele Entwicklungsmöglichkeiten, sie blieb ihr 19 Jahre mit grosser Begeisterung und Hingabe treu. Sie entsprach ihr sehr, da sie ihre grossen Wissensschätze an wissensdurstige junge Menschen weitergeben konnte.

Politisches Engagement
Vom Ausland her breitete sich die Frauenstimmrechtsbewegung in die Schweiz aus. 1909 traten Frauen und Männer zusammen, um durch die Gründung eines Schweizerischen Verbandes für Frauenstimmrecht an der Erlangung der politischen Rechte für die Frau zu arbeiten. Emma Graf trat dem bernischen Stimmrechtsverein bei und sammelte eine kleine Gruppe gleichgesinnter und gescheiter Frauen, die für die Frau die politischen Rechte forderten, um sich. Emma Graf gehörte zu den progressiven Kräften im Frauenstimmrechtsverein und dies führte immer wieder zu Konflikten mit den eher gemässigten Kreisen. Insbesondere war die Beziehung zu Émilie Gourd, der Präsidentin des Schweizerischen Verbands für Frauenstimmrecht (SVF), nicht einfach und Meinungsverschiedenheiten entzündeten sich immer wieder an grundsätzlichen Inhalten. Anschaulich zeigte sich dies bei der Frage der Nationalen Frauenspende. Die Idee, auch von Frauenseite einen freiwilligen Beitrag zu den Mobilisationskosten zu leisten, entstand in der Vereinigung weiblicher Geschäftsangestellter der Stadt Bern. Dieses Engagement sollte aufzeigen, dass die Frauen sich mitverantwortlich für das Wohlergehen des Staates fühlten.

Unter den weiblichen Organisationen war diese Idee jedoch umstritten. Emma Graf wollte den SVF für die Sache gewinnen. Dies gelang ihr nicht: Émilie Gourd hielt fest, dass der SVF der Ansicht sei, die freiwillige Steuerleistung verstosse gegen das von den Feministinnen stets hochgehaltene Prinzip, dass Frauen, die keine politischen Rechte hätten, auch nicht mit Steuern belastet werden dürften. Emma Graf fand dann beim Schweizerischen Gemeinnützigen Frauenverein Unterstützung für die Spende.[2]

Die Idee der Gleichberechtigung der Geschlechter griff nur sehr langsam in den Behörden um sich. Im Kanton Bern ging es vorerst um die Wählbarkeit der Frauen in Schul- und Fürsorgekommissionen. Karl Moor (SP) reichte am 28. November 1910 folgende Motion ein:

> «Die unterzeichneten Mitglieder des Grossen Rates stellen den Antrag, es möge den Gemeinden das Recht erteilt werden, auch Frauenpersonen als wählbar in die Schul- und Armenkommissionen zu erklären. Der Regierungsrat wird ersucht, über diese fakultative Einführung der Wählbarkeit der Frauen in die genannte Behörde beförderlich Bericht und Antrag einzubringen.»[3]

Diese Motion wurde vom Grossen Rat am 28. Februar 1912 ohne Präjudiz für das weitere Vorgehen erheblich erklärt, führte aber nicht zu einer besonderen Vorlage, da damals schon die Vorarbeiten zu einem neuen Gemeindegesetz im Gange waren und die Regierung der Motion dort Rechnung zu tragen gedachte.[4] Inmitten der Verhandlungen des Gesetzes preschte Grossrat Münch (SP) vor und stellte den Antrag, der Frau das volle Gemeindestimmrecht zu gewähren. Das war das Ziel, das Emma Graf erreichen und wenn möglich erleben wollte: vollständige Gleichberechtigung, nicht nur Teile des Ganzen, sondern das Ganze selbst. Dafür hatte sie sich unermüdlich eingesetzt, darauf hatte sie immer, in allen Vorträgen und den meisten ihrer Artikel hingewiesen. Sie gründete zusammen mit fortschrittlich gesinnten Männern und Frauen des Kantons ein Aktionskomitee, das aus 84 Mitgliedern bestand. Die Frauen hielten Vorträge, sammelten Geld, gaben sogar eine eigene Zeitung «Die Bürgerin» heraus, deren Redaktorin Emma Graf war. Es war die Glanzzeit des Vereins und ein Höhepunkt im Leben von Emma Graf. Sie hat im Jahrbuch 1917 ausführlich den Verlauf der Aktion geschildert. Trotz der grossen Anstrengungen (65 Vorträge waren im Winter 1916/17 im Kanton gehalten, 8771 Unterschriften für die Petition gesammelt worden) wurde das volle Frauenstimmrecht nicht ins neue Gemeindegesetz vom 9. Dezember 1917 einbezogen, sondern nur die Wählbarkeit der Frauen in Schul-, Armen-, Gesundheits- und Jugendfürsorgekommissionen. Emma Graf war natürlich darüber enttäuscht, tröstete sich jedoch mit dem Gedanken, dass der Same zur Befreiung der Frau in weite Teile des Kantons gestreut worden war. Der grosse Kampf forderte seinen Tribut, aus gesundheitlichen Gründen musste sie 1917 die Leitung des Frauenstimmrechtsvereins abgeben.

In den Jahren als Präsidentin des bernischen Stimmrechtsvereins nahm Emma Graf an allen Jahresversammlungen des Schweizerischen Verbandes für Frauenstimmrecht teil. Als Delegierte war es ihr möglich, frischen Wind in die Verhandlungen der oftmals zaghaften und vorsichtigen Organisation hineinzubringen. Sie überzeugte den bernischen Stimmrechtsverein vom Vorhaben, jährlich einen Sammelband herauszugeben, in dem die Entwicklung der Frauenbewegung in ihren grossen Linien festgehalten würde. So entstand das «Jahrbuch der Schweizerfrauen». Emma Graf erklärte sich bereit, das Jahrbuch herauszugeben. So wurde sie zur Geschichtsschreibenden der schweizerischen Frauenbewegung.

Die Kräfte lassen nach
Das jahrelange grosse Engagement in vielen Organisationen ging nicht spurlos an Emma Graf vorbei. Sie bekam Herzprobleme und musste kürzertreten. Das fiel ihr schwer. 1920 musste sie aus gesundheitlichen Gründen als Präsidentin des Schweizerischen Lehrerinnenvereins demissionieren. Im selben Jahr hätte sie gerne den Kongress des Internationalen Verbandes für Frauenstimmrecht in Genf mitgemacht, die erste internationale Zusammenkunft der Frauen nach dem Krieg. Doch auch dies war ihr nicht mehr möglich.

Im Jahr 1921 begeisterte sie eine neue nationale Aufgabe. Auf die Initiative des Bundes schweizerischer Frauenvereine hin sollte in jenem Jahr in Bern der zweite Schweizerische Kongress für Fraueninteressen einberufen und durch ihn alle Arbeitsgebiete der Frau vorgeführt werden. Eine Darlegung der Arbeit im Haus und in der Volkswirtschaft, in der Erziehung, im beruflichen und sozialen und im öffentlichen Leben musste der Frauenbewegung einen neuen Impuls verleihen und die Aufmerksamkeit auch der Männerwelt auf die Leistungen der Frau richten. Emma Graf hätte gerne persönlich die Eröffnungsrede gehalten, doch war dies aus gesundheitlichen Gründen nicht möglich. Ihre Rede musste abgelesen werden. Trotz nachlassender Kräfte half sie mit, den Kongressband mit allen Vorträgen herauszugeben.

Sie hatte die Kräfte nicht mehr, öffentlich zu wirken, auch wenn ihre Kampfeslust und Empörungskraft zeitweilig stark auflodernten. Von 1921 an wiederholten sich die Herzbeschwerden immer häufiger. So wurde sie vom Schicksal immer mehr in die Stille gedrängt. Dennoch schrieb sie weiter, unter anderem einen Artikel über Meta von Salis-Marschlins im Jahrbuch 1923. Über ihr Lebenswerk meinte sie: «Ich habe gewirkt, weil ich musste, weil ich nicht anders konnte, nicht aus Ehrgeiz, sondern aus einer starken inneren Kraft heraus.»

Die letzten Lebensjahre brachten Emma Graf mancherlei Prüfungen. Der Lebensabend gab ihr Schweres zu tragen, nicht nur ihre Krankheit und das Bewusstsein, dass ihr Schicksal unerbittlich war, sie erlebte, dass Arbeitsgemeinschaften, an denen sie hing, durch Tod oder eine Entwicklung der

Verhältnisse, die ihr nicht genehm waren, aufgelöst wurden. Dann erlebte sie auch menschliche Enttäuschungen, und das Gefühl der Verlassenheit wurde oft stark in ihr. Im Sommer 1926 reichte sie ihre Demission als Seminarlehrerin ein. Dieser Schritt war ihr sehr schwergefallen. Sie verstarb am 22. November 1926. Durch ihr Engagement hat sie viele Spuren hinterlassen und den Boden für das Frauenstimmrecht vorbereitet.

1 Wo nichts anderes vermerkt ist, beziehe ich mich bei den biographischen Angaben auf Strub Elisa, Emma Graf, in: Jahrbuch der Schweizerfrauen, 1926/27, S. 7–112.
2 Mesmer Beatrix, Staatsbürgerinnen ohne Stimmrecht, Die Politik der schweizerischen Frauenverbände 1914–1971, Zürich 2007, S. 51–55.
3 Tagblatt des Grossen Rates des Kantons Bern, Bern 1910, S. 685.
4 Tagblatt des Grossen Rates des Kantons Bern, Bern 1912, S. 289.

Julie Merz-Schmid (1865–1934)
Brückenbauerin, politische Strategin, Mutterfigur

Caroline Bühler

Abb. 35: Julie Merz-Schmid

Als «eine der kraftvollsten und eigenartigsten schweizerischen Frauenpersönlichkeiten» bezeichnet Agnes Debrit-Vogel ihre Berufskollegin und Weggefährtin Julie Merz 1934 in ihrem Nachruf.[1] «Kraftvoll» sei Julie Merz gewesen, da sie zugleich als «Lehrerin von Beruf, Journalistin durch Berufung, Mitarbeiterin, oft Leiterin der verschiedensten Organisationen, Hausfrau und Gattin, Mutter einer zahlreichen Kinderschar» wirkte. «Eigenartig» erscheint Julie Merz, weil sie sich nicht eindeutig einem «Kreis» habe zuordnen lassen. Sie «kannte eigentlich alle und spielte z.B. eine Rolle bei den Frauenstimmrechtlerinnen genau so wie im Schweizerischen Gemeinnützigen Frauenverein». Julie Merz verstand es, ihr umfangreiches, als Journalistin erworbenes Wissen über «politische Gepflogenheiten, Strömungen und Aussichten» für andere fruchtbar zu machen, «gewissermassen eine Brücke [zu] bilden zwischen Frau und Politik, zwischen Frauen verschiedener Weltanschauungen – das war ihre Aufgabe, verschaffte ihr eine einzigartige Stellung in unserer Frauenbewegung.»

Familie und Wirkungskreis

Julie Merz-Schmid wurde am 22. August 1865 geboren.[2] Sie war die älteste Tochter von Therese Schmid-Poinsignon und Jakob Schmid. Ihre Eltern führten in Emmishofen bei Kreuzlingen ein Erziehungsinstitut. 1871, als der Vater als Direktor an die neu gegründete Knabenschule berufen wurde, zog die

Familie nach Bern um. Julie Merz absolvierte das Lehrerinnenseminar und das Sekundarlehramt. 1889 wurde sie an die Sekundarschule in Biel gewählt. Hier liess sie sich nieder und heiratete 1891 den Pfarrerssohn Walter Merz, der als Schriftsteller und Journalist tätig war. Das Paar hatte vier Töchter und einen Sohn. Ab 1900, mittlerweile wieder in Bern wohnhaft, begann sie ihre Tätigkeit als Journalistin. 1915–1934 war sie Redaktorin des Zentralblattes des Schweizerischen Gemeinnützigen Frauenvereins (SGF). Sie war zudem ein führendes Mitglied in verschiedensten Frauenorganisationen (Zentralvorstand des SGF, bernischer Frauenstimmrechtsverein, bernischer Frauenbund), initiierte und unterstützte Aktionen wie die Nationale Frauenspende 1915–1916, das bernische Aktionskomitee zur Erlangung des Frauenstimmrechts in Gemeindeangelegenheiten 1916–1917, den 2. Frauenkongress 1921 (Vizepräsidium), die Schweizerische Ausstellung für Frauenarbeit (Saffa) 1928 (Präsidium des Pressekomitees). Zudem war sie im Kantonalvorstand der bernischen Fortschrittspartei. 1917 wurde sie zur Präsidentin der Hauswirtschaftlichen Kommission der Stadt Bern ernannt.

«Journalistin durch Berufung» und Mutterfigur

Als Walter Merz seine Tätigkeit als Bundeshausberichterstatter in Bern während der Session nicht mehr alleine bewältigen konnte, ging ihm seine Ehefrau zur Hand und übernahm den Ständerat. Sie war eine der ersten Frauen, die als politische Journalistin für Tageszeitungen schrieb. Der unregelmässige Arbeitsanfall wirkte sich auf die finanzielle Lage der Familie aus, die – zumindest in den ersten Berner Jahren – ziemlich prekär war. Die materielle Situation bildete einen markanten Kontrast zum gesellschaftlichen Milieu, in dem sich die Familie bewegte. Beide Eheleute waren Mitglieder der freisinnigen bernischen Fortschrittspartei, der Metzgerzunft und Bernburger. Die Konsequenzen für den Familienalltag wirken grotesk: Da keine Hausangestellte finanziert werden konnte, mussten die Töchter möglichst diskret frühmorgens den Hauseingang fegen und an schulfreien Nachmittagen die umfangreichen, in Haus und Garten anfallenden Arbeiten erledigen. Der Schein gegen aussen musste gewahrt werden, wenngleich die Familie in einer dauernden finanziellen Krise steckte.[3] Ungeachtet der unkomfortablen Begleitumstände empfand Julie Merz ihr «Hineinrutschen» in den Journalismus als durchaus segensreich – dies jedenfalls schildert die Familienchronik: «Wie oft wünschte sich Julie, dass Walter doch ein sicheres Einkommen hätte, auf das man sich verlassen könnte. So kam das Suchen, Arbeiten, Hasten, aus allem etwas Nutzbringendes gestalten – aber dabei wuchsen Freude und Interesse an diesem geistigen Berufe und dem grossen Lebensinhalt, den er bot.»[4]

Trotz ihres ausgefüllten Berufslebens wollte Julie Merz schliesslich nicht als Vollzeitberufsfrau gelten. Sie legte Wert darauf, die volle Verantwortung als bürgerliche Frau und Hausmutter zu übernehmen. Auf dem Sterbebett diktierte sie ihrer Tochter Gertrud ihre Lebensgeschichte. Diese beschloss sie mit den folgenden Worten: «Der Beruf hinderte Frau Merz nicht, in ihrer Familie das Höchste zu erblicken. Die Liebe für Mann und Kinder ging ihr über alles.»[5]

Brücken bauen zwischen Frau und Politik
Als fundierte Kennerin der politischen Szene verschaffte sich Julie Merz eine Schlüsselposition innerhalb der Frauenvereine. In Diskussionen habe sie oft das Wort ergriffen, erinnerte sich eine Kollegin, «scharf, sicher, klärend und zurechtstellend».[6] Die Solidarität unter Frauen allein taugte ihn ihren Augen nicht als politisches Programm. Sie zog es vor, auf informelle Kontakte zu einflussreichen politischen Kreisen zu setzen. Es ist deshalb nicht erstaunlich, dass sie sich – neben dem Engagement im lokalen Stimmrechtsverband – schwergewichtig im SGF einsetzte. Die ausgezeichnete Einbettung der gemeinnützigen Frauen im politisch führenden freisinnigen Establishment dürfte sie darin bestärkt haben. Sie wählte aber auch den Frauenverein, der sich einer dezidiert dualistischen Geschlechterordnung und der politischen Abstinenz verschrieben hatte.[7]

Julie Merz übernahm 1914 mit dem «Zentralblatt» das Vereinsorgan, das der Vernetzung unter den Sektionen des SGF diente. Für Julie Merz war es darüber hinaus ein Sprachrohr für politische Themen. Der Verein stand in dieser Zeit unter der Führung von Bertha Trüssel. Die Bernerin war ebenfalls im bernischen Stimmrechtsverein aktiv und Mitglied der freisinnigen Fortschrittspartei. Sie galt als energische Frau, die ihre Machtposition innerhalb des SGF während ihrer 20-jährigen Amtszeit (1912–1933) zu behaupten wusste.[8] Die beiden Frauen verfolgten eine differenzierte vereinspolitische Stossrichtung, welche über die traditionellen Themen des Vereins hinausführte. An der Jahresversammlung von 1919 gingen sie sogar so weit, eine Resolution für das Frauenstimmrecht vorzulegen. Diese wurde mit dem Kommentar verabschiedet, dass der SGF «das Frauenstimmrecht als eine Notwendigkeit zur Hebung der Frauenwelt einerseits und zur Förderung des Staatsganzen andererseits» anerkenne. Auf Anregung von Julie Merz wurde die Resolution schliesslich an die Bundesversammlung gesandt.[9] Diese jäh aufgeflammte Stimmrechtseuphorie liess sich jedoch nicht aufrechterhalten.

Als spektakulärster Zapfenstreich von Julie Merz und Bertha Trüssel ist aber die Nationale Frauenspende zu sehen. Die ursprüngliche Absicht war es, mit einer Art Kriegssteuer die Mitverantwortung der Frauen für die Staatsfinanzen und damit ihren Willen zur politischen Partizipation zu bekräftigen. Während der Schweizerische Verband für das Frauenstimmrecht (SVF) sich nicht für die Idee einer Frauensteuer gewinnen liess, sah der SGF darin eine willkommene Chance, seine Position als führender Frauenverband zu festigen. Bertha Trüssel führte das Organisationskomitee der Frauenspende an, mit von der Partie waren Julie Merz sowie die beiden Initiantinnen, Johanna Güttinger und Emma Graf. Julie Merz kommentierte die Aktion wie folgt:

> «Sie bringt einen staatsbürgerlichen Gedanken zum Ausdruck, der über den Rahmen der jahrzehntelang geübten gemeinnützigen Frauenbestrebungen hinausgeht. Die Frauenspende beweist das erwachende Mitverantwortlichkeitsgefühl der Schweizerfrauen für das Gedeihen des Staatshaushaltes. In bewusster Verantwortlichkeit aber ruht der Wille zum Mitspracherecht, denn Pflichten erfüllen heisst Rechte begründen.»[10]

In der professionell abgewickelten Sammlung konnten die Organisatorinnen über eine Million Schweizer Franken beschaffen und diese im Mai 1916 dem Bundesrat übergeben. Zu ihrer grossen Enttäuschung wurde der «Beitrag an die Kosten der Mobilisation» jedoch nicht als «Vorleistung» für die politischen Rechte verstanden und der grosse Einsatz der vier Aktivistinnen nicht entsprechend honoriert.[11]

Vom wirtschaftlichen Nutzen der Frauen

Für Julie Merz war der Beitrag der Frauen an die Kosten des Krieges, ebenso wie die Frauenarbeit inner- und ausserhalb des Hauses, eine staatsbürgerliche Pflicht. In den 1920er Jahren setzte sie verstärkt auf diese wirtschaftlich geprägte Argumentation: Sie propagierte eine Interessenvertretung der Hausfrauen und die Professionalisierung der Hauswirtschaft. Der Strategiewechsel hin zu einer auf die traditionelle Frauenrolle ausgerichteten Argumentation dürfte letztlich als subversiv gewertet werden: Mit der Organisation der Hausfrauen wollte sie die konservativen Mehrheiten der schweizerischen Bevölkerung erreichen.[12] Auf den wirtschaftlichen Nutzen der Frauen hinzuweisen, statt lauthals politische Rechte einzufordern, scheint angesichts der Zeitumstände angebracht gewesen zu sein. Indes hatten die entsprechenden Aktivitäten kaum die erwünschte Wirkung. Selbst die beliebte Saffa von 1928, an der Julie Merz engagiert mitarbeitete, konnte nicht verhindern, dass im SGF und in der schweizerischen Gesellschaft insgesamt eine konservative Wende eintrat.

1929 meldete sich die 63-jährige Julie Merz im «Schweizer Frauenblatt» nochmals mit einem Plädoyer fürs Frauenstimmrecht zu Wort:

> «Was viele Tausende von Schweizerfrauen in unentbehrlicher, gemeinnütziger Arbeit treu und opferwillig leisten, das müsste sich weit wirksamer gestalten, wenn die Frauen unseres Landes ihre Einsicht und ihre reiche Erfahrung auf den Gebieten der Volkswohlfahrt in der Ausübung politischer Rechte verwerten und sozialen und gemeinnützigen Forderungen mit dem Stimmzeddel Nachdruck verleihen könnten. Erst dann sind für das Gedeihen der Volksgemeinschaft alle Hebel angesetzt, wenn der Staat die besonderen Frauenkräfte des Mitgefühls, der Hilfsbereitschaft, der Fürsorge für die Jugend, für Schwache und Leidende ganz in seinen Dienst stellt, indem er den Frauen das Vollbürgertum zuerkennt zum Wohle Aller und zur Ehre des Vaterlandes.»[13]

Durch ihre Funktion als «Mittlerin» der Frauenbewegung trug Julie Merz wesentlich dazu bei, dass die Forderung nach dem Frauenstimmrecht von verschiedenen Flügeln der Frauenbewegung gemeinsam erhoben wurde.[14] Dadurch konnten die späteren Aktivistinnen auf eine gemeinsame Tradition zurückblicken, obwohl ihre Ansichten unterschiedlich und ihre Strategien zuweilen divergent waren.

1 Debrit-Vogel Agnes, Julie Merz 1865–1934, in: Jahrbuch der Schweizerfrauen 1935, S. 53f. Dort auch die folgenden Zitate.
2 Für die biographischen Angaben vgl. Debrit-Vogel, Julie Merz 1865–1934, sowie dieselbe in: Frauenzeitung Berna, 19. Januar 1934; weiter eine von einer Enkelin verfasste Biographie: Grob Veronika, Julie Merz. Das Wirken einer bürgerlichen Journalistin während des ersten Weltkrieges, Facharbeit, Kantonsschule Wohlen 1990.
3 Tochter Gertrud in: Grob, Julie Merz, S. 12.
4 Ibd., S. 9.
5 Ibd., S. 10.
6 Debrit-Vogel, Julie Merz 1865–1934, S. 54.
7 Mesmer Beatrix, Pflichten erfüllen heisst Rechte begründen. Die frühe Frauenbewegung und der Staat, in: Schweizerische Zeitschrift für Geschichte, 46/3, 1996, S. 340f.; Bühler Caroline, Die Geschichte des Schweizerischen Gemeinnützigen Frauenvereins SGF. Vereinstätigkeit, Selbstverständnis und das Verhältnis zu Frauenbewegung, Politik und Staat, unveröffentlichtes Manuskript, Bern 1997.
8 Bühler, Die Geschichte des Schweizerischen Gemeinnützigen Frauenvereins, S. 20.
9 Ibd., S. 38.
10 Merz Julie, Die Schweizerfrauen und der Krieg, in: Jahrbuch der Schweizerfrauen, 1915, S. 67; vgl. Mesmer, Pflichten erfüllen heisst Rechte begründen, S. 351.
11 Ibd., S. 352f.
12 Mesmer Beatrix, Staatsbürgerinnen ohne Stimmrecht. Die Politik der schweizerischen Frauenverbände 1914–1971, Zürich 2007, S. 119.
13 Merz Julie, Für die Gemeinnützigkeit, in: Schweizer Frauenblatt, 31. Mai 1929.
14 Vgl. Mesmer, Pflichten erfüllen heisst Rechte begründen, S. 332f.

Lucy Dutoit (1868–1937)
Une enseignante engagée dans la lutte pour le suffrage féminin
Corinne Dallera

Abb. 36: Lucy Dutoit

Lucy Dutoit fut la cheville ouvrière du mouvement suffragiste dans le canton de Vaud pendant près de 30 ans[1] et secrétaire de l'Association suisse pour le suffrage féminin. Pourtant, discrète, elle a laissé très peu de traces de sa vie.

De l'instruction supérieure des jeunes filles
Originaire de Moudon et de Chavannes, Lucy Dutoit est née à Lausanne le 2 avril 1868. On ne sait rien de ses parents, Maria, née Wyttenbach, et Marc Louis Dutoit. Suivant le parcours de maintes jeunes filles des classes moyennes et aisées de sa génération, Lucy Dutoit se forme dans une école supérieure de jeunes filles. Après un séjour linguistique en Allemagne, à Fribourg-en-Brisgau, elle est engagée à l'âge de 23 ans comme maîtresse d'allemand, de gymnastique et maîtresse de classe à l'école Vinet à Lausanne, une école privée pour jeunes filles, ouverte en 1839 et qui comporte le premier gymnase vaudois destiné aux femmes. Cet établissement, dirigé par une femme, va contribuer à forger un solide système de références communes entre les enseignantes et les élèves et va largement contribuer à former la petite élite culturelle féminine qui jouera un rôle déterminant dans le paysage associatif vaudois.[2] Plusieurs figures marquantes des associations féminines vaudoises ont été des élèves ou des collègues de Lucy Dutoit qui s'engagera dans l'Union des femmes de Lausanne et dans l'Association vaudoise pour le suffrage féminin.

De l'Union des femmes au suffragisme

À partir des années 1890, le réseau associatif féminin romand se densifie, notamment par la création des nombreuses Unions de femmes un peu partout dans le canton de Vaud. L'Union des femmes de Lausanne, fondée entre autres par Caroline, la sœur de Lucy Dutoit, voit le jour en 1896 suite au Congrès des intérêts féminins. Lucy Dutoit sera très active dans cette association dont les premières années sont marquées par une réelle volonté d'améliorer les conditions de vie des femmes toutes classes confondues. Cette association offre par exemple des cours de langues, de droit, de dactylographie et de sténographie qui seront très prisés jusqu'à l'ouverture des écoles de commerce aux filles, en 1910. Parallèlement, l'Union mène des campagnes en faveur de l'amélioration de la situation des femmes dans le Code civil. Peu à peu, cependant, l'Union des femmes va s'investir de plus en plus dans les campagnes d'hygiène sociale et morale et notamment dans la lutte contre la tuberculose. Au fil du temps et dans un climat de plus en plus conservateur, cette association va évoluer vers des formes de contrôle social de la population dite «à risque», perdant les aspirations féministes dont elle était porteuse.[3]

Suite à l'échec des associations féminines à rendre le Code civil plus égalitaire, Lucy Dutoit, comme d'autres membres des Unions des femmes vaudoises, sera parmi les premières adhérentes de l'Association vaudoise pour le suffrage féminin[4] fondée en 1907, dans le sillage des groupes suffragistes locaux qui apparaissent en Suisse dès 1905. Lucy Dutoit est membre du Bureau dès sa fondation, puis présidente de 1916 à 1932. Maîtrisant parfaitement l'allemand, elle se mettra également au service de l'Association suisse pour le suffrage féminin (ASSF), dont elle sera la secrétaire et la traductrice de 1924 à 1926.

Le suffrage avant tout

Lucy Dutoit ne quitte pas l'Union des femmes pour autant, mais fait au contraire plusieurs tentatives pour que celle-ci apporte son soutien au suffrage. Elle interviendra notamment en faveur d'une fusion du *Bulletin féminin*, organe de l'Union des femmes avec le *Mouvement féministe*, le journal fondé en 1912 par la suffragiste genevoise Émilie Gourd et auquel Lucy Dutoit collabore activement. Sans succès. En 1912, comme par la suite, l'Union des femmes refusera d'apporter l'appoint de ses abonné-e-s au journal suffragiste, craignant d'effrayer les adhérentes de la campagne vaudoise. Toutefois, c'est au sein de l'Association vaudoise pour le suffrage féminin qu'elle concentrera son combat, intervenant dans le cadre de nombreuses conférences à Genève, Neuchâtel ou encore Zurich, qui remportent un franc succès. Dans le canton de Vaud, la question du suffrage avance pas à pas et rencontre ses premiers succès: en 1908, l'Église nationale réformée, qui était précédée en cela depuis longtemps par l'Église libre, accorde le droit de vote aux femmes.

La Première Guerre mondiale interrompt toutefois ces avancées et le mouvement suffragiste se replie sur le patriotisme. Durant le conflit, Lucy Dutoit quant à elle choisit de participer activement au Bureau de renseignements et de recherche mis en place en 1914 par Antonie Girardet-Vielle (1866–1944), alors présidente de l'Association vaudoise pour le suffrage féminin et pacifiste convaincue. Cette initiative qui a pour objectif de retrouver les traces des disparu-e-s pour raison de guerre existera pendant quatre années consécutives.

À la fin de la guerre, de nouvelles initiatives en faveur du suffrage sont prises par le Parti socialiste vaudois. À plusieurs reprises, Lucy Dutoit essayera d'inciter les membres de l'AVSF d'agir en convergence avec les socialistes. Mais la méfiance et l'aversion de classe entre l'AVSF – dont plusieurs membres influentes sont proches du Parti libéral-conservateur – et le Parti socialiste qui a interdit à ses membres en 1913 d'adhérer aux associations suffragistes considérées comme «bourgeoises» empêcheront un rapprochement, même éphémère, autour d'un objectif commun.

Dans le cadre de l'Association suisse pour le suffrage féminin, elle prendra notamment une part très active à l'organisation des Vacances suffragistes organisées chaque année depuis 1918. Ces cycles de conférences offrent aux participantes des conférences et du repos, mais surtout des exercices pratiques de discussion, de prise de parole comme oratrice, de présidence de séances et de rédaction de procès-verbaux. En bref, tout ce qu'il s'agit de maîtriser pour intervenir dans la vie publique. Ces cours s'adressent toutefois à une certaine élite. En 1922, le cours complet coûte 15 francs, ce qui représente en moyenne vingt heures de travail payé pour une ouvrière.[5]

À côté de ses activités associatives cantonales et de son engagement suffragiste au niveau national, Lucy Dutoit s'est également investie dans d'autres domaines. Elle siègera dans le Comité de l'Association suisse pour la Société des Nations, dans celui de la Société coopérative et de l'Association des professeurs de l'enseignement libre. Elle sera aussi membre du Comité de «la Femme et la Démocratie» créé dans les années 30 pour lutter contre la menace frontiste.

Lucy Dutoit a poursuivi ses activités militantes avec énergie jusqu'en 1936, moment où elle est atteinte par la maladie qui l'emportera une année plus tard.

---

[1] Pour plus d'informations sur l'engagement de Lucy Dutoit dans le mouvement féministe vaudois voir: Dallera Corinne, Au cœur de la lutte pour le suffrage féminin dans le canton de Vaud. Lucy Dutoit (1868–1937), in: Dallera Corinne et Lamamra Nadia, Du salon à l'usine. Vingt portraits de femmes. Un autre regard sur l'histoire du canton de Vaud, Lausanne 2003, p. 117–131.

[2] Sur le rôle joué par l'École Vinet sur la formation des femmes qui s'engageront par la suite dans le mouvement féminin-féministe vaudois, voir: Issenmann Chloé, L'école Vinet et la

«destination sociale de la femme» (1884–1908), in: Pavillon Monique (dir.), Itinéraires de femmes et rapports de genre dans la Suisse de la Belle Époque, Les Annuelles, n° 10, 2007, p. 13–45.

3 Sur l'Union des femmes de Lausanne voir notamment: Pavillon Monique, Vallotton François, Des femmes dans l'espace public helvétique 1870–1970, in: Pavillon Monique, Vallotton François (dir.), Lieux de femmes dans l'espace public 1800–1930, Histoire et société contemporaine, sous la direction du professeur H. U. Jost, vol. 13, Lausanne, p. 7–54. Vaucher Marc, «Créer, organiser, durer». Naissance et développement de l'Union des femmes de Lausanne (1896–1916), Mémoire de licence sous la direction du Professeur H. U. Jost, Faculté des Lettres, Université de Lausanne 2003.

4 Sur l'Association vaudoise pour le suffrage féminin, voir entre autres: Ringli Carole, L'Association vaudoise pour le suffrage féminin (1907–1921): le début d'un mouvement suffragiste militant dans le canton de Vaud? Mémoire de licence sous la direction du Professeur H. U. Jost, Faculté des Lettres, Université de Lausanne 2002. Chapuis-Bischof Simone, Mathys-Reymond Christiane, 100 ans. Association vaudoise pour le suffrage féminin. Association vaudoise pour les droits de la femme, Lausanne 2007.

5 Annuaire statistique de la Suisse, 1933, p. 294.

Augusta Gillabert-Randin (1869–1940)
Une paysanne douée pour le journalisme
Francine Giroud Crisinel

Abb. 37: Augusta Gillabert-Randin

À l'origine de l'Association des paysannes vaudoises (APV), Augusta Gillabert-Randin exerça ses talents de façon brillante comme oratrice dans divers congrès et comme journaliste dans la presse agricole et féminine. Elle est une des personnalités éminentes du féminisme de l'entre-deux-guerres.[1]

Mère de famille et paysanne
Fille de commerçants d'Orbe, Augusta-Albertine Randin fréquente l'école secondaire, puis suit des cours de formation ménagère et commerciale. Elle travaille ensuite dans l'épicerie de ses parents jusqu'à son mariage à l'âge de 24 ans. Avec son mari Jules-Jean Gillabert, paysan, elle exploite le domaine de La Faye à Moudon et donne naissance à 5 enfants entre 1894 et 1905.

Elle embrasse son nouveau métier avec enthousiasme et, comme chaque paysanne de l'époque, œuvre entre basse-cour, porcherie, verger, jardin et four à pain. Chaque lundi, entourée d'une cinquantaine de collègues, elle vend ses légumes et ses fruits au marché de Moudon.

Devenue veuve en 1914, elle conduit elle-même les travaux de la ferme avec ses enfants et le personnel. Son fils Jean reprendra le domaine en 1920. Augusta Gillabert demeurera près de lui et de sa famille encore 9 ans avant de déménager chez sa fille Madeleine à Lausanne. Elle a alors 60 ans et a travaillé 36 ans à la ferme.[2]

Engagements multiples

Augusta Gillabert-Randin[3] était membre de l'Union des Femmes de Moudon. Elle était également très engagée dans l'Église libre, qu'elle fréquentait déjà avant son mariage. Elle plaida pour les droits politiques aussi bien au sein de l'Église que dans les associations féminines.[4]

Vers la fin de la Première guerre mondiale, une propagande avait été faite par le Ravitaillement cantonal auprès des paysannes aux fins d'intensifier leurs cultures pour approvisionner les marchés de fruits et de légumes. Celles-ci obtempèrent, mais les revendeurs drainent ces marchés à leur seul profit. Les paysannes travaillent plus pour gagner moins. Augusta Gillabert-Randin, offusquée de la situation, fonde et préside en juillet 1918, l'Association des Productrices de Moudon, dont le but est essentiellement commercial: tendre à supprimer les intermédiaires dans l'écoulement des produits agricoles. Cette association rurale féminine est une première en Suisse, elle est née dans la douleur, sa fondation s'est heurtée à l'incompréhension des autres paysannes, à la colère des citadines et à un manque flagrant d'appuis de la société locale d'agriculture et des autorités communales. Elle est l'ancêtre de l'APV d'aujourd'hui.

> «Les prix officiels, instaurés pour mettre un frein au renchérissement des denrées, n'étaient qu'un prétexte à créer une contrebande effrénée, que pratiquaient avec succès de véritables chevaliers d'industrie. Pour faire cesser cet état de choses et revenir à un commerce loyal, la nécessité de l'union des paysannes s'imposait.»[5]

Dès 1923, Augusta Gillabert-Randin donne des conférences pour la Ligue suisse des Femmes abstinentes. Elle deviendra directrice de cette ligue pour la Romandie en 1926. Abstinente convaincue mais aussi paysanne, elle évoquera fréquemment la pasteurisation du jus de pommes dans ses allocutions et ses correspondances avec les journaux.

En 1926, elle est aussi élue membre de la commission de surveillance de l'École ménagère rurale de Marcelin.

En 1929, A. Gillabert-Randin crée avec Henri Pidoux et Benjamin Schwab la Société romande pour la vente des œufs et des volailles (SRO), dont elle sera la secrétaire administrative.

La même année, avec trois participantes de la «Journée des femmes vaudoises», elle projette de fonder une association cantonale de paysannes qui, selon elle, tarde à naître après l'exemple positif de Moudon. L'Association agricole des femmes vaudoises verra le jour en 1931. C'est tout naturellement qu'Augusta Gillabert-Randin en sera la première présidente. Cette association perdure aujourd'hui sous le nom d'Association des paysannes vaudoises.[6]

Congrès et conférences

En octobre 1921 à Berne, les résolutions du *2ᵉ Congrès national suisse pour les Intérêts féminins* portent, entre autres, sur l'enseignement post-scolaire des jeunes filles, sur les peines à prévoir contre la traite des femmes et le proxénétisme et sur les droits politiques inexistants des femmes. Augusta Gillabert-Randin dresse un procès-verbal de ce congrès dans le Bulletin féminin numéro 8. Oratrice elle-même, elle présente «L'Agriculture et le rôle de la femme dans l'agriculture». Voici quelques extraits de son exposé:[7]

> «[…] la femme y occupe encore une position inférieure; dans la plupart des cas, elle est une machine dont on attend le plus fort rendement, ici ou là, elle est encore une esclave», «[…] les jeunes campagnardes travaillent dans l'exploitation commune sans avoir aucune perspective de s'y créer un avenir.», «[…] les jeunes filles sont sacrifiées à la campagne quand elles ne s'y marient pas», «Quant à la préparation professionnelle de la fermière, elle est nulle.», «[…] une loi sur l'enseignement ménager agricole […] prévoit l'organisation de cours ménagers ruraux […]», «[…] nous devons contribuer à faire disparaître le discrédit qui s'attache à cette profession […]».

Les compétences de cette paysanne de Moudon étaient si bien reconnues qu'on l'envoie, la même année, comme déléguée du Conseil fédéral – c'était une première! – à la IIIe Conférence internationale du travail à Genève, le sujet de ce congrès étant le travail agricole.[8]

En juillet 1930, A. Gillabert-Randin se rend à Vienne, au Congrès international des organisations féminines rurales en tant que déléguée du secrétariat des paysans suisses.

Les délibérations parlent «de la traite des femmes – de couleur aussi bien que de race blanche – du suffrage féminin et de l'égalité des droits politiques, d'éducation et de protection de l'enfance et de la jeunesse, de l'émigration et de l'immigration, de l'hygiène publique, de lois et de la légalisation protectrice du travail féminin, du cinématographe, des stupéfiants et des sports.» On fait aussi mention, dans ce vaste programme, de l'exode de la jeune population féminine rurale vers les villes.[9]

En septembre 1930, A. Gillabert-Randin participe aux assises des Cercles de fermières en Belgique. Elle en rapporte des textes sur les cultures, les bâtiments ruraux et le travail des fermières. Elle souhaite que nos associations de paysannes s'inspirent de l'exemple belge: «Puissent-elles de plus en plus devenir conscientes de leur rôle, de leurs possibilités, de leur valeur pour la vie économique de notre petite patrie […].»[10]

En 1931, elle assiste au XVe Congrès international d'agriculture (l'internationale verte) qui a lieu à Prague. Elle commente les trois sujets de la section féminine: «a) La mission de la femme contre l'exode rural. b) La rationalisation de l'économie domestique rurale. c) L'alimentation rationnelle de la famille à l'aide des produits du domaine même.»[11]

Elle participe à d'autres congrès encore à Stockholm, à Avignon, à Londres et chaque fois elle rédige un rapport ou un article de sa plume alerte.

Interventions dans divers médias

Durant plus de 20 ans, Augusta Gillabert-Randin a milité pour l'amélioration du sort des femmes en général et des femmes rurales en particulier. Pour concrétiser ses convictions, elle a usé de plusieurs formes d'expression, comme le cinéma et la presse écrite.

En 1927, Augusta Gillabert-Randin, qui participait aux travaux préparatoires de la SAFFA, proposa l'utilisation d'un médium relativement nouveau. Douée pour la communication, elle sut persuader ses collègues qu'il fallait faire un film afin que le labeur des femmes de la campagne soit représenté à la SAFFA. «La paysanne au travail» a été tourné à sa demande «pour attester la réalité économique des paysannes et souligner son importance, à des fins éducatives et de conservation de la mémoire».[12]

L'idée prioritaire d'Augusta Gillabert-Randin était la valorisation du travail de la campagne. Entre 1918 et jusqu'à sa mort en 1940, elle publia 300 articles dans la presse régionale, dans la presse agricole, ainsi que dans le Bulletin féminin de l'Union des Femmes.

Ses écrits s'adressaient aux paysannes et traitaient de leurs journées de réunions, de voyages en Suisse et à l'étranger, des cautionnements ruraux, de la vie domestique, de l'alimentation, des loisirs et de la formation professionnelle.

De son engagement pour le suffrage féminin, il n'y a guère de traces dans la presse spécialisée en raison des divergences d'opinions qui l'opposaient aux journaux agricoles. À plusieurs reprises, les rédactions, qui appréciaient par ailleurs grandement sa correspondance, ont publié des «notes de la rédaction» pour montrer qu'ils se désolidarisaient de son opinion et lui laissaient l'entière responsabilité de ses articles concernant le droit de vote des femmes.

En 1925 cependant, dans l'organe *l'Industrie laitière*, la journaliste rend compte du *VIIe Cours de Vacances aux Mayens de Sion* (Valais), organisé par l'Association suisse pour le suffrage féminin.

Avec une rare finesse, elle évoque qu'il n'y eut pas de «revendications féminines, de plaintes à l'adresse du sexe fort» avant d'énoncer le programme où elle intervenait pour présenter «Les femmes dans l'agriculture». Elle a la prudence de ne pas choquer les esprits, sa peur de se voir refuser de futurs articles trop engagés étant bien réelle. Elle a préféré la politique des petits pas en colorant ses réflexions de touches féministes deux dizaines d'années durant.[13]

---

1 Voir Une paysanne entre ferme, marché et associations, Textes d'Augusta Gillabert-Randin, publié sous la direction de Peter Moser et Marthe Gosteli, ainsi que l'Arbre généalogique de Jules-Jean Gillabert et Augusta-Albertine Randin, établi en 2003 (archives de l'APV).
2 Ibid., p. 317.

3   «Elle signa toujours de son double nom ses procès-verbaux et ses articles, bien avant les revendications féministes sur le nom de la femme mariée», dit Antoinette Gavillet dans son intervention lors du vernissage de lancement du livre Moser et Gosteli à Moudon en 2005. (En fait Antoinette Gavillet reprenait une remarque faite par Raymonde Jaggi bien des années plus tôt.)
4   Moser et Gosteli, op. cit., p. 23.
5   In Raymonde Jaggi, Histoire des paysannes vaudoises 1931–1981, p. 13–14.
6   In Moser et Gosteli, op. cit., p. 318.
7   Ibid., p. 228–235.
8   Ibid., p. 235.
9   Ibid., p. 245–252.
10 Ibid., p. 253–255.
11 Ibid., p. 255–260.
12 Ibid., p. 311.
13 Ibid., p. 187–190.

Gertrud Woker (1878–1968)
Kein Pazifismus ohne politische Gleichberechtigung der Frau
Franziska Rogger

Abb. 38: Gertrud Woker

Die bewundernde Naturliebhaberin Gertrud Woker wurde eine engagierte Naturwissenschaftlerin. Als verantwortungsbewusste Gelehrte kämpfte sie gegen den Krieg, oder wenigstens gegen den Giftgaseinsatz als unmenschlichste Form der Kriegsführung. Und als Pazifistin wehrte sie sich für die Frauenrechte, überzeugt, dass es keine Kriege gäbe, hätten Frauen politische Macht. So hing bei Gertrud Woker das eine am anderen und alles zusammen.

Vom naturverbundenen Kind zur engagierten Naturwissenschaftlerin

Gertrud Woker, am 16. Dezember 1878 in die anregende Familie des Berner Professors Philipp Woker hineingeboren, liess sich schon als Kind von der Natur beeindrucken, fand hier innerste Wahrheiten und Erkenntnis.[1] Ihre Schulkarriere war – typisch weiblich – alles andere als linear. Nach etlichen Umwegen durfte sie 1898 die ausserordentliche Maturitätsprüfung ablegen und in Bern naturwissenschaftliche Fächer studieren. Hatte sie schon an der Matura sowie im Sekundarlehrerinnen- und Gymnasiallehrerinnen-Examen mit allerbesten Noten geglänzt, so gelang Woker an der Promotion Ende Oktober 1903 das seltene Kunststück, in allen sieben geprüften Fächern ein *summa cum laude* zu erreichen und als siebenfach mit Lorbeer gekrönte Doktorin in der Zeitung gewürdigt zu werden.

Gertrud Woker suchte wissenschaftlich weiterzukommen. Sie hatte immer dringender bemerkt, dass sich Grenzgebiete der Chemie und der Physik, der

Pharmazie und der Biologie zu einer eigenständigen, neuen Disziplin mit ungeahnten Entwicklungsmöglichkeiten zusammenfassen liessen. Um dieses Lehrgebiet – heute Biochemie genannt – näher kennenzulernen, studierte sie in Berlin und Bern auch medizinische Grenzgebiete. 1907 habilitierte sich die 27-Jährige ohne Schwierigkeiten in Bern. Ihren «Stolz darin [setzend] von Grund auf eigene Arbeit zu geben», erschien 1910 der erste ihrer vier monumentalen Bände über «Die Katalyse» und ab 1911 leitete sie das Laboratorium für physikalisch-chemische Biologie. Nachdem sie mit Schwung die untersten Sprossen der universitären Karriereleiter erklommen hatte, schien 1916 der nächste Schritt, die Beförderung zur ausserordentlichen Professorin, in Griffweite. Doch daraus wurde vorerst nichts. Zum einen betreute sie mit der Biochemie ein neues Fach, das in Bern erst 1969 institutionalisiert wurde, zum anderen gab es um die Zeit des Ersten Weltkrieges keine Aufstockungen des Universitätsetats. Und darüber hinaus gab es noch drei Schwierigkeiten: Woker war eine Frau, eine Pazifistin und eine Frauenrechtlerin.

Als Gertrud Woker 1933 endlich doch zur Extraordinaria befördert wurde, war innerhalb der Universität Bern ihr Pazifismus das brennendere Thema als ihre neue Wissenschaft. Militärische Kreise hatten sie nämlich als Kommunistin oder Landesverräterin abzuschiessen versucht, nachdem «das Gastrudi» – wie sie despektierlich genannt wurde – gegen den grausamen Giftgaskrieg Stellung bezogen hatte. Der Rektor sprach ihr mehrmals ins Gewissen und beruhigte Regierung und Militär. «Frl. Woker» bestreite, «gegen die Notwendigkeit der Landesverteidigung für die Schweiz» aufgetreten zu sein. Sie habe «immer nur gegen den Giftgaskrieg Front gemacht» und spreche sich für die nationale Verteidigung aus. «Wir haben jetzt genug zu thun, um die Demokratie zu verteidigen», meinte Woker, deren eigene Bücher von der Berliner nationalsozialistischen Studentenschaft auf dem Scheiterhaufen verbrannt wurden.[2] Gertrud Woker bewegte sich im Bereich der Schweizerischen Sozialdemokratischen Partei, mit der sie sympathisierte, und die ab 1935 die Verteidigungskredite angesichts der nationalen Bedrohung akzeptiert hatte.

Dass ihr pazifistisches Engagement sie zusehends dem Wissenschaftsbetrieb entfremdete, störte sie bald nicht mehr. Zwar hatte sie sich anfänglich noch über eine geopferte «Carrière» beklagt, doch dann wollte sie für das «grosse Ganze» das «gewiss wichtigere» tun – nämlich für den Frieden kämpfen.[3]

Die Friedenskämpferin und Ligafrau
Als verantwortungsvolle Wissenschaftlerin hatte sich Gertrud Woker stets Rechenschaft gegeben über die Folgen der modernen naturwissenschaftlichen Erfindungen, speziell der chemischen Waffen. Pazifistische Gesinnungsgenossinnen waren ihr in der Internationalen Frauenliga für Frieden und Freiheit (IFFF) begegnet. Sie hatte 1915 auch mitgeholfen, in Bern den internationalen Friedenskongress zur «Wahrung der Zukunftsinteressen der Menschheit» zu

organisieren, auf dem die grossen IFFF-Frauen Jane Addams aus den USA, Aletta Jacobs aus Holland, Rosa Genoni aus Italien und Frieda Perlen aus Deutschland als Rednerinnen auftraten.[4] Gertrud Woker blieb eine tüchtige Vorstandsfrau in der Frauenliga, besuchte für die IFFF internationale Kongresse und betrachtete die Ligafrauen als Familie.

Die entschiedene Frauenrechtlerin
Den Frieden sah Gertrud Woker bei den Frauen weit besser aufgehoben als bei den Männern: Wären die Frauen an der Macht, meinte sie, würden Kriege nicht vom Zaun gebrochen: «Das durch und durch auf Lebenserhaltung abgestimmte Wesen der Frau hätte, wenn es an verantwortlicher Stelle zur Betätigung seiner Eigenart gelangt wäre, die Mittel und Wege zur Erhaltung des Friedens gesucht und gefunden», schrieb sie nach Kriegsbeginn. Sie verwies auf die Staaten, in denen die Frauen ihre politischen Rechte hatten und sah bestätigt, dass die Frauen, einmal politisch tätig, für die Erhaltung des Weltfriedens wirken würden.

Folgerichtig verlangte sie, dass auch die Frauen in der Schweiz das volle Mitentscheidungsrecht bekämen, getreu der Losung des Berner internationalen Friedenskongresses, dass der Pazifismus ohne politische Gleichberechtigung der Frau nicht denkbar sei.[5]

Gelegenheit, sich offen für die Rechte der Frauen zu wehren, hatte sich Woker bereits während der Studienzeit geboten, als sie 1900/1901 als Präsidentin des Studentinnenvereins amtierte. Sie träumte von einem Zusammenschluss der Frauen in der alten und neuen Welt und hoffte, die Studentinnen- wie auch die Akademikerinnenvereine würden in den Kampf um die Gleichberechtigung aller Menschen eintreten.

Noch bevor in der deutschen Schweiz die Frauenstimmrechtsvereine Fuss gefasst hatten, trat «Privatdozentin Dr. Gertrud Woker» im September 1907 in Frankfurt am Main auf Einladung des deutschen Verbands für Frauenstimmrecht neben Anita Augspurg und zwei wehrhaften englischen Sufragetten als Rednerin für das Frauenstimmrecht auf.[6] Im folgenden Jahr wurde sie Gründungs- und langjähriges Vorstandsmitglied des Berner Stimmrechtsvereins.[7] Auch im Zürcher Schwesterverein agierte sie als Referentin, zweite Vorsitzende und Sekretärin. Sie war dabei, als 1908 die Schweizer Delegation für den Junikongress des Weltbundes in Amsterdam bestimmt wurde.[8]

SVF-Frau, Referentin und Publizistin
Selbstverständlich gehörte Gertrud Woker 1909 auch zu den Mitgründerinnen des Schweizerischen Verbands für Frauenstimmrecht SVF. In der Folge vertrat sie hier an den Delegiertenversammlungen ihre Heimatsektion Bern und öfter noch war sie Gastdelegierte der IFFF.[9] In den Stimmrechtsvereinigungen suchte Woker vor allem Rückhalt für ihre Friedensarbeit und vermit-

telte IFFF-Frauen für Vorträge.[10] Sie arbeitete 1928 für die Schweizerische Ausstellung für Frauenarbeit (SAFFA) und schritt beim Eröffnungsumzug hinter der berühmten Schnecke her.

In der Verbandsarbeit war Gertrud Woker auch Garantin für naturwissenschaftlichen Sachverstand. So beklagte sie sich nicht zuletzt als besorgte Biochemikerin über das Desinteresse offizieller Kreise an der Volksgefahr des Opiums und seiner Derivate. Als an der Delegiertenversammlung 1932 über Abrüstung und Landesverteidigung diskutiert wurde und die Gasmasken zur Sprache kamen, zweifelte die Fachfrau dezidiert deren Nutzen an.[11] In der landesweiten Diskussion um die Gasmasken war Gertrud Woker übrigens zu nationaler Bekanntheit gekommen. Als im Nationalrat der schweizerische Kompromiss zwischen einer Abgabe von Masken an alle und der totalen militärischen Abrüstung à la Gertrud Woker dahin ging, bloss einige wenige Militärmasken anzuschaffen, erregte der liberale Basler Albert Oeri einen Heiterkeitserfolg mit dem Spruch: «Man kann hier sagen: Das hat mit ihrem Singen die Gertrud Woker getan!»[12]

Auch ihre internationalen Erfahrungen flossen immer wieder in ihre Verbandsarbeit ein. Sie nahm vom Verein weiblicher Studierender in Frankreich das Postulat «Gleiche Arbeit – gleicher Lohn» wieder auf, das sie Jahre zuvor bereits als Studentin propagiert hatte.[13] Immer wieder wies sie als Rednerin oder Publizistin auf frauenrechtliche Aspekte und Beispiele im Ausland hin. Nach Vortragsreisen suchte sie den Schweizer Leserinnen der «Frauenbestrebungen» etwas von der Begeisterung mitzugeben, die sie selbst beim Besuch der charismatischen ungarischen Feministinnen Rosika Schwimmer und Vilma Glücklich ergriffen hatte.[14] Sie erinnerte auch an die nordischen Frauen, die «von Sieg zu Sieg geschritten» seien.[15] Eine ihrer Reden beendete sie mit einem Seitenblick auf Finnland, welches das uneingeschränkte Frauenstimmrecht bereits eingeführt hatte und versicherte vor allem den Männern: «Die politisierende Frau ist besser als ihr Ruf, das erkennen die mit ihr arbeitenden Männer bald an.»[16]

In ihren Aussagen zum Frauenstimmrecht bezog sich Woker gerne auf demokratische Grundrechte. So mokierte sie sich schon im Februar 1909 im «Akademischen Verein für Frauenstimmrecht» in Zürich darüber, dass man von «Menschenrechten» spreche und dabei die grössere Hälfte der Menschen, die Frauen, rechtlos halte.[17] Sie verwies etwa darauf, dass die Grundlagen der Frauenstimmrechtsbewegung im Zusammenhang mit der Unabhängigkeitserklärung der Vereinigten Staaten von Nordamerika 1776 und der französischen Erklärung der Menschenrechte von 1789 zu sehen seien. Die Gleichberechtigung aller Individuen hätte gerade in der «freiheitsstolzen Schweiz […] vorbildlich vorangehen müssen». Der oberste Grundsatz unserer Verfassung sei die Gleichheit aller Bürger. Die Frauen zu Nicht-Bürgern zu erklären, geisselte sie als «einen Schnitt ins Fleisch der Demokratie».[18] Sie fragte rhetorisch, wieso die Frauen Steuern zahlen und den Strafen der Gesetze ausgesetzt sein sollten – und doch des elementaren Rechts des Mitbestimmens ihrer Geschicke beraubt seien? Es müsse doch als Ungerechtigkeit empfunden werden, dass der klügsten Frau die Bürgerrechte nicht gewährt würden, die man dem dümmsten Mann als selbstverständlich zuerkenne. Woker wies auch darauf hin, dass ohne Frauenstimmrecht die nur von Männern bestimmten Gesetze Ungerechtigkeiten enthalten müssten. Erst die politische Gleichstellung beider Geschlechter könne die Frau vor einem etwaigen Verlust von mühsam errungenen Rechten bewahren und ihr «durch direkten Einfluss auf die Gesetzgebung die Grundlagen für ein im vollsten Sinne menschenwürdiges Dasein» sichern.[19]

Die geehrte Bescheidene
Als Gertrud Woker, eine der ganz wenigen ersten Professorinnen und eine selten unerschrockene Politikerin, hochbetagt am 13. September 1968 starb, hatten die Stimmbürger des Kantons Bern eben erst der fakultativen Einführung des Frauenstimmrechts in den Gemeinden zugestimmt. In ihrem Leben hatte Woker schmerzliche Verleumdungen und Geringschätzungen erdulden müssen. Immerhin wurde sie auch öffentlich als «hochgeachtete Leiterin des Laboratoriums für physikalische und chemische Biologie» gelobt, als «Führende Frau Europas» und «Schweizer Frau der Tat» vorgestellt.[20] Auch die Stimmrechtsfrauen ehrten ihre Pionierin. Die Bernerinnen zeichneten sie im Juni 1958 anlässlich des 50. Geburtstag ihres Frauenstimmrechtsvereins aus und Gertrud Woker freute sich darüber im feierlich langen Abendkleid.[21]

1 Rogger Franziska, Der Doktorhut im Besenschrank, Bern 1999, S. 178–198. Auch für das Weitere.
2 Ehrung Gertrud Wokers, in: «Nie wieder Krieg», Nr. 1, Januar 1934.
3 Woker Gertrud, Aus meinem Leben, in: Schweizer Frauen der Tat 1855–1885, Zürich/Leipzig/Stuttgart 1929, S. 263.
4 50 Jahre Frauenstimmrechtsverein Bern, FSV BE, Jubiläumsansprache vom 2. Juni 1958, in: Archiv der Gosteli-Stiftung zur Geschichte der schweizerischen Frauenbewegung (AGoF), FSV Bern 101, Schachtel 2. Zu Woker und der IFFF: Leitner Gerit von, Wollen wir unsere Hände in Unschuld waschen?, Berlin 1998.
5 Schweizerland, 2. Jg., 1915/16, 1. Bd., S. 124; Sitzung des FSV BE, 6. Februar 1917, in: AGoF, FSV Bern 101, Schachtel 2; Ausserordentliche Vorstandssitzung vom 30. Mai 1915, ibd.
6 Woker Gertrud, Über die Stellung der Studentin zur Frauenbewegung und die Frage eines Zusammenschlusses der Studentinnen, in: Academia, 21. August 1908.
7 Woker trat an der Generalversammlung vom 23. März 1917 aus dem Vorstand des FSV BE zurück. Protokollbuch des FSV BE, in: AGoF, FSV Bern 101, Schachtel 2. 50 Jahre FSV BE Jubiläumsansprache vom 2. Juni 1958, ibd.

8   Jus Suffragii, 15. September 1911, nach Hardmeier Sibylle, S. 101, 375 Anm. 75. Frauenzeitung Berna, 8. Juni 1934, Bericht Dr. A. Debrit zum 25-jährigen Jubiläum des Schweizer Verbandes SVF, in: AGoF, FSV Bern 101, Schachtel 2. 50 Jahre FSV BE und Jubiläumsansprache vom 2. Juni 1958, ibd.
9   Schweizerisches Sozialarchiv (SozArch), Ar 29.10.1, Schweiz. Verband für Frauenrechte, Delegiertenversammlung 1934. Vgl. Schweizerischer Verband für Frauenstimmrecht SVF, 1909–1934, S. 69–70. Woker vertrat die Sektion Bern 1917, 1930. Sie war Gastdelegierte des IFFF 1928, 1930, 1932, 1934, 1943.
10 Friedenswahrung, in: SozArch, Ar 29.10.1, SVF, Öffentl. Delegiertenversammlung 1917. Dass die IFFF-Frauen und nicht die Konkurrenz der Union mondiale für Vorträge geholt wurden, ist auch dem Einfluss Wokers zu verdanken. Vgl. Sitzung des FSV BE vom 6. Februar 1917: Vorstand bittet Woker, eine Friedenserklärung zu verfassen, und verspricht: «Der Stimmrechtsverein ist jederzeit bereit, wenn das Friedenskomitee von Frl. Woker ihn brauchen sollte.» Protokollbuch des FSV BE, in: AGoF, FSV Bern 101, Schachtel 2.
11 SozArch, Ar 29.10.1, SVF, Delegiertenversammlung 1930 und 1932.
12 NZZ, 22.6.1932, S. 1167.
13 SozArch, Ar 29.10.1, SVF, Öffentl. Delegiertenversammlung 1917.
14 Frauenbestrebungen, 1. April 1909, S. 26f.
15 Woker Gertrud, Ibsens Bedeutung für die Frauenbewegung, in: Schmid Franz Otto (Hg.), Die Alpen, 5. Jg., Bern, Heft 1, September 1910, S. 33.
16 Schweizer Frauenheim, 27. Februar 1909, S. 113.
17 Ibd.
18 Schweizerland, 2. Jg., 1915/16, 1. Bd., S. 122f.
19 Woker Gertrud, Über die Stellung der Studentin zur Frauenbewegung und die Frage eines Zusammenschlusses der Studentinnen, in: Academia, 21. August 1908; 1912 setzt sich Woker mit dem eben in Kraft gesetzten Zivilgesetzbuch kritisch auseinander – auch gegenüber den Frauen selbst: Woker Gertrud, Schweiz, in: Schreiber Adele (Hg.), Mutterschaft. Ein Sammelwerk für die Probleme des Weibes als Mutter. München s.d., S. 536–544.
20 Meyers Frauenmodeblatt, 9. Oktober 1948; Kern Elga, Führende Frau Europas, München 1927; Schweizer Frau der Tat, Zürich 1929. Vgl. auch Jahrbuch der Schweizerfrauen, Bern 1916 und 1935; Schweizer Frauenblatt 24. Dezember 1958 und 4. Oktober 1968.
21 Mtt. Marthe Gosteli. Zum Jubiläums-Abend: 50 Jahre FSV BE, Jubiläumsansprache vom 2. Juni 1958 und 2. Jahresbericht des FSV BE, in: AGoF, FSV Bern 101, Schachtel 2.

Émilie Gourd (1879–1946)
«L'Idée marche!»

Sarah Kiani

Abb. 39: Émilie Gourd

Émilie Gourd est à plusieurs titres une femme d'exception de l'histoire suisse et genevoise. Militante féministe engagée pour le droit de vote, elle est à l'avant-garde de nombreux combats: l'égalité salariale, le travail des femmes et même l'assurance maladie et maternité.

Une éducation bourgeoise et protestante
Née en 1879, Émilie Gourd grandit dans une famille de la bourgeoisie protestante éclairée, installée à Pregny dans la campagne genevoise. Le père d'Émilie, Jean-Jacques Gourd, est un intellectuel qui valorise une éducation ouverte et dirigée vers l'égalité sociale pour ses deux filles, malgré l'idéal de la femme au foyer prôné par son époque.[1] Pasteur et professeur de philosophie à l'Université de Genève, il est un homme connu, proche de l'élite de la cité de Calvin. Émilie grandit et se développe donc dans un milieu très cultivé, dans une ambiance où l'effort intellectuel et les idées nouvelles sont fortement valorisés, entourée des amis de ses parents. Les valeurs protestantes sont également centrales dans son éducation et c'est son père qui assure l'apprentissage religieux des deux fillettes, tandis que sa mère Marguerite Gourd-Bert assume l'éducation et l'instruction quotidienne. Le rythme de travail de la petite Émilie et les efforts qui lui sont demandés sont considérables: «Car si ‹Loulette›[2] connaît l'alphabet à 3 ans, lit couramment à 5, apprend l'allemand à 7 en sus de la grammaire et de la composition française, du calcul, du solfège et du piano […] c'est

au prix d'efforts considérables qui la conduisent parfois au bord de l'épuisement et sa mère aux limites de la résistance nerveuse.»[3]

À l'heure de l'adolescence, la sœur cadette d'Émilie, Édith, choisit la musique alors qu'elle-même suit pendant deux ans les cours de l'École secondaire et supérieure des jeunes filles du Canton de Genève où elle se distingue par des résultats brillants et obtient un diplôme. Émilie tente de satisfaire ses rêves littéraires en fréquentant la Faculté des lettres où elle suit des cours d'histoire et de philosophie en tant qu'auditrice. Son diplôme ne lui permet en effet pas d'intégrer l'université, n'ayant pas suivi les cours de latin, alors réservés aux hommes.

À cette époque, Émilie et sa sœur fréquentent les soirées mondaines depuis quelques années déjà et, dès l'âge de 16 ans, les bals. Ces derniers ont pour fonction de faire se rencontrer de jeunes personnes en vue de futures alliances matrimoniales et de créer des ententes stratégiques entre les familles. La jeune Émilie s'ennuie dans les bals et se trouvera toutes sortes d'excuses pour les éviter, préférant les études à la vie mondaine. Bien qu'ayant, pour un temps, intégré l'idéologie du couple et de la famille, elle ne fait pas le choix des fiançailles ni du mariage à l'âge où on pourrait l'attendre: la mère de la jeune fille s'est fiancée à 17 ans. Émilie renonce à ce choix de vie sans qu'elle ne se soit jamais justifiée à ce propos.

Durant cette période déjà, Émilie donne de son temps à la réalisation de ses idéaux d'égalité sociale inspirés par la Révolution française,[4] en travaillant et en participant à divers degrés à des œuvres de bienfaisance, sur le modèle de sa mère. En effet, Marguerite Gourd-Bert, associée à d'autres femmes de son milieu, est investie dans diverses œuvres de bienfaisance et produit notamment des objets destinés à être vendus en faveur des nécessiteux. Émilie, elle, consacre – entre autres – ses premières conférences et ses premiers articles à la Goutte de lait, association organisant des cours pour les jeunes mères issues de milieux ouvriers.

Les premières luttes féministes

Ses études achevées, Émilie Gourd enseigne l'histoire contemporaine à l'École privée de la cour Saint-Pierre, pendant une période très courte. En effet, c'est à peu près à ce moment-là qu'elle entame son «initiation» au féminisme: elle y consacre ensuite l'essentiel de ses forces.

La jeune femme s'informe des combats qui se mènent autour d'elle en lisant le journal féministe français *La Fronde* (1897–1905).[5] Elle s'intéresse à tout ce qu'elle peut trouver sur le travail des femmes et l'égalité salariale. Enfin, il faut citer comme pilier de son éducation sa tante du nom de Lily, une femme célibataire qui échange des idées peu conventionnelles avec elle et lui présente un modèle subversif par rapport aux normes de l'époque. La familiarisation d'Émilie avec les idées féministes et suffragistes débute en 1903, alors que dans le cadre de l'Évangélisation populaire, les jeunes filles ont la possibilité de s'initier à des sujets d'actualité et de rencontrer des personnalités lors de débats. C'est alors qu'elle rencontre Camille Vidart (1854–1930), une figure emblématique du féminisme suisse. Dès lors, Émilie cumule des postes et des responsabilités importantes: en 1904, la jeune militante est nommée secrétaire du comité de l'Alliance nationale de sociétés féminines suisses, puis entre à l'Union des femmes.[6]

En 1909, celle-ci rencontre une figure importante du féminisme suisse, Auguste de Morsier, président de l'Association genevoise pour le suffrage féminin. Celui-ci jouera un rôle non négligeable dans son engagement dans le mouvement pour le suffrage des femmes et également dans la création en 1912 du journal *Le Mouvement féministe*.[7] Ce dernier, sans doute le travail le plus important de la vie d'Émilie Gourd, lui offre un outil de propagande et lui permet de défendre et d'exprimer ses idéaux: «*Le Mouvement féministe,* qui ne sera pas destiné uniquement aux féministes convaincus, devra faire aussi œuvre d'*éducation* et de *propagande*, et pour cela étudier les raisons d'être et les conséquences du féminisme […]. Une part très large sera faite aussi, il va de soi, à l'étude des problèmes sociaux, si douloureux et si obsédants à notre époque […].»[8]

Une pionnière infatigable

L'année de sa rencontre avec Auguste de Morsier, Émilie Gourd succède à l'écrivaine Aline Hofmann-Rossier à la charge de présidente de l'Association genevoise pour le suffrage féminin. Elle devient présidente de l'Association suisse pour le suffrage féminin[9] en 1914. Elle y reste quatorze ans, durant lesquels l'association connaît un succès considérable. Mais son impressionnant parcours ne s'arrête pas là. En effet, de plus en plus connue sur le plan international, multipliant ses voyages, elle devient, en 1923, secrétaire de l'Alliance internationale pour le suffrage des femmes.[10]

Malgré ses multiples tâches, Émilie Gourd continue son combat sur plusieurs fronts: elle est à la tête de la première Exposition cantonale genevoise sur le travail féminin en 1925 qui précède l'Exposition suisse sur le même thème, appelée «SAFFA 1928». Cette dernière donne lieu à une importante manifestation féministe à Berne qui grave durablement dans l'esprit des Suisses l'image de militantes, dont Émilie Gourd, tirant un impressionnant escargot en papier mâché, symbole de la lenteur helvétique en matière de suffrage féminin. Sensible à la cause des femmes ruinées par la guerre et désireuse d'aider celles-ci à retrouver un travail, la rédactrice du journal *Le Mouvement féministe* fonde en 1914 l'Ouvroir de l'Union des femmes de Genève. Celui-ci a pour principe de créer des ateliers de travail pour les femmes. Enfin, dès les années 1920, elle dirige le Cartel romand d'hygiène sociale et morale qui se bat contre l'alcoolisme et la prostitution.[11]

Émilie Gourd est sans cesse remarquée pour ses qualités d'oratrice et pour l'énergie incomparable dont elle fait preuve afin de faire triompher les idéaux de justice et d'égalité qui lui tiennent tant à cœur. Durant toute sa vie, elle multiplie les voyages, les discours et les articles pour faire avancer la cause féministe.

Dans les années 1930, Émilie, qui a alors la cinquantaine, est préoccupée par un nouveau problème: l'apparition des idéologies fascistes et nazies, absolument contraires à tous droits humains. Elle fonde alors la dernière association dont elle s'occupera dans sa vie, la section genevoise du groupe «La femme et la démocratie», prônant un idéal démocratique.[12]

La maladie finit pourtant par mettre un frein à son inlassable militantisme. Dans la soixantaine, la féministe genevoise commence à souffrir de difficultés cardiaques qui l'obligent à réduire ses activités et à renoncer à ses voyages. Une crise cardiaque l'emporte le 4 janvier 1946 à l'âge de 66 ans. Martine Chaponnière fait judicieusement remarquer qu'elle a non seulement consacré son énergie à la cause féministe mais qu'elle a également donné «toute sa fortune personnelle puisqu'elle ne fut jamais payée pour aucune des fonctions qu'elle occupa. Elle avait lancé le slogan ‹L'Idée marche!› mais ne se douta jamais que le suffrage ne serait octroyé aux femmes suisses qu'un quart de siècle après sa mort.»[13]

En hommage à cette pionnière du féminisme, une rue de Genève, dans le quartier des Tranchées, porte son nom, ainsi qu'un Collège d'enseignement secondaire.[14]

---

1   L'époque dans laquelle Émilie Gourd s'épanouit est encore très axée sur un idéal de femme au foyer. Cependant, et dans le milieu bourgeois à plus forte raison, l'éducation des filles est considérée comme très importante. Une bonne instruction semble en effet indispensable pour la maîtresse du foyer, en particulier pour l'éducation des enfants. De plus, cette époque porte un regard neuf sur la famille en instaurant l'idée de bonheur familial et en valorisant l'amour des parents pour les enfants. Pour une analyse très fine de l'époque d'Émilie Gourd, de sa socialisation et de son développement intellectuel, voir: Castonotto Fiorella, De la mise en scène bourgeoise à l'avant-scène féministe (1879–1912): Première socialisation et formation intellectuelle d'Émilie Gourd, in: Itinéraires de femmes et rapports de genre dans la Suisse de la belle époque, Les Annuelles, 10, 2007, p. 47–94. Cet article reprend un mémoire de licence de la même auteure et du même titre, sous la direction de Hans Ulrich Jost déposé en 1997, à la faculté d'histoire de l'Université de Lausanne. Autre mémoire de licence au sujet d'Émilie Gourd: Charline-Claire Higelin, «Émergence d'une pensée de femme par le féminisme émancipatoire: Émilie Gourd, figure de proue du féminisme de la première moitié du XXe siècle à Genève», faculté de psychologie et d'éducation, sous la direction de Charles Magnin, Université de Genève, 1996.

2   Il s'agit du surnom d'Émilie Gourd enfant (cette note ne se trouve pas dans le texte original).

3   Castanotto Fiorella, op. cit., p. 74.

4   Selon plusieurs biographes d'Émilie Gourd, celle-ci est profondément marquée par les idées d'égalité de la Révolution française et de la déclaration des droits de l'homme dont elle se réclame à maintes reprises. Voir notamment Chaponnière Martine, Émilie Gourd (1879–1946) Une femme de combat, in: Käppeli Anne-Marie, Le guide des femmes disparues, Genève 1993, p. 69.

5   Ce quotidien est fondé par Marguerite Durand (1864–1936), comédienne et journaliste au «Figaro». Ce journal est entièrement administré par des femmes. Il met en avant les thèmes de l'éducation et du travail et prône un idéal de femme indépendante financièrement, qui travaille, est éduquée et l'égale de l'homme. (sources: Castanotto Fiorella, op. cit., p. 85.)

6   Cette association est fondée en 1891 sous l'impulsion d'une américaine établie à Genève, Harriet Clisby. Le but de cette Union est de développer un réseau de solidarité entre femmes de divers milieux. Elle est présidée dès 1896 par Camille Vidart. (Source: CLAFG, centre de liaison des associations féministes genevoises: www.clafg.ch)

7   Ce journal prend ensuite le nom de «Femmes suisses», puis celui de «l'émiliE». Celui-ci perdure encore aujourd'hui.

8   Le Mouvement féministe numéro 1, «À nos lecteurs».

9   Genève est l'un des premiers cantons à créer une association dont le but est l'obtention du suffrage féminin. Ils sont 162 membres l'année où Émilie Gourd en devient présidente, en 1912. L'association parvient à rendre les femmes électrices et éligibles aux tribunaux de Prud'hommes en 1930 et obtient le droit de vote, sur le plan paroissial, des protestantes en 1908. (Source: Chaponnière Martine, «Histoire du féminisme genevois», site internet Memo, voyagez à travers l'histoire: http://www.memo.fr/Article.asp?ID=REG_GEN_CON_022.)

10 Cette Alliance est fondée en 1904 à Berlin.

11 Émilie Gourd est féministe mais aussi moraliste. Selon elle, l'antialcoolisme et le suffrage féminin sont indissociablement liés et permettent de faire avancer l'humanité (Source: Kuner Dominique, Baldini Frédéric, «Émilie Gourd», in: Pionnières et Créatrices en Suisse romande XIXe et XXe siècles, Service pour la promotion de l'égalité entre homme et femme, Genève 2004, p. 164.)

12 Ce groupe est notamment fondé en 1933 par Ida Somazzi, pédagogue préoccupée par l'éducation des femmes et l'égalité salariale entre autres. Ida Somazzi préside cette association dès 1949.

13 Chaponnière Martine, «Émilie Gourd», in: Deuber Ziegler Erica, Tikhonov Natalie, Les femmes dans la mémoire de Genève du XVe au XXe siècle, Genève 2005, p. 119.

14 Il s'agit du Collège Émilie Gourd, rue du Corbusier.

Annie Leuch-Reineck (1880–1978)
Une scientifique au service des femmes

Valérie Lathion

Abb. 40: Annie Leuch-Reineck

Présidente de l'Association suisse pour le suffrage féminin de 1928 à 1940, Annie Leuch-Reineck, Dr ès sciences, spécialiste du droit suisse, talentueuse analyste politique, fut une conférencière infatigable et l'une des meilleures plumes du *Mouvement féministe* qui lui confia la rubrique parlementaire fédérale.

Origines et formation

Annie Reineck est née le 26 novembre 1880 à Kannawurf en Thuringe (Allemagne).[1] Elle est la fille du pasteur Erhard Reineck qui, à sa naissance, vient de rentrer de Smyrne (Empire ottoman) où il fut en poste pendant plus d'une décennie. Sa mère, Marie Godet, est la fille du pasteur neuchâtelois et professeur en théologie Frédéric Godet qui avait été le gouverneur civil du prince héritier Frédéric-Guillaume de Prusse (futur Frédéric III) et qui, par ses écrits, influença la tendance évangélique du protestantisme romand et français. Au presbytère paternel à Heldrungen, où Annie est instruite jusqu'à quatorze ans par ses parents et l'une de ses sœurs aînées, elle reçoit une éducation évangélique ouverte sur le monde grâce aux récits familiaux des séjours à l'étranger. Par sa mère, Annie est parfaitement bilingue; elle apprend en outre dès son jeune âge l'anglais. Dès quinze ans, elle fréquente l'École Vinet de Lausanne dirigée par sa tante Sophie Godet afin d'obtenir un «certificat pour l'enseignement». Ses parents voient en elle une future professeure de langues, mais il en ira autrement. Pour des raisons de santé, elle retourne vivre chez ses parents où elle prépare des adolescentes à l'admission d'une école supérieure pour jeunes filles.

À 21 ans, Annie Reineck s'installe en Suisse chez des parents de sa mère à Berne. Elle fréquente l'université et s'oriente vers une carrière scientifique. Comme branches principales, elle choisit les mathématiques et la physique, mais suit également des cours dans d'autres branches scientifiques et en pédagogie. Consciente que ses études ne lui offrent que peu de perspectives professionnelles, elle décide de se présenter à l'examen de maturité et choisit, pour des raisons de dates, de le passer en français à Porrentruy plutôt qu'en allemand à Berne.[2] Ainsi elle peut obtenir en 1905 son brevet de maître de gymnase en mathématique, physique et géographie. Elle poursuit néanmoins ses études universitaires jusqu'au grade de docteur (1907) dans les mêmes branches.[3] Durant ses études, elle avait déjà commencé une carrière d'enseignement dans une école privée pour jeunes filles. À partir de 1907, Annie Reineck enseigne à l'école secondaire cantonale pour jeunes filles et au séminaire de formation des enseignantes de gymnase. Elle poursuit son activité professionnelle après son mariage en 1913 avec le Dr en droit Georg Leuch (1888–1959), ce qui n'était pas courant en Suisse à cette époque.

Un couple uni pour la même cause

C'est durant ses années universitaires qu'Annie Leuch-Reineck est sensibilisée à la cause féministe. Comme membre de l'association des étudiantes de Berne, elle arbore fièrement une broche dont la devise est «mêmes droits, mêmes devoirs». Par la suite, elle intègre la section bernoise de l'Association suisse pour le suffrage féminin. Elle est soutenue dans son activité féministe par son mari, lui-même défenseur des droits civiques et politiques de la femme. Ensemble, ils discuteront souvent des implications juridiques des questions soulevées par les associations féminines qu'elle fréquente. Elle raconte d'ailleurs, dans l'ouvrage de souvenirs qu'elle publie à la mort de son mari, qu'il lui laissait remplir la moitié des listes lors des élections.[4] Plusieurs sources témoignent d'un couple très uni, mû par un idéal commun. Ils partagent également une autre passion, l'alpinisme. Lorsque son mari est élu juge fédéral en 1925, le couple déménage à Lausanne (il s'installera plus tard à St-Prex). À cette date, elle cesse son activité d'enseignante.

Sur tous les fronts du féminisme

Annie Leuch-Reineck débute son engagement dans le cadre de la section bernoise de l'Association suisse pour le suffrage féminin (ASSF) qu'elle préside durant une décennie à partir de 1916 jusqu'à son départ pour le canton de Vaud. Elle participe en même temps activement aux travaux de l'association suisse et à ceux de l'alliance internationale. L'expérience du congrès tenu à

Genève en 1920 par cette dernière (elle y assure la fonction de trésorière) la marque à plus d'un titre, en lui faisant notamment prendre conscience de la nécessité d'une organisation chapeautant toutes les associations d'un lieu qui organise un congrès plus vaste. C'est la raison pour laquelle elle fonde en 1919 l'Alliance féminine bernoise en vue de l'organisation du second congrès des intérêts féminins suisses qui a lieu à Berne en 1921.

Les principaux chantiers dans lesquels elle s'investit (en plus, évidemment, de la conquête du suffrage féminin) s'ouvrent ou s'intensifient durant la décennie de l'après-guerre: notamment la lutte pour la paix et la démocratie, la formation civique des femmes suisses et la question de la nationalité de la femme mariée. Pour ce dernier combat, Annie Leuch s'impose bientôt comme une spécialiste sur le plan national; elle participe aussi aux travaux qui s'ouvrent dans le cadre de l'Alliance internationale pour le suffrage féminin (dès le Congrès de Genève de 1920) et, entre autres, lors de la Conférence de codification de droit international de la Haye de 1930. Elle défend le droit pour les Suissesses qui épousent un étranger de conserver leur nationalité d'origine quitte à avoir deux nationalités, ainsi que pour les enfants nés et élevés en Suisse issus d'un couple mixte d'obtenir la nationalité suisse.[5]

Quant au combat pour le suffrage féminin, la première exposition nationale suisse du travail féminin (SAFFA) qui a lieu à Berne en 1928 est l'occasion de sensibiliser l'opinion publique. Annie Leuch est l'une des organisatrices du stand de l'ASSF au sein de l'exposition et surtout de la manifestation qui doit marquer les esprits: la marche de l'escargot suffragiste lors du cortège d'ouverture de la SAFFA. C'est d'ailleurs dans le cadre des ouvrages édités par la SAFFA qu'elle publie «Die Frauenbewegung in der Schweiz», traduit en français l'année suivante.[6] Après avoir retracé l'activité des pionnières féministes, elle dresse un tableau fort complet des organisations féminines contemporaines. Le programme qu'elle propose en conclusion peut se résumer ainsi: la femme doit pouvoir exercer une activité professionnelle et participer aux affaires publiques, dans l'intérêt même de la communauté.

Comme moyens d'action utilisés pour défendre ces causes, Annie Leuch – en plus des travaux qu'elle mène au sein de l'ASSF, de son Alliance internationale (membre de diverses commissions) et de l'Alliance de sociétés féminines suisses (membre de plusieurs commissions et présidente de la commission législative) – donne régulièrement des conférences et est, dès 1920, la correspondante parlementaire du journal romand fondé par Émilie Gourd, *Le Mouvement féministe*. Elle fait du reste partie de son comité. Elle y écrit régulièrement jusqu'à la fin des années cinquante.[7] D'un style limpide, ses articles se veulent pédagogiques afin d'instruire civiquement les femmes suisses et de les sensibiliser aux problèmes qui les concernent et sur lesquels elles devront un jour se prononcer. Elle rend accessible à chaque lectrice des sujets qui peuvent paraître a priori ardus, tels que, par exemple, la réforme du Code pénal suisse ou les détails des projets des systèmes d'assurances. Elle rédige ainsi des comptes rendus de l'ensemble des sessions parlementaires en ne se limitant pas aux «questions féminines»; puis elle explique aussi les votations fédérales en les soumettant aux futures électrices.[8] Par les «consignes de vote» qu'elle donne, elle exhorte toutes les femmes à exercer cette «influence indirecte» à laquelle les hommes les renvoient sans cesse.[9] Elle profite de chaque occasion pour déplorer que les femmes soient tenues à l'écart des décisions législatives et que la démocratie suisse ne soit qu'une demi-démocratie. Alors qu'elle condamne toute ingérence de l'État dans l'économie, elle soutient les mesures visant à instituer un système d'assurances sociales (AVS et assurance maternité). Elle écrit également des articles de fond. De ce fait, Annie Leuch devient une spécialiste du droit suisse et de la vie politique fédérale. Elle mettra à profit ses connaissances dans son activité de conférencière où elle traite souvent de questions juridiques et économiques.

Présidente de l'Association suisse pour le suffrage féminin
Lors de l'assemblée générale de l'ASSF qui a lieu à la SAFFA, Annie Leuch – qui fait partie depuis 1920 du comité central avec la charge de trésorière et donne régulièrement des conférences dans son cadre – accède à la présidence, succédant à Émilie Gourd. Sa première tâche est d'organiser la collecte de signatures pour la pétition fédérale demandant le suffrage féminin déposée en juin 1929 et réunissant 249 152 signatures. À cette fin, elle sillonne la Suisse pour donner des conférences de propagande. Son activité s'intensifie d'ailleurs durant sa présidence puisqu'elle fait régulièrement des tournées de conférences, visitant les sections existantes et essayant de susciter de nouvelles vocations, en particulier en Suisse orientale et dans les Grisons. C'est aussi dans le cadre des cours de vacances suffragistes organisés par son association qu'elle s'exprime régulièrement et anime les exercices pratiques de présidence et de prise de parole en public. Persuadée de l'importance de la propagande, elle institue un service de presse spécial chargé de répondre aux articles antisuffragistes et d'envoyer un bulletin de presse aux journaux nationaux et locaux. Sa fonction de présidente l'invite en outre à représenter à diverses reprises l'association suisse à l'étranger.

Le «Programme politique féminin» qu'Annie Leuch fait adopter par son association en 1930 (mais que les sections sont libres de suivre ou non) démontre que le but de l'ASSF dépasse largement la conquête à proprement parler du suffrage féminin. Ce thème n'est d'ailleurs traité qu'en fin de texte comme condition à ce que la femme puisse remplir ses devoirs vis-à-vis de la famille et de la communauté. Selon ce programme, les objectifs politiques sont la protection de la famille, de l'enfance et de la jeunesse, la défense des intérêts du travail féminin (notamment en promouvant le principe «à travail égal, salaire égal»), la consolidation de la prévoyance sociale; en outre, l'association

Abb. 41: La pétition qui recueille 249 237 signatures.

soutient activement la SDN (qui promeut d'ailleurs les femmes dans ses rangs). Ce programme repose sur la conviction, défendue par Annie Leuch, que la mission des femmes en politique est différente de celle des hommes en raison de leur constitution, leur éducation et leurs habitudes. C'est ainsi, par exemple, que les domaines de l'éducation ou de l'action sociale sont naturellement de leur compétence. Les femmes doivent donc compléter les hommes dans la vie politique en défendant un point de vue féminin et non doubler leurs voix. Elles peuvent en outre «introduire dans les luttes politiques plus d'honnêteté» et se «tenir fermement et dans toutes les circonstances au principe démocratique de la responsabilité personnelle de chaque individu qui constitue la base morale de notre État», ce qui donne «une signification particulière au Suffrage féminin».[10] En tant que présidente de l'ASSF, elle rend attentive les présidentes des sections à ce que même s'il y a de nombreux avantages à ce que les femmes entrent dans des partis avant d'obtenir le droit de vote, les présidentes doivent s'abstenir afin de laisser la question du suffrage féminin en dehors des querelles partisanes. Elle-même a d'ailleurs démissionné d'un parti politique pour ne causer aucun tort à son association.

Durant sa présidence, Annie Leuch a favorisé les interventions auprès des autorités, en revendiquant notamment la participation des femmes aux commissions officielles, et les requêtes auprès de la Confédération pour influer sur les sujets à l'ordre du jour du calendrier fédéral. Elle a aussi intensifié les liens avec d'autres associations en plus de l'Alliance de sociétés féminines suisses, notamment avec le groupement La Femme et la Démocratie dont elle est l'une des cofondatrices en 1933. Créé par des représentantes d'associations féminines pour parer au danger fasciste, ce groupe de réflexion qui se définit comme une communauté d'action entend veiller sur la démocratie suisse. À la fin de la guerre, le groupement décide de continuer ses travaux afin de réaliser complètement la démocratie politique qui est encore fragmentaire du fait de l'exclusion des femmes, et de compléter la démocratie sur le terrain économique et social. À la veille de la guerre, l'ASSF entre dans l'Association suisse pour la SDN.

En tant que présidente de l'ASSF, elle siège aussi, entre autres, à la Commission suisse d'études pour la lutte contre les industries de guerre et dans la Commission de crise (qui défend le travail féminin dans le contexte de la crise économique). À titre personnel, elle demeure un membre influent de la Commission législative (ou juridique) de l'Alliance de sociétés féminines suisses, écrit des articles et brochures pour son service de presse et collabore à la Schweizerische Vereinigung für Sozialpolitik en la représentant lors de la création du Comité suisse des associations s'intéressant au service domestique.

Lorsqu'Annie Leuch demande à être remplacée par une personne plus jeune à la tête de l'ASSF, le bilan de sa présidence peut paraître décourageant. Après l'espoir suscité par le succès de la pétition de 1929, celle-ci semble avoir été oubliée dans un placard de la Confédération. La présidente n'a cessé de lutter pour ranimer la flamme suffragiste rendue vacillante par l'inquiétude mondiale, la crise économique puis la tourmente de la guerre. En 1940, Annie Leuch cède alors sa place et rejoint le comité central où elle retrouve son poste de trésorière. Elle quitte ses fonctions en 1948.

Durant la guerre, Annie Leuch se met à la disposition des Œuvres sociales de l'Armée et s'occupe de son bureau de Lausanne (1940–1944). Elle est aussi l'une des enquêtrices du Don national suisse. Déjà à la fin de la Première Guerre mondiale, elle avait fondé l'association Bern-Mannheim pour amener des vivres à la population allemande affamée. Après la guerre et malgré son âge, Annie Leuch continue de défendre ses idéaux, principalement par le biais de conférences et d'articles.

Très affectée par la mort de son mari en 1959, Annie Leuch cesse quasiment toute activité publique et ne voyagera plus. Elle s'éteint le 21 décembre 1978 dans une clinique de Nyon à l'âge de 98 ans.

Décrite par ses contemporains comme une femme très douce – douceur qui émane du reste de toutes ses photos – Annie Leuch-Reineck a fait preuve d'ardeur et a été l'une des féministes suisses les plus influentes (autant en Suisse romande qu'en Suisse allemande) de sa génération. Ne se limitant pas à la question de la conquête du suffrage féminin, condition, pour elle, à l'accomplissement de la femme dans la société, elle a, en plus de l'assistance en temps de guerre, promu la paix et l'idéal démocratique, s'est souciée d'éducation civique et a défendu la création d'un système complet d'assurances sociales. Femme d'action, Annie Leuch-Reineck a mené une œuvre de transmission du savoir et a fait preuve de dons pédagogiques non seulement dans le cadre de sa carrière d'enseignante, mais également dans celle de féministe. La clarté et la précision de ses articles et conférences sont d'ailleurs souvent soulignées par ses contemporains. Dans une notice écrite à l'occasion de ses 90 ans, l'auteure s'émerveille qu'à son âge avancé, Annie Leuch, qui a eu le bonheur de connaître la réalisation de ses espérances, consacre encore du temps à expliquer aux femmes de son bourg l'usage de leur bulletin de vote.[11]

1 Cette biographie a été réalisée grâce aux archives sur Annie Leuch et sur l'Alliance de sociétés féminines suisses conservées à la Fondation Gosteli à Worblaufen (AGoF), à celles de l'Association suisse pour le suffrage féminin (Ar 29), de la Schweizerische Vereinigung für Sozialpolitik et de la Schweizerische Arbeitsgemeinschaft für den Hausdienst (Ar 42.50.2) conservées aux Archives sociales suisses à Zurich (SozArch.), au journal Le Mouvement féministe (puis Femmes suisses), aux brochures et ouvrages publiés par Annie Leuch (mis à part ceux cités ci-dessous, cf., entre autres, Leuch-Reineck Annie, L'enseignement ménager post-scolaire obligatoire, [Berne], [1925] (publié également en allemand), Leuch Annie, Zur Filmzensur, [1930] et Le problème de l'Assurance-Maternité en Suisse, in: Pro Juventute. Schweizerische Monatsschrift für Jugendhilfe, Revue mensuelle pour la protection de la jeunesse – Rivista svizzera per la protezione della gioventù, février 1943). Cf. aussi les notices biographiques sur Annie et Georg Leuch dans le Dictionnaire historique de la Suisse, celles sur Erhard et Theodora Reineck dans le Biographisch-Bibliographisches Kirchenlexikon, celles sur Annie Leuch dans Brodbeck Doris, Hunger nach Gerechtigkeit. Helene von Mülinen (1850–1924), eine Wegbereiterin der Frauenemanzipation, Zurich 2000, Gosteli Marthe (Hg.), Vergessene Geschichte. Illustrierte Chronik der Frauenbewegung. 1914–1963. Histoire oubliée. Chronique illustrée du mouvement féministe. 1914–1963, Bern 2002 et dans Ruckstuhl Lotti, Vers la majorité politique. Histoire du suffrage féminin en Suisse, Romanel 1990.
2 Les informations à propos des conditions des examens de maturité à Berne pour une jeune fille du début du XXe siècle contenues dans les brèves notices biographiques écrites par Lotti Ruckstuhl au moment de la mort d'Annie Leuch et dans l'ouvrage Vers la majorité politique. Histoire du suffrage féminin en Suisse (op. cit.) sont erronées. Annie Reineck a bien passé sa maturité à Porrentruy, à l'époque dans le canton de Berne, et non dans le canton de Neuchâtel comme le prétend L. Ruckstuhl. Sur ce sujet, nous renvoyons au curriculum vitae écrit par Annie Leuch elle-même et conservé à la Fondation Gosteli.
3 Reineck Annie, Die Verwandtschaft von Kugelfunktionen und Besselschen Funktionen, Bern 1907.
4 Leuch Annie, Erinnerungen an Georg Leuch. T 9. August 1959. Für seine Freunde zusammengestellt, St-Prex 1961, p. 3.

5 Une Suissesse perd alors sa nationalité suisse lorsqu'elle épouse un étranger – sauf en cas d'apatridie – même si le couple réside sur le territoire suisse; une étrangère adopte automatiquement la nationalité suisse lors de son mariage avec un Suisse. Après la Seconde Guerre mondiale, les féministes dénoncent avec force les cas tragiques où des femmes ayant perdu leur nationalité suisse ont été expulsées du territoire de la Confédération avec leurs enfants et époux pendant ou après la guerre. La réforme ne sera votée qu'en 1952.
6 Leuch-Reineck Annie, Die Frauenbewegung in der Schweiz. Ihr Werden, ihr Wirken, ihr Wollen, Zürich, Leipzig 1928; Le féminisme en Suisse, Lausanne/Genève 1929.
7 C'est-à-dire jusqu'à la fusion du Mouvement féministe avec Femmes suisses. Ses articles sont d'abord indifféremment signés (Dr) Annie Leuch ou Annie Leuch-Reineck, puis, au fil des années, elle ne signe plus qu'avec son nom de femme mariée. C'est la raison pour laquelle nous avons utilisé, dans cette biographie, les deux appellations, en privilégiant cependant le nom de Leuch.
8 Sa rubrique porte le nom suivant: «Femmes électrices, comment voteriez-vous dimanche?».
9 Dans les années cinquante, le journal fait preuve d'une plus grande neutralité politique et, bien que son opinion transparaisse souvent dans ses articles, Annie Leuch laisse désormais souvent le choix ouvert à la fin de ses articles sur les votations fédérales.
10 «Rapport présidentiel 1934–1935», SozArch, Ar 29.20.1.
11 Schaffner Ruth, «Dr. Annie Leuch-Reineck», in: Schweizerisches Frauenblatt, 11 décembre 1970.

Georgine Gerhard (1886–1971)
Eine Kämpferin für Gerechtigkeit und Menschenwürde

Aurel Waeber

Abb. 42: Georgine Gerhard

Als Frauenpolitikerin der ersten Stunde hat Georgine Gerhard in zahlreichen Sachfragen die Stellungnahmen des Schweizerischen Verbandes für Frauenstimmrecht mitgeprägt. Ihr Blick reichte jedoch über die Vertretung von Verbandsinteressen weit hinaus. Sie setzte sich unerschrocken für Demokratie, Friedenserhaltung und soziale Gerechtigkeit ein und war massgeblich an der Hilfe für jüdische Flüchtlingskinder beteiligt.

Herkunft und Beruf
Georgine Emma Gerhard wurde am 18. August 1886 in Basel geboren. Ihre Eltern Emil und Georgine Lisette, geborene Fünkner, stammten aus badischen Lehrerfamilien und waren erst 1882 nach Basel gezogen, wo der Vater eine Anstellung in einer Bandfabrik fand. Georgine war das dritte von fünf Kindern und erlebte mit ihren Geschwistern eine glückliche Jugend in einem geräumigen Haus im Gellertquartier. In der Familie wurde viel musiziert, und Georgine besuchte ihr Leben lang gerne Konzerte, auch noch als sie wegen eines Gehörleidens nicht mehr viel aufnehmen konnte. Ihre Schulzeit verbrachte Georgine Gerhard an der Freien Evangelischen Schule und an der Töchterschule. 1906 beendete sie ihre Ausbildung mit dem Lehrerinnenexamen, worauf sie nach Aufenthalten in Frankreich und England selbst in den Schuldienst eintrat. Während zehn Jahren unterrichtete sie an der Töchterschule, bis ihre zunehmende Schwerhörigkeit sie veranlasste, das Amt der

Schulsekretärin zu übernehmen. Bis zu ihrer Pensionierung 1942 blieb sie in dieser Stellung, die neben Administrativem auch Aufgaben in der Berufsberatung umfasste. In den folgenden Jahren widmete sie sich vor allem der Flüchtlingskinderhilfe und blieb bis zu ihrem Tod am 21. Dezember 1971 ihren ehemaligen Schützlingen verbunden.[1]

Einsatz für das Frauenstimmrecht
Inspiriert von der englischen Frauenstimmrechtsbewegung der «Suffragetten» während ihres Englandaufenthaltes 1906 pflegte die erst 20-jährige Georgine Gerhard bereits als junge Lehrerin an der Basler Töchterschule enge Kontakte zu den führenden Frauenrechtlerinnen der ersten Stunde, so zum Beispiel zu Rosa Göttisheim und Emma Graf. Sie schloss sich somit schon bald jener kleinen Schar von Frauen (und einzelnen männlichen Exponenten) an, die als Zielspezialistinnen, Strateginnen und Mobilisatorinnen die Stimmrechtsbewegung zusammenhielten und die Geschicke des Schweizerischen Verbands für Frauenstimmrecht (SVF) auf nationaler und lokaler Ebene zu leiten begannen.

Gerhard beteiligte sich 1916 an der Gründung der Vereinigung für Frauenstimmrecht Basel und Umgebung, die sie über mehrere Jahre präsidierte (1917–1922 und 1935–1941), und ab 1918 gehörte sie während zehn Jahren auch dem SVF-Zentralvorstand an. Die Baslerin stellte ab diesem Zeitpunkt damit nicht nur ein wichtiges Verbindungsglied zwischen der kantonalen Vereinigung und dem nationalen Verband dar, sondern entwickelte sich im Laufe ihrer Vorstandstätigkeit zu einer leitenden und tragenden Persönlichkeit, die selbstbewusst den Verband durch die schwierigen 1920er Jahre navigierte.[2]

Im Rahmen ihres Engagements beim SVF hielt Georgine Gerhard auch mehrere Vorträge. So referierte sie bereits im Jahr ihres Zentralvorstandbeitritts (1918) zum Thema «Die Frau und die politischen Parteien»[3] und machte dabei klar, dass die Frauen zwar die Hilfe der Parteien bräuchten, um das Stimmrecht zu erlangen, auf Parteiparolen hingegen kein Verlass sei, da viele Männer das Frauenstimmrecht nicht als Parteisache, sondern als rein persönliche Angelegenheit betrachteten. Gerhard übte also Kritik an der bestehenden Parteipolitik und votierte dafür, nach Erlangung des Stimmrechts den Neubeginn zu wagen:

> «Wenn die Frauen bald das Stimmrecht erhalten, so werden sie parteifähig in einem Augenblick, der solchen Neubildungen äusserst günstig ist. Unsere historischen Parteien sind zum Teil im Verfall begriffen, und niemand, der ermisst, wie nötig frisch pulsierendes Leben solchen Organisationen ist, wird diesen Prozess bedauern. Auf ihren Trümmern entstehen neue Parteien, die jetzt schon in der Mehrheit Frauen als Mitglieder aufnehmen und sich damit zum Frauenstimmrecht bekennen.»[4]

Im Vorfeld der kantonalen Abstimmung über das Frauenstimmrecht vom 7./8. Februar 1920 in Basel stiess sich Georgine Gerhard an der Art und Weise, wie die ledigen gegen die verheirateten Frauen ausgespielt wurden und berichtete im Weiteren von «Schmähbriefen», die den Mitgliedern des befürwortenden Komitees anonym zugestellt wurden.[5] Das enttäuschende kantonale Abstimmungsresultat (35 Prozent Ja-Stimmen) kommentierte sie ernüchtert:

> «Wenn wir den Eindruck kurz wiedergeben sollten, unter dem wir heute nach Schluss der Abrechnung stehen, so ist zu sagen, dass […] das Gefühl obenauf ist, dass wir im Kampf zwischen Gerechtigkeit und Ungerechtigkeit, zwischen Altruismus und Egoismus wieder einmal Zeugen eines glänzenden Sieges des Egoismus, der Ungerechtigkeit geworden sind. Das ist schmerzlich und bedeutet jeweilen für unsern Glauben an den ehrlichen Sieg des Guten eine schwere Probe.»[6]

Kurze Zeit nach der Abstimmung, am 1. März 1920, leitete Gerhard mit den Worten «an die Arbeit fürs Frauenstimmrecht»[7] eine neue Aufbruchphase der Stimmrechtsbewegung ein und nahm, nachdem sich der SVF in den folgenden Jahren vermehrt auf die internationale Bühne begeben hatte, Einsitz in Kommissionen der International Woman Suffrage Alliance (IWSA), womit sie den Verband als Delegierte an den internationalen Frauenkongressen vertrat.[8]

Für Frieden und soziale Gerechtigkeit
Während den krisenhaften 1930er Jahren, als der Ausschluss der Frauen aus den qualifizierten Berufen ernsthaft diskutiert und zum Teil politisch durchgesetzt wurde, sah sich Georgine Gerhard vor die schwierige Aufgabe gestellt, einerseits vehement gegen die erzwungene Arbeitslosigkeit der Frauen ankämpfen und sich andererseits bei Behörden, namentlich beim Basler Regierungsrat, für eine bessere Vertretung der Frauen in behördlichen und politischen Kommissionen einsetzen zu müssen.[9] Überdies präsidierte Gerhard in diesen Jahren auch die Basler Ortsgruppe des Schweizer Zweigs der Internationalen Frauenliga für Frieden und Freiheit (IFFF), wo sie auf gleichgesinnte Frauen traf, die sich für Friedensarbeit stark machten und dem Morden auf den Kriegsschauplätzen nicht länger tatenlos zusehen wollten. Die Arbeit bei der IFFF, und somit der Einsatz für einen weltweiten Frieden auf der Grundlage der Gerechtigkeit, für soziale und wirtschaftliche Zusammenarbeit zwischen den Völkern und für eine Unterstützung der Arbeit der Vereinten Nationen – Gerhard war ab 1947 auch Mitglied der UNO-Studienkommission für Frauenfragen –, umfasste somit frauenpolitische wie auch humanitäre Bereiche und entsprach den Lebensidealen der Baslerin. Verstärkt basisdemokratische Arbeit leistete Gerhard in der 1933 gegründeten Arbeitsgemeinschaft Frau und Demokratie. In ihrem Auftreten bei Behörden und Politikern vertrat diese ihres Erachtens manchmal jedoch zu wenig energisch die Grundsätze ihres Demokratieverständnisses. So befasste sich Gerhard auch während ihrer Zeit als Vizepräsidentin (1940–1954) verstärkt mit den innerorganisatorischen Aufgaben der Arbeitsgemeinschaft.[10]

Georgine Gerhard betrieb auch gezielt Familienpolitik. An der Generalversammlung des Bundes Schweizerischer Frauenvereine (BSF) 1926 brachte sie die Frage des Familienlohnes zur Sprache und erreichte, dass der BSF gemeinsam mit dem SVF eine Kommission für Familienzulagen einsetzte, an deren Spitze (Präsidium) sie gleich selbst gestellt wurde. Im Rahmen dieser Kommissionstätigkeit wurde eine gründliche Studie mit dem Titel «Die wirtschaftliche Versorgung der Familie»[11] ausgearbeitet, die sämtliche bis dahin getroffenen Massnahmen zur Besserstellung kinderreicher Familien aufzeigte und als Quintessenz die Einführung einer obligatorischen Elternschaftsversicherung empfahl. Dieser fortschrittliche Gedanke fand zwar im Anschluss an der von Gerhard angeregten und von der Schweizerischen Vereinigung für Sozialpolitik durchgeführten Studientagung zum Thema «Der wirtschaftliche Schutz der Familie» kein Gehör mehr, da im Bereich Familienschutz vermehrt konservativere Kreise die Initiative ergriffen. Doch das Hauptziel, auf den dringlich werdenden Handlungsbedarf hinsichtlich des Familienschutzes aufmerksam zu machen, war vor dem Hintergrund der angebrochenen Weltwirtschaftskrise erreicht.[12]

Eine äusserst zentrale Figur war Georgine Gerhard in der Flüchtlingskinderhilfe. Als Leiterin der von ihr 1934 mit initiierten Basler Hilfe für Emigrantenkinder (BHEK), eine der erfolgreichsten Sektionen des Schweizerischen Hilfswerks für Emigrantenkinder (SHEK), korrespondierte sie mit kantonalen und nationalen Behörden, mit internationalen Hilfsorganisationen und mit zahlreichen Verbänden und Vereinen, um sich für die Flüchtlingskinder einzusetzen. Zudem lancierte sie Spendenaktionen in der Bevölkerung und vermittelte die aus Frankreich eintreffenden Flüchtlingskinder an SHEK-Heime oder Pflegeeltern weiter. Gerhard prüfte auch sorgfältig nach, ob jedes Flüchtlingskind sich an seinem Platz psychisch und physisch gesund entwickeln konnte, und gegen Kriegsende war es für sie ein wichtiges Anliegen, dass für sämtliche Flüchtlingskinder ein neues Ziel- beziehungsweise Heimatland (Vereinigte Staaten, Israel) gefunden werden konnte. Zudem präsidierte sie ab 1944 auch die vom SHEK neu geschaffene Zentrale Heimkommission. Dieses Amt war für sie eine weitere Herausforderung, denn damit lag die Verantwortung für die gesamte Organisation und Koordination der verschiedenen SHEK-Heime in ihren Händen.[13]

Mit ihrem Einsatz für die Flüchtlingskinder bewegte sich die Baslerin oft auf hochpolitischem Parkett. Im Gegensatz zu einzelnen SHEK-Vorstandsmitgliedern, die sich, nachdem eine von Gerhard mit angeregte Völkerbundseingabe für einen verbesserten Flüchtlingsstatus beim Bundesrat keinen Anklang gefunden hatte, enttäuscht vom politischen Feld zurückzogen und sich nur noch der Fürsorgearbeit der Hilfsorganisation widmeten, setzte sie immer wieder mutige Gegenakzente zur behördlichen Flüchtlingspolitik. So gelang es ihr im November 1938, nach den Pogromen gegen die jüdische

Bevölkerung im nationalsozialistischen Deutschland, dem Chef der Fremdenpolizei die Bewilligung zur Einreise von 300 jüdischen Flüchtlingskindern aus dem gefährdeten Waisenhaus in Frankfurt am Main abzuringen. Die Rettung dieser Kinder, bekannt auch als «300-Kinder-Aktion», stellt in der Geschichte der schweizerischen Flüchtlingshilfe bis heute einen einzigartigen Erfolg dar.[14] Kritisch äusserte sich Gerhard auch gegenüber der Leitung des Schweizerischen Roten Kreuzes (SRK), die ab 1942 die Organisation der gesamten Flüchtlingskinderhilfe übernommen hatte und einen eher staatsnahen Kurs einschlug. Sie verurteilte die von der SRK-Leitung mitgetragenen antisemitischen Massnahmen der Fremdenpolizei schärfstens und setzte sich innerhalb des SHEK zusammen mit jüdischen Organisationen für die illegale Rettung jüdischer Flüchtlingskinder aus Frankreich ein.[15]

Die offizielle Anerkennung von Gerhards bedeutenden Verdiensten in der Flüchtlingskinderhilfe erfolgte 1961 mit dem ihr verliehenen medizinischen Ehrendoktortitel der Universität Basel. Dieser Titel bedeutete für sie eine persönliche Genugtuung für ihre Freiwilligenarbeit. Zum 80. Geburtstag übergab die Leitung des von Gerhard 1952 mitgegründeten Kinderdorfes Kirjath Jearim in Israel der Baslerin eine Ehrenurkunde und richtete ihr damit einen speziellen Dank für die Rettung und Betreuung jüdischer Flüchtlingskinder während des Zweiten Weltkriegs aus. Überdies wurde in Gerhards Namen ein Geldfonds eingerichtet und ein Haus im Kinderdorf nach ihr benannt.[16]

1 Siehe Waeber Aurel, Georgine Gerhard und ihre Aktivitäten in Flüchtlingshilfe, Frauenbewegung und Sozialpolitik. Eine Basler Biographie, Liz. Basel 2004.
2 Hardmeier Sibylle, Frühe Frauenstimmrechtsbewegung in der Schweiz (1890–1930). Argumente, Strategien, Netzwerk und Gegenbewegung, Zürich 1997, S. 334f.
3 Dieser Vortrag wurde ein Jahr darauf im Jahrbuch der Schweizerfrauen abgedruckt: Die Frau und die politischen Parteien, in: Jahrbuch der Schweizerfrauen 1919, Jg. 5, hg. von der Sektion Bern des Schweizerischen Verbandes für Frauenstimmrecht.
4 Ibd., S. 107.
5 Hardmeier, Frühe Frauenstimmrechtsbewegung, S. 235.
6 Ibd., S. 256.
7 Ibd., S. 257.
8 Ibd., S. 334.
9 So stellte Gerhard z.B. ein Gesuch an den Vorsteher des Basler Sanitätsdepartements, mit dem Begehren, eine Frau für die Aufsichtskommission der Heil- und Pflegeanstalt Friedmatt zu berücksichtigen; Staatsarchiv Basel-Stadt, SD-REG 1 (0-1-18), Frauenvereine, Vertretung in Kommissionen, 4. Mai 1938: Gerhard an den Vorsteher des Sanitätsdepartementes.
10 Siehe auch Schweizerische Arbeitsgemeinschaft «Frau und Demokratie» (Hg.): Die Schweizerische Arbeitsgemeinschaft «Frau und Demokratie», Bern 1984.
11 Gerhard Georgine, Die wirtschaftliche Versorgung der Familie, dargestellt im Auftrag der Kommission für Familienzulagen des Bundes Schweizerischer Frauenvereine und des Schweizerischen Verbandes für Frauenstimmrecht, 2. Auflage, Basel, September 1930.

12 Vgl. Mesmer Beatrix, Staatsbürgerinnen ohne Stimmrecht. Die Politik der schweizerischen Frauenverbände 1914–1971, Zürich 2007, S. 186–189.
13 Vgl. Schmidlin Antonia, Eine andere Schweiz. Helferinnen, Kriegskinder und humanitäre Politik, 1933–1942, Zürich 1999, S. 30–52.
14 Siehe auch Unabhängige Expertenkommission, Schweiz – Zweiter Weltkrieg (UEK): Die Schweiz und die Flüchtlinge zur Zeit des Nationalsozialismus, Bern 1999, S. 64; Schmidlin, eine andere Schweiz, S. 48–52.
15 Vgl. Picard Jacques, Die Schweiz und die Juden 1933–1945. Schweizerischer Antisemitismus, jüdische Abwehr und internationale Migrations- und Flüchtlingspolitik, Zürich 1994, S. 433–440; Schmidlin, eine andere Schweiz, S. 292.
16 Kopien des Gratulationsschreibens vom Dekan der medizinischen Fakultät zum Ehrendoktortitel, der Ehrenurkunde des Kinderdorfes Kirjath Jearim, einiger Privatkorrespondenz sowie einiger Fotografien von Georgine Gerhard finden sich im Anhang meiner Lizentiatsarbeit (vgl. Anm. 1); die Originalunterlagen sind im Privatbesitz der Familie Christel und Hans Dressler(-Bietenholz), Riehen (Basel-Stadt).

Elisabeth Vischer-Alioth (1892–1963)
Stets Frau im besten Sinne des Wortes

Antonia Schmidlin

Abb. 43: Elisabeth Vischer-Alioth

«Wenn einmal die Geschichte der Schweiz im 20. Jahrhundert dargestellt wird, werden die Leser ein Kapitel finden, das bisher in solchen Darstellungen fehlte: ‹Die Frauenbewegung in der Schweiz›. Darin wird der Name Elisabeth Vischers als einer Pionierin des Frauenstimmrechts nicht fehlen.»[1] Mit diesen Worten würdigte Georgine Gerhard, selbst zentrale Persönlichkeit der schweizerischen Frauenstimmrechtsbewegung, im Jahre 1962 ihre Freundin in der National-Zeitung, und sie sollte recht behalten.

Bürgerliche Herkunft
Elisabeth Alioth wurde am 7. September 1892 als jüngste von fünf Töchtern in Arlesheim in eine «alte Basler Familie» geboren und wuchs in gutbürgerlichen Verhältnissen auf. Sie absolvierte eine Privatschule in Basel und das standesgemässe Pensionatsjahr in Genf. Nach einem Studienjahr an der Sozialen Frauenschule in Berlin musste sie mit Ausbruch des Ersten Weltkrieges wieder in die Schweiz zurückkehren. Von 1916 bis 1919 verdiente sie ihren Lebensunterhalt als Sekretärin der Musikschule und des Konservatoriums in Basel. Die soziale Thematik beschäftigte sie weiterhin: Von 1915 bis 1918 leitete sie nebenamtlich das Bezirkssekretariat der Pro Juventute Basel-Stadt und nach Kriegsende setzte sie sich in der Hilfsaktion des Kantons Basel-Stadt für in Not geratene Schweizerinnen und Schweizer sowie ausländische Personen ein.

Im Jahre 1919 heiratete Elisabeth Alioth den Juristen Eberhard Vischer. Das Paar wohnte in Arlesheim. Mehrfach wird erwähnt, dass es ihr Gatte war, der Elisabeth Vischer-Alioth dazu ermunterte, sich mit der «Frauenfrage» zu beschäftigen. Dies stimmt nicht ganz: Bereits während des Ersten Weltkriegs wurde Alioth Mitglied der Vereinigung für Frauenstimmrecht Basel und Umgebung, und wenig später stellte sie zusammen mit ihrer Freundin Elisabeth Zellweger, der späteren Präsidentin des Bundes Schweizerischer Frauenvereine, die Basler Frauenzentrale auf die Beine.[2] Und sicher hat die Ausbildung an der Sozialen Frauenschule in Berlin ebenfalls dazu beigetragen, Alioths politisches Interesse zu wecken. Wie dem auch sei, durch die finanzielle Absicherung als Gattin eines erfolgreichen Juristen war es Elisabeth Vischer-Alioth möglich, sich (zu einem grossen Teil ehrenamtlich) auf vielfältige Weise für das Frauenstimmrecht zu engagieren.

Mitarbeit in Frauenorganisationen
Seit 1920 wirkte Elisabeth Vischer-Alioth im Vorstand der Vereinigung für Frauenstimmrecht Basel, deren Präsidentin sie von 1922 bis 1935 war. Dem Bund Schweizerischer Frauenorganisationen BSF trat sie 1923 bei (von 1923 bis 1926 war sie Aktuarin, von 1949 bis 1959 Vorstandsmitglied); ab 1926 arbeitete sie 27 Jahre lang in der Gesetzesstudien- und Versicherungskommission des BSF mit. Darüber hinaus war sie von 1928 bis 1933 Vizepräsidentin des Konsumgenossenschaftlichen Frauenbundes der Schweiz. Diese Engagements brachten öffentliche Auftritte und Stellungnahmen mit sich, sei es als Referentin, sei es als Autorin. Damit verliess Vischer-Alioth den privaten, von der bürgerlichen Gesellschaft des 19. Jahrhunderts als weiblich definierten Handlungsraum und betrat den öffentlichen Bereich, der den Männern vorbehalten war. Sie gestand später, «dass es ihr zu Beginn ihrer Tätigkeit zugunsten der Gleichberechtigung der Frau ganz unmöglich erschienen sei, öffentlich zu sprechen». Dennoch wagte sie, «Flugblätter für das Frauenstimmrecht zu verteilen, als dies noch mit einem grossen Risiko verbunden war».[3] Diese Mischung ist bezeichnend für die Vertreterinnen der Frauenstimmrechtsbewegung der ersten Hälfte des 20. Jahrhunderts: Die dualistische Auffassung der Geschlechterrollen wurde nicht hinterfragt, gleichzeitig kam es aber zu Grenzüberschreitungen, neue Räume wurden erobert und dadurch der Dualismus letztlich unterlaufen.

Ein Schicksalsschlag traf die 37-Jährige, als ihr Gatte am 8. September 1929 einem Bergunglück zum Opfer fiel. Von 1929 bis 1935 lebte Vischer-Alioth bei ihren Schwiegereltern in Basel.[4] Nach dem Tod ihres Lebenspartners engagierte sie sich noch stärker für die Frauenrechte.

1929 wurde sie Mitglied des Zentralvorstandes des Schweizerischen Verbandes für Frauenstimmrecht, den sie von 1940 bis 1952 präsidierte. 1946 übernahm sie die Nachfolge von Émilie Gourd als Ehrensekretärin des

Frauenweltbundes. Und 1955 war Vischer-Alioth beteiligt an der Gründung der Europäischen Frauenunion EFU, in deren Vorstand sie bald vertreten war.

Das Präsidium des Schweizerischen Verbandes für Frauenstimmrecht und die Mitarbeit im Vorstand des Bundes Schweizerischer Frauenorganisationen machten Vischer-Alioth zu einer zentralen Exponentin der schweizerischen Frauenbewegung. Sie war viel unterwegs, um Vorträge in der ganzen Schweiz, auch in der Romandie, zu halten. Der Kampf für das Frauenstimmrecht führte die aktive Frau in den Journalismus.

Journalistin
Unter der Signatur E.V.A. schrieb Vischer-Alioth ab 1920 zahlreiche Artikel in verschiedenen Zeitungen und Zeitschriften, vorab in der baslerischen National-Zeitung und im Schweizer Frauenblatt. Hinzu kamen Stellungnahmen und Abhandlungen in Broschüren des Schweizerischen Verbandes für Frauenstimmrecht und im Jahrbuch der Schweizer Frauen. Daneben verfasste sie auch Beiträge für das Radio. Die Liste der von Vischer-Alioth selbst als wichtig erachteten Publikationen zeigt die Palette an Themen, die ihr Leben bestimmten: soziale Fragen, Frauenrechte und kirchliche Themen.[5]

1935 wartete die nächste grosse Aufgabe auf Elisabeth Vischer-Alioth: Nach dem Tode ihrer Schwester Jenny Preiswerk zog sie ihre zwei Neffen auf, deren Vater 1937 ebenfalls sterben sollte. Innerhalb der Familie sprang Elisabeth Vischer-Alioth mehrmals als Pflegerin ein. Aufgrund dieser familiären Pflichten reduzierte sie für kurze Zeit ihr Engagement für das Frauenstimmrecht. Dass sie trotzdem weiterhin politisch tätig blieb, stiess in ihrer Familie nicht immer auf Verständnis, wie ein Verwandter gestand: Sie musste «ihre Tätigkeit im öffentlichen Leben und ihre Aktivität in der Familie gleichsam als ein Doppelleben führen, weil sie in der Familie im allgemeinen wenig Interesse und Verständnis für ihr Wirken in der Öffentlichkeit fand».[6]

In den 1930er und 1940er Jahren hatten es Frauenanliegen schwer. Unter der Einwirkung faschistischen Gedankenguts wurden konservative Leitbilder reaktiviert. Die Frauenstimmrechtsvereine passten sich diesem Backlash an und gaben sich hausfraulich, um nicht anzuecken. Sie sahen sich gezwungen, weiterhin auf der Basis des Geschlechterdualismus zu argumentieren und aus dem «spezifisch weiblichen Wesen» Kapital zu schlagen.[7] Dieser Befund gilt auch für die publizistische Tätigkeit Vischer-Alioths: In ihrem 1946 erschienenen Aufsatz «Was ist Politik?» befasste sie sich unter anderem mit den Argumenten gegen das Frauenstimmrecht. Mit feinem Humor konterte sie die Behauptung, dass «die Frau […] durch die Politik in den Schmutz hineingezogen» wird mit: «Wie kommt es, dass dieser Einwand oft von sehr tätigen Politikern vorgebracht wird? Es wundert uns immer, dass sie so gelassen selbst in diesem ‹Schmutze› tätig sind, dabei aber doch keinen Augenblick glauben, dass sie sich etwa durch die Parteipolitik ‹beschmutzt› haben!» In ihrer Argumentation für das Frauenstimmrecht griff Vischer-Alioth zum Dualismus:

> «Können nicht die Frauen gerade wieder auf Grund ihrer ureigenen Fähigkeit zum Ausgleich Wege finden, um eine bessere Parteipolitik heranzubilden? […] Es gibt Beispiele aus ausländischen Staaten, wo Frauen in Parlamenten versöhnend und friedenschaffend wirkten, wo sie ausbrechende Kämpfe durch begütigendes und beruhigendes Dazwischentreten abebben lassen konnten […].»[8]

«Nie Fanatikerin, sondern stets Frau im besten Sinne des Wortes»

Im zeitgenössischen Urteil verfügte Vischer-Alioth selbst über jene Tugenden, die als «weiblich» galten. In den Basler Nachrichten wurde Vischer-Alioth 1962 anlässlich ihres 70. Geburtstages mit folgender Beschreibung charakterisiert: «Durch alles Tun von Elisabeth Vischer-Alioth hindurch strahlen warme Fraulichkeit, Liebenswürdigkeit und Fairness, und es ist schwer, sich dem Charme ihrer Persönlichkeit zu entziehen. Sie hat sich damit viele Sympathien erworben.»[9] Letztlich war der Einsatz «weiblicher» Tugenden jedoch auch eine Strategie, wie Elisabeth Zellweger, Vischer-Alioths Freundin seit Kindertagen und spätere Mitstreiterin für das Frauenstimmrecht, einräumte:

> «Die Vereinigung für Frauenstimmrecht Basel und Umgebung und später der Schweizerische Verband für Frauenstimmrecht und staatsbürgerliche Zusammenarbeit waren gut beraten, als sie Dich zur Präsidentin wählten, denn niemand hatte je behaupten können, Du seist der Typ der Frauenrechtlerin, des ‹Stammrechtsweibes› [sic!]. […] Du hast Zeit gefunden, einen Haushalt zu führen, der zeigte, dass auch eine Frauenstimmrechtlerin eine gute Hausfrau sein kann. […] Ein bedeutender Mann hat es neulich ausgesprochen, was ihm an Dir am meisten imponiert, sei, dass Du keine Aggressionen und Affekte habest. Das habe der Sache des Frauenstimmrechtes sehr genützt. Das können wir Frauen nur unterschreiben.»[10]

Und so brachte es eine Zeitung auf den Punkt: «Sie war dabei nie Fanatikerin, sondern stets Frau im besten Sinne des Wortes.»[11]

Das negative Image der «Frauenstimmrechtlerinnen» lässt aufhorchen: Das Eintreten für die Frauenrechte wurde als «Rechtelei» und «sture Rechthaberei» bezeichnet, oder man sang das Lied «vom verlorenen weiblichen Charme bei politisch tätigen Frauen».[12] Frauen, die sich nicht an die als weiblich definierten Verhaltensweisen hielten, wurde die Weiblichkeit abgesprochen. Die Anforderungen an die Pionierinnen der Frauenstimmrechtsbewegung waren immens: Zwar sollten sie beharrlich für ihre politischen Rechte kämpfen, aber ja nicht energisch werden oder Forderungen stellen und – die Hauptsache – keine Enttäuschung zeigen, wenn auch innerhalb von Jahrzehnten kaum Fortschritte zu sehen waren. Etwas bitter klingen in diesem Zusammenhang die Worte von Georgine Gerhard: «‹Hat sich die über 40jährige Arbeit im Dienste des Frauenstimmrechts gelohnt?› Wenn man Elisabeth

Vischer so fragte, würde sie lächeln wie eine, die nie nach dem Lohn gefragt hat.»[13]

Der Schritt in das politische Amt

Vertreterinnen der Frauenorganisationen berief man immer wieder in behördliche Kommissionen. Eine «frauliche Sicht» war vor allem in sozialen Bereichen gefragt. Die Frauenstimmrechtsvereine sahen hier einen Weg, die politische Mitsprache von Frauen schrittweise auf- und auszubauen und damit den Widerstand gegen das Frauenstimmrecht zu brechen. So arbeitete Vischer-Alioth von 1939 bis 1946 in der Frauenkommission für Wirtschaftsfragen des Kantons Basel-Stadt mit. Und 1947 sass sie in der vom Eidgenössischen Politischen Departement eingesetzten beratenden Kommission zur Prüfung der Charta der Vereinten Nationen. 1955 wurde Vischer-Alioth als erste Frau in die Bürgerkommission von Basel gewählt. Im gleichen Jahr gründete sie die Frauengruppe der Vereinigung Evangelischer Wähler (baslerische Variante der EVP), welche sie bis 1961 leitete.

Wie andere Frauenstimmrechtsaktivistinnen zählte Vischer-Alioth zu den ersten in ein politisches Amt gewählten Frauen: 1961 gehörte sie zu den ersten Frauen im Weiteren Bürgerrat von Basel (heute Basler Bürgergemeinde). Als Alterspräsidentin eröffnete sie die Sitzung im Dezember des Jahres 1961. Die Basler Nachrichten berichteten, dass «eine ganz neuartige Stimmung» geherrscht habe.[14] Vischer-Alioth sah klar, wie genau man ihr auf die Finger schauen würde: «Zum ersten Mal sollte ich nun einer politischen Behörde vorstehen! Ich war mir bewusst, dass eine Frau sich in doppeltem Sinn zu bewähren hätte […], denn wie leicht könnte mein Versagen verallgemeinert werden!»[15] Die Einführung des Frauenstimmrechtes in der Schweiz und im Kanton Basel-Stadt, eines ihrer Lebensziele, erlebte Elisabeth Vischer-Alioth jedoch nicht mehr: Sie starb am 20. August 1963 in Basel.

1 National-Zeitung, 5. September 1962.
2 Basler Nachrichten, 6./7. September 1952. Zum Gründungsdatum der Frauenzentrale: «Die Frauenzentrale ist nicht an einem fixen Tag, etwa an einer so genannten Gründungsversammlung entstanden, sondern wurde zwischen dem 27. September 1916 und dem 13. Februar 1917 schrittweise aufgebaut.» Argast Regula, Von Dörräpfeln und Netzwerken. 80 Jahre Frauenzentrale Basel 1916–1996, Basel 1997, S. 15.
3 Basler Nachrichten, 21. August 1963.
4 Schweizer Frauenblatt, 13. September 1963. Besonders mit ihrem Schwiegervater hatte sie eine sehr enge Beziehung; die beiden unternahmen zahlreiche gemeinsame Reisen. Vgl. Archiv der Gosteli-Stiftung zur Geschichte der schweizerischen Frauenbewegung (AGoF), PA 519, Elisabeth Vischer-Alioth, Leichenrede).
5 Schweizer Frauenblatt, 13. September 1963. Im Jahrbuch der Schweizer Frauen von 1920/22 schrieb sie einen Aufsatz über «Die Schweizer Arbeiterin in der Krisenzeit». Als

Chronistin der Geschichte des Schweizerischen Frauenstimmrechtes schrieb sie Beiträge im Jahrbuch der Schweizer Frauen von 1930/31 («Zusammenstellung der Wählbarkeit der Frauen») und von 1932/33 («Chronik der Schweizerischen Frauenbewegung»). In der 1935 erschienenen Festschrift für ihren Schwiegervater, den Theologen Eberhard Vischer, äusserte sie sich über «Die Mitarbeit der Frauen in kirchlichen Behörden der Schweiz». Der christliche Glaube zieht sich wie ein roter Faden durch das Leben Vischer-Alioths: Sie war nicht nur Mitglied des Evangelischen Frauenbundes der Schweiz, sondern sass auch in dessen Politischer und Pressekommission (Basler Nachrichten, 6. September 1962). Von 1921 bis 1929 war sie Mitglied des Kirchenvorstandes in Arlesheim, arbeitete von 1926 bis 1929 im basellandschaftlichen Kirchenausschuss zur Schaffung freiwilliger Kirchenpflegen und zur Vorbereitung der Kirchenverfassung zur Trennung von Kirche und Staat mit (Schweizer Frauenblatt, 13. September 1963). Jahrelang war sie auch Delegierte des Kirchenrates in der Kommission der YWCA, des Weltbundes christlicher Frauen und Töchter (Basler Volksblatt, 6. September 1962).

6 AGoF, PA 519, Elisabeth Vischer-Alioth, Leichenrede.
7 Mesmer Beatrix, Staatsbürgerinnen ohne Stimmrecht. Die Politik der schweizerischen Frauenverbände 1914–1971, Zürich 2007, S. 242.
8 Vischer-Alioth Elisabeth, Was ist Politik?, Basel 1946.
9 Basler Nachrichten, 6. September 1962.
10 Basler Nachrichten, 6./7. September 1952.
11 Landschäftler, 8. September 1952.
12 Schweizer Frauenblatt, 4. September 1942. Neue Zürcher Zeitung, 22. August 1963. Schweizer Frauenblatt, 31. August 1962.
13 National-Zeitung, 5. September 1962.
14 Basler Nachrichten, 6. Dezember 1961. Der Weitere Bürgerrat stellte die Legislative, der Engere Bürgerrat die Exekutive der Basler Bürgergemeinde dar. In der Exekutive sassen auch 1961 noch keine Frauen. Vischer-Alioth hatte aber sowohl für Legislative als auch Exekutive kandidiert.
15 Der Bund, 28. Januar 1962.

Dora Grob-Schmidt (1895–1985)
Eine Frau wagt sich vor

Bettina Vincenz

Abb. 44: Dora Grob-Schmidt

«Wäre es nicht besser, du wärest unbegabt geboren und hättest dich ohne Umweg eingereiht in die anspruchslose Schar derer, die ausschliesslich ihren Frauen- und Mutterberuf ausüben? War es richtig, deine persönliche Begabung zu schulen und dich so aus diesen Reihen herauszustellen?»[1]

Diese selbstkritische Frage stellte sich Dora Schmidt, die erste Frau, die in der Bundesverwaltung Karriere gemacht hatte, kurz nach ihrem nicht ganz freiwilligen Rücktritt.

Erste Weichenstellung

Dora Schmidt kam am 3. Februar 1895 in einer kinderreichen Familie in Basel zur Welt. Ihr Vater Paul W. Schmidt (1845–1917), gebürtiger Berliner, lehrte Theologie an der Universität. Ihre Mutter Elisa Schröder (1861–1952) stammte aus einer Bremer Kaufmannsfamilie.[2] 1914 schloss Dora Schmidt die Töchterschule mit der Maturität ab. Im gleichen Jahr begann sie in Basel Geschichte und moderne Philologie zu studieren und absolvierte 1916 das Mittelschullehrerexamen.[3] Es folgten mehrere Schulvikariate und eine Halbtagsstelle als Bibliothekarin.[4]

In dieser Zeit trat Dora Schmidt erstmals in Kontakt mit der organisierten Frauenwelt. Angefragt von Clara Büttiker, sagte sie zu, über eine Schweizer Schriftstellerin einen Artikel zu verfassen. Dieser Auftrag habe ihrem Leben eine entscheidende Wende gegeben, erinnerte sie sich Jahre später.

«Für mich, eine aus einer wahren Männerfamilie mit einer selbstvergessenen, hingebenden Mutter alter Prägung stammenden Philologie- und Literaturstudentin, war es bedeutungsvoll, dass ich zuerst von einer Frau aufgefordert wurde, in den Frauenkalender etwas über eine Geschlechtsgenossin zu schreiben. […] Denn durch Clara Büttiker und ihren mutigen und eigenständig gegründeten Kalender, den ich vorher nicht gekannt hatte, und durch die Versenkung in das Leben von Lisa Wenger, die noch während ihrer Ehe zur Schriftstellerei gekommen war, wurden mir erst die Möglichkeiten des Eigenlebens auch in unserem Heimatland nahegerückt.»[5]

Dora Schmidt wandte sich von dem eher kontemplativen Beruf einer Historikerin und Literaturvermittlerin ab und einer Arbeitssphäre zu, die ihr die Möglichkeit gab, einen greifbaren Beitrag zur Entwicklung der Gesellschaft zu leisten.

Der Aufstieg
1918 begann Dora Schmidt in Basel das Studium der Nationalökonomie.[6] Dass sie zugleich eine Stelle als Assistentin für Arbeiterinnenschutz am Gewerbeinspektorrat des Kantons Basel-Stadt antrat,[7] kündigt bereits etwas von der Richtung an, in die sie weitergehen sollte. 1923 promovierte sie in Basel *summa cum laude* aufgrund einer vielbeachteten Dissertation über «Nichtfiskalische Zwecke der Besteuerung». Das Material zu dieser Arbeit hatte sie an der wissenschaftlichen Abteilung der Eidgenössischen Steuerverwaltung in Bern gesammelt, wo sie auf Empfehlung ihres Doktorvaters seit 1919 angestellt war.

Nach ihrem Studium nahm sie eine Stelle beim Kaufmännischen Verein Basel an.[8] 1925, knapp zwei Jahre später, ging sie zurück ins Bundeshaus, diesmal ins Volkswirtschaftdepartement, um sich, zunächst als wissenschaftliche Mitarbeiterin, in der Abteilung für Industrie und Gewerbe, dem späteren Bundesamt für Industrie, Gewerbe und Arbeit (BIGA), vor allem mit Frauenarbeitsfragen zu befassen. Der Anstoss zur Schaffung ihrer Stelle war von der Internationalen Arbeitsorganisation (ILO) gekommen, die verlangte, dass an der jährlichen Arbeitskonferenz, wenn Frauenfragen erörtert würden, pro Land mindestens eine weibliche Regierungsdelegierte anwesend sei. Dora Schmidt war durch ihre bisherige Tätigkeit dafür besonders geeignet, den Ausschlag für ihre Berufung gab ihre Studie über die Arbeitslosigkeit der kaufmännischen Angestellten, die sie im Auftrag des kaufmännischen Vereins durchgeführt hatte.[9]

Bald avancierte sie zur 2. und schliesslich zur 1. Adjunktin, als erste Frau, die beim Bund ein so hohes Amt bekleidete. Hier fand sie Gelegenheit, durch die Mitarbeit in Kommissionen und die Vorbereitung von Gesetzesentwürfen und bundesrätlichen Botschaften an der Verbesserung der Arbeitswelt mitzuwirken: an der Heimarbeitgesetzgebung wie auch an der Förderung der Heimarbeit selbst, an der Regelung der Dienstbotenfrage sowie des Jugendlichenschutzes und, als persönliche Beraterin von Bundesrat Schulthess, am Ausbau der Gewerbeschutzgesetzgebung. Als Frau war Dora Schmidt kaum je in leitender Stellung, die tägliche Schwerarbeit blieb aber an ihr hängen. Sie führte die Kommissionssekretariate, lieferte mit aufwendigen Studien die Grundlagen und verantwortete die Formulierungen der abschliessenden Berichte. So auch, wenn sie in den Jahren 1927 und 1930 bis 1939 für jeweils vier Wochen nach Genf reiste, um als technische Beraterin der Regierungsdelegation an den Internationalen Arbeitskonferenzen teilzunehmen, wo sie oft auch die Schweiz in den Kommissionen vertrat, und all dies bald nicht mehr nur bei Frauenarbeitsfragen, wie ursprünglich vorgesehen.[10]

Ein Höhepunkt ihrer Tätigkeit war das Präsidium der Ausstellungsgruppe Heimarbeit und Industrie an der Schweizerischen Ausstellung für Frauenarbeit (Saffa) im Jahr 1928. Ihr Vorgesetzter unterstützte sie darin, um den Kontakt zwischen dem Arbeitsamt und den Frauenkreisen zu fördern. Dora Schmidt drang darauf, dass die Ausstellung gesellschaftliche Folgen hatte. Zusammen mit Margarita Schwarz-Gagg organisierte sie die Tagung «Die Schulentlassenen in der Fabrik», aus der ein Arbeitsausschuss mit führenden Persönlichkeiten aus Politik, Wissenschaft und Frauenbewegung hervorging, den sie präsidierte. Mit Hilfe dieser Unterstützung erreichte sie, dass das Mindesteintrittsalter von Kindern ins Erwerbsleben gesamtschweizerisch auf 15 Jahre angehoben wurde.[11] Des Weiteren war sie eine der Mitbegründerinnen und von 1931 bis 1940 die erste Präsidentin der Saffa-Bürgschaftsgenossenschaft, die es den Frauen erleichterte, selbständige Betriebe zu führen, ein bedeutender Schritt für die ökonomische Unabhängigkeit der Frau.[12] Mit solchen Engagements wurde Dora Schmidt in der Frauenbewegung zunehmend bekannt und gewann deren Sympathie.

Dazu trugen auch ihre Zeitschriftenartikel und Vorträge bei,[13] worin sie sich dem Thema der Geschlechterrollen und ihres Wandels von verschiedenen Seiten her näherte: historisch mit Studien zu Wolfram von Eschenbach[14] und Erasmus von Rotterdam[15]; gegenwartsbezogen mit Ausführungen über die «Ledigen in der Schweiz»[16] oder «Die Bedeutung der Frauenarbeit für die Volkswirtschaft»[17]. Und sie kam zu Schlussfolgerungen, die in jenen Jahren unerhört waren: Der Herd sei nicht die Wesensbestimmung der Frau. Die Arbeitsteilung sei historisch gewachsen und überholt.[18] Und wenn sie schrieb, schliesslich sei «das Individuum und nicht die Familie, die Urzelle aller sozialen Gemeinschaften»,[19] so stellte sie eine seit Aristoteles sakrosankte Tradition in Frage.

Konflikt im Bundeshaus
Solchen Ideen blies damals ein eisiger Wind entgegen. Unter dem Druck der wachsenden Wirtschaftskrise durfte auch in der Schweiz – oft mit Erfolg – gefordert werden, die Löhne der Frauen seien insgesamt zu kürzen, verheiratete

Frauen seien mit einer «Zölibatsklausel» von den gut dotierten Berufen auszuschliessen. Die Argumente wurden dem «Alleinernährer-» und «Hausmuttermodell» entnommen.[20] Wie konnte sich Dora Schmidt unter solchen Bedingungen in ihrer hohen Position im Bundeshaus behaupten, eine Frau überdies, die den Mut hatte, auch unbequeme Meinungen klar und offen auszusprechen?

Es scheint, dass sie sich auf ihrem Posten im Bundeshaus während langer Zeit wohl fühlte oder ihn zumindest erträglich fand. Bundesrat Schulthess, der Vorsteher des Volkswirtschaftsdepartements, und die Chefs des BIGA, Franz Kaufmann und später Paul Renggli, brachten ihrer Arbeit Wertschätzung entgegen und dürften sie vor mancher Anfeindung rivalisierender Kollegen beschützt haben. Das Klima schlug um, als 1935 Bundesrat Obrecht und 1939 Georg Willi zu ihren Vorgesetzten wurden. Dora Schmidt verstand sich mit diesen beiden nicht. Eine «Welle von Geschwätz, Neid und Verleumdung» brach über sie herein.[21] Direktor Willi und Bundesrat Obrecht verlangten von ihr, dass sie ihr Habilitationsprojekt aufgebe, was sie dann auch tat und vor sich selbst mit dem Kriegsausbruch begründete: «[…] dass Kriegsaufregung und das Bedürfnis, auch praktisch etwas zu leisten im Dienste des Landes, mir die Ruhe zu einer wissenschaftlichen Arbeit nicht mehr lassen werden».[22] Aber ihr neuer Vorgesetzter Willi wollte sie auch nichts mehr für das Land leisten lassen und übertrug ihr keine weitere Beschäftigung mehr. Daher begann sie 1939, zunächst nebenamtlich, von Joseph Käppeli, dem Chef des neu gegründeten Kriegsernährungsamtes (KEA), Arbeit anzunehmen.[23] Wie bisher für die Probleme des Gewerbes, der Arbeit und der Industrie in den 1920er und 1930er Jahren, so leistete sie jetzt Grundlegendes für die Ernährung der schweizerischen Bevölkerung während des Krieges und dies, obwohl sie sich in eine ihr ganz und gar fremde Materie einarbeiten musste.[24] Aber der schlechte Ruf war ihr vorausgeeilt. Bei Käppeli fand sie immerhin Schutz und Anerkennung, doch war sie durch die erschwerten Arbeitsbedingungen längst in eine tiefe Lebenskrise geraten. Im Herbst 1941 entschloss sie sich zur Demission auf Jahresende,[25] blieb dann aber noch, auf Drängen Käppelis, bis zum September 1942 vollamtlich im KEA, bis er, einer schwerer Krankheit wegen, zurücktreten musste.[26]

Einen Monat später trat sie bei der Schweizerischen Bankgesellschaft in Zürich eine neue Stelle als Wirtschaftskonsulentin an. Ihr Rücktritt aus dem BIGA und dann auch aus dem KEA wurde von der Frauenbewegung mit grossem Bedauern zur Kenntnis genommen, denn Dora Schmidt hatte während ihrer 19 Dienstjahre für sie eine wichtige Verbindung zur Bundesverwaltung dargestellt. Zudem war das Prestige ihres Amtes in jener den Frauen so missgünstigen Zeit ein Hoffnungszeichen gewesen.[27]

Stellungnahmen zum Frauenstimmrecht

Obwohl nun in der Privatwirtschaft, hatte Dora Schmidt nicht im Sinn, auf ein politisches Wirken zu verzichten. Im «Neuen Winterthurer Tagblatt», dessen Redaktor ihr Bruder Georg war, nahm sie 1943 in einer Artikelserie Stellung zu zwei damals breit diskutierten Fragen: Ob aus Opportunitätsgründen von der maximalen Forderung auf volle politische Rechte abgewichen werden und ob unter den Schweizerinnen eine Probeabstimmung durchgeführt werden solle, um abzuklären, ob sie das Stimmrecht überhaupt wollten.

Es war Dora Schmidts erste öffentliche Stellungnahme zum Thema Frauenstimmrecht, denn während ihrer Amtszeit in Bern hatte sie sich hierzu «grösster Zurückhaltung zu befleissigen».[28] Doch als sie nun öffentlich dafür eintrat, vertrat sie teilweise andere Positionen als der Schweizerische Verband für Frauenstimmrecht. Wie dieser befürwortete auch sie eine vorerst schrittweise Einführung, verstand darunter aber etwas anderes. Der Verband votierte in seiner Petition von 1949 dafür, vorerst nur das Stimmrecht einzuführen, ohne aktives und passives Wahlrecht.[29] Dora Schmidt aber war für das integrale Stimm- und Wahlrecht der Frauen, jedoch zunächst erst ab dem 30. Altersjahr und dies nur nach bestandener staatsbürgerlicher Prüfung.[30]

Von der Prüfung versprach sie sich ein Erwachen der Frauen aus der politischen Apathie.[31] Aus dem gleichen Grund unterschied sie sich vom Frauenstimmrechtsverband auch in der Frage, ob eine Frauenbefragung durchgeführt werden solle. Der Verband sprach sich dagegen aus, weil er fürchtete, sie könnte negativ ausfallen, während sie bei einem positiven Resultat ohnehin unverbindlich sei.[32] Dora Schmidt war dafür. Sie war der Ansicht, die Befragung wäre ein wichtiges Signal des Bundesrates an die Frauen. «Manche indolente Seele würde gerüttelt, mancher Schlummernden gingen die Augen auf, wenn von so hoher, verantwortlicher Stelle die Anfrage käme.»[33]

Es war nicht das einzige Mal, dass Dora Schmidt in der Öffentlichkeit für etwas anderes einstand als die Mehrheit der Frauenrechtlerinnen. Auch ihr Tonfall war bisweilen anders. Etwa, wenn sie den Widerstand der Männer gegen das Frauenstimmrecht damit erklärte, die Männer zu erfassen sei «recht schwer, da sie der vernünftigen Erörterung oft nicht zugänglich, sondern in der Welt des Unbewussten, des Instinkthaften, beheimatet sind».[34] Das war nicht der konziliante Ton der Schweizer Frauenstimmrechtlerinnen, die um das Wohlwollen der Männer buhlen mussten. Manch einer, die solche Worte in der Öffentlichkeit nicht zu äussern gewagt hätte, dürfte sie aber aus der Seele gesprochen haben. Dora Schmidt war frei. Sie brauchte sich weder an den diplomatischen Ton der Stimmrechtsbewegung zu halten, in der sie kein führendes Amt innehatte, noch an die Diskretion, die ihr vordem als Bundesbeamtin auferlegt worden war.

Unverhohlen war auch ihre Kritik an der Zusammensetzung der AHV-Kommission. In ihrem Artikel «Warum keine Frau?» (1944) warf sie den Behörden eine die Frauen diskriminierende Beizugspraxis vor. Dabei stellte sie sich in Gegensatz zu den Frauenverbänden, denn diese sahen in den ausserparlamentarischen Kommissionen eine Möglichkeit staatlicher Partizipation und trachteten danach, sie auszubauen.[35] Für Dora Schmidt aber hatte die Mitwirkung der Frauen in solchen Gremien ohnehin keinen Sinn, solange die Frauen kein Stimmrecht hätten. So war auch der Ausschluss der Frauen von der AHV-Kommission für sie eine Folge des fehlenden Stimmrechtes:

> «Das Vorgehen ist nur erklärlich, weil ja die Frauen nicht mitstimmen werden, wenn die entsprechende Vorlage einmal vor das Volk kommt. Sie dürfen daher schon in den ersten Anfängen als ‹quantité négligeable› behandelt werden.»[36]

Einige Jahre später, 1957, als es um die Frage ging, auf welchem Weg über das Frauenstimmrecht entschieden werden solle, nahm Dora Schmidt abermals eine andere Position ein als der Frauenstimmrechtsverband. Dieser gab der bundesrätlichen Vorlage, die eine Verfassungsänderung vorsah, zwar keine Chance, hielt sich jedoch mit eigenen Vorschlägen zurück, um nach einem negativen Ausgang der Volksabstimmung eine Neuinterpretation des Verfassungstextes verlangen zu können. Dora Schmidt, die ebenfalls eine Abstimmungsniederlage voraussah, hielt diese Strategie für unredlich. Sie verfasste die kleine Schrift «Der andere Weg zum Frauenstimmrecht», in der sie die Mitglieder des Nationalrates aufforderte, die Vorlage des Bundesrates abzulehnen und direkt auf den Interpretationsweg einzuschwenken. Sie zeigte auf, dass in der Sprache der Verfassung die männlichen Hauptwörter wie Schweizer, Bürger, Arbeitnehmer, Schuldner, Aufenthalter ja immer für Personen beiderlei Geschlechts verwendet würden,[37] und legte den Finger auf Artikel 4 der Bundesverfassung, wonach es in der Schweiz keine Vorrechte der Personen und keine Untertanen gebe.[38]

Zu neuen Horizonten

Erschöpft und abgekämpft hatte Dora Schmidt das Bundeshaus verlassen. Nun ging es wieder bergauf mit ihr. An ihrem neuen Arbeitsplatz nahm man sie gut auf.[39] Sie bezog am Schanzengraben in Zürich ein Zimmer[40] und verbrachte die Wochenenden bei ihrer Mutter in Riehen. Hier wie dort führte sie ein reiches gesellschaftliches Leben. Emilie Lieberherr (*1924), damals bei der Bankgesellschaft ihre Sekretärin, erinnert sich: «In unserem Büro an der Bahnhofstrasse sind alle Frauen vorbeigekommen, die in der Schweiz eine Rolle spielten. Alle politischen Schattierungen waren vertreten, obwohl sie richtig eine dezidierte Freisinnige war. Eine Basler Dame.»[41] Auch in Basel empfing sie oft Besuch von ihren zahlreichen Verwandten sowie von Freundinnen und Freunden, darunter viele Exponentinnen der Frauenbewegung.

1946 reiste Dora Schmidt im Auftrag ihrer Bank für eine dreimonatige Studienreise nach New York.[42] Der Aufenthalt brachte ihrem Leben erneut eine Wende. Sie traf ihren Jugendfreund Fritz Grob, Professor für Politikwissenschaften am Olivet College in Michigan. Die beiden heirateten noch vor ihrer Heimreise.[43] Zurück in der Schweiz nahm sie plangemäss ihre Arbeit bei der Bankgesellschaft wieder auf,[44] jedoch nicht mehr für lange. 1948 zog sie zu ihrem Mann nach Boston, wo sie ein Swiss New England Relations Center gründete. Doch der Aufbau einer neuen Existenz in Übersee gelang ihr nicht. 1952 liess sie sich scheiden und kehrte in die Schweiz zurück.[45]

Die 57-Jährige schlug abermals neue Wege ein. An der Universität Fribourg besuchte sie während einiger Jahre rechtswissenschaftliche Vorlesungen. Im Übrigen widmete sie sich vor allem wissenschaftlichen und publizistischen Arbeiten und beschäftigte sich mit der Ordnung des Nachlasses des schweizerischen Naturforschers Jean-Louis Agassiz (1807–1873), der an der Scientific School der Havard Universität gewirkt hatte.[46]

1985 starb Dora Schmidt 90-jährig im Altersheim Adullam in Basel, wo sie wenige Jahre zuvor eingezogen war.[47]

1   Schmidt Dora, Die begabte Frau. Votum auf Einladung abgegeben an der staatlichen Schulsynode Basel am 4. Dezember 1942, Sonderdruck aus: Der Freisinnige, Tagblatt für das Zürcher Oberland, Wetzikon (o.O., o.J.).
2   Privatarchiv Herman Schmidt, Stammbaum von Paul Wilhelm Schmidt.
3   Schmidt Dora, Vita, in: dieselbe, Nichtfiskalische Zwecke der Besteuerung. Ein Beitrag zur Steuertheorie und Steuerpolitik, Tübingen 1926; G. A.W., Dr. Dora Grob-Schmidt zum 80. Geburtstag, in: Basler Nachrichten, 1. Februar 1975.
4   Schweizerisches Bundesarchiv (BAR), E 4001 D 1973/125 Bd. 140, Schmidt Dora an Bundesrat Rubattel, Brief mit Lebenslauf, 19. März 1953, S. 2f.
5   Schweizerischer Frauenkalender (1960), S. 18f.
6   Schmidt, Vita.
7   Staatsarchiv Basel-Stadt, DI-REG 5a 1-3-9-2 (2), Arbeitszeugnis von Fräulein Dora Schmidt, verfasst vom Gewerbeinspektor Dr. Walter Strub, 8. November 1919.
8   G. A. W., Dr. Dora Grob-Schmidt zum 80. Geburtstag.
9   Schmidt Dora, Die Arbeitslosigkeit der kaufmännischen Angestellten, in: Zeitschrift für Schweizerische Statistik und Volkswirtschaft, 60. Jg., Heft 2, 1924, S. 190–205.
10 Dr. Dora Schmidt. Die Verwalterin des «SAFFA»-Erbes, in: Die Weltwoche, 15. November 1935; Schmidt Dora, Dienst im Bundeshaus, in: Der Bund, 23. September 1936; Schmidt Dora, Von den Frauen im Bundeshaus, in: Wir Schweizerfrauen. Unser Leben und Wirken in Wort und Bild. Eine Festgabe für die Schweiz. Landesausstellung 1939 in Zürich, Zürich 1939, S. 86; für eine umfassende Auflistung ihrer Tätigkeiten und Funktionen beim Bund siehe: BAR, E 4001 D 1973/125 Bd. 140, Schmidt Dora an Bundesrat Rubattel, Brief mit Lebenslauf, 19. März 1953, S. 1–6.
11 Schmidt Dora, Schöpfer Robert, Einleitung, S. 5–7, in: Schmidt Dora et al. (Hg.), Ein Jahr mehr Kindheit. Ein Beitrag zum Kampf gegen die Arbeitslosigkeit, Schlussbericht des Arbeitsausschusses «Die Schulentlassenen im Erwerbsleben» erstattet im Herbst 1935, Zürich 1936; BAR, E 4001 D 1973/125 Bd. 140, Schmidt Dora an Bundesrat Rubattel, Brief mit Lebenslauf, 19. März 1953, S. 3.

12 Dr. Dora Schmidt. Die Verwalterin des «SAFFA»-Erbes; Zürcher Regula, Von Frauen für Frauen. Fünf Solidaritätswerke der Schweizer Frauenbewegung. SAFFA 1928. Saffa 1958, Luzern 1999, S. 12–17 und S. 26. Das Dritte, das infolge der Saffa aus Dora Schmidts Initiative hervorging, allerdings Jahre später, war die Gründung des Zürcher Clubs der Berufs- und Geschäftsfrauen im Jahr 1945, aus dem 1947 der Schweizerische Verband der Berufs- und Geschäftsfrauen entstand. Als Besucherinnen der Saffa hatte sie amerikanische Business and Professional Women kennengelernt und 1930 als Beobachterin an der Gründung der International Federation of Business and Professional Women in Genf teilgenommen. Es ging Dora Schmidt darum, auch in der Schweiz führende Geschäftsfrauen, Akademikerinnen und Künstlerinnen zum Erfahrungsaustausch zusammenzubringen. Vgl. Sklowik Irma, Dr. Dora Grob-Schmidt – die Frau, die hinter allem stand. Schweizerischer Verband der Berufs- und Geschäftsfrauen, in: Schweizer Frauenblatt, 11, 1985, S. 13.

13 Auch die Vorträge wurden teilweise publiziert. Für eine Liste der Publikationen von Dora Schmidt siehe: Zürcher, Von Frauen für Frauen, S. 26.

14 Dora Schmidt referierte 1926 an der Delegiertenversammlung des Schweizerischen Verbandes der Akademikerinnen über «Kundrie la Sorcière in Wolframs Parzifal, ein Mythos von der gelehrten Frau». Vgl. -ec-, Die Basler Tagung der schweizerischen Akademikerinnen, in: Basler Nachrichten, 9. November 1926. Der Vortrag ist leider nicht überliefert.

15 Schmidt Dora, Die Frau in den «Gesprächen» des Erasmus, nach einem Vortrag gehalten am 9. November 1944 in Basel, Sonderabdruck aus Band 44 der Basler Zeitschrift für Geschichte und Alterskunde, Basel 1944.

16 Schmidt Dora, Von den Ledigen in der Schweiz, Radiovortrag, gehalten am 1. März 1939 in Bern, Separatdruck aus dem Schweizer Frauenblatt, 24./31. März 1939.

17 Schmidt Dora, Die Bedeutung der Frauenarbeit für die Volkswirtschaft, Vortrag, gehalten an der Generalversammlung des Schweizerischen Verbandes für Berufsberatung und Lehrlingsfürsorge in Bern am 23. September 1929, Separatdruck aus der Zeitschrift für Schweizerische Statistik und Volkswirtschaft, 65. Jg., Heft 1, 1929.

18 Schmidt, Die Bedeutung der Frauenarbeit für die Volkswirtschaft, S. 12; Schmidt Dora, Frauenerwerbsarbeit, in: Schweizerische Zeitschrift für Hygiene, 12. Jg., 1932, S. 281–286, hier S. 282.

19 Schmidt, Frauenerwerbsarbeit, S. 286.

20 Ziegler Béatrice, «Kampf dem Doppelverdienertum!». Die Bewegung gegen die Qualifizierung weiblicher Erwerbsarbeit in der Zwischenkriegszeit in der Schweiz, in: Pfister Ulrich et al. (Hg.), Arbeit im Wandel. Deutung, Organisation und Herrschaft vom Mittelalter bis zur Gegenwart, Zürich 1996, S. 85–104; Vincenz Bettina, Biederfrauen oder Vorkämpferinnen? Der Schweizerische Verband der Akademikerinnen in der Zwischenkriegszeit. 1924–1939, Liz. Zürich 2006, S. 25f. (erscheint im Frühling 2010).

21 Privatarchiv Herman Schmidt, Schmidt Dora, Eine Freundschaft, Manuskript, Riehen 1943, S. 1. Dora Schmidt hat in diesem Dokument ihre Erinnerungen an den 1942 verstorbenen Joseph Käppeli niedergeschrieben. Einleitend berichtet sie von ihren Konflikten im Bundeshaus und ihren Beweggründen, ins Kriegsernährungsamt überzutreten. Diese Schilderungen decken sich mit denjenigen in den Korrespondenzen zwischen ihr und Bundesrat von Steiger, den sie ins Vertrauen gezogen hatte und der sie in dieser Sache beriet. Vgl. die Akten aus den Jahren 1941 und 1942 in: BAR, E 4001 C 1 Bd. 220.

22 Privatarchiv Herman Schmidt, Schmidt Dora, Eine Freundschaft, S. 2.

23 Ibd., S. 2f.

24 Von September 1939 bis September 1942 führte Dora Schmidt die Sekretariate der Eidgenössischen kriegswirtschaftlichen Ämter sowie deren Konsultativem Frauenkomitee und leitete die Gruppe Hauswirtschaft des KEA. Zudem baute sie ein umfassendes Pro-

pagandasystem auf, bestehend aus Frauenorganisationen, um die Bevölkerung über die Ernährungslage der Schweiz und die Aufgaben im Kampf gegen den Hunger aufzuklären. Sie selbst hielt über 50 Referate und gab zahlreiche Broschüren heraus. Die von ihr verfasste Schrift «Werden wir den Krieg ohne Hunger überstehen?» wurde in 20 000 Exemplaren in drei Sprachen in der ganzen Schweiz verteilt. Vgl. B-r., Dr. Dora Schmidt tritt aus dem Bundesdienst zurück, in: National-Zeitung, 1. September 1942; BAR, E 4001 D 1973/125 Bd. 140, Schmidt Dora an Bundesrat Rubattel, Brief mit Lebenslauf, 19. März 1953, S. 5f. Dass Dora Schmidts Verdienste im KEA bis heute nicht bekannt sind, dürfte weitgehend damit zusammenhängen, dass Bundesrat Stämpfli, der Nachfolger von Bundesrat Obrecht, und Ernst Feisst, der Nachfolger Käppelis, sie in der späteren Berichterstattung ignorierten. Vgl. Eidgenössische Zentralstelle für Kriegswirtschaft (Hg.), Die Schweizerische Kriegswirtschaft 1939/1948, Bern 1950.

25 BAR, E 4001 C 1 Bd. 220, Dora Schmidt an Bundesrat von Steiger, 16. September 1941; Privatarchiv Herman Schmidt, Äckerli, 18. Jg., Heft 2, Brief von Dora Schmidt, 5. Oktober 1941. Das «Äckerli», benannt nach dem Haus in Riehen, war eine Art Familienzeitung. Die Geschwister Schmidt und die Mutter, der Vater war 1917 gestorben, hielten monatlich ihr Erlebtes in einem Brief fest, schickten ihn an ein bestimmtes Familienmitglied, das die Briefe zusammenfügte, vervielfältigte und an sämtliche Mitglieder wieder verteilte. Das «Äckerli» wurde so über die Zeitspanne von 1924 bis 1947 ununterbrochen herausgegeben. Es ist ein bedeutendes Zeitdokument und gibt viele Einsichten in Dora Schmidts berufliches und privates Leben.

26 Privatarchiv Herman Schmidt, Schmidt Dora, Eine Freundschaft, S. 15f.

27 Eine Bernerin, Dr. Dora Schmidt, in: Die Frau in Leben und Arbeit, 10/1942, S. 11; H.V.B., Auf exponiertem Posten im Dienste der Frauenbewegung, in: Die katholische Schweizerin, 1/1942; Scheurer-Demmler H., Dr. Dora Schmidt, in: Zentralblatt des Schweizerischen Gemeinnützigen Frauenvereins, 20. Januar 1941; B-r., Dr. Dora Schmidt tritt aus dem Bundesdienst zurück; Müller Regina, Die Einsitznahme von Frauenverbänden in ausserparlamentarischen Expertenkommissionen 1900–1950, Liz. Bern 1996, S. 89.

28 BAR, E 4001 D 1973/125 Bd. 140, Schmidt Dora an Bundesrat Feldmann, 29. April 1953, S. 3.

29 Ruckstuhl Lotti, unter Mitarbeit von Lydia Benz-Burger, Frauen sprengen Fesseln. Hindernislauf zum Frauenstimmrecht in der Schweiz, Bonstetten 1986, S. 63; Mesmer Beatrix, Staatsbürgerinnen ohne Stimmrecht. Die Politik der schweizerischen Frauenverbände 1914–1971, Zürich 2007, S. 264f.; Voegeli Yvonne, Zwischen Hausrat und Rathaus. Auseinandersetzungen um die politische Gleichberechtigung der Frauen in der Schweiz 1945–1971, Zürich 1997, S. 478f.

30 Schmidt Dora, Pudet nos quod in catenis sumos [Wir schämen uns, weil wir in Ketten sind]. Betrachtungen über die Frauenrechte, Sonderabdruck aus: Neues Winterthurer Tagblatt, November/Dezember 1943 (o.O., o.J.), S. 5f.

31 Ibd., S. 10f.

32 Voegeli, Zwischen Hausrat und Rathaus, S. 474f.

33 Schmidt, Pudet nos quod in catenis sumos, S. 14.

34 Ibd., S. 10.

35 Müller, Die Einsitznahme von Frauenverbänden, S. 91. Dort auch die Analyse des Artikels «Warum keine Frau?» von Dora Schmidt.

36 Schmidt Dora, Warum keine Frau?, in: Neues Winterthurer Tagblatt, 22. Mai 1944.

37 Der andere Weg zum Frauenstimmrecht (ohne Angabe von Autorin und Datum), S. 3f., Archiv der Gosteli-Stiftung zur Geschichte der schweizerischen Frauenbewegung (AGoF), Broschüren Recht Nr. 36. Für eine Zusammenfassung der Schrift siehe auch: Ruckstuhl, Frauen sprengen Fesseln, S. 259f.

38 Ibd., S. 5f.
39 Privatarchiv Herman Schmidt, Äckerli, 19. Jg., Heft 1, Brief von Dora Schmidt,. 4. September 1942.
40 Privatarchiv Herman Schmidt, Ackerli, 19. Jg., Heft 2, Brief von Dora Schmidt, 5. Oktober 1942.
41 Verein Stadtrundgang Zürich (Hg.), Chratz und Quer. Sieben Frauenstadtrundgänge in Zürich, S. 299.
42 BAR, E 4001 D 1973/125 Bd. 140, Schmidt Dora an Bundesrat Rubattel, Brief mit Lebenslauf, 19. März 1953, S. 7; Privatarchiv Herman Schmidt, Äckerli, 21. Jg., Heft 4, Brief von Dora Schmidt, 6. März 1946.
43 Privatarchiv Herman Schmidt, Äckerli, 21. Jg., Heft 6, Brief von Dora Schmidt, 30. Mai 1946.
44 Privatarchiv Herman Schmidt, Äckerli, 21. Jg., Heft 1, Briefe von Dora Schmidt, 2. Dezember 1945.
45 Gemäss Auskunft ihres Neffen Herman Schmidt vom 8. August 2008.
46 G. A. W., D. Dora Grob-Schmidt zum 80. Geburtstag.
47 Gemäss Auskunft ihres Neffen Herman Schmidt vom 8. August 2008.

Antoinette Quinche (1896–1979)
Frauenrechtlerin mit diplomatischem Geschick

Bettina Vincenz

Abb. 45: Antoinette Quinche

1912 hatte Antoinette Quinche, damals 16-jährig, in London ein Erlebnis, das sie nachhaltig beeindruckte.[1] Es geschah während eines Gottesdienstes in der Westminster-Abbey, an dem sie mit ihrer Mutter teilnahm. Der Pfarrer stimmte ein frommes Lied an, das plötzlich vom Lärm geschobener Stühle und Bänke unterbrochen wurde, gefolgt von einem feurigen Gesang, einer Kriegshymne ähnlicher als einem Choral. Es war denn auch kein Kirchenchor, der sich hier vernehmen liess, sondern ein Trupp von Suffragetten, die lauthals das Frauenstimmrecht einforderten. Dies war das erste Mal, dass Antoinette Quinche einer Frauendemonstration beiwohnte. Sie wird damals nicht geahnt haben, dass sie später an zahlreichen feministischen Kundgebungen teilnehmen, ja sie selbst initiieren würde. Doch das Laute der englischen Suffragetten sollte nie ihre Sache sein. «Chez nous, la démocratie est très ancienne et essentiellement masculine. Pour la transformer, il fallait beaucoup de tact, trouver des arguments valables aux yeux des démocrates. Nous avons donc toujours mis l'accent sur l'injustice faite aux femmes. Nous n'avons jamais eu recours à des manifestations dans la rue, à des coups d'éclat. Ça n'aurait pas été diplomatique», fasste sie 1971 rückblickend ihre Strategie zusammen, als endlich auch den Schweizerinnen das Stimmrecht vergönnt war. Auch unter diesen hatte es Frauenstimmrechtsgegnerinnen gegeben. «Il a fallu d'abord persuader les femmes du bien-fondé de nos revendications. Une fois convaincues, elles arrivent à convertir leur entourage.»[2]

Die Pionierin

Antoinette Quinche kam am 25. Februar 1896 in Diesse im Berner Jura zur Welt. Ihr Vater, Hermann Quinche († 1932), war Pfarrer und stammte aus Neuchâtel. Ihre Mutter, Florence geborene Sedgwick († 1948), war ursprünglich Engländerin. Gemeinsam hatten sie vier Töchter.[3] Die Familie lebte bis 1911 in La Neuveville. Antoinette besuchte dort als einziges Mädchen das Progymnasium, wo sie Griechisch und Latein lernte.[4] Dann eröffnete der Vater in Lausanne im Château de Vidy ein Knabeninternat, wo die Familie auch wohnte. Antoinette besuchte in Lausanne die Töchterschule. Nach einem Jahr wechselte sie ans Klassische Gymnasium.[5] An dieser Schule war sie das einzige Mädchen. Ihr Vater, der ihr aussergewöhnliches Talent erkannte, hatte sich für ihre Aufnahme eingesetzt. «Ma fille veut rentrer à l'université par la grande porte, pas par la petite», habe er dem Schuldirektor erklärt, wie Quinche sich später gerne erinnerte. Die kleine Türe wäre das Töchtergymnasium gewesen, wo kein Latein unterrichtet wurde, keine Möglichkeit zur Matur bestand und die Absolventinnen nur aufgrund eines besonderen Einverständnisses der jeweiligen Fakultät zum Studium zugelassen wurden.[6]

Das weltoffene Elternhaus war für Antoinette Quinches Werdegang entscheidend. Ab 1915 studierte sie an der juristischen Fakultät der Universität Lausanne.[7] Auch hier war sie eine Ausnahme. Als sie 1923 promovierte, waren sie und Linette Comte, die im gleichen Jahr abschloss, die ersten beiden diplomierten Schweizer Juristinnen der Lausanner Universität.[8]

Nach einem 3-jährigen Volontariat bei Henry Vallotton-Warnery erwarb Antoinette Quinche 1926 als erste Frau im Kanton Waadt das Anwaltspatent und eröffnete in Lausanne ihre Kanzlei.[9]

> «Je fus la première femme vaudoise à m'y inscrire [ins Anwaltsregister des Kantons Waadt] mais j'ai bénéficié du fait que, quelques mois auparavant, une femme[10] demanda son inscription au barreau de Fribourg, qui refusa sa demande; elle recourut alors au Tribunal fédéral qui jugea qu'on ne pouvait, pour une question de sexe, interdire l'exercice de la profession d'avocat. C'est donc sans problème que je fus admise.»[11]

Maître Quinches Klientel bestand weitgehend aus Frauen. Von ihnen wurde sie vor allem in Familienangelegenheiten, bei Scheidungen, Vaterschaftsnachweisen und Arbeitsunfällen aufgesucht. Die zahlungskräftige, in der Regel männliche Kundschaft aus der Geschäftswelt blieb praktisch aus.[12] Zu gross war die allgemeine Antipathie gegenüber der Vorstellung eines weiblichen Advokaten, nicht nur seitens der Männer. Entsprechend prekär war zu Beginn ihre berufliche Lage. «Ich musste meine Existenz Stein um Stein auf- und die Vorurteile Stein um Stein abbauen.» Dabei habe ihr das Engagement in der Frauenbewegung geholfen. «Die Frauen sahen, dass ich für ihre Sache kämpfte und so schenkten sie mir mit der Zeit immer mehr ihr Vertrauen.»[13]

Antoinette Quinche engagierte sich auch ausserhalb ihrer beruflichen Arbeit für die Besserstellung der Frau: als unentgeltliche Rechtsberaterin der Union des Femmes, als Mitglied des Schweizerischen Verbandes der Akademikerinnen (den sie wie auch dessen Sektion Waadt präsidierte), als Gründerin der freisinnigen waadtländischen Frauengruppe (deren Präsidentin sie wurde), als Vorsitzende der Gesetzesstudien- und Versicherungskommission des Bundes Schweizerischer Frauenorganisationen, als Mitglied waadtländischer und eidgenössischer Kommissionen für Gesetzesvorlagen und vieles mehr. Die Liste der langjährigen öffentlichen Engagements ist lang. Unermüdlich kämpfte sie für die Sache der Frau. So erreichte sie, dass die Haftbedingungen der Frauen im Kanton Waadt humaner wurden. So trug sie 1953 entscheidend dazu bei, dass die Frau nach der Heirat mit einem Ausländer die schweizerische Nationalität nicht mehr verlor, was für die Betroffene tragische Folgen haben konnte.

Weiterum bekannt wurde Antoinette Quinche als führender Kopf im Schweizerischen Verband für Frauenstimmrecht. 1927 trat sie ihm bei und wurde 1928 bereits Zentralvorstandsmitglied. Von 1945 bis 1951 und mit Unterbrechungen auch später wieder war sie dessen Vizepräsidentin. 1930 übernahm sie den Vorsitz der Lausanner Gruppe und 1932, als im Kanton Waadt weitere Sektionen dazugekommen waren, auch den der Association Vaudoise pour le Suffrage Féminin.[14] Im nationalen wie im kantonalen Verband leitete sie verschiedene Aktionskomitees, die jeweils gegründet wurden, um eine Petition, ein Postulat oder eine Motion für das Frauenstimmrecht zu unterstützen.

In sechs Grossaktionen zum Frauenstimmrecht

Aktivität im grossen Stil entfaltete Antoinette Quinche bei ihren insgesamt sechs Aktionen für das Frauenstimmrecht. Die erste fand für die grosse Frauenstimmrechtspetition im Jahr 1929 statt. Unter ihrer Leitung verteilte der Frauenstimmrechtsverband des Kantons Waadt Flugblätter, gründete ein Ehrenkomitee, organisierte eine grosse Zahl aufklärender Vorträge und gewann eine stattliche Anzahl von Organisationen zur Unterschriftensammlung. Mit grossen Erfolg: Nahezu ein Siebtel der gesamtschweizerisch gesammelten Unterschriften stammte aus dem Kanton Waadt.[15]

1945, am Ende des Krieges, als in Frankreich und in Jugoslawien das Frauenstimmrecht eingeführt wurde, gründete der Schweizerische Verband für Frauenstimmrecht das Schweizerische Komitee für das Frauenstimmrecht. Die Initiative war von Antoinette Quinche ausgegangen. Sie rief den Frauenverbänden zu, die Zeit sei günstig für einen zweiten Anlauf in dieser Sache, auch in der Schweiz: «Nous serons les seules en Europe qui ne possèdons pas encore le droit de vote et ce fait est relevé.»[16] Wie 14 Jahre zuvor gewann sie eine grosse Zahl von Verbänden, von Referentinnen und Referenten, die sich für ihre Aufgabe schulen liessen. Sie ergriff auch die Initiative zur Gründung eines Aktionskomitees, um die Motion Oprecht zu unterstützen und zu beschleunigen.[17] – Ohne Erfolg, wie sich zeigen sollte.

Die offizielle Hundertjahrfeier der Bundesgründung im Jahre 1948, von deren Organisation die Frauen ausgeschlossen waren, war Anlass zu einer dritten Grossaktion. Unter dem Präsidium von Antoinette Quinche organisierte das Aktionskomitee eine Tagung. Zwölf Referentinnen sprachen über die Benachteiligungen der Schweizer Frau, in sieben Resolutionen wurde deren Ausgleich gefordert. Auch diese Aktion blieb ohne sichtbare Wirkung.[18]

Doch die Frauenrechtlerinnen liessen dem Staat keine Ruhe. Schon ein Jahr später, 1949, schlug das Aktionskomitee dem Bundesrat in einer Petition vor, die politische Gleichberechtigung der Frau schrittweise einzuführen, vorerst beschränkt auf das Stimmrecht, das Recht auf Unterzeichnung einer Initiative oder eines Referendums, aber noch ohne Wahlrecht in seiner aktiven und passiven Form.[19]

Gleichzeitig zu diesen drei Aktionen auf Bundesebene seit 1945 hielt Antoinette Quinche im Kanton Waadt eine fünfte Kampagne in Gang, zu Gunsten einer bescheidenen Vorlage zur Einführung des Frauenstimmrechts auf Gemeindeebene. Doch die Waadtländer lehnten sie 1951 ab.[20] Auch jetzt gab Quinche nicht auf. Zusammen mit 1413 Westschweizerinnen verlangte sie 1956 die Eintragung ins Stimmregister ihrer Gemeinden. Mit der Begründung der Rechtsgleichheit führte Quinche den Rekurs bis vor das Bundesgericht. Es lehnte ab. Aber immerhin pflichteten zwei der sieben Richter den Klägerinnen zu.[21] Die betonharte Front begann zu bröckeln.

Einen noch bedeutenderen Erfolg hatte die Association Vaudoise pour le Suffrage Féminin einige Jahre später mit einer nunmehr sechsten, von Quinche angeführten Grossaktion. Es galt, die Abstimmung vom 1. Februar 1959 vorzubereiten, an der die Waadtländer sowohl auf kantonaler wie auf eidgenössischer Ebene über das Frauenstimmrecht abstimmen sollten. Die Abstimmung von 1951 hatte gezeigt, dass es auf die ländlichen Regionen ankam. Quinches Idee war es, dort nun die Frauen zu gewinnen, damit diese dann ihre Männer beeinflussten. Zwölf Referentinnen, allen voran sie selbst, hielten in 144 Frauenorganisationen auf dem Land aufklärende Vorträge, oft im Ton einer Causerie. Diesmal wurde das Ziel erreicht: Am 1. Februar 1959 sagten die Waadtländer Männer Ja zum Frauenstimmrecht sowohl auf kantonaler als auch auf nationaler Ebene. Die kantonale Vorlage erlangte Rechtskraft, die eidgenössische wurde gesamtschweizerisch verworfen. Der Kanton Waadt hatte eine erste Bresche in die schweizerische Festung der Gegner (und Gegnerinnen) geschlagen!

Avec l'âge ...

Nach diesem Sieg trat Antoinette Quinche von ihrer Doppelfunktion als Präsidentin der Lausanner Gruppe und der Association Vaudoise pour le Suffrage Féminin zurück – nach 27 beziehungsweise 25 Jahren.[22] Sie hatte die Waadtländer Stimmrechtsbewegung massgebend geprägt. Bis zu ihrem Lebensende blieb sie im Vorstand und stand dem Verband als beratendes Mitglied bei.[23] Auch im Schweizer Verband für Frauenstimmrecht engagierte sich Antoinette Quinche weiterhin. Bis 1962 war sie Zentralvorstandsmitglied.[24] Bis 1971 präsidierte sie die juristische Kommission des Dachverbandes, die gegründet worden war, um die frauenfeindlichen Gesetze umzuwandeln. In dieser Funktion schrieb sie zahlreiche Petitionen und Artikel.[25] Zudem vertrat sie den Schweizer Verband für Frauenstimmrecht bis 1961 in der International Alliance of Women in der Funktion der ehrenamtlichen Sekretärin.[26]

Auch als Anwältin war Antoinette Quinche bis ins hohe Alter tätig. Erst 1974, mit 78 Jahren, zog sie ihren Eintrag im Anwaltsregister zurück[27] – nach fast einem halben Jahrhundert und über 5500 Dossiers. 1968 hatte sie ihr letztes Plädoyer gehalten. Ihre Kanzlei jedoch behielt sie für Rechtsberatungen bei. Einige Jahre später hörte sie auf, obwohl geistig noch bei voller Kraft. «Avec l'âge, une fois ou l'autre, je pourrais passer à côté d'un élément», begründete sie ihren Rücktritt.[28] Antoinette Quinche war eine leidenschaftliche und hervorragende Anwältin. Bis zum Schluss blieb ihre Klientel vorwiegend weiblich.

> «Les femmes sont venues spontanément vers moi parce qu'elles avaient l'impression que je pouvais mieux les comprendre qu'un homme. Parfois, il fallait que je leur remonte le moral. Quand des hommes sont venus me trouver pour une affaire quelconque, c'était toujours parce qu'ils y avaient été poussés par une femme, que ce soit leur mère, leur épouse ou une parente proche.»[29]

Eine Frauenfreundschaft

Es ist heute kaum vorstellbar, wie schwer es die Anwältinnen hatten, sich zu etablieren. Ein Jahr nachdem Antoinette Quinche 1926 als erste Frau im Kanton Waadt in Lausanne ihre Anwaltpraxis eröffnet hatte, bezog auch Linette Comte in Yverdon ihre eigene Kanzlei. Ein paar Jahre später folgte Annie Dutoit. Mit diesen drei Advokatinnen sollte es im Kanton Waadt für lange Zeit sein Bewenden haben. Erst 1973 schrieb sich die vierte Frau ins Anwaltsregister ein.[30] «Je pense que beaucoup d'étudiantes choisissent la solution de facilité en devenant secrétaires. Elles gagnent tout de suite beaucoup plus d'argent qu'une stagiaire qui commence le barreau», vermutete Antoinette Quinche. «Je ne le comprends pas très bien. Car mon métier permet d'aménager les horaires à son gré, ce qui est idéal pour une femme mariée».[31]

Quinche selbst blieb unverheiratet. Bis zu ihrem Lebensende aber lebte sie in einem familienähnlichen Verband. Zusammen mit ihrer ebenfalls ledig gebliebenen Schwester Gertrude (1887–1980) wohnte sie im Haushalt ihrer Eltern bis zu deren Tod.[32] 1926 kam eine 2-jährige Pflegetochter hinzu. Das Kind, dessen Mutter mit ihnen befreundet gewesen und 1926 an Tuberkulose gestorben war, wuchs bei den beiden Schwestern auf.

1936 zog Clara Campoamor (1888–1972), die grosse spanische Frauenrechtlerin, zu den Quinches und blieb dort, mit Unterbrechungen, bis zum Jahr 1955, von wo ab sie dauerhaft, bis zu ihrem Tod, bei ihnen lebte. Campoamor und Quinche verband eine enge Freundschaft.[33] Die beiden kannten sich aus den Kreisen der Akademikerinnen. Campoamor hatte 1923 den spanischen Verband der Akademikerinnen ins Leben gerufen und während Jahren präsidiert. Auch war sie 1928 Mitbegründerin der Association internationale des Femmes juristes, der auch Quinche angehörte.[34] Clara Campoamor war Republikanerin und lebte seit dem Spanischen Bürgerkrieg meist im Exil. 1936 schrieb sie bei Quinche das Buch «La révolution espagnole vue par une républicaine», das diese ins Französische übersetzte.[35]

Dass Antoinette Quinche ledig blieb, bedeutet nicht, dass sie das traditionelle Bild der Ehe völlig ablehnte. Die Gleichstellung der Frau, für die sie an so vielen Fronten kämpfte, sollte sich bei Paaren mit Kindern nach ihrer Auffassung nicht unbeschränkt durchsetzen. Ihr Familienbild wies, trotz ihres Eintretens für die Rechte der verheirateten Frau, auch dualistische Züge auf. Angesprochen auf die Forderungen der Neuen Frauenbewegung nach der Gleichberechtigung in allen Bereichen, antwortete sie:

> «Je pense qu'elles [les femmes] doivent absolument revendiquer l'égalité des droits devant les lois, dans le travail, l'égalité des salaires, mais pas l'égalité dans la vie. L'égalité sur tous les plans peut nuire aux enfants. Il faut que les femmes se rendent compte qu'elles ont des devoirs à respecter et à remplir pour leurs enfants […]. Les femmes sont les gardiennes du foyer et de l'équilibre familial. Actuellement, il y a une crise dans les mœurs. Mais elle passera.»[36]

Antoinette Quinche starb am 13. Mai 1979, 83-jährig, nach einer kurzen Krankheit in ihrer Wohnung an der Avenue d'Evian 2 in Lausanne, wo sie seit 1948 gelebt und gearbeitet hatte.[37]

---

1 Ich schicke voraus, dass ich mich bei einigen der biographischen Einzelheiten auf Simone Chapuis-Bischof abstützen konnte. Was ich ihr zu verdanken habe, ist an der betreffenden Stelle vermerkt. Auf ihre (unveröffentlichten) Darstellungen und die von ihr gesammelten Dokumente geht es zurück, dass zu Ehren Antoinette Quinches an der Rue Lion d'or 2, wo sie von 1926 bis 1938 ihre Kanzlei führte, eine Gedenktafel angebracht wurde.

2 Métral Nicole, Victoire du suffrage. Antoinette Quinche, la femme de la première heure, in: nrl femmes, 6. März 1971.

3 Archiv der Gosteli-Stiftung zur Geschichte der schweizerischen Frauenbewegung (AGoF), Biographische Blätter, Nacamuli-Cottet F., Flash sur Maître Antoinette Quinche (Zeitung

und Datum unbekannt); Chapuis-Bischof Simone, Antoinette Quinche, Manuskript, 26. September 1997 (ergänzte und korrigierte Version), S. 1.
4   Archives de la ville de Lausanne (AVL), cote RMD 6/12, Brief von Antoinette Quinche an den Schuldirektor der École Supérieure de Jeunes Filles, 8. März 1911.
5   Chapuis-Bischof, Antoinette Quinche, S. 1.
6   Wenk Marianne, Huitante ans et un demi-siècle de barreau. Une vie à défendre les droits de la femme, in: 24 heures, 24. Februar 1976.
7   Chapuis-Bischof, Antoinette Quinche, S. 2.
8   Meylan Suzanne, Université de Lausanne, in: Schweizerischer Verband der Akademikerinnen (Hg.), Das Frauenstudium an den Schweizer Hochschulen, Zürich 1928, S. 169–201, hier S. 186. Meylan nennt keine Namen, sondern spricht von zwei Doktorandinnen aus Neuchâtel und der Waadt, die beide 1923 promoviert haben. Ohne Zweifel sind dies Linette Comte und Antoinette Quinche. Über die Situation der Studentinnen an den Schweizer Universitäten vgl. auch Vincenz Bettina, Biederfrauen oder Vorkämpferinnen? Der Schweizerische Verband der Akademikerinnen in der Zwischenkriegszeit. 1924–1939, Liz. Zürich 2006, S. 19–22 (erscheint im Frühling 2010).
9   Privatarchiv Chapuis-Bischof, Fax von Jean-Jacques Eggler, Archives de la ville de Lausanne, an Simone Chapuis-Bischof, 2. September 1997, S. 2; Chapuis-Bischof, Antoinette Quinche, S. 1.
10 Es handelt sich um Dr. Dora Roeder. Vincenz, Biederfrauen oder Vorkämpferinnen?, S. 32.
11 AGoF, Biographische Blätter, Nacamuli-Cottet, Flash sur Maître Antoinette Quinche.
12 Wenk, Huitante ans et un demi-siècle de barreau. AGoF, Biographische Blätter, Nacamuli-Cottet, Flash sur Maître Antoinette Quinche.
13 AGoF, Biographische Blätter, Quinche Antoinette, «Neunzig Prozent meiner Klientschaft sind Frauen» (Zeitung und Datum unbekannt). Zur beruflichen Situation der Juristinnen in der Schweiz der Zwischenkriegszeit vgl. Vincenz, Biederfrauen oder Vorkämpferinnen?, S. 31–35.
14 AGoF, Biographische Blätter, Gonzenbach A., Dank an Me Quinche, undatiertes Manuskript; Bucher-Pahud Jacqueline, Antoinette Quinche. 1896–1979. Grande Pionnière, in: Schweizerischer Verband der Akademikerinnen, Bulletin, 2/1979, S. 5f.; Ruckstuhl-Thalmessinger Lotti, Zum Hinschied von Antoinette Quinche, in: mir Fraue, 7, 1997; Ludi Regula, Quinche, Antoinette, in: Historisches Lexikon der Schweiz, Basel 2002– (noch nicht veröffentlichte Autorinnenversion); Chapuis-Bischof Simone / Mathys-Reymond Christiane (Hg.), 1907–2007. 100 pages d'histoire, Lausanne 2007, 1930–1932.
15 Chapuis-Bischof/Mathys-Reymond, 1907–2007. 100 pages d'histoire, 1929.
16 Ibd., 1945.
17 Ruckstuhl Lotti, Frauen sprengen Fesseln. Hindernislauf zum Frauenstimmrecht in der Schweiz, Bonstetten 1986, S. 47f.
18 Zürcher Regula, Das Unbehagen im Staat: Die schweizerische Frauenbewegung, die Landesausstellung 1939 und das Bundesstaatsjubiläum 1948. Ein Nachtrag zum Jubiläumsjahr 1998, S. 457–464, in: Schweizerische Zeitschrift für Geschichte, Vol. 58, 1998, S. 444–470; Ruckstuhl, Frauen sprengen Fesseln, S. 57–59.
19 Voegeli Yvonne, Zwischen Hausrat und Rathaus. Auseinandersetzungen um die politische Gleichberechtigung der Frauen in der Schweiz 1945–1971, Zürich 1997, S. 478f.; zu den Hintergründen der Petition von 1949 siehe auch: Ruckstuhl, Frauen sprengen Fesseln, S. 63f., und Mesmer Beatrix, Staatsbürgerinnen ohne Stimmrecht. Die Politik der schweizerischen Frauenverbände 1914–1971, Zürich 2007, S. 264f.
20 Ruckstuhl, Frauen sprengen Fesseln, S. 156; Chapuis-Bischof/Mathys-Reymond, 1907–2007. 100 pages d'histoire, 1945, 1946, 1951.

21 Ruckstuhl, Frauen sprengen Fesseln, S. 256f.; Chapuis-Bischof/Mathys-Reymond, 1907–2007. 100 pages d'histoire, 1956.
22 Ruckstuhl, Frauen sprengen Fesseln, S. 157f.; Chapuis-Bischof/Mathys-Reymond, 1907–2007. 100 pages d'histoire, 1951, 1958, 1959.
23 Gemäss Auskunft von Simone Bischof-Chapuis vom 5. August 2008.
24 Schweizerisches Sozialarchiv (SozArch), Ar 29.10.2, Protokoll der 51. Delegiertenversammlung des Schweizerischen Verbandes für Frauenrecht vom 19. und 20. Mai 1962 in Fribourg, S. 2.
25 SozArch, Ar. 29.10.19, Schweizerischer Verband für Frauenstimmrecht, Juristische Kommission; Métral, Victoire du suffrage.
26 SozArch, Ar. 29.80.11, Brief von Antoinette Quinche an das Zentralkomitee des Schweizerischen Verbandes für Frauenstimmrecht, 14. Juli 1961; Brief von Antoinette Quinche an Enzlynn Deranyagala (Colombo/Celyon), Präsidentin der International Alliance of Women, 25. Juli 1961.
27 Privatarchiv Simone Chapuis-Bischof, Brief (Kopie) vom Kantonsgericht an Antoinette Quinche, 11. Juli 1974.
28 Wenk, Huitante ans et un demi-siècle de barreau.
29 Métral, Victoire du suffrage.
30 Quinche Antoinette, Section Vaudoise, S. 66, in: Benz-Burger Lydia / Lang Porchet Berthe (Hg.), 50 Jahre Schweizerischer Verband der Akademikerinnen, Zürich 1974, S. 64–67.
31 Métral, Victoire du suffrage.
32 Privatarchiv Simone Chapuis-Bischof, Fax von Jean-Jacques Eggler; AVL, Schreiben an Simone Chapuis-Bischof, 2. September 1997, S. 2.
33 AVL, C 29, feuille de ménage Evian 2; telefonische Auskünfte der Pflegetochter vom 10. August 2008, die namentlich nicht genannt sein möchte.
34 Gosteli Marthe (Hg.), Vergessene Geschichte. Illustrierte Chronik der Frauenbewegung 1914–1963, Bd. 1, S. 597.
35 Campoamor Clara, La révolution espagnole vue par une républicaine, traduit de l'espagnol par Antoinette Quinche, Paris 1937.
36 Métral, Victoire du suffrage.
37 Privatarchiv Simone Chapuis-Bischof, Chapuis-Bischof Simone, Domiciles d'Antoinette Quinche, unveröffentlichtes Manuskript, S. 1.

Lotti Ruckstuhl-Thalmessinger (1901–1988)
Mutige Kämpferin für Frauenrechte

Margrith Bigler-Eggenberger

Abb. 46: Lotti Ruckstuhl-Thalmessinger

In einer von der IAW (International Alliance of Women) unter Federführung von Lotti Ruckstuhl im Jahre 1968 herausgegebenen Schrift mit der Überschrift: «Was die Frauen der allgemeinen Erklärung der Menschenrechte verdanken» findet sich folgende Passage:

> «Die vergangenen 23 Jahre der Bemühungen, um die Gleichberechtigung beider Geschlechter zu verwirklichen, sind eine sehr kurze Dauer, wenn man bedenkt, dass die Gleichberechtigung seit dem Bestehen des Menschengeschlechts nie erreicht wurde. Noch lange Jahre werden notwendig sein, bis die Gesetzgebungen in der ganzen Welt sie [die Menschenrechte] als verbindlich erklärt haben werden; und zweifellos werden noch lange Jahre vergehen, bis die erwähnten Gesetze vollständig zur Anwendung kommen werden. Dessen ungeachtet bleibt die Allgemeine Erklärung der Menschenrechte für die Frauen eine Verkündigung von einem nie erreichten Wert. Dadurch wird ihnen eine unanfechtbare Grundlage geboten, um ihre Befreiung zu erwirken.»[1]

Lotti Ruckstuhl hat damit ein Problem angesprochen, das sie und mit ihr viele «Frauenstimmrechtlerinnen» immer beschäftigt hat: Weshalb nur dauert es so lange, bis die Schweizer Männer überzeugt werden können, wie wichtig und richtig es wäre, der zweiten Hälfte der Bevölkerung, den Frauen, die gleichen Mitwirkungs- und Mitbestimmungsrechte im Staat, in Bund, den Kantonen und Gemeinden zu geben? Als langjähriges Mitglied verschiedener Frauenorganisationen und dann speziell als Präsidentin des Schweizerischen Verbandes für Frauenstimmrecht (heute Schweizerischer Verband für Frauenrechte) hatte sie selbst lange Jahre des Kampfes und der Überzeugungsarbeit um die Verwirklichung von Frauenanliegen miterlebt und durchgestanden. Der Kampf um das allgemeine Erwachsenenstimm- und -wahlrecht dauerte von 1830 respektive von 1848 bis 1971(!), jener für eine Art Mutterschaftsversicherung von 1945 bis 2001, jener für ein partnerschaftliches Eherecht von 1956 bis 1988; alles Werke, an denen Lotti Ruckstuhl in der einen oder anderen ihrer zahlreichen Funktionen in der Frauenbewegung mitgewirkt hat. Trotz der langen Dauer, der vielen Niederlagen und enttäuschten Hoffnungen war sie nie verzweifelt, sondern hat uns jüngeren Mitstreiterinnen stets ihre unermüdliche Geduld vorgelebt.

Meine Bekanntschaft mit Lotti Ruckstuhl-Thalmessinger

Ich habe Lotti Ruckstuhl im letzten Jahrzehnt des Kampfes um das Frauenstimm- und -wahlrecht kennengelernt. Damals wusste ich über sie nur, dass sie eine stets elegant gekleidete Akademikerin, nämlich eine der in ihrer Generation äusserst seltenen Juristinnen war und dass sie unermüdlich und unerschrocken Überzeugungsarbeit für die Einführung des Frauenstimm- und -wahlrechts leistete. Ich wusste auch, dass sie mit ihrer Hartnäckigkeit manche Politiker, selbst die ihr und ihrem Anliegen wohlgesinnten, oft an den Rand der Verzweiflung trieb, dass sie als «Nervensäge» verschrien war, als Frau, die nicht locker liess.

Herkunft

Lotti Ruckstuhl konnte auf eine bewegte Jugend in Südafrika zurückblicken, wo sie 1901 geboren worden war. Sie war die Tochter eines Arztes und einer Frau, die sich nicht nur um ihre Mitmenschen in Not kümmerte, sondern die auch ihrer Tochter das Verständnis für Menschenrechte vermittelte. Lottis Eltern gehörten eigentlich einer Generation an, die für Frauen kaum mehr als eine gute hauswirtschaftliche Ausbildung, nicht aber eine höhere Schulbildung oder gar die Erlernung eines Berufes vorsah. Lotti hatte jedoch das Glück, Eltern zu haben, die ihrer Tochter bereits damals eine Gymnasialausbildung in Zürich und sodann ein Studium der Rechte an der Universität Zürich ermöglichten.[2] Auf ihren Studienabschluss als Dr. iur. utriusque, wie das in Zürich hiess, war sie denn auch mit Recht stolz. Sie konnte allerdings nicht vermeiden, dass später einige ihrer nichtakademischen Mitstreiterinnen sie manchmal als arrogant, als zu akademikerfreundlich empfanden. Doch ihre Fähigkeiten als mitreissende Vorkämpferin und ihr unermüdlicher Einsatz für die Anliegen der Frauen wurden allgemein anerkannt.

Aufstieg in der Frauenbewegung

Lotti Ruckstuhl gelangte über den Schweizerischen Katholischen Frauenbund, dem sie seit 1933 angehörte und in dessen juristischer Kommission sie aktiv mitarbeitete, und der STAKA, der Staatsbürgerlichen Arbeitsgemeinschaft Katholischer Akademikerinnen, zu deren Anlässen sie mich, die nichtkatholische Sozialdemokratin, manchmal mitnahm, zur Frauenbewegung. Sodann aber wurde sie auch Mitglied der Union für Frauenbestrebungen St. Gallen, deren Präsidentin sie von 1958 an war, und schliesslich wurde sie energische und effiziente Mitarbeiterin des Schweizerischen Verbandes für Frauenstimmrecht (heute Schweizerischer Verband für Frauenrechte). Von 1960 bis 1968, den wohl turbulentesten Jahren für die stimmrechtsbewegten Frauen, führte sie diesen schweizerischen Verband als Präsidentin mit ihrer bekannten Energie.

Seit dieser Zeit hatte die politische Gleichberechtigung der Frauen für Lotti Ruckstuhl erste Priorität. Es waren Jahre grosser Entscheidungen: Auf eidgenössischer Ebene wollte die Schweiz nach ihrem Beitritt zum Europarat im Jahre 1963 auch die Europäische Menschenrechtskonvention von 1950 (EMRK) unterzeichnen.[3] Doch was den eidgenössischen Politikern sozusagen als «Feigenblatt» für ein besseres Erscheinungsbild unseres Landes gegenüber dem Ausland vorschwebte, stiess auf erbitterten Widerstand vor allem des Schweizerischen Verbandes für Frauenstimmrecht. Dies nicht etwa, weil dieser Verband unter Führung von Lotti Ruckstuhl gegen die EMRK gewesen wäre, im Gegenteil! Aber er wehrte sich zusammen mit 40 anderen Frauenverbänden dagegen, dass die EMRK nur mit Vorbehalten, unter anderem wegen der konfessionellen Ausnahmeartikel in der Bundesverfassung (Priester und Pfarrer durften nicht als Nationalräte gewählt werden),[4] der fehlenden Verwaltungsrechtspflege und vor allem wegen des fehlenden Frauenstimm- und -wahlrechts unterzeichnet würde, wie das der Bundesrat und die Mehrheit der eidgenössischen Parlamentarier wollten. Dem Einwand der politischen Männerwelt, eine Unterzeichnung und Ratifizierung der EMRK ohne Vorbehalte würde dann als Druckmittel für die baldige Einführung des Frauenstimm- und -wahlrechts verwendet werden, konnten viele Frauen nach der jahrzehntelangen negativen Erfahrung nichts abgewinnen, hatte die Männerwelt doch erst 1959 auf eidgenössischer Ebene zu diesem von der Menschenrechtscharta von 1948 und von der EMRK von 1950 geforderten Menschenrecht mit einem Zweidrittelsmehr «nein» gesagt.

Abschied

Lotti Ruckstuhl-Thalmessinger wurde wie andere Mitglieder des Schweizerischen Frauenstimmrechtsvereins von den Politikern in der Sache des Frauenstimm- und -wahlrechts nur ungern gehört. Doch wurde tatsächlich wahr, dass der Bundesrat einer Motion des Nationalrates folgte und nach der Unterzeichnung der EMRK eine neue Stimmrechtsvorlage ausarbeiten liess. Was von niemandem erwartet worden war, wurde nach einem Protestmarsch vieler Frauen vor dem Bundeshaus im Jahr 1969 wenig später Wirklichkeit: Eine neue Vorlage für das allgemeine Erwachsenenstimm- und -wahlrecht wurde dem Parlament im Jahre 1970 vorgelegt, und diese Vorlage wurde am 7. Februar 1971 gerade im umgekehrten Verhältnis wie 1959, nämlich von zwei Dritteln der männlichen Abstimmenden und mit einer Mehrheit der Kantone angenommen. So war es Lotti Ruckstuhl noch vergönnt zu erleben, dass die Ratifizierung der EMRK im neuen Zeitalter der politischen Gleichberechtigung der Frauen mit den Männern erfolgen konnte. Sie konnte erleben, dass die ersten eidgenössischen Parlamentarierinnen in Bern Einzug hielten und dort gute Arbeit leisteten.

Die letzten Jahre

Um Lotti Ruckstuhl-Thalmessinger aber wurde es stiller. Ab 1972 machten ihrem weiteren Einsatz für die Sache der Frauen gesundheitliche Beschwerden einen Strich durch die Rechnung. Sie erlitt einen ersten Herzinfarkt.[5] Doch durfte sie nun auch Ehrungen erleben: So erhielt sie 1978 den Ida Somazzi-Preis in Anerkennung ihres ausserordentlichen Einsatzes zugunsten der Menschenrechte.[6] Auch konnte sie noch eine Art Vermächtnis ihres reichen Lebens publizieren, ein Werk, das bezeichnenderweise den Titel trägt: «Frauen sprengen Fesseln. Eine Geschichte des Frauenstimmrechts» (mitverfasst und herausgegeben von Lydia Benz-Burger, einer nimmermüden Journalistin und Mitkämpferin). Ihr reiches, auch familiär äusserst anforderungsreiches Leben (kaum jemand wusste, dass sie neben allen ihren öffentlichen Aufgaben seit ihrer Verheiratung 1937 fünf Kinder aus der ersten Ehe ihres Ehemannes sowie weitere fünf Kinder von einem Verwandten aufgezogen hatte!), ihre häufigen Vorstösse, all ihre Referate, die Sitzungen, an denen sie aktiv teilnahm, und vieles mehr haben ihre Kräfte schliesslich erschöpft. Mit dem Tod von Lotti Ruckstuhl-Thalmessinger verlor die Frauenbewegung eine Frau, der während Jahren «eine robuste Gesundheit, ein starker Wille, ein lebhaftes Temperament, gepaart mit Humor und künstlerischem Einschlag, ein Intellekt gegeben war, der zu analysieren vermochte, dann auch eine Gemütstiefe, die einem in ihrer Nähe wohlig entgegenströmte, kurz: eine Mischung von Begabungen, wie sie nicht täglich anzutreffen sind».[7]

1 Lehmann Andrée, Was die Frauen der allgemeinen Erklärung der Menschenrechte verdanken, Publikation der IAW 1968, S. 13.
2 Vgl. Ruckstuhl Lotti, Frauen sprengen Fesseln. Hindernislauf zum Frauenstimmrecht in der Schweiz, Bonstetten 1986, S. 106f.
3 Vgl. ibd., S. 117f.
4 Art. 51 und 52 der BV vor dem 20. Mai 1973.
5 Ruckstuhl, Frauen sprengen Fesseln, S. 12.
6 Ibd., S. 134.
7 So Benz-Burger Lydia, Laudatio bei der Verleihung des Ida Somazzi-Preises, in: ibd., S. 134.

Emma Kammacher (1904–1981)
Une vie consacrée au combat contre les inégalités

Liliane Mottu-Weber

Abb. 47: Emma Kammacher

C'est dans une ferme située non loin du village de Meyrin (Genève) que naît Emma Kammacher le 14 mai 1904. Son père, Christian Kammacher, est originaire de la Lenk (Berne) et sa mère, Catherine-Émilie Desplands, de Rougemont (Vaud). À cette date, ses parents viennent de s'établir dans le hameau de Feuillasse, aujourd'hui coincé entre l'aéroport de Cointrin (1920) et la cité-satellite de Meyrin (1961); ils vendront leur ferme en 1925, peu après l'aménagement du nouvel aérodrome, qui allait peu à peu faire perdre à la région son caractère rural. Emma fait donc une grande partie de sa scolarité loin de la ville, tout en participant aux tâches d'une modeste entreprise agricole. Bien que domiciliée plus tard à Genève et au Grand-Saconnex, où elle siégera au Conseil municipal de 1975 à son décès, le 15 avril 1981, elle restera attachée à la commune de Meyrin, dont une rue porte son nom depuis 1988.

Les choses se compliquent lorsque Emma manifeste le désir de faire des études de droit. Si, à cette époque, l'Université admet déjà des étudiantes depuis plusieurs décennies (1872), l'École secondaire et supérieure de jeunes filles, n'enseignant alors pas le latin, ne leur permet pas d'y accéder. Ainsi, après deux ans d'études, ses élèves doivent passer au Collège pour y obtenir la même maturité que les garçons, au prix de deux années supplémentaires ... Emma obtient donc sa «maturité» en 1926, à l'âge de 22 ans! Comme pour la plupart des élèves de la campagne genevoise, le temps qu'elle passe dans les transports en commun pour se rendre au Collège est long, mais propice à la lecture. Quel accueil les collégiens de la bonne société genevoise réservent-ils à cette campagnarde qui brave les préjugés tenaces confinant les Genevoises à leur foyer et aux métiers dits «féminins»? Toujours est-il qu'elle ne reste pas à Genève pour ses études. «Sans fortune et sans appui», comme on l'a parfois souligné,[1] elle ne s'y sent peut-être pas vraiment chez elle, d'autant plus que – et malgré l'exemple stimulant de Nelly Schreiber-Favre, première avocate assermentée en 1906 – parmi les quelque 125 femmes diplômées de l'Université entre 1900 et 1925, il ne s'en trouve que six à la Faculté de droit, dispersées dans plusieurs volées masculines.[2] C'est à l'Université de Berne qu'Emma obtient finalement une licence en droit en 1929; son séjour dans la ville fédérale se révélera fort utile plus tard, lorsqu'elle s'y rendra régulièrement en tant que politicienne ou pour des séances de comité et des consultations relatives à des textes de loi rédigés en allemand.

S'unir pour lutter
Sitôt ses études terminées, Emma revient à Genève pour y faire un stage dans l'étude Süss et Jeanneret, puis elle y passe avec succès les épreuves du brevet d'avocat en 1932. Peu après son retour, la présidente de l'Association genevoise des femmes universitaires (AGFU) l'ayant invitée à faire partie de cette association récemment créée, Emma répond qu'elle désire attendre quelques années pour s'y engager. Quand elle y est admise en mars 1933, elle vient d'ouvrir son étude et est secrétaire de l'Association genevoise pour le suffrage féminin (AGSF), fondée en 1907 par Auguste de Morsier et présidée par Émilie Gourd. Elle montre par là que l'égalité des droits politiques entre hommes et femmes et son travail d'avocate sont pour elle des priorités.[3] Très rapidement, à partir de cette époque et jusqu'à la fin de sa vie, elle se met à cumuler les fonctions au sein d'associations locales, suisses et internationales, en tant que secrétaire, membre du comité, présidente ou représentante d'autres associations. Elle y côtoie des pionnières du féminisme genevois et suisse telles qu'Émilie Gourd, Antoinette Quinche, Alix Choisy-Necker, Marie-Jeanne Mercier, Hélène Gautier-Pictet, Marcelle Prince, Ginette Rosselet, Alice Wiblé-Gaillard, ainsi que les nombreuses femmes dont les convictions et la fidélité à la cause sont présentes dans chaque page des archives de ces diverses associations.[4] Sa formation de juriste lui permet de jouer un rôle de premier plan lors des actions spectaculaires qui marquent le long combat pour la reconnaissance des droits politiques des femmes en Suisse. On rappellera simplement les recours de droit public au Tribunal fédéral déposés contre les arrêtés rejetant la demande des Genevoises d'être inscrites sur les rôles électoraux de leur canton en 1957 et sur les rôles électoraux fédéraux en 1965, à la suite de leur accession aux votes cantonaux et communaux en 1960.[5]

Présidente du «Suffrage»

Outre ses multiples engagements au comité de rédaction du *Mouvement féministe* et de *Femmes suisses*, au Cartel genevois d'hygiène sociale et morale, à l'Union des femmes, au Centre de liaison des associations féminines genevoises, à l'Union des fédéralistes européens, à l'AGFU, à l'Association des femmes de carrières libérales et commerciales (dont les combats sont proches les uns des autres, mais dont les membres peinent parfois à harmoniser leurs prises de position!), Emma assume la présidence de l'AGSF de 1947 à 1955. Elle prend pratiquement la succession d'Émilie Gourd, décédée subitement en janvier 1946 après 34 ans de présidence durant lesquels le «Suffrage», comme on désigne familièrement l'AGSF, n'a cessé de lutter pour l'obtention du suffrage féminin par le biais de ses «thés suffragistes», de ses manifestations de protestation à Genève ou à Berne, de ses cycles de conférences, de ses brochures et de ses articles dans la presse, de l'activité imaginative de sa «commission de propagande». Mais dans le contexte difficile de la crise des années 1930 et de la Seconde Guerre mondiale, ses actions avaient également visé à améliorer la situation économique des femmes et à définir leur rôle dans un pays en guerre; il avait fallu se battre pour le droit au travail de la femme mariée, maintes fois remis en cause durant les périodes de chômage et à l'époque de la démobilisation, et notamment lorsque les institutrices et autres fonctionnaires devaient quitter leur poste après leur mariage. Régulièrement, on avait tenté – mais le plus souvent en vain, «faute de places vacantes» et parce qu'elles n'étaient pas présentées par un parti –, de faire élire des femmes dans les commissions administratives et à des fonctions auxquelles leurs compétences les préparaient particulièrement bien.

Lorsque Emma reprend les rênes du «Suffrage», l'atmosphère est lourde parmi les suffragistes. Dans cette période d'après-guerre, les problèmes que rencontrent les gens en général et les femmes en particulier sont lancinants; il faut se préoccuper du renchérissement de la vie, des salaires, du chômage, de l'AVS, voire déjà de l'assurance-maternité. On s'efforce d'informer les gens sur la «question juive» et les réfugiés. En outre, le 29 septembre 1946, le peuple genevois refuse pour la troisième fois d'accorder le droit de vote aux femmes. Or, au sein de l'association, les anciennes disparaissent petit à petit, et l'on peine parfois à les remplacer, tant l'opposition des anti-suffragistes devient virulente. Dans la mesure où les partis de gauche sont les seuls à soutenir le suffrage féminin, ce dernier éveille méfiance et hostilité, même si certains politiciens libéraux acceptent de prendre position en sa faveur – le plus souvent à titre privé. La neutralité de l'association est souvent invoquée par telle ou telle femme du comité pour refuser son soutien à des initiatives émanant de groupes engagés politiquement ou confessionnellement. Ainsi, une initiative des «femmes du parti ouvrier» (dont Jacqueline Zurbrügg) en faveur du vote féminin ne sera-t-elle soutenue que si les autres partis font de même, afin de «ne pas perdre des membres anti-ouvriers» …; plus tard, Emma protestera énergiquement contre une proposition du comité d'envoyer des papillons annonçant une soirée d'information aux sociétés affiliées «sauf aux femmes catholiques et aux femmes du Parti du travail».[6]

Quoi qu'il en soit, avec un dynamisme semblable à celui dont avait fait preuve Émilie Gourd, la nouvelle présidente assure vaillamment la poursuite des buts que le «Suffrage» s'est fixés 40 ans plus tôt. Grâce à son activité d'avocate, elle connaît les problèmes quotidiens de la population. Désireuse de mieux informer les femmes sur leurs droits, elle ouvre les activités de l'AGSF à d'autres milieux sociaux, proposant des cours d'élocution et de discussion, remplaçant les «thés suffragistes», organisés dans les locaux difficiles d'accès de la Vieille Ville, par des conférences données dans les différents quartiers de la ville et dans les villages. À l'incitation des autorités politiques genevoises, et grâce à un comité d'action qui parvient à mettre sur pied quelque 75 réunions informatives, se déroule notamment les 29 et 30 novembre 1952 la «consultation des femmes pour la reconnaissance de leurs droits politiques». Il s'agit de savoir si, contrairement à ce qu'affirment les antiféministes, les femmes désirent réellement le droit de vote. Et c'est un succès, puisque des 41 479 bulletins valables déposés dans les urnes, près de 36 000 (85%) se prononcent pour l'octroi des droits politiques.[7] La déception n'en sera que plus vive, quelques mois plus tard, quand moins de 18 000 électeurs masculins genevois (57,2% des voix) refuseront pour la quatrième fois d'accorder le droit de vote aux femmes le 7 juin 1953. Emma l'exprime avec amertume dans une lettre adressée au journal *Femmes suisses,* qui ne s'est guère engagé dans la campagne:

> «La manière douce a fait faillite. Je crois que c'est les conclusions à tirer de notre dernier scrutin. Nous sommes tellement dignes que nous manquons précisément de dignité. Il me semble que les commentaires dans *Femmes suisses* sont bien anodins et que nous accusons avec beaucoup de soumission le soufflet qui vient de nous être magistralement administré.»[8]

L'humour reprenant le dessus, le «Suffrage» marquera l'anniversaire de la consultation de 1952 par le dépôt d'une gerbe en signe de deuil au pied du Monument National le 28 novembre 1953. Comme l'exigent les statuts, Emma quitte la présidence de l'association en 1955, mais en reste la vice-présidente. En raison d'une surcharge permanente de travail, elle quittera cette fonction en 1963, restant toutefois dans le comité comme «conseiller juridique».[9]

Avocate, suffragiste et députée

Il est vrai qu'à cette date, grâce à la votation positive des Genevois le 6 mars 1960 (55,6% de oui) en matière de vote et d'éligibilité sur le plan cantonal et communal, Emma est maintenant députée au Grand Conseil. Elle s'est portée candidate en tant que socialiste lors des élections législatives de novembre 1961 et y a été élue en même temps que huit autres femmes – sur 100 députés. Première femme suisse à occuper cette fonction dans un parlement cantonal, elle est élue à sa présidence en 1965. Elle s'y fait remarquer la même année en prenant la tête d'un groupe de 564 électrices genevoises qui exigent d'être inscrites sur les rôles électoraux fédéraux, pour être en mesure de prendre part aux scrutins fédéraux, comme le leur permettent, selon elles, les droits politiques dont elles jouissent dans leur canton. Ce recours sera rejeté par le Conseil d'État, le Conseil fédéral et le Tribunal fédéral.[10] Après les échecs successifs qu'elles ont subis, les «suffragistes» ont donc pris conscience que le militantisme ne suffit pas et qu'il faut se lancer au plus vite dans la politique. Depuis quelques années, Emma proposait d'ailleurs qu'une équipe assiste aux séances du Grand Conseil pour se former au débat politique; elle demandait également que les femmes puissent entrer dans tous les partis.[11] Jusqu'au 7 février 1971, date de la votation qui accordera finalement aux femmes suisses le suffrage sur le plan fédéral, l'AGSF poursuit ses actions destinées à étendre les droits partiels qui leur ont été accordés.

Grâce à son travail d'avocate et aux consultations juridiques gratuites qu'elle a créées dans le cadre de l'Union des femmes, la nouvelle députée ne peut ignorer les discriminations qui touchent les femmes: elle s'efforce donc de les dénoncer et d'y remédier durant les huit années de son mandat.[12] Plusieurs de ses interventions portent sur des articles de loi, voire des statistiques, où les femmes mariées ou veuves n'apparaissent pas en tant que telles: il faut que sur les listes électorales, leur «patronyme de naissance» soit ajouté à celui de leur mari (1963, 1966); et que lors des naturalisations, l'épouse prête aussi serment (1962). En outre, elle préconise que les femmes soient plus présentes dans la commission chargée de la révision du Code civil, notamment pour tout ce qui a trait au droit de la famille. Il s'agit ni plus ni moins de mettre fin au statut de mineure qui est réservé à la femme mariée et aux injustices qui résultent du régime de l'union des biens, régime légal qui prétérite l'épouse lors de la dissolution de l'union conjugale si celle-ci n'a pas pris certaines précautions au moment du mariage.[13] Déjà, elle s'insurge aussi contre le fait que l'on impose un congé «accouchement» non rémunéré de 8 ou 10 semaines (1964), contre l'inégalité des cotisations d'assurance-maladie entre hommes et femmes (1969), et regrette que tant de travailleuses soient écartées de l'assurance-chômage et de l'assurance-accidents non professionnels (1967). D'autres interpellations témoignent de l'intérêt qu'elle porte à la protection des enfants et des femmes,[14] ainsi qu'à la population tout entière, et notamment à la qualité de sa vie (bruit des machines de chantier et de l'aéroport)!

Qu'il s'agisse de prendre le train pour Berne, de participer à des réunions de tricotage pendant la crise, de vendre des plaques de chocolat ornées d'un slogan suffragiste pour renflouer la caisse de l'association, Emma ne recule devant aucun effort qui fera avancer la cause. Son étude est le point de ralliement de nombreuses manifestations; son adresse postale figure sur maints recours et pétitions. Des témoignages oraux ont souligné sa disponibilité et la gentillesse avec laquelle elle accueillait toute personne qui s'y présentait pour obtenir une aide ou un conseil. Marquée par son enfance, elle resta toujours attentive aux difficultés de la paysannerie suisse et s'engagea en sa faveur, comme elle le fit aussi pour les milieux urbains défavorisés, en décrochant des bourses d'étude pour des jeunes gens et jeunes filles de condition modeste.

1. Mercier M.-J., Emma Kammacher, in: Femmes suisses, juin 1981, p. 3.
2. Bielander Thérèse, L'accès des femmes à l'Université de Genève et leur entrée dans les professions supérieures, 1872–1939, mémoire de licence de la Faculté des Lettres, Département d'histoire générale, Genève 1988 (dactyl.), passim.
3. En 1941, Emma démissionnera de l'AGFU, reprochant à cette association de n'avoir pas voulu soutenir certaines actions des suffragistes et refusé d'adhérer au groupement «Femmes et démocratie»; elle y sera «réintégrée» en 1950: Archives d'État de Genève (AEG), Arch. privées, 113.1.5, 113.1.7, 113.2.6 et 113.2.9.
4. Voir les biographies dans le présent ouvrage et, par exemple, les archives de l'AGSF, de l'AGFU et de l'Union des femmes: AEG, Arch. privées, 100, 113 et 271.
5. AEG, Arch. privées, 100.3.7 et 3.9.
6. AEG, Arch. privées, 100.1.9, 18–30 mai 1945 et 27 novembre 1946.
7. Sauli Annalisa, Pour la bonne cause, ou l'Association pour le suffrage féminin à l'œuvre vers la victoire: 1946–1960, mémoire de licence de la Faculté des Lettres, Département d'histoire générale, Genève 2003 (dactyl.), p. 65 s. et Annexes 35–40 et 44–45.
8. Chaponnière Martine, Devenir ou redevenir femme. L'éducation des femmes et le mouvement féministe en Suisse, du début du siècle à nos jours, Genève 1992 (Mémoires et documents publiés par la Société d'histoire et d'archéologie de Genève, t. 56), p. 185–186, cité par Sauli, op. cit., p. 73.
9. AEG, Arch. privées, 100.1.10, 13 septembre 1963.
10. Voir note 5 et Ruckstuhl Lotti, Vers la majorité politique. Histoire du suffrage féminin (trad. de l'allemand par Catherine Bécour), Bonstetten, 1991, p. 289–290.
11. AEG, Arch. privées, 100.1.9, 13 janvier 1948. Seul le parti socialiste admettait les femmes à cette date. Emma préconisait également qu'on s'adresse à la jeunesse pour l'intéresser au problème du suffrage.
12. On trouvera ses interventions par le biais de l'index nominal du Mémorial du Grand Conseil (MGC).
13. Voir le débat sur les brochures distribuées aux fiancés, 17 mars 1967, MGC, 1967, t. 1, p. 978s.
14. Par une meilleure formation et une augmentation du nombre des agentes de police, MGC, 1962 et 1964.

Elisabeth Pletscher (1908–2003)
«Kämpfe ghör i nöd gärn, igsetzt han i mi.»

Margrith Bigler-Eggenberger

Abb. 48: Elisabeth Pletscher

Elisabeth Pletscher sah ich zum ersten Mal, als sie die Würde einer Ehrendoktorin der Universität St. Gallen erhielt. Das war im Juni 1998, in dem Jahr, in welchem sie ihren 90. Geburtstag feiern konnte. Ich sehe sie noch, die «grand old lady», wie sie in Trogen, ihrem Alterswohnsitz und ihrem langjährigen Tätigkeitsort, genannt wurde. Ihre klaren Augen mit kritischem Blick und voll Appenzeller Schalk strahlten über die wohl für sie bedeutendste Auszeichnung eines an Ehrungen reichen Lebens.

Wer war Elisabeth Pletscher?
Elisabeth Pletscher wurde erzogen von einer starken Mutter, der es als junger Witwe ohne berufliche Ausbildung und mit bescheidenen finanziellen Mitteln oblag, für ihre beiden kleinen Töchter zu sorgen. Ihr gelang es – was rechtlich in jener Zeit Anfang des 20. Jahrhunderts für Witwen noch aussergewöhnlich war – die volle Verantwortung für ihre Kinder zu übernehmen, ohne dass ein Vormund für diese eingesetzt worden wäre. Das verdankte die Mutter von Elisabeth wohl – ausser der eigenen Hartnäckigkeit und Willensstärke – ihrer Abstammung aus einer der historisch grossen Patrizierfamilien von Trogen, den Zellwegers, auf die Elisabeth Pletscher denn auch stets mächtig stolz war.[1]

Elisabeth Pletscher hatte das Privileg, eine verständnisvolle Mutter zu haben, die ihre Töchter zu selbständigen Frauen zu erziehen vermochte. Beide Töchter konnten in einer Zeit, in der eine höhere Ausbildung nur den Knaben vorbehalten war, sich an der Kantonsschule Trogen für die Maturität vorbereiten. An dieser privaten Mittelschule wurden damals praktisch nur männliche Schüler unterrichtet. Elisabeth Pletscher war erst als zweites Mädchen zugelassen, das die Maturitätsprüfung ablegen konnte. Ein Studium aber kam für das hochintelligente Mädchen aus finanziellen Gründen nicht in Frage, da in Appenzell Ausserrhoden nur Knaben entsprechende Stipendien gewährt wurden. Nach Aufenthalten im Welschland und in Paris entschied sich Elisabeth deshalb für eine Ausbildung zur medizinischen Laborantin am Engeriedspital in Bern.[2]

Kaum hatte Elisabeth die Ausbildung beendet, fand sie sich bereits in verantwortungsvoller Anstellung als Cheflaborantin am Zürcher Frauenspital. In diesem Beruf sollte sie bis zu ihrer Pensionierung nach 43 Jahren bleiben, einem Beruf, dessen Weiterentwicklung stark von Elisabeth Pletscher geprägt worden ist. Sie sorgte sich um ein modernes Berufsbild sowie um einen nationalen und internationalen Zusammenschluss dieses damals ausschliesslichen Frauenberufs. Ihr strenges Berufsleben erfüllte sie, aber hielt sie nicht davon ab, sich für eine Verbesserung der Arbeitsbedingungen und vor allem auch für ein gesamtschweizerisch vom Roten Kreuz anerkanntes Berufsbild mit schweizweit einheitlicher Ausbildung stark zu machen. Ihrem unermüdlichen Einsatz war es zu verdanken, dass schliesslich unter dem Patronat des Schweizerischen Roten Kreuzes die Berufsschule Engeried in Bern und auch der Berufsabschluss als technisch-medizinische Laborantin beziehungsweise technisch-medizinische Laborant der ganzen Schweiz anerkannt wurde.[3]

Einsatz für das Frauenstimm- und wahlrecht
Die Ehrendoktorwürde wurde Elisabeth Pletscher «in Würdigung ihres vorbildhaften Engagements für die Gleichberechtigung der Frauen in Bildung, Politik und Beruf sowie für ihren langjährigen Einsatz im Zusammenhang mit politischen, sozialen und kulturellen Aufgaben in ihrer appenzellischen Heimat» verliehen. In dieser Würdigung kommt die Vielfalt der Interessen, Tätigkeiten und Einsatzbereiche von Elisabeth Pletscher zum Ausdruck. Sie war bereits an der Kantonsschule Trogen «frauenrechtlerisch» infiziert worden, auch wenn sie sich noch in späteren Jahren dagegen verwahrte, als Frauenrechtlerin oder gar als «Emanze» (ab-)qualifiziert zu werden![4] Dabei entsprach sie gerade dem – leider immer wieder und immer noch negativ besetzten – Idealbild einer emanzipierten Frau, nämlich einer selbständig denkenden, kritischen und aktiven Frau, die sich unablässig für die Verbesserung der Rechtsstellung der Frau und insbesondere für deren Mitwirkungsrechte in der Öffentlichkeit bis in ihr hohes Alter eingesetzt hat.

Dass dieser ungerechtfertigte Ausschluss der Schweizerfrauen vom Mitsprache- und Mitbestimmungsrecht in einer Demokratie bereits seit Jahren in Frauen- und Politikerkreisen einen Diskussionspunkt dargestellt hatte, wurde

Elisabeth Pletscher anlässlich einer Samstagsdiskussion an der Kantonsschule Trogen im Jahr 1929 klar: Es war die damals als (erste schweizerische) Berufsberaterin tätige, aktive Frauenrechtlerin Rosa Neuenschwander (1863–1962), welche die junge Kantonsschülerin tief beeindruckt hat, obwohl sie schon damals kaum Chancen für die Durchsetzung der politischen Rechte für die Schweizerfrauen in einem Landsgemeindekanton gesehen hat – ein erstaunlicher Weitblick des jungen Mädchens. Und in der Tat erhielten die Frauen in Appenzell Ausserrhoden erst 1989 die vollen politischen Mitbestimmungsrechte.

Öffentliches Engagement
Die Einführung der vollen politischen Rechte am 7. Februar 1971 auf Bundesebene veranlasste Elisabeth Pletscher zu folgender Bemerkung:

> «Eine selbstverständliche Forderung nach Gerechtigkeit von Mann und Frau hat ihre Zeit und Reife gefunden. Aber welche unendliche Arbeit von Frauen war geleistet worden, wie viel Enthusiasmus und persönlicher Einsatz lag dahinter, wie viele Demütigungen und Abfuhren hatten verarbeitet werden müssen.»[5]

Viel Arbeit und Anfeindungen standen nun aber auch Elisabeth Pletscher in ihrem Kanton bevor: Landsgemeindekantone taten sich schwer, den Frauen auf kantonaler und/oder kommunaler Ebene ebenfalls die gleichen politischen Rechte einzuräumen. Man befürchtete, dies bedeute das Ende dieser uralten, urdemokratischen, immer mehr aber zur Folklore der Männer mutierten Einrichtung. Doch nun stand der Kampf oder die Überzeugungskraft der Frauen auf dem Programm, um nicht nur auf eidgenössischer Ebene, sondern ebenso sehr auf Kantons- und Gemeindeebene in der Öffentlichkeit mit vollen Rechten mitwirken zu können.

Inzwischen war Elisabeth Pletscher pensioniert worden, nach 43 Jahren intensivster Arbeit als Cheflaborantin am Universitätsspital und an der Frauenklinik in Zürich. Sie meinte damals, sie kehre nun von Zürich, wo die volle politische Gleichberechtigung rasch zu einer Selbstverständlichkeit geworden sei, vom Status einer «Vollbürgerin» zu dem einer «Zweidrittelsbürgerin» nach Trogen zurück. Denn dort durfte sie zum Beispiel den Ausserrhoder Nationalrat wählen, nicht aber den Ständerat. Sie konnte an eidgenössischen Abstimmungen teilnehmen, nicht aber Stellung zu den an der Landsgemeinde oder im Kantonsparlament zu beschliessenden Gesetzen nehmen. Angesichts dieses Anachronismus auf politischer Ebene wollte sie sich nun in ihrem Ruhestand voll engagieren, um diese Ungerechtigkeit zu beseitigen. So trat sie der 1983 gegründeten Interessengemeinschaft für politische Gleichberechtigung der Frauen im Kanton Appenzell Ausserrhoden, die aus einer Trogner Gruppe von Stimmrechtsbefürworterinnen hervorgegangen war, bei. Sie sagte, sie tue das nicht «nur aus Solidarität mit der grossen Mehrheit der Frauen der jüngeren Generation, sondern vor allem aus Dankbarkeit und in ehrendem Angedenken an die Pionierinnen in der Emanzipation der Frau. Wenn man die Lebensgeschichten und Schicksale dieser hochintelligenten, sozial denkenden und ethisch hochstehenden Frauen liest», so meint sie weiter, «ist man ganz einfach erschüttert». Und die Gleichberechtigung habe sich sehr langsam durchgesetzt. Noch bleibe vieles zu tun in dieser Hinsicht, bis wirklich alle vernünftigen Forderungen erfüllt seien.[6] Das schrieb sie drei Jahre, bevor der sehr mühsame, sehr viel politisches Geschick und Feingefühl erfordernde Kampf um die vollen Bürgerrechte der Appenzeller Frauen mit der denkwürdigen Abstimmung an der Landsgemeinde von 1989 zu Ende ging.[7] Fast 82 Jahre alt ist sie geworden, ehe sie nunmehr wieder «Vollbürgerin» war und an der Appenzeller Landsgemeinde Jahr für Jahr teilnehmen konnte. Sie hat dieses Recht denn auch voll genutzt.

Die besondere Art, politisch vorzugehen und das öffentliche Engagement
Elisabeth Pletscher hat für die Durchsetzung der politischen Rechte der Frauen sehr viel diplomatisches Geschick an den Tag legen müssen. Ausser der Hilfe und dem Rat, den sie beim Schweizerischen Verband für Frauenrechte (damals noch Frauenstimmrechtsverband) und dem Bund schweizerischer Frauenorganisationen (heute alliance F) von Zeit zu Zeit eingeholt hat, kam ihr zugute, dass sie ihre Landsleute durch und durch kannte und dass sie selbst auch den typischen Appenzeller Humor besass. Dementsprechend wollte sie nie mit dem Kopf durch die Wand, war aber hartnäckig und sammelte durch ihre Überzeugungsarbeit Gesinnungsfreunde, die sie jeweils an ihren vielen öffentlichen Auftritten unterstützten. Als es dann so weit war, dass an der Landsgemeinde von 1989 nach emotionaler Diskussion dem kantonalen Frauenstimm- und -wahlrecht mehrheitlich zugestimmt wurde, meinte die 81-Jährige lakonisch: «Meine Aufgabe ist erledigt, aber für Frauenrechte muss man immer noch da sein.»[8]

Dass sie das auch für sich ernst nahm, bewies sie in der Folge durch ihre aktive Teilnahme an den verschiedensten politischen Ereignissen (zum Beispiel Einstehen für die Wahl zweier Regierungsrätinnen und der Oberrichterin Jessica Kehl, der heutigen Präsidentin des Schweizerischen Verbandes für Frauenrechte). Und schon vorher hatte sie sich als Mitglied der Vorbereitungskommission für eine neue Bundes- respektive Kantonsverfassung und für Vernehmlassungen zu verschiedenen Gesetzesvorlagen sowie kulturellen und sozialen Aufgaben, so etwa für die Musikfestspiele in dem kleinen Dorf Trogen (stets mit bekannten Musikern!) und die Übernahme der Patenschaft für das Kinderdorf Pestalozzi, eingesetzt. Auch die Gleichstellung der Mädchen im Bereich der Bildung und Ausbildung war ihr immer wichtig: Sie setzte sich mit ihrer ganzen Kraft für die Schaffung eines Mädchenkonvikts an der Kantonsschule Trogen ein, damit sich auch auswärtige Schülerinnen eine

Mittelschulausbildung leisten konnten.⁹ Und das alles beschäftigte sie bis zu ihrem Unfalltod anlässlich der vor allem von ihr geführten Vorbereitungen zu ihrem 95. Geburtstag – ein aussergewöhnliches Leben einer aussergewöhnlichen Frau fand so ein jähes Ende.

1 Strebel Hanspeter/Zatti Kathrin Barbara, Es gibt Dinge, die brauchen Zeit. Elisabeth Pletscher, Zeitzeugin des 20. Jahrhunderts, Appenzell 2005, S. 34ff.
2 Vgl. Bräuniger Renate, Elisabeth Pletscher. Kein Mangel an öffentlicher Resonanz, in: FrauenLeben Appenzell, Appenzell 1999, S. 427.
3 Strebel/Zatti, Es gibt Dinge, die brauchen Zeit, S. 175ff., 190ff., 198.
4 Ibd., S. 209f.
5 Ibd., S. 243.
6 Ibd., S. 209f., 238–243.
7 Endlich, am 30. April 1989, war es so weit!
8 Strebel/Zatti, Es gibt Dinge, die brauchen Zeit, S. 255.
9 Ibd., S. 215.

Marie Boehlen (1911–1999)
Eine SP-Frau kämpft für die Rechte der Frau

Liselotte Lüscher

Abb. 49: Marie Boehlen

Als das Frauenstimmrecht 1971 auf eidgenössischer Ebene eingeführt wurde, war Marie Boehlen bereits 60, aber trotzdem begann ihre für sie intensivste Zeit. Sie wurde Mitglied in zwei bernischen Parlamenten, zuerst ab 1972 im Stadtrat von Bern und dann von 1974 bis 1986 im Grossen Rat des Kantons Bern. In ihrer unveröffentlichten Lebensgeschichte überschreibt sie das Kapitel, das sich mit dieser Zeit befasst, mit «Mein Leben begann mit sechzig». Wenn man bedenkt, wie aktiv sie vorher 30 Jahre lang für das Frauenstimmrecht gekämpft hat, erstaunt diese Aussage. War sie es doch, die zusammen mit anderen erreicht hatte, dass Frauen überhaupt in Parlamente gewählt werden konnten.[1]

Partei und Beruf

Noch während des Zweiten Weltkriegs, im Jahr 1941, war sie in den Frauenstimmrechtsverein Bern eingetreten. Vier Jahre später wurde sie SP-Mitglied. Sie hatte damals bereits ihr Fürsprechpatent, doktorierte aber erst 1951. Dass auch Juristen Aktivdienst leisten mussten, war ein Vorteil für sie, sie war eine der damals noch wenigen Juristinnen im Kanton Bern, die nun für die eingezogenen Männer einspringen konnten. Mehrere Male übernahm sie recht interessante Stellvertretungen und fand noch während des Krieges eine Stelle als 2. juristische Sekretärin auf dem Regierungsstatthalteramt – weil ein Mann seine Bewerbung zurückgezogen hatte! Nach 14 Jahren insgesamt eher unbefriedigendem Dienst auf diesem Amt wurde sie 1957 in der Stadt Bern Jugendanwältin und damit die erste vollamtliche Jugendanwältin der Schweiz. Sie behielt dieses Amt bis zu ihrer Pensionierung 1971, dem Jahr der Einführung des Frauenstimmrechts. Ihre Versuche, im Kanton Bern ein Richteramt zu bekommen, scheiterten. Dies nicht zuletzt wegen ihrer eigenen Partei, die sie überging und ihr zweimal Männer vorzog.

Einsatz für das Frauenstimmrecht
Marie Boehlen war gerne dort aktiv, wo es wirklich etwas zu tun gab. Politische Arbeit organisieren und lenken war etwas, das sie faszinierte. Dies zeigte sich bereits im bernischen Frauenstimmrechtsverein. Sie arbeitete dort in Ausschüssen oder Aktionskomitees und dass sie führen konnte, wurde bald bemerkt und so wechselte sie von einem Präsidium zum nächsten. Zweimal war sie auch im Schweizerischen Verband für Frauenstimmrecht, dem SVF, aktiv. Nachdem sie in den bernischen Stimmrechtsverein eingetreten war, wurde sie dort bald Präsidentin und damit automatisch Mitglied des Zentralvorstands des SVF. Sie war zu diesem Zeitpunkt noch unerfahren und relativ unbekannt, zumindest auf schweizerischer Ebene. Im SVF führte sie Protokoll und war Kassierin.[2] Gegen den Willen der Zentralpräsidentin des SVF suchte sie Verbündete für ein Kampfsekretariat zu finden, das die Kantone in ihren Aktivitäten, sozusagen als Wandersekretariat, unterstützt hätte. Dabei dachte sie zuerst an den Kanton Bern.[3] Ihr Versuch, den SVF von einem solchen Kampfsekretariat zu überzeugen, scheiterte. Nicht der SVF richtete 1943 ein Frauensekretariat ein, sondern der Bund Schweizerischer Frauenorganisationen.[4] Boehlen trat bald als Präsidentin des Berner Frauenstimmrechtsvereins zurück und damit aus dem Zentralvorstand aus, um sich um die 1943 lancierte Petition der Berner Frauen zu kümmern, die ein Gemeindefakultativum für die Einführung des Frauenstimmrechts forderte. Ihr zweites Gastspiel im Zentralvorstand des SVF war ebenfalls kurz. Anfang der 1950er Jahre hatte sie der Bernische Frauenstimmrechtsverein erneut in den Zentralvorstand des SVF delegiert. Sie schlug dort die Lancierung einer eidgenössischen Initiative für das Frauenstimmrecht vor, was man zu ihrem Bedauern «als zu mühsam» empfand und damit ablehnte. An der Delegiertenversammlung in Winterthur wurde dagegen beschlossen, «den Weg über die Neuinterpretation» des Artikels 74 der Bundesverfassung zu gehen. Unter «Bürger» sollte auch «Bürgerin» verstanden werden. Für Marie Boehlen war klar, dass «dieser Weg ein Irrweg war», und sie trat aus dem Zentralvorstand zurück.

Im Kanton Bern gab es Anfang der 1950er Jahre für sie ohnehin genug zu tun. Nachdem die Petition für ein Gemeindefakultativum von 1945 eingereicht war und kein Echo auslöste, obwohl sie von knapp 50 000 Personen unterschrieben worden war,[5] beschlossen die Bernerinnen im Februar 1952 eine kantonale Initiative zu lancieren. Die Lancierung ging nicht mehr wie die

Petition vom Bernischen Frauenstimmrechtsverein aus, sondern von einer «Vereinigung für die Mitarbeit der Frau in der Gemeinde», in der über 30 Vereine, darunter nicht nur Frauenstimmrechtsvereine, organisiert waren. Bewusst wollte man für die Initiative, die ausschliesslich auf Männerunterschriften angewiesen war, nicht mehr als Frauenstimmrechtsverein auftreten. Als «Frauenrechtlerin» habe man sich «regelrecht unbeliebt» gemacht, fand Marie Boehlen.[6] Obwohl nur bei Männern gesammelt werden konnte, brachte man fast das Dreifache der erforderlichen Unterschriftenzahl zusammen. Die Initiative führte zu einem Gegenvorschlag des Regierungsrates, der das Gemeindefakultativum für das Frauenstimmrecht enthielt und der zuerst vom Grossen Rat und 1968 vom Berner Volk angenommen wurde. So kam es, dass im Kanton Bern verschiedene Gemeinden das Frauenstimmrecht eingeführt hatten, bevor es auf eidgenössischer Ebene realisiert wurde. Die Stadt Bern, wo Marie Boehlen lebte, beschloss die Einführung schon im August 1968.[7] Zieht man in Betracht, dass noch 1959, keine zehn Jahre zuvor, die erste eidgenössische Abstimmung mit einem Verhältnis von 2:1 abgelehnt worden ist, war dies ein bedeutender Erfolg.

Für eine Politik der kleinen Schritte
Nun waren die aktiven Berner Frauen noch überzeugter davon, dass man auch gesamtschweizerisch nur schrittweise vorgehen könne. Denn auch in Bern war nur der kleinstmögliche Schritt erreicht worden: Jede Gemeinde konnte immer noch selbst entscheiden, ob sie das Frauenstimmrecht einführen wollte oder nicht. Bei den meisten aktiven Berner Frauen galt der Slogan «Steter Tropfen höhlt den Stein». Durch ihre Arbeit auf der untersten Ebene im Staat, der Gemeinde, den Dörfern, begegneten sie sehr vielen Frauen, die sonst von der schweizerischen Politik wenig tangiert wurden und ihre Aufklärungsarbeit war mindestens im Kanton Bern ausserordentlich wichtig. Marie Boehlen war ebenfalls überzeugt, dass das Frauenstimmrecht nur schrittweise, von unten nach oben, eingeführt werden könne. Das erklärt vielleicht auch ihr für viele unverständliches Verhalten vor der eidgenössischen Abstimmung von 1971. Hinter dem Rücken der Frauenverbände, zu denen auch die SP-Frauen gehörten, die sie damals präsidierte, gelangte sie an den Direktor der eidgenössischen Justizabteilung und bat ihn, nichts zu überstürzen. Erst wenn möglichst viele Kantone das Frauenstimmrecht eingeführt hätten, sei eine positive eidgenössische Abstimmung sicher.[8] Auch in einem Artikel in der «Berner Tagwacht» fragte sie im Titel: «Ist der Zeitpunkt gekommen?» und ihre Antwort lautete, zuerst müssten 13 Kantone das Frauenstimmrecht einführen, vorher könne man «vernünftigerweise» nicht mit einem Ja rechnen.[9] Sie wollte nichts riskieren, sah, dass bei einem erneuten Nein der Schweizer das Stimmrecht der Frauen wieder in weite Ferne rücken würde und merkte nicht, dass gerade die 68er-Bewegung und die Frauenbefreiungsbewegung mit ihrem

forschen Auftreten einen Meinungswandel provoziert hatten. Die Zeit war ganz einfach «reif» geworden.

Als die Abstimmung beschlossen war, lehnte sich Marie Boehlen aber nicht erzürnt zurück, sondern warb für ein Ja, wo immer es ihr möglich war. Im Monatsheft der SP-Frauen, «Die Frau in Leben und Arbeit», schrieb sie, diese Abstimmung müsse positiv ausgehen «im Interesse unseres Landes und unserer Stellung in der Welt».[10] Auch ihr vielbeachteter Aufsatz «Zum Leitbild der Frau» erschien während des Abstimmungskampfs zuerst als Referat am Radio und dann gedruckt.[11] Massiv ärgerte sie sich über einen Bundesrat, der am Radio dafür plädierte, dass sich die «Frauenrechtlerinnen» nun zurückhalten sollten, um der Sache nicht zu schaden. Sie fand, die Landesväter meinten damit wohl, «sie möchten nun die Früchte allein ernten». In ihrer Lebensgeschichte schildert sie seitenlang die Geschichte der Einführung des Frauenstimmrechts im Kanton Bern, wie sie das schweizerische Ja erlebt hat, lässt sie aber weg. Ihre Fehleinschätzung mochte sie nicht referieren.

Gleiche Rechte für die Frauen

Nach den positiven Abstimmungen ging ihr Kampf für die Rechte der Frau weiter. Nun begann derjenige gegen die Leute, die glaubten, alles sei nun in Ordnung mit der Einführung des Stimmrechts. Als am Parteitag 1972 von den SP-Frauen Schweiz beantragt wurde, dass ihre Präsidentin, Marie Boehlen, von Amtes wegen Einsitz in die Geschäftsleitung der SP-Schweiz nehmen solle, meinte ein Jungsozialist aus Zürich, es gebe nun nach der positiven Volksabstimmung keinen Grund mehr für eine Sonderbehandlung der Frauen. Der Parteitag folgte ihm und Marie Boehlen wurde nicht gewählt.

Ihrer Partei, die sich schon 1912 für das Frauenstimmrecht ausgesprochen hatte, warf Marie Boehlen immer wieder vor, dass sie ihren schönen Worten keine Taten folgen liesse. Sie setzte sich deshalb 1985 an einem Parteitag des Kantons Bern für eine Frauenliste bei den nächsten Nationalratswahlen ein. Sie selbst war bei den ersten Nationalratswahlen, an denen Frauen teilnahmen, ganz knapp gescheitert und auch vier Jahre später reichte es ihr nicht. Nur auf dem Papier seien nun die Spiesse für Frauen und Männer gleich lang, rief sie dem Parteitag zu. Die Frauen seien, weil sie nur selten wichtige öffentliche Ämter bekleideten, zu wenig bekannt und würden deshalb nicht gewählt. Es sei für die Kantonalpartei «peinlich», dass in vier Wahlen keine SP-Frau aus dem Kanton Bern gewählt worden sei.[12] Die Frauenliste wurde beschlossen und zum ersten Mal kamen 1987 zwei Bernerinnen, Gret Haller und Ursula Bäumlin, in den Nationalrat. Für Marie Boehlen war es hart, dass sie es selbst nicht geschafft hatte, denn im Nationalrat zu politisieren war schon als junges Mädchen ihr Traum gewesen. Trotzdem, mit über 70 Jahren kämpfte sie nun für ihre jungen Kolleginnen.

Auch für die Initiative «Gleiche Rechte für Mann und Frau» setzte sie sich ein. Als diese 1976 lanciert wurde, gehörte Marie Boehlen zu den fünfzehn Frauen des Initiativkomitees. Sie stand bis Ende Jahr «noch und noch stundenlang in der Stadt zum Unterschriftensammeln». Die Initiative wurde 1981 angenommen. «So erlebte ich schliesslich doch noch einen Sieg», stellt sie fest.

Im Gegensatz zu vielen anderen SP-Mitgliedern, darunter auch vielen Frauen, sah sie eine Quotenregelung nicht negativ. Das hatte wohl mit ihren Erfahrungen zu tun. In einem Interview zu ihrem 75. Geburtstag sagte sie, Quoten seien «ein Notbehelf, den es aber zu unterstützen gelte», denn so könne «nämlich ein neues Bewusstsein geschaffen werden». Ihre 28-jährige Interviewpartnerin, die Jungsozialistin und spätere kantonalbernische Parteipräsidentin, Irène Marti, ist vorsichtiger und meint: «Frau genüge ihr dann nicht. Sie wolle politisch bewusste, sozialistisch denkende Frauen», aber für eine «Übergangszeit» ist sie doch dafür. Möglicherweise beeindruckte sie, die viel Jüngere, die Haltung ihrer älteren Genossin.[13]

Am Schreibtisch und in der Welt

In der Zeit als Marie Boehlen, nach ihrer Pensionierung als Jugendanwältin, als Parlamentarierin im Berner Stadtrat und im Grossen Rat tätig war, schrieb sie ihre drei grossen Bücher: 1975 erschien der «Kommentar zum Jugendstrafrecht» und 1983 «Das Jugenderziehungsheim als Faktor der sozialen Integration». Die Arbeit an ihrem dritten Buch «Frauen im Gefängnis» begann sie noch als Grossrätin und schloss sie kurz vor ihrem Tod ab. In den Parlamenten setzte sie sich in verschiedenen Politikbereichen ein. Sie kämpfte für einen verbesserten Strafvollzug, für die Rechte der Frauen, aber auch für weniger Individualverkehr oder für zusätzliche Entwicklungshilfe.

Marie Boehlen war 1911 in Riggisberg, einem Bauerndorf im Kanton Bern, geboren worden, verbrachte dann aber seit ihrem Seminarbesuch und ihrem Jurastudium ihr ganzes Leben in Bern. Sie wohnte schon früh mit ihrer fast gehörlosen Schwester zusammen, die ihr den Haushalt führte und die 1960 an einem Krebsleidens verstarb. Fremde Länder haben sie immer fasziniert. So kam es ihr entgegen, als sie mit 35 Jahren ein Stipendium für einen einjährigen Studienaufenthalt in Syracuse in den USA erhielt. Als 50-Jährige besuchte sie im Auftrag der UNESCO für drei Monate Indien. Auch reiste sie von Bern aus gern und viel. Kongresse benutzte sie immer dazu, das Land, in dem diese stattfanden, näher kennenzulernen.

Ihr Kampf für die Rechte der Frauen dauerte ihr ganzes Leben lang, und eins war ihr dabei immer klar gewesen: «Die Frucht der Gleichberechtigung wurde nicht von selbst reif, wie die Bequemen gern anzunehmen bereit waren».[14]

1 Dem Text liegt u.a. das unveröffentlichte Manuskript «Dreissig Jahre zu früh» von Marie Boehlen, 1985, zugrunde, das sich im Archiv der Gosteli-Stiftung zur Geschichte der schweizerischen Frauenbewegung (AGoF), PA 566 Boehlen, befindet. Aus diesem Lebensbericht stammen, wenn nichts anderes vermerkt, die Zitate.
2 Protokolle Zentralvorstand SVF 1942, AGoF, PA 566 Boehlen.
3 Brief Boehlen an Widmer, AGoF, ibd.
4 Nef Clara, Chronik der schweizerischen Frauenbewegung pro 1943, in: Gosteli Marthe (Hg.), Vergessene Geschichte, Bd. 2, Bern 2000, S. 761.
5 Stocker-Meyer Gerda, Chronik der schweizerischen Frauenbewegung 1945/46, in: Gosteli Marthe (Hg.), Vergessene Geschichte, Bd. 2, Bern 2000, S. 793.
6 Berner Zeitung, 5.2.1988.
7 Erne Emil, Stadtpolitik zwischen Patriziat und Frauenmehrheit, in: Bähler Anna et al., Bern – Die Geschichte der Stadt im 19. und 20. Jahrhundert, Bern 2003, S. 150.
8 Voegeli Yvonne, Zwischen Hausrat und Rathaus. Auseinandersetzungen um die politische Gleichberechtigung der Frauen in der Schweiz 1945–1971, Zürich 1997, S. 523.
9 Berner Tagwacht, 14./15.3.1970.
10 Boehlen Marie, Gelingt auch den Frauen der Sprung ins 20. Jahrhundert?, in: Die Frau in Leben und Arbeit, Januar 1971.
11 Boehlen Marie, Zum Leitbild der Frau, Nach einem Vortrag gehalten am Radio Bern, vom 19. August 1970, AGoF, PA 566 Boehlen.
12 Boehlen Marie, Manuskript Parteitag 11.5.1985, ibd.
13 Berner Tagwacht, 18./19.10.1986.
14 Solothurner Zeitung, 27.7.1974.

Mary Paravicini-Vogel (1912–2002)
Eine konsequente Strategin
Gaby Sutter

Abb. 50: Mary Paravicini-Vogel

Mary Paravicini war eine dezidierte Verfechterin der Strategie, das Frauenstimmrecht auf eidgenössischer Ebene auf dem Rechtsweg zu erlangen.[1] In ihren Augen wurde das Prinzip der Rechtsgleichheit, wie es in Artikel 4 der Bundesverfassung (BV) festgehalten ist, durch den Ausschluss der Frauen von den politischen Rechten «schwer verletzt», wie sie in ihren Notizen festhielt.[2] Eine Neuinterpretation der Bundesverfassung hätte eine Einführung des Frauenstimmrechts ohne Volksabstimmung ermöglichen sollen. Als Vorstandsmitglied der Basler Vereinigung für das Frauenstimmrecht und als Sekretärin des Schweizerischen Verbands für Frauenstimmrecht setzte sie sich für diese Strategie ein, bis sie im Jahre 1956 nach internen Konflikten beide Gremien verliess. Fortan war sie in der Frauenstimmrechtsfrage mit zahlreichen Zeitungsartikeln öffentlich präsent.

Stationen des Lebenslaufs
Maria Elisabeth Vogel kam am 6. September 1912 in Basel zur Welt. Mit ihrer Familie, die einen Bürsten- und Spielwarenhandel betrieb, wuchs sie mitten in der Altstadt auf. Sie besuchte im Anschluss an die obligatorische Schulzeit Handelsschulen in Basel und verbrachte ein Jahr in Neuenburg. Zurück in Basel arbeitete sie zunächst in einem Anwaltsbüro und anschliessend für einige Jahre auf der Kanzlei des Zivilgerichts. Nicht nur beruflich, sondern auch privat war Mary Paravicini mit juristischen Kreisen verbunden. So heiratete sie

1937 den Anwalt Emanuel Paravicini (1904–1983). Das Ehepaar hatte vier Töchter und wohnte im Villenquartier auf dem Bruderholz. Beide Eheleute waren seit 1942 als Mitglieder der Basler Sektion des Landesrings der Unabhängigen politisch engagiert.

Im Jahre 1946 trat Mary Paravicini der Basler Vereinigung für das Frauenstimmrecht bei und wurde gleich darauf in den Vorstand und ein paar Monate später als Sekretärin in den Zentralvorstand des Schweizerischen Verbands für Frauenstimmrecht gewählt.

Zehn Jahre später kam es innerhalb des Basler Vorstands zum Zerwürfnis, worauf Paravicini als Vorstandsmitglied zurücktrat und später als Mitglied des Zentralvorstands nicht mehr vorgeschlagen wurde. Einige Monate darauf kündigte sie ihre Mitgliedschaft in der Basler Vereinigung für das Frauenstimmrecht.

In den folgenden Jahren verstärkte Mary Paravicini ihre Aktivitäten in der Migros-Genossenschaft. Sie war Mitglied des Genossenschaftsrats der Migros Basel, den sie zeitweise auch präsidierte. Im Jahre 1957 wurde sie zur Präsidentin der Migros-Genossenschafterinnen gewählt.

Vier Jahre nach der Einführung des Frauenstimmrechts in Basel-Stadt wurde Mary Paravicini 1972 zur Grossrätin gewählt. Als Mitglied des Landesrings setzte sie sich zwölf Jahre lang im Grossen Rat für den Natur- und Tierschutz sowie für die Erhaltung der alten städtischen Bausubstanz ein.

Neben ihrem Engagement in Politik und Familie arbeitete Mary Paravicini über 40 Jahre als Sekretärin für den Anwalt Peter von Roten, der Ende der 1940er Jahre nach Basel kam und als Associé von Emanuel Paravicini tätig war. In von Rotens Anwaltsbüro am Heuberg verfasste sie ihre Chronik des Frauenstimmrechtskampfes, tippte handgeschriebene Notizen ab und ordnete ihr umfangreiches Privatarchiv.

Im Alter von knapp 90 Jahren starb Mary Paravicini 2002 in Basel.[3]

Kampf für eine Neuinterpretation der Bundesverfassung

Mary Paravicini befasste sich im Schweizerischen Verband für Frauenstimmrecht primär mit den taktischen Fragen. Gemäss der von ihr selbst verfassten Chronik waren das Ehepaar Paravicini und Nationalrat Peter von Roten die Initianten der eidgenössischen Aktion einer Einführung des Frauenstimmrechts auf Bundesebene im Rahmen einer Neuinterpretation von Artikel 4 und 74 der BV.[4] Mary Paravicini lernte Peter von Roten anlässlich einer Delegiertenversammlung des Verbands für Frauenstimmrecht in Sitten Ende der 1940er Jahre kennen. Im Dezember 1949 reichte Nationalrat von Roten im Parlament ein Postulat ein, das den Bundesrat aufforderte, darüber zu informieren, auf welchem Wege die politischen Rechte auf die Schweizer Frauen ausgedehnt werden könnten.

Im Jahre 1950 traf das Ehepaar Mary und Emanuel Paravicini Peter von Roten an einem Sonntagmorgen im Restaurant Löwenzorn in Basel. Im gleichen Jahr machte der Schweizerische Verband für Frauenstimmrecht eine Eingabe, die vorschlug, in Artikel 10 des Bundesgesetzes über die Volksabstimmung die Formulierung «stimmberechtigt ist jeder Schweizer» mit dem Zusatz «ob Mann oder Frau» zu ergänzen. Gemäss ihrer Chronik hatte Mary Paravicini die Eingabe verfasst und leitete die Pressekonferenz zu deren Begründung.

Sie engagierte sich «mit absoluter Konsequenz» dafür, dass der Verband für Frauenstimmrecht seinen Kampf auf der Basis der Rechtsgleichheit von Artikel 4 der BV führte und setzte zwischen 1950 und 1956 ihre «ganze freie Zeit» für diese Aufgabe ein.[5] Sie war überzeugt, dass eine Neuinterpretation ein rechtlich einwandfreier und politisch gangbarer Weg war und bekämpfte entsprechend den Weg einer Verfassungsrevision innerhalb des Verbandes.

Mary Paravicini verhandelte als Zentralsekretärin mit eidgenössischen Parlamentariern und mehrfach mit Bundesrat Feldmann, um die Vorstösse in Sachen Frauenstimmrecht auf Bundesebene voranzutreiben. Auch korrespondierte sie regelmässig mit dem bekannten Staatsrechtler Max Huber, dessen juristischen Rat sie suchte und schätzte. Oft tippte sie ihre Briefe nachts oder in aller Eile zwischen ihren Aufgaben in Haus und Familie. So schrieb sie der welschen Zentralpräsidentin Alix Choisy in deutscher Sprache, weil sie «in höchster Eile» war, da sie Gäste zum Abendessen erwartete und «zum mindesten noch alles überprüfen» musste.[6]

Unstimmigkeiten im Basler Vorstand kamen anlässlich einer Reise Mary Paravicinis als Chefin der schweizerischen Delegation an den Jubiläumskongress des Frauenweltbundes nach Colombo (damals Ceylon) im Jahre 1955 auf. Sie schlug sowohl im Zentralvorstand wie im Basler Vorstand vor, beim Bundesrat einen Subventionsbeitrag für die Reise zu beantragen. Im Basler Vorstand war der Widerstand gegen eine bundesrätliche Teilfinanzierung gross, da die Vorstandsmitglieder die Unabhängigkeit des Verbands in Frage gestellt sahen. Als der Basler Vorstand erfuhr, dass der Zentralvorstand das Gesuch einstimmig gutgeheissen und abgesandt hatte, ohne vorher die Sektionen zu befragen, geschweige denn zu informieren, war das Befremden gross. Einige Vorstandsmitglieder befanden, dass der Zentralvorstand seine Kompetenzen überschritten und Mary Paravicini die Basler Interessen ungenügend oder sogar überhaupt nicht vertreten hatte.[7]

Uneinig waren sich Mary Paravicini und die Mehrheit des Basler Vorstands auch in der Frage eines obligatorischen Zivildiensts für Frauen, mit dem die gemeinnützigen Vereine einverstanden waren. Der Schweizerische Verband für Frauenstimmrecht wehrte sich im Jahre 1954 gegen «neue Pflichten ohne Rechte».[8] Der gleichen Ansicht war die Mehrheit des Basler Vorstands. Paravicini hingegen hielt die Verknüpfung von Frauenstimmrecht und Zivildienst für einen «Kuhhandel», der taktisch unklug sei, weil er die verbandsübergreifende Frauensolidarität als «beste Waffe» für die Erlangung des Frauenstimmrechts gefährde.[9]

Zum offenen Konflikt im Basler Vorstand kam es im Sommer 1955. An einer eilig einberufenen ausserordentlichen Generalversammlung, deren formale Rechtmässigkeit umstritten war, stand die Gesamterneuerung des Vorstands zur Diskussion. Mary Paravicini wurde aufgefordert zu demissionieren. Unter dem Druck der Umstände kam sie dieser Aufforderung nach.[10] In der Folge protestierten verschiedene Mitglieder gegen das Vorgehen des Vorstandes.[11] Das Protokoll dieser Sitzung – das im Archiv des Verbands nicht auffindbar ist – wurde auf Antrag an der nächsten ordentlichen Versammlung nicht verlesen.[12] Auch weigerte sich der Vorstand, Mary Paravicini auf ihre Anfrage hin Einsicht in besagtes Protokoll zu gewähren.[13]

Als Folge des Zerwürfnisses wurde Mary Paravicini im Frühjahr 1956 als Delegierte und somit als Sekretärin des Zentralvorstands nicht mehr bestätigt. Schliesslich kündigte sie im Sommer ihre Vereinsmitgliedschaft.[14] Hinter dem Zerwürfnis standen unterschiedliche Auffassungen über die Stellung des Zentralvorstands und seiner Sekretärin im Verhältnis zu den Sektionen des Schweizerischen Verbands für Frauenstimmrecht sowie über die richtige Strategie des Frauenstimmrechtskampfes.

In der Frauenstimmrechtsfrage meldete sich Mary Paravicini fortan mit zahlreichen Zeitungsartikeln zu Wort. Sie hielt den Kontakt mit verschiedenen Befürwortern und Befürworterinnen des Frauenstimmrechts aufrecht und arbeitete «in freier Freundschaft» weiterhin mit ihnen zusammen, wie sie Max Huber schrieb.[15]

Der Einsatz für das Frauenstimmrecht war für Mary Paravicini nicht bloss eine Episode in ihrer Biographie, sondern ein lebenslanges Engagement. Nach der Verwirklichung dieses Ziels im Jahre 1971 kämpfte sie dafür, dass die Erinnerung an diesen Meilenstein der Gleichberechtigung nicht geschmälert wurde. Den neuen Gleichstellungsartikel in der Bundesverfassung, der 1981 eingeführt wurde, hielt sie im Vergleich zum Frauenstimmrecht für einen Rückschritt: Er wecke «Hoffnungen, die höchstens auf dem Gesetzesweg – und wenn überhaupt, dann sicher nicht für alle Frauen befriedigend – erfüllt werden» könnten, wie sie in einem Artikel in der «Basler Zeitung» festhielt.[16] Für Mary Paravicini blieb die Erlangung des Frauenstimmrechts die wichtigste Errungenschaft für die Gleichberechtigung der Geschlechter.

1   Zu den Strategien im Kampf um das Frauenstimmrecht auf eidgenössischer Ebene siehe Voegeli Yvonne, Zwischen Hausrat und Rathaus. Auseinandersetzungen um die politische Gleichberechtigung der Frauen in der Schweiz 1945–1971.
2   Paravicini Mary, Maschinengeschriebene Abschrift von handschriftlichen Notizen (1984), Staatsarchiv Basel-Stadt (StABS): PA 936b C 1.

3   Zeitungsartikel über Mary Paravicini in: Wir Brückenbauer, 8. September 1972 und 4. Juli 1984; National-Zeitung, 4. September 1972; Basler Zeitung, 4. September 2002.
4   Paravicini Mary, Chronik über den Frauenstimmrechtskampf, in: StABS PA 936.
5   Ibd.; Notizen in: StABS PA 936b C 1; sowie selbstverfasste Kurzbiographie in: Wir Brückenbauer, Nr. 47, 1957.
6   Brief vom 13. August 1952, in: StABS PA 936b D 12.
7   Protokolle vom 8. und 21. März sowie vom 13. Mai 1955, StABS PA 945 C 1.
8   Voegeli, Zwischen Hausrat und Rathaus, S. 487.
9   Wir Brückenbauer, Nr. 47, 1957.
10 Brief an die Mitglieder vom 3. September 1955, gezeichnet von 16 Mitgliedern, StABS PA 936b D 13.
11 Brief von Clara Barth und neun weiteren Unterzeichnerinnen an den Vorstand vom 4. Juli 1955; Brief von H. und M. Keuerleber an den Vorstand vom 6. Juli 1955, StABS PA 945 G 3; Korrespondenzen. Gedruckter Brief an die Mitglieder der Basler Vereinigung für das Frauenstimmrecht vom 3. September 1955, unterzeichnet von 16 Mitgliedern, StABS PA 936b D 13.
12 Protokoll der Mitgliederversammlung vom 14. März 1956, StABS: PA 945 C 3.
13 Protokolle vom 28. Juni und vom 26. September 1956, StABS: PA 945 C 1.
14 StABS PA 936b D 13 und PA 945 C 3.
15 Brief an Max Huber vom 7. Februar 1957, StABS: PA 936 D 2.
16 Paravicini Mary, Entwurf für einen Zeitungsartikel ohne Datumsangabe mit Hinweis auf das Erscheinen in der Basler Zeitung, StABS: PA 936b C 1.

Gertrude Girard-Montet (1913–1989)
De Blonay à Strasbourg

Josianne Veillette

Abb. 51: Gertrude Girard-Montet

Gertrude Girard-Montet, suffragiste de cœur dès l'enfance, ne commencera à militer que tardivement, mais alors elle y consacrera tout son temps et toutes ses forces. Elle sera le bras droit d'Antoinette Quinche, à la fin des années 50 – comme secrétaire du comité cantonal de l'Association vaudoise pour le suffrage féminin (AVSF) et du Comité d'action vaudois – années de grand combat qui ont mené à la victoire vaudoise. Lorsqu'elle deviendra présidente de l'association suisse, Antoinette Quinche sera à ses côtés, en tant que présidente de la Commission juridique du comité central, pour de nouvelles années de combat menant à la victoire de 1971.

Du parti radical, Gertrude Girard-Montet sera la première conseillère nationale vaudoise. Vers la fin de sa vie, elle se distanciera du Parti radical ... qui lui en voudra, puisqu'aucun représentant de ce parti n'assistera à ses obsèques en 1989.

Jeunesse

Gertrude Montet voit le jour le 9 janvier 1913 à La Tour-de-Peilz, dans le canton de Vaud. Fille de Fanny Murisier et de Frédéric Montet, maître ramoneur, elle est issue d'une famille de tendance libérale[1] qui l'amène très tôt à s'intéresser à la question du suffrage féminin. C'est son père, qu'elle accompagnait toujours au bureau de vote, qui lui fera en effet prendre conscience de l'absence du droit de vote des femmes. De la même manière, son professeur d'allemand, Albert Truand – surnommé le «suffragiste» –, stimulera son engagement ultérieur pour la cause du suffrage féminin.[2]

Après avoir fait l'école supérieure et suivi des cours commerciaux,[3] Gertrude Montet se rend à Paris en 1931 afin d'y parfaire ses études. Elle est alors âgée de dix-huit ans. Ce séjour parisien lui offre l'occasion de nouer des liens avec diverses femmes et hommes concernés par les questions féministes, qui l'initieront notamment aux relations et aux organisations internationales.[4] Toutefois, même si elle s'intéresse à la question du rôle et de la place des femmes en politique, Gertrude Montet ne s'engagera réellement pour cette cause que bien des années plus tard.

Le droit de cité vaudois
En 1936, elle épouse Pierre Girard, propriétaire d'une entreprise de peinture. Aussi les vingt premières années de son mariage sont-elles dédiées à l'éducation de leurs trois enfants et à sa participation aux affaires de son mari. Par son mariage, Gertrude Montet, originaire de Blonay (VD), devient Gertrude Girard. Elle perd ainsi son droit de cité vaudois au profit de celui de son mari, qui est valaisan, originaire de Martigny. Mais cette «logique masculine», pour reprendre ses mots, ne lui convient pas. Elle habituera peu à peu son entourage – et les autorités – à l'usage de son nom de jeune fille,[5] tandis qu'elle cherchera par tous les moyens à retrouver son droit de cité cantonal vaudois.[6] Elle portera le double nom de Girard-Montet jusqu'à l'introduction du nouveau droit matrimonial. Dès 1985, elle reprend son nom et signe désormais «Gertrude Montet Girard». C'est à la lettre M qu'on la trouve dans le *Dictionnaire historique de la Suisse*.

Début de son militantisme
Souhaitant fortement prendre part aux votations et aux élections communales, cantonales et fédérales, elle s'affilie à l'association pour le suffrage féminin.[7] En 1957, à l'âge de quarante-quatre ans, Gertrude Girard-Montet devient très active dans la lutte en faveur du droit de vote des femmes. C'est effectivement au cours de cette année qu'elle devient membre de la section de Montreux de l'Association vaudoise pour le suffrage féminin et, l'année suivante, présidente de la section de Vevey. Elle conservera ce poste jusqu'en 1966. Dès 1958, elle assume également la fonction de secrétaire au comité cantonal de l'Association vaudoise pour le suffrage féminin.[8]

En prévision des votations cantonales et fédérales du premier février 1959 portant sur le droit de vote des femmes, elle s'engage activement dans la campagne, en étant notamment responsable de la communication au sein du comité d'action vaudois. Les efforts fournis sont couronnés de succès pour les Vaudoises: au lendemain de cette votation, le canton de Vaud est le premier à reconnaître les droits politiques aux femmes alors que, sur le plan fédéral, c'est l'échec que l'on sait. La victoire vaudoise est également marquante pour cette militante, puisqu'elle succède, cette même année,[9] à Antoinette Quinche à la tête de l'Association vaudoise pour le suffrage féminin (qui change son nom en Association vaudoise des citoyennes).

Entrée dans la vie politique et autres engagements

Les Vaudoises pouvant à partir de ce moment siéger dans un Conseil communal (législatif), Gertrude Girard-Montet est élue en 1961 conseillère radicale de la commune de La Tour-de-Peilz, et ce jusqu'en 1964. En 1961 également, elle siège au comité de l'Alliance de sociétés féminines suisses et au bureau de l'Alliance internationale des femmes, en même temps qu'elle devient membre du comité d'organisation de l'Expo nationale, prévue pour 1964.[10]

Intéressée par les questions sociales, Gertrude Girard-Montet prend part, en 1962, à un voyage d'études en République fédérale d'Allemagne afin de s'instruire sur les associations sociale, politique et/ou culturelle qui y œuvrent. L'engagement de cette femme pour la cause féminine ne se limite pas seulement à la sphère politique. Elle considère en effet que le féminisme est aussi «une revendication sociale – et surtout – une façon de penser»[11] et qu'il importe de rassembler l'opinion publique sur ce sujet. C'est donc dans cet esprit qu'elle anime, dans le cadre des émissions «Réalités» à la Radio Suisse romande,[12] un cours d'instruction civique et qu'elle incite les femmes à disposer de leurs nouveaux droits politiques. Elle écrit également fréquemment dans les journaux, notamment dans *Femmes suisses et le Mouvement féministe*.[13] Gertrude Girard-Montet préside par ailleurs une association baptisée La Demeure féminine. Créée en 1962 à La Tour-de-Peilz, cette association a pour objectif de construire des logements pour des femmes âgées ayant de faibles revenus. L'association inaugurera le premier édifice de ce genre en 1964.[14]

Convention européenne des droits de l'homme

1968 est une année importante pour le mouvement féministe et pour Gertrude Girard-Montet. Cette année marque en effet le vingtième anniversaire de la Déclaration universelle des droits de l'homme. Le Conseil fédéral souhaite à cette occasion signer la Convention européenne des droits de l'homme, mais avec certaines réserves. Celles-ci sont dues notamment au fait que les Suissesses n'ont pas encore de droits politiques sur le plan national. La présidente de l'Association suisse pour le suffrage féminin (ASSF), Lotti Ruckstuhl, accompagnée de Gertrude Girard-Montet ainsi que d'autres représentantes de milieux féministes et féminins, rencontreront dans ces circonstances le président de la Confédération, Willy Spühler, afin de lui signifier leur vive protestation contre ce projet.[15]

Présidence de l'ASSF

C'est aussi en 1968 que Gertrude Girard-Montet est élue présidente de l'Association suisse pour le suffrage féminin. Elle la dirigera jusqu'en 1977. Sous sa conduite, l'association militera fortement en faveur du droit de vote des femmes. C'est ainsi que les membres de l'ASSF, Gertrude Girard-Montet en tête, participent, aux côtés de l'Alliance de sociétés féminines suisses, à un grand rassemblement à Berne le 1er mars 1969. Ces femmes réclament en effet que les Suissesses obtiennent le droit de vote avant que le pays ne signe la Convention européenne des droits de l'homme. Leurs revendications seront finalement entendues, puisqu'elles mèneront le Conseil fédéral à élaborer un projet de votation sur la question du suffrage féminin.[16] Prévue pour le 7 février 1971, cette votation constitue un enjeu majeur pour les femmes du pays. La présidente de l'ASSF participe de fait activement au comité d'action durant la campagne afin de s'assurer la victoire. Les résultats des votations donneront raison aux militantes, car le droit de vote et d'éligibilité est finalement accordé aux femmes sur le plan national.

Vie politique

1971 représente donc un tournant dans la vie politique des Suissesses. Elles pourront en effet participer pour la première fois aux élections fédérales, prévues au cours de cette même année. Candidate radicale au Conseil national, Gertrude Girard-Montet n'est toutefois pas élue lors de ce vote. Désignée en tant que deuxième des «viennent ensuite», elle entre tout de même au Conseil national en juin 1974. Elle porte alors son attention sur les activités de la Délégation parlementaire suisse auprès du Conseil de l'Europe.[17] Réélue l'année suivante lors des élections nationales, elle pose sa candidature pour la Délégation parlementaire suisse auprès de l'Europe, à Strasbourg. Elle sera nommée membre de la Délégation quelques mois plus tard et succédera ainsi à Henri Schmitt. Elle assumera cette fonction de 1975 à 1983. En accord avec le système de rotation, elle sera par ailleurs présidente de la Délégation durant deux ans. Elle présidera également la Commission européenne des relations avec les parlements nationaux et le public de 1981 à 1983[18]; elle fera aussi partie de la Commission de l'aménagement du territoire et des pouvoirs locaux.[19]

Préoccupée par des questions de société, Gertrude Girard-Montet est nommée présidente de la Commission fédérale contre l'alcoolisme en 1976 et préside, dès 1978, la Fédération suisse pour l'intégration des handicapés.[20] Toujours ouverte envers les autres, elle est aussi membre du comité suisse Être solidaires pour une nouvelle politique à l'égard des étrangers.[21]

Son mandat de conseillère nationale prenant fin, Gertrude Girard-Montet se retire de la vie politique en 1983. Cette année-là, elle reçoit le prix Ida Somazzi, en témoignage de ses activités en faveur des femmes et de sa lutte pour leur égalité politique.[22] Militante convaincue, dévouée à la cause des femmes et de leur reconnaissance en tant que citoyennes à part entière, Gertrude Montet Girard s'éteint à Vevey, le 25 novembre 1989, à l'âge de septante-six ans.

1. Regula Ludi, Montet [Montet Girard], Gertrude, in: Dictionnaire historique de la Suisse, version électronique. Adresse Internet: http://www.hls-dhs-dss.ch/textes/f/F4964.php.
2. Lotti Ruckstuhl, Vers la majorité politique. Histoire du suffrage féminin, Bonstetten, 1990, p. 149.
3. Archives cantonales vaudoises (ACV), fonds PP 314.
4. Résumé de la conférence donnée à Berne le 5 novembre 1983 par Mme Gertrude Girard-Montet, conseillère nationale, lors de la remise du prix Somazzi, p. 3. (archives privées de Simone Chapuis-Bischof.)
5. Cf. note 4, p. 5–6.
6. Simone Chapuis-Bischof et Christiane Mathys-Reymond, 1907–2007. 100 pages d'histoire, Lausanne, ADF-Vaud 2007, p. 1960.
7. Cf. note 4, p. 6.
8. Schweizer Lexikon in sechs Bänden. Luzern, 1992 (vol. 3 Gen-Kla), p. 102.
9. ACV. Dossier ATS «Gertrude Girard-Montet».
10. Ibid.
11. Cf. note 4, p. 6.
12. Cf. Marie-Claude Leburgue, in: Corinne Dallera et Nadine Lamamra, Du salon à l'usine. Vingt portraits de femmes, 2003, p. 297.
13. Regula Ludi, op. cit.
14. ACV. Dossier ATS «Gertrude Girard-Montet».
15. Lotti Ruckstuhl, op. cit., p. 147.
16. Femmes – Pouvoir – Histoire. Événements de l'histoire des femmes et de l'égalité des sexes en Suisse de 1848 à 1998. Berne: Commission fédérale pour les questions féministes, 1998, p. 11.
17. Cf. note 4, p. 8–9.
18. ACV. Dossier ATS «Gertrude Girard-Montet».
19. Lotti Ruckstuhl, op. cit., p. 150.
20. ACV. PP 314.
21. Lemarchand Philippe, Notum. La vie du canton de Vaud, Lausanne, 1980 (vol. 1), p. 71.
22. Regula Ludi, op. cit.

Irmgard Rimondini-Schnitter
(1916–2006)
Eine Frau mit Ideen
Sibylle Benz Hübner

Abb. 52: Irmgard Rimondini-Schnitter

Irmgard Rimondini-Schnitter war wort- und sprachgewandt, belesen und voller Ideen. Sie vertrat die schweizerische Frauenbewegung auf den internationalen Kongressen, wo sich europäische und amerikanische Frauen, aber auch Frauen aus Afrika und Indien trafen, um eine endgültige Veränderung herbeizuführen – eine Veränderung der Verhältnisse zwischen den Geschlechtern.

Herkunft und Familie
Irmgard Schnitter wurde 1916 in Basel geboren. Über ihre Mutter ist wenig bekannt, ihr Vater Helmut Schnitter war Redaktor bei einer der beiden grossen und einflussreichen Zeitungen der Stadt, der eher fortschrittlich gesinnten «National-Zeitung». Er war nicht nur politisch interessiert, sondern betreute lange Jahre auch die «Seite der Frau». Sicherlich hat er seine Tochter ermuntert, sich über gesellschaftliche und rechtliche Probleme zu informieren. Irmgard Schnitter besuchte das Mädchengymnasium ihrer Heimatstadt, nach der Maturität absolvierte sie Auslandaufenthalte in England und Frankreich. Zurück in Basel belegte sie als Hörerin Vorlesungen an der Universität und besuchte einen Journalistikkurs in Genf. Nach der frühen Heirat mit dem Architekten Arnaldo Rimondini widmete sie sich vor allem ihrem Haushalt und der Erziehung der beiden Söhne.[1] So wichtig die Familie für sie war, es blieb ihr doch Zeit, sich für die Gleichstellung der Frauen einzusetzen.

Politik und Frauenstimmrecht

Bereits 1940 wurde Irmgard Rimondini Mitglied der Vereinigung für Frauenstimmrecht, der Basler Sektion des Schweizerischen Verbands für Frauenstimmrecht (SVF). Vier Jahre später machte sie auch den Schritt in die Parteipolitik. Sie trat den Freisinnigen[2] bei, denen auch ihr Vater angehörte, und wurde zur Mitbegründerin der Frauengruppe der Freisinnigen Partei Basel, die sie währen Jahren präsidierte.[3] 1968 – nach über 20 Jahren Parteizugehörigkeit und zwei Jahre nach Einführung des kantonalen Frauenstimmrechts – konnte ihr zur Wahl als Vizepräsidentin der Radikaldemokratischen Partei Basel-Stadt gratuliert werden. Damals schrieb ihr eine Mitstreiterin aus der internationalen Frauenrechtsbewegung, sie hoffe, «that by our next Congress in 1970 the anomaly of the Swiss delegation having no voting rights for their federal government will have disappeared».[4] Bevor es soweit war, wurde Irmgard Rimondini in ihr erstes öffentliches Amt gewählt: in die Sekundarschulkommission von Basel-Stadt. 1975 wurde sie dann von ihrer Partei als Ersatzrichterin am Strafgericht vorgeschlagen und nahm nach der Wahl durch den Grossen Rat diese Iudikativtätigkeit mit grossem Engagement wahr.[5]

Dass Irmgard Rimondini bald auch über Basel hinaus bekannt wurde, lag an ihrer journalistischen Tätigkeit. Sie schrieb für verschiedene schweizerische Blätter Berichte über Frauenthemen und war häufig am Radio zu hören, so in der Sendung «Dur d'Wuche duure» von Studio Basel. Ihre ausgezeichneten Englischkenntnisse erlaubten ihr zudem, im Ausland über die Stellung der Frauen in der Schweiz zu informieren, sei es in internationalen Publikationen oder in der Frauenstunde der BBC. Der Schweizerische Verband für Frauenrechte wusste ihre Verdienste zu würdigen, er wählte sie zur Vizepräsidentin, ernannte sie nach ihrem Rücktritt zum Ehrenmitglied und übertrug ihr von 1979 bis 1992 das Präsidium der Ida Somazzi-Stiftung. Bis zu ihrem Tod im hohen Alter von 90 Jahren blieb sie eine Identifikationsfigur der Frauenbewegung.

Ein weltweites Tätigkeitsfeld

Während eines Studienaufenthaltes in England nahm Irmgard Rimondini 1956 Kontakt mit der dortigen Frauenrechtsbewegung auf. Diese Beziehungen verfestigten sich, als nach dem negativen Ausgang der ersten eidgenössischen Abstimmung über das Frauenstimmrecht in der englischen Presse ein hämischer Artikel erschienen war. Dagegen protestierte sie gemeinsam mit den englischen Mitstreiterinnen, was zu einer jahrzehntelangen Zusammenarbeit führte. Rimondini wurde zur Vertreterin der schweizerischen Frauenbewegung in der International Alliance of Women (IAW), einer Dachorganisation der nationalen Frauenverbände, deren Vorstand sie bald angehörte. Sie war eine der vier Vizepräsidentinnen des IAW und präsidierte die Kommission für soziale Fragen. Am Sitz der Vereinten Nationen in Genf und in der Internationalen Arbeitsorganisation (ILO) nahm sie die Vertretung des Frauenweltbundes als einer der akkreditierten NGOs (non-governmental organisations) wahr.

Die Tätigkeit in der IAW brachte es mit sich, dass Irmgard Rimondini an den internationalen Frauenkongressen teilnahm und auch an der Organisation von Veranstaltungen in der Schweiz mitwirkte. So hielt die IAW zur Feier des 50-jährigen Bestehens der ILO 1969 in Fribourg einen fünftägigen Kongress ab. Rimondini sprach hier innerhalb des Themenblocks «Husband and wife in the home» über «responsibility for the family». Sie stellte Gegebenes in Frage: «I do not consider the present structure of family-systems and woman's part in it as unchangeable and sacred.» Und sie ging sogar noch einen Schritt weiter, indem sie Folgendes auszusprechen wagte: «I have doubts whether it is necessary to place so much emphasis on the mother-child relationship.»[6] Als Mutter von zwei Kindern fragte Rimondini provozierend, weshalb man bei einem männlichen Kandidaten für ein politisches Amt nie wissen wolle, weshalb er «so etwas tue», weshalb er politisch aktiv sei, obwohl er doch Frau und Kinder habe, ob er seine Familie und seinen Beruf über der politischen Arbeit nicht vernachlässige oder ob er sich denn nicht auch ohne Politik ausgefüllt und genügend beschäftigt fühle. Dennoch blieb das Fazit, das sie aus diesen Überlegungen zog, sehr unverbindlich: Sie schlug vor, die Familie solle lebendiges Beispiel für die Menschenrechte «in ihrem Respekt für das Leben und die Freiheit der andern»[7] sein.

1979 traf sich die International Alliance of Women in Liberia. Wie für jeden dieser Kongresse mussten die Teilnehmerinnen die Reisekosten aufbringen und dennoch nahmen rund 200 Mitglieder aus 41 Ländern teil, unter ihnen Irmgard Rimondini als Vertreterin des Schweizerischen Verbandes für Frauenrechte (adf-svf). Obwohl die Mitglieder der IAW klar der bürgerlichen und – besonders in Ländern des Südens – auch aristokratischen Gesellschaftsschicht angehörten, wollten diese Frauenrechtlerinnen nicht nur die politische Gerechtigkeit zwischen den Geschlechtern, sondern auch die ökonomische Gerechtigkeit zwischen den Ländern und den Gesellschaftsschichten erreichen. Entsprechende Themen standen im Mittelpunkt ihrer Tagungen. Zum Beispiel im März 1977 am East African regional Seminar, einem Kongress, den die IAW in Zusammenarbeit mit der Women self help association of Mauritius durchführte. Hier stand das Thema «Population and the Means of Subsistence. The Role of Women in Improving Family Living» im Mittelpunkt. Rimondini sprach über die Rolle, die dabei den Vereinten Nationen zukam. Mit der Zeit wurden die Themen und die Wortwahl der Referate moderner, seit den 1980er Jahren wurde an den Kongressen über die Vereinbarkeit von Karriere und Elternschaft sowie über die Notwendigkeit eines Elternurlaubs verhandelt, und es kamen auch heikle Fragen wie die Mädchenbeschneidung zur Sprache.

Späte Anerkennung durch den Staat

Die Treffen der IAW sicherten die Koordination zwischen den nationalen Frauenorganisationen und dienten auch dazu, durch den Transfer von Wissen und Material das Entwicklungsgefälle zwischen den Regionen zu verringern. So vermittelte Irmgard Rimondini 1978 der All India Women's Conference eine ausrangierte Druckerpresse und verbesserte damit nicht nur die Kommunikation unter den indischen Frauen, sondern ebenfalls den Ruf der Schweiz innerhalb der IAW. Denn auch hier, wie in allen internationalen Organisationen, wurde um Prestige und Einfluss gerungen. Offenbar war das auch bei der Wahl von Irmgard Rimondini zur Vizepräsidentin anlässlich des Kongresses von 1976 auf Long Island der Fall. Jedenfalls tröstete sie eine Freundin nach der Wahl mit den Worten: «Please do not take to heart all the schemozzle that occured at that time. You know full well that there are people who make a big noise at Board and Congress and do nothing in between.»[8] Die Vertreterinnen der Frauenorganisationen nahmen einiges in Kauf, um sich als spät gekommene Mitspielerinnen im internationalen Verteilkampf um Aufmerksamkeit und Ressourcen einen guten Platz zu erobern. Die Möglichkeit zu reisen und ein weltweites Netzwerk aufzubauen, mochte eine gewisse Entschädigung für ihren Aufwand an Zeit und Geld darstellen. Auch Irmgard Rimondini übte ihre Mandate vorwiegend ehrenamtlich aus und bezahlte ihre Reisekosten selbst. Zu einer Ausnahme kam es 1990 anlässlich der in Wien stattfindenden Session der UNO-Kommission über die Stellung der Frau.[9] Als Mitglied der vom EDA geleiteten Arbeitsgruppe zur Vorbereitung der Nairobi-Konferenz galt Rimondini hier als Bundesvertreterin und erhielt die Reisekosten und ein Taggeld zugesprochen, wobei die Kosten dem Konto für «vom Bundesrat bestellte Abordnungen» belastet wurden.[10]

Doch entspricht dieses Entgegenkommen nicht einer generellen Haltung der offiziellen Schweiz gegenüber den Bemühungen der Frauenorganisationen. Sicher, die Vertretung bei der UNO war mit hohem Prestige verbunden, aber was waren die «hard facts», die die Frauen durch diese Vertretung erreichten? An diesem Punkt, mit dieser Frage konfrontiert, erkennen wir die Kluft zwischen ideeller Bemühung und realer Wirkung. Aus Sicht einer heutigen politischen Analyse der Arbeit von Rimondini *et aliae* zeigt sich ein tragischer Widerspruch. Immer wieder betonten diese Frauenrechtlerinnen, sie arbeiteten freiwillig, unentgeltlich, wollten zum Wohle der Frauen und der Gesamtgesellschaft eine Weiterentwicklung der Verhältnisse erreichen. Aber es war doch eine Ungeheuerlichkeit, dass Frauen als Privatpersonen für das arbeiten sollten, was ihnen von Staates wegen zur Verfügung gestellt werden sollte. Dieser Widerspruch ist letztlich der Widerspruch der bürgerlichen Frauenbewegung selbst.

1 Alle Angaben nach einem Fragebogen zur Person, den Irmgard Rimondini am 27. März 1961 für den Bund Schweizerischer Frauenorganisationen (BSF) ausfüllte. Archiv der Gosteli-Stiftung zur Geschichte der schweizerischen Frauenbewegung (AGoF), Biographische Notizen 5067.
2 Damals Radikaldemokratische Partei, so der Name der Freisinnigen Partei in Basel-Stadt von 1919 bis 1973.
3 Vgl. für diese und weitere Angaben den Nachruf von Rimondini Lilly/Kehl-Lauff Jessica, A Tribute to Irmgard Rimondini, in: International Women's News, Vol. 101, No. 2, 2006, S. 17.
4 Brief von Margery Corbett Ashby, London, vom 31. August 1968, Schweizerisches Sozialarchiv (SozArch), Ar 29.92.19, Handakten Irmgard Rimondini, Mappe Korrespondenz 1961–1972.
5 Die Aufgabe der Ersatzrichterinnen und Ersatzrichter unterscheidet sich im Wesentlichen nicht von derjenigen der ordentlichen Richterinnen und Richter. Die ersteren werden aber gemäss kantonaler Verfassung in Basel-Stadt durch den Grossen Rat (Kantonsparlament) gewählt.
6 A workshop on Men and Women in modern society, Fribourg 1969, Broschüre SozArch, AR 29 92.19.
7 Ibd.
8 Brief von Laurel Casinader vom 18. August 1976, SozArch, Ar 29.92.19, Handakten Irmgard Rimondini, Mappe Korrespondenz 1974–1992.
9 Kommission des Wirtschafts- und Sozialrates der UNO (ECOSOC).
10 SozArch, Ar 29.92.19, Handakten Irmgard Rimondini, Mappe Korrespondenz 1974–1992.

Iris (1917–1990) und Peter (1916–1991) von Roten-Meyer
Die Visionärin und der Praktiker

Wilfried Meichtry

Abb. 53: Iris und Peter von Roten-Meyer

Iris und Peter von Roten waren ein schillerndes Paar im Kampf um das Frauenstimmrecht und die Gleichstellung von Mann und Frau. Während sich Iris von Roten mit ihrem feministischen Manifest «Frauen im Laufgitter» polemisch und visionär mit dem Geschlechterverhältnis auseinandersetzte, engagierte sich Peter von Roten auf kantonaler und eidgenössischer Ebene mit zahlreichen politischen Vorstössen und journalistischen Artikeln sehr praktisch für die Gleichberechtigung von Mann und Frau.

Iris Meyer: Herkunft und Ausbildung

Iris Meyer wurde am 2. April 1917 als älteste Tochter von Walter und Bertha Meyer-Huber geboren. Die ersten sechs Jahre ihres Lebens verbrachte sie in Basel und Burgdorf, bevor sie mit ihren Eltern und zwei jüngeren Geschwistern nach Stockholm zog. Nach zwei Jahren kehrte die Familie in die Schweiz zurück, wo ihr Vater zum Fabrikdirektor aufstieg. Im Jahre 1928 bezog die Familie eine stattliche Villa in Rapperswil, wo ein bürgerlich-liberaler und protestantischer Geist herrschte.

Ihre Kindheit sei nicht glücklich gewesen, wird Iris von Roten später ihrem Mann erzählen. Die Unnahbarkeit und Weltfremdheit ihrer Mutter und «die patriarchalische Donner-Allüre»[1] ihres Vaters hätten sie schnell von ihrem Elternhaus entfremdet, in dem sie sich zu wenig geliebt fühlte. Was ihr fehlte, war die persönliche Beziehung, das tiefere Interesse der Eltern an ihrer Tochter und die Sensibilität für ihre Interessen. In den Gymnasialjahren an der Töchterschule Zürich verbrachte Iris Meyer viel Zeit im Haus ihres Onkels Adolf Guggenbühl, dem Gründer und Verleger der Monatszeitschrift «Schweizer Spiegel».

Nach der Matura spielte sie mit der Idee, Kunstgeschichte und Literatur zu studieren. Als sich aber sowohl ihre Eltern wie auch der Onkel gegen diese Studienrichtung aussprachen, entschied sie sich 1936 für ein Jurastudium an der Universität Bern.

Peter von Roten: Familie und Beziehungsnetze
Peter von Rotens Geburt am 5. Juni 1916 fiel in die letzten Lebensmonate seines Vaters, des Ständerates Heinrich von Roten, der mit 60 Jahren am 18. Dezember 1916 an einer Hirnhautentzündung starb. Zusammen mit den zwei ledigen Schwestern ihres Mannes kümmerte sich Peters Mutter Maria von Roten-Feigenwinter in der Folge um ihre fünf Kinder und die Verwaltung des familiären Grundbesitzes, der die wirtschaftliche Existenzgrundlage der einflussreichen Oberwalliser Familie von Roten darstellte. Aus ihr waren im Laufe der Jahrhunderte Fürstbischöfe, Landeshauptmänner, Landvögte, National- und Ständeräte sowie Walliser Staatsräte hervorgegangen.

Maria von Roten ihrerseits stammte aus einer katholischen Basler Familie. Ihr Vater Ernst Feigenwinter[2] war Anwalt und Nationalrat, ihre Mutter Bertha von Blarer eine überaus fromme und weltabgewandte Katholikin. Interessant an diesem Basler Grosselternhaus, in dem Peter und Iris von Roten nach 1950 lebten, ist die Tatsache, dass sich ihre Vorfahren hier schon 1910 begegnet sind. Nach dem frühen Tod seiner Frau heiratete Ernst Feigenwinter die Schriftstellerin Hedwig Kym, die eine enge Lebensfreundschaft mit der Historikerin und Frauenrechtlerin Meta von Salis[3] unterhielt. Ihren letzten Lebensabschnitt verbrachte Meta von Salis im Haus von Ernst Feigenwinter, wo ihr der junge Peter von Roten gelegentlich begegnete. Iris Meyer verbanden ebenfalls familiäre Bande mit den von Salis. Ihre Grossmutter mütterlicherseits war die Bündner Patrizierin Wilhelmine von Salis, eine Nachfahrin der bekannten Hortensia von Guggelberg.

Katholizismus, konservative Politik und Jurisprudenz waren seit Generationen die Stützpfeiler des Hauses von Roten. Peter von Rotens Vater, seine beiden Grossväter und drei der vier Urgrossväter hatten Jura studiert und sich als Vertreter der katholisch-konservativen Partei im National- und Ständerat hervorgetan. Der junge Peter stand dem ihm vorgezeichneten Weg früh schon mit Ambivalenz gegenüber. «Ich komme mir vor wie ein Hochstapler», schrieb er Ende 1943 an Iris Meyer, «der auf der Bühne etwas spielt, an das er gar nicht glaubt. Ich habe eigentlich erst in Italien gemerkt, dass ich Anarchist und Revolutionär bin und nur aufgrund der Stellung unserer Familie Polizeipräsident von Raron».[4]

Der inneren Auflehnung zum Trotz erfüllte Peter von Roten die in ihn gesetzten Erwartungen: Nach glänzend bestandener Maturitätsprüfung studierte er ab 1936 an den Universitäten Freiburg und Bern Jurisprudenz und wurde bald darauf katholisch-konservativer Gemeinderat in Raron und Grossrat des Kantons Wallis. Auf anderen Gebieten aber unterlief er die Erwartungen der Familie: Die von der Mutter erhoffte Militärkarriere fiel seiner offen zur Schau getragenen armee- und schweizkritischen Haltung zum Opfer. 1943 schrieb Peter von Roten in seinem Leitartikel auf der Frontseite des «Walliser Boten»: «Was heute in der Schweiz an sprachlicher Landesverteidigung getan wird, ist meistens wohl gut gemeint, aber von so derartiger Stupidität, dass man lieber Watte in die Ohren und Bretter vor die Augen nähme, als sich das anzuhören.»[5]

In seine Studienzeit an der Universität Bern fällt Peter von Rotens erste Begegnung mit Iris Meyer. Nach einer kurzen und schwierigen Bekanntschaft im Sommer 1939 trennten sich die beiden im Streit. Erst vier Jahre später nahmen sie in einem intensiven Briefwechsel ihre Debatten über Feminismus,[6] Religion, Ehe, Sexualität, Politik und Literatur wieder auf. Spannungen, Missverständnisse und offener Streit erinnern dabei des Öfteren an den Kulturkampf des späten 19. Jahrhunderts und sind erst verständlich, wenn man die geistes-, kultur- und religionsgeschichtlichen Voraussetzungen der beiden Kulturen berücksichtigt, aus denen die Briefpartner stammten. Als Iris Meyer Anfang 1944 Redaktorin beim «Schweizer Frauenblatt»[7] wurde, schrieb sie an Peter von Roten:

> «Es ist das Organ der organisierten Frauen und bezweckt Verflechtung der Fraueninteressen und Frauenaufgaben. […] Was das Frauenrechtlerische anbetrifft, so kann ich mir nicht vorstellen, wie man es noch glühender sein könnte, jedenfalls habe ich noch niemanden gesehen, der frauenrechtlerischer als ich gewesen wäre. Es ist im Augenblick allerdings nicht Mode, im Gegenteil: Es gehört allgemein, vor allem auch unter den jungen Mädchen, zum guten Ton, darüber zu lachen. Ich finde das kurzsichtig. Ich stehe also gewissermassen allein da. Anderseits kommen mir die Angehörigen der verschiedenen Organisationen, die offiziellen Schweizerischen Frauenrechtlerinnen anders als ich vor. Irgendwie scheint mir, diese vertreten die Geltung des weiblichen Prinzips nur partiell, während es doch auf das ganze ankommt. Dies nur kurz. Ich könnte darüber länger als 1000 und 1 Nacht reden.»

Peter von Roten war entsetzt:

> «Ich muss sagen, dass die Nachricht, dass Sie Frauenrechtlerin seien, mich mehr beeindruckte, als wenn Sie sich als Morphinistin oder Mädchenhändlerin entpuppt hätten. Ich frage mich, ob es wohl möglich sei, dass so etwas Grauenhaftes vorkomme und mir scheint, alle Tugenden in Ihnen seien dadurch in Laster verkehrt.»

Einen Tag später antwortete Iris Meyer:

«Ihr Brief mit seinen Erörterungen ist mir in der Seele zuwider. Denn es ist mir zuwider, mich gegen einen Mann verteidigen zu müssen, den ich vielleicht gern habe. Was ich Ihnen nicht verzeihe ist, dass irgendein Schlagwort mich in Ihrem Herzen ausstechen sollte.»[8]

In der Auseinandersetzung um den Feminismus wandelte sich Peter von Roten vom Antifeministen zum überzeugten Vorkämpfer für die Sache der Frauen. Nicht nur journalistisch setzte er sich dafür ein, sondern reichte zwischen 1949 und 1951 als erster bürgerlicher Nationalrat der Schweiz gegen den Willen seiner Partei verschiedene Postulate, Motionen und Anträge ein, die das Frauenstimm- und -wahlrecht forderten. Die Vorstösse blieben ohne Erfolg und führten 1951 zu seiner Abwahl aus dem Nationalrat.[9]

Ein zweites grosses Thema im Briefwechsel der beiden ist die Frage der Religion. Nachdem die von Peter als Voraussetzung für die Heirat geforderte Konversion von Iris zum Katholizismus gescheitert war, stand die Beziehung im Winter 1945/46 auf Messers Schneide, zumal auch die Familie von Roten alles unternahm, um Peter eine Verbindung mit Iris Meyer auszureden.

Am 25. Juli 1946 heirateten Iris Meyer und Peter von Roten im Geheimen und gegen den Widerstand der Familie von Roten in der Kirche des freiburgischen Bourgillon. Weil sich Iris von Roten, die erste praktizierende Anwältin im Kanton Wallis, beruflich in Peter von Rotens Welt nicht verwirklichen konnte, absolvierte sie im Sommer 1947 erst einen dreimonatigen Sprachaufenthalt in England, wo sie sich intensiv mit dem Feminismus auseinanderzusetzen begann, und verreiste im Sommer 1948 für ein Jahr in die USA, wo sie Soziologie studieren, ihr Englisch verbessern und an ihrem Buch über «die Entrechtung der Frau»[10] weiterschreiben wollte. Ihre Beziehung zu Peter war zu diesem Zeitpunkt an einem Tiefpunkt angelangt und die gemeinsame Zukunft ungewiss. Das Paar lebte fortan in einer von Iris von Roten schon 1947 geforderten offenen Beziehung, das heisst, beide unterhielten noch andere Beziehungen und tauschten sich offen darüber aus. Die Entfremdung liess sich jedoch überwinden. Ein halbes Jahr nach ihrer Rückkehr aus den USA bezogen Peter und Iris von Roten das Haus von Peters Grossvater Ernst Feigenwinter in Basel.

1958 – «Frauen im Laufgitter»

Nach einer einjährigen Anstellung als Reklamechefin beim Modehaus «Hanro» und der Geburt ihrer Tochter Hortensia 1952 widmete sich Iris von Roten ab 1953 der Überarbeitung ihres Buches, dessen erste Fassung in den USA entstanden war. «Nach der Geburt meiner Tochter», schrieb sie Jahre später in einem Lebenslauf, «begrub ich mich für lange Jahre in der Ausarbeitung meines Buches. Mir scheint, auf dem Boden unterm Schreibtisch seien Fussspuren entstanden.»[11] Als sie am 6. Dezember 1955 mitten in der Nacht im

Zürcher Niederdorf in einen heftigen Disput mit zwei Polizeibeamten geriet, die sie sogar vorübergehend verhafteten, weil sie sich nicht ausweisen konnte, reagierte Iris von Roten mit einem polemischen Leserbrief in der «Neuen Zürcher Zeitung», der den Polizisten Amtsmissbrauch vorwarf und in der Folge schweizweit mit genauso viel Zustimmung wie Ablehnung kommentiert wurde.[12]

Zwei Jahre später war es Peter von Roten, der mit einem perfekt inszenierten Coup im Walliser Bergdorf Unterbäch für nationale und internationale Schlagzeilen sorgte. Bei der eidgenössischen Volksabstimmung über den obligatorischen Zivildienst aller Schweizer Bürger am 3. März 1957 schritten zum ersten Mal in der Geschichte der modernen Schweiz Frauen an die Urne. Die Stimmen der Frauen wurden zwar für ungültig erklärt, doch der symbolische Wert und das grosse mediale Echo der Aktion wurden zu einem wichtigen Erfolg für die Frauenstimmrechtsbewegung in der Schweiz.

Im Herbst 1958 erschien im Berner Hallwag Verlag Iris von Rotens feministisches Manifest «Frauen im Laufgitter».[13] Auf 564 Seiten verarbeitete sie ihr breites Wissen aus Geschichtswissenschaft, Soziologie, Psychologie, Anthropologie und Sexualkunde. Mit unmissverständlicher Direktheit legte sie die patriarchalen Machtverhältnisse frei. «Das Ziel des Buches», wird sie sich im Juli 1990 zurückerinnern, «war die grundsätzliche Gleichberechtigung der Geschlechter.»[14] In seiner Essenz widerspiegelt «Frauen im Laufgitter» die persönliche Lebensphilosophie seiner Autorin: Das höchste Ziel des menschlichen Lebens ist die freie Entfaltung der Persönlichkeit. Während der Mann im beruflichen und gesellschaftlichen Leben die viel besseren Rahmenbedingungen dafür vorfindet, umfasst ein Dasein als Gattin, Mutter und Hausfrau «keinen Augenblick lang die ganze Individualität der Frau». Das Grundübel liegt im Konzept der traditionellen Ehe, die den Frauen zwar wirtschaftliche Sicherheit garantiert, ihre individuelle Freiheit dafür aber massiv beschneidet.

In fünf langen Kapiteln führt Iris von Roten in ihrem Buch vor, wie wichtig es für die Frauen ist, sich beruflich, wirtschaftlich, politisch und sexuell von den Männern zu emanzipieren. Im ersten Kapitel befasst sie sich mit der beruflichen Zurückstellung der Frau, im zweiten erörtert sie die weibliche Abhängigkeit in Liebe und Sexualität und propagiert die «freie Liebe». «Ein einziger ‹Richtiger› auf Lebenszeit», stellt sie klar, «ist richtig kümmerlich.» Das dritte Kapitel entlarvt den Mythos Mutterschaft als Falle, das vierte die Haushaltsarbeit als «Fron», die die Frau in die ökonomische Abhängigkeit treibt. Im fünften und letzten Kapitel schliesslich setzt sich Iris mit der politischen Rechtlosigkeit der Schweizer Frauen auseinander, besonders detailliert mit dem verweigerten Frauenstimmrecht, «dem Schulbeispiel der Männerherrschaft».

«Frauen im Laufgitter» war eine offene Kampfansage an das Geschlechterverhältnis der Nachkriegszeit. Ohne Rücksicht auf vorherrschende Meinungen schrieb Iris von Roten mit spitzer und unversöhnlicher Feder gegen die missliche Lage der Frauen an. Der polemische Stil und die Souveränität im Umgang mit Satire und Ironie machten das Buch zu einem beissenden Pamphlet, das in seinem Furor an die englischen Suffragetten erinnert. Iris von Roten warf den Fehdehandschuh aber nicht nur den Männern hin, auch die Frauen sahen sich auf die Anklagebank versetzt. «Es gibt», schreibt sie zu Beginn ihres Buches, «abgesehen von Ausnahmefällen, die in allen Jahrhunderten vorkamen, was gerne vergessen wird, grundsätzlich nach wie vor nur drei Arten ‹Frauenleben›: dasjenige der ausgenutzten Arbeitsbiene, jenes der Magd eines Ernährers und seiner Nachkommen und das Dasein einer amüsierten oder gelangweilten Luxusgattin.»

«Frauen im Laufgitter» war ein kühnes und provozierendes Buch. Dementsprechend waren auch die Reaktionen. Die grosse Mehrheit der Rezensenten lehnte das Buch ab. Einige wiesen es mit Entrüstung zurück, andere konnten sich nicht zurückhalten, Iris von Roten persönlich zu verunglimpfen. Während ihre sorgfältige Analyse über die berufliche Situation der Frauen in den meisten Zeitungen gelobt wurde – ihre Forderung nach beruflicher Gleichberechtigung war ja auch nichts Neues und seit Jahrzehnten gefordert –, wies man die Kapitel über Mutterschaft und Hausarbeit mit Entrüstung zurück und war entsetzt über ihre Ansichten zu Liebe und Sexualität.

Als sich im Dezember 1958 auch der Bund Schweizerischer Frauenorganisationen (BSF) öffentlich von «Frauen im Laufgitter» distanzierte – ein halbes Jahr vor der ersten eidgenössischen Abstimmung über das Frauenstimm- und -wahlrecht setzte der BSF auf diplomatisches Kalkül und Verständigung mit den Männern – reagierte Iris von Roten mit einer scharfen Antwort in der Basler «National-Zeitung»:

> «Es mag dem BSF schlau erscheinen, durch ostentative Ablehnung eines Werkes, das manche – wenn beileibe auch nicht alle – Männer ärgert, diesen mit einem Seitenblick auf die bevorstehende Abstimmung zum Frauenstimmrecht ein wenig im Bart zu kraulen. Schmeichelei ist ja ein bewährter Weg, ans Ziel zu gelangen. Wenn sie aber wie im vorliegenden Falle ausgerechnet darin besteht, ein Werk zu verleugnen, das kompromisslos für feministische Ideale einsteht, so riecht das etwas doch ein bisschen nach Verrat und wird damit zur plumpen Schmeichelei.»[15]

Nach der Ablehnung des Frauenstimm- und -wahlrechtes am 1. Februar 1959 – 66 Prozent der Schweizer Männer waren dagegen – veröffentliche Iris von Roten das 80-seitige «Frauenstimmrechts-Brevier», in dem sie sich mit der Geschichte des Frauenstimmrechts befasste und trotz der verlorenen Abstimmung – immerhin war am gleichen Wochenende das Frauenstimm- und -wahlrecht im Kanton Waadt eingeführt worden – einen zuversichtlichen Blick in die Zukunft richtete.

Mit den beiden Büchern war für Iris von Roten alles gesagt. Nach 1960 begann sie intensiv zu reisen und hat sich publizistisch nicht mehr in den feministischen Diskurs eingebracht. «Die Reaktion der Umwelt auf mein Buch war so», wird sie 1979 in einem «Annabelle»-Interview zurückblicken, «dass ich bedaure – wenige Ausnahmen vorbehalten – in die schlechte Gesellschaft dieser Umwelt geraten zu sein.»[16]

Reisen – Malen – Offene Beziehung
In den 1960er Jahren unternahm Iris von Roten zahlreiche längere Reisen in die Türkei, nach Jugoslawien, Griechenland und in den Nahen Osten. 1965 veröffentlichte sie das Reisebuch «Vom Bosporus zum Euphrat. Türken und Türkei», das für sie, obwohl das Buch sehr positiv besprochen wurde, zu einer weiteren Enttäuschung wurde, weil der Verlag eigenmächtige Kürzungen vorgenommen hatte. Die Folge war, dass sie keine weiteren Bücher mehr schreiben wollte und nur noch gelegentlich journalistische Reiseberichte und Buchbesprechungen verfasste. Das letzte grosse Thema ihres Lebens war das Malen, eine Leidenschaft, der sie wie dem Reisen seit ihrer Jugend frönte. Als ihr Ende der 1980er Jahre verschiedene Altersbeschwerden immer mehr zu schaffen machten, schied sie am 11. September 1990 freiwillig aus dem Leben.

Mit der gleichen Selbstverständlichkeit, mit der Iris von Roten ab 1960 auf längere Reisen ging, pflegte Peter seine zahlreichen Liebschaften. Von den frühen 1950er Jahren an führte er ein zeitweise opulentes Liebesleben, dem er nach aussen den Anschein von Konventionalität zu geben versuchte. Mit einigen Frauen unterhielt er Beziehungen und Briefkontakte, die über Jahre und Jahrzehnte dauerten, mit anderen hatte er kurze Liebschaften, bei denen die Erotik im Vordergrund stand. Beruflich blieb Peter der Juristerei, dem Journalismus und der Politik sein Leben lang treu. Bis zu seinem Tod betrieb er seine Anwaltskanzlei in Basel, blieb auch nach dem Verlust seiner Parlamentsmandate Regierungsstatthalter des Bezirks Westlich Raron und war ein ebenso beliebter wie angefeindeter Kolumnist des «Walliser Boten», für den er in den Jahren zwischen 1944 und 1990 gegen 5000 Kolumnen verfasste. Seine Frau überlebte Peter von Roten nur um ein knappes Jahr. Er starb am 30. August 1991 an den Spätfolgen eines schweren Autounfalls.

---

1 Vgl. Meichtry Wilfried, Verliebte Feinde. Iris und Peter von Roten, Zürich 2007, S. 203. Dort auch alle hier verwendeten Briefstellen. Zur Biographie von Iris von Roten vgl. auch: Köchli Yvonne-Denise, Eine Frau kommt zu früh, Zürich 1992.
2 Meichtry, Verliebte Feinde, S. 87–115.
3 Vgl. Stump Doris, Sie töten uns – nicht unsere Ideen. Meta von Salis-Marschlins. Schweizer Frauenrechtskämpferin und Schriftstellerin, Zürich 1984.
4 Meichtry, Verliebte Feinde, S. 12.
5 Walliser Bote, 22. September 1943.
6 Vgl. Iris Meyers Dissertation: Die Pflicht des Ehegatten zum wirtschaftlichen Beistand, Bern 1941.

7 Offizielles Organ des Bundes Schweizerischer Frauenvereine (1919–1979).
8 Meichtry, Verliebte Feinde, S. 237–250.
9 Vgl. dazu den Beitrag «Verfassungsrevision oder Interpretationsweg?» in diesem Band.
10 Meichtry, Verliebte Feinde, S. 369.
11 Ibd., S. 481.
12 Ibd., S. 490–500.
13 Von Roten Iris, Frauen im Laufgitter, Zürich 1991 (Neuauflage).
14 Meichtry, Verliebte Feinde, S. 502.
15 National-Zeitung, 30. Dezember 1958.
16 Meichtry, Verliebte Feinde, S. 523f.

Alma Bacciarini (1921–2007)
Una vita per la parità

Susanna Castelletti

Abb. 54: Alma Bacciarini

La biografia

Alma Bacciarini nasce nel 1921 a Cabbio, un paesino situato nella Valle di Muggio, in una famiglia di antiche tradizioni liberali. Il padre, morto quando la figlia aveva solo dodici anni, è stato infatti per circa trent'anni sindaco del paese, nonché il fondatore della filarmonica liberale di Cabbio che, come ben ricorda la Bacciarini, si recava regolarmente in casa della famiglia per esercitarsi.[1]

Dopo aver frequentato le scuole elementari nel paese natio, la Bacciarini frequenta il ginnasio a Biasca, la Scuola Magistrale a Locarno e infine intraprende gli studi in lettere presso le università di Ginevra e Zurigo, al termine dei quali otterrà un diploma universitario in Letteratura Italiana e Francese. Terminati gli studi rientra in Ticino e si stabilisce nel luganese dove lavora come insegnante in numerose scuole. A titolo di esempio si possono citare il ginnasio di Biasca e quello di Bellinzona nonché la Scuola Arti e Mestieri ubicata anch'essa nel capoluogo ticinese. Amante della cultura e della letteratura, accanto alla professione di insegnante, la Bacciarini si dedica anima e corpo a numerose altre attività: collabora infatti con la radio e la televisione della Svizzera Italiana, più in particolare collabora regolarmente alla trasmissione incentrata sulla parità, curata da Iva Cantoreggi, che divenne, per anni, un vero e proprio forum di discussione «tra donne e uomini, tra giovani e anziani, tra fautori della parità e oppositori».[2] Inoltre mantiene un'attività iniziata nel corso degli anni universitari e scrive quindi per numerosi giornali locali (femminili e non) come ad esempio la pubblicazione del Movimento Sociale Femminile[3] intitolata «La Nostra Voce», «Gazzetta Ticinese», «Cooperazione», «Il Dovere» e «La Regione Ticino».

Contemporaneamente all'attività culturale si dedica anche a quella che diverrà, in seguito, la sua grande passione: la politica. Dopo essersi dedicata alle estenuanti lotte per l'ottenimento dei diritti politici delle donne, è infatti consigliera, e più tardi anche presidente, del Consiglio Comunale di Breganzona, deputata per quattro legislature consecutive (1975–1991) all'interno del Gran Consiglio Ticinese e, nel 1979, è la prima donna della Svizzera Italiana ad essere eletta in Consiglio Nazionale. Oltre all'impegno politico svolge inoltre, nel corso della sua vita, una partecipazione attiva all'interno di numerosissime associazioni, non solo femminili, come per esempio l'Associazione Svizzera per il Suffragio Femminile (della quale fu vice presidente), presiede il Lyceum Svizzero e occupa la carica di vicepresidente nel Lyceum Internazionale, fonda e presiede l'Associazione Svizzera delle Donne attive professionalmente, presiede la Società Archeologica Ticinese e la Federazione Ticinese delle Società Femminili, è membro dell'Associazione delle Consumatrici della Svizzera Italiana e dell'Associazione Ticinese per la Protezione dell'ambiente e di altre numerose ed importanti associazioni. Questo suo iperattivismo è probabilmente dovuto al fatto che la Bacciarini ha sempre sostenuto come per le donne sia estremamente difficile riuscire a farsi accettare nel mondo della politica, in quello culturale e in quello professionale e come ad esse siano richieste qualifiche e meriti maggiori rispetto a uomini di pari capacità.[4] Nel corso della sua vita Alma Bacciarini riceve anche importanti riconoscimenti come l'Ambrogino d'Oro del Comune di Milano ottenuto nel 1988 e in seguito il titolo di commenda nell'ordine al merito della Repubblica Italiana; nel 1998 viene inoltre pubblicato il libro «Un Bilancio» il quale contiene i suoi interventi pubblicati su «Il Dovere» e «LaRegione Ticino» tra il 1980 e il 1998.

Alma Bacciarini muore, all'età di 85 anni, il 23 gennaio 2007: nel corso della sua vita, come abbiamo visto ha svolto innumerevoli attività, tutte importanti e significative, ma il suo maggiore impegno è certamente stato profuso in tre settori fondamentali: la politica ufficiale, la questione femminile e della parità e la cultura.

L'impegno politico: la passione di una vita

Come lei stessa afferma, la politica ha rappresentato per Alma Bacciarini una vera e propria passione, tanto che, anche dopo il 1991, anno in cui abbandona le cariche ufficiali, continua ad interessarsi alla politica cantonale e federale e ad esprimere la propria opinione attraverso i mass media.[5]

La Bacciarini è stata una donna che ha saputo fare politica davvero a tutti i livelli. Il suo coinvolgimento comincia nel corso degli studi universitari quando si impegna per l'ottenimento dei diritti politici femminili: rientrata in Ticino essa sarà in prima linea nella lotta cantonale (in qualità di membro attivo dell'Associazione Ticinese per il Voto alla Donna) come pure in quella nazionale dal momento che per un certo periodo ricopre la carica di vicepresidente dell'Associazione Svizzera per il Suffragio Femminile.

Una volta ottenuti i tanto attesi diritti, nel 1971, comincia la sua cosiddetta carriera ufficiale tra le fila del Partito Liberale Radicale Ticinese (PLRT). Essa dichiara di aver aderito a questo partito sia per tradizioni famigliari sia perché da sempre ne ha sentito vicini i principi, visto che in Ticino, assieme all'ideologia liberale vengono schierati pure i fondamenti radicali. Va pertanto sottolineato come essa non abbia mai avuto paura di schierarsi contro il suo partito, mantenendo, in molti casi, posizioni originali e sostanzialmente indipendenti.

Dopo un inizio presso il Consiglio Comunale di Breganzona, Alma Bacciarini approda nel 1975 al Gran Consiglio Ticinese dove siederà per sedici anni, fino al 1991 quando, in occasione delle nuove elezioni cantonali decide di non ripresentarsi. Questa scelta è dovuta alla sua profonda convinzione che non si debba mai abbarbicarsi alle cariche politiche ma che, al contrario, sia necessario un certo ricambio per poter lasciare spazio ai giovani e anche alle donne.[6]

L'aspetto forse più sensazionale della carriera politica della Bacciarini è la sua elezione, nel 1979, al Consiglio Nazionale: prima di lei nessuna donna ticinese era riuscita in questa impresa! A Berna Alma Bacciarini svolge la sua attività con grande impegno, dedizione ed entusiasmo: immediatamente prende parte a tre commissioni, tra le quali figura quella incaricata di analizzare l'iniziativa che propugna l'uguaglianza tra uomini e donne. Purtroppo il suo impegno nell'ambito della politica federale durerà solo un quadriennio: infatti, con l'approssimarsi delle elezioni federali del 1983, il PLRT le fa percepire che il candidato sostenuto dalla dirigenza sarebbe stato Ugo Sadis. La Bacciarini decide allora, con grande dignità, di ritirarsi e in seguito, analizzando il suo intenso operato politico, ha così commentato questo episodio: «Se una delusione c'è stata è forse venuta dal mio Partito, che avendo avuto l'occasione di eleggere a Berna la prima donna ticinese, non ha saputo o non ha voluto sfruttare politicamente questo avvenimento».[7]

Un valore fondamentale: la parità tra i sessi

Tutta la storia di Alma Bacciarini è imperniata sulla promozione della parità tra i sessi, ambito che, assieme ad altri, questo è certo, l'ha vista costantemente impegnata ed attiva. Le origini del suo coinvolgimento risalgono agli anni universitari, quando prende coscienza della ingiusta esclusione delle donne dall'ambito politico e decide di impegnarsi seriamente nella lotta per l'ottenimento del suffragio femminile. Essa infatti sostiene che a parità di intelligenza e di preparazione uomini e donne sono uguali, per questo la società deve diffondere dei modelli di collaborazione e non di predominanza di un sesso sull'altro.[8] Come già precedentemente accennato, Alma Bacciarini si impegna in prima linea in questo campo: partecipa infatti a tutte le iniziative dell'Associazione Ticinese per il Voto alla donna e, per un certo periodo, ricopre la carica di vicepresidente presso l'Associazione Svizzera per il Suffragio Femminile (1954–1963).[9]

Una volta ottenuti i diritti politici, la Bacciarini orienta il suo impegno nella promozione della parità tra i sessi in tutti gli ambiti della vita sociale: essa è una tra le prime in Ticino a parlare di rivalorizzazione del lavoro della casalinga e di lavoro part-time, e cerca costantemente di diffondere queste sue convinzioni attraverso appassionanti interventi sulla stampa cantonale. Inoltre, dopo aver costatato che l'ottenimento dei diritti politici non comporta obbligatoriamente una partecipazione paritaria alla vita politica cantonale, essa si adopera per promuovere la figura della donna in politica. Proprio in quest'ambito essa si schiera contro il suo partito, ed i partiti politici in generale, accusandoli pubblicamente di utilizzare le donne in lista unicamente come tappabuchi e di non sostenerle invece come meriterebbero.

Una tappa fondamentale dell'impegno della Bacciarini nell'ambito della parità tra i sessi è poi certamente la presidenza dell'allora Federazione Ticinese delle Società Femminili (oggi Federazione Associazioni Femminili Ticino). Nel corso del suo mandato infatti essa concentra tutte le energie nella traduzione e nella pubblicazione del libro di Lotti Ruckstuhl «Frauen sprengen Fesseln, Hindernislauf zum Frauenstimmrecht in der Schweiz» fino allora tradotto solo in francese. Per la Bacciarini infatti, in un anno significativo come il 1991 – in cui ricordiamolo ricorre il 700° della Confederazione e il decimo anniversario dell'introduzione dell'articolo 4bis sulla parità – è fondamentale far sì che anche gli abitanti della Svizzera Italiana, ed in particolare i giovani, possano entrare in contatto con avvenimenti storici fondamentali per l'educazione civica come quelli relativi all'ottenimento dei diritti politici. Proprio per questo, oltre a tradurre il testo della Ruckstuhl, la Bacciarini, assieme a Iva Cantoreggi e a Emma Degoli, si preoccupa di ampliare il testo e l'apparato fotografico del capitolo relativo al Canton Ticino.[10]

Conclusione: la promozione della lingua italiana
Prima di concludere è bene sottolineare pure l'impegno che Alma Bacciarini ha sempre profuso nella promozione della cultura e soprattutto nella promozione e nella diffusione dell'italianità. Proprio come in ambito politico essa si è sempre adoperata in difesa della minoranza femminile, anche in campo culturale ha dedicato innumerevoli sforzi alla promozione di una cultura svizzera minoritaria rispetto a quella romanda e a quella germanica: quella italiana. Proprio per questo nel corso del suo quadriennio a Berna, convinta che l'italiano fosse una caratterista del federalismo svizzero e che, se promosso, avrebbe po-

tuto divenire un importante elemento di coesione nazionale, ha sostenuto l'inserimento dell'italiano nell'ambito della maturità federale.

In conclusione, Alma Bacciarini è stata una donna impegnata su molteplici fronti, ma, in modo particolare, essa si è applicata con dedizione alla difesa delle minoranze o degli elementi sfavoriti: proprio per questo la maggior parte delle sue battaglie sono state difficili, spesso non hanno giovato alla sua popolarità e hanno richiesto innumerevoli sforzi. Quello che è certo è che in Ticino, e in Svizzera, ha lasciato un segno importante, e alle donne impegnate nella politica comunale, cantonale e federale ha fornito un ottimo esempio di come, con costanza e determinazione, anche gli ostacoli più grandi e le discriminazioni possono essere abbattuti.

1. Intervista ad Alma Bacciarini in Controluce, condotta da Michele Fazioli, TSI1, 21.5.2001.
2. 1991, p. 144.
3. Nato nel 1933 per iniziativa di Flora come movimento volontario, si trasforma in seguito nell'Associazione Ticinese per il Voto alla Donna.
4. Cfr. Bacciarini Alma, Un Bilancio. Testi apparsi su «Il Dovere» e «LaRegione Ticino» dal 1980 al 1998, Bellinzona, 1998, p. 6.
5. Cfr., Ibid. p. 5.
6. Intervista ad Alma Bacciarini in Controluce, condotta da Michele Fazioli, TSI1, 21.5.2001
7. Cfr. Bacciarini Alma, Un Bilancio. Testi apparsi su «Il Dovere» e «LaRegione Ticino» dal 1980 al 1998, Bellinzona, 1998, p. 6.
8. Intervista ad Alma Bacciarini in *Controluce*, condotto da Michele Fazioli, TSI1, 21.5.2001
9. Diventata a partire dal 1971, momento in cui le donne svizzere hanno ottenuto i diritti politici, «Associazione svizzera per i diritti della Donna».
10. Cfr., Castelletti Susanna, Fornara Lisa, Donne in Movimento. Storia della Federazione Associazioni Femminili Ticino, Lugano, FAFT, 2007, pp. 88–90.

Schlusswort: Weiterhin für Frauenrechte?

Jessica Kehl-Lauff (Präsidentin des adf-svf 1997–2009)

Der Kampf für Frauenrechte, der sich als Weg in die Freiheit der Frau als gleichwertiges menschliches Wesen versteht, kennt drei Voraussetzungen:

1. Es muss sich um einen Kampf für eine gerechte Teilung der Macht zwischen den Geschlechtern handeln, nicht um einen Rachekampf gegen das andere Geschlecht.
2. Es darf nicht nur um eine Gleichstellung auf gesetzlicher Ebene gehen, sondern es muss immer auch die Umsetzung in die gesellschaftspolitische Realität angestrebt werden – oder anders ausgedrückt: Die tatsächliche Gleichstellung muss das Ziel sein.
3. Die Vielfalt der Frauenleben und die Selbstbestimmung der einzelnen Frau, ihr Leben zu gestalten, muss respektiert werden. Feministischer Fundamentalismus, der die Freiheit der einzelnen Frau einzuschränken versucht, ist ebenso fehl am Platz, wie die Übertragung fundamentalistischer Glaubenssätze, die die Freiheit der Frauen einer bestimmten Region, Religion oder Ethnie einzuschränken versuchen.

Feministinnen, die sich dieser Art Kampf verschrieben haben, sollten dabei nicht nur ein grosses Wissen quer durch alle Lebensbereiche (von reproduktiven zu politischen zu wirtschaftlichen Rechten) haben, sondern auch eine hohe Frustrationstoleranz, eine jederzeit beherrschbare Aggressivität und eine grosse Toleranzbereitschaft ihrem eigenen Nicht-alles-wissen-Können und dem leider noch allzu häufig auftretenden Nicht-zu-viel-wissen-Wollen ihrer Geschlechtsgenossinnen gegenüber.

Trotz meiner langjährigen Tätigkeit als Delegierte, Vorstandsmitglied und schliesslich Präsidentin des Schweizerischen Verbandes für Frauenrechte (adf-svf) bin ich immer noch daran, mir einen kleinen Teil dieser Eigenschaften zu erarbeiten. Es hilft ausserordentlich, sich von Zeit zu Zeit darüber klarzuwerden, warum dieser Kampf auch heute noch so wichtig ist. Daher werde ich mein Exposé zum 100-jährigen Geburtstag des adf-svf im Wesentlichen den zwei folgenden Fragen widmen:

1. Welche Errungenschaften, die zurzeit als gesichert gelten, müssen davor bewahrt werden, mangels Bewusstsein beziehungsweise Umsetzung in die gesellschaftspolitische Realität in der Zukunft wieder zu verschwinden?
2. Welches sind die Themen, die noch zu erkämpfen sind?

Bevor ich aber auf diese Fragestellungen eingehe, noch ein paar Klärungen:

Das Wort Kampf wird bei einigen auch heute noch Widerstand erregen. Für diese Personen enthält es die Eliminierung des Gegners – nicht so in diesem Zusammenhang; Kampf, wie ich ihn verstehe, soll auch eliminieren, aber nicht Personen, sondern die Urfeinde unserer Gesellschaft, die da sind: Gewalt und Elend, so wie deren Vorstufen Unwissenheit und Armut.

Lange wurde behauptet, Frauen seien nicht ärmer als Männer, und Frauen seien ebenso gewalttätig. Dass dies zwar auf Einzelfälle zutrifft, nicht aber als allgemeingültige Aussage bestehen kann, konnte durch statistische Daten internationaler und nationaler Institutionen nachgewiesen werden. Eines der wichtigsten Kampfmittel, das die Frauenverbände seit Jahren verlangten und in den 1990er Jahren endlich erhalten haben, ist somit eine geschlechtsspezifische Datenerfassung. Vergessen wir sie nicht und schätzen wir sie nicht gering! Was heute allzu oft als Selbstverständlichkeit gesehen wird, ist eine wichtige Errungenschaft, auf die ich später nochmals zu sprechen kommen muss.

Widerstand gibt es auch beim Begriff «frauenspezifische Sichtweise»: die einen halten ihn für eine unnötige Wortschöpfung, da er die Sicht aller Frauen umfasse, die anderen halten ihn für problematisch, da er implizit ausschliesst, dass es auch Männer gibt, die diese Sichtweise vertreten können. Der Schweizerische Verband für Frauenstimmrecht (SVSF) wurde ursprünglich von Männern und Frauen gegründet, ja sogar im Gründungsjahr von einem Mann präsidiert. Sie verzeihen mir also bitte, dass ich der Meinung bin, dass auch Männer eine frauenspezifische Sichtweise vertreten können, obwohl die inzwischen mehrfach revidierten Statuten seit längerem nicht mehr zulassen, dass ein Mann das Präsidium des Verbandes übernehmen kann. Hier, wie selten sonst, gilt allerdings das biblische Wort: «An ihren Früchten, nicht an ihren Worten sollt ihr sie erkennen!»

Was der Begriff umfasst, wird zunehmend auch von der Forschung bestätigt: Frauen sind stärker am Überleben als am Überholen interessiert, sie sehen schneller den Einzelfall im epidemiologischen Umfeld und den Problemfall in der Umsetzung einer möglicherweise guten Forderung, die Vernetzung beider Hirnhälften ist bei Frauen stärker ausgeprägt.[1]

Dass Frauen eine männerspezifische Sichtweise einnehmen können, ist – teils zu unserem Bedauern – mehrfach bewiesen worden. Und da Männer naturgemäss häufiger die männerspezifische Sichtweise vertreten, wird sie auch nicht aussterben, obwohl ihre Vertreter oft bereits dann das Gefühl haben, hoffnungslos in der Minderzahl zu sein, wenn sie in einem Gremium «lediglich» über eine Quote von 60 Prozent verfügen.

Kommen wir nun zu meiner ersten Frage: Welche Errungenschaften, die zurzeit als gesichert gelten, müssen davor bewahrt werden, mangels Bewusstsein beziehungsweise Umsetzung in die gesellschaftpolitische Realität in der Zukunft wieder zu verschwinden?

Geschlechtsspezifische Datenerfassung

Auf nationaler und kantonaler Ebene ist es zunehmend ein Diskussionspunkt, ob und inwieweit die Erstellung solcher Datenbanken wichtig sei. Damit sie sorgfältig erhoben werden können, sind Ressourcen notwendig. Frauenverbände auf allen Ebenen müssen daher für die notwendigen Mittel lobbyieren, bieten die so erhaltenen Zahlen doch die einzigen messbaren Werte innerhalb der Geschlechterdiskussion. Sie sind für eine sachliche Diskussion zwischen Frauen und Männern daher unverzichtbar.

Staatliche Institutionen für die Gleichstellung von Frau und Mann

Diskussionen über finanzielle Ressourcen werden immer wieder einmal von Rechtsaussen-Parteien in Gang gesetzt, jeweils bezogen auf das Eidgenössische Bundesamt für die Gleichstellung von Frau und Mann und/oder die kantonalen Gleichstellungsbeauftragten beziehungsweise -departemente oder -stellen. Sobald Bürgerinnen und Bürger den Eindruck haben, ohne grosse Einbussen sparen zu können, vergessen sie leider allzu schnell die Wichtigkeit der Erhaltung unserer politischen Kultur. Erst im Einzelfall fragen sie sich dann ganz überrascht, wie es denn komme, dass sich zum Beispiel die wirtschaftliche Situation der Frau in unserem Land verschlechtert habe, wieso junge Frauen keine Kinder mehr wollen, woran es liege, dass nach der Scheidung so viele ältere Frauen sozialabhängig werden und so weiter. Es genügt nicht, von Zeit zu Zeit ein Projekt zu starten, das die Gleichstellung in den Mittelpunkt der Überlegungen stellt. Wir bedürfen der erkämpften Institutionen dauerhaft: 1976 wurde die Eidgenössische Kommission für Frauenfragen,[2] 1979 wurden die Eidgenössische Dokumentationsstelle für Frauenfragen, das erste kantonale Gleichstellungsbüro[3] im Kanton Jura und das erste Frauenhaus in Zürich gegründet. Aufgrund des Mandates im Artikel 16 des Bundesgesetzes für Gleichstellung von Frau und Mann (GlG)[4] wurde 1988 das Eidgenössische Büro für die Gleichstellung von Frau und Mann[5] vom Bundesrat eingesetzt. Heute ist es eines der Ämter im Eidgenössischen Departement des Innern.

Dass sich diese Institutionen auch gegen den Angriff renommierter Parteien verteidigen lassen, haben wir dieses Jahr wieder im Kanton Basel-Landschaft bewiesen. Der Erhalt dieser Institutionen ist wichtig, und es muss ein Anliegen aller Frauenorganisationen sein, eine schleichende Entwertung durch mangelnde Ressourcenzuweisung an staatliche Gleichstellungsinstitutionen zu bekämpfen. Es ist dringend notwendig, dass gewählte Frauen und Frauenverbände äusserst sensibel auf jeden Budgetangriff in dieser Hinsicht reagieren.

Dass es die Frauenhäuser – und neu auch Mädchenhäuser – in unserer schweizerischen Realität braucht, kann niemand bestreiten, der die Polizeistatistiken ernst nimmt. Dass diese Institutionen jedoch häufig immer noch nichtstaatlicher Natur sind und einen Grossteil ihrer knappen Ressourcen für die Sponsorensuche aufwenden müssen, ist eine Schande. Ich frage mich jeweils, wie gewisse Politikerinnen und Politiker reagieren würden, wenn es diese Häuser nicht gäbe und die betroffenen Gewaltopfer bei ihnen einquartiert würden?

Neben den finanziellen Ressourcen ist der rasche Zugang zur Exekutiven für staatliche Gleichstellungsinstitutionen sehr wichtig. Allzu schnell können Vorgaben wie zum Beispiel die sprachliche Gleichstellung[6] vergessen gehen. In solchen Momenten benötigt frau eine Stelle innerhalb der Verwaltung, die ohne medialen Druck darauf hinweisen kann, ja sogar das Mandat hat, auf entsprechende Studien und/oder frühere Entscheide hinzuweisen. Auch vorgängige interne Vernehmlassungen zu Gesetzesentwürfen können so frühzeitig Wirkung entfalten. Dies gelingt insbesondere dann, wenn die staatliche Institution gut mit den Nichtregierungsorganisationen (NGO) vernetzt ist. Es hat sich gezeigt, dass so nicht nur Informationen über die Stellung der Frau von diesen Stellen erarbeitet werden, sondern zunehmend auch Informationen aus der weiteren Tätigkeit der Frauenverbände zugunsten der schwächeren Glieder unserer Gesellschaft[7] miteinbezogen werden können. Wenn die politische Elite unseres Staates hier nicht völlig den Überblick verlieren will, ist sie auf Stellen mit Vernetzungscharakter angewiesen. Und auch die Frauenverbände sind darauf angewiesen, bei einer guten Vertrauenslage mit diesen Stellen zusammenarbeiten zu können.

Anbindung von Zielen der Gleichstellung in der Gesetzgebung
10 Jahre nach der Einführung des Frauenstimm- und -wahlrechtes auf eidgenössischer Ebene wurde der Verfassungsartikel zur Gleichstellung von Frau und Mann angenommen. Ich muss gestehen, dass ich als Neumitglied in den 1990er Jahren unter dem Präsidium meiner verehrten Vorgängerin Simone Chapuis-Bischof nie daran gezweifelt habe, dass der adf-svf zu 100 Prozent hinter diesem Artikel seit seiner Lancierung als Initiative stand, jedoch war dies 1976 noch nicht der Fall. Mit der Wahl eines neuen Zentralvorstandes (ZV) wechselte die diesbezügliche Einstellung schnell, so dass 1981 bei der Einführung des Verfassungsartikels auch beim adf-svf grosse Freude herrschte. Dass alle Mitglieder des ZV des adf-svf 1999 bei der Revision der Bundesverfassung (BV) für die Beibehaltung des alten Artikel 4 der BV, neu Artikel 8 Absatz 3 der BV[8] lobbyierten, kann ich bezeugen und hoffe, dass allen jetzigen und zukünftigen Mitgliedern unseres Verbandes die Wichtigkeit dieser Verfassungsbestimmung bewusst ist.

Wenn das absolute Ziel für jeden Frauenverband auch die tatsächliche Gleichstellung ist und bleiben soll, so sind die einzelnen Schritte auf dem Weg dorthin in der eidgenössischen und kantonalen Gesetzgebung wichtig und hoch zu schätzen. Ich nenne hier nur kurz einige Beispiele: das neue Eherecht,[9] das unter anderem auch der verheirateten Frau erlaubt, einen Beruf ohne Einwilligung des Ehemannes auszuüben, das Opferhilfegesetz (OHG),[10] das unter anderem der Frau erlaubt, bei Sexualdelikten zu verlangen, dass mindestens eine Frau im Gericht sitzt, das Gesetz über die Gleichstellung von Frau und Mann im Erwerbsleben[11] mit Massnahmen gegen die sexuelle Belästigung der erwerbstätigen Frau und mit Massnahmen zur Durchsetzung der Lohngleichheit, der Artikel 119 der BV zur Frage der Fortpflanzungsmedizin und Gentechnologie im Humanbereich und die Artikel 16b–h des Erwerbsersatzgesetzes,[12] die endlich die Mutterschaftsentschädigung einführten. Nachdem das Ziel einer Mutterschaftsversicherung bereits sehr früh in der Bundesverfassung verankert, aber nie konkretisiert worden war, war die Änderung des Erwerbersatzgesetzes (EOG) zugunsten der erwerbstätigen Mütter im Jahr 2003 durch das Parlament verabschiedet worden. Nach dem folgenden Referendum mit einem hitzigen Abstimmungskampf, an dem sich die meisten Frauenverbände, der adf-svf mit dem besonders in der Romandie beliebten Storchenmotiv, beteiligt hatten, wurde dies am 26. September 2004 vom Volk abgelehnt. Wir sind froh, diese Hürde genommen zu haben.

Ich erinnere mich mit Bedauern an die Gleichstellungen «gegen unten», wie sie 1992 im Bürgerrechtsgesetz (BüG)[13] oder 1995 in der 10. Revision des Bundesgesetzes über die Alters- und Hinterlassenenversicherung (AHVG)[14] erfolgt sind.

Das im Jahr 2000 in Kraft getretene neue Scheidungsrecht[15] hat zwei Frauenanliegen verwirklicht: einerseits die Stärkung der Rechte des Kindes im Verfahren und andererseits die Teilung der Altersvorsorge zwischen den Eheleuten. Trotzdem macht es mich misstrauisch. Es geht davon aus, dass beide Ehegatten erwerbstätig sind, auch wenn innerhalb der Ehe Kinder aufgezogen werden. Dies ist jedoch sehr häufig noch nicht der Fall,[16] sei es mangels ausserfamiliärer Betreuungseinrichtungen oder entsprechenden Willens der Frauen und der Männer (Schlechtes Gewissen in der Elternrolle oder in der Karriere? Schlechte Bedingungen für Teilzeitarbeit! Schlechte Bedingungen im Steuerrecht!), so dass die Folgen für den nicht erwerbstätigen Teil bei einer Scheidung allzu oft unerfreulich sind.

Erfreulicher waren die Änderungen im Strafgesetzbuch.[17] Die Entkriminalisierung des Schwangerschaftsabbruches[18] im Jahr 2002 war ein wichtiger Schritt in die richtige Richtung – ebenso die Verfolgung von Amtes wegen bei Drohungen gegen die Freiheit in Ehe und Partnerschaft,[19] bei den strafbaren Handlungen gegen die sexuelle Integrität[20] (in der Fassung nach den letzten wichtigen Änderungen des Jahres 2007) sowie die Trennung des Sexualstrafrechtes von der Ächtung des Menschenhandels als eigenständigem Bereich mit der Einführung des Artikels 182 des Strafgesetzbuches (StGB) gegen Menschenhandel.[21]

Ein wesentlicher Schritt wurde für die Frauen im Völkerrecht erreicht: Seit 1997 hat die Schweiz das Übereinkommen vom 18. Dezember 1979 zur Beseitigung jeder Form von Diskriminierung der Frau (CEDAW)[22] ratifiziert und in der Frühlingssession 2008 wurde nun auch das Fakultativprotokoll zur CEDAW[23] von beiden Parlamenten verabschiedet. Hierzu dürfte die Rechtsprechung und deren Umsetzung sehr interessant werden – ein Betätigungsfeld besonderer Art für zukünftige Frauenrechtlerinnen. Erwähnenswert sind zweifellos auch die frauenspezifischen Bestimmungen der beiden UNO-Pakte[24] und die Ratifizierungen wichtiger Konventionen des Internationalen Arbeitsamtes (ILO)[25] wie zum Beispiel die Konvention 111 «Discrimination Convention» von 1958, die Konvention 102 «Social Security Convention» von 1952 und die Konvention 100 «Equal remunaration Convention» von 1951. Insbesondere mit der Ratifizierung der Konvention 100 im Jahre 1977 wurde das Frauenrecht auf einen gleichen Lohn für gleichwertige Arbeit völkerrechtlich verbindlich anerkannt.

Leider wurde die Konvention 183 «Maternity Protection» des Jahres 2000 bis zur Drucklegung dieses Artikels von der Schweiz noch nicht ratifiziert.

Einmischung bei Wahlen und Unterstützung gewählter Frauen
Diese beiden Bereiche gehören seit 1971 zum Kerngeschäft des adf-svf und seiner kantonalen Sektionen und Kollektivmitglieder. Die Frage stellte sich unmittelbar nach der Erlangung des Stimm- und Wahlrechtes: Wie wichtig ist es uns eigentlich, dass die frauenspezifische Sichtweise in politischen Gremien vertreten wird? Wir sind der Meinung, dass eine gleichwertige Vertretung der Sichtweisen von Frauen und Männern eine ungemeine Bereicherung jeder Diskussion in Entscheidungsgremien bringt und dadurch zu besseren, da für alle Beteiligten nachhaltigeren Lösungen führt. Es ist uns also wichtig, dass sowohl in politischen Institutionen wie auch in wirtschaftlichen Kaderpositionen Frauen und Männer vertreten sind. Es genügt nicht, eine Frau in ein Mehrpersonengremium aufzunehmen, die anschliessend als Sprecherin die Entscheide von Männern gegen aussen vertritt. Es genügt nicht, alte Strukturen mit dem Satz: «Es geht nur um die Kompetenz, nicht um das Geschlecht» zu verteidigen, zumal gerade Personen, die diesen Satz gebrauchen, häufig gar nicht überprüft haben, ob denn die gepriesene Kompetenz überhaupt vorhanden ist, oder ob sie – möglicherweise aufgrund des Geschlechtes – einfach vorausgesetzt wurde. Es bedarf der ausgewogenen Beteiligung von Frauen und Männern an Diskussion und Entscheidung, damit unser Staat und seine Strukturen und unsere Wirtschaft und ihre Organisationen gewaltfrei stark bleiben. Es war nur folgerichtig, dass nach der Ab- und Nichtwahl von Frauen als Bundesrätinnen im Dezember 2003, der adf-svf zu den ersten Unterstützerinnen des Projektes «Frauenwache – Veille des Femmes»[26] gehörte und dort sowohl den Streiktag vom 14. Juni 2004 wie auch den Tag der «Menschenrechte = Frauenrechte» vom 10. Dezember 2004 thematisch besetzte.

Kommen wir nun zur zweiten Frage: Welches sind die Themen, die noch zu erkämpfen sind? Jede Zeit hat ihre eigenen Probleme, und somit sind die

Abb. 55: Frauenwache: Bei den Bundesratswahlen vom 10. Dezember 2003 wurde Ruth Metzler als Bundesrätin abgewählt. Dies löste bei den Frauen Proteste aus, die in eine politische Aktion mündeten. Vom 8. März bis zum 10. Dezember 2004 hielten sie ununterbrochen Wache, in einem Wohnwagen in der Nähe des Bundeshauses.
«Soyez vigilantes!» Dieser Leitidee folgend, beteiligte sich der Schweizerische Verband für Frauenrechte an der Frauenwache, hier mit den Nachtwächterinnen Andrea Haerter und Jessica Kehl-Lauff: «Hört ihr Herrn und lasst euch sagen ...»

Themen, die eine (Noch-)Präsidentin aufzählt, lediglich als Hinweise aus heutiger Sicht zu verstehen. Es gibt allerdings eine Konstante: Die beiden Urfeinde jeder Realisierung von Frauenrechten sind – wie bereits an allen Weltfrauenkonferenzen der UNO festgestellt und bestätigt – Gewalt und Armut. Sie zu bekämpfen, muss das höchste Ziel jedes Frauenverbandes sein und bleiben.

Artikel 8, Absatz 3 der Bundesverfassung:
Gleicher Lohn für gleichwertige Arbeit

Leider und trotz der nun bereits über 20 Jahre alten Verankerung in der Bundesverfassung ist dieses Ziel immer noch nicht erreicht, wie die Statistiken des Bundesamtes für Statistik regelmässig ausweisen. Es fragt sich, ob die Massnahmen, die im Wesentlichen auf der Freiwilligkeit der Unternehmungen aufbauen, genügen. Gute Ansätze, wie zum Beispiel im öffentlichen Beschaffungswesen, müssen weiter ausgebaut und/oder besser in das Bewusstsein der Frauen integriert werden.

Frau in der Arbeitswelt
Nebst der Lohngleichheit muss weiterhin für neue Definitionen der Rolle der Frau in der Arbeitswelt gekämpft werden. Die Abgrenzungen von Familienarbeit, Erwerbsarbeit und ehrenamtlicher Arbeit in ihren verschiedenen Facetten müssen klar definiert und im politischen Bewusstsein der Entscheidungsgremien und der Bevölkerung ihren Platz finden.

Dabei muss bei der Vereinbarung von Familie und Erwerbsarbeit beachtet werden, dass die Frau durch die Tatsache der Mutterschaft eine andere Lebens- und Karriereplanung aufbauen muss, als sie für den Mann üblich ist. Allzu oft – beispielsweise im Stipendienwesen oder bei den Studienzeitbeschränkungen – wird die Zeiteinteilung männlicher Lebensplanung einfach auf die Frau übertragen.

Gleichgeschlechtliche Partnerschaft
Ein Thema – die Freiheit der sexuellen Orientierung zwischen Erwachsenen –, das innerhalb des adf-svf immer als Selbstverständlichkeit verstanden wurde, gewinnt in den letzten Jahren zunehmend an Wichtigkeit. Die Möglichkeit, in einer gleichgeschlechtlichen Partnerschaft zu leben und diese Partnerschaft auch registrieren[27] zu lassen, wurde von Anfang an vom adf-svf unterstützt, wobei sich dieser in der betreffenden Vernehmlassung auch für die Möglichkeit der Adoption von Kindern, zumindest der Adoption eigener Kinder, die in dieser Partnerschaft leben, ausgesprochen hat. Hier wie auch in anderen Bereichen, zum Beispiel bei der Anerkennung der Registrierung durch die Fremdenpolizei, gibt es noch einige Probleme mit Diskriminierungscharakter zu lösen.

Kampf gegen Armut
Innerhalb der Schweiz immer noch zu wenig beachtet wurde folgender Sachverhalt: Die unerwarteten Folgen der ursprünglich frauenfreundlichen Rechtssetzung im Ehe- und Scheidungsrecht haben, teilweise aufgrund der wohl ebenso unerwarteten Rechtsprechung, eine Verschiebung der Armut zu den Frauen und dort zu den alleinstehenden Frauen hin bewirkt. Gekoppelt mit einer oftmals zu schnell erfolgten Gleichstellung gegen unten im Sozialversicherungsrecht ergab sich eine Spirale, die dringend zu korrigieren ist. Zudem sind Frauen häufig jünger als ihre Partner, die sie im Alter dann zuhause pflegen, während sie selbst später auf externe Betreuung angewiesen sind – was ebenfalls einen nicht zu unterschätzenden Kostenfaktor zu Lasten der Frau darstellt.

Kampf gegen Gewalt

Weltweit und bedauerlich schnell globalisiert wurde der Handel mit Waffen, Drogen und der einträglichste: der Handel mit Menschen, zumeist Frauen und Kindern. Dieser Kampf ruft nicht nach neuen Normen (Gesetzen, Verordnungen, Reglementen etc.), sondern nach der rechtsstaatlich begründeten, konsequenten Anwendung der vielfach bereits vorhandenen Bestimmungen, wie das Projekt «Zivilcourage» der schweizerischen Frauendachverbände des Jahres 2007 richtig festgestellt hat. Die Strafbestimmungen gegen die sexuelle Ausbeutung von Kindern und Abhängigen, gegen die Verbreitung von Pornographie, gegen häusliche Gewalt, gegen den Menschenhandel und gegen jede Form von Ausbeutung im wirtschaftlichen Bereich müssen streng angewendet werden, ebenso wie die vorhandenen Schutzbestimmungen – jene, die die Prävention betreffen, sowie jene für den Opferschutz – für alle Frauen gelten müssen. Insbesondere dürfen Ausländerinnen, gleich welchen Alters, nicht deshalb weniger geschützt werden, weil sie aus einem anderen Kulturkreis kommen.

An Themen wird es in Zukunft nicht mangeln, aber auch nicht an Stimmen, die behaupten, dass die Gleichstellung bereits umgesetzt sei, oder die der Meinung sind, den Frauen sei es ja «ohne» viel besser gegangen. Wir brauchen also weiterhin den Mut und das Engagement aller, damit Frauenrechte nicht nur Rechtssetzung sind, sondern im Alltag der Frauen und Männer unserer Erde selbstverständlich werden.

1 Brinck Christine, Anders von Anfang an, in: Die Zeit, 3. März 2005. Vgl auch die zurzeit erst auf Englisch vorliegende Untersuchung: «Sex Differences – Summarizing More than a Century of Scientific Research», published by Psychology Press on the 8th August 2008.
2 EKF, französisch: CFQF; Homepage: www.frauenkommission.ch.
3 Siehe Liste auf der Homepage: www.equality.ch. Die öffentlichen Gleichstellungsstellen haben sich unter dem Namen Schweizerische Konferenz der Gleichstellungsbeauftragten, französisch: Conférence suisse des déléguées à l'égalité zusammengeschlossen.
4 Systematische Sammlung des Bundesrechts (SR) 151.1: GlG vom 24. März 1995, in Kraft seit dem 1. Juli 1996.
5 EBG, französisch: BFEG; Homepage: www.ebg.admin.ch.
6 Bericht der Bundeskanzlei 1991 für die deutsche Sprache, siehe auch den Artikel «Le langage et les femmes: de la formation non sexiste à la féminisation de la langue» von Simone Chapuis-Bischof in diesem Band.
7 Zu denen Frauen nach unserer Ansicht nur dann gehören, wenn sie von extremer Armut betroffen sind, in der Regel jedoch Kinder, Jugendliche, ältere oder invalide Menschen hinzugerechnet werden, sowie immer häufiger auch Personen, die unfreiwillig durch innere oder äussere Konflikte mit Gewaltcharakter, natur- oder menschengemachte Katastrophen zur Migration gezwungen worden sind.
8 SR 101: BV.
9 SR 210: ZGB, Fünfter Titel: Wirkungen der Ehe, Art. 159–180, und Sechster Titel: Güterrecht der Ehegatten, Art. 181–251, in Kraft seit dem 1. Januar 1988.
10 SR 312.5: OHG in Kraft seit dem 1. Januar 1993.

11 SR 151.1: GlG vom 24. März 1995, in Kraft seit dem 1. Juli 1996.
12 SR 834.1: EOG vom 25. Sept. 1952; die Berechtigung auf Erwerbsersatz wegen Mutterschaft wurde erst durch das Bundesgesetz über den Erwerbsersatz für Dienstleistende und bei Mutterschaft vom 3. Oktober 2003 eingeführt; in Kraft seit dem 1. Juli 2005.
13 SR 141.0: BüG, Art. 15 in der Fassung gemäss dem BG vom 23. März 1990, in Kraft seit dem 1. Januar 1992.
14 SR 831.1: AHVG vom 20. Dezember 1946.
15 SR 210: ZGB, Dritter Titel: Art. 90–110 (Eingehen der Ehe) und Vierter Titel: Art. 111–158 (Auflösung der Ehe), in Kraft seit dem 1. Januar 2000.
16 Siehe hierzu auch die Studie des Kaufmännischen Verbandes unter www.kvost.ch.
17 SR 311.0: StGB.
18 StGB Art. 119: Strafloser Schwangerschaftsabbruch; Änderung durch das BG vom 23. März 2001, in Kraft seit dem 1. Oktober 2002.
19 StGB Art. 180 Abs. 2; Änderung durch das BG vom 3. Oktober 2003, in Kraft seit dem 1. April 2004.
20 StGB Fünfter Titel: Strafbare Handlungen gegen die sexuelle Integrität Art. 187–200.
21 StGB Art. 182; Änderung durch das BG vom 24. März 2006, in Kraft seit dem 1. Dezember 2006.
22 SR 0.108 CEDAW (englisch abgekürzt) für die Schweiz in Kraft getreten am 26. April 1997.
23 Bbl 2006, 9787: Bundesbeschluss über die Genehmigung des Fakultativprotokolls zur CEDAW oder unter der Geschäftsnummer 06.096 des Parlaments.
24 SR 0.103.1: UNO-Pakt über wirtschaftliche, soziale und kulturelle Rechte; SR 0.103.2: UNO-Pakt über bürgerliche und politische Rechte.
25 Siehe einerseits unter der Homepage des Internationalen Arbeitsamtes www.ilo.org – für die Ratifizierung von der ILO Konvention 100 auch SR 0.822.720.0, für jene der Konvention 111 SR 0.822.721.1. Während die Nachtarbeit der Frauen, die durch die Ratifizierung der ILO-Konvention 89 «Night work convention» im Jahr 1950 lange verboten war, 1992 jedoch wieder teilweise mit Unterstützung aus Frauenkreisen eingeführt wurde, besteht die in der Schweiz jedoch kaum zur Kenntnis genommene Konvention 45 «Underground work of women» aus dem Jahr 1935, ratifiziert seit 1940, weiterhin.
26 Siehe auch die Beschreibung dieses Projektes auf seiner Homepage: www.veille-des-femmes.
27 SR 211.231 Bundesgesetz über die eingetragene Partnerschaft gleichgeschlechtlicher Paare (PartG) vom 18. Juni 2004, in Kraft seit dem 1. Januar 2007.

Angaben zum Verband – Indications sur l'association

Sigeln, Namen und Anwendungszeiträume – Sigles, noms et périodes

SVF	Schweizerischer Verband für Frauenstimmrecht	ab 1909
ASSF	Association suisse pour le suffrage féminin	dès 1909
adf-svf	Schweizerischer Verband für Frauenrechte	ab 1971
adf-svf	Association suisse pour les droits de la femme	dès 1971
IWSA	International Alliance for Woman Suffrage (Weltbund für Frauenstimmrecht)	1904–1926
AIFS	Alliance internationale pour le suffrage des femmes	1904–1926
IAWSEC	International Alliance of Women for Suffrage and Equal Citizenship (Alliance internationale pour le suffrage des femmes et pour l'action civique et politique des femmes)	1926–1949
IAW	International Alliance of Women	ab 1949
AIF	Alliance internationale des femmes	dès 1949

Präsident/innen – Président-e-s

Auguste de Morsier, Genève	1909–1912
Louise von Arx-Lack, Winterthur	1912–1914
Émilie Gourd, Genève	1914–1928
Annie Leuch-Reineck, Bern	1928–1940
Elisabeth Vischer-Alioth, Basel	1940–1952
Alix Choisy-Necker, Genève	1952–1959
Gertrud Heinzelmann, Zürich	1959–1960
Lotti Ruckstuhl-Thalmessinger, St. Gallen	1960–1968
Gertrude Girard-Montet, Vaud	1968–1977
Olivia Egli-Delafontaine, Zürich	1977–1981
Christiane Langenberger-Jaeger, Vaud	1981–1988
Ursula Nakamura, Co-Präsidentin, Basel	1989–1993
Simone Chapuis-Bischof, co-présidente, Vaud	1989–1993
Simone Chapuis-Bischof, Vaud	1993–1997
Jessica Kehl-Lauff, Grub AR	1997–2009

Abkürzungen – Abréviations

adf-svf	Association suisse pour les droits de la femme – Schweizerischer Verband für Frauenrechte
AdI	Alliance des indépendants → LdU
ARGE	Arbeitsgemeinschaft Frauenkongress 1975 – Communauté de travail Congrès 1975
ARGEF	Arbeitsgemeinschaft Frauenkongress 1996 – Communauté de travail Congrès 1996
ASF	Alliance de sociétés féminines suisses → BSF
ASFDU	Association suisse des femmes diplômées des universités → SVA
ASFU	Association suisse des femmes universitaires → SVA
ASSF	Association suisse pour le suffrage féminin → SVF
BBT	Bundesamt für Berufsbildung und Technologie → OFPT
BIGA	Bundesamt für Industrie, Gewerbe und Arbeit → OFIAMT
BIT	Bureau international du travail → IAA
BGB	Bauern-, Gewerbe- und Bürgerpartei → PAB
BSIF	Bund Schweizerischer Israelitischer Frauenvereine → USFI
BSF	Bund Schweizerischer Frauenorganisationen → ASF
CVP	Christlichdemokratische Volkspartei der Schweiz → PDC
CFQF	Commission fédérale pour les questions féminines → EKF
DS	Démocrates suisses → SD
EFS	Evangelischer Frauenbund der Schweiz → FSFP
EKF	Eidgenössische Kommission für Frauenfragen → CFQF
FBB	Frauen-Befreiungsbewegung → MLF
FDP	Freisinnig Demokratische Partei der Schweiz → PRD
FemWiss	Verein Feministische Wissenschaft Schweiz – Association suisse Femmes Féminisme Recherche
FFU	Fach Frauen Umwelt
FraP	Frauen macht Politik
FSA	Fédération suisse des avocats → SAV
FSFP	Fédération suisse de femmes protestantes → EFS
IAA	Internationales Arbeitsamt → BIT
LdU	Landesring der Unabhängigen → AdI
LP	Liberale Partei der Schweiz → PL
LSFC	Ligue suisse des femmes catholiques → SKF
MLF	Mouvement de libération des femmes → FBB
OFIAMT	Office fédéral de l'industrie des arts et métiers et du travail → BIGA

OFPT	Office fédéral de la formation professionnelle et de la technologie → BBT
OFRA	Organisation für die Sache der Frau
ONU	Organisation des Nations Unies → UNO
PAB	Parti des paysans, artisans et bourgeois → BGB
PdA	Partei der Arbeit der Schweiz → PST
PDC	Parti démocrate-chrétien suisse → CVP
PL	Parti libéral suisse → LP
POCH	Progressive Organisationen der Schweiz – Organisations progressistes suisses
PRD	Parti radical-démocratique suisse → FDP
PS	Parti socialiste suisse → SP
PST	Parti suisse du travail → PdA
SAD	Schweizerischer Aufklärungs-Dienst – Centre d'études et d'information
SAFFA	Schweizerische Ausstellung für Frauenarbeit – Exposition suisse du travail féminin
SAV	Schweizerischer Anwaltsverband → FSA
SD	Schweizer Demokraten → DS
SEC	Société suisse des employés de commerce → SKV
SGB	Schweizerischer Gewerkschaftsbund → USS
SGF	Schweizerischer Gemeinnütziger Frauenverein – Société d'utilité publique des femmes suisses
SKF	Schweizerischer Katholischer Frauenbund → LSFC
SKV	Schweizerischer Kaufmännischer Verband → SEC
SP	Sozialdemokratische Partei der Schweiz → PS
STAKA	Staatsbürgerlicher Verband katholischer Schweizerinnen – Union civique des femmes catholiques suisses
SVA	Schweizerischer Verband der Akademikerinnen → ASFU, → ASFDU
SVF	Schweizerischer Verband für Frauenstimmrecht → ASSF
SVP	Schweizerische Volkspartei → UDC
UDC	Union Démocratique du Centre → SVP
UNO	United Nations Organisation (Vereinte Nationen) → ONU
USFI	Union suisse des organisations de femmes israélites → BSIF
USS	Union syndicale suisse → SGB

Abbildungsnachweise – Sources des illustrations

		Seite – page
Abb. 1	Archives privées	17
Abb. 2	Klauser Hans Peter, Das Appenzellerland, Basel 1945. Fotografie: Hans Peter Klauser	19
Abb. 3	Musée d'art et d'histoire, Genève	25
Abb. 4	Gosteli-Stiftung, Worblaufen	27
Abb. 5	Universitätsarchiv Bern	47
Abb. 6	Photo Nico Schuitvlot, Internationaal Informatiecentrum en Archief voor de Vrouwenbeweging (IIAV), Amsterdam	57
Abb. 7	Le Mouvement féministe, 20.9.1930	63
Abb. 8	Schweizerische Nationalbibliothek, Bern	72
Abb. 9	Archives privées	79
Abb. 10	Schweizerisches Sozialarchiv, Zürich	92
Abb. 11	Die Frau in Leben und Arbeit, 1.1.1957	96
Abb. 12	Le Mouvement féministe, 10.11.1912	103
Abb. 13	Gosteli-Stiftung, Worblaufen	111
Abb. 14	Archives privées. Graphiste: Nathalie Lachenal	115
Abb. 15	Gosteli-Stiftung, Worblaufen	124
Abb. 16	Fotografie: Josef Riegger, Basel	140
Abb. 17	Archives cantonales vaudoises. Graphiste: René Merminod	146
Abb. 18	Schweizerisches Sozialarchiv, Zürich	159
Abb. 19	Schweizer Illustrierte Zeitung, 20.10.1917	165
Abb. 20	Schweizer Illustrierte Zeitung, 24.1.1951	178
Abb. 21	Basler Plakatsammlung. Gestaltung: Hugo Laubi	189
Abb. 22	Bulletins des séances du Conseil communal Lausanne, 27.6.1936	198
Abb. 23	Basler Arbeiterzeitung, 3.6.1991	211
Abb. 24	Schweiz. Frauenverbände (Hg.), Du Schweizerfrau. Zur Erinnerung an den Pavillon der Schweizerfrau. Schweizerische Landesausstellung Zürich 1939, Zürich 1939. Holzschnitt: Erica Mensching	218
Abb. 25	ImagePoint	225
Abb. 26	© Bundesamt für Statistik, Neuchâtel. Grafik: Roland Hirter, Bern	229
Abb. 27	Archives privées	235
Abb. 28	Archives privées. Graphiste: Danièle Vuarambon	242

		Seite – page
Abb. 29	Archives privées	249
Abb. 30	Dokumentationsstelle Riehen	267
Abb. 31	Jahrbuch der Schweizerfrauen 1924	269
Abb. 32	Archives privées	273
Abb. 33	Jahrbuch der Schweizerfrauen 1924	280
Abb. 34	Die Bernerin. Festgabe zum 70. Geburtstag von Rosa Neuenschwander, Bern 1953 (mit freundlicher Genehmigung des Verlages Paul Haupt, Bern)	284
Abb. 35	Zentralblatt des Schweizerischen Gemeinnützigen Frauenvereins, 20.2.1934	290
Abb. 36	Archives cantonales vaudoises, Chavannes-près-Renens	295
Abb. 37	Zentralblatt des Schweizerischen Gemeinnützigen Frauenvereins, 20.4.1928	299
Abb. 38	Rogger Franziska, Der Doktorhut im Besenschrank, Bern 1999	304
Abb. 39	Archives cantonales vaudoises, Chavannes-près-Renens	310
Abb. 40	Gosteli-Stiftung, Worblaufen	315
Abb. 41	Schweizerisches Sozialarchiv, Zürich	319
Abb. 42	Zum 80. Geburtstag von Dr. h.c. Georgine Gerhard am 18. August 1966. Rückblick auf das Basler Hilfswerk für Emigrantenkinder Mai 1934 bis Mai 1948, Basel 1966	323
Abb. 43	Gosteli-Stiftung, Worblaufen	329
Abb. 44	Jahrbuch der Schweizerfrauen 1936	335
Abb. 45	Schweizer Illustrierte Zeitung, 30.9.1936	345
Abb. 46	Schweizerisches Sozialarchiv, Zürich	353
Abb. 47	Les femmes dans la mémoire de Genève, Genf 2005	357
Abb. 48	Strebel Hanspeter/Zatti Kathrin Barbara, Es gibt Dinge die brauchen Zeit. Elisabeth Pletscher, Zeitzeugin des 20. Jahrhunderts, Herisau 2005, Umschlag. Fotografie: Christian Känzig, Zürich	363
Abb. 49	Gosteli-Stiftung, Worblaufen. Fotografie: Michael von Graffenried	368
Abb. 50	Privatarchiv	374
Abb. 51	Archives cantonales vaudoises, Chavannes-près-Renens	379
Abb. 52	Internationaal Informatiecentrum en Archief voor de Vrouwenbeweging (IIAV), Amsterdam	384
Abb. 53	Porträtsammlung Universität Basel. Fotografie: Hortensia von Roten, Zürich	389
Abb. 54	Parlamentsdienste, Bern	397
Abb. 55	Mit freundlicher Genehmigung von Helene Tobler, Lausanne	409

Personenregister – Index des noms

Aberdeen, Ishbel Maria, Lady	276	Brunner, Christiane	246, 249, 251, 253–255
Acatos-Bazzigher, Silvia	69	Brüstlein, Gilonne	68
Addams, Jane	306	Bünzli, Bertha	69
Aeby, Christoph Theodor	49	Burckhardt, Jacob	47
Aellig, Clara	172	Burkhardt-Badois,	87
Agassiz, Jean-Louis	341	Bürgin-Kreis, Hildegard	95
Albrecht-Häni, Marie	125	Butler, Josephine	274, 280
Allgöwer, Walter	137	Büttiker, Clara	335f.
Anthony, Susan B.	70	Calvin, Jean	55, 310
Arnold, Eduard	217	Campoamor, Clara	350
Arnold, Max	97, 100, 152	Cantoreggi, Iva	397, 400
Arx-Lack, Louise von	68, 413	Cartier, Henriette	83f.
Aubert, Pierre	255	Casinader, Laurel	388
Auclert, Hubertine	101, 258	Chaix, Paul	273
Augspurg, Anita	69, 306	Chaix, Pauline	
Autenrieth-Gander, Hulda	243	→ siehe Chaponnière-Chaix, Pauline	
Bacciarini, Alma	397–401	Champendal, Marguerite	45
Bänninger, Martha	204	Chapman Catt, Carrie	62, 71, 125
Barth, Clara	378	Chaponnière, Martine	14, 42, 108, 151, 242, 313f.
Barth, Karl	142	Chaponnière, Edouard	273
Baumgarten-Tramer, Franziska	215	Chaponnière-Chaix, Pauline	62, 66, 70f., 212, 273–279
Bäumlin, Ursula	371		
Beauvoir, Simone de	107	Chapuis-Bischof, Simone	248, 250f., 256, 350, 406, 413
Bedick-Strub, Erika	265		
Benz-Burger, Lydia	234, 236, 356	Chevenard-de Morsier, Valérie	283
Berenstein-Wavre, Jacqueline	236, 243f.	Choisy-Necker, Alix	358, 376, 413
Besson, Suzanne	120, 133	Claparède, Blanche	281
Bietenhard Guthauser, Christine	256	Clisby, Harriet	65, 314
Bigler-Eggenberger, Kurt	237	Comte, Linette	346, 349, 351
Bigler-Eggenberger, Margrith	237	Corbett Ashby, Margery	388
Bindschedler, Denise	231	Cotti, Flavio	255
Bischof, Joseph	261	Courvoisier, Marie	72
Blarer, Bertha von	390	Cuenod-de Muralt, Michelle	223
Bleuler-Waser, Hedwig	23–27, 77	Daeppen, Marguerite	204
Bloch, Rosa	127	David-Hock, Helene	69
Blocher, Christoph	243	Debrit-Vogel, Agnes	76, 204, 290, 294, 309
Blocher, Eugen	217	Degoli, Emma	400
Boehlen, Marie	239, 243, 368–373	Deranyagala, Enzlynn	352
Bonard, Susanne	201–203	Desplands, Catherine-Émilie	357
Boos-Jegher, Emma	67, 123	Dreifuss, Ruth	9, 11, 246
Braschoss, Louis	120	Dressler, Hans	328
Bridel, Louis	60, 277	Dressler-Bietenholz, Christel	328
Briner, Robert	126		
Bröcking, Rose-Marie	256		

Droin-de Morsier, Émilie	283	Giovanoli-Deschwanden, Fritz	219
D'Souza, Christine	256	Girard, Pierre	380
Düby-Lörtscher, Gertrud	126, 128	Girard-Montet, Gertrude	158, 234, 237, 243f., 379–383, 413
Dück-Tobler, Anna	69		
Durand, Marguerite	314	Girardet-Vielle, Antonie	64, 70–72, 297
Dutoit, Annie	349	Glättli-Graf, Sophie	68
Dutoit, Caroline	296	Glücklich, Vilma	307
Dutoit, Lucy	129, 295–298	Gmür, Max	36f., 41
Dutoit, Marc Louis	295	Godet, Frédéric	315
Dutoit-Wyttenbach, Maria	295	Godet, Marie	315
Ecoffey, Eva	256	Godet, Sophie	315
Eder-Schwyzer, Jeanne	204	Goegg, Amand	44
Eggenberger, Mathias	153, 158	Goegg-Pouchoulin, Marie	21, 44f., 55, 58f., 65, 98, 101, 275, 278
Egli-Delafontaine, Olivia	239f., 244, 413		
Eichin, Bettina	140, 142	Goll, Christine	256
Erasmus von Rotterdam	337	Gonseth, Ruth	250, 256
Erismann-Hasse, Sophie	68	Gordon-Lennox, Odile	265
Erlach, Clara von	122	Gosteli, Marthe	14, 159
Eschenbach, Wolfram von	337	Göttisheim, Emil	114, 122, 271
Faas-Hardegger, Margarethe	102	Göttisheim, Rosa	126, 324
Farbstein-Ostersetzer, Betty	68	Gouges, Olympe de	22, 146
Fehling, Hermann	48	Gourd, Edith	311
Feigenwinter, Ernst	390, 392	Gourd, Émilie	63f., 66, 74f., 101f., 104, 106, 108f., 113, 126, 129, 167, 205, 207, 209f., 212, 228, 276, 283, 286f., 296, 310–314, 317f., 330, 358–360, 413
Feinstein-Rosenberg, Clara	243		
Feldmann, Markus	183		
Felten, Margrith von	142, 256		
Fougeyrollas-Schwebel, Dominique	226		
Frank, Leslie	104, 125		
Freuler-Bühler, Marie-Mathilde	244	Gourd, Jean-Jacques	310
Freund, Alice	69	Gourd-Bert, Marguerite	310f.
Frey, Emilie	48	Graber, Ernest-Paul	116
Frey-Stampfer, Eduard	48	Graf, Emma	76, 80, 82, 123, 284–289, 293, 324
Frick, Wilhelm	168		
Furgler, Kurth	238	Grendelmeier, Alois	99, 151
Galvis-Hotz, Anna	49	Greulich, Herman	89, 114, 116, 122, 271
Gandillon, Anna	98	Grimm, Robert	210
Gautier-Pictet, Hélène	358	Grimm, Rosa	127
Gavillet, Antoinette	303	Grob, Fritz	341
Geiser-im Obersteg, Ruth	244	Grob, Veronika	294
Genner, Lotti	136	Grob-Schmidt, Dora	95f., 100, 335–344
Genoni, Rosa	306	Grospierre, Achille	213
Gerhard, Emil	323	Grütter, Anna Louise	126
Gerhard, Georgine Emma	212, 323–329, 332	Gueybaud, Jeanne	206f.
Gerhard-Fünkner, Georgine Lisette	323	Guggelberg, Hortensia von	390
Gerster-Simonett, Anny	171, 173	Guggenbühl, Adolf	390
Gerwig, Andreas	97f., 100	Guillermin, Louis	114
Giacometti, Zaccaria	152	Guinand, Marcel	121f.
Gillabert, Jules-Jean	299	Gurtner, Barbara	265
Gillabert, Madeleine	299	Güttinger, Johanna	76, 293
Gillabert-Randin, Augusta	299–303	Häberlin, Heinrich	131

Haldimann, Hedwig	131
Haller, Gret	371
Haemmerli-Schindler, Gertrud	171, 173
Hänni-Wyss, Albertine	126
Hardmeier, Sibylle	170
Hausen, Karin	121
Heberlein-Ruff, Trix	244
Heidegger, Marie	122
Heim-Vögtlin, Marie	48
Heinzelmann, Gertrud	234, 236f., 239, 243f., 413
Hennequin, Erica	256
Hersch, Jeanne	231
Heussi, Julia	157
Heymann, Lida Gustava	69
Hilty, Carl	20f., 39
Höchli-Zen Ruffinen, Anne-Marie	244f.
Hoff, Ida	76
Hoffmann-Rossier, Aline	71, 74
Honegger, Klara	71f., 77
Houssemaine Florent, Hélène	265
Huber, Eugen	36f.
Huber, Johannes	125
Huber, Louise	204
Huber, Max	93, 376f.
Huber-Blumberg, Marie	126
Hypatia	21
Ibsen, Henrik	20, 286
Jacobs, Aletta	69, 306
Jaggi, Yvette	266
Jaggi, Raymonde	303
Jeannet-Nicolet, Adrienne	223
Jenni, Léonard	89, 94, 98
Joye, Madeleine	158
Jucker, Agnes	204
Kägi, Werner	95, 159
Kammacher, Christian	357
Kammacher, Emma	106, 109, 357–362
Käppeli, Anne-Marie	101
Käppeli, Joseph	338, 342
Karmin, Doris	243
Kaufmann, Franz	338
Keel, Ruedi	237, 243
Kehl-Lauff, Jessica	14, 266, 366, 409, 413
Keiser, Rut	135, 141
Kempin-Spyri, Emilie	37, 39, 67, 88, 98, 151, 257, 265
Koegler, Lore Marie	137, 139
Kopp, Elisabeth	247
Krattiger, Ursa	243, 261, 266
Kuhn, Hedy	204
Küng, Zita	242
Kym, Hedwig	390
Lachenal, Nathalie	115, 120
Lang, Otto	116
Langenberger-Jaeger, Christiane	265, 413
Larcher, Marie-Thérèse	256
Lasserre, Émilie	275
Lebet, Louise	46
Lerber, Beat von	151
Leuba, Arthur	121
Leuch, Georg	217, 316, 321
Leuch-Reineck, Annie	125f., 129, 166–168, 172, 182, 185, 187, 204, 315–322, 413
Leuenberger, Walter	217
Lieberherr, Emilie	162, 340
Liebherr, Charly	137, 141
Lombroso, Gina	119
Long, Pauline	204
Mabille, Elsa	261
Mackenroth, Anna	68
Mahrer, Isabell	239, 244
Marti, Irène	372
Martig, Dora	67
Martig, Hanna	285
Martin, Anna	204
Martineau, Harriet	21
Mathys-Reymond, Christiane	14
Matthey, Francis	246
Mauch, Ursula	247
Maury Pasquier, Liliane	262, 266
May, Julie von	32, 34f., 88
Mayer, Judith	244
Mayreder, Rosa	20
Meier-Rüthy, Maria	71f., 77
Mercier, Marie-Jeanne	358
Merz, Gertrud	294
Merz, Walter	291
Merz-Schmid, Julie	126, 290–294
Metzler-Arnold, Ruth	253, 409
Meyer, Iris	→ siehe Roten-Meyer, Iris von
Meyer, Martha	204
Meyer-Fröhlich, Liselotte	244
Meyer-Huber, Bertha	389
Meyer-Huber, Walter	389
Meylan, Suzanne	50, 351
Möbius, Paul Julius	20

Moneda, Alice	241, 243	Quinche, Antoinette	94, 126, 151f., 182, 184, 198, 201f., 216f., 219, 243, 258, 345–352, 358, 379, 381
Monod, Sarah	274		
Montet, Frédéric	379		
Montet, Gertrude			
→ siehe Girard-Montet, Gertrude		Quinche, Gertrude	350
Montet-Burckhardt, Anne de	196, 201, 204, 274	Quinche, Hermann	346
Montet Girard, Gertrude		Quinche-Sedgwick, Florence	346
→ siehe Girard-Montet, Gertrude		Ragaz, Clara	120
Moor, Karl	287	Randin, Augusta-Albertine	
Moreau, Thérèse	259	→ siehe Gillabert-Randin, Augusta-Albertine	
Morsier, Auguste de	58, 60, 62, 72, 74f., 102, 109, 205f., 277, 280–283, 312, 358, 413	Reineck, Annie	
		→ siehe Leuch-Reineck, Annie	
		Reineck, Erhard	315, 321
Morsier, Émilie de	274, 280, 283	Reineck, Theodora	321
Morsier, Georges de	281	Renggli, Paul	338
Morsier, Valérie de		Rham-Chavannes, Florence de	258
→ siehe Chevenard-de Morsier, Valérie		Rigaud, Rose	123
Motta, Giuseppe	65, 167, 182	Rimondini, Arnaldo	384
Mottier, Véronique	233	Rimondini-Schnitter, Irmgard	384–388
Mülinen, Helene von	26, 67, 74f., 101, 269–272, 275, 277	Rittmeyer, Ludwig	200
		Roosevelt, Eleanor	151
Müller, Mary	67, 72	Rosselet, Ginette	358
Münch, Eugen	113, 287	Roten, Heinrich von	390
Muret, Maurice	74, 109, 126	Roten, Hortensia von	392
Murisier, Fanny	379	Roten, Peter von	90f., 93f., 97, 99f., 183, 375f., 389–396
Nabholz-Haidegger, Lili	234, 240, 243f.		
Nakamura-Stoecklin, Ursula	248, 266, 413	Roten-Feigenwinter, Maria von	390
Nef, Clara	213	Roten-Meyer, Iris von	97, 389–396
Neuenschwander, Rosa	365	Rothmund, Heinrich	177, 181
Neumann, Anne Marie	68	Rotterdam, Erasmus von	337
Nicod-Robert, Huguette	107, 109	Rubattel, Rodolphe	341, 343f.
Nicolet, Émile	207, 215	Ruckstuhl-Thalmessinger, Lotti	97, 152, 154, 159f., 182, 234, 237, 239, 242f., 321, 353–356, 381, 400, 413
Nogarède, Charles	123		
Oeri, Albert	113, 307		
Oprecht, Hans	90, 348		
Paravicini, Emanuel	375f.	Ruth, Max	177, 182
Paravicini-Vogel, Mary (Maria Elisabeth)	374–378	Rutman, Ruth	266
		Ryff, Julie	270
Patru, Auguste Antoine	76	Sadis, Ugo	399
Perlen, Frieda	306	Salis, Wilhelmine von	390
Perrot, Michelle	274	Salis-Marschlins, Meta von	38, 47, 74, 288, 390
Peter-Ruetschi, Tina	184	Schaer-Robert, Ruth	158
Peyer, Nina	127	Schaffner, Maria Tabitha	207
Pfyffer, Casimir	33	Scherrer-Füllemann, Anton	113f.
Pidoux, Henri	300	Schitlowsky, M.	127
Pieczynska, Emma	67, 74, 76, 270	Schlatter, Susanna	272
Pletscher, Elisabeth	363–367	Schlemmer, Andrée	107
Poncet, Charles	265	Schlumpf, Leon	255
Porret, Emma	82, 84, 126	Schmid, Fanny	67
Prince, Marcelle	358	Schmid, Jakob	290

Schmid-Poinsignon, Thérèse	290	Trechsel	168
Schmid-Ruedin, Philipp	200	Truand, Albert	380
Schmidt, Dora		Trüssel, Bertha	282
→ siehe Grob-Schmidt, Dora		Uchtenhagen, Liliane	134, 255
Schmidt, Georg	339	Uhler, Alice	126
Schmidt, Paul Wilhelm	335	Valentins, Andrée	164
Schmitt, Henri	157, 382	Vallotton, Benjamin	109
Schneider-von Orelli, Mathilde	68	Vallotton, François	14
Schnitter, Irmgard		Vallotton, Paul	109
→ siehe Rimondini-Schnitter, Irmgard		Vallotton-Warnéry, Henry	346
Schnitter, Helmut	384	Varnhagen, Rahel	285
Schönauer-Regenass, Martha	204	Veillard, Maurice	258
Schreiber-Favre, Nelly	358	Vidart, Camille	62f., 65, 70f., 102, 275, 277, 312, 314
Schröder, Elisa	335		
Schulthess-Disqué, Edmund J.	187, 215, 337f.	Villard-Traber, Anneliese	141
Schulz, Patricia	260	Vischer, Eberhard	330, 334
Schürch, Charles	113, 126	Vischer-Alioth, Elisabeth	99, 170, 217, 329–334, 413
Schwab, Benjamin	300		
Schwarz-Gagg, Margarita	204, 337	Vischer-Frey, Ruth	184
Schwimmer, Rosika	307	Vogel, Maria Elisabeth (Mary)	
Secrétan, Charles	60, 74	→ siehe Paravicini-Vogel, Mary	
Sedgwick, Florence		Wahlen, Friedrich Traugott	154, 158
→ siehe Quinche-Sedgwick, Florence		Walzel, Oskar	285
Segmüller, Eva	347	Wasserfallen-Ducommun, Marie	131
Siegfried, Julie	274	Wavre, Jacqueline	109
Sipilä, Helvi	231	Wecker, Regina	14
Somazzi, Ida	76, 219f., 314, 356, 382f., 385	Weininger, Otto	119
		Wenger, Lisa	336
Sprecher, O.	139	Wiblé-Gaillard, Alice	105–107, 109, 358
Spühler, Willy	152, 158, 160, 381	Widmer-Straatman, Judith	243
Staël, Germaine de	21	Widmer, Arthur	86, 121
Stamm, Judith	255	Willfratt-Düby, Margrit	184
Stampfli, Walther	194, 343	Willi, Georg	338
Stämpfli, Jakob	194, 343	Woker, Gertrud	47, 304–309
Steck, Leonie	77	Woker, Philipp	304
Steiger, Eduard von	91, 182f., 342f.	Wuarin, Théodore	61
Stettler-von Albertini, Barbara	243f.	Würz, Albert	137
Stich, Otto	255	Wyttenbach, Maria	
Stocker, Werner	94	→ siehe Dutoit-Wyttenbach, Maria	
Stocker-Caviezel, Caroline	71, 77, 271	Zäch, Jakob	69
Stöcker, Helene	20	Zehnder, Emma	68f.
Stöcklin, H.	139	Zellweger, Eduard	153
Strindberg, August	286	Zellweger, Elisabeth	126, 330, 332
Strub, Walter	341	Zschokke, Paul	136–138
Studer, Brigitte	14, 105	Zurbrügg, Jacqueline	359
Studer-von Goumoëns, Elisabeth	124, 126	Zürcher, Emil	68
Suslova, Nadeža	42	Zurlinden-Dasen, Louise	77
Suter, Anton	114	Zutt, Richard	48
Teuber, Cornelia	142		
Thiébaud, Louisa	71f.		

Das Signet des 1488 gegründeten
Druck- und Verlagshauses Schwabe
reicht zurück in die Anfänge der
Buchdruckerkunst und stammt aus
dem Umkreis von Hans Holbein.
Es ist die Druckermarke der Petri;
sie illustriert die Bibelstelle
Jeremia 23,29: «Ist nicht mein Wort
wie Feuer, spricht der Herr,
und wie ein Hammer, der Felsen
zerschmettert?»